企业会计准则培训指定用书



# 企业会计准则案例讲解

2021年版

企业会计准则编审委员会 编

立信会计出版社
LIXIN ACCOUNTING PUBLISHING HOUSE

**图书在版编目（CIP）数据**

企业会计准则案例讲解：2021年版／企业会计准则编审委员会编．—上海：立信会计出版社，2021.1
ISBN 978-7-5429-6654-4

Ⅰ．①企… Ⅱ．①企… Ⅲ．①企业—会计制度—案例—中国 Ⅳ．①F279.23

中国版本图书馆CIP数据核字（2020）第245082号

责任编辑　蔡伟莉

**企业会计准则案例讲解（2021年版）**

出版发行　立信会计出版社
地　　址　上海市中山西路2230号　　邮政编码　200235
电　　话　（021）64411389　　传　　真　（021）64411325
网　　址　www.lixinaph.com　　电子邮箱　lixinaph2019@126.com
网上书店　http：//lixin.jd.com　　http：//lxkjcbs.tmall.com
经　　销　各地新华书店

印　　刷　北京鑫海金澳胶印有限公司
开　　本　787毫米×1092毫米　1/16
印　　张　42
字　　数　1044千字
版　　次　2021年1月第1版
印　　次　2021年1月第1次
书　　号　ISBN 978-7-5429-6654-4/F
定　　价　96.00元

# 前　言

新企业会计准则的发布，是我国财政部为适应新形势下国内外经济环境发展需要作出的重大会计政策改革决策，目标在于：建立与我国国情相适应的、与国际财务报告准则趋同的、涵盖各类企业的各项经济业务、独立实施的准则体系。本次企业会计准则体系的构建，比以往更强调对资产负债表日的企业财务状况的真实反映，而不是仅仅简单地关注企业的损益情况。这是一种会计理念的变化，其强调的是企业盈利模式和资产运营效率，而不仅仅是效果；更关注企业今后的增长潜能而不仅仅是对历史的总结；更重视资产质量以及揭示可能存在的风险和权利义务，而不仅仅是一个数字。因此，新企业会计准则的实施，对会计人员的职业判断和综合能力都提出了更高的要求。

新准则及应用指南的规定主要是原则性的内容。作为会计人员，不但要了解企业会计准则及应用指南的条文要求，更要充分理解和掌握准则的本质，恰当地运用新准则进行职业判断。同时，由于企业会计准则与税收紧密相连，新准则下会计和税收的差异进一步扩大，会计人员还需要处理好新准则下的税务问题，充分、合理地运用新准则进行税收筹划。

2017 年 3 月，财政部修订发布了金融工具相关会计准则，包括《企业会计准则第 22 号——金融工具确认和计量》《企业会计准则第 23 号——金融资产转移》和《企业会计准则第 24 号——套期保值》。2017 年 5 月，财政部修订发布了《企业会计准则第 16 号——政府补助》和《企业会计准则第 37 号——金融工具列报》。2017 年 6 月，财政部新发布了《企业会计准则解释第 9 号——关于权益法下投资净损失的会计处理》《企业会计准则解释第 10 号——关于以使用固定资产产生的收入为基础的折旧方法》《企业会计准则解释第 11 号——关于以使用无形资产产生的收入为基础的摊销方法》和《企业会计准则解释第 12 号——关于关键管理人员服务的提供方与接受方是否为关联方》。2017 年 7 月，财政部又对《企业会计准则第 14 号——收入》进行了修订。2018 年 12 月，财政部发布了修订的《企业会计准则第 21 号——租赁》，2019 年 5 月颁布了《企业会计准则第 7 号——非货币性资产交换》和《企业会计准则第 12 号——债务重组》。

为了更好地帮助企业会计人员领会新企业会计准则的精髓，掌握新准则下会计及税务实务问题的处理，帮助广大读者更深入地了解企业会计改革、掌握新旧变化、开阔视野，更迅速地掌握新准则体系，更熟练地运用新准则进行职业判断和账务处理，协调处理好新准则下的税务问题，我们组织相关人员对前版作了全面修订，尤其是对各章中“案例分析及操作实务”部分的内容，作了更新和补充，另外对金融工具准则和收入准则的主要内容和重大变化作出重点介绍。

由于本书涉及面广、内容层次多，错漏之处在所难免，恳请读者和专家批评指正，以便进一步修正和完善。

本书编写组

2021 年 1 月

# 目　录

# 第一章　基本准则

## 第一节　基本准则概述

我国企业会计准则体系包括企业会计基本准则、具体准则和应用指南等。基本准则是企业会计准则体系的概念基础，是具体准则及应用指南等的制定依据，具有重要的地位。基本准则在 1992 年发布的《企业会计准则》的基础上，根据形势发展的需要于 2006 年 2 月 15 日和 2014 年 7 月 23 日分别作出了修订和调整，这对于规范企业会计行为，提高会计信息质量，报告企业财务状况、经营成果和现金流量，供投资者等财务报告使用者作出决策，完善资本市场和市场经济将发挥积极的作用。

### 一、基本准则的地位

国际会计准则理事会、美国财务会计准则委员会等会计准则制定者在其会计准则制定中，通常都制定“财务会计概念框架”，它既是制定国际财务报告准则和有关国家或地区会计准则的概念基础，也是会计准则制定应当遵循的基本法则。

我国的基本准则类似于国际会计准则理事会的《编报财务报表的框架》和美国财务会计准则委员会的《财务会计概念公告》，在企业会计准则体系建设中扮演着与其同样的角色，在整个企业会计准则体系中具有统驭地位，同时，我国会计准则属于法规体系的组成部分。根据《中华人民共和国立法法》的规定，我国的法规体系通常由四个部分构成：一是法律；二是行政法规；三是部门规章；四是规范性文件。其中，法律由全国人民代表大会常务委员会通过，由国家主席签发。行政法规由国务院常务委员会通过，由国务院总理签发。部门规章由国务院主管部门以部长令签发。我国企业会计准则体系中，基本准则属于部门规章，是由财政部金人庆部长于 2006 年 2 月 15 日以第 33 号部长令签发的，并于 2014 年 7 月 23 日根据《财政部关于修改〈企业会计准则——基本准则〉的决定》修改；具体准则及其应用指南属于规范性文件，分别于 2006 年 2 月 15 日和 2006 年 10 月 30 日以财政部文件印发。

### 二、基本准则的作用

基本准则在企业会计准则体系中具有重要的地位，其作用主要表现为两个方面：

一是统驭具体准则的制定。基本准则规范了包括财务报告目标、会计基本假设、会计信息质量要求、会计要素的定义及其确认、计量原则、财务报告等在内的基本问题，是制定具体准则的基础，对各具体准则的制定起着统驭作用，可以确保各具体准则的内在一致性。为此，我国《企业会计准则——基本准则》第三条明确规定：“企业会计准则包括基本准则和具体准则，具体准则的制定应当遵循本准则。”在企业会计准则体系的建设中，各项具体准则也都严格按照基本准则的要求加以制定和完善，并且在各具体准则的第一条中作了明确规定。

二是为会计实务中出现的具体准则尚未完全规范的新问题提供会计处理依据。在会计实务中，由于经济交易或者事项的不断发展、创新，具体准则的制定有时会出现滞后的情况，会出现一些新的交易或者事项在具体准则中尚未规范但又急需处理的问题，这时，企业不仅应当对这些新的交易或者事项及时进行会计处理，而且在处理时应当严格遵循基本准则的要求，尤其是基本准则关于会计要素的定义及其确认与计量等方面的规定。因此，基本准则不仅扮演着具体准则制定依据的角色，也为会计实务中出现的、具体准则尚未作出规范的新问题提供了会计处理依据，从而起到了企业会计准则体系对所有会计实务问题的规范作用。

## 第二节　基本准则的主要内容

我国基本准则的制定吸收了当代财务会计理论研究的最新成果，反映了当前会计实务发展的内在需要，体现了国际上财务会计概念框架的发展趋势，构建起了完善的、统一的财务会计概念体系。它规范的核心内容包括以下几个方面：

一是关于财务报告目标。基本准则明确了我国财务报告的目标是向财务报告使用者提供决策有用的信息，并反映企业管理层受托责任的履行情况。

二是关于会计基本假设。基本准则强调了企业会计确认、计量和报告应当以会计主体、持续经营、会计分期和货币计量为会计基本假设。

三是关于会计基础。基本准则坚持了企业会计确认、计量和报告应当以权责发生制为基础。

四是关于会计信息质量要求。基本准则建立了企业会计信息质量要求体系，规定企业财务报告中提供的会计信息应当满足会计信息质量要求。

五是关于会计要素分类及其确认、计量原则。基本准则将会计要素分为资产、负债、所有者权益、收入、费用和利润六个要素，同时，对有关要素建立了相应的确认和计量原则，规定会计要素在确认时，均应满足相应条件。会计要素在计量时可供选择的计量属性包括历史成本、重置成本、可变现净值、现值和公允价值等。

六是关于财务报告。基本准则明确了财务报告的基本概念、应当包括的主要内容和应反映信息的基本要求等。

# 第二章　存　　货

## 第一节　案例分析及操作实务

### 一、会计科目的设置

新准则涉及的主要会计科目如表 2-1 所示。

表 2-1　新准则涉及的主要会计科目

| 科目序号 | 科目编号 | 科目名称 |
|---|---|---|
| 26 | 1401 | 材料采购 |
| 27 | 1402 | 在途物资 |
| 28 | 1403 | 原材料 |
| 29 | 1404 | 材料成本差异 |
| 30 | 1405 | 库存商品 |
| 31 | 1406 | 发出商品 |
| 32 | 1407 | 商品进销差价 |
| 33 | 1408 | 委托加工物资 |
| 34 | 1411 | 周转材料 |
| 117 | 5001 | 生产成本 |
| 118 | 5101 | 制造费用 |
| 119 | 5201 | 劳务成本 |
| 40 | 1471 | 存货跌价准备 |
| 25 | 1321 | 代理业务资产 |
| 92 | 2314 | 代理业务负债 |

### 二、主要会计处理方法的解释

#### （一）现值的应用

现值是新准则中引入的新计量属性之一。在存货的会计核算中，当购入材料超过正常信用条件延期支付价款（比如，分期付款购买原材料），实质上具有融资性质的，应按购买价款的现值金额，借记“材料采购”科目（按照计划成本进行核算时）或“在途物资”科目（按照实际成本核算时）。按可抵扣的增值税额，借记“应交税费——应交增值税（进项税额）”科目；按应付金额，贷记“长期应付款”科目；按其差额，借记“未确认融资费用”科目。在计算现值时，折现率的选择应当考虑本货币的时间价值和相关期间通货膨胀等因素的影响。

**（二）未确认融资费用**

在新准则中，“未确认融资费用”科目编号为2702，科目性质为负债类，在编制财务报表时作为长期应付款的抵减项目，即在资产负债表上，“长期应付款”项目以“长期应付款”科目余额减掉“未确认融资费用”科目余额填列。

**（三）代理业务资产和代理业务负债**

“代理业务资产”科目核算企业代理业务形成的除以企业自身名义存放的货币资金以外的其他资产，如受托理财业务进行的证券投资、受托贷款等。企业（证券）的代理买卖证券、代理承销证券、代理兑付证券不在本科目核算。 企业受托代销的商品，可将本科目改为“受托代销商品”科目，并按照委托单位进行明细核算。

与代理业务资产相对应，因代理业务形成的负债在“代理业务负债”科目中核算。本科目核算企业的代理业务收到的各类款项，如受托投资资金、受托贷款资金等。企业的代理买卖证券款、代理承销证券款、代理兑付证券款，不在本科目核算。

企业受托代销商品取得的收入，可将本科目改为“受托代销商品款”科目，并按照委托单位进行明细核算。

在编制财务报表时，“代理业务资产”科目余额减掉“代理业务负债”科目余额后的金额记入“存货”项目。

**（四）“库存商品”科目的核算范围**

本科目核算企业库存的各种商品的实际成本（或进价）或计划成本（或售价），包括库存产成品、外购商品、存放在门市部准备出售的商品、发出展览的商品以及寄存在外的商品等。

对企业（房地产开发）的开发产品，可将本科目改为“开发产品”科目进行核算。

对企业（农业）收获的农产品，可将本科目改为“农产品”科目进行核算。

对于房地产开发企业，企业在将开发的营业性配套设施用于本企业从事第三产业经营用房时，应视同自用固定资产进行处理，并将营业性配套设施的实际成本，借记“固定资产”科目，贷记本科目（配套设施）。

**（五）“发出商品”科目的核算**

本科目核算企业商品销售不满足收入确认条件但已发出商品的实际成本（或进价）或计划成本（或售价）。

企业委托其他单位代销的商品，也在本科目核算，企业也可以将本科目改为“委托代销商品”科目，并按照受托单位进行明细核算。

需要明确的是，“发出商品”科目与旧准则中“分期收款发出商品”科目的核算内容大相径庭。旧准则中分期收款发出商品业务确认收入和成本都是根据收款进度进行的。因此尚未确认为成本的存货在资产负债表上体现为“分期收款发出商品”（包含在存货中）。新准则重新规范了分期收款发出商品的收入确认的时间，即要求在当期确认为收入（对应为长期应收款和未实现融资收益），同时结转成本。因此，资产负债表上存货项目中不再存在“分期收款发出商品”项目。

而新准则中，“发出商品”科目在主要核算库存商品已经发出、尚不具备确认收入的条件时，对该库存商品借记“发出商品”科目，并在资产负债表“存货”项目中进行列示。

**（六）包装物和低值易耗品“五五摊销法”的核算**

包装物或低值易耗品价值较高、采用“五五摊销法”核算的，还应分别“库存”“摊销”进行明细核算。这种核算方法与固定资产和累计折旧的核算相类似，有利于加强对包装物和低值易耗品（实物资产）的控制与监督。

**（七）劳务成本的理解**

当企业对外提供劳务时，应当归集劳务成本。劳务成本的主要构成为直接人工、其他直接费用和能够归属的间接费用。例如，软件开发企业为客户提供定制软件的开发服务，那么执行这一合同的所有开发人员的工资构成直接人工成本，差旅食宿以及其他开发人员为满足履行合同的直接支出费用构成其他直接费用。如果该公司的开发部门同时负责若干客户的软件定制开发任务（同时可能分为若干个项目组），那么开发部的管理人员支出的费用构成间接费用。该间接费用应在各个项目之间进行合理分摊。

下列劳务成本在资产负债表中列报：

（1）项目收入未确认之前，相应的劳务成本也未结转，此时的“劳务成本”科目的余额。

（2）项目收入按照完工百分比法进行结转，相应的劳务成本也按照比例进行结转，在结转后的“劳务成本”科目的余额。

上述应在资产负债表中列报的劳务成本，包含在资产负债表的“存货”项目中。

**（八）计入存货成本的财务费用**

根据新准则规定，应计入存货成本的财务费用，按照《企业会计准则 17 号——借款费用》处理。

## 三、新准则运用举例

**例 2-1** 2×19 年 12 月 20 日，甲、乙、丙、丁、戊五方共同投资设立了兴业股份有限公司（以下简称“兴业公司”）。甲以其生产的产品作为投资（兴业公司作为原材料管理和核算），五方确认该批原材料的价值为 5 000 000 元（不含税）。兴业公司取得的增值税专用发票上注明的不含税价款为 5 000 000 元，增值税税额为 650 000 元。同时，假定兴业公司的实收资本总额为 30 000 000 元，甲在兴业公司享有的份额为 10%。兴业公司为一般纳税人，要求采用实际成本法核算存货。

分析：在这个例子中，由于兴业公司为一般纳税人，且投资各方确认的原材料的价值为 5 000 000 元，因此，兴业公司接受的这批原材料的入账价值为 5 000 000 元，将增值税税额 650 000 元单独作为可以抵扣的进项税额进行核算。

会计分录如下：

| | | |
|---|---|---|
| 借：原材料 | 5 000 000 | |
| 　　应交税费——应交增值税（进项税额） | 650 000 | |
| 　　贷：实收资本——甲 | | 3 000 000 |
| 　　　　资本公积——实收资本溢价 | | 2 650 000 |

**例 2-2** 2×19 年 12 月 31 日，兴业公司库存原材料——A 材料的账面价值（成本）

为 3 000 000 元，市场购买价格总额为 2 800 000 元，假设不发生其他购买费用。用 A 材料生产的产成品——W1 型机器的可变现净值高于成本。

要求：确定 2×19 年 12 月 31 日 A 材料的价值。

根据上述资料可知，2×19 年 12 月 31 日，A 材料的账面价值（成本）高于其市场价格，但是，由于用其生产的产成品——W1 型机器的可变现净值高于成本，也就是用该原材料生产的最终产品此时并没有发生减值。在这种情况下，A 材料即使其账面价值（成本）已高于市场价格，也不应计提存货跌价准备，仍应按 3 000 000 元列示在 2×19 年 12 月 31 日的资产负债表的“存货”项目中。

如果材料价格的下降表明产成品的可变现净值低于成本，则该材料应当按可变现净值计量。

**例 2–3** 2×19 年 12 月 31 日，兴业公司库存“原材料——B 材料”科目的账面价值（成本）为 1 200 000 元，市场购买价格总额为 1 100 000 元，假设不发生其他购买费用。由于 B 材料市场销售价格下降，市场上用 B 材料生产的 W2 型机器的市场销售价格也发生了相应下降，下降了 10%。由此造成兴业公司 W2 型机器的市场销售价格总额由 3 000 000 元降为 2 700 000 元，但产成品成本仍为 2 800 000 元。另已知，将 B 材料加工成 W2 型机器尚需投入 1 600 000 元，估计销售费用及税金为 100 000 元。

要求：确定 2×19 年 12 月 31 日 B 材料的价值。

根据上述资料，可按照以下步骤进行确定：

第一步，计算用该原材料所生产的产成品的可变现净值。

W2 型机器的可变现净值＝W2 型机器估计售价－估计销售费用及税金
＝2 700 000 － 100 000 ＝ 2 600 000（元）

第二步，将用该原材料所生产的产成品的可变现净值与其产成品成本进行比较。

W2 型机器的可变现净值 2 600 000 元小于其成本 2 800 000 元，即 B 材料价格的下降表明 W2 型机器的可变现净值低于成本，因此 B 材料应当按可变现净值计量。

第三步，计算该原材料的可变现净值，并确定其期末价值。

B 材料的可变现净值＝W2 型机器的售价总额－将 B 材料加工成 W2 型机器尚需投入的成本－估计销售费用及税金＝2 700 000 － 1 600 000 － 100 000 ＝ 1 000 000（元）

B 材料的可变现净值 1 000 000 元小于其成本 1 200 000 元，因此 B 材料的期末价值应为其可变现净值 1 000 000 元，即 B 材料应计提 200 000 元的存货跌价准备，按 1 000 000 元列示在 2×19 年 12 月 31 日的资产负债表的“存货”项目之中。

**例 2–4** 双安百货 2×20 年 1 月份的期初存货成本为 300 000 元，售价总额为 360 000 元；当期购货成本为 500 000 元，售价总额为 640 000 元；当期销售收入为 800 000 元。计算月末存货成本和当月销售成本。本例中不考虑相关税费。

采用售价金额核算法核算存货，会计分录如下：

（1）记录当月购入的存货时。

| | | |
|---|---|---|
| 借：库存商品 | 640 000 | |
| 　　贷：在途物资 | | 500 000 |
| 　　　　商品进销差价 | | 140 000 |

（2）记录当月的销售收入时。

借：银行存款　　800 000

　　贷：主营业务收入　　800 000

（3）结转商品销售成本时。

借：主营业务成本　　800 000

　　贷：库存商品　　800 000

（4）计算当月已销商品应分摊的进销差价时：

差价率＝（60 000＋140 000）÷（360 000＋640 000）×100%＝20%

已销商品应分摊的进销差价＝800 000×20%＝160 000（元）

根据已销商品应分摊的进销差价结转商品销售成本：

借：商品进销差价　　160 000

　　贷：主营业务成本　　160 000

经过转账，当月商品销售成本调整为实际成本640 000元（800 000－160 000）。

商品零售企业在会计期末编制资产负债表时，存货项目中的商品存货部分，应根据“库存商品”科目的期末余额扣除“商品进销差价”科目的期末余额，按其差额列示（假设其可变现净值高于成本）。

在国际上通常采用的是零售价法。零售价法是指用销售成本率计算期末存货成本的一种方法。采用这种方法的基本内容如下：

（1）期初库存存货和本期购进存货同时按成本和售价记录，以便计算可供销售的存货成本和售价总额。

（2）本期销售只记录零售价，从本期可供销售的存货售价总额中减去本期销售的售价总额，计算出期末库存存货的售价总额。

（3）计算销售成本率，计算公式如下：

$$销售成本率=\frac{期初库存存货成本+本期购进存货成本}{期初库存存货售价+本期购进存货售价}\times 100\%$$

（4）计算期末库存存货成本，计算公式如下：

期末库存存货成本＝期末库存存货售价总额×销售成本率

（5）计算当期销售存货成本，计算公式如下：

当期销售存货成本＝期初库存存货成本＋当期购进存货成本－期末库存存货成本

## 第二节　首次执行日的会计处理

在首次执行新准则时，需要进行以下几项工作。

### 一、前后账目衔接

在首次执行日，企业应当根据《企业会计准则第38号——首次执行企业会计准则》

第四条及其应用指南的规定，结合本单位的实际情况，对首次执行日前的存货项目及相关账目的各项余额进行分析，按照新准则规定重新分类、确认和计量，设置新旧会计科目余额对照表，结束旧账，建立新账，形成期初资产负债表存货余额，作为执行企业会计准则体系的起点。

### 二、资本化借款费用的处理

处于生产过程中的、需要经过相当长时间才能达到预定可销售状态的存货（如飞机和船舶），首次执行日之前未予资本化的借款费用，不应追溯调整；首次执行日及以后发生的借款费用，应当将符合《企业会计准则第 17 号——借款费用》资本化条件的部分予以资本化。

### 三、具有融资性质的购销业务的处理

具有融资性质的购销业务是指超过正常信用条件延期付款（或收款）、实质上具有融资性质的购销业务。

对于首次执行日处于收款过程中采用递延收款方式、实质上具有融资性质的销售商品或提供劳务收入，如分期收款发出商品销售，首次执行日前已确认的收入和结转的成本不再追溯调整。在首次执行日后的第一个会计期间，企业应当将销售合同或协议剩余价款作为长期应收款，尚未收取的合同或协议价款的公允价值即现值确认为主营业务收入，两者的差额作为未实现融资收益，在剩余收款期限内按照实际利率法进行摊销。同时将分期收款发出商品转为当期损益。

首次执行日之前购买的存货在超过正常信用条件的期限内延期付款，实质上具有融资性质的，在首次执行日，企业应当以尚未支付的款项与其现值之间的差额，减少存货的账面价值，同时增加未确认融资费用。首次执行日后，企业应当以调整后的存货账面价值作为认定成本，未确认融资费用的按实际利率法进行摊销。

## 第三节　新准则对企业的影响

新准则的变化是明显的，企业如何适应新准则的变化呢？

### 一、对财务方面的影响

企业应当关注新旧准则的差异，调整会计核算方式和方法：

（1）对于商品流通企业来讲，需要变更采购成本包括的内容。

（2）对于存在分期收款发出商品的企业，需要在当期全部确认销售收入，并结转相关成本。

（3）对于采用分期付款方式购置的存货，需要以现值入账。

（4）符合《企业会计准则第 17 号——借款费用》规定条件的，借款利息计入存货成本。

（5）对于提供劳务的企业，需要核算劳务成本，在未确认收入之前，作为存货列示。

（6）以前采用后进先出法的企业，需要按照新准则要求变更存货发出计价方法。

（7）包装物和低值易耗品摊销方法的调整，新准则确定了两种方法，即一次转销法和五五摊销法。凡是在实务中采用其他方法的，需要进行调整。

## 二、对内部控制方面的影响

1. 建立动态存货市场价值数据库

新准则要求按照成本与可变现净值孰低法进行会计期末计量。对企业来讲最难以确定的是对未来售价的估计。如果能够建立该数据库，不仅能够有效估计售价，而且有利于跟踪市场价格的变化，加强对采购价格的控制。

2. 建立提供劳务过程中的控制制度

新准则要求核算劳务成本，并作为存货的内容，那么企业应当：

（1）从服务合同进入执行期开始进行成本核算。

（2）每个合同应该建立独立账户进行成本核算。

（3）建立服务工时或其他核算方法，以便对其他间接费用进行分摊。

（4）完善报销凭证，明确费用归属。

（5）完善合同预算制度，为每个合同建立费用预算，严格控制成本的发生。

# 第三章　长期股权投资

## 第一节　案例分析及操作实务

### 一、会计科目的设置

新准则涉及的主要会计科目如表 3-1 所示。

**表 3-1　新准则主要涉及的主要会计科目**

| 科目序号 | 科目编号 | 科目名称 |
|---|---|---|
| 44 | 1511 | 长期股权投资 |
| 45 | 1512 | 长期股权投资减值准备 |
| 132 | 6111 | 投资收益 |

**（一）长期股权投资**

“长期股权投资”科目应当按照被投资单位明细核算企业所持有的、采用成本法和权益法核算的长期股权投资。长期股权投资核算采用权益法的，应当分别以“投资成本”“损益调整”及“其他权益变动”进行明细核算。本科目期末借方余额，反映企业长期股权投资的价值。

长期股权投资的主要账务处理如下：

（1）企业合并形成的长期股权投资。同一控制下企业合并形成的长期股权投资，应在合并日按取得被合并方所有者权益账面价值的份额，借记本科目（投资成本）；按支付的合并对价的账面价值，贷记或借记有关资产、负债科目；按其差额，贷记“资本公积”科目；如为借方差额，借记“资本公积——资本溢价或股本溢价”科目，资本公积（资本溢价或股本溢价）不足冲减的，应依次借记“盈余公积”“利润分配——未分配利润”科目。

非同一控制下的控股合并中，购买方应当按照确定的企业合并成本作为长期股权投资的初始投资成本。企业合并成本包括购买方付出的资产、发生或承担的负债、发行的权益性证券的公允价值之和，购买方为企业合并发生的审计、法律服务、评估咨询等中介费用以及其他相关管理费用，应当于发生时计入当期损益；购买方作为合并对价发行的权益性证券或债务性证券的交易费用，应当计入权益性证券或债务性证券的初始确认金额。

（2）以支付现金、非现金资产等其他方式取得的长期股权投资，应根据长期股权投资准则确定的初始投资成本，借记本科目，贷记“银行存款”等科目。初始投资成本包括与取得长期股权投资直接相关的费用、税金及其他必要支出。

（3）采用成本法核算的长期股权投资的处理。长期股权投资采用成本法核算的，应按被投资单位宣告发放的现金股利或利润中属于本企业的部分，借记“应收股利”科目，贷记“投资收益”科目。

（4）采用权益法核算的长期股权投资的处理。企业的长期股权投资采用权益法核算的，应当分别下列情况进行处理：

第一，长期股权投资的初始投资成本大于投资时应享有被投资单位可辨认净资产公允价值份额的，不调整已确认的初始投资成本；长期股权投资的初始投资成本小于投资时应享有被投资单位可辨认净资产公允价值份额的，应按其差额，借记本科目（投资成本），贷记“营业外收入”科目。

第二，资产负债表日，企业应根据被投资单位实现的净利润或经调整的净利润计算应享有的份额，借记本科目（损益调整），贷记“投资收益”科目。被投资单位发生亏损、分担亏损份额超过长期股权投资而冲减长期股权投资账面价值的，借记“投资收益”科目，贷记本科目（损益调整）。

被投资单位以后宣告发放现金股利或利润时，企业计算应分得的部分，借记“应收股利”科目，贷记本科目（损益调整）。收到被投资单位发放的股票股利，不进行账务处理，但应在备查簿中登记。

第三，发生亏损的被投资单位以后实现净利润的，企业计算应享有的份额，如有未确认投资损失的，应先弥补未确认的投资损失，弥补损失后仍有余额的，借记本科目（损益调整），贷记“投资收益”科目。

第四，在持股比例不变的情况下，被投资单位除净损益以外所有者权益的其他变动，企业按持股比例计算应享有的份额，借记本科目（其他综合收益），贷记“其他综合收益”科目。

（5）处置长期股权投资的处理。出售长期股权投资时，应按实际收到的金额，借记“银行存款”等科目；原已计提减值准备的，借记“长期股权投资减值准备”科目；按其账面余额，贷记本科目；按尚未领取的现金股利或利润，贷记“应收股利”科目；按其差额，贷记或借记“投资收益”科目。出售采用权益法核算的长期股权投资时，还应按处置长期股权投资的投资成本比例结转原记入“其他综合收益”科目的金额，借记或贷记“其他综合收益”科目，贷记或借记“投资收益”科目。

**（二）长期股权投资减值准备**

“长期股权投资减值准备”科目核算按照被投资单位明细核算的企业长期股权投资发生减值时计提的减值准备。本科目期末贷方余额，反映企业已计提但尚未转销的长期股权投资减值准备。长期股权投资减值准备的主要账务处理如下：

（1）资产负债表日，企业根据资产减值或金融工具确认和计量准则确定长期股权投资发生减值的，按应减记的金额，借记“资产减值损失”科目，贷记本科目。

（2）处置长期股权投资时，应同时结转已计提的长期股权投资减值准备。

**（三）投资收益**

“投资收益”科目应当按照投资项目明细核算企业根据本准则确认的投资收益或投资损失。期末，应将本科目余额转入“本年利润”科目，本科目结转后应无余额。

投资收益的主要账务处理如下：

（1）长期股权投资采用成本法核算的，企业应按被投资单位宣告发放的现金股利或利润中属于本企业的部分，借记“应收股利”科目，贷记本科目。

（2）长期股权投资采用权益法核算的，资产负债表日，应根据被投资单位实现的净利润或经调整的净利润计算应享有的份额，借记“长期股权投资——损益调整”科目，贷记本科目。

被投资单位发生亏损、分担亏损份额超过长期股权投资而冲减长期股权投资账面价值的，借记“投资收益”科目，贷记“长期股权投资——损益调整”科目。发生亏损的被投资单位以后实现净利润的，企业计算的应享有的份额，如有未确认投资损失的，应先弥补未确认的投资损失，弥补损失后仍有余额的，借记“长期股权投资——损益调整”科目，贷记本科目。

（3）出售长期股权投资时，应按实际收到的金额，借记“银行存款”等科目；原已计提减值准备的，借记“长期股权投资减值准备”科目；按其账面余额，贷记“长期股权投资”科目；按尚未领取的现金股利或利润，贷记“应收股利”科目；按其差额，贷记或借记本科目。

出售采用权益法核算的长期股权投资时，还应按处置长期股权投资的投资成本比例结转原记入“其他综合收益”科目的金额，借记或贷记“其他综合收益”科目，贷记或借记本科目。

## 二、初始成本计量

长期股权投资的取得方式不同，其初始成本的计量方式也不同。

**（一）同一控制下的企业合并形成的长期股权投资**

（1）同一控制下的企业合并时，合并方以支付现金、转让非现金资产或承担债务方式作为合并对价的，应当在合并日按照取得被合并方所有者权益账面价值的份额作为长期股权投资的初始投资成本。

长期股权投资初始投资成本与支付的现金、转让的非现金资产以及所承担债务账面价值之间的差额，应当调整“资本公积——资本溢价或股本溢价”科目，“资本公积——资本溢价或股本溢价”科目不足冲减的，应依次借记“盈余公积”“利润分配——未分配利润”科目。其账务处理如下：

借：长期股权投资（被合并方所有者权益账面价值的份额）

贷：银行存款

非现金资产（合并方资产的账面价值）

资本公积——资本溢价或股本溢价

（2）同一控制下的企业合并时，合并方以发行权益性证券（如换股合并）作为合并对价的，应当在合并日按照取得被合并方所有者权益账面价值的份额作为长期股权投资的初始投资成本。按照发行股份的面值总额作为股本，长期股权投资初始投资成本与所发行股份面值总额之间的差额，应当调整“资本公积——资本溢价或股本溢价”科目；“资本公积——资本溢价或股本溢价”科目不足冲减的，应依次借记“盈余公积”“利润分配——未分配利润”科目。

**例 3–1** 甲、乙两家公司同属于丙公司的子公司。甲公司于 2×20 年 3 月 1 日以发行股票的方式从乙公司的股东手中取得乙公司 60% 的股份。甲公司发行 1 500 万股普通股股票，该股票每股面值 1 元。乙公司 2×20 年 3 月 1 日所有者权益为 2 000 万元，甲公司在 2×20 年 3 月 1 日资本公积为 180 万元，盈余公积为 100 万元，未分配利润为 200 万元。

该投资的初始投资成本 1 200 万元（2 000×60%）。该成本与所发行股票的面值 1 500 万元的差额 300 万元应首先调减资本公积 180 万元，然后再调减盈余公积 100 万元，最后再调减未分配利润 20 万元。其会计处理如下：

| | | |
|---|---|---|
| 借：长期股权投资 | 12 000 000 | |
| 资本公积——资本溢价或股本溢价 | 1 800 000 | |
| 盈余公积 | 1 000 000 | |
| 未分配利润 | 200 000 | |
| 贷：股本 | | 15 000 000 |

（3）同一控制下企业合并的相关费用，包括为进行企业合并而支付的审计费用、评估费用、法律服务费用等，应当在发生时记入管理费用各费用明细账中，而不能作为长期股权投资的入账价值。

**（二）非同一控制下的企业合并取得的长期股权投资**

（1）非同一控制下的企业合并，购买方在购买日初始投资成本的计量应该包括两部分：①购买方在购买日为取得对被购买方的控制权而付出的资产、发生或承担的负债以及发行的权益性证券的公允价值之和；②在合并合同或协议中对可能影响合并成本的未来事项作出约定的，购买日如果估计未来事项很可能发生并且对合并成本的影响金额能够可靠地计量，购买日应当将其计入合并成本。

（2）对于购买方在购买日作为企业合并对价付出的资产、发生或承担的负债的公允价值与其账面价值的差额，计入当期损益。

（3）购买方为进行企业合并发生的各项相关费用，直接计入当期损益。

**例 3-2** 甲、乙两家公司属非同一控制下的独立公司。甲公司于 2×20 年 3 月 1 日以本公司的固定资产对乙公司投资，取得乙公司 60% 的股份。该固定资产原值 1 500 万元，已提折旧 400 万元，已提减值准备 50 万元。乙公司 2020 年 1 月 12 日可辨认净资产公允价值为 2 000 万元。在投资当日该设备的公允价值为 1 250 万元，则该投资的初始投资成本为该固定资产的公允价值 1 250 万元，该成本与固定资产的账面价值 1 050 万元（1 500 － 50 － 400）的差额 200 万元应作为营业外收入。其会计处理如下：

| | | |
|---|---|---|
| 借：长期股权投资 | 12 500 000 | |
| 累计折旧 | 4 000 000 | |
| 固定资产减值准备 | 500 000 | |
| 贷：固定资产 | | 15 000 000 |
| 营业外收入——处置非流动资产利得 | | 2 000 000 |

**（三）对其他方式获得的长期股权投资初始成本的确认**

总体来说，以其他方式取得的长期股权投资的初始成本计量强调以公允价值入账。

（1）以支付现金取得的长期股权投资，应当按照实际支付的购买价款作为初始投资成本。

（2）以发行权益性证券取得的长期股权投资，应当按照发行权益性证券的公允价值作为初始投资成本。为发行权益性证券支付给有关承销机构的手续费、佣金等与权益性证券发行直接相关的费用，不构成取得长期股权投资的成本，这部分费用应自权益性证券的溢价发行收入中扣除，溢价收入不足冲减的，应冲减盈余公积和未分配利润。

**例 3-3** 甲公司于 2020 年 3 月 1 日通过发行普通股股票 800 万股与乙公司股东进行交换并取得乙公司有表决权的股份 20%，对乙公司具有重大影响。甲公司准备长期持有该股份。该股票面值为每股 1 元，市场价格为每股 3 元，甲公司向证券承销机构支付相关费用 20 万元。

该股票的公允价值为 2 400 万元，应作为获取投资的成本。而甲公司为发行股票支付的相关费用 20 万元，应冲减溢价收入。其会计处理如下：

| | | |
|---|---|---|
| 借：长期股权投资——投资成本 | 24 000 000 | |
| 　　贷：股本 | | 8 000 000 |
| 　　　　资本公积——股本溢价 | | 16 000 000 |
| 借：资本公积——股本溢价 | 200 000 | |
| 　　贷：银行存款 | | 200 000 |

（3）投资者投入的长期股权投资，应当按照投资合同或协议约定的价值作为初始投资成本，但合同或协议约定价值不公允的除外。

投资者在合同或协议中约定的价值明显不公允的，应当按照取得长期股权投资的公允价值作为其初始投资成本，所确认的长期股权投资初始投资成本与计入企业实收资本金额之间的差额，应调整资本公积（资本溢价）。长期股权投资存在活跃市场的，应当参照活跃市场中的价格确定其公允价值；不存在活跃市场、无法参照市场价格取得其公允价值的，应当按照一定的估价技术等合理的方法确定其公允价值。

（4）通过非货币性资产交换取得的长期股权投资，如果该项交换具有商业实质，应该以换出资产的公允价值和应支付的相关税费，作为长期股权投资的初始投资成本，但有确凿证据表明换入资产的公允价值更加可靠的除外。对于换出资产的公允价值与换出资产账面价值的差额计入当期损益。

（5）通过债务重组取得的长期股权投资，其初始投资成本应当将享有股份的公允价值确认为对债务人的投资，重组债权的账面价值与股份的公允价值之间的差额，计入当期损益（营业外支出——债务重组损失，或冲减资产减值损失）。企业无论以何种方式取得长期股权投资，实际支付的价款或对价中包含的已宣告但尚未领取的现金股利或利润，应作为应收项目单独核算，不作为取得的长期股权投资的成本。

（6）以外币投入取得的长期股权投资，长期股权投资采用投入日按即期汇率折算的金额用记账本位币入账，以外币投入的长期股权投资不会产生外币资本折算差额。

## 三、长期股权投资的后续计量

新准则规定的长期股权投资后续计量方法依然分为成本法和权益法，但成本法与权益法核算范围发生了较大变化。

**（一）成本法**

1. 适用范围

对于子公司的长期股权投资采用成本法核算。不具有控制、共同控制和重大影响的其他投资，适用《企业会计准则第 22 号——金融工具确认和计量》。

2. 成本法核算的会计处理

（1）长期股权投资应当按照初始投资成本计价。追加或收回投资应当调整长期股权投资的成本。

（2）采用成本法核算的长期股权投资，除取得投资时实际支付的价款或对价中包含的已宣告但尚未发放的现金股利或利润外，投资企业应当按照享有被投资单位宣告发放的现金股利或利润确认投资收益，不再划分是否属于投资前和投资后被投资单位实现的净利润。

**例 3-4**　华远公司 2×19 年 1 月 5 日购入乙公司有表决权资本的 65%，并准备长期持有，其投资成本为 715 000 元。乙公司于 2×19 年 5 月 5 日宣告分派 2018 年度的现金股利 150 000 元。假设乙公司 2×19 年 1 月 1 日股东权益合计为 1 800 000 元；2×19 年实现净利润 600 000 元；2020 年 5 月 5 日宣告分派现金股利 450 000 元。华远公司有关会计分录如下：

（1）2×19 年 1 月 5 日投资时：

借：长期股权投资——股票投资——乙公司　　715 000

　贷：银行存款　　715 000

（2）2×19 年 5 月 5 日宣告分派 2018 年度的现金股利时：

借：应收股利（150 000×65%）　　97 500

　贷：投资收益　　97 500

（3）2020 年 5 月 5 日宣告分派现金股利时：

借：应收股利（450 000×65%）　　292 500

　贷：投资收益　　292 500

**（二）权益法**

1. 适用范围

投资企业对被投资单位具有共同控制或重大影响的长期股权投资，应当采用权益法核算。这主要是针对合营企业和联营企业而言。

2. 权益法核算的会计处理

1）投资成本的调整。

长期股权投资的初始投资成本大于投资时应享有被投资单位可辨认净资产公允价值份额的，不调整长期股权投资的初始投资成本；长期股权投资的初始投资成本小于投资时应享有被投资单位可辨认净资产公允价值份额的，其差额应当计入当期损益。

**例 3-5**　续例 3-3，假设乙公司在购买日可辨认净资产的公允价值为 15 000 万元，则该股票的公允价值 2 400 万元为获取投资的成本。而乙公司 20% 的净资产的公允价值为 3 000 万元（15 000×20%），其差额 600 万元，应确认为当期损益。其会计处理如下：

借：长期股权投资——投资成本　　6 000 000

　贷：营业外收入　　6 000 000

2）投资收益的确认。

第一，投资企业取得长期股权投资后，应当按照应享有或应分担的被投资单位实现的净损益的份额，确认投资损益并调整长期股权投资的账面价值。投资企业按照被投资单位宣告分派的利润或现金股利计算应分得的部分，相应减少长期股权投资的账面价值。

第二，被投资单位净利润调整事项。

a. 以取得投资时被投资单位各项可辨认资产等的公允价值为基础对被投资单位的净利润进行调整。

基于重要性原则，通常应考虑的调整因素为：以取得投资时被投资单位固定资产、无形资产的公允价值为基础计提的折旧额或摊销额对被投资单位净利润的影响。其他项目如为重要的，也应进行调整。

无法可靠确定取得投资时被投资单位各项可辨认资产公允价值的；或者投资时被投资单位可辨认资产的公允价值与其账面价值相比，两者之间的差额较小的；以及因为其他原因导致无法对被投资单位净损益进行调整的，可以按照被投资单位的账面净利润与持股比例计算的结果确认投资收益，但应在附注中说明这一事实及其原因。

**例 3–6** 某投资企业于 2020 年 1 月 1 日取得对联营企业 30% 的股权，取得投资时被投资单位的固定资产公允价值为 1 200 万元，账面价值为 600 万元，固定资产的预计使用年限为 10 年，净残值为零，按照直线法计提折旧。被投资单位 2020 年度利润表中净利润为 500 万元，其中，被投资单位当期利润表中已按其账面价值计算扣除的固定资产折旧费用为 60 万元，按照取得投资时固定资产的公允价值计算确定的折旧费用为 120 万元，不考虑所得税影响，按照被投资单位的账面净利润计算确定的投资收益应为 150 万元（500×30%）。按该固定资产的公允价值计算的净利润为 440 万元（500－60），投资企业按照持股比例计算确认的当期投资收益应为 132 万元（440×30%）。

**例 3–7** A 公司于 2020 年 1 月 1 日购入 B 公司 40% 的股份，支付价款为 2 000 万元，并自取得日起派人参与 B 公司的生产经营决策。取得投资当日，B 公司可辨认净资产的公允价值为 6 000 万元，除表 3–2 所列项目外，B 公司其他资产、负债的公允价值与账面价值相同。

**表 3–2 资产项目资料表**　　单位：万元

| 项 目 | 账面原价 | 累计折旧或摊销 | 公允价值 | B 公司预计使用年限（年） | A 公司取得投资后剩余使用年限（年） |
|---|---|---|---|---|---|
| 存货 | 500 | | 650 | | |
| 固定资产 | 1 400 | 350 | 1 500 | 20 | 15 |
| 无形资产 | 700 | 280 | 600 | 10 | 6 |
| 合计 | 2 600 | 630 | 2 750 | | |

假定 B 公司 2020 年实现净利润 500 万元，其中，在 A 公司取得投资时的账面存货有 70% 对外销售。A、B 两公司的会计年度与采用的会计政策相同。固定资产与无形资产均按直线法提取折旧或摊销。预计净残值均为零。A 公司在确定其应享有的投资收益时，应在 B 公司实现净利润的基础上，根据取得投资时 B 公司有关资产的账面价值与其公允价值差额的影响进行调整（假定不考虑所得税的影响）。

存货账面价值与公允价值的差额应调减的利润＝（650 － 500）×70%
固定资产公允价值与账面价值差额与调增的折旧额＝ 1500 ÷ 15 － 1400 ÷ 20
＝ 30（万元）
无形资产公允价值与账面价值差额与调增的摊销额＝ 600 ÷ 6 － 700 ÷ 10
＝ 30（万元）
调整后的净利润＝ 500 － 105 － 30 － 30 ＝ 335（万元）
A 公司应享有的份额＝ 335×40%＝ 134（万元）

会计分录如下：

| | | |
|---|---|---|
| 借：长期股权投资——损益调整 | 1 340 000 | |
| 贷：投资收益 | | 1 340 000 |

b. 当被投资单位采用会计政策及会计期间与投资企业不一致的，应当按照投资企业的会计政策及会计期间对被投资单位的财务报表进行调整，并据以确认投资损益。

第三，被投资单位超额亏损的处理。投资企业确认被投资单位发生的净亏损，应当以长期股权投资的账面价值以及其他实质上构成对被投资单位净投资的长期权益减记至零为限，投资企业负有承担额外损失义务的除外。其他实质上构成对被投资单位净投资的长期权益，通常是指长期性的应收项目，如企业对被投资单位的长期债权，该款项没有明确的清收计划，且在可预见的未来期间不准备收回的，实质上构成对被投资单位的净投资。

在确认应分担被投资单位发生的亏损时，应当按照以下顺序进行处理：①减记长期股权投资的账面价值；②长期股权投资的账面价值不足冲减的，应当以其他实质上构成对被投资单位净投资的长期权益账面价值为限继续确认投资损失，冲减长期应收项目等的账面价值；③经过上述处理，按照投资合同或协议约定企业仍承担额外义务的，应按预计承担的义务确认预计负债，计入当期投资损失。

被投资单位以后期间实现盈利的，企业扣除未确认的亏损分担额后，应按上述相反的顺序处理，减记预计负债的账面余额、恢复其他实质上构成对被投资单位净投资的长期权益及长期股权投资的账面价值，同时确认投资收益。

**例 3-8** 甲企业持有乙企业 40%的股权，2×19 年 12 月 31 日投资的账面价值为 2 000 万元，假定取得投资时点被投资单位各资产公允价值等于账面价值，双方采用的会计政策和会计期间相同。

假设 1：乙企业 2020 年亏损额为 3 000 万元，则甲企业 2016 年应确认投资损失 1 200 万元，长期股权投资账面价值降至 800 万元。

| | | |
|---|---|---|
| 借：投资收益 | 12 000 000 | |
| 贷：长期股权投资——损益调整 | | 12 000 000 |

假设 2：乙企业 2020 年亏损额为 6 000 万元，当年度甲企业应分担损失 2 400 万元，长期股权投资账面价值减至零，如果甲企业账上有应收乙企业长期应收款 800 万元，则应进一步确认损失 400 万元（2 400 － 2 000）。

| | | |
|---|---|---|
| 借：投资收益 | 24 000 000 | |
| 贷：长期股权投资——损益调整 | | 20 000 000 |
| 长期应收款 | | 4 000 000 |

假设3：乙企业2020年亏损额为10 000万元，当年度甲企业应分担损失4 000万元。若按照投资合同或协议约定甲企业仍承担额外义务的，先冲减长期股权投资账面价值至0，如甲企业账上有应收乙企业长期应收款800万元，则应进一步确认损失800万元，差额1 200万元计入预计负债。

借：投资收益　40 000 000

　　贷：长期股权投资——损益调整　20 000 000

　　　　长期应收款　8 000 000

　　　　预计负债——承担超额亏损　12 000 000

如若按照投资合同或协议约定甲企业不承担额外义务的，则应作账务处理如下：

借：投资收益　28 000 000

　　贷：长期股权投资——损益调整　20 000 000

　　　　长期应收款　8 000 000

未确认的1 200万元（4 000 － 2 800）的差额，甲企业记入备查账簿，但乙企业盈利后，先恢复备查的未入账的1 200万元，之后按上述相反的顺序处理。

3. 被投资单位其他净资产变动的处理

对于被投资单位除净损益以外所有者权益的其他变动，在持股比例不变的情况下，企业按照持股比例计算应享有或承担的部分，调整长期股权投资的账面价值，同时增加或减少“其他综合收益”科目的金额。

**例3-9**　甲公司2020年1月1日用现金50万元购买了乙公司20%的股权，并具有重大影响，投资时，乙公司净资产账面价值为200万元，公允价值为280万元。当年乙公司因持有的可供出售金融资产公允价值上升，增加资本公积16万元。根据上述资料，甲公司应作相应的会计处理如下：

（1）2020年1月1日：

借：长期股权投资——投资成本　560 000

　　贷：银行存款　500 000

　　　　营业外收入　60 000

（2）2020年12月31日：

借：长期股权投资——其他权益变动　32 000

　　贷：其他综合收益　32 000

**（三）成本法与权益法相互转换**

长期股权投资在持有期间，因各方面情况的变化，可能导致其核算需要由一种方法转换为另外的方法。

1. 以公允价值计量转换为按权益法核算

投资方因追加投资等原因能够对被投资单位施加重大影响或实施共同控制但不构成控制的，应当按照《企业会计准则第22号——金融工具确认和计量》确定的原持有的股权投资的公允价值加上新增投资成本之和，作为改按权益法核算的初始投资成本。原持有的股权投资分类为可供出售金融资产的，其公允价值与账面价值之间的差额，以及原计入其他综合收益的累计公允价值变动应当转入改按权益法核算的当期损益。

在具体转换时，要比较上述计算所得的初始投资成本，与按照追加投资后新的持股比例计算确定的应享有被投资单位在追加投资日可辨认净资产公允价值份额之间的差额，如果前者大于后者，则不需要调整长期股权投资的账面价值；如果前者小于后者，则应当按照其差额调整长期股权投资的账面价值，并计入当期营业外收入。

**例 3-10** A 公司于 2×19 年 4 月取得 B 公司 10% 的股权，成本为 600 万元，A 公司将该项投资归类为可供出售金融资产。2×19 年 12 月 31 日，该项投资的市场价值为 700 万元。

2×20 年 4 月 10 日，A 公司又以 1 200 万元的价格取得 B 公司 12% 的股权。取得该部分股权后，按照 B 公司章程规定，A 公司能够派人参与 B 公司的生产经营决策，对该项长期股权投资转为采用权益法核算。本例中，假定 A 公司在取得对 B 公司 10% 股权后至新增投资日，未派发现金股利或利润。

（1）2×19 年 4 月，取得 B 公司股权时。

借：可供出售金融资产——投资成本　　6 000 000
　　贷：银行存款　　6 000 000

（2）2×19 年 12 月 31 日，确认公允价值变动损益。

借：可供出售金融资产——公允价值变动　　1 000 000
　　贷：其他综合收益　　1 000 000

（3）2×20 年 4 月 10 日，A 公司应确认对 B 公司的长期股权投资。

借：长期股权投资　　12 000 000
　　贷：银行存款　　12 000 000
借：长期股权投资（12 000 000÷12%×10%）　　10 000 000
　　贷：可供出售金融资产——投资成本　　6 000 000
　　　　　　　　　　　　——公允价值变动　　1 000 000
　　　　投资收益　　3 000 000
借：其他综合收益　　1 000 000
　　贷：投资收益　　1 000 000

2. 公允价值计量或权益法转换为成本法

投资方因追加投资等原因能够对非同一控制下的被投资单位实施控制的，在编制个别财务报表时，应当按照原持有的股权投资账面价值加上新增投资成本之和，作为改按成本法核算的初始投资成本。购买日之前持有的股权投资因采用权益法核算而确认的其他综合收益，应当在处置该项投资时采用与被投资单位直接处置相关资产或负债相同的基础进行会计处理。购买日之前持有的股权投资按照《企业会计准则第 22 号——金融工具确认和计量》的有关规定进行会计处理的，原计入其他综合收益的累计公允价值变动应当在改按成本法核算时转入当期损益。在编制合并财务报表时，应当按照《企业会计准则第 33 号——合并财务报表》的有关规定进行会计处理。

**例 3-11** 甲公司持有乙公司 30% 的有表决权股份，因能够对乙公司的生产经营决策施加重大影响，采用权益法核算。2×20 年 10 月，甲公司支付 3 600 万元对乙公司追加30%股权的投资。追加投资后，甲公司对乙公司能实施控制。追加投资时，该项长期股权投资的账面价值为3 400万元，其中，投资成本为2 600万元，损益调整为600万元，其他权益变动为200万元。

甲公司追加投资时相关的会计分录如下：

借：长期股权投资　　36 000 000

　贷：银行存款　　36 000 000

追加投资后，甲公司对乙公司的长期股权投资账面价值为7 000万元。

### 3. 权益法转换为公允价值计量

投资方因处置部分权益性投资等原因导致不能再对被投资单位实施共同控制或重大影响的，在编制个别财务报表时，处置后的剩余股权不能对被投资单位实施共同控制或施加重大影响的，应当改按《企业会计准则第22号——金融工具确认和计量》的有关规定进行会计处理，其在丧失共同控制或重大影响之日的公允价值与账面价值之间的差额计入当期损益。

**例3–12** A公司持有B公司30%的有表决权股份，能够对B公司施加重大影响，对该股权投资采用权益法核算。2×20年10月，A公司将该项投资中的50%出售给非关联方，取得价款1 800万元。相关手续于当日完成。A公司无法再对B公司施加重大影响，将剩余股权投资转为可供出售金融资产。出售时，该项长期股权投资的账面价值为3 200万元，其中投资成本为2 600万元，损益调整为300万元，其他综合收益为200万元（性质为被投资单位的可供出售金融资产的累计公允价值变动），除净损益、其他综合收益和利润分配外的其他所有者权益变动为100万元。剩余股权的公允价值为1 800万元。不考虑相关税费等其他因素影响。

A公司有关会计处理如下：

（1）确认有关股权投资的处置损益。

借：银行存款　　18 000 000

　贷：长期股权投资　　16 000 000

　　投资收益　　2 000 000

（2）由于终止采用权益法核算，将原确认的相关其他综合收益转入当期损益。

借：其他综合收益　　2 000 000

　贷：投资收益　　2 000 000

（3）由于终止采用权益法核算，将原计入资本公积的其他所有者权益变动全部计入当期损益。

借：资本公积——其他资本公积　　1 000 000

　贷：投资收益　　1 000 000

（4）剩余股权投资转为可供出售金融资产，当天公允价值为1 800万元，账面价值为1 600万元，两者的差异应计入当期投资收益。

借：可供出售金融资产　　18 000 000

　贷：长期股权投资　　16 000 000

　　投资收益　　2 000 000

4. 成本法转权益法

投资方因处置部分权益性投资等原因丧失对被投资单位控制的，在编制个别财务报表时，处置后的剩余股权能够对被投资单位实施共同控制或施加重大影响，应当改按权益法核算，并对该剩余股权视同自取得时即采用权益法核算进行调整。

在具体转换时，首先应当按处置投资的比例终止确认相应的长期股权投资成本。然后，计算剩余的长期股权投资成本与按照剩余持股比例计算原投资时应享有被投资单位可辨认净资产公允价值之间的差额，如果前者大于后者，则不需要调整长期股权投资的账面价值；如果前者小于后者，则应当按照其差额调整长期股权投资的账面价值，同时调整留存收益。

**例 3-13** A 公司持有 B 公司 80% 的股权，并能对 B 公司实施控制。2×19 年 12 月 31 日，A 公司对 B 公司的长期股权投资的账面价值为 8 000 万元，并未计提减值准备。2×20 年 1 月 1 日，A 公司将其持有的对 B 公司长期股权投资中的 1/2 出售给非关联方，取得价款 4 600 万元，当日被投资单位可辨认净资产公允价值总额为 16 000 万元。减持之后，A 公司不再对 B 公司实施控制，但具有重大影响。A 公司在取得 B 公司 80% 的股权时，B 公司可辨认净资产公允价值总额为 9 000 万元（假定公允价值与账面价值相同）。自 A 公司取得对 B 公司长期股权投资后至减持之前，B 公司实现净利润 6 000 万元。假定 B 公司一直未进行利润分配。除所实现净损益外，B 公司未发生其他计入资本公积的交易或事项。A 公司按净利润的 10% 提取盈余公积。不考虑相关税费等其他因素的影响。

在本案例中，在出售 40% 股权之后，A 公司对 B 公司的持股比例为 40%，对 B 公司施加重大影响。对 B 公司长期股权投资应由成本法改为按照权益法核算。有关会计处理如下：

（1）确认长期股权投资处置损益。

借：银行存款　　46 000 000

　贷：长期股权投资　　40 000 000

　　投资收益　　6 000 000

（2）调整长期股权投资账面价值。

剩余长期股权投资的账面价值为 4 000 万元，与原投资时应享有被投资单位可辨认净资产公允价值份额之间的差额 400 万元（4 000 － 9 000×40%）为商誉，该部分商誉的价值不需要对长期股权投资的成本进行调整。

减持以后按照持股比例计算享有被投资单位自购买日至减持日之间实现的净损益为 2 400 万元（6 000×40%），应调整增加长期股权投资的账面价值，同时调整留存收益。企业应进行会计处理如下：

借：长期股权投资——损益调整　　24 000 000

　贷：盈余公积　　2 400 000

　　利润分配——未分配利润　　21 600 000

5. 成本法核算转为公允价值计量

投资方因处置部分权益性投资等原因丧失了对被投资单位的控制的，在编制个别财务报表时，处置后的剩余股权不能对被投资单位实施共同控制或施加重大影响的，应当改按《企业会计准则第 22 号——金融工具确认和计量》的有关规定进行会计处理，其在丧失控制之日的公允价值与账面价值间的差额计入当期损益。在编制合并财务报表时，应当按照《企业会计准则第 33 号——合并财务报表》的有关规定进行会计处理。

**例 3-14** A 公司持有 B 公司 80% 的有表决权股份，能够对 B 公司实施控制，对该股权投资采用成本法进行核算。2×20 年 10 月，A 公司将该项投资中的 90% 出售给非关联方，取得价款 9 000 万元。相关手续于当日完成。A 公司无法再对 B 公司实施控制，也不能施加共同控制或重大影响，将剩余股权投资转为可供出售金融资产。出售时，该项长期股权投资的账面价值为 9 000 万元，剩余股权投资的公允价值为 1 000 万元。不考虑相关税费等其他因素的影响。

A 公司有关会计处理如下：

（1）确认有关股权投资的处置损益。

借：银行存款　　90 000 000

　　贷：长期股权投资　　81 000 000

　　　　投资收益　　9 000 000

（2）剩余股权投资转为可供出售金融资产，当天公允价值为 1 000 万元，账面价值为 900 万元，两者的差异应计入当期损益。

借：可供出售金融资产　　10 000 000

　　贷：长期股权投资　　9 000 000

　　　　投资收益　　1 000 000

## 四、长期股权投资的期末计价

资产负债表日，长期股权投资的可收回金额低于其账面价值的，应当将资产的账面价值减值至可收回金额，减记的金额确认为资产减值损失，计入当期损益，同时计提相应的资产减值准备。资产减值损失一经确认，在以后会计期间不得转回。

其账务处理如下：

借：资产减值损失——长期股权投资

　　贷：长期股权投资——减值准备

新准则分两种情形对长期股权投资减值准备进行了规定：一种是按照本准则规定的成本法核算，在活跃市场中没有报价、公允价值不能可靠地计量的长期股权投资；另一种是其他按照本准则核算的长期股权投资。

（1）按成本法核算，在活跃市场中没有报价、公允价值不能可靠地计量的长期股权投资。

对于此类情形的长期股权投资的减值准备，新准则规定应根据《企业会计准则第 22 号——金融工具确认和计量》进行处理。按照该准则第四十五条的规定，在活跃市场上没有报价且其公允价值不能可靠地计量的权益工具投资，应当将该权益工具投资的账面价值，与按类似金融资产当时市场收益率对其未来现金流量折现确定的现值之间的差额，确认为减值损失，计入当期损益，同时该准则第四十八条规定，该减值损失不得转回。

是否计提减值准备，应根据下列情形进行判断：第一，影响被投资企业经营的政治或法律等环境的变化（如税收、贸易等法规的颁布或修订），而导致被投资单位出现巨额亏损；第二，被投资单位提供的商品或劳务因产品过时或消费者偏好改变，使其市场份额减少甚至丧失，而导致被投资单位财务状况和现金流量发生严重恶化；第三，被投资企业所从事产业的生产技术或竞争者数量等发生变化，被投资单位已失去竞争能力，而导致财务状况和现金流量发生严重恶化；第四，被投资单位进行清理整顿、清算或出现其他不能持续经营的迹象。当投资企业持有此类型的长期股权投资出现上述情形之一的，即可视为该项投资已发生减值损失，可以计提减值准备。

**例 3-15** 甲公司占乙公司有表决权股份的70%，对乙公司构成控制。至2020年12月31日，甲公司该项长期股权投资的账面价值为3 000万元，由于没有公开市场价格且不能可靠地计量其公允价值，按市场收益率计算，该项长期股权投资在2020年12月31日预计未来现金流量现值为2 580万元。甲公司该项长期股权投资发生减值420万元。其会计处理如下：

借：投资收益 4 200 000

贷：长期股权投资减值准备 4 200 000

（2）其他按本准则核算的长期股权投资。

其他按本准则核算的长期股权投资的减值应当按照《企业会计准则第8号——资产减值》处理。长期股权投资的减值是指长期股权投资可回收金额低于其账面价值所发生的损失。可回收金额应根据该长期股权投资的公允价值减去处置费用后的净额与资产预计未来现金流量的现值两者之间的较高者来决定。按资产减值准则的规定，企业应当在资产负债表日判断长期股权投资是否存在可能发生减值的迹象。如果由于市价持续下跌或被投资单位经营状况变化等原因导致长期投资的可收回金额低于账面价值，应将可收回金额低于账面价值的差额，确认为当期投资损失，并计提减值准备，以抵减长期投资的账面价值。该资产减值损失一经确认，在以后会计期间不得转回。

是否对长期股权投资计提减值准备，应根据下列情形进行判断：第一，市场价格持续2年低于账面价值；第二，该项投资暂停交易1年；第三，被投资单位当年发生严重亏损；第四，被投资单位持续2年发生亏损；第五，被投资单位进行清理整顿、清算或出现其他不能持续经营的情形。当投资企业持有的长期股权投资出现上述情形之一的，即可视为该项投资已发生减值损失，可以计提减值准备。

## 五、长期股权投资的处置

处置长期股权投资，应按实际收到的价款与长期股权投资账面价值的差额，确认为当期损益。在采用权益法核算时，因被投资单位前期作为所有者权益的其他变动而计入本企业所有者权益的，处置该项投资时应将原计入所有者权益的部分相应地转入当期损益，即将原计入资本公积准备的项目金额转入“投资收益”科目。部分处置某项长期股权投资时，应按该项投资的总平均成本确定其处置部分的成本，并按相应比例结转已计提的减值准备和资本公积准备项目。

**例 3-16** 甲公司拥有乙公司有表决权股份的30%，对乙公司构成重大影响。2020年12月30日，甲公司出售乙公司的全部股权，所得价款2 300万元全部存入银行，当日该项长期股权投资的账面价值为2 000万元，其中投资成本为1 500万元，损益调整为400万元，其他权益变动为300万元，长期股权投资减值准备为200万元。假设不考虑相关税费，该业务的会计处理如下：

借：银行存款　　23 000 000
　　长期股权投资减值准备　　2 000 000
　　贷：长期股权投资——投资成本——乙公司　　15 000 000
　　　　　　　　　　——损益调整——乙公司　　4 000 000
　　　　　　　　　　——其他权益变动——乙公司　　3 000 000
　　　　投资收益　　3 000 000

同时，将原记入资本公积准备项目的金额转入投资收益。其会计处理如下：

借：其他综合收益　　3 000 000
　　贷：投资收益　　3 000 000

**例 3-17** 2018年年初，A公司从二级市场购买B公司股票50万股，每股价格1元，占60%股权，并支付税费7 500元。2018年年初，B公司所有者权益合计为240万元（与可辨认净资产公允价值相等）。2018年5月，B公司分配2014年度的现金股利，每股0.1元。2015年，B公司实现净利润20万元，期末，其持有的可供出售金融资产因公允价值升值增加资本公积6.7万元。2×19年5月，B公司分配2015年度的现金股利，每股0.12元。2×19年度，B公司发生净亏损5万元，其持有的可供出售金融资产公允价值下降减少资本公积4.02万元。2020年年初，A公司收回投资45万元，存入银行。

根据资料，按成本法编制A公司相关的会计分录如下：

（1）2×18年年初，购买B公司股票时：

借：长期股权投资　　507 500
　　贷：银行存款　　507 500

（2）2×18年5月，B公司分配2014年现金股利时：

借：应收股利　　50 000
　　贷：投资收益　　50 000
借：银行存款　　50 000
　　贷：应收股利　　50 000

（3）2×19年5月，B公司分配2015年现金股利时：

借：应收股利　　60 000
　　贷：投资收益　　60 000
借：银行存款　　60 000
　　贷：应收股利　　60 000

（4）2020年年初，收回投资时：

借：银行存款　　450 000
　　投资收益　　57 500
　　贷：长期股权投资　　507 500

## 六、长期股权投资的披露

投资企业应当在附注中披露与长期股权投资有关的下列信息：

（1）子公司、合营企业和联营企业清单，包括企业名称、注册地、业务性质、投资企业的持股比例和表决权比例。

（2）合营企业和联营企业当期的主要财务信息，包括资产、负债、收入和费用等合计金额。

（3）被投资单位向投资企业转移资金的能力受到严格限制的情况。

（4）当期及累计未确认的投资损失金额。

（5）与对子公司、合营企业及联营企业投资相关的或有负债。

## 七、长期股权核算的其他要求

（1）由于权益法核算时，对被投资单位的投资收益核算，需要按照被投资单位公允价值调整后的净利润进行确认，所以各公司要建立备查簿，详细登记具有共同控制及重大影响的长期股权投资在取得投资时被投资单位各项可辨认资产的公允价值。

（2）取得具有同一控制及重大影响的长期股权投资的被投资单位所采用的会计政策及其变动情况。

（3）企业应当设置备查簿，记录非同一控制下的企业合并形成母子公司关系的子公司各项可辨认资产、负债及或有负债等在购买日的公允价值。编制合并财务报表时，应当以购买日确定的各项可辨认资产、负债及或有负债的公允价值为基础对子公司的财务报表进行调整。

（4）期末要对“长期股权投资”科目进行核查。

一是对成本法核算的“长期股权投资”科目的核查。检查按成本法核算的长期股权投资被投资单位的利润分配方案，检查投资收益确认是否正确。

二是对权益法核算的“长期股权投资”科目的核查：①检查企业计算投资收益所采用的被投资单位实现的净利润是否已经按照取得投资时被投资单位各项可辨认资产的公允价值进行了调整，调整金额是否正确；②检查被投资单位使用的会计政策、采用的会计期间是否与投资企业一致，对于不一致的情况是否已经对被投资单位的财务报表按照投资企业的会计政策、会计期间进行了调整，在调整过程中调整金额是否正确；③检查对于被投资单位除净损益以外所有者权益的其他变动，企业是否正确地调整了长期股权投资账面价值和所有者权益项目；④检查投资收益的确认是否正确；⑤检查投资成本与应享有的被投资单位净资产的账面价值的份额或应享有被投资单位可辨认净资产的公允价值份额的差额处理是否正确。

三是检查权益法改为成本法、成本法改为权益法核算的投资成本确认是否正确。

四是检查长期股权投资减值准备的计算是否正确、是否足额计提、有无转回的情况。

五是对于当期处置的长期股权投资，应检查企业处置长期股权投资损益确认是否正确，检查对于被投资单位除净损益以外所有者权益的其他变动记入所有者权益项目的是否转入当期损益，结转金额是否正确。

六是检查长期股权投资的披露是否真实、完整。

## 第二节　首次执行日的会计处理

按照《企业会计准则第38号——首次执行企业会计准则》的规定，长期股权投资在首次执行日的会计处理（报表项目衔接、期初调整方法、未来适用项目）有两个方面。

### 一、应当采用追溯调整法的处理事项

对于首次执行日的长期股权投资，应当分别下列情况处理。

**（一）同一控制下企业合并产生的长期股权投资**

根据《企业会计准则第20号——企业合并》，属于同一控制下企业合并产生的长期股权投资，尚未摊销完毕的股权投资差额应全额冲销，并调整留存收益，以冲销股权投资差额后的长期股权投资账面余额作为首次执行日的认定成本。

根据《国际财务报告准则第1号——首次采用国际财务报告准则》的规定，认定成本是“在某一给定的日期，被用作成本或折余成本替代金额的金额。此后的折旧或摊销是在假定主体在给定日期以等于认定成本的成本初始确认资产或负债的基础上进行的”。

（1）对于首次执行日尚未摊销完毕的“长期股权投资——股权投资差额”科目是借方差额的会计处理如下：

借：利润分配——未分配利润［原结余的股权投资差额的借差金额］

　　贷：长期股权投资——股权投资差额［原结余的股权投资差额的借差金额］

（2）对于首次执行日尚未摊销完毕的“长期股权投资——股权投资差额”科目是贷方差额的会计处理如下：

借：长期股权投资——股权投资差额［原结余的股权投资差额的贷差金额］

　　贷：利润分配——未分配利润［原结余的股权投资差额的贷差金额］

（3）首次执行日的认定成本：以冲销股权投资差额后的长期股权投资账面余额作为首次执行日的认定成本。首次执行日成本在完成上述调整后，应进一步作会计处理如下：

借：长期股权投资——投资成本［首次执行日的认定成本］

　　贷：长期股权投资——投资成本［首次执行日调整前原制度下结余］

　　　　　　　　　——损益调整［首次执行日调整前原制度下结余］

　　　　　　　　　——投资准备［首次执行日调整前原制度下结余］

**（二）其他采用权益法核算的长期股权投资**

（1）存在股权投资贷方差额的，应冲销贷方差额，调整留存收益：

借：长期股权投资——股权投资差额

　　贷：利润分配——未分配利润

并以冲销贷方差额后的长期股权投资账面余额作为首次执行日的认定成本，并作会计处理如下：

借：长期股权投资——投资成本

　　贷：长期股权投资——投资成本、损益调整、投资准备

（2）存在股权投资借方差额的，应当按长期股权投资的账面余额作为首次执行日的认定成本，不作任何调整，其会计处理如下：

借：长期股权投资——投资成本［首次执行日的认定成本］

　　贷：长期股权投资——投资成本［首次执行日调整前原制度下结余］

　　　　　　　　　　——损益调整［首次执行日调整前原制度下结余］

　　　　　　　　　　——投资准备［首次执行日调整前原制度下结余］

　　　　　　　　　　——股权投资差额［首次执行日调整前原制度下结余］

除了上述调整外，其他项目不应进行追溯调整，即应当采用未来适用法的处理方法。

## 二、执行新准则新旧科目对照表

有关长期股权投资核算中新旧准则规定的会计科目使用情况对照如表 3-3 所示。

**表 3-3　新旧准则会计科目对照表**

| 旧科目 | 新科目 | 备注 |
| --- | --- | --- |
| 长期债权投资 | 持有至到期日投资<br>——成本<br>——利息调整<br>——应计利息 | 由其他准则规范 |
| 短期投资<br>——股票投资<br>——债券投资 | 可供出售的金融资产 | 由其他准则规范 |
| 长期股权投资<br>——投资成本<br>——损益调整<br>——投资减值准备<br>——股权投资差额 | 长期股权投资<br>——投资成本<br>——损益调整<br>——所有者权益其他变动 | 本准则规范 |

# 第三节　新准则对企业的影响

财政部自 2006 年发布《企业会计准则第 2 号——长期股权投资》及其应用指南以后，又根据国际财务报告准则（IFRS）的相关变动，通过准则解释等文件陆续修订了部分长期股权投资准则的内容。2014 年 3 月 13 日，财政部完成长期股权投资准则的修订工作，并发布了《关于印发修订〈企业会计准则第 2 号——长期股权投资〉的通知》（财会〔2014〕14 号），对《企业会计准则第 2 号——长期股权投资》（2006）进行了整体修订。新修订的《企业会计准则第 2 号——长期股权投资》自 2014 年 7 月 1 日起在所有执行企业会计准则的企业范围内施行，鼓励在境外上市的企业提前执行，原《企

业会计准则第 2 号——长期股权投资》（2006）同时废止。

## 一、执行新准则对经营业绩的影响

与现行会计法规相比，执行新准则，将对经营业绩产生重大影响，进而间接影响投资决策、筹资决策和股利分配决策等。执行新准则，直接对单独财务报表的长期股权投资、资本公积、投资收益以及公允价值变动损益等相关报表项目产生重大影响，但是，相对于单独财务报表而言，合并财务报表所受的影响相对小一些。例如，投资企业能够对被投资单位实施控制的长期股权投资，在单独财务报表中改按成本法核算，将极大地影响单独财务报表所列的净利润；但是，在合并财务报表上，母公司首先应对上述投资按权益法进行调整，然后予以合并或抵销。总体而言，可能导致利润增加的因素较多，可能导致利润减少的因素较少。

**（一）可能导致利润增加的主要因素**

（1）同一控制下的企业合并形成的长期股权投资，其初始投资成本（在合并日所取得的被合并方所有者权益账面价值的份额）与支付的现金、转让的非现金资产以及所承担债务账面价值之间的差额，应当调整资本公积；资本公积不足冲减的，调整留存收益。参照现行会计法规，上述差额为借方的，通常确认为股权投资差额并分期摊销；差额为贷方的，通常确认为资本公积。

（2）非同一控制下的企业合并形成的长期股权投资，按照所支付合并对价的公允价值确定初始投资成本，借方差额确认为商誉，然后仅作减值测试但不摊销；贷方差额经复核后计入当期损益。参照现行会计法规，上述差额的处理类似同一控制下的企业合并形成的长期股权投资。

（3）采用权益法核算的长期股权投资，因被投资单位除净损益以外所有者权益的其他变动而计入所有者权益的，处置该项投资时应当将原计入所有者权益的部分按相应比例转入当期损益，改变了现行会计法规将其转入其他资本公积的做法。

（4）新准则规定长期股权投资的减值准备一经计提，不得转回。

**（二）可能导致利润减少的主要因素**

现行会计法规规定，投资企业确认被投资单位发生的净亏损，以投资账面价值减记至零为限。新准则在此基础上增加了两点规定：①除了长期股权投资账面价值外，还应包括其他实质上构成对被投资单位净投资的长期权益；②投资企业负有承担额外损失的情况除外。

**（三）既有可能导致利润增加也有可能导致利润减少的主要因素**

投资企业能够对被投资单位实施控制的长期股权投资，在单独财务报表中改按成本法核算。子公司经营盈利的，改按成本法将减少母公司利润；子公司经营亏损的，改按成本法将增加母公司利润。

通过非货币性资产交换取得的长期股权投资，符合一定条件的，应当以公允价值和应支付的相关税费作为换入资产的成本，公允价值与换出资产账面价值的差额计入当期损益。现行会计法规不涉及公允价值。因此，公允价值高于账面价值的，将可能导致利润增加；否则可能导致利润减少。

通过债务重组取得的长期股权投资，情况类似于上述非货币性资产交换。

投资企业在按照权益法确认应享有被投资单位净损益的份额时，应当以取得投资时被投资单位各项可辨认资产等的公允价值为基础，对被投资单位的净利润进行适当调整后确认。可辨认净资产公允价值高于账面价值的，该调整可能导致净利润减少；可辨认净资产公允价值低于账面价值的，该调整可能导致净利润增加。

此外，首次执行新准则时，根据《企业会计准则第38号——首次执行企业会计准则》，除了同一控制下企业合并产生的长期股权投资差额摊销后余额和其他情形产生的长期股权投资贷方差额摊销后余额调整留存收益外，其他项目不应追溯调整。因此，前述不予追溯调整的项目涉及的按照《企业会计准则第2号——长期股权投资》应归属于首次执行日以前期间的损益，将计入首次执行日所属会计期间。

以下是可能产生该类影响的例子。由于考虑了潜在表决权，投资企业认定其对某被投资单位由不具有重大影响变为具有重大影响，因此按照新准则应对其采用权益法核算。因该被投资单位以前年度大量盈利，故按照权益法应分享的以前年度利润全部确认为首次执行日所属会计期间，从而大幅增加了首次执行日所属会计期间的经营业绩。

某联营企业由于连年亏损，早已资不抵债，按照现行会计法规，投资企业确认被投资单位发生的净亏损，以长期股权投资账面价值减记至零为限。但是，由于投资企业对其另有大额长期应收款，按照新准则，投资企业确认被投资单位发生的净亏损，应当以长期股权投资的账面价值以及其他实质上构成对被投资单位净投资的长期权益减记至零为限，故投资企业继续确认有关投资损失于首次执行日所属会计期间，从而减少首次执行日所属会计期间的经营业绩。

## 二、执行新准则的相关影响

### （一）对企业运营、交易策略、公司治理等方面的影响

新准则相对于旧准则变化较大，主要变化是：①母公司报表对子公司投资采用成本法核算；②引入可辨认的净资产的公允价值的概念；③规定投资成本低于可辨认的净资产的公允价值的，确认为收益；④按权益法核算的时候要考虑可辨认的净资产的公允价值与被投资单位账面价值的差额对投资收益的影响；⑤非同一控制的合并初始投资成本按公允价值计价。

以上变化虽然大，但从根本上说不会影响企业未来的现金流量，如果一项决策完全是出于真实的商业目的，则不会受准则改变的影响。也就是说，公司正常的商业行为不会因为采用公允价值计价和账面价值计价而改变，因为一项交易产生的实际的利益并无变化。但是，如果公司进行交易的本身有其他的考虑，如为了使交易产生账面利润或亏损，以便达到融资、业绩评价，或分配股利等目的，则准则的变化会对相关决策产生影响。具体来看主要有如下影响：

（1）母公司报表对子公司投资采用成本法核算，与原处理方法比较，会导致母公司报表的利润，因被投资单位盈利、亏损而减少或增加。对以母公司利润为基础的利润分配会产生影响，同时从业绩的评价来看，公司管理层应充分理解母公司报表及合并报表的区别和联系，合理制定业绩考核评价体系。

（2）公允价值的引入使得公司在非货币性资产交换、债务重组及合并取得投资（非同一控制）时，会产生利润或亏损，在公司有融资、业绩评价，或分配股利等目的时，不排除人为地创造交易以调节利润。

### （二）促进企业提高对内部会计控制的要求

（1）要求企业应结合自身资产负债的特点，合理确定资产、负债的公允价值。

（2）企业合并形成母子公司关系的，母公司应当设置备查簿，记录企业合并中取

得的子公司各项可辨认资产、负债及预计负债等在购买日的公允价值。编制合并财务报表时，应当以购买日确定的各项可辨认资产、负债及预计负债的公允价值为基础对子公司的财务报表进行调整。

**（三）其他影响**

（1）由于公允价值的大量使用，要求较高的专业判断力，对企业财务人员的专业胜任能力提出更高的要求。

（2）对财务报表其他使用者而言，信息的相关性有所增强，但可靠性相对下降，这两种会计信息质量要素的水平此消彼长。

# 第四章　投资性房地产

## 第一节　案例分析及操作实务

### 一、会计科目的设置

新准则涉及的主要会计科目如表 4-1 所示。

表 4-1　新准则涉及的主要会计科目

| 科目序号 | 科目编号 | 科目名称 |
|---|---|---|
| 46 | 1521 | 投资性房地产 |
| 129 | 6051 | 其他业务收入 |
| 131 | 6101 | 公允价值变动损益 |
| 138 | 6402 | 其他业务成本 |
| 111 | 4002 | 资本公积 |

### 二、投资性房地产的初始计量核算

投资性房地产应当按照成本进行初始计量。不同渠道取得的投资性房地产，其成本构成有所不同。

企业应设置“投资性房地产”科目核算投资性房地产的价值，包括采用成本模式计量的投资性房地产和采用公允价值模式计量的投资性房地产。投资性房地产采用成本模式计量的，企业应当按照投资性房地产类别和项目进行明细核算；投资性房地产采用公允价值模式计量的，企业应当按照投资性房地产类别和项目并分别“成本”和“公允价值变动”进行明细核算。

#### （一）外购的投资性房地产

外购投资性房地产的成本，包括购买价款、相关税费和可直接归属于该资产的其他支出。企业外购取得的投资性房地产，按应计入投资性房地产成本的金额，借记“投资性房地产”科目，贷记“银行存款”等科目。

**例 4-1**　甲企业购入土地使用权用于出租，价款为 7 856 万元，款项以银行存款转账支付。该企业对投资性房地产采用成本模式进行后续计量。假定不考虑其他相关税费。甲企业的会计处理如下：

借：投资性房地产　　78 560 000
　　贷：银行存款　　78 560 000

**（二）自行建造的投资性房地产**

自行建造投资性房地产的成本，由建造该项房地产达到预定可使用状态前发生的必要支出构成。企业自行建造取得的投资性房地产，按应计入投资性房地产成本的金额，借记“投资性房地产”科目，贷记“在建工程”等科目。

**例 4-2** 企业在拥有使用权的一块土地上自行建造一幢办公楼，准备用于出租。工程期间投入工程物资 6 800 万元，发生人工费 400 万元，假定无相关税费。现工程完工达到预定可使用状态并开始出租。该土地使用权成本为 4 800 万元。应作会计处理如下：

（1）工程领用物资时：

借：在建工程　　68 000 000
　　贷：工程物资　　68 000 000

（2）发生工程人员薪酬时：

借：在建工程　　4 000 000
　　贷：应付职工薪酬　　4 000 000

（3）工程完工并出租时：

借：投资性房地产——办公楼　　72 000 000
　　贷：在建工程　　72 000 000

借：投资性房地产——土地使用权　　48 000 000
　　贷：无形资产　　48 000 000

企业自行建造房地产达到预定可使用状态后一段时间才对外出租或用于资本增值的，应当先将自行建造的房地产确认为固定资产或无形资产，自租赁期开始日或用于资本增值之日开始，从固定资产或无形资产转换为投资性房地产。

**（三）以其他方式取得的投资性房地产**

以其他方式取得的投资性房地产，其成本参照固定资产、无形资产的相关规定确定。

## 三、投资性房地产的后续计量核算

投资性房地产的后续计量有成本模式和公允价值模式两种。企业通常应当采用成本模式对投资性房地产进行后续计量，也可以采用公允价值模式对投资性房地产进行后续计量。但是，同一企业只能采用一种模式对所有投资性房地产进行后续计量，不得同时采用两种计量模式。

**（一）采用成本模式进行后续计量**

采用成本模式进行后续计量的投资性房地产，可比照固定资产和无形资产进行后续会计处理：

投资性房地产取得的租金收入，借记“银行存款”等科目，贷记“其他业务收入”科目。

投资性房地产按期（月）计提折旧或进行摊销，借记“其他业务成本”科目，贷记“投资性房地产累计折旧（摊销）”科目。

投资性房地产存在减值迹象的，应当适用资产减值的有关规定。经减值测试后确定发生减值的，应当计提减值准备，借记“资产减值损失”科目，贷记“投资性房地产减值准备”科目。

**例 4-3** 承上述例 4-1 的资料，假定该企业购入的土地使用权预计使用寿命为 50 年，预计净残值为零，采用直线法按年摊销。年末取得租金收入为 240 万元，已存入银行。假定不考虑其他相关税费。应作有关会计处理如下：

（1）每年计提摊销额：

借：其他业务成本　　1 571 200

　　贷：投资性房地产累计摊销　　571 200

（2）取得租金收入：

借：银行存款　　2 400 000

　　贷：其他业务收入　　2 400 000

**（二）采用公允价值模式进行后续计量**

企业只有在存在确凿证据表明投资性房地产的公允价值能够持续可靠取得，并且同时满足下列条件时，才可以采用公允价值模式对投资性房地产进行后续计量：①投资性房地产所在地有活跃的房地产交易市场；②企业能够从活跃的房地产交易市场上取得同类或类似房地产的市场价格及其他相关信息，从而对投资性房地产的公允价值作出估计。

采用公允价值模式进行后续计量的，不需要投资性房地产计提折旧或进行摊销，应当以资产负债表日投资性房地产的公允价值为基础调整其账面价值，公允价值与原账面价值之间的差额计入当期损益（公允价值变动损益）。资产负债表日投资性房地产的公允价值高于其账面余额的差额，借记“投资性房地产——公允价值变动”科目，贷记“公允价值变动损益”科目；公允价值低于其账面余额的差额，作相反的会计分录。投资性房地产取得的租金收入，确认为其他业务收入，借记“银行存款”等科目，贷记“其他业务收入”科目。

**例 4-4** 丙企业对投资性房地产采用公允价值进行后续计量。其出租的办公楼账面价值为 9 200 万元，年末公允价值为 9 500 万元，当年取得租金收入为 1 500 万元，已存入银行，假定不考虑其他相关税费。该企业应作有关会计处理如下：

（1）取得租金收入时：

借：银行存款　　15 000 000

　　贷：其他业务收入　　15 000 000

（2）年末，以公允价值为基础调整其账面价值时：

借：投资性房地产——公允价值变动　　3 000 000

　　贷：公允价值变动损益　　3 000 000

**（三）后续计量模式的变更**

企业对投资性房地产的计量模式一经确定，不得随意变更。以成本模式转为公允价值模式的，应当作为会计政策变更处理，将计量模式变更时公允价值与账面价值的差额，调整期初留存收益。企业变更投资性房地产计量模式时，应当按照计量模式变更日投资性房地产的公允价值，借记“投资性房地产——成本”科目，按照已计提的累计折旧或累计摊销，借记“投资性房地产累计折旧（摊销）”科目，已计提减值准备的，还应同时借记“投资性房地产减值准备”科目，按原账面余额，贷记“投资性房地产”科目，按照公允价值与其账面价值之间的差额，贷记或借记“利润分配——未分配利润”“盈余公积”等科目。

已采用公允价值模式计量的投资性房地产，不得从公允价值模式转为成本模式。

**例 4–5** A 企业原采用成本模式计量出租的办公楼，其所在地的房地产交易市场已比较成熟，具备了采用公允价值模式计量的条件，决定对该项投资性房地产从成本模式转换为公允价值模式计量。该办公楼购入时的成本为 982.8 万元，已计提折旧 32.76 万元，账面价值为 950.04 万元。2×20 年 12 月 31 日，该办公楼的公允价值为 1 080 万元。假设该企业按净利润的 10% 计提盈余公积。该企业应作会计处理如下：

| | | |
|---|---|---|
| 借：投资性房地产——成本 | 10 800 000 | |
| 　　投资性房地产累计折旧 | 327 600 | |
| 　　贷：投资性房地产 | | 9 828 000 |
| 　　　　盈余公积 | | 129 960 |
| 　　　　利润分配——未分配利润 | | 1 169 640 |

## 四、投资性房地产的转换和处置核算

### （一）房地产的转换

1. 成本模式计量下的转换

在成本模式下，应当将房地产转换前的账面价值作为转换后的入账价值。

（1）将采用成本模式计量的投资性房地产转为自用房地产时，应按该项投资性房地产在转换日的账面余额、累计折旧（摊销）、减值准备等，分别转入“固定（无形）资产”“累计折旧（摊销）”“固定（无形）资产减值准备”等科目。按其账面余额，借记“固定资产”或“无形资产”科目，贷记“投资性房地产”科目；按已计提的折旧或摊销，借记“投资性房地产累计折旧（摊销）”科目，贷记“累计折旧”或“累计摊销”科目；原已计提减值准备的，借记“投资性房地产减值准备”科目，贷记“固定资产减值准备”或“无形资产减值准备”科目。

**例 4–6** 2×20 年 10 月 16 日，B 企业原采用成本模式计量的一幢出租用办公楼收回，作为企业办公用房。该办公楼账面原值为 980 万元，已计提折旧 350 万元。

企业有关会计处理如下：

| | | |
|---|---|---|
| 借：固定资产 | 9 800 000 | |
| 　　投资性房地产累计折旧 | 3 500 000 | |
| 　　贷：投资性房地产 | | 9 800 000 |
| 　　　　累计折旧 | | 3 500 000 |

（2）将作为存货的房地产改为采用成本模式计量的投资性房地产时，应按该存货

在转换日的账面价值，借记“投资性房地产”科目，已计提跌价准备的，还应借记“存货跌价准备”科目，按其账面余额，贷记“开发产品”等科目。

**例 4–7** 2×20 年 12 月 18 日，C 房地产开发企业与甲公司签订一项租赁协议，将自行开发的一幢办公楼出租给甲公司使用，起租日为 2×20 年 12 月 31 日，租期为 3 年。2×20 年 12 月 31 日，该办公楼的账面余额为 36 000 万元。出租后采用成本模式进行后续计量。应作会计处理如下：

借：投资性房地产 360 000 000
　　贷：开发产品 360 000 000

（3）将自用的建筑物或土地使用权转换为以成本模式计量的投资性房地产时，企业应当按该项建筑物或土地使用权在转换日的原价、累计折旧、减值准备等，分别转入“投资性房地产”“投资性房地产累计折旧（摊销）”“投资性房地产减值准备”科目。按其账面余额，借记“投资性房地产”科目，贷记“固定资产”或“无形资产”科目；按已计提的折旧或摊销，借记“累计折旧”或“累计摊销”科目，贷记“投资性房地产累计折旧（摊销）”科目；原已计提减值准备的，借记“固定资产减值准备”或“无形资产减值准备”科目，贷记“投资性房地产减值准备”科目。

**例 4–8** 2×20 年 11 月 30 日，D 企业将一块自用的土地使用权作为投资性房地产对外出租。经营租赁协议规定，起租日为 2×20 年 12 月 1 日，租期为 3 年。2×20 年 12 月 1 日，该土地使用权的账面余额为 6 000 万元，已计提摊销 2 000 万元。假设该企业所在地区没有活跃的房地产交易市场。应作会计处理如下：

借：投资性房地产 60 000 000
　　累计摊销 20 000 000
　　贷：无形资产 60 000 000
　　　　投资性房地产累计摊销 20 000 000

2. 公允价值模式计量下的转换

（1）采用公允价值模式计量的投资性房地产转换为自用房地产时，应当以其转换当日的公允价值作为自用房地产的账面价值，公允价值与原账面价值之间的差额计入当期损益。在转换日，按该项投资性房地产的公允价值，借记“固定资产”“无形资产”等科目，按该项投资性房地产的成本，贷记“投资性房地产——成本”科目，按该项投资性房地产的累计公允价值变动，贷记或借记“投资性房地产——公允价值变动”科目，按其差额，贷记或借记“公允价值变动损益”科目。

**例 4–9** 2×20 年 12 月 31 日，由于租赁期满，E 企业收回原出租的办公楼正式投入自用。当日该办公楼的公允价值为 9 800 万元，账面成本为 9 150 万元，公允价值变动为增值 450 万元。

企业的会计处理如下：

借：固定资产 98 000 000
　　贷：投资性房地产——成本 91 500 000
　　　　　　　　　　——公允价值变动 4 500 000
　　　　公允价值变动损益 2 000 000

如转换日其公允价值为 9 500 万元，则其会计处理如下：

借：固定资产　95 000 000
　　公允价值变动损益　1 000 000
　　贷：投资性房地产——成本　91 500 000
　　　　　　　　　——公允价值变动　4 500 000

（2）作为存货的房地产转换为采用公允价值模式计量的投资性房地产时，应当按该项房地产在转换日的公允价值，借记“投资性房地产——成本”科目；原已计提跌价准备的，借记“存货跌价准备”科目，按其账面余额，贷记“开发产品”等科目。同时，转换日的公允价值小于账面价值的，按其差额，借记“公允价值变动损益”科目；转换日的公允价值大于账面价值的，按其差额，贷记“其他综合收益”科目。待该项投资性房地产处置时，因转换计入资本公积的部分应转入当期的其他业务收入，借记“其他综合收益”科目，贷记“其他业务收入”科目。

**例 4-10**　承上述例 4-7 资料，假定转换后采用公允价值模式进行计量。2×20 年 12 月 31 日，该幢办公楼的公允价值为 36 600 万元。

该房地产开发企业 2×20 年 12 月 31 日的会计处理如下：

借：投资性房地产——成本　366 000 000
　　贷：开发产品　360 000 000
　　　　其他综合收益　6 000 000

（3）自用土地使用权或建筑物转换为采用公允价值模式计量的投资性房地产时，应当按该项土地使用权或建筑物在转换日的公允价值，借记“投资性房地产——成本”科目，按其账面余额，贷记“固定资产”或“无形资产”科目；按已计提的累计折旧或累计摊销，借记“累计折旧”或“累计摊销”科目，原已计提减值准备的，借记“固定资产减值准备”“无形资产减值准备”科目。同时，转换日的公允价值小于账面价值的，按其差额，借记“公允价值变动损益”科目；转换日的公允价值大于账面价值的，按其差额，贷记“其他综合收益”科目。待该项投资性房地产处置时，因转换计入资本公积的部分应转入当期的其他业务收入，借记“其他综合收益”科目，贷记“其他业务收入”科目。

**例 4-11**　F 企业将一幢自用的办公楼对外出租，并采用公允价值模式对其进行后续计量。该办公楼的账面原值为 9 800 万元，已计提折旧 1 200 万元，转换当日的公允价值为 8 500 万元。应作会计处理如下：

借：投资性房地产——成本　85 000 000
　　累计折旧　12 000 000
　　公允价值变动损益　1 000 000
　　贷：固定资产　98 000 000

如果转换当日该办公楼的公允价值为 9 000 万元，则应作会计处理如下：

借：投资性房地产——成本　90 000 000
　　累计折旧　12 000 000
　　贷：固定资产　98 000 000
　　　　其他综合收益　4 000 000

**（二）投资性房地产的处置**

1. 成本模式计量的投资性房地产处置

采用成本模式计量的投资性房地产处置时，应当按实际收到的金额，借记“银行存款”等科目，贷记“其他业务收入”科目；按已计提的累计折旧或累计摊销，借记“投资性房地产累计折旧（摊销）”科目；按账面余额，贷记“投资性房地产”科目；按其差额，借记“其他业务成本”科目。已计提减值准备的，还应同时结转减值准备。

**例 4-12** G企业将一幢出租用房出售，取得收入3 200万元，款已存入银行。企业对该厂房采用成本模式计量，其账面原值为5 600万元，已计提折旧3 000万元，假定不考虑相关税费。应作会计处理如下：

| | | |
|---|---|---|
| 借：银行存款 | 32 000 000 | |
| 　　贷：其他业务收入 | | 32 000 000 |
| 借：其他业务成本 | 26 000 000 | |
| 　　投资性房地产累计折旧 | 30 000 000 | |
| 　　贷：投资性房地产 | | 56 000 000 |

2. 公允价值模式计量的投资性房地产处置

采用公允价值模式计量的投资性房地产处置时，应按实际收到的金额，借记“银行存款”等科目，贷记“其他业务收入”科目。按该项投资性房地产的账面价值，借记“其他业务成本”科目，贷记“投资性房地产——成本”科目，贷记或借记“投资性房地产——公允价值变动”科目；同时，按该项投资性房地产的公允价值变动，借记或贷记“公允价值变动损益”科目，贷记或借记“其他业务收入”科目。按该项投资性房地产在转换日计入资本公积的金额，借记“其他综合收益”科目，贷记“其他业务收入”科目。

**例 4-13** H企业将一幢出租房出售，取得收入7 200万元，款已存入银行。企业对该投资性房地产采用公允价值模式计量。处置当日，出租房的成本和公允价值变动明细科目分别为6 400万元和200万元（借方），原自用转为出租时产生的资本公积为100万元，假定不考虑相关的税费。应作会计处理如下：

| | | |
|---|---|---|
| 借：银行存款 | 72 000 000 | |
| 　　贷：其他业务收入 | | 72 000 000 |
| 借：其他业务成本 | 66 000 000 | |
| 　　贷：投资性房地产——成本 | | 64 000 000 |
| 　　　　　　　　　——公允价值变动 | | 2 000 000 |
| 借：公允价值变动损益 | 2 000 000 | |
| 　　贷：其他业务收入 | | 2 000 000 |
| 借：其他综合收益 | 1 000 000 | |
| 　　贷：其他业务收入 | | 1 000 000 |

**例 4-14** 甲公司为房地产开发企业，对投资性房地产采用公允价值模式进行后续计量。2×20年1月1日，甲公司以30 000万元总价款购买了一栋已达到预定可使用状态的公寓。该公寓总面积为1万平方米，每平方米单价为3万元，预计使用寿命为50年，预计净残值为零。甲公司计划将该公寓用于对外出租。2×20年，甲公司出租

上述公寓实现租金收入750万元，发生费用支出（不含折旧）150万元。由于市场发生变化，甲公司出售了部分公寓，出售面积占总面积的20%，取得收入6 300万元，所出售公寓于2×20年12月31日办理了房产过户手续。2×20年12月31日，该公寓的公允价值为每平方米3.15万元。甲公司所有收入与支出均以银行存款结算。

根据税法规定，在计算当期应纳所得税时，持有的投资性房地产可以按照其购买成本、根据预计使用寿命50年按照年限平均法自购买日起至处置时止计算的折旧额在税前扣除，持有期间公允价值的变动不计入应纳税所得额；在实际处置时，处置取得的价款扣除其历史成本减去按照税法规定计提折旧后的差额计入处置或结算期间的应纳税所得额，甲公司适用的所得税税率为25%。甲公司当期不存在其他收入或成本费用，当期所发生的150万元费用支出可以全部在税前扣除，不存在未弥补亏损或其他暂时性差异。不考虑除所得税外其他相关税费。

甲公司的会计处理如下：

（1）2×20年1月1日，甲公司以30 000万元购买公寓：

借：投资性房地产——成本　　300 000 000

　　贷：银行存款　　300 000 000

2×20年12月31日，公寓的公允价值上升至31 500万元（3.15 ×10 000），增值1 500万元。

借：投资性房地产——公允价值变动　　15 000 000

　　贷：公允价值变动损益　　15 000 000

甲公司确认租金收入和成本：

借：银行存款　　7 500 000

　　贷：其他业务收入（或主营业务收入）　　7 500 000

借：其他业务成本（或主营业务成本）　　1 500 000

　　贷：银行存款　　1 500 000

甲公司12月31日出售投资性房地产的会计分录如下：

借：银行存款　　63 000 000

　　贷：其他业务收入（或主营业务收入）　　63 000 000

借：其他业务成本（或主营业务成本）（300 000 000×20%）

　　60 000 000

　　公允价值变动损益（15 000 000×20%）　　3 000 000

　　贷：投资性房地产——成本（300 000 000×20%）　　60 000 000

　　　　　　　　——公允价值变动（15 000 000×20%）　　3 000 000

（2）2×20年12月31日，公寓剩余部分的账面价值为25 200万元（31 500×80%）。

公寓剩余部分的计税基础＝（30 000 － 30 000 ÷ 50）×80%

　　＝ 29 400×80% ＝ 23 520（万元）

应纳税暂时性差异＝ 25 200 － 23 520 ＝ 1 680（万元）

甲公司的当期所得税＝（应税收入－可予以税前扣除的成本费用）× 所得税税率

＝（出售收入－出售成本＋租金收入－费用－折旧）×25%

＝（6 300 － 29 400×20% ＋ 750 － 150 － 30 000 ÷ 50）×25%

＝（6 300 － 5 880 ＋ 600 － 600）×25%

＝ 420×25% ＝ 105（万元）

递延所得税负债＝1 680×25%＝420（万元）

所得税相关会计分录如下：

| | |
|---|---|
| 借：所得税费用 | 5 250 000 |
| 贷：应交税费——应交所得税 | 1 050 000 |
| 递延所得税负债 | 4 200 000 |

## 第二节 新准则对企业的影响

投资性房地产是一个崭新的概念，其在实务界中的应用，将产生重大影响。

### 一、对财务方面的影响

企业应当关注新旧准则的差异，调整财务核算方式和方法：

首先，公允价值的采用是新准则的亮点，目前已经发表的论著中似乎有一种炒作的倾向，认为只要在北京、上海或广州有一块地皮，就可以产生源源不断的利润。这是十分危险的倾向。

（1）公允价值的采用有着十分严格的要求，在大多数情况下，取得符合新准则指南中要求的条件（文件）是比较困难的。因为需要说明什么是活跃市场、相似环境、用途、新旧等资产的交易价格。而因涉及商业机密或者大宗大额交易（商业用房地产项目）不常见，交易价格的取得是有难度的。

（2）除非是在不正常的状态下，否则即便是房地产项目，其价值的增长也是缓慢的，不会若干年持续地暴涨，期望以一块地皮或一座楼年年带来丰厚利润是不现实的。

（3）如果公允价值应用时证据不全面，就难以说服会计师事务所，获取无保留意见的可能性就比较小。即便获取了无保留意见的审计报告，将来依然有可能涉嫌欺诈。因为一旦卷入司法调查，依然无法提供相关证据支持公允价值的存在。

（4）如果能够取得确凿证据，建议进行公允价值的处理，以便让财务报表使用者获取更加有用的信息。

其次，采用公允价值模式，不再计提折旧和摊销，必然相应增加利润。但是投资性房地产一旦转换持有目的，转回固定资产或无形资产，其带入的公允价值如果是正值的话，以后的折旧和摊销金额将相应增大，成为减少利润的因素。

再次，目前税务部门不承认公允价值的税前列支或税前收入，因此对于以公允价值模式计量的投资性房地产公允价值变动进入利润表的部分应进行纳税调整。

另外，因为采用公允价值模式计量的投资性房地产不提取折旧或进行摊销处理，因此提取当期末计提的折旧或摊销应调减应纳税所得额，确保公司的税务收益不受损失。

最后，因为按照公允价值模式处理的投资性房地产其账面价值与计税基础不一致，需要按照《企业会计准则第18号——所得税》的要求进行递延税款的处理。

### 二、对内部控制方面的影响

针对投资性房地产，应建立相关的市场调查、分析、决策、构建、经营、估值和处置等内部控制制度。

1. 把握投资前期的调研工作

投资性房地产，作为资产的性质与其他资产相同，其为企业带来利益的方式是获取租金和静待升值。因此，投资性房地产的风险与整个房地产市场的风险系统相关。企业在制定决策之前，必须进行细致的市场调查，充分分析目前房地产市场的现状、在可预见的期间房地产市场的供求状况、租金价格及房产销售价格的走向、目标客户群的定位等，只有在调查研究的基础上才能作出科学的决策。

2. 把握构建过程，降低建造成本

房地产的构建不外乎自营和出包，进行投资之前，应充分考虑自身能力决定构建方式，聘请中介机构编制概算，采取招投标方式确定建筑公司或包工队，聘请合格监理公司，主要原材料由甲方供货，完工时聘请中介机构进行基建决算审计等。在任何一个环节都应该本着降低成本的目的进行活动，以降低经营期间的风险。

3. 建立科学的估值系统

首先，应判断是否能够取得确凿证据支持采用公允价值模式计量，在采用公允价值计量时，要科学地估计投资性房地产的价值；其次，采用公允价值模式进行后续计量的，新准则要求每年年末对投资性房地产进行估值，因此应随时按照新准则的要求监控周边类似房地产价值的变动，并随时取得确凿证据，以支持资产负债表日对投资性房地产的估值；最后，建立完善的处置程序：大宗资产的处置需要董事会乃至股东（大）会的批准，在此之前应做好充分的论证以及证据的搜集工作，以备董事会和股东（大）会询问。

# 第五章　固定资产

## 第一节　案例分析及操作实务

### 一、会计科目的设置

新准则涉及的主要会计科目如表 5-1 所示。

表 5-1　新准则涉及的主要会计科目

| 科目序号 | 科目编号 | 科目名称 |
| --- | --- | --- |
| 50 | 1601 | 固定资产 |
| 51 | 1602 | 累计折旧 |
| 52 | 1603 | 固定资产减值准备（在建工程减值准备） |
| 53 | 1604 | 在建工程 |
| 55 | 1606 | 固定资产清理 |
| 69 | 1901 | 待处理财产损溢——固定资产 |
| 100 | 2701 | 长期应付款——分期付款购入资产 |
| 101 | 2702 | 未确认融资费用——分期付款购入资产 |
| 150 | 6602 | 管理费用——固定资产折旧费 |
| 151 | 6603 | 财务费用——未确认融资费用摊销 |
| 138 | 6402 | 其他业务成本——出租固定资产折旧 |
| 136 | 6301 | 营业外收入——处置非流动资产利得 |
| 154 | 6711 | 营业外支出——处置非流动资产损失 |

### 二、固定资产的核算范围

1. 固定资产确认的一般标准

一项资产确认为固定资产需要满足两项标准：一是符合固定资产的定义；二是符合确认条件。固定资产的确认条件为：①该固定资产包含的经济利益很可能流入企业；②该固定资产的成本能够可靠地计量。

会计实务中，判断固定资产包含的经济利益是否很可能流入企业，主要依据与该固定资产所有权相关的风险和报酬是否转移到了企业。凡是所有权已属企业，无论企业是否收到或持有该固定资产均应作为企业的固定资产；反之，如果企业没有取得所有权，即使存放在企业，也不能作为企业的固定资产。有时，企业虽然不能取得固定资产的所有权，但与固定资产所有权相关风险和报酬实质上已转移给企业，此时，企业能够控制该固定资产所包含的经济利益流入企业。比如，融资租入固定资产，企业虽然不拥有固定资产的所有权，但与固定资产所有权相关的风险和报酬实质上已经转移到企业（承租方），此时，企业能够控制该固定资产所包含的经济利益。

同时，符合固定资产特征的确认条件的有形资产，应当确认为固定资产，不符合的应确认为存货。值得关注的是，新准则取消了固定资产单位价值 2 000 元的限制，不再给出固定资产具体的价值判断标准。

2. 固定资产确认的特殊规定

固定资产的各组成部分具有不同使用寿命或者以不同方式为企业提供经济利益，适用不同折旧率或折旧方法的，应当分别将各组成部分确认为单项固定资产。

在实务中，除了生产经营用的房屋、设备、办公设施等常见固定资产外，下列各项若满足固定资产确认条件的，也应作为固定资产核算：①企业以经营租赁方式租入的固定资产发生的改良支出，如满足固定资产确认条件的装修费用等，详见后续计量；②企业购置计算机硬件所附带的、未单独计价的软件，与所购置的计算机硬件一并作为固定资产；③企业为开发新产品、新技术购置的符合固定资产定义和确认条件的设备。

未作为固定资产管理的工具、器具等，可单独在“低值易耗品”科目中核算。

## 三、固定资产的初始计量

固定资产初始计量的基本原则是应按照固定资产的成本进行初始计量。

1. 外购固定资产的初始计量

（1）外购固定资产的成本包含的内容：①购买价款；②进口关税和其他税费；③使固定资产达到预定可使用状态前所发生的可归属于该项资产的场地管理费、运输费、装卸费、安装费和专业人员服务费等。

**例 5-1** 某公司购入一批生产用车辆，作会计分录如下：

借：固定资产——生产运输车辆

　　贷：银行存款

（2）以一笔款项购入多项没有单独标价的固定资产时的入账价值。此时应当按照各项固定资产公允价值比例对总成本进行分配，分别确定各项固定资产的成本。

**例 5-2** 2×20 年 6 月，某公司一揽子从某汽车销售公司购入 A、B 两个型号的汽车各一辆，给管理部门使用，取得的发票中注明两辆车的总价款为 60 万元，并未标明各自的价格，为购入车辆发生的购置税等税费共计 10 万元，款项已转账支付。目前与这两辆车相同车型的市场价格分别为 A 车 45 万元、B 车 20 万元，则账务处理如下：

A 车的公允价值比例＝45÷（45＋20）×100%＝69.23%
B 车的公允价值比例＝20÷（45＋20）×100%＝30.77%
A 车的入账价值＝（60＋10）×69.23%＝48.46（万元）
B 车的入账价值＝（60＋10）×30.77%＝21.54（万元）

作会计分录如下：
借：固定资产——管理用——载人交通车辆 A 型号　　484 600
　　　　　　——管理用——载人交通车辆 B 型号　　215 400
　贷：银行存款　　700 000

（3）购买固定资产的价款超过正常信用条件延期支付的处理。这种情况下实质上具有融资性质的，固定资产的成本应以购买价款的现值为基础确定。

实际支付的价款与购买价款的现值之间的差额，先记入“未确认融资费用”科目，然后在信用期间内以实际利率法分摊计入财务费用。

**例 5-3**　假定 A 公司 2×18 年 1 月 1 日从 C 公司购入一座仓库，无须建造，产权已过户。购货合同约定，此仓库的总价款为 1 000 万元，分 3 年支付，2×18 年 12 月 31 日支付 500 万元，2×19 年 12 月 31 日支付 300 万元，2×20 年 12 月 31 日支付 200 万元。假定 A 公司 3 年期银行借款年利率为 6%。

第一步，计算总价款的现值。

总价款的现值＝500÷（1＋6%）＋300÷（1＋6%）$^{2}$＋200÷（1＋6%）$^{3}$
＝471.70＋267.00＋167.92＝906.62（万元）

第二步，确定总价款与现值的差额＝1 000－906.62＝93.38（万元）

第三步，确定每年的利息费用金额如表 5-2 所示。

**表 5-2　各年利息费用计算表**　　单位：万元

| 年份 | 总价款 | 每年应确认的利息费用 | 每年支付的价款金额 | 总价款现值的期初余额 | 未确认融资费用 | 利率 |
|---|---|---|---|---|---|---|
| | 1 | 2＝上期 4×6 | 3 | 4＝上期 4＋本期 2－本期 3 | 5 | 6 |
| 初始 | 1 000 | | | 906.62 | 93.38 | 6% |
| 2×18 | | 54.40 | 500.00 | 461.02 | | |
| 2×19 | | 27.66 | 300.00 | 188.68 | | |
| 2×20 | | 11.32 | 2×0.00 | — | | |

第四步，编制会计分录。

（1）2×18 年年初，固定资产入账时：

借：固定资产——操作用——仓储房　　9 066 200
　　未确认融资费用——分期付款购入资产　　933 800
　　贷：长期应付款——分期付款购入资产　　10 000 000

（2）2×18 年年底：

借：长期应付款——分期付款购入资产　　5 000 000
　　贷：银行存款　　5 000 000
借：财务费用——未确认融资费用摊销　　544 000
　　贷：未确认融资费用——分期付款购入资产　　544 000

（3）2×19 年年底：

借：长期应付款——分期付款购入资产　　3 000 000
　　贷：银行存款　　3 000 000
借：财务费用——未确认融资费用摊销　　276 600
　　贷：未确认融资费用——分期付款购入资产　　276 600

（4）2×20 年年底：

借：长期应付款——分期付款购入资产　　2 000 000
　　贷：银行存款　　2 000 000
借：财务费用——未确认融资费用摊销　　113 200
　　贷：未确认融资费用——分期付款购入资产　　113 200

2. 自行建造固定资产的初始计量

建造固定资产的成本，由建造该项资产达到预定可使用状态前所发生的必要支出构成。

**例 5-4** 自行建造一栋办公楼，验收合格后作为固定资产，会计分录如下：

借：固定资产——管理用——办公楼房
　　贷：在建工程——基建——办公楼房

3. 投资者投入的固定资产的初始计量

投资者投入固定资产的成本，应当按照投资合同或协议约定的价值确定，但合同或协议约定价值不公允的除外。

**例 5-5** 某公司接受外资股东作为资本投入的一座生产用房屋，投资合同确定的价格为 1 000 万元，取得等额的股份，经评估该房屋的价格为 1 100 万元，会计处理如下：

借：固定资产——操作用——生产楼房　　10 000 000
　　贷：股本——普通股——外资股　　10 000 000

4. 接受捐赠的固定资产的初始计量

（1）接受新固定资产捐赠。①捐赠方提供了有关凭据的，按凭据上标明的金额加上应当支付的相关税费，作为入账价值；②捐赠方没有提供有关凭据的，应按其公允价值入账。

（2）接受旧固定资产捐赠。如接受捐赠的系旧的固定资产，则按上述方法确定的新固定资产价值，减去按该项资产的新旧程度估计的价值损耗后的余额，作为入账价值。

**例 5-6** 某公司接受固定资产捐赠时，作会计分录如下：

借：固定资产

　　贷：营业外收入——捐赠利得

5. 盘盈的固定资产初始计量

盘盈固定资产应作为会计差错更正来处理，具体见《会计政策、会计估计变更和差错更正》一章。

6. 应资本化借款费用的计量

应计入固定资产成本的借款费用，参见“借款费用”一章的规定。

7. 其他方式取得的固定资产的核算

企业合并、非货币性资产交换、债务重组、融资租赁取得的固定资产的成本，分别参见《企业合并》《非货币性资产交换》《债务重组》《租赁》各章的规定。

## 四、固定资产的后续计量

固定资产的后续计量包括：固定资产折旧计提、固定资产后续支出和会计期末固定资产调整。

1. 需要计提折旧的固定资产范围

企业应对除下列各项外的所有固定资产计提折旧：

（1）已提足折旧仍继续使用的固定资产。

（2）单独计价入账的土地（股份公司所有的土地使用权在无形资产及投资性房地产中核算，没有作为固定资产核算的土地）。

另外，对于以下两类固定资产，也不应再继续计提折旧：①未提足折旧而提前报废的固定资产；②已全额计提固定资产减值准备的固定资产。

2. 固定资产应计折旧额的计算方法

（1）应计折旧额的计算，其计算公式如下：

应计折旧额＝固定资产原价－预计净残值－固定资产减值准备累计金额

企业应当根据固定资产的性质和使用情况，合理确定固定资产的使用寿命和预计净残值。固定资产的使用寿命、预计净残值一经确定，不得随意变更。

企业确定固定资产的使用寿命应当考虑下列因素：①预计生产能力或实物产量；②预计有形损耗和无形损耗；③法律或者类似规定对资产使用的限制。

（2）影响折旧额因素变动时的处理。值得注意的是，当应计折旧额的各项因素有一项发生变化时，应当重新调整应计折旧额及以后各期的折旧金额，原先已计提的折旧不再调整。具体处理及例题见本章的“会计期末固定资产的调整”中的内容。

3. 固定资产折旧计提的有关规定

（1）企业一般应按月计提折旧，当月增加的固定资产，当月不计提折旧，从下月起计提折旧；当月减少的固定资产，当月仍计提折旧，从下月起不计提折旧。

（2）固定资产提足折旧后，不论能否继续使用，均不再计提折旧；提前报废的固定资产，也不再补提折旧。所谓提足折旧，是指已经提足该项固定资产的应计折旧额。

（3）已达到预定可使用状态、但尚未办理竣工决算的固定资产，应当按照估计价值确认为固定资产，并计提折旧；待办理了竣工决算手续后，再按实际成本调整原来的暂估价值，但不需要调整原已计提的折旧额。

4. 固定资产的折旧方法及计算公式

企业应当根据固定资产所包含的经济利益预期实现方式，合理选择固定资产折旧方法。可选用的折旧方法包括年限平均法、工作量法、双倍余额递减法和年数总和法等。固定资产的折旧方法一经确定，不得随意变更。固定资产应当按月计提折旧，并根据用途计入相关资产的成本或者当期损益。

（1）年限平均法。

年折旧率＝（1－预计净残值）÷ 预计使用年限 ×100%

月折旧率＝年折旧率 ÷12

月折旧额＝固定资产原值 × 月折旧率

（2）工作量法。

$$每一工作量折旧额=\frac{固定资产原值\times(1-残值率)}{预计总工作量}\times100\%$$

某项固定资产月折旧额＝该项固定资产当月工作量 × 每一工作量折旧额

（3）双倍余额递减法。

年折旧率＝2÷ 预计折旧年限 ×100%

月折旧率＝年折旧率 ÷12

月折旧额＝固定资产账面净值 × 月折旧率

由于双倍余额递减法不考虑固定资产的净残值，因此，在应用这种方法时必须注意不能使固定资产的账面折余价值降低到预计净残值之下，即实行双倍余额递减法计提折旧的固定资产，应当在其固定资产折旧年限到期以前 2 年内，固定资产净值扣除预计净残值后的余额平均摊销。

（4）年数总和法。

年折旧率＝尚可使用年限 ÷ 预计使用年数总和

月折旧率＝年折旧率 ÷12

月折旧额＝（固定资产原值－预计净残值）× 月折旧率

## 五、固定资产后续支出的处理

固定资产的后续支出是指固定资产在使用过程中发生的更新改造支出、修理费用等。

（1）固定资产后续支出的处理原则。企业与固定资产有关的后续支出，同时符合固定资产两个确认条件的，应当计入固定资产成本；不符合确认条件的，应当在发生时计入当期损益。

（2）不得计入固定资产成本的后续支出。固定资产的日常修理费用，不符合固定资产的确认条件，应当在发生时计入当期管理费用，不得采用预提或待摊方式处理。

（3）可计入固定资产成本的后续支出。固定资产更新改造支出、房屋装修费用若符合固定资产确认条件，应当计入固定资产成本，同时将被替换部分的账面价值扣除；不符合固定资产确认条件的，应当在发生时计入当期管理费用。

在实务操作中，将更新改造支出计入固定资产成本应修改系统中的固定资产卡片信息。

（4）经营租入固定资产改良支出的处理。企业以经营租赁方式租入的固定资产发生的改良支出应资本化，作为长期待摊费用合理进行摊销。可计入固定资产成本的后续支出，在未完工前在“在建工程”科目核算，待完工后转入“固定资产”科目。

**例 5–7**　某公司对其所属的码头仓库进行更新改造，该仓库资产原值为 1 000 万元，累计折旧为 600 万元，共花费改造资金 400 万元，作会计分录如下：

（1）将仓库转入在建工程：

借：在建工程——基建——仓储房　　4 000 000

　　累计折旧——操作用——仓储房　　6 000 000

　　贷：固定资产——操作用——仓储房　　10 000 000

（2）支付更新改造款：

借：在建工程——基建——仓储房　　4 000 000

　　贷：银行存款　　4 000 000

（3）工程完工后转入固定资产：

借：固定资产——操作用——仓储房　　8 000 000

　　贷：在建工程——基建——仓储房　　8 000 000

## 六、会计期末固定资产的调整

（1）对固定资产折旧的调整。企业应当至少于每年年度终了，对固定资产的使用寿命、预计净残值和折旧方法进行复核：①使用寿命预计数与原先估计数有差异的，应当调整固定资产折旧年限；②预计净残值预计数与原先估计数有差异的，应当调整预计净残值；③固定资产包含的经济利益预期实现方式有重大改变的，应当改变固定资产的折旧方法。

上述内容的改变应当作为会计估计变更处理，采用未来适用法，不需进行追溯调整。

（2）固定资产减值准备的计提。固定资产减值的处理，参见《资产减值》一章。企业计提的固定资产减值准备在以后期间不得转回。

（3）固定资产减值准备对折旧的影响。由于“应计折旧额＝固定资产原价－预计净残值－固定资产减值准备累计金额”，因此，当对固定资产计提减值准备后，需重新计算固定资产的应计折旧额，按原先的折旧方法在剩余折旧年限中进行摊销。

**例 5–8**　2×15 年 12 月 15 日，某公司外购一台动力设备，实际支付的价款为 400

万元，无其他费用。该设备的使用年限为20年，预计净残值为20万元，采用直线法计提折旧。2×17年年底，该资产出现减值迹象，经计算其可收回金额为326万元。2×20年年底，该资产再次发生减值，其可收回金额估计为230万元。

（1）资产入账时：

借：固定资产——操作用——动力设备　　4 000 000

　　贷：银行存款　　4 000 000

（2）2×16年开始计提折旧，每年折旧额为19万元［（400－20）÷20］，2×16年和2×17年计提折旧的会计分录如下：

借：制造费用——固定资产折旧费用　　190 000

　　贷：累计折旧——操作用——动力设备　　190 000

（3）2×17年年底，发生减值金额为36万元（400－19×2－326）：

借：资产减值损失——固定资产减值准备　　360 000

　　贷：固定资产减值准备——操作用——动力设备　　360 000

（4）重新计算每年折旧额为17万元［（326－20）÷18］，2×18—2×20年计提折旧的会计分录如下：

借：制造费用——固定资产折旧费用　　170 000

　　贷：累计折旧——操作用动力设备　　170 000

（5）2×20年年底发生减值金额为45万元（326－17×3－230）：

借：固定资产减值损失——固定资产减值准备　　450 000

　　贷：固定资产减值准备——操作用——动力设备　　450 000

（6）重新计算每年折旧额为14万元［（230－20）÷15］，2×21年开始计提折旧的会计分录如下：

借：制造费用——固定资产折旧费用　　140 000

　　贷：累计折旧——操作用——动力设备　　140 000

## 七、固定资产处置的核算

1. 固定资产终止确认的条件

固定资产满足下列条件之一的，应当予以终止确认：①该固定资产处于处置状态；②该固定资产预期通过使用或处置不能产生未来经济利益。

2. 持有待售固定资产的核算

（1）确认持有待售固定资产的条件（由公司规定）：①确认时点为中期、年末的资产负债表日；②已经签订实质性的出售合同；③在资产负债表日前预计无法处置出售完成。

（2）持有待售固定资产的处理方式：①调整预计净残值。企业对于持有待售的固定资产，应当调整该项固定资产的预计净残值，使该项固定资产的预计净残值等于其目前公允价值减去处置费用后的金额，但不得超过此时该项固定资产的账面价值。②确认减值损失。账面价值高于预计净残值的差额，应作为资产减值损失计入当期损益。③停止折旧与减值。持有待售的固定资产从划归为持有待售之日起停止计提折旧和减值测试。

**例5-9**　某公司有一辆生产专用车准备进行出售，2×19年12月15日已与买方签订转让合同，合同规定在合同签订后3个月内办理完成车辆交接。企业估计2×20年1月底会完成转让。此车原值200万元，已提折旧30万元。2×19年12月31日，估计目前此车辆的公允价值为150万元，预计转让及处置费用为5万元。2×19年12月31日会计处理如下：

（1）调整车辆的预计净残值＝150－5＝145（万元）。

（2）计提资产减值损失＝200－30－145＝25（万元）。

借：资产减值损失——固定资产减值准备 250 000

　贷：固定资产减值准备——操作用——专用车辆 250 000

（3）将固定资产转为持有待售：

借：固定资产——持有待售固定资产 1 450 000

　累计折旧——操作用——专用车辆 300 000

　固定资产减值准备——操作用——专用车辆 250 000

　贷：固定资产——操作用——专用车辆 2 000 000

**例5-10** 某公司有座管理用办公楼准备出售，2×20年6月10日已与买方签订转让合同，合同规定在合同签订后3个月内办理完成产权过户手续，过户手续完成时买方全额支付价款。此办公楼原值为1 000万元，已提折旧300万元。2×20年6月30日，估计目前此办公楼的价值为1 500万元，预计转让及处置费用为50万元。

期末，该办公楼的公允价值减处置费用后的金额为1 450万元（1 500－50），高于原账面价值700万元（1 000－300），因此，此资产应按账面价值转入待售，会计分录如下：

借：固定资产——持有待售固定资产 7 000 000

　累计折旧——管理用——办公楼房 3 000 000

　贷：固定资产——管理用——办公楼房 10 000 000

3.固定资产出售、转让及报废、毁损

企业出售、转让、报废固定资产或发生固定资产毁损，应当将处置收入扣除账面价值和相关税费后的金额计入当期损益（资产处置损益或营业外收入、营业外支出）。

4.固定资产盘亏的处理

企业固定资产盘亏造成的损失，应当计入当期损益（营业外支出——资产盘亏损失）。在实务中，一般通过“待处理财产损溢——固定资产”科目进行核算。

5.处理步骤

在实务中，固定资产出售、报废、毁损的会计处理一般可分为以下几个步骤：

（1）将固定资产账面价值转入“固定资产清理”科目借方。

（2）发生的清理费用、税金等记入“固定资产清理”科目借方。

（3）出售收入、残料变价收入记入“固定资产清理”科目贷方。

（4）保险赔偿或责任人赔偿记入“固定资产清理”科目贷方。

（5）清理净损益转入相应的损益科目。具体来说：若为清理净损失，属于筹建期间的，记入“管理费用——筹建期间资产清理净损失”科目；属于生产经营期间由于自然灾害等非正常原因造成的损失，记入“营业外支出——非常损失”科目；属于生产经营期间正常的处理损失，记入“营业外支出——处置非流动资产损失”科目。若为清理净收益，属于筹建期间的，记入“管理费用——筹建期间资产清理净收益”科目贷方；

属于生产经营期间的，记入“营业外收入——处置非流动资产利得”科目。

**例 5-11** 某公司有一批旧的生产运输车辆，原值 100 万元，已提折旧 95 万元，因使用期满经批准报废。在清理过程中，支付清理费用 2 万元，残料变卖收入 1 万元。此项固定资产的清理会计分录如下：

（1）固定资产转入清理：

| | | |
|---|---|---|
| 借：固定资产清理 | 50 000 | |
| 　　累计折旧——操作用——生产运输车辆 | 950 000 | |
| 　　贷：固定资产——操作用——生产运输车辆 | | 1 000 000 |

（2）支付清理费用：

| | | |
|---|---|---|
| 借：固定资产清理 | 20 000 | |
| 　　贷：银行存款 | | 20 000 |

（3）收到材料变价收入：

| | | |
|---|---|---|
| 借：银行存款 | 10 000 | |
| 　　贷：固定资产清理 | | 10 000 |

（4）结转固定资产清理净损益：

| | | |
|---|---|---|
| 借：营业外支出——处置非流动资产损失 | 60 000 | |
| 　　贷：固定资产清理 | | 60 000 |

## 八、弃置费用的会计处理

特殊行业的特定固定资产的会计处理，还应当考虑弃置费用。弃置费用通常是指根据国家法律和行政法规、国际公约等规定，企业承担的环境保护和生态恢复等义务所确定的支出，如油气资产、核电站核设施等的弃置和恢复环境义务。

在初始计量时，企业应当将弃置费用的现值计入相关固定资产的成本，同时确认相应的预计负债。在固定资产的使用寿命内，按照预计负债的摊余成本和实际利率计算确定的利息费用，应当在发生时计入财务费用。由于技术进步、法律要求或市场环境变化等原因，特定固定资产在履行弃置义务时可能发生支出金额、预计弃置时点、折现率等变动而引起的预计负债变动，应按照以下原则调整该固定资产的成本：①对于预计负债的减少，以该固定资产账面价值为限扣减固定资产成本。如果预计负债的减少额超过该固定资产账面价值，超出部分确认为当期损益。②对于预计负债的增加，增加该固定资产的成本。按照上述原则调整的固定资产，在资产剩余使用年限内计提折旧。一旦该固定资产的使用寿命结束，预计负债的所有后续变动应在发生时确认为损益。

**例 5-12** 经国家相关部门审批，A 公司计划建造一座核电站，其主体设备核反应堆将会对当地的生态环境产生一定的影响。根据法律规定，企业应在该项设备使用期满后将其拆除，并对造成的污染进行整治。2×20 年 1 月 1 日，该项设备建造完成并交付使用，建造成本共 80 000 000 元。预计使用寿命 10 年，预计弃置费用为 1 000 000 元。假定折现率（即为实际利率）为 10%。

（1）计算已完工的固定资产的成本

核反应堆属于特殊行业的特定固定资产，确定其成本时应考虑弃置费用。

2×20年1月1日，弃置费用的现值＝1 000 000×（P/F，10%，10）＝1 000 000×0.385 5＝385 500（元）

固定资产入账价值＝80 000 000＋385 500＝80 385 500（元）

借：固定资产　80 385 500

　　贷：在建工程　80 000 000

　　　　预计负债　385 500

（2）计算第1年应负担的利息：

借：财务费用　38 550

　　贷：预计负债　38 550

（3）计算第2年应负担的利息（按实际利率法计算）＝（385 500＋38 550）×10%＝42 405（元）。

借：财务费用　42 405

　　贷：预计负债　42 405

以后会计年度的会计处理从略。

## 九、固定资产的披露

应当在附注中披露与固定资产有关的信息如下：

（1）固定资产的确认条件、分类、计量基础和折旧方法。

（2）各类固定资产的使用寿命、预计净残值和折旧率。

（3）各类固定资产的期初和期末原价、累计折旧额及固定资产减值准备累计金额。

（4）当期确认的折旧费用。

（5）对固定资产所有权的限制及其金额和用于债务担保的固定资产账面价值。

（6）准备处置的固定资产名称、账面价值、公允价值、预计处置费用和预计处置时间。

## 十、新准则运用举例

**例5-13**　2×20年6月5日，某公司一揽子购入甲、乙两部机床，取得的增值税专用发票注明的机床价款总额为1 000 000元，增值税进项税额为130 000元，支付的运杂费为30 000元，款项已经银行转账支付。两部机床不需要安装即可投入使用。经评估后得知，甲机床的公允价值为750 000元，乙机床的公允价值为500 000元，公司的账务处理如下：

第一步，计算确定甲、乙机床公允价值总额的比例。

甲机床公允价值占甲、乙机床公允价值总额的比例为：

750 000÷（750 000＋500 000）×100%＝60%

乙机床公允价值占甲、乙机床公允价值总额的比例为：

500 000÷（750 000＋500 000）×100%＝40%

第二步，计算确定甲、乙机床的入账价值。
甲机床的入账价值为：

（1 000 000＋30 000）×60%＝618 000（元）

乙机床的入账价值为：

（1 000 000＋30 000）×40%＝412 000（元）

第三步，进行账务处理：

| | |
|---|---|
| 借：固定资产——甲机床 | 618 000 |
| ——乙机床 | 412 000 |
| 应交税费——应交增值税（进项税额） | 130 000 |
| 贷：银行存款 | 1 160 000 |

**例 5–14** 某公司进口一条流水线，原价 1 600 000 元，预计使用 8 年，预计报废时净残值为 40 000 元。该设备采用双倍余额递减法计提的各年折旧如表 5-3 所示。

**表 5-3 设备计提折旧情况表** 金额单位：元

| 年序 | 年初固定资产账面净值 | 年折旧率 | 年折旧额 | 累计折旧额 | 年末固定资产账面净额 |
|---|---|---|---|---|---|
| 1 | 1 600 000 | 25%① | 400 000 | 400 000 | 1 200 000 |
| 2 | 1 200 000 | 25% | 300 000 | 700 000 | 900 000 |
| 3 | 900 000 | 25% | 225 000 | 925 000 | 675 000 |
| 4 | 675 000 | 25% | 168 750 | 1 093 750 | 506 250 |
| 5 | 506 250 | 25% | 126 562.5 | 1 220 312.5 | 379 687.5 |
| 6 | 379 687.5 | 25% | 94 921.88 | 1 315 234.38 | 284 765.62 |
| 7 | 284 765.62 | | 122 382.82② | 1 437 617.2 | 162 382.8 |
| 8 | 162 382.8 | | 122 382.8③ | 1 560 000 | 40 000 |

注：① 折旧率＝（2÷8）×100%＝25%
② 第 7 年折旧额＝（284 765.62−40 000）÷2≈122 382.82（元）
③ 第 8 年折旧额＝162 382.8−40 000＝122 382.8（元）

**例 5–15** 2×20 年 6 月 1 日，某股份有限责任公司对现有的一台生产用汽车进行修理。修理过程中支付银行存款 15 000 元，领用本企业原材料一批，价值 32 500 元（实际成本），适用的增值税税率为 13%，应支付维修人员的工资为 15 000 元。

在本例中，对汽车的维修工作属于为保证汽车的正常使用而发生的日常维护，这项后续支出并不会使可能流入企业的经济利益超过原先的估计，因此，应将这项固定资产的后续支出确认为发生当期的费用。该股份有限责任公司的账务处理如下：

借：管理费用　　66 725
　　贷：银行存款　　15 000
　　　　原材料　　32 500
　　　　应交税费——应交增值税（进项税额转出）　　4 225
　　　　应付职工薪酬　　15 000

**例 5-16**　2×16 年 12 月 31 日，某股份有限公司购入一条流水线用于生产产品，其入账价值为 1 500 000 元，预计使用年限为 8 年，净残值为零。2×19 年 12 月 31 日，由于市场需求大幅减弱，致使该固定资产发生减值，估计可收回金额为 500 000 元，固定资产价值变化如表 5-4 所示。

**表 5-4　固定资产价值变化情况表**　　单位：元

| 时间 | 内容 | 金额 |
|---|---|---|
| 2×17 年 1 月 1 日 | 原价 | 1 500 000 |
| 2×17 年 | 折旧 | 187 500 |
| 2×17 年 12 月 31 日 | 账面价值 | 1 312 500 |
| 2×18 年 | 折旧 | 187 500 |
| 2×18 年 12 月 31 日 | 账面价值 | 1 125 000 |
| 2×19 年 | 折旧 | 187 500 |
| 2×19 年 12 月 31 日 | 减值 | 437 500 |
| 2×19 年 12 月 31 日 | 账面价值 | 500 000 |
| 2×20 年 | 折旧 | 100 000 |
| 2×20 年 12 月 31 日 | 账面价值 | 400 000 |

该股份有限公司的账务处理如下：

（1）2×16 年 12 月 31 日，购入时：

借：固定资产　　1 500 000
　　贷：银行存款　　1 500 000

（2）2×17 年 12 月 31 日和 2×18 年 12 月 31 日，计提折旧时：

借：制造费用　　187 500
　　贷：累计折旧　　187 500

（3）2×19 年 12 月 31 日，计提固定资产减值准备时：

借：资产减值损失　　437 500

　　贷：固定资产减值准备　　437 500

（4）2×20 年 12 月 31 日，计提折旧时：

借：制造费用　　100 000

　　贷：累计折旧　　100 000

**例 5–17** 某股份有限责任公司有旧厂房一栋，原值 1 200 000 元，已提折旧 1 180 000 元，因使用期满经批准报废。在清理过程中，以银行存款支付清理费用 40 000 元。回收的残料一部分作价 32 000 元，由仓库作维修材料；另一部分变卖收入 14 000 元存入银行，支付的相关税费为 700 元。则该股份有限责任公司的相关账务处理如下：

（1）固定资产转入清理。

借：固定资产清理　　20 000

　　累计折旧　　1 180 000

　　贷：固定资产　　1 200 000

（2）支付清理费用。

借：固定资产清理　　40 000

　　贷：银行存款　　40 000

（3）材料入库并收到变价收入。

借：原材料　　32 000

　　银行存款　　14 000

　　贷：固定资产清理　　46 000

（4）结转相关税费。

借：固定资产清理　　700

　　贷：银行存款　　700

（5）结转固定资产清理净损益。

借：营业外支出——处置非流动资产损失　　14 700

　　贷：固定资产清理　　14 700

## 第二节　首次执行日的会计处理

### 一、前后账目要衔接

在首次执行日，企业应当根据《企业会计准则第 38 号——首次执行企业会计准则》第四条及其应用指南，结合本单位的实际情况，对首次执行日前的固定资产项目及相关账目的各项余额进行分析，按照新准则规定重新分类、确认和计量，设置新旧会计科目余额对照表，结束旧账，建立新账，形成期初资产负债表固定资产余额，作为执行企业会计准则体系的起点。

尤其需要注意的是，企业应该对照《企业会计准则第 3 号——投资性房地产》区分企业持有的该类资产，按照要求加以区分。

### 二、弃置费用的处理

在首次执行日，对于满足预计负债确认条件且该日之前尚未计入资产成本的弃置费用，应当增加该项资产成本，并确认相应的负债；同时将补提的折旧（折耗）调整留存收益。因为税法不承认税前列支预提的弃置费用，因此应当按照《企业会计准则第 18 号——所得税》进行递延税款的处理。

在计算弃置费用折现值时，选择该项资产初始确认开始至首次执行日期间适用的折现率，以该项预计负债折现后的金额增加资产成本，据此计算确认应补提的资产折旧（或油气资产的折耗），同时调整期初留存收益。

折现率的选择应当考虑货币的时间价值和相关期间通货膨胀等因素的影响。

### 三、资本化借款费用的处理

处于建设过程中的需要经过相当长时间才能达到预定可销售状态的固定资产（如飞机和船舶），首次执行日之前未予资本化的借款费用，不应追溯调整；首次执行日及以后发生的借款费用，应当将符合《企业会计准则第 17 号——借款费用》资本化条件的部分予以资本化。

### 四、具有融资性质的购销业务的处理

首次执行日之前购买的固定资产在超过正常信用条件的期限内延期付款，实质上具有融资性质的，在首次执行日，企业应当以尚未支付的款项折现后的现值与固定资产账面价值的差额，减少固定资产的账面价值，同时增加未确认融资费用。首次执行日后，企业应当以调整后的固定资产账面价值作为认定成本，未确认融资费用按照实际利率法进行摊销。

## 第三节　新准则对企业的影响

新准则的变化是明显的，企业应适应新准则的变化。

### 一、对财务方面的影响

企业应当关注新旧准则的差异，调整财务核算方式和方法：

第一，对企业资产结构产生影响，因为原在固定资产内列报的投资性房地产将重新分类到投资性房地产项目列报，并按照该准则的要求进行处理。如果投资性房地产按照公允价值计量，则折旧费用将减少，同时带来账面价值和净资产的波动。

第二，固定资产标准中取消了价值认定，给企业以比较大的权限。对于那些单位价值不高，但构成企业重要资产的劳动手段，将被按照固定资产管理和列报；相反，有些单位价值较高的资产有可能被确认为低值易耗品或包装物，同时相应的进项税也有可能被抵扣，但需要取得税务方面的认可。

第三，符合固定资产确认条件的后续支出，应进行资本化处理。

第四，已经提取的固定资产减值准备不能转回。

第五，明确了固定资产终止确认的条件，满足条件的固定资产将不会被包含在固定资产中列报。财务报表使用者看到的固定资产都是处于正常使用状态中的固定资产。

第六，因债务重组、非货币资产交换取得或处置的固定资产，按照公允价值计量，将会引起企业业绩的波动。

## 二、对内部控制方面的影响

（1）建立动态固定资产市场价值数据库。新准则要求每年年末对固定资产折旧方法、使用寿命、预计净残值进行复核，数据库的建立，有利于进行上述工作。另外需要同时建立与复核相关的内部控制制度，有关固定资产使用部门、管理部门、财务部门和采购部门应相互配合，完成该项工作。

（2）约束投资者投入资产的价值确定过程，形成公允的固定资产投入价值，否则将会按照公允价值调整固定资产投入价值。

（3）对于不符合固定资产标准的大额资产，需要进一步完善相关资产的内部控制制度，以确保这部分资产的安全和完整。

# 第六章　生物资产

## 第一节　案例分析及操作实务

### 一、生物资产的特征

**（一）生物资产是有生命的动物或植物**

生产资产是指与农业生产相关的、有生命的（即活的）动物和植物。有生命的动物和植物具有能够进行生物转化的能力。生物转化是指导致生物资产质量或数量发生变化的生长、蜕化、生产和繁殖的过程。其中，生长是指动物或植物体积、重量的增加或者质量的提高，例如，农作物从种植开始到收获前的过程；蜕化是指动物或植物产出量的减少或质量的退化，例如，奶牛产奶能力的不断下降；生产是指动物或植物本身产出农产品，例如，蛋鸡产蛋、奶牛产奶、果树产水果等；繁殖是指产生新的动物或植物，例如，奶牛产牛犊、母猪生小猪等。

这种生物转化能力是其他通常意义上的资产（如存货、固定资产、无形资产等）所不具有的，也正是生物资产的特性。因此，生物资产的形态、价值以及产生经济利益的方式，都会随着自身的出生、成长、衰老、死亡等自然规律和生产经营活动的变化而变化，尽管其在所处生命周期中的不同阶段而具体拥有类似于常规资产（存货或固定资产）的特点。但是其会计处理与存货、固定资产等常规资产有所不同，因此有必要对生物资产的确认、计量和披露等会计处理进行单独规范，以更准确地反映企业的生物资产信息。

将生物资产定义为“有生命的动物和植物”，意味着一旦原有动植物停止其生命活动就不再是“生物资产”。这一界限对生物资产和农产品进行了本质的区分。农产品与生物资产密不可分，当其附着在生物资产上时，作为生物资产的一部分，不需要单独进行会计处理，而当其从生物资产上收获时开始，离开生物资产这一母体，一般具有鲜活、易腐的特点，因此应该区别于工业企业一般意义上的产品单独核算。基于此，生物资产准则对收获时点的农产品的会计处理进行了规范，即应该采用规定的方法，从消耗性生物资产或生产性生物资产生产成本中转出，确认为收获时点的农产品的成本；而收获时点之后的农产品的加工、销售等会计处理，应该适用《企业会计准则第 1 号——存货》。

**（二）生物资产与农业生产密切相关**

生物资产准则所称“农业”是广义的范畴，即“农林牧渔”，包括种植业、畜牧养殖业、林业和水产业等行业。企业从事农业生产就是要增强生物转化能力，最终获得更多的符合市场需要的农产品。例如，种植业作物的生长和收获而获得稻谷、小麦等农产品的活动过程；畜牧养殖业试验和收获而获得林产品、经济林木的生产和管理获得水果等的活动过程；水产业中的养殖获得水产品等活动过程，都属于将生物资产转化为农产品的活动。

农业生产与收获时点的农产品密切相关，但必须与对收获后的农产品进行加工的活动（以下简称“加工活动”）严格区分。农业生产活动针对的是有生命的生物资产，而加工活动针对的是收获后的农产品，例如，将绵羊产出的羊毛加工成毛毯、将收获的甘蔗加工成蔗糖、将奶牛产出的牛奶加工成奶酪、将从果树采摘的水果加工成水果罐头、将用材林采伐下的原木用于盖厂房等。因此，加工活动并不包含在生物资产准则所指的农业生产范畴之内。

## 二、生物资产的分类

为了会计核算的方便，生物资产通常分为消耗性生物资产、生产性生物资产和公益性生物资产三大类。

### （一）消耗性生物资产

消耗性生物资产，是指为出售而持有的，或在将来收获为农产品的生物资产。消耗性生物资产是劳动对象，包括生长中的大田作物、蔬菜、用材林以及存栏等待售的牲畜等。消耗性生物资产通常是一次性消耗并终止其服务能力或未来经济利益，因此在一定程度上具有存货的特征，应当作为存货在资产负债表中列报。

### （二）生产性生物资产

生产性生物资产，是指为产出农产品、提供劳务或出租等目的而持有的生物资产。生产性生物资产具备自我生长性，能够在持续的基础上予以消耗并在未来的一段时间内保持其服务能力或未来经济利益，属于劳动手段，包括经济林、薪炭林、产畜和役畜等。

与消耗性生物资产相比较，生产性生物资产的最大不同在于，生产性生物资产具有能够在生产经营中长期、反复使用，从而不断地产出农产品或者是长期役用的特征。消耗性生物资产收获农产品之后，该资产就不复存在；而生产性生物资产产出农产品之后，该资产仍然保留，并可以在未来期间继续产出农产品。因此，通常认为生产性生物资产在一定程度上具有固定资产的特征，例如，果树每年产出水果、奶牛每年产奶等。

一般而言，生产性生物资产通常需要生长到一定阶段才开始具备生产的能力。根据其是否具备生产能力（即是否达到预定生产经营目的），可以对生产性生物资产进行进一步划分。所谓达到预定生产经营目的，是指生产性生物资产进入正常生产期，可以多年连续稳定产出农产品、提供劳务或出租。由此，生产性生物资产可以划分为未成熟和成熟两类，前者指尚未达到预定生产经营目的、还不能够多年连续稳定产出农产品、提供劳务或出租的生产性生物资产，例如，尚未开始挂果的果树、尚未开始产奶的奶牛等；后者则指已经达到预定生产经营目的的生产性生物资产。

### （三）公益性生物资产

公益性生物资产，是指以防护、环境保护为主要目的的生物资产，包括防风固沙林、水土保持林和水源涵养林等。公益性生物资产与消耗性生物资产和生产性生物资产有本质不同。后两者的目的是为了直接给企业带来经济利益，而公益性生物资产主要是出于防护、环境保护等目的，尽管其不能直接给企业带来经济利益，但具有服务潜能，有助于企业从相关资产获得经济利益，如防风固沙林和水土保持林能带来防风固沙、保持水土的效能，风景林具有美化环境、休息游览的效能等，因此应当确认为生物资产，并且应当单独核算。

生物资产准则着重解决了生物资产的确认和初始计量、后续计量以及收获和处置的会计处理问题。

## 三、生物资产会计准则的运用举例

### （一）会计科目的设置

新准则涉及的主要会计科目如表 6-1 所示：

**表 6-1 新准则涉及的主要会计科目**

| 科目序号 | 科目编号 | 科目名称 |
|---|---|---|
| 35 | 1421 | 消耗性生物资产 |
| 57 | 1621 | 生产性生物资产 |
| 58 | 1622 | 生产性生物资产累计折旧 |
| 59 | 1623 | 公益性生物资产 |

### （二）主要处理方法的解释

1. 消耗性生物资产的核算

消耗性生物资产通过“消耗性生物资产”科目核算，“消耗性生物资产”科目应当按照消耗性生物资产的种类、群别进行明细核算。消耗性生物资产的主要账务处理如下：

（1）外购的消耗性生物资产，按应计入消耗性生物资产成本的金额，借记“消耗性生物资产”科目，贷记“银行存款”“应付账款”“应付票据”等科目。

（2）自行栽培的大田作物和蔬菜，应按收获前发生的必要支出，借记“消耗性生物资产”科目，贷记“银行存款”等科目。自行营造的林木类消耗性生物资产，应按郁闭前发生的必要支出，借记“消耗性生物资产”科目，贷记“银行存款”等科目。自行繁殖的育肥畜，应按出售前发生的必要支出，借记“消耗性生物资产”科目，贷记“银行存款”等科目。水产养殖的动物和植物，应按出售或入库前发生的必要支出，借记“消耗性生物资产”科目，贷记“银行存款”等科目。

（3）以其他方式取得的消耗性生物资产，按不同方式下确定的应计入消耗性生物资产成本的金额，借记“消耗性生物资产”科目，贷记有关科目。天然起源的消耗性生物资产，应按名义金额，借记“消耗性生物资产”科目，贷记“营业外收入”科目。

（4）产畜或役畜淘汰转为育肥畜时，按转群时的账面价值，借记“消耗性生物资产”科目，按已计提的累计折旧，借记“生产性生物资产累计折旧”科目，按其账面余额，贷记“生产性生物资产”科目。已计提减值准备的，还应同时结转已计提的减值准备。

育肥畜转为产畜或役畜时，应按其账面余额，借记“生产性生物资产”科目，贷记“消耗性生物资产”科目。已计提跌价准备的，还应同时结转跌价准备。

（5）择伐、间伐或抚育更新性质采伐而补植林木类消耗性生物资产发生的后续支出，借记“消耗性生物资产”科目，贷记“库存现金”“银行存款”“其他应付款”等科目。

林木类消耗性生物资产达到郁闭后发生的管护费用等后续支出，借记“管理费用”科目，贷记“银行存款”等科目。

（6）农业生产过程中发生的应归属于消耗性生物资产的费用，按应分配的金额，借记“消耗性生物资产”科目，贷记“农业生产成本”科目。

（7）消耗性生物资产收获为农产品时，应按其账面余额，借记“农产品”科目，贷记“消耗性生物资产”科目。已计提跌价准备的，还应同时结转跌价准备。

（8）出售消耗性生物资产，应按实际收到的金额，借记“银行存款”等科目，贷记“主营业务收入”等科目；应按其账面余额，借记“主营业务成本”等科目，贷记“消耗性生物资产”科目。已计提跌价准备的，还应同时结转跌价准备。

（9）有确凿证据表明消耗性生物资产的公允价值能够持续可靠地取得的，应当对消耗性生物资产采用公允价值计量，比照“投资性房地产”科目的相关规定进行处理。

2. 生产性生物资产的原价在“生产性生物资产”科目中进行核算

“生产性生物资产”科目应当分别“未成熟生产性生物资产”和“成熟生产性生物资产”以及生产性生物资产的种类、群别、所属部门等进行明细核算。

生产性生物资产发生减值的，应在生产性生物资产科目设置“减值准备”明细科目进行核算，也可以单独设置“生产性生物资产减值准备”科目进行核算。生产性生物资产的主要账务处理如下：

（1）外购的生产性生物资产，按应计入生产性生物资产成本的金额，借记“生产性生物资产”科目，贷记“银行存款”“其他应付款”“应付票据”等科目。

（2）自行营造的林木类生产性生物资产、自行繁殖的产畜和役畜，应按达到预定生产经营目的前发生的必要支出，借记“生产性生物资产（未成熟生产性生物资产）”科目，贷记“银行存款”等科目。

（3）以其他方式取得的生产性生物资产，按不同方式下确定的应计入生产性生物资产成本的金额，借记“生产性生物资产”科目，贷记有关科目。

天然起源的生产性生物资产，应按名义金额，借记“生产性生物资产”科目，贷记“营业外收入”科目。

（4）育肥畜转为产畜或役畜时，应按其账面余额，借记“生产性生物资产”科目，贷记“消耗性生物资产”科目。已计提跌价准备的，还应同时结转已计提的跌价准备。

产畜或役畜淘汰转为育肥畜时，按结转时的账面价值，借记“消耗性生物资产”科目，按已计提的累计折旧，借记“生产性生物资产累计折旧”科目，按其账面余额，贷记“生产性生物资产”科目。

（5）未成熟生产性生物资产达到预定生产经营目的时，按其账面余额，借记“生产性生物资产（成熟生产性生物资产）”科目，贷记“生产性生物资产（未成熟生产性生物资产）”科目。未成熟生产性生物资产已计提减值准备的，还应同时结转已计提的减值准备。

（6）择伐、间伐或抚育更新性质采伐而补植林木类生产性生物资产发生的后续支出，借记“生产性生物资产”科目，贷记“库存现金”“银行存款”“其他应付款”等科目。

林木类生产性生物资产达到预定生产经营目的后发生的管护费用等后续支出，借记“管理费用”科目，贷记“银行存款”等科目。

（7）出售生产性生物资产时，应按实际收到的金额，借记“银行存款”等科目，按已计提的累计折旧，借记“生产性生物资产累计折旧”科目，按其账面余额，贷记“生产性生物资产”科目，按其差额，借记“营业外支出——处置非流动资产损失”科目或贷记“营业外收入——处置非流动资产利得”科目。已计提减值准备的，还应同时结转已计提的减值准备。

（8）有确凿证据表明生产性生物资产的公允价值能够持续可靠地取得的，应当对生产性生物资产采用公允价值计量，比照“投资性房地产”科目的相关规定进行处理。

3. 生产性生物资产累计折旧的核算

设置“生产性生物资产累计折旧”科目核算企业（农业）对成熟生产性生物资产计提的累计折旧。

“生产性生物资产累计折旧”科目应当按照生产性生物资产的种类、群别、所属部门等进行明细核算。

企业对成熟生产性生物资产按期计提折旧时，借记“农业生产成本”“管理费用”等科目，贷记“生产性生物资产累计折旧”科目。

4. 设置“公益性生物资产”科目核算企业（农业）持有的公益性生物资产的价值

“公益性生物资产”科目应当按照公益性生物资产的种类或项目进行明细核算。公益性生物资产的主要账务处理如下：

（1）外购的公益性生物资产，按应计入公益性生物资产成本的金额，借记“公益性生物资产”科目，贷记“银行存款”“其他应付款”“应付票据”等科目。

（2）自行营造的公益性生物资产，应按郁闭前发生的必要支出，借记“公益性生物资产”科目，贷记“银行存款”等科目。

（3）以其他方式取得的公益性生物资产，按不同方式下确定的应计入公益性生物资产成本的金额，借记“公益性生物资产”科目，贷记有关科目。天然起源的公益性生物资产，应按名义金额，借记“公益性生物资产”科目，贷记“营业外收入”科目。

（4）消耗性生物资产、生产性生物资产转为公益性生物资产时，应按其账面余额或账面价值，借记“公益性生物资产”科目，按已计提的生产性生物资产累计折旧，借记“生产性生物资产累计折旧”科目，按账面余额，贷记“消耗性生物资产”“生产性生物资产”科目。已计提跌价准备、减值准备的，还应同时结转跌价准备或减值准备。

（5）择伐、间伐或抚育更新性质采伐而补植林木类公益性生物资产发生的后续支出，借记“公益性生物资产”科目，贷记“库存现金”“银行存款”“其他应付款”等科目。林木类公益性生物资产郁闭后发生的管护费用等其他后续支出，借记“管理费用”科目，贷记“银行存款”等科目。

（6）有确凿证据表明公益性生物资产的公允价值能够持续可靠地取得的，应当对公益性生物资产采用公允价值计量，比照“投资性房地产”科目的相关规定进行处理。

## 四、账务处理举例

### （一）外购的生物资产

无论是消耗性生物资产、生产性生物资产还是公益性生物资产，外购的生物资产的成本包括购买价款、相关税费、运输费、保险费以及可直接归属于购买该资产的其他支出。其中，可直接归属于购买该资产的其他支出包括场地整理费、装卸费、栽植费和专业人员服务费等。

企业外购的生物资产，按应计入生物资产成本的金额，借记“消耗性生物资产”“生产性生物资产”或“公益性生物资产”科目，贷记“银行存款”“应付账款”“应付票据”等科目。

企业一笔款项一次性购入多项生物资产时，购买过程中发生的相关税费、运输费、保险费等可直接归属于购买该资产的其他支出，应当按照各项生物资产的价款比例进行分配，分别确定各项生物资产的成本。

**例 6–1** 2×20 年 4 月 3 日，甲农业公司购入 10 头实行分群核算的种猪，支付的购买价款为 20 000 元，发生的运输费为 5 000 元、保险费为 400 元、装卸费为 200 元，款项全部以银行存款支付。假定不考虑其他相关税费。

甲农业公司的会计处理如下：

甲农业公司购买的 10 头种猪的成本＝20 000＋5 000＋400＋200
＝25 600（元）

借：生产性生物资产　25 600
　贷：银行存款　25 600

**例 6–2** 2×20 年 2 月，甲农业企业从市场上一次性购买了 6 头种牛、15 头种猪和 600 头猪苗，单价分别为 4 000 元、1 400 元和 250 元，支付的价款共计 195 000 元，此外，发生的运输费为 4 500 元、保险费为 3 000 元、装卸费为 2 250 元，款项全部以银行存款支付。

有关计算如下：

（1）确定应分摊的运输费、保险费和装卸费：

分摊比例＝（4 500＋3 000＋2 250）÷195 000＝5%

因此，6 头种牛应分摊：6×4 000×5%＝1 200（元）

15 头种猪应分摊：15×1 400×5%＝1 050（元）

600 头猪苗应分摊：600×250×5%＝7 500（元）

（2）确定种牛、种猪和猪苗的入账价值：

6 头种牛的入账价值＝6×4 000＋1 200＝25 200（元）

15 头种猪的入账价值＝15×1 400＋1 050＝22 050（元）

600 头猪苗的入账价值＝600×250＋7 500＝157 500（元）

甲农业企业的账务处理如下：

借：生产性生物资产——种牛　25 200
　　　　　　　　——种猪　22 050
　消耗性生物资产——猪苗　157 500
　贷：银行存款　204 750

## （二）自行营造的生物资产

对于企业自行营造的生物资产，应当按照不同的种类核算，分别按照消耗性生物资产、生产性生物资产和公益性生物资产确定其取得的成本，并分别借记“消耗性生物资产”“生产性生物资产”或“公益性生物资产”科目，贷记“银行存款”等科目。

1. 自行营造的消耗性生物资产

对于自行栽培、营造、繁殖或养殖的消耗性生物资产而言，其成本确定的一般原则是按照自行繁殖或营造（即培育）过程中发生的必要支出确定，既包括直接材料、直接人工、其他直接费，也包括应分摊的间接费用。

1）不同种类消耗性生物资产的成本构成。

（1）自行栽培的农作物和蔬菜的成本，包括在收获前耗用的种子、肥料、农药等材料费、人工费和应分摊的间接费用等必要支出。

（2）自行营造的林木类消耗性生物资产的成本，包括郁闭前发生的育林费、抚育费、园林设施费、良种试验费、调查设计费和应分摊的间接费用等必要支出。

（3）自行繁殖的育肥畜的成本，包括出售前发生的饲料费、人工费和应分摊的间接费用等必要支出。

（4）水产养殖的动物和植物的成本，包括在出售或入库前耗用的苗种、饲料、肥料等材料费、人工费和应分摊的间接费用等必要支出。

**例 6-3** 甲企业 2×20 年 3 月使用一台拖拉机翻耕土地 100 公顷用于小麦和玉米的种植，其中 60 公顷种植玉米、40 公顷种植小麦。该拖拉机原值为 60 300 元，预计净残值为 300 元，按照工作量法计提折旧，预计可以翻耕土地 6 000 公顷。

有关计算如下：

应当计提的拖拉机折旧＝（60 300-300）÷6 000×100 ＝ 1 000（元）

玉米应当分配的机械作业费＝ 1 000÷（60 ＋ 40）×60 ＝ 600（元）

小麦应当分配的机械作业费＝ 1 000÷（60 ＋ 40）×40 ＝ 400（元）

甲公司的账务处理如下：

| | |
|---|---|
| 借：消耗性生物资产——玉米 | 600 |
| ——小麦 | 400 |
| 贷：累计折旧 | 1 000 |

2）林木类消耗性生物资产成本确定的特殊问题。

（1）郁闭及郁闭度的概念。郁闭是林木类消耗性生物资产成本确定中的一个重要界限。郁闭为林学概念，通常是指一块林地上的林木的树干、树冠生长达到一定标准，林木成活率和保持率达到一定的技术规程要求。郁闭通常指林木类消耗性资产的郁闭度达 0.20 以上（含 0.20）。郁闭度是指森林中乔木树冠遮蔽地面的程度，它是反映林分密度的指标，以林地树冠垂直投影面积与林地面积之比表示，以十分数表示，完全覆盖地面为 1。根据联合国粮农组织规定，郁闭度达 0.20 以上（含 0.20）的为郁闭林［其中一般以 0.20 ~ 0.70（不含 0.70）为中度郁闭，0.70 以上（含 0.70）为密郁闭；0.20 以下（不含 0.20）的为疏林（即未郁闭林）］。

不同林种、不同林分等对郁闭度指标的要求有所不同，比如，生产纤维原料的工业原材料林一般要求郁闭度相对较高；而以培育珍贵大径材为主要目标的林木要求郁闭度相对较低。企业应当结合历史经验数据和自身实际情况，确定林木类消耗性生物资产的郁闭度及是否达到郁闭。各类林木类消耗性生物资产的郁闭度一经确定，不得随意变更。

（2）林木类消耗性生物资产郁闭前的相关支出应予资本化，郁闭后的相关支出计入当期费用。郁闭是判断消耗性生物资产相关支出（包括借款费用）资本化或者是费用化的时点。郁闭之前的林木类消耗性生物资产处在培植阶段，需要发生较多的造林费、抚育费、营林设施费、良种试验费、调查设计费相关支出，这些支出应予以资本化计入成本；郁闭之后的林木类消耗性生物资产进入稳定的生长期，基本上可以比较稳定地成活，主要依靠林木本身的自然生长，一般只需要发生较少的管护费用，从重要性和谨慎性考虑应当计入当期费用。

2. 自行繁殖、营造的生产性生物资产

对自行繁殖、营造的生产性生物资产而言，如企业自己繁育的奶牛、种猪，自行营造的橡胶树、果树、茶树等，其成本确定的一般原则是按照其达到预定生产经营目的前发生的必要支出确定，包括直接材料、直接人工、其他直接费用和应分摊的间接费用。自行营造的林木类生产性生物资产的成本，包括达到预定生产经营目的前发生的造林费、抚育费、营林设施费、良种试验费、调查设计费用和应分摊的间接费用等必要支出；自行繁殖的产畜和役畜的成本，包括达到预定生产经营目的（成龄）前发生的饲料费、人工费和应分摊的间接费用等必要支出。达到预定生产经营目的是区分生产性生物资产成熟和未成熟的分界点，同时也是判断其相关费用停止资本化的时点，是区分其是否具备生产能力，从而是否计提折旧的分界点。企业应当根据具体情况结合正常生产期的确定，对生产性生物资产是否达到预定生产经营目的进行判断。例如，一般就海南橡胶园而言，同林段内离地 100 厘米处、树围 50 厘米以上的芽接胶树，占林段总株数的 50% 以上时，该橡胶园就属于进入正常生产期，即达到预定生产经营目的。

生产性生物资产在达到预定生产经营目的之前发生的必要支出在“生产性生物资产——未成熟生产性生物资产”科目归集。未成熟生产性生物资产达到预定生产经营目的时，按其账面余额，借记“生产性生物资产——成熟生产性生物资产”科目，贷记“生产性生物资产——未成熟生产性生物资产”科目，未成熟生产性生物资产已计提减值准备的，还应同时结转已计提的减值准备。

生产性生物资产在达到预定生产经营目的之前，其用途一般是已经确定的，如尚未开始挂果的果树、未开始产奶的奶牛等；但是，如果其未来用途不确定，应当作为消耗性生物资产核算和管理，待确定用途后，再按照用途转换进行处理。

**例 6–4** 甲企业自 2×14 年开始自行营造 100 公顷橡胶树，当年发生种苗费 189 000 元，平整土地和定植所需的机械作业费 55 500 元，定植当年抚育发生肥料及农药费 250 500 元、人员工资等 450 000 元。该橡胶树达到正常生产期为 6 年，从定植后至 2×20 年共发生管护费用 2 415 000 元，以银行存款支付。

甲企业的账务处理如下：

| | | |
|---|---|---|
| 借：生产性生物资产——未成熟生产性生物资产——橡胶树 | 945 000 | |
| 　　贷：原材料——种苗 | | 189 000 |
| 　　　　　　　——肥料及农药 | | 250 500 |
| 　　　　应付职工薪酬 | | 450 000 |
| 　　　　累计折旧 | | 55 500 |

借：生产性生物资产——未成熟生产性生物资产——橡胶树 2 415 000
　　贷：银行存款 2 415 000

因此，该 100 公顷橡胶树的成本如下：

189 000 + 55 500 + 250 500 + 450 000 + 2 415 000 = 3 360 000（元）

借：生产性生物资产——成熟生产性生物资产——橡胶树 3 360 000
　　贷：生产性生物资产——未成熟生产性生物资产——橡胶树 3 360 000

**（三）天然起源的生物资产**

天然林等天然起源的生物资产，仅在企业有确凿证据表明能够拥有或者控制该生物资产时，才能予以确认。

天然起源的生物资产公允价值通常无法可靠地取得，应当按照名义金额确定生物资产的成本，同时计入当期损益，名义金额为1元人民币，即借记“生产性生物资产”“消耗性生物资产”“公益性生物资产”等科目，贷记“营业外收入”科目。

**（四）生物资产相关的后续支出**

1. 生物资产郁闭或达到预定生产经营目的之后的管护费用

生物资产在郁闭或达到预定生产经营目的之前，经过培植或饲养，其价值能够继续增加，因此饲养、管护费用应资本化计入生物资产成本；而生物资产在郁闭或达到预定生产经营目的后，为了维护或提高其使用效能，需要对其进行管护、饲养等，但此时的生物资产能够产出农产品，带来现实的经济利益，因此所发生的这类后续支出应当予以费用化，计入当期损益。借记“管理费用”科目，贷记“银行存款”等科目。

管护费用是指为了维持郁闭后的消耗性林木资产或公益性生物资产的正常存在或为了维持已经达到预定生产经营目的的成熟生产性生物资产进行正常生产而发生的有关费用，如为果树剪枝发生的费用、为果树灭虫发生的人工和药物费用、对产奶奶牛的饲养管理费用等。

2. 林木类生物资产补植

在林木类生物资产的生长过程中，为了使其更好地生长，往往需要进行择伐、间伐或抚育更新性质采伐（这些采伐并不影响林木的郁闭状态），并且在采伐之后进行相应的补植。在这种情况下发生的后续支出，应当予以资本化，计入林木类生物资产的成本。借记“消耗性生物资产”“生产性生物资产”或“公益性生物资产”科目，贷记“库存现金”“银行存款”“其他应付款”等科目。

**例 6-5** 2×20 年 5 月，甲林业有限责任公司对某用材林进行择伐补植，应支付临时人员工资 15 000 元，领用材料 20 000 元。

甲企业的账务处理如下：

借：消耗性生物资产——用材林 35 000
　　贷：应付职工薪酬 15 000
　　　　原材料 20 000

**例 6-6** 甲林业有限责任公司下属的乙林班统一组织培植管护一片森林，2×20 年

3月，发生森林管护费用共计40 000元，其中人员工资20 000元，尚未支付；使用库存肥料16 000元；管护设备折旧4 000元。管护总面积为5 000公顷，其中作为用材林的杨树林共计4 000公顷，已郁闭的占75%，其余的尚未郁闭；作为水土保持林的马尾松共计1 000公顷，全部已郁闭。假定管护费用按照森林面积比例进行分配。

有关计算如下：

未郁闭杨树林应分配共同费用的比例＝4 000×（1－75%）÷5 000＝0.2
已郁闭杨树林应分配共同费用的比例＝4 000×75%÷5 000＝0.6
已郁闭马尾松应分配共同费用的比例＝1 000÷5 000＝0.2
未郁闭杨树林应分配的共同费用＝40 000×0.2＝8 000（元）
已郁闭杨树林应分配的共同费用＝40 000×0.6＝24 000（元）
已郁闭马尾松应分配的共同费用＝40 000×0.2＝8 000（元）

甲公司的账务处理如下：

借：消耗性生物资产——用材林——杨树　　8 000
　　管理费用　　32 000
　　贷：应付职工薪酬　　20 000
　　　　原材料　　16 000
　　　　累计折旧　　4 000

### （五）采用成本模式计量的生物资产的后续计量

在我国，处于不同生长阶段的各类生物资产的公允价值一般难以取得，因此，生物资产准则规定一般应当采用历史成本对生物资产进行后续计量，但有确凿证据表明其公允价值能够持续可靠地取得的除外。

生物资产采用历史成本进行计量的情况下，消耗性生物资产按成本减累计跌价准备计量；未成熟的生产性生物资产按成本减累计减值准备计量，成熟的生产性生物资产按成本减累计折旧及累计减值准备计量；公益性生物资产按成本计量。

1. 成熟生产性生物资产折旧的计提

成熟的生产性生物资产进入正常生产期，可以多年连续稳定产出农产品、提供劳务或出租。因此，应当按期计提折旧，以便与其给企业带来的经济利益流入相配比。例如，已经开始挂果的苹果树的折旧额与从苹果树上采摘的苹果取得的收入相配比，役牛每期的折旧额与其犁地为企业带来的经济利益流入相配比等。

生产性生物资产的折旧，是指在生产性生物资产的使用寿命内，按照确定的方法对应计折旧额进行系统分摊。其中，应计折旧额是指应当计提折旧的生产性生物资产的原价扣除预计净残值后的余额；如果已经计提减值准备，还应当扣除已计提的生产性生物资产减值准备累计金额。预计净残值是指预计生产性生物资产使用寿命结束时，在处置过程中所发生的处置收入扣除处置费用后的余额。

1）需要计提折旧的生产性生物资产的范围。

当期增加的成熟生产性生物资产应当计提折旧，一旦提足折旧，不论能否继续使用，均不再计提折旧。需要注意的是，以融资租赁租入的生产性生物资产和以经营租赁方式租出的生产性生物资产，应当计提折旧；以融资租赁租出的生产性生物资产和以经营租赁方式租入的生产性生物资产，不应计提折旧。

2）预计生产性生物资产的使用寿命。

企业确定生产性生物资产的使用寿命，应当考虑下列因素：①该资产的预计产出能力或实物产量；②该资产的预计有形损耗，如产畜和役畜衰老、经济林老化等；③该资产的预计无形损耗，如因新品种的出现而使现有的生产性生物资产的产出能力和产出农产品的质量等方面相对下降、市场需求的变化使生产性生物资产产出的农产品相对过时等。

在实务中，企业应在考虑这些因素的基础上，结合不同生产性生物资产的具体情况作出判断，例如，在考虑林木类生产性生物资产的使用寿命时，可以考虑诸如温度、湿度和降雨量等生物特征、灌溉特征、嫁接和修剪程序、植物的种类和分类、植物的株间距、所使用初生主根的类型、采摘或收割的方法、所生产产品的预计市场需求等。在相同的环境下，同样的生产性生物资产的预计使用寿命应该基本相同。

3）生产性生物资产的折旧方法。

生物资产准则规定了企业可选用的折旧方法包括年限平均法、工作量法和产量法等。在具体运用时，企业应当根据生产性生物资产的具体情况，合理选择相应的折旧方法。

4）合理确定生产性生物资产的使用寿命、预计净残值和折旧方法。

企业应当结合本企业的具体情况，根据生产性生物资产的类别，制定适合本企业的生产性生物资产目录、分类方法。对于达到预定经营目的的生产性生物资产，还应根据生产性生物资产的性质、使用情况和有关经济利益的预期实现方式，合理确定生产性生物资产的使用寿命、预计净残值和折旧方法，作为进行生产性生物资产核算的依据。

企业制定的生产性生物资产目录、分类方法、预计使用寿命、预计净残值、折旧方法等，应当编制成册，并按照管理权限，经股东大会或董事会，或经理（场长）会议或类似机构批准，按照法律、行政法规的规定报送有关各方备案，同时备置于企业所在地，以供投资者等有关各方查阅。企业已经确定并对外报送，或备置于企业所在地的有关生产性生物资产目录、分类方法、预计净残值、预计使用寿命、折旧方法等，一经确定不得随意变更，如需变更，应仍然按照上述程序，经批准后报送有关各方备案，并在报表附注中予以说明。

此外，生物资产准则规定，企业至少应当于每年年度终了对生产性生物资产的使用寿命、预计净残值和折旧方法进行复核。如果生产性生物资产的使用寿命或预计净残值的预期数与原先估计数有差异的，或者有关经济利益预期实现方式有重大改变的，企业应当作为会计估计变更，按照《企业会计准则第 28 号——会计政策、会计估计变更和差错更正》的规定进行会计处理，调整生产性生物资产的使用寿命或预计净残值或者改变折旧方法。

5）生产性生物资产计提折旧的账务处理。

企业应当按期对达到预定生产经营目的的生产性生物资产计提折旧，并根据受益对象分别计入将收获的农产品成本、劳务成本、出租费用等。对成熟生产性生物资产按期计提折旧时，借记“农业生产成本”“管理费用”等科目，贷记“生产性生物资产累计折旧”科目。

2. 生物资产减值

生物资产准则规定，企业至少应当于每年年度终了对消耗性生物资产和生产性生物资产进行检查，有确凿证据表明上述生物资产发生减值的，应当计提生物资产跌价准备或减值准备。企业首先应当注意消耗性生物资产和生产性生物资产是否有发生减值的迹象，如有，在此基础上计算确定消耗性生物资产的可变现净值或生产性生物资产的可收回金额。

1）判断消耗性生物资产和生产性生物资产减值的主要迹象。

生物资产准则对消耗性生物资产和生产性生物资产的减值采取了易于判断的方式，即企业至少应当于每年年度终了对消耗性生物资产和生产性生物资产进行检查，有确凿证据表明在遭受自然灾害、病虫害、动物疫病侵袭或市场需求变化等原因的情况下，上述生物资产才可能存在减值迹象。具体来说，消耗性生物资产和生产性生物资产存在下列情形之一的，通常表明可变现净值或可收回金额低于账面价值：

（1）因遭受火灾、旱灾、水灾、冻灾、台风、冰雹等自然灾害，造成消耗性生物资产或生产性生物资产发生实体损坏，影响该资产的进一步生长或生产，从而降低其产生经济利益的能力。

（2）因遭受病虫害或者疯牛病、禽流感、口蹄疫等动物疫病的侵袭，造成消耗性生物资产或生产性生物资产的市场价格大幅度持续下跌，并且在可预见的未来无回升的希望。

（3）因消费者偏好改变而使企业的消耗性生物资产或生产性生物资产收获的农产品的市场需求发生变化，导致市场价格逐渐下跌。与工业产品不同，一般情况下技术进步不会对生物资产的价值产生明显的影响。

（4）因企业所处经营环境，如动植物检验检疫标准等发生重大变化，从而对企业产生不利影响，导致消耗性生物资产或生产性生物资产的市场价格逐渐下跌。

（5）其他足以证明消耗性生物资产或生产性生物资产实质上已经发生减值的情形。

2）计提减值准备。

消耗性生物资产的可变现净值或生产性生物资产的可收回金额低于其账面价值时，企业应当按照可变现净值或可收回金额低于账面价值的差额，计提生物资产跌价准备或减值准备，借记“资产减值损失”科目，贷记“存货跌价准备——消耗性生物资产减值准备”或“生产性生物资产减值准备”科目。

消耗性生物资产的可变现净值是指在日常活动中，消耗性生物资产的估计售价减去至出售时估计将要发生的成本、估计的销售费用以及相关税费后的金额，其确定应当遵循《企业会计准则第 1 号——存货》。生产性生物资产的可收回金额根据其公允价值减去处置费用后的净额与资产预计未来现金流量的现值两者之间较高者确定，应当遵循《企业会计准则第 8 号——资产减值》。

**例 6–7** 甲农业企业种植玉米 150 公顷，已发生成本 330 000 元。2×20 年 7 月遭受冰雹，致使玉米严重受灾，期末玉米的可变现净值估计为 300 000 元。

甲企业的账务处理如下：

借：资产减值损失——消耗性生物资产——玉米　　30 000

　　贷：存货跌价准备——消耗性生物资产——玉米　　30 000

**例 6-8** 2×18 年 8 月，甲企业的橡胶园曾遭受过一次台风袭击，12 月 31 日，甲企业对橡胶园进行检查时认为可能发生减值。该橡胶园销售净价总额为 1 200 000 元，尚可使用 5 年，预计在未来 5 年内产生的现金净流量分别为 400 000 元、360 000 元、320 000 元、250 000 元、200 000 元（其中 2×23 年的现金流量已经考虑使用寿命结束时进行处置的现金净流量）。在考虑有关风险的基础上，甲企业决定采用 5%的折现。该橡胶园 2×18 年 12 月 31 日的账面价值为 1 500 000 元，以前年度没有计提减值准备。有关计算过程如表 6-2 所示。

**表 6-2 橡胶园未来现金流量现值计算表**

| 年度 | 预计未来现金流量（元） | 折现率（%） | 折现系数 | 现值（元） |
|---|---|---|---|---|
| 2×19 | 400 000 | 5 | 0.952 4 | 380 960 |
| 2×20 | 360 000 | 5 | 0.907 0 | 326 520 |
| 2×21 | 320 000 | 5 | 0.863 8 | 276 416 |
| 2×22 | 250 000 | 5 | 0.822 7 | 205 675 |
| 2×23 | 200 000 | 5 | 0.783 5 | 156 700 |
| 合计 | | | | 1 346 271 |

未来现金流量现值 1 346 271 元＞销售净价 1 200 000 元，因此该橡胶园的可收回金额为 1 346 271 元。

应计提的减值准备＝1 500 000－1 346 271＝153 729（元）

甲企业的账务处理如下：

借：资产减值损失——生产性生物资产——橡胶　　153 729

　　贷：生产性生物资产减值准备——橡胶　　153 729

3）已确认的消耗性生物资产跌价损失的转回。

企业在每年年度终了对消耗性生物资产进行检查时，如果消耗性生物资产减值的影响因素已经消失的，减记金额应当予以恢复，并在原已计提的跌价准备金额内转回，转回的金额计入当期损益，借记“存货跌价准备——消耗性生物资产”科目，贷记“资产减值损失”科目。

此外，值得注意的是，根据《企业会计准则第 8 号——资产减值》的规定，生产性生物资产减值准备一经计提，不得转回。

3. 公益性生物资产不计提减值准备

对于公益性生物资产而言，由于其持有目的与消耗性生物资产和生产性生物资产有本质不同，主要是出于防护、环境保护等特殊公益性目的，具有非经营性的特点，因此，公益性生物资产不计提减值准备。

**（六）采用公允价值模式计量的生物资产的后续计量**

1. 采用公允价值计量的条件

生物资产通常按照成本计量，但有确凿证据表明其公允价值能够持续可靠取得的除外。对于采用公允价值计量的生物资产，应当同时满足下列两个条件：

（1）生物资产有活跃的交易市场，即该生物资产能够在交易市场中直接交易。从我国目前的情况而言，生长中的生物资产尚不存在活跃市场，可验证的市场价格尚难以取得，比如生长中的果园、生长中的林木等。因此，企业在对生物资产应用公允价值时应当特别注意。

（2）能够从交易市场上取得同类或类似生物资产的市场价格及其他相关信息，从而对生物资产的公允价值作出科学合理的估计。同类或类似的生物资产，是指品种相同、质量等级相同或类似、生长时间相同或类似、所处气候和地理环境相同或类似的有生命的动物和植物。这一规定表明，企业能够客观而非主观随意地使用公允价值。

2. 公允价值模式下的会计处理

在公允价值模式下，企业不再对生物资产计提折旧和计提减值准备，应当以资产负债表日生物资产的公允价值减去估计销售时所发生费用后的净额计量，各期变动计入当期损益。一般情况下，企业对生物资产的计量模式一经确定，不得随意变更。

**例 6-9** 2×20 年 4 月 30 日，乙农业公司某生产性生物资产账面余额为 23 000 元，公允价值 22 000 元；某消耗性生物资产账面余额为 12 000 元，公允价值为 14 000 元；某公益性生物资产账面余额为 2 100 元，公允价值为 2 300 元。假定乙农业公司对生物资产采用公允价值计量，不考虑其他因素。乙农业公司的会计处理如下：

| | | |
|---|---|---|
| 借：公允价值变动损益 | 1 000 | |
| 　　贷：生产性生物资产 | | 1 000 |
| 借：消耗性生物资产 | 2 000 | |
| 　　公益性生物资产 | 200 | |
| 　　贷：公允价值变动损益 | | 2 200 |

**（七）生物资产的收获**

收获，是指消耗性生物资产生长过程的结束，如收割小麦、采伐用材林等，以及农产品从生产性生物资产上分离，如从苹果树上采摘下苹果、奶牛产出牛奶、绵羊产出羊毛等。

1. 收获农产品的会计处理

1）消耗性生物资产收获农产品的会计处理。

从消耗性生物资产上收获农产品后，消耗性生物资产自身完全转为农产品而不复存在，如肉猪宰杀后的猪肉、收获后的蔬菜、用材林采伐后的木材等，企业应当将收获时点消耗性生物资产的账面价值结转为农产品的成本。借记“农产品”科目，贷记“消耗性生物资产”科目，已计提跌价准备的，还应同时结转跌价准备，借记“存货跌价准备——消耗性生物资产”科目；对于不通过入库直接销售的鲜活产品等，按实际成本，借记“主营业务成本”科目。

**例 6-10** 甲种植企业 2×20 年 6 月入库小麦 20 吨，成本为 12 000 元。甲企业的账务处理如下：

借：农产品——小麦 12 000

贷：消耗性生物资产——小麦 12 000

2）生产性生物资产收获农产品的会计处理。

生产性生物资产具备自我生长性，能够在生产经营中长期、反复使用，从而不断产出农产品。从生产性生物资产上收获农产品后，生产性生物资产这一母体仍然存在，如奶牛产出牛奶、从果树上采摘下水果等。农业生产过程中发生的各项生产费用，按照经济用途可以分为直接材料、直接人工等直接费用以及间接费用，企业应当区别处理：

（1）农产品收获过程中发生的直接材料、直接人工等直接费用，直接计入相关成本核算对象，借记“农业生产成本——农产品”科目，贷记“库存现金”“银行存款”“原材料”“应付职工薪酬”“生产性生物资产累计折旧”等科目。

**例 6-11** 甲奶牛养殖企业 2×20 年 1 月发生奶牛（已进入产奶期）的饲养费用如下：领用饲料 5 000 千克，计 1 200 元，应付饲养人员工资 3 000 元，以现金支付防疫费 500 元。甲企业的账务处理如下：

借：生产成本——农业生产成本——牛奶 4 700

贷：原材料 1 200

应付职工薪酬 3 000

库存现金 500

（2）农产品收获过程中发生的间接费用，如材料费、人工费、生产性生物资产的折旧费等应分摊的共同费用，应当在生产成本归集，借记“农业生产成本——共同费用”科目，贷记“库存现金”“银行存款”“原材料”“应付职工薪酬”“生产性生物资产累计折旧”等科目；在会计期末按一定的分配标准，分配计入有关的成本核算对象，借记“农业生产成本——农产品”科目，贷记“农业生产成本——共同费用”科目。

在实务中，常用的间接费用分配方法通常以直接费用或直接人工为基础，直接费用比例法以生物资产或农产品相关的直接费用为分配标准，直接人工比例法以直接从事生产的工人工资为分配标准，其计算公式如下：

间接费用分配率＝间接费用总额分配标准（即直接费用总额或直接人工总额）×100%

$$\text{某项生物资产或农产品应分配的间接费用额} = \text{该项资产相关的直接费用或直接人工} \times \text{间接费用分配率}$$

除此之外，还可以直接材料、生产工时等为基础进行分配，企业可以根据实际情况加以选用。例如，蔬菜的温床费用分配计算公式如下：

蔬菜应分配的温床（温室）费用＝温床（温室）费用总数实际使用的格日（平方米日）总数 × 该种蔬菜占用的格日（平方米日）数

其中，温床格日数是指某种蔬菜占用温床格数和在温床生产日数的乘积，温室平方米日数是指某种蔬菜占用的平方米数和在温室生长日数的乘积。

**例 6-12** 甲农场利用温床培育丝瓜、西红柿两种秧苗，温床费用为 3 200 元，其中丝瓜占用温床 40 格，生长期为 30 天；西红柿占用温床 10 格，生长期为 40 天。秧苗育成移至温室栽培后，发生温室费用 15 200 元，其中丝瓜占用温室 1 000 平方米，生长期为 70 天；西红柿占用温室 1 500 平方米，生长期为 80 天。两种蔬菜发生的直接生产费用为 3 000 元，其中丝瓜 1360 元，西红柿 1 640 元。应负担的间接费用共计 4 500 元，采用直接费用比例法分配。丝瓜和西红柿两种蔬菜的产量分别为 38 000 千克和 29 000 千克。

有关计算如下：

丝瓜应分配的温床费用＝ 3 200 ÷（40×30 ＋ 10×40）×40×30 ＝ 2 400（元）
丝瓜应分配的温室费用＝ 15 200 ÷（1 000×70 ＋ 1 500×80）×1 000×70
＝ 5 600（元）
丝瓜应分配的间接费用＝ 4 500 ÷（1 360 ＋ 1 640）×1 360 ＝ 2 040（元）
西红柿应分配的温床费用＝ 3 200 ÷（40×30 ＋ 10×40）×10×40 ＝ 800（元）
西红柿应分配的温室费用＝ 15 200 ÷（1 000×70 ＋ 1 500×80）×1 500×80
＝ 9 600（元）
西红柿应分配的间接费用＝ 4 500 ÷（1 360 ＋ 1 640）×1640 ＝ 2 460（元）

2. 成本结转方法

在收获时点企业应当将该时点归属于某农产品生产成本的账面价值结转为农产品的成本，借记“农产品”科目，贷记“农业生产成本——农产品”科目。具体的成本结转方法包括加权平均法、个别计价法、蓄积量比例法、轮伐期年限法等。企业可以根据实际情况选用合适的成本结转方法，但是一经确定，不得随意变更。

**例 6-13** 甲畜牧养殖企业 2×20 年 5 月月末养殖的肉猪账面余额为 24 000 元，共计 40 头；6 月 6 日花费 7 000 元新购入一批肉猪养殖，共计 10 头；6 月 30 日屠宰并出售肉猪 20 头，支付临时工屠宰费用 100 元，出售取得价款 16 000 元；6 月份共发生饲养费用 500 元（其中，应付专职饲养员工资 300 元，饲料 200 元）。甲企业采用移动加权平均法结转成本。

甲企业的账务处理如下：

平均单位成本＝（24 000 ＋ 7 000 ＋ 500）÷（40 ＋ 10）＝ 630（元）
出售猪肉的成本＝ 630×20 ＝ 12 600（元）

| | | |
|---|---|---|
| 借：消耗性生物资产——肉猪 | 7 000 | |
| 　　贷：银行存款 | | 7 000 |

借：消耗性生物资产——肉猪 500
　　贷：应付职工薪酬 300
　　　　原材料 200
借：农产品——猪肉 12 700
　　贷：消耗性生物资产——肉猪 12 600
　　　　库存现金 100
借：库存现金 16 000
　　贷：主营业务收入 16 000
借：主营业务成本 12 700
　　贷：农产品——猪肉 12 700

蓄积量比例法、轮伐期年限法、折耗率法等方法都是林业中通常使用的方法，具有林业的特殊性，以下分述之。

1）蓄积量比例法。

蓄积量比例法以达到经济成熟可供采伐的林木为“完工”标志，将包括已成熟和未成熟的所有林木按照完工程度（林龄、林木培育程度、费用发生程度等）折算为达到经济成熟可供采伐的林木总体蓄积量，然后，按照当期采伐林木的蓄积量占折算的林木总体蓄积量的比例，确定应该结转的林木资产成本。该方法主要适用于择伐方式和林木资产由于择伐更新使其价值处于不断变动的情况下。其计算公式如下：

某期应结转的林木资产成本＝当期采伐林木的蓄积量林木总体蓄积量×期初林木资产账面总值

2）轮伐期年限法。

轮伐期年限法将林木原始价值按照可持续经营的要求，在其轮伐期的年份内平均摊销，并结转林木资产成本。其中，轮伐期是指将一块林地上的林木均衡分批、轮流采伐一次所需要的时间（通常以年为单位计算）。其计算公式如下：

某期应结转的林木资产成本＝林木资产原值 ÷ 轮伐期

3）折耗率法。

折耗率法也是林业上常用的方法之一。该方法按照采伐林木所消耗林木蓄积量占到采伐为止预计该地区、该树种可能达到的总蓄积量摊销、结转所采伐林木资产成本。其计算公式如下：

采伐的林木应摊销的林木资产价值＝折耗率 × 所采伐林木的蓄积量
折耗率＝林木资产总价值 ÷ 到采伐为止预计的总蓄积量

其中的折耗率应分树种、地区分别测算；林木资产总价值是指该地区、该树种的营造林历史成本总和；预计总蓄积量是指到采伐为止预计该地区、该树种可能达到的总蓄积量。

**（八）生物资产的处置**

1. 生物资产出售

生物资产出售时，企业应按实际收到的金额，借记“银行存款”等科目，贷记“主营业务收入”等科目；应按其账面余额，借记“主营业务成本”等科目，贷记“生产性生物资产”“消耗性生物资产”等科目，已计提跌价准备、减值准备或折旧的，还应同时结转跌价准备或减值准备或累计折旧。

**例 6-14** 甲畜牧养殖企业于2×20年1月将育成的40头仔猪出售给乙食品加工厂，价款总额为20 000元，货款尚未收到。出售时仔猪的账面余额为12 000元，未计提跌价准备。

甲企业的账务处理如下：

| | | |
|---|---|---|
| 借：应收账款——乙食品加工厂 | 20 000 | |
| 贷：主营业务收入 | | 20 000 |
| 借：主营业务成本 | 12 000 | |
| 贷：消耗性生物资产——育肥猪 | | 12 000 |

2. 生物资产盘亏或死亡、毁损

生物资产盘亏或死亡、毁损时，应当将处置收入扣除其账面价值和相关税费后的余额先记入“待处理财产损溢”科目，待查明原因后，根据企业的管理权限，经股东大会、董事会、经理（场长）会议或类似机构批准后，在期末结账前处理完毕。生物资产因盘亏或死亡、毁损造成的损失，在减去过失人或者保险公司等的赔款和残余价值之后，计入当期管理费用；属于自然灾害等非常损失的，计入营业外支出。

**例 6-15** 甲企业于2×20年8月4日丢失3头种牛，账面原值为11 600元，已经计提折旧600元；8月29日经查实，饲养员赵五应赔偿3 000元。甲企业的账务处理如下：

| | | |
|---|---|---|
| 借：待处理财产损溢 | 11 000 | |
| 生产性生物资产累计折旧 | 600 | |
| 贷：生产性生物资产——种牛 | | 11 600 |
| 借：其他应收款——赵五 | 3 000 | |
| 管理费用 | 8 000 | |
| 贷：待处理财产损溢 | | 11 000 |

3. 生物资产转换

生物资产改变用途后的成本应当按照改变用途时的账面价值确定，也就是说，将转出生物资产的账面价值作为转入资产的实际成本。通常包括如下情况：

（1）产畜或役畜淘汰转为育肥畜，或者林木类生产性生物资产转为林木类消耗性生物资产时，按转群或转变用途时的账面价值，借记“消耗性生物资产”科目，按已计提的累计折旧，借记“生产性生物资产累计折旧”科目，按其账面余额，贷记“生产性生物资产”科目。已计提减值准备的，还应同时结转已计提的减值准备。

育肥畜转为产畜或役畜，或者林木类消耗性生物资产转为林木类生产性生物资产时，应按其账面余额，借记“生产性生物资产”科目，贷记“消耗性生物资产”科目。已计提跌价准备的，还应同时结转跌价准备。

**例 6-16** 2016 年 4 月，甲企业自行繁殖的 200 头种猪转为育肥猪，此批种猪的账面原价为 500 000 元，已经计提的累计折旧为 200 000 元，已经计提的资产减值准备为 30 000 元。

甲企业的账务处理如下：

| | | |
|---|---|---|
| 借：消耗性生物资产——育肥猪 | 270 000 | |
| 生产性生物资产累计折旧 | 200 000 | |
| 生产性生物资产减值准备 | 30 000 | |
| 贷：生产性生物资产——成熟生产性生物资产——种猪 | | 500 000 |

（2）消耗性生物资产、生产性生物资产转为公益性生物资产时，应当按照相关准则规定，考虑其是否发生减值，发生减值时，应首先计提减值准备，并以计提减值准备后的账面价值作为公益性生物资产的入账价值。转换时，应按其扣除减值准备后的账面价值，借记“公益性生物资产”科目，按已计提的生产性生物资产累计折旧，借记“生产性生物资产累计折旧”科目，按已计提的减值准备，借记“存货跌价准备”“生产性生物资产减值准备”科目，按账面余额，贷记“消耗性生物资产”“生产性生物资产”科目。

**例 6-17** 2×20 年 7 月，由于区域生态环境的需要，甲林业有限责任公司的 12 公顷造纸原料林（杨树）被划为防风固沙林，仍由公司负责管理，该林的账面余额为 80 000 元，已经计提的跌价准备为 5 000 元。甲企业的账务处理如下：

| | | |
|---|---|---|
| 借：公益性生物资产——防风固沙林——杨树 | 75 000 | |
| 存货跌价准备——消耗性生物资产 | 5 000 | |
| 贷：消耗性生物资产——造纸原料林（杨树） | | 80 000 |

公益性生物资产转为消耗性生物资产或生产性生物资产时，应按其账面余额，借记“消耗性生物资产”或“生产性生物资产”科目，贷记“公益性生物资产”科目。

**例 6-18** 2×20 年 9 月，甲林业有限责任公司根据所属区域的林业发展规划相关政策调整，将以马尾松为主的 800 公顷防风固沙林，全部转为以采脂为目的的商品林，该马尾松的账面价值为 2 000 000 元。其中，已经具备采脂条件的为 600 公顷，账面价值为 1 600 000 元，其余的尚不具备采脂条件。2×20 年 11 月，甲公司根据国家政策规定，将 100 公顷作为防风固沙林的杨树转为造纸原料的商品林，该杨树账面余额为 180 000 元。

甲企业的账务处理如下：

2×20 年 9 月：

借：生产性生物资产——成熟生产性生物资产——马尾松　　1 600 000
　　　　　　　　——未成熟生产性生物资产——马尾松　　400 000
　贷：公益性生物资产——防风固沙林——马尾松　　2 000 000

2×20 年 11 月：

借：消耗性生物资产——造纸原料林——杨树　　180 000
　贷：公益性生物资产——防风固沙林——杨树　　180 000

## 第二节　新准则对企业的影响

### 一、对财务方面的影响

首先，公允价值的采用需具备的条件：

（1）公允价值的采用有着十分严格的要求，在大多数情况下，取得符合新准则应用指南中要求的条件（文件）是比较困难的。因为需要说明什么是活跃市场，什么是相似资产，而根据中国目前农产品市场状况，取得公允价值是比较困难的。

（2）如果公允价值在应用时，证据不全面，难以说服会计师事务所，获取无保留意见报告的可能性就比较小。即便获取到无保留意见的审计报告，将来依然有可能涉嫌欺诈。因为一旦卷入司法调查，依然无法提供相关证据支持公允价值的存在。

（3）如果能够取得确凿证据，建议进行公允价值的处理，以便让财务报表使用者获取更加有用的信息。

其次，采用公允价值模式，不再计提折旧和摊销，必然相应增加利润。但是生物资产一旦转换持有目的，转回生产性生物资产或消耗性生物资产，其带入的公允价值如果是正值，以后的折旧和摊销金额或者是单项资产的成本将相应增大，成为减少利润的因素。

再次，目前税务部门不承认公允价值的税前列支或税前收入，因此对于以公允价值模式计量的生物资产公允价值变动进入利润表的部分应进行纳税调整。

另外，因为采用公允价值模式计量的生物资产不提取折旧或进行摊销处理，因此应提取未提取的折旧或摊销应调减应纳税所得额，确保公司的税务收益不受损失。

同时，因为按照公允价值模式处理的生物资产其账面价值与计税基础不一致，需要按照《企业会计准则第 18 号——所得税》的要求进行递延税款的处理。

### 二、对企业内部控制要求的影响

针对生物资产应建立相关的市场调查、分析、决策、构建、经营、估值和处置等内部控制制度。

1. 明确持有的生物资产的用途

生物资产用途不同，会导致会计核算方面的不同，进而导致财务报表列报的不同分类。因此，企业的业务部门和管理层，应当明确所持有的生物资产的用途，以便于进行会计处理和披露。

2. 严格掌握生物资产郁闭时点和预计使用状态时点

对于各种用途的生物资产来讲，都需要划分资本化和费用化处理的时点，该时点需要企业的内部控制系统提供信息加以确定。

3. 减值相关要求

新准则要求于会计期末对生物资产进行减值测试，企业应建立相关制度，确保取得减值因素的可靠证据，以便支持财务部门的减值处理。

# 第七章 无形资产

## 第一节 案例分析及操作实务

### 一、会计科目的设置

新准则涉及的主要会计科目如表 7-1 所示：

表 7-1 新准则涉及的主要会计科目

| 科目序号 | 科目编号 | 科目名称 |
| --- | --- | --- |
| 62 | 1701 | 无形资产 |
| 63 | 1702 | 累计摊销 |
| 64 | 1703 | 无形资产减值准备 |
| 120 | 5301 | 研发支出 |

### 二、主要处理方法的解释

1. 现值的应用

现值是新准则中引入的新计量属性之一。在无形资产的核算中，当购入无形资产超过正常信用条件延期支付价款（如分期付款购买），实质上具有融资性质的，应按购买价款的现值金额，借记“无形资产”科目；按应付金额，贷记“长期应付款”科目；按其差额，借记“未确认融资费用”科目。

折现率的选择应当考虑货币的时间价值和相关期间通货膨胀等因素的影响。

2. 未确认融资费用

在新准则中“未确认融资费用”科目编号为 2702，科目性质为负债类，在编制财务报表时作为长期应付款的抵减项目，即在资产负债表中，“长期应付款”项目以“长期应付款”科目余额减掉“未确认融资费用”科目余额填列。

3. 设置“无形资产”科目

“无形资产”科目核算企业持有的无形资产，包括专利权、非专利技术、商标权、著作权和土地使用权等。采用成本模式计量的已出租的土地使用权和持有并准备增值后转让的土地使用权，在“投资性房地产”科目核算，不在“无形资产”科目核算。企业应当按照无形资产项目进行明细核算。

4. 无形资产的主要账务处理

（1）外购的无形资产，按应计入无形资产成本的金额，借记“无形资产”科目，贷记“银行存款”等科目。

（2）自行开发的无形资产，借记“无形资产”科目，贷记“研发支出”科目。

（3）企业合并中取得的无形资产，应按其在购买日的公允价值，借记“无形资产”科目，贷记有关科目。

（4）其他方式取得的无形资产，按不同方式下确定应计入无形资产成本的金额，借记“无形资产”科目，贷记有关科目。

（5）无形资产预期不能为企业带来经济利益的，应按已计提的累计摊销，借记“累计摊销”科目；原已计提减值准备的，借记“无形资产减值准备”科目；按其账面余额，贷记“无形资产”科目；按其差额，借记“营业外支出”科目。

（6）出售无形资产时，应按实际收到的金额，借记“银行存款”等科目；按已计提的累计摊销，借记“累计摊销”科目；原已计提减值准备的，借记“无形资产减值准备”科目；按应支付的相关税费，贷记“应交税费”等科目；按其账面余额，贷记无形资产科目；按其差额，贷记“营业外收入——处置非流动资产利得”科目或借记“营业外支出——处置非流动资产损失”科目。

5. 累计摊销的主要账务处理

（1）企业应当设置“累计摊销”科目，核算企业对使用寿命有限的无形资产计提的累计摊销。

（2）“累计摊销”科目应按无形资产项目进行明细核算。

（3）企业按月计提无形资产摊销，借记“管理费用”“其他业务成本”等科目，贷记本科目。

6. 无形资产减值准备的主要账务处理

（1）企业应当设置“无形资产减值准备”科目，核算企业无形资产发生减值时计提的减值准备。

（2）本科目应按无形资产项目进行明细核算。

（3）资产负债表日，企业根据资产减值准则确定无形资产发生减值的，按应减记的金额，借记“资产减值损失”科目，贷记本科目。处置无形资产时，应同时结转已计提的无形资产减值准备。

7. 研发支出的主要账务处理

（1）“研发支出”科目核算企业进行研究与开发无形资产过程中发生的各项支出。该科目应当按照研究开发项目，分别“费用化支出”与“资本化支出”进行明细核算。

（2）企业自行开发无形资产发生的研发支出，不满足资本化条件的，借记“研发支出（费用化支出）”科目；满足资本化条件的，借记“研发支出（资本化支出）”科目，贷记“原材料”“银行存款”“应付职工薪酬”等科目。

（3）企业以其他方式取得的正在研究开发的项目，应按确定的金额，借记“研发支出（资本化支出）”科目，贷记“银行存款”等科目。以后发生的研发支出，应当比照上述（2）规定进行处理。

（4）研究开发项目达到预定用途形成无形资产的，应按本科目（资本化支出）的余额，借记“无形资产”科目，贷记“研发支出（资本化支出）”科目。

期末，企业应将“研发支出”科目归集的费用化支出金额转入“管理费用”科目，借记“管理费用”科目，贷记“研发支出（费用化支出）”科目。

8. 特别说明：土地使用权的处理

新准则和应用指南指出，企业取得的土地使用权通常应确认为无形资产，但改变土地使用权用途，用于赚取租金或资本增值的，应当将其转为投资性房地产。

自行开发建造厂房等建筑物，相关的土地使用权与建筑物应当分别进行处理。外购土地及建筑物支付的价款应当在建筑物与土地使用权之间进行分配；难以合理分配的，应当全部作为固定资产。

企业（房地产开发）取得土地用于建造对外出售的房屋建筑物，相关的土地使用权账面价值应当计入所建造的房屋建筑物成本。

## 三、新准则运用举例

**例 7–1** 2×20 年 1 月 8 日，某 A 上市公司从 B 公司购买一项商标权，由于 A 公司资金周转比较紧张，经与 B 公司协议采用分期付款方式支付款项。合同规定，该项商标权总计 6 000 000 元，每年年末付款 3 000 000 元，2 年付清。假定银行同期贷款利率为 6%，2 年期年金现值系数为 1.833 4。有关会计处理如下：

无形资产现值＝3 000 000×1.833 4＝5 500 200（元）
未确认融资费用＝6 000 000－5 500 200＝499 800（元）
第 1 年应确认的融资费用＝5 500 200×6%＝330 012（元）
第 2 年应确认的融资费用＝499 800－330 012＝169 788（元）

借：无形资产——商标权　　5 500 200
　　未确认融资费用　　499 800
　　贷：长期应付款　　6 000 000
第 1 年年底付款时：
借：长期应付款　　3 000 000
　　贷：银行存款　　3 000 000
借：财务费用　　330 012
　　贷：未确认融资费用　　330 012
第 2 年年底付款时：
借：长期应付款　　3 000 000
　　贷：银行存款　　3 000 000
借：财务费用　　169 788
　　贷：未确认融资费用　　169 788

**例 7–2** 某企业自行研究开发一项新产品专利技术，在研究开发过程中发生材料费 40 000 000 元、人工工资 10 000 000 元，以及其他费用 30 000 000 元，总计 80 000 000 元，其中，符合资本化条件的支出为 50 000 000 元，期末，该专利技术已经达到预定用途。有关会计处理如下：

借：研发支出——费用化支出　30 000 000
　　　　　　——资本化支出　50 000 000
　贷：原材料　40 000 000
　　　应付职工薪酬　10 000 000
　　　银行存款　30 000 000

期末：

借：管理费用　30 000 000
　　无形资产　50 000 000
　贷：研发支出——费用化支出　30 000 000
　　　　　　　——资本化支出　50 000 000

**例 7-3** 某股份有限公司从外单位购得一项商标权，支付价款30 000 000元，款项已支付，该商标权的使用寿命为10年，不考虑残值因素。有关会计处理如下：

借：无形资产——商标权　30 000 000
　贷：银行存款　30 000 000
借：管理费用（30 000 000÷10）　3 000 000
　贷：累计摊销　3 000 000

**例 7-4** 某股份有限公司接受A公司以其所拥有的专利权作为出资，双方协议约定的价值为30 000 000元，按照市场情况估计其公允价值为20 000 000元，已办妥相关手续。某股份有限公司的会计处理如下：

借：无形资产　20 000 000
　　资本公积　10 000 000
　贷：实收资本　30 000 000

**例 7-5** 某企业2×20年年初无形资产情况如下：专利权入账价值200 000元，专门用于新产品的生产，摊销期8年；商标权入账价值300 000元，摊销期10年。本年无形资产摊销额计算过程如下：

专利权年摊销额＝200 000÷8＝25 000（元）
商标权年摊销额＝300 000÷10＝30 000（元）

根据计算结果，编制无形资产摊销额计算如表7-2所示。

**表7-2　无形资产摊销明细表**　　单位：元

| 项目 | 应借科目 | | 金额 |
|---|---|---|---|
| | 总账科目 | 明细科目 | |
| 专利权 | 制造费用 | 无形资产摊销 | 25 000 |
| 商标权 | 管理费用 | 无形资产摊销 | 30 000 |

根据表 7-1 编制会计分录如下：

借：制造费用——无形资产摊销　　25 000
　　管理费用——无形资产摊销　　30 000
　　贷：累计摊销——专利权　　25 000
　　　　　　　——商标权　　30 000

**例 7-6**　某股份有限公司将某项专利权出租给甲公司，每年获取租金收入 500 000 元，应交的增值税为 30 000 元。该专利权的账面价值为 1 200 000 元，剩余摊销年限为 4 年，假定出租专利权应交增值税税率为 6%。该公司出租专利权的账务处理如下：

（1）每年收取租金：

借：银行存款　　530 000
　　贷：其他业务收入　　500 000
　　　　应交税费——应交增值税（销项税额）　　30 000

（2）摊销专利权成本：

借：其他业务成本　　300 000
　　贷：累计摊销　　300 000

**例 7-7**　某企业将拥有的一项非专利技术出售，取得收入 10 000 000 元，应交的增值税为 600 000 元。该非专利技术的账面余额为 9 000 000 元，累计摊销额为 5 000 000 元，已计提的减值准备为 2 000 000 元。

借：银行存款　　10 000 000
　　累计摊销　　5 000 000
　　无形资产减值准备　　2 000 000
　　贷：无形资产　　9 000 000
　　　　应交税费——应交增值税（销项税额）　　600 000
　　　　营业外收入——处置非流动资产利得　　7 400 000

**例 7-8**　某企业拥有的一项专利技术预期不能为企业带来经济利益，将其予以转销。该专利技术的账面余额为 450 000 元，累计摊销额为 300 000 元，已计提的减值准备为 120 000 元。

假定不考虑其他相关因素，企业的会计处理如下：

借：营业外支出——处置非流动资产损失　　30 000
　　累计摊销　　300 000
　　无形资产减值准备　　120 000
　　贷：无形资产　　450 000

## 第二节　首次执行日的会计处理

### 一、前后账目衔接

在首次执行日，企业应当根据《企业会计准则第 38 号——首次执行企业会计准则》第四条及其应用指南，结合本单位的实际情况，对首次执行日前的无形资产项目及相关账目的各项余额进行分析，按照新准则规定重新分类、确认和计量，设置新旧会计科目余额对照表，结束旧账，建立新账，形成期初资产负债表中无形资产余额，作为执行企业会计准则体系的起点。

对于存在商誉的企业，原在无形资产中列报的应当进行重分类，单独列报。

### 二、正在开发的无形资产

对于首次执行日企业正在开发过程中的内部开发项目，已经费用化的开发支出，不应追溯调整；根据新准则及相关解释规定，首次执行日及以后发生的开发支出，符合无形资产确认条件的，应当予以资本化。

对于处在开发阶段的内部开发项目，首次执行日之前未予资本化的借款费用，不应追溯调整；上述尚未完成开发或尚未完工的各项资产，首次执行日及以后发生的借款费用，应当将符合《企业会计准则第 17 号——借款费用》资本化条件的部分予以资本化。

### 三、超过正常信用条件延期付款、实质上具有融资性质的无形资产购置业务

首次执行日之前购买的无形资产在超过正常信用条件的期限内延期付款，实质上具有融资性质的，首次执行日之前已计提的折旧和摊销额，不再追溯调整；在首次执行日，企业应当以尚未支付的款项折现后的现值与无形资产账面价值的差额，减少资产的账面价值，同时增加未确认融资费用。首次执行日后，企业应当以调整后的资产账面价值作为认定成本并以此为基础进行摊销，未确认融资费用按照实际利率法进行摊销。

## 第三节　新准则对企业的影响

新准则的变化是明显的，企业应适应新准则的变化。

### 一、对财务方面的影响

企业应当关注新旧准则的差异，调整财务核算方式的方法：

（1）新准则允许在符合条件的情况下，企业内部研究开发的无形资产在开发阶段的费用予以资本化。这条规定将大大改变那些高新技术企业以及研究开发费用比较大的企业的资产结构和损益结构，相当一部分费用将以资产的形式体现在资产负债表上，相应地将减少利润表上列报的费用，增加利润。

（2）取消旧准则“为首次发行股票而接受投资者投入的无形资产，应以该无形资产在投资方的账面价值作为入账价值”这条规定，企业就可以按照投资双方议定的（公允）价格作为入账价值，增加企业的资产和权益；也改变了企业的资产结构。

（3）增加有关不确定使用寿命无形资产的会计处理规定，明确规定了此类无形资产不再采用摊销的办法，而是采用减值测试的办法，这可能改变企业的资产和损益状况。

（4）无形资产的后续支出，在符合无形资产确认条件的情况下，允许进行资本化处理。这一点同样改变了企业的资产结构和损益情况。

（5）“研发支出”“累计摊销”科目的设置，将改变企业的会计核算方法。

（6）当自用房产项目购建时，土地使用权依然列报在无形资产项目内，改变了企业的资产结构。

（7）无形资产减值准备不可转回，将限制企业调节利润的空间。

## 二、对内部控制方面的影响

（1）建立区分研究阶段和开发阶段的有效办法。因为研究阶段和开发阶段费用处理的不一致，导致企业必须提供确凿证据证明研究阶段和开发阶段的明显标志，否则将按照研究阶段处理所有的费用。因此企业必须建立行之有效的办法，向投资者说明研究与开发阶段的重要标志。

（2）对于使用寿命不确定的无形资产，应建立比较可靠的价值测试系统；应从该无形资产的市场价值、目前和将来为企业获取利益的能力、最新技术的影响等几个方面综合评价其价值，以便符合准则的要求。

# 第八章　非货币性资产交换

## 第一节　案例分析及操作实务

### 一、新准则运用解释

1. 具有商业实质且公允价值能够可靠地计量时

非货币性资产交换具有商业实质且公允价值能够可靠地计量的，在发生补价的情况下，支付补价方，应当以换出资产的公允价值，加上支付补价的公允价值和应支付的相关税费，作为换入资产的成本；收到补价方，应当以换出资产的公允价值，减去收到补价的公允价值，加上应支付的相关税费，作为换入资产的成本。

换出资产公允价值与其账面价值的差额，应当分别下列情况处理：

（1）换出资产为存货的，应当作为销售处理，按照《收入》一章的规定，以其公允价值确认收入，同时结转相应的成本。

（2）换出资产为固定资产、无形资产的，换出资产公允价值和换出资产账面价值的差额，计入营业外收入或营业外支出。

（3）换出资产为长期股权投资、可供出售金融资产的，换出资产公允价值和换出资产账面价值的差额，计入投资收益。可供出售金融资产原在资本公积中确认的前期公允价值变动，也应当一并转入投资收益。

2. 不具有商业实质或公允价值不能可靠地计量时

涉及支付补价的，应当以换出资产的账面价值，加上支付的补价和应支付的相关税费，作为换入资产的成本；收到补价的，应当以换出资产的账面价值，减去收到的补价并加上应支付的相关税费，作为换入资产的成本，双方均不确认损益。

3. 同时换入多项资产的处理

同时换入多项资产时，在确定各项换入资产的成本时，应当分别下列情况处理：

（1）非货币性资产交换具有商业实质，且换入资产的公允价值能够可靠地计量的，对于同时换入的多项资产，按照换入的金融资产以外的各项换入资产公允价值相对比例，将换出资产公允价值总额（涉及补价的，加上支付补价的公允价值或减去收到补价的公允价值）扣除换入金融资产公允价值后的净额进行分摊，以分摊至各项换入资产的金额，加上应支付的相关税费，作为各项换入资产的成本进行初始计量。

（2）非货币性资产交换不具有商业实质，或者虽具有商业实质但换入资产的公允价值不能可靠地计量的，应当按照换入各项资产的原账面价值占换入资产原账面价值总额的比例，对换入资产的成本总额进行分配，确定各项换入资产的成本。

### 二、具体业务举例

#### （一）不涉及补价情况下的非货币性资产交换

不涉及补价的非货币性资产交换可以分两种情况进行会计处理。

1. 以库存商品换入固定资产

**例 8-1** A 股份有限公司以生产经营过程中使用的锻压设备交换 B 股份有限公司库存商品办公家具，换入的办公家具作为固定资产进行管理。锻压设备的账面原值为 10 万元，在交换日的累计折旧为 5 万元，公允价值为 7 万元。办公家具的账面价值为 8 万元，在交换日的公允价值为 7 万元，计税价格等于公允价值。假设 A 股份有限公司没有为固定资产计提资产减值准备；整个交易过程中除支付运杂费 1 000 元外，没有发生其他相关税费。假设 B 股份有限公司没有为库存商品计提存货跌价损失准备；销售办公家具的增值税税率为 13%，其换入 A 股份有限公司的锻压设备作为固定资产进行管理，在整个交易过程中没有发生除增值税以外的其他税费。

设双方交易具有商业实质，且锻压设备、办公家具的公允价值是可靠的，采用公允价值计价：

（1）A 股份有限公司的会计处理如下：

a. 换出锻压设备转入清理：

借：固定资产清理　　50 000
　　累计折旧　　50 000
　　贷：固定资产——锻压设备　　100 000

b. 支付相关费用：

借：固定资产清理　　1 000
　　贷：银行存款　　1 000

c. 换入办公家具：

借：固定资产——办公家具（70 000 + 1 000）　　71 000
　　贷：固定资产清理　　71 000

d. 确认收益：

借：固定资产清理（70 000 − 50 000）　　20 000
　　贷：资产处置损益　　20 000

（2）B 股份有限公司的会计处理如下：

第一步，计算换出办公家具的增值税销项税额。

根据增值税的有关规定，企业以库存商品换入其他资产，视同销售行为发生，应计算增值税销项税额，缴纳增值税。换出资产办公家具的增值税销项税额为 9 100 元（70 000×13%）。

第二步，会计处理。

a. 换出存货确认收入：

借：固定资产——锻压设备（70 000 + 9 100）　　79 100
　　贷：主营业务收入　　70 000
　　　　应交税费——应交增值税（销项税额）　　9 100

b. 换出存货确认成本：

借：主营业务成本　　80 000
　　贷：库存商品　　80 000

**例 8-2** 沿用例 8-1 资料，并假定 A 股份有限公司换入办公家具非其所用，双方交易不具有商业实质，采用账面价值计价。

（1）A股份有限公司的会计处理如下：

借：固定资产清理　　50 000

　　累计折旧　　50 000

　　贷：固定资产——锻压设备　　100 000

借：固定资产清理　　1 000

　　贷：银行存款　　1 000

借：固定资产——办公家具　　51 000

　　贷：固定资产清理　　51 000

（2）B股份有限公司的会计处理如下：

借：固定资产——锻压设备　　89 100

　　贷：库存商品——办公家具　　80 000

　　　　应交税费——应交增值税（销项税额）　　9 100

即A、B公司均不确认非货币性资产交换损益。

### 2. 以库存商品换入库存商品

**例8-3**　A公司决定以账面价值为9 000元、公允价值为10 000元的甲材料，换入B公司账面价值为11 000元、公允价值为10 000元的乙材料，A公司支付运费300元，B公司支付运费200元。A、B两家公司均未对存货计提跌价准备，增值税税率均为13%。

设双方交易具有商业实质，且甲、乙材料公允价值是可靠的，采用公允价值计价：

（1）A公司会计处理如下：

借：原材料——乙材料（10 000＋300）　　10 300

　　应交税费——应交增值税（进项税额）［换入乙材料增值税］　　1 300

　　贷：主营业务收入　　10 000

　　　　应交税费——应交增值税（销项税额）［换出甲材料增值税］　　1 300

　　　　银行存款　　300

借：其他业务成本　　9 000

　　贷：原材料——甲材料　　9 000

（2）B公司会计处理如下：

借：原材料——甲材料（10 000＋200）　　10 200

　　应交税费——应交增值税（进项税额）［换入甲材料增值税］　　1 300

　　贷：其他业务收入　　10 000

　　　　应交税费——应交增值税（销项税额）［换出乙材料增值税］　　1 300

　　银行存款　　200

借：其他业务成本　　11 000

　　贷：原材料——乙材料　　11 000

**例 8-4** 仍用例 8-3 资料，假设双方交易不具有商业实质，采用账面价值计价。

（1）A 公司会计处理如下：

借：原材料——乙材料（9 000 + 300）　9 300
　　应交税费——应交增值税（进项税额）［换入乙材料增值税］　1 300
　　贷：原材料——甲材料　9 000
　　　　应交税费——应交增值税（销项税额）［换出甲材料增值税］　1 300
　　　　银行存款　300

（2）B 公司会计处理如下：

借：原材料——甲材料（11 000 + 200）　11 200
　　应交税费——应交增值税（进项税额）［换入甲材料增值税］　1 300
　　贷：原材料——乙材料　11 000
　　　　应交税费——应交增值税（销项税额）［换出乙材料增值税］　1 300
　　　　银行存款　200

即 A、B 公司均不确认非货币性资产交换损益。

### （二）涉及补价情况下的非货币性资产交换

**例 8-5** A 公司以生产经营过程中使用的一辆货运汽车交换 B 公司生产经营过程中使用的一台运输机械，换入的运输机械作为固定资产进行管理。货运汽车的账面原值为 50 万元，在交换日的累计折旧为 20 万元，公允价值为 35 万元。运输机械的账面原值为 35 万元，在交换日的累计折旧为 3 万元，公允价值为 30 万元。在这项交易中，双方协议，B 公司支付 A 公司 5 万元补价，A 公司负责运输，共支付运费及相关税费 4 万元。B 公司支付相关税费 2 万元。假设 A 公司未对货运汽车计提资产减值准备，B 公司为运输机械计提资产减值准备 1 万元；B 公司换入 A 公司的货运汽车作为固定资产进行管理；A 公司和 B 公司在整个交易过程中都没有发生其他相关税费。计算 A 公司换入资产的入账价值。

从收到补价的 A 公司来看，收到的补价 5 万元占换出资产公允价值 35 万元的比例为 14.25%（5÷35×100%），该比例小于 25%，属非货币性资产交换，应按照非货币性资产交换会计准则核算。

（1）设交易具有商业实质，双方公允价值可靠，采用公允价值计价。

A 公司：换入资产运输机械入账价值为 340 000 元（350 000 － 50 000 + 40 000），作会计分录如下：

a. 换出货运汽车转入清理：

借：固定资产清理　300 000
　　累计折旧　200 000
　　贷：固定资产——货运汽车　500 000

b. 支付相关税费（应交税费步骤略）：

借：固定资产清理　40 000
　　贷：银行存款　40 000

c. 换入运输机械并收到补价：

借：固定资产——运输机械（350 000 － 50 000 ＋ 40 000）　340 000
　　银行存款　50 000
　　贷：固定资产清理　390 000

d. 确认收益：

借：固定资产清理（340 000 ＋ 50 000 － 300 000 － 40 000）　50 000
　　贷：资产处置损益　50 000

账务处理合并（把几个核算步骤合一，略去固定资产清理步骤）：

借：固定资产——运输机械（350 000 － 50 000 ＋ 40 000）　340 000
　　银行存款（50 000 － 40 000）　10 000
　　累计折旧　200 000
　　贷：固定资产——货运汽车　500 000
　　　　资产处置损益　50 000

（2）设交易双方的公允价值均不可靠，采用账面价值计价。

换入资产运输机械入账价值为 290 000 元（300 000 － 50 000 ＋ 40000），作会计分录如下：

借：固定资产清理　300 000
　　累计折旧　200 000
　　贷：固定资产——货运汽车　500 000

借：固定资产清理　40 000
　　贷：银行存款　40 000

借：固定资产——运输机械　290 000
　　银行存款　50 000
　　贷：固定资产清理　340 000

账务处理合并（把几个核算步骤合一，略去固定资产清理步骤）：

借：固定资产——运输机械（300 000 － 50 000 ＋ 40 000）　290 000
　　银行存款（50 000 － 40 000）　10 000
　　累计折旧　200 000
　　贷：固定资产——货运汽车　500 000

从支付补价的 B 公司来看，要关注的条件是：换入资产货运汽车的公允价值 35 万元，换出资产运输机械原值 35 万元，累计折旧 3 万元，计提减值准备 1 万元，公允价值 30 万元，支付补价 5 万元，支付相关税费 2 万元。

支付的补价 5 万元占换出资产的公允价值 30 万元及补价 5 万元之和的比例为 14.25%［5÷（30 ＋ 5）×100%］，该比例小于 25%，属非货币性资产交换，应按照非货币性资产交换会计准则核算。

B 公司会计处理如下：

（1）双方交易具有商业实质，且公允价值可靠，采用公允价值计价。

换入资产货运汽车入账价值＝ 30 ＋ 5 ＋ 2 ＝ 37（万元）

确认的非货币性资产交换利得＝ 30 －（35 － 3 － 1）＝－ 1（万元）

作会计分录如下：

a. 换出运输机械转入清理：

借：固定资产清理　　310 000
　　累计折旧　　30 000
　　固定资产减值准备　　10 000
　　贷：固定资产——运输机械　　350 000

b. 支付相关税费（应交税费步骤略）：

借：固定资产清理　　20 000
　　贷：银行存款　　20 000

c. 换入货运汽车并支付补价：

借：固定资产——货运汽车（300 000 + 50 000 + 20 000）　　370 000
　　贷：固定资产清理　　320 000
　　　　银行存款　　50 000

d. 确认收益：

借：资产处置损益（350 000 − 30 000 − 300 000 − 10 000）　　10 000
　　贷：固定资产清理　　10 000

账务处理合并（把几个核算步骤合一，略去固定资产清理步骤）：

借：固定资产——货运汽车　　370 000
　　固定资产减值准备　　10 000
　　累计折旧　　30 000
　　营业外支出　　10 000
　　贷：固定资产——运输机械　　350 000
　　　　银行存款　　70 000

（2）设双方交易公允价值计量不可靠，采用账面价值计价。

换入资产设备入账价值 = 31 + 5 + 2 = 38（万元）

不确认非货币性资产交换损失。

作会计分录（设备清理过程略）如下：

借：固定资产——货运汽车　　380 000
　　固定资产减值准备　　10 000
　　累计折旧　　30 000
　　贷：固定资产——运输机械　　350 000
　　　　银行存款　　70 000

### （三）同时换入多项资产的情况

**例 8-6**　A 公司决定以持有的某公司的长期股票投资交换 B 公司一辆小轿车和一台机床，在交换日，A 公司持有的长期股票投资账面余额 300 万元，计提减值准备 40 万元，公允价值 250 万元。B 公司的小轿车账面价值 60 万元，公允价值 80 万元；一台机床账面价值 200 万元，公允价值 180 万元。A 公司支付 B 公司补价 10 万元，A 公司支付相关运费 1 万元。假设不考虑其他税费。

从A公司来看，支付补价10万元占换出资产公允价值与支付补价之和260万元的3.85%，小于25%，则按照非货币性资产交换准则核算。

假设交易双方具有商业实质，且公允价值是可靠的。

换入资产入账价值总额＝250＋10＋1＝261（万元）
小轿车占公允价值的比例＝80÷（80＋180）×100%＝30.77%
则换入资产小轿车的入账价值＝261×30.77%＝80.3097（万元）
机床占公允价值的比例＝180÷（80＋180）×100%＝69.23%
换入资产机床的入账价值＝261×69.23%＝180.6903（万元）
非货币资产交换确认的损失＝260-250＝10（万元）

A公司会计处理如下：

| | | |
|---|---|---|
| 借：固定资产——小轿车 | 803 097 | |
| 　　　　　　——机床 | 1 806 903 | |
| 　长期股权投资减值准备 | 400 000 | |
| 　投资收益 | 100 000 | |
| 　贷：长期股权投资 | | 3 000 000 |
| 　　　银行存款 | | 110 000 |

## （四）综合举例

例8-7　A公司以一辆小汽车换取B公司一辆小型中巴，A公司小汽车的账面原价为30万元，累计折旧为11万元，公允价值为16万元；B公司小型中巴账面原价为40万元，累计折旧为15万元，公允价值为20万元；A公司支付了4万元现金，不考虑相关税费（经分析，该交换具有商业实质）。

4÷20＝20%＜25%属非货币性资产交换

A公司会计处理如下：

| | | |
|---|---|---|
| 借：固定资产清理 | 190 000 | |
| 　累计折旧 | 110 000 | |
| 　贷：固定资产——小汽车 | | 300 000 |
| 借：固定资产——小型中巴（160 000＋40 000） | 200 000 | |
| 　资产处置损益 | 30 000 | |
| 　贷：固定资产清理 | | 190 000 |
| 　　　库存现金 | | 40 000 |

B公司会计处理如下：

| | | |
|---|---|---|
| 借：固定资产清理 | 250 000 | |
| 　累计折旧 | 150 000 | |
| 　贷：固定资产——小型中巴 | | 400 000 |
| 借：固定资产——小汽车（200 000－40 000） | 160 000 | |
| 　库存现金 | 40 000 | |
| 　资产处置损益 | 50 000 | |
| 　贷：固定资产清理 | | 250 000 |

**例 8-8** 沿用例 8-7 资料，假定两辆车的公允价值均不能可靠地计量，A 公司按照两者账面价值的差额支付了 6 万元的现金（不考虑相关税费）。

A 公司会计处理如下：

| | | |
|---|---|---|
| 借：固定资产清理 | 190 000 | |
| 　　累计折旧 | 110 000 | |
| 　　贷：固定资产——小汽车 | | 300 000 |
| 借：固定资产——小型中巴 | 250 000 | |
| 　　贷：固定资产清理 | | 190 000 |
| 　　　　库存现金 | | 60 000 |

B 公司会计处理如下：

| | | |
|---|---|---|
| 借：固定资产清理 | 250 000 | |
| 　　累计折旧 | 150 000 | |
| 　　贷：固定资产——小型中巴 | | 400 000 |
| 借：固定资产——小汽车（250 000 − 60 000） | 190 000 | |
| 　　库存现金 | 60 000 | |
| 　　贷：固定资产清理 | | 250 000 |

## 第二节　非货币性资产交换准则的修订

《企业会计准则第 7 号——非货币性资产交换》（以下简称非货币性资产交换准则）于 2006 年发布后，一直没有修改。2017 年，财政部发布了修订后的《企业会计准则第 14 号——收入》（以下简称新收入准则），自 2018 年 1 月 1 日起分步实施，对相关业务作出新的规范要求。为在会计处理上与新收入准则保持一致，有必要对非货币准则做出相应调整，同时进一步修订了之前准则未明确的一些事项。主要变化如下：

### 一、非货币性资产交换定义

原准则中，非货币性资产交换，是指交易双方主要以存货、固定资产、无形资产和长期股权投资等非货币性资产进行的交换。新准则中，非货币性资产交换，是指企业主要以固定资产、无形资产、投资性房地产和长期股权投资等非货币性资产进行的交换。

新准则的定义没有存货作为非货币资产交换的例子，原因是存货换取客户的非货币性资产交换适用 14 号新的收入准则。

### 二、货币性资产的定义

原准则中，货币性资产是指企业持有的货币资金和将以固定或可确定的金额收取的资产。

新准则中，货币性资产是指企业持有的货币资金和收取固定或可确定金额的货币资金的权利。

两者定义总体保持一致，但新准则用“权利”替代了“资产”一词，范围更广泛，有些权利不一定能够满足资产确认的条件。

## 三、新准则增加了适用范围表述

原非货币准则没有对准则的适用范围进行规范，当非货币准则规定的会计处理原则与其他准则规定的会计处理原则不一致时，可能因准则适用范围不清而导致实务差异。因此，新的非货币准则明确适用范围，将应遵循其他准则的交易排除在非货币准则之外。新准则规定本准则适用于所有非货币性资产交换，但下列各项适用其他相关会计准则：

（一）企业以存货换取客户的非货币性资产的，适用《企业会计准则第 14 号——收入》。

（二）非货币性资产交换中涉及企业合并的，适用《企业会计准则第 20 号——企业合并》《企业会计准则第 2 号——长期股权投资》和《企业会计准则第 33 号——合并财务报表》。

（三）非货币性资产交换中涉及由《企业会计准则第 22 号——金融工具确认和计量》规范的金融资产的，金融资产的确认、终止确认和计量适用《企业会计准则第 22 号——金融工具确认和计量》和《企业会计准则第 23 号——金融资产转移》。

（四）非货币性资产交换中涉及由《企业会计准则第 21 号——租赁》规范的使用权资产或应收融资租赁款等的，相关资产的确认、终止确认和计量适用《企业会计准则第 21 号——租赁》。

（五）非货币性资产交换的一方直接或间接对另一方持股且以股东身份进行交易的，或者非货币性资产交换的双方均受同一方或相同的多方最终控制，且该非货币性资产交换的交易实质是交换的一方向另一方进行了权益性分配或交换的一方接受了另一方权益性投入的，适用权益性交易的有关会计处理规定。

## 四、换入资产和换出资产的确认原则

新准则新增加了非货币资产交换换入资产和换成资产的确认原则，明确了资产确认与终止确认需要按照相关准则分别考虑，对换入资产的确认和换出资产终止确认时点存在不一致的情况给出了明确的处理原则，和旧准则比，企业可以更加明确。

新准则规定，企业应当分别按照下列原则对非货币性资产交换中的换入资产进行确认，对换出资产终止确认：

（一）对于换入资产，企业应当在换入资产符合资产定义并满足资产确认条件时予以确认；对于换出资产，企业应当在换出资产满足资产终止确认条件时终止确认。

（二）换入资产的确认时点与换出资产的终止确认时点存在不一致时，换入资产满足资产确认条件，换出资产尚未满足终止确认条件的，在确认换入资产的同时将交付换出资产的义务确认为一项负债；换入资产尚未满足资产确认条件，换出资产满足终止确认条件的，在终止确认换出资产的同时将取得换入资产的权利确认为一项资产。

### 五、换入资产和换出资产的计量

新准则中，删除了原准则中关于关联方关系是否影响具有商业实质的判断规定，同时计量原则和会计处理规范更清晰、更细化。在会计处理规范中，考虑了涉及金融资产的情况下，相关金融工具准则的处理原则，例如补价的处理、涉及多项资产的分摊规定中，都有体现与金融工具准则的协调一致。

# 第九章　资产减值

## 第一节　案例分析及操作实务

### 一、涉及资产减值准备的会计科目

除了新准则规范的资产减值，加上由其他会计准则规范的资产减值，涉及与资产减值有关的会计科目主要有："坏账准备""贷款损失准备""存货跌价准备""持有至到期投资减值准备""长期股权投资减值准备""固定资产减值准备""无形资产减值准备""商誉减值准备""资产减值损失"等。

### 二、经济业务举例

在具体实务操作中，一是要把握一个判断资产减值的原则，即应确保资产以不超过其可收回金额的前提下进行计量，如果资产账面价值超过其可收回金额，该资产视为已经减值，则该项资产应确认减值损失。

一般按以下三个步骤评估减值：①评估一项资产是否存在减值迹象；②分别通过公允价值减去处置费用净额和预计未来现金流量现值估量有减值迹象资产的金额；③将通过两种方式估量的金额进行比较，将金额较高的作为可收回金额并与账面价值进行比较，确定资产减值损失，同时对资产减值损失进行会计处理。

**（一）资产组的认定**

**例 9-1**　企业 E 生产一种产品，并拥有工厂 A、B、C。各工厂位于世界上不同的洲。A 生产一种组件，由 B 或 C 进行组装。B 和 C 的联合生产能力未被充分利用。E 的产品由 B 或 C 销往世界各地。B 和 C 的利用程度依赖于销售在两地之间的分配。

（1）A 的产品存在活跃市场：①A 很可能是一个单独的资产组，因为其产品存在活跃市场；②即使 B 和 C 组装的产品存在活跃市场，B 和 C 的现金流入依赖于产品在两地之间的分配。B 和 C 的未来现金流入不可能单独确定。因此，B 和 C 组合在一起足可成为能产生基本上独立的现金流入的可认定为最小的资产组合。

（2）A 的产品不存在活跃市场：①A、B、C 的价值很可能不能单独估定，原因在于：a.A 工厂的产品不存在活跃市场，因此，A 工厂的现金流入依赖于 B 和 C 最终产品的销售；b.B 和 C 组装的产品虽然存在活跃市场，但 B 和 C 的现金流入依赖于产品在两个工厂之间的分配，B 和 C 的未来现金流入不可能单独地确定。②结果：A、B、C 组合在一起（即 E 作为一个整体）很可能是一个基本上产生独立的现金流入的可认定为最小的资产组合。

又如，甲公司下设三个分厂，拥有 A、B 两项专利技术。其中，A 专利技术相关的产品生产主要由一分厂和二分厂负责；而B技术相关的产品生产主要由三分厂负责。两种产品均可以在活跃的市场上进行销售。由于根据两种专利技术生产的产品均有活跃市场，也就是说，其可以独立地产生现金流入。由此可以认定，A专利技术和一分厂、二分厂资产很有可能是一个资产组，B专利技术和三分厂的资产也很有可能是一个资产组。

如果一分厂、二分厂生产的产品属于中间产品，需要通过三分厂的继续加工才能形成最终的产品，且所指的中间产品没有活跃市场，那么在这种情况下，应将A、B专利技术、一分厂、二分厂、三分厂合起来作为一个资产组。

### （二）资产组的可收回金额和账面价值的确定

**例 9-2** 一公司在某国开矿，该国法律要求矿产所有者必须在完成开采后将该地区恢复原貌。恢复费用包括表土覆盖层的重置，因为其在矿山开发前必须移走。表土覆盖层一旦移走，就应确认一笔表土覆盖层重置准备。该准备计入矿山成本，并在矿山使用期限内提取折旧。假设为恢复费用所提取的准备的账面价值为500万元，等于恢复费用现值。

企业正在对矿山进行减值测试。矿山所属资产组是整座矿山，企业已收到愿以约800万元的价格购买该矿山的订单，该价格已考虑了重置表土覆盖层成本。矿山的处置费用可忽略。矿山使用价值约1 200万元，不包括恢复费用。矿山账面价值1 000万元。

资产组的销售净价为800万元，该价格考虑了恢复费用，资产组的使用价值在考虑恢复费用后估计为700万元（1 200 － 500），因此资产组的可收回金额为两者的较高者800万元。资产组的账面价值为500万元，即矿山的账面价值（1 000万元）减去重置准备（500万元）。

### （三）使用价值的计算和减值损失的确认

**例 9-3** 本例中不考虑税的影响。

（1）背景资料。2×18年年末，A主体以10 000万元购入M企业。M在三个国家拥有制造工厂，资料数据如表9-1所示。

**表 9-1　2×18 年年末的数据**　　单位：万元

| 制造工厂 | 购买价格的分摊 | 可辨认资产的公允价值 | 商誉 |
|---|---|---|---|
| 在A国的工厂 | 3 000 | 2 000 | 1 000 |
| 在B国的工厂 | 2 000 | 1 500 | 500 |
| 在C国的工厂 | 5 000 | 3 500 | 1 500 |
| 合 计 | 10 000 | 7 000 | 3 000 |

注：商誉是在各国工厂的经营活动代表最低的层次，在这个层次上对商誉的监控是出于内部管理的目的（如收购协议规定的那样，按照各国工厂的购买价格与可辨认资产公允价值之间的差额进行确定）。

因为商誉已经被分摊到各国工厂的经营活动中，各个经营活动必须按年或者在出现减值迹象的情况下更加频繁地进行减值测试；现金产出单元的可收回金额（即使用价值和公允价值减出售费用孰高）是在计算使用价值的基础上确定的。在2×18年和2×19年年末，每个现金产出单元使用价值都超过了其账面余额。因此可以认为在各国工厂的经营活动以及该活动所分担的商誉都没有出现减值。

在2×20年年初，A国进行了新一届政府选举。新政府通过了有关立法，严格限制A主体主要产品的出口。结果，在可预见的将来，A主体在A国的产量将减少40%。重大的出口限制和产量的减少，要求A主体在2×20年年初对A国经营的可收回金额进行估计。A主体使用直线法在12年内对A国工厂的可辨认资产进行折旧和摊销，并预期没有残值。

为了确定A国现金产出单元的使用价值（见表9—2），A主体的处理如下：①应根据管理层批准的最近编制的未来5年（2×20—2×24年）的财务预算或预测编制现金流量预测；②按递减的增长率估计以后的现金流量（2×26—2×33年）。2×25年的增长率估计是3%。该增长率低于A国市场的长期平均增长率；③选择15%作为折现率，它代表了货币时间价值和对A国现金产出单元的特定风险的当前市场评价的税前折现率。

**表9-2 计算2×20年年初A国现金产出单元的使用价值** 单位：万元

| 年 份 | 长期增长率 | 未来现金流量 | 折现率为15%的现值系数 | 折现后的未来现金流量 |
|---|---|---|---|---|
| 2×20（n－1） | | 230* | 0.869 57 | 200 |
| 2×21 | | 253* | 0.756 14 | 191 |
| 2×22 | | 273* | 0.657 52 | 180 |
| 2×23 | | 290* | 0.577 5 | 167 |
| 2×24 | | 304* | 0.497 18 | 151 |
| 2×25 | 3% | 313+ | 0.432 33 | 135 |
| 2×26 | －2% | 307+ | 0.375 94 | 115 |
| 2×27 | －6% | 289+ | 0.326 90 | 94 |
| … | … | … | … | … |
| 2×31 | －15% | 245+ | 0.284 26 | 70 |
| 2×32 | －25% | 184+ | 0.247 19 | 45 |
| 2×33 | －67% | 61+ | 0.214 94 | 13 |
| 使用价值 | | | | 1 361 |

注：* 以管理层对净现金流量预计的最佳估计为基础（产量减少40%以后）。
+以应用递减增长率对以前年度现金流量的推断为基础。

（2）减值损失的确认和计量。①A 国现金产出单元的可收回金额是 1 361 万元；②A 主体对 A 国现金产出单元的可收回金额与其账面金额进行了比较（见表 9-3）；③由于账面金额超过可收回金额 1 472 万元，A 主体立即在损益中确认了 1 472 万元的减值损失。在减少 A 国现金产出单元的其他可辨认资产的账面金额之前，先将与 A 国工厂有关的商誉的账面金额减记至零。

现值系数的计算公式是：k = 1÷（1 + a）n，a =折现率，n =折现年数。

**表 9-3　2×20 年年初 A 国现金产出单元减值损失的计算和分摊**

单位：万元

| 项　目 | 商誉 | 可辨认资产 | 总计 |
|---|---|---|---|
| 历史成本 | 1 000 | 2 000 | 3 000 |
| 累计折旧（2×19 年） | — | （167） | （167） |
| 账面金额 | 1 000 | 1 833 | 2 833 |
| 减值损失 | （1 000） | （472） | （1 472） |
| 减值后的账面金额 | — | 1 361 | 1 361 |

### （四）固定资产的减值准备

**例 9-4**　2×20 年 12 月 31 日，M 出租汽车公司对购入的时间相同、型号相同、性能相似的出租车进行检查时发现其可能发生减值。该类出租车销售净价总额为 1 200 000 元；尚可使用 5 年，预计其在未来 4 年内产生的现金流量分别为：400 000 元、360 000 元、320 000 元和 250 000 元；第 5 年产生的现金流量以及使用寿命结束时处置形成的现金流量合计为 200 000 元；在考虑相关风险的基础上，公司决定采用 5%的折现率。企业在具体的计提固定资产减值准备工作中，按下列步骤进行：

第一步，考虑固定资产发生减值的迹象。

第二步，计算确定固定资产可收回金额。

在计算确定固定资产可收回金额时，首先，企业应计算固定资产的销售净价；其次，企业应计算预期从该资产的持续使用和使用寿命结束时的处置中形成的现金流量的现值；最后，企业应比较固定资产的销售净价和预期从该资产的持续使用和使用寿命结束时的处置中形成的现金流量的现值，取其较高者作为固定资产的可收回金额。其中，企业预期从该资产的持续使用和使用寿命结束时的处置中形成的现金流量的现值主要取决于该固定资产的预计使用寿命、未来所产生的现金流量和折现率的选择。预计使用寿命应以该项固定资产的尚可使用寿命为限；该资产未来所产生的现金流量一般应参照该资产在过去使用期间所产生的经济利益预计；折现率应反映货币时间价值的当前市场评价和资产特有风险。由于计算资产的未来现金流量现值均通过预计才能得到，因此，企业在预计固定资产未来现金流量时，需运用职业判断，并根据谨慎性原则的要求，充分考虑固定资产尚可使用寿命内的风险因素。

假设 2×20 年 12 月 31 日该出租车的账面价值为 1 500 000 元，以前年度没有计提固定资产减值准备。有关计算过程见表 9-4。

表 9-4 固定资产未来现金流量现值计算表

| 年 份 | 预计未来现金流量（元） | 折现率 | 现值系数 | 现值（元） |
|---|---|---|---|---|
| 2×21 | 400 000 | 5% | 0.952 4 | 380 960 |
| 2×22 | 360 000 | 5% | 0.907 0 | 326 520 |
| 2×23 | 320 000 | 5% | 0.863 8 | 276 416 |
| 2×24 | 250 000 | 5% | 0.822 7 | 205 675 |
| 2×25 | 200 000 | 5% | 0.783 5 | 156 700 |
| 合 计 | | | | 1 346 271 |

由表 9-4 可见，企业预期从该资产的持续使用和使用寿命结束时的处置中形成的现金流量的现值为 1 346 271 元，大于其销售净价 1 200 000 元，所以，其可收回金额为 1 346 271 元。

第三步，比较固定资产账面价值与可收回金额。

出租汽车公司出租汽车的账面价值为 1 500 000 元，可收回金额为 1 346 271 元，其账面价值大于可收回金额的差额为 153 729 元（1 500 － 000 － 1 346 271）。

第四步，进行账务处理。

在具体计提固定资产减值准备时，企业应按固定资产账面价值超过其可收回金额的部分计提减值准备。计提的固定资产减值准备，借记“资产减值损失——固定资产减值损失”科目，贷记“固定资产减值准备”科目。如果当期应计提的固定资产减值准备金额高于已计提的固定资产减值准备的账面余额，企业应按其差额补提减值准备，借记“资产减值损失——固定资产减值损失”科目，贷记“固定资产减值准备”科目。但是，如果已计提减值准备的固定资产价值回升，其原计提的减值准备不能转回。M 出租汽车公司的账务处理如下：

借：资产减值损失——固定资产减值损失　　153 729

　　贷：固定资产减值准备　　153 729

### （五）固定资产减值测试

**例 9-5** 2×20 年 12 月 31 日，甲公司发现 2×18 年 12 月 31 日购入的一项专利技术设备，类似的专利技术设备在市场上已经出现，此项设备可能减值：①如果该企业准备出售，市场上公允价值为 2 200 000 元；②如果继续使用，尚可使用 5 年，未来 5 年的现金流量为 500 000 元、480 000 元、460 000 元、440 000 元和 420 000 元，第 6 年现金流量及使用寿命结束时预计处置带来现金流量为 380 000 元；③折现率 5%，假设该项设备 2×20 年账面原值为 3 000 000 元，已经计提折旧 500 000 元，以前年度已计提减值准备 200 000 元。要求对该专利设备进行减值测试，如发生减值损失，对其进行会计处理。

第一步，计算该项设备的账面价值。

该项设备2×20年12月31日的账面价值＝原值－折旧－已计提资产减值
＝3 000 000 － 500 000 － 200 000
＝2 300 000（元）

第二步，通过公允价值减去处置费用净额估量可收回金额。

销售净价2 200 000元。

第三步，通过计算预计未来现金流量现值，来估量该项资产的可收回金额（见表9-5）。

**表9-5　预计未来现金流量现值计算表**

| 年　份 | 预计未来现金流量（元） | 折现率、 | 现值系数 | 现值（元） |
|---|---|---|---|---|
| 2×21 | 500 000 | 5% | 0.952 4 | 476 190 |
| 2×22 | 480 000 | 5% | 0.907 0 | 435 374 |
| 2×23 | 460 000 | 5% | 0.863 8 | 397 365 |
| 2×24 | 440 000 | 5% | 0.822 7 | 361 989 |
| 2×25 | 420 000 | 5% | 0.783 5 | 329 081 |
| 2×26 | 380 000 | | 0.746 2 | 283 562 |
| 合　计 | | | | 2 283 561 |

第四步，该设备账面价值已经超过销售净价，因此该设备存在资产减值损失。

该项设备未来现金流量现值与销售净价中的较高金额为2 283 561元，则可收回金额为2 283 561元，低于该项设备的账面价值，故该项设备存在减值损失。该项设备应确认的资产减值损失为16 439元（2 300 000 － 2 283 561）。

第五步，资产损失的会计处理。

借：资产减值损失——固定资产减值损失　　16 439
　　贷：固定资产减值准备　　16 439

**例9-6**　2×40年12月31日，A公司对购入的大型车辆进行检查时发现，目前车辆整体设施已经比较陈旧，同时近年来此类车辆的市场价值不断下降，根据此等迹象，判断车辆可能已经发生减值，因此决定对车辆设备进行减值测试，测试过程及相关数据如下：

（1）根据目前同类车型的市场售价及目前车辆的新旧程度，确定此设备目前的公允价值为130万元，预计处置中会发生税费6.5万元，处置中的人工、材料等费用为3.5万元。

（2）经测算，目前该车辆尚可使用5年，此后给企业带来的现金流量的现值很可能会高于设备的公允价值减处置费用后的金额。

（3）根据资产的目前情况，企业估计明年此车辆给企业带来的现金流入量金额取决于运输市场的环境，具体预测数据见表 9-6。

**表 9-6 现金流入量预测表**

| 运输市场状况 | 市场情况的可能性（%） | 不同市场情况所带来的现金流入（万元） |
|---|---|---|
| 较好 | 60 | 80 |
| 一般 | 30 | 50 |
| 较差 | 10 | 20 |

在以后 5 年中，由于此车辆的逐渐老化，估计此车辆带来的现金流入量将以每年 10% 的负增长率变动。

（4）该设备带来的现金流出量主要为修理费、燃料费等，下 1 年预算为 15 万元，由于设备的老化，预计在以后 5 年中，现金流出每年会以 20% 的增长率增长。

（5）5 年后报废时，预计报废收入减去报废成本的现金净流量为－8 万元。

（6）目前的资产市场利率为 5%，该车辆账面原值为 350 万元，累计折旧为 200 万元。

减值损失金额的计算如下：

资产的公允价值减去处置费用后的净额＝130－6.5－3.5＝120（万元）

下 1 年估计现金流入量的期望值＝80×60%＋50×30%＋20×10%

＝65（万元）

下 1 年估计现金流出量＝15（万元）

按预计的增长率，以后 5 年中各年的现金流入量与现金流出量及现金净流量见表 9-7。

**表 9-7 5 年现金流量预测表** 单位：万元

| 年 份 | 预计现金流入 | 预计现金流出 | 预计现金净流量 | 折现率 | 现值系数 | 现值 |
|---|---|---|---|---|---|---|
| 2×21 | 65.00 | 15.00 | 50.00 | 5% | 0.952 4 | 47.62 |
| 2×22 | 58.50 | 18.00 | 40.50 | 5% | 0.907 0 | 36.73 |
| 2×23 | 52.65 | 21.60 | 31.05 | 5% | 0.863 8 | 26.82 |
| 2×24 | 47.39 | 25.92 | 21.47 | 5% | 0.822 7 | 17.66 |
| 2×25 | 42.65 | 39.10 | 3.55 | 5% | 0.783 6 | 2.78 |
| 合 计 | | | | | | 131.61 |

由于预计未来现金流量的现值＝131.61（万元）>120（万元）＝资产的公允价值减去处置费用后的净额，因此，资产可回收金额为 131.61 万元。

车辆减值损失＝350－200－131.61＝18.39（万元）

会计分录如下：

借：资产减值损失——固定资产减值损失　　183 900

　　贷：固定资产减值准备　　183 900

### （六）无形资产的减值准备

例 9-7 如果无形资产将来为企业创造的经济利益还不足以补偿无形资产成本（摊余成本），则说明无形资产发生了减值，具体表现为无形资产的账面价值超过了其可收回金额，其确认和计量步骤如下：

（1）检查账面价值。新准则规定，企业应定期对无形资产的账面价值进行检查，至少于每年年末检查一次。其中，“定期”通常指每隔 1 年、6 个月或 3 个月。对于不同的企业，所适用的财务会计报告对外披露的时间间隔规定可能存在差异，因此新准则没有确切地规定企业应何时检查无形资产的账面价值。但是，无论是股份有限公司还是其他类型的企业，都至少应于每年年末对无形资产的账面价值进行检查。在检查时，如果发现有新准则规定的资产减值迹象中任何一种或几种情况时，则应对无形资产的可收回金额进行估计，并将无形资产的账面价值超过可收回金额的部分确认为减值准备。

（2）确定可收回金额。新准则规定，无形资产的可收回金额是指以下两项金额中的较大者：①无形资产的公允价值减去处置（出售）该无形资产所发生的律师费和其他相关税费后的余额；②预期从无形资产的持续使用和使用年限结束时的处置中产生的预计未来现金流量的现值。

比如，2×20 年年末，甲企业在对外购专利权的账面价值进行检查时，发现市场上已存在类似专利技术所生产的产品，从而对甲企业产品的销售造成重大不利影响。当时，该专利权的摊余价值为 6 000 万元，剩余摊销年限为 5 年。按 2×20 年年末的技术市场的行情，如果甲企业将该专利权予以出售，则在扣除发生的律师费和其他相关税费后，可以获得 5 000 万元。但是，如果甲企业打算持续利用该专利权进行产品生产，则在未来 5 年内预计可以获得的未来现金流量的现值为 4 500 万元（假定使用年限结束时处置收益为零）。在这个例子中，该专利权的可收回金额应是 5 000 万元。

（3）计提减值准备。如果无形资产的账面价值超过其可收回金额，则应按超过部分确认无形资产减值准备。根据以上资料，假定甲企业所拥有专利权在 2×20 年的减值准备期初余额为零，那么在 2×20 年年末，甲企业应计提的减值准备为 1 000 万元（账面价值 6 000 万元超过可收回金额 5 000 万元的部分）。

### （七）资产组的减值

（1）资产组的认定。资产组认定应以资产组产生的主要现金流入是否独立于其他资产或者资产组的现金流入为依据。也就是说，认定资产组最关键的因素是该资产组能否独立产生现金流入。

企业的某一生产线、营业网点、业务部门等，如果能够独立于其他部门或者单位等创造收入、产生现金流，或者其创造的收入和现金流入绝大部分独立于其他部门或者单位的，并且属于可认定的最小的资产组合的，通常应将该生产线、营业网点、业务部门等认定为一个资产组。

**例 9-8** 公交公司根据同政府签订的合同提供服务，该合同要求公司在六条单独的线路上提供最低限度的服务。投入每条线路上的资产和每条线路产生的现金流量能够分别认定。其中一条线路发生重大亏损。由于企业没有权力提早结束任何一条行车线路，因此，从持续使用中产生的、基本上独立于其他资产或资产组合所产生的现金流入的可认定的最小现金流入量是六条线路合并产生的现金流入。六条线路所涉及的资产为一独立单元，即一个资产组合。

（2）认定资产组需考虑的其他因素：

一是资产组合生产的产品是否存在活跃市场。当几项资产的组合生产的产品（或者其他产出）存在活跃市场的，即使部分或者所有这些产品（或者其他产出）均供内部使用，也应当在符合前述规定的情况下，将这几项资产的组合认定为一个资产组。

二是企业对生产经营活动的管理或者监控方式，以及对资产使用或者处置的决策方式。

例如，某服装企业有童装、西装、衬衫三个工厂，每个工厂在核算、考核和管理等方面都相对独立，在这种情况下，每个工厂通常为一个资产组。

某家具制造商有 A 车间和 B 车间，A 车间专门生产家具部件，生产完后由 B 车间负责组装，该企业对 A 车间和 B 车间资产的使用和处置等决策是一体的。在这种情况下，A 车间和 B 车间通常应当认定为一个资产组。

（3）资产组减值损失的计算公式如下：

资产组减值损失＝资产组可收回金额－资产组账面价值

资产组的可收回金额，为以下两者之间较高者：①资产组公允价值减去处置费用后的净额；②资产组预计未来现金流量的现值。资产组账面价值包括：①直接归属于资产组的资产账面价值；②分摊至资产组的总部资产和商誉的账面价值。

（4）资产组减值损失的抵减步骤：①抵减商誉的账面价值；②根据资产组中除商誉之外的其他各项资产的账面价值所占比重，按比例扣减其他各项资产的账面价值；③确认抵减后的各资产的账面价值不得低于以下三者之最高者：该资产的公允价值减去处置费用后的净额（如可确定的）、该资产预计未来现金流量的现值（如可确定的）和零；④因上述原因而未能分摊的减值损失金额，按照相关资产组中其他各项资产的账面价值所占比重进行分摊。

**例 9-9** 开华公司 2×20 年的资产资料如下：

（1）有一条生产线，生产某精密仪器，由 A、B、C 三部机器构成，初始成本分别为 40 万元、60 万元和 100 万元。使用年限为 10 年，预计净残值为零，以年限平均法计提折旧。

（2）三部机器均无法单独产生现金流量，但整条生产线构成完整的产销单位，属于一个资产组。

（3）2×20年，该生产线所生产精密仪器有替代产品上市，到年底导致公司精密仪器销路锐减40%，因此，公司于年末对该条生产线进行减值测试。

（4）2×20年年末，A机器的公允价值减去处置费用后的净额为15万元，B、C机器都无法合理估计其公允价值减去处置费用后的净额以及未来现金流量的现值。

（5）整条生产线预计尚可使用5年。

减值测试过程如下：

一是确定2×20年12月31日资产组账面价值：

$$资产组账面价值 = 20 + 30 + 50 = 100（万元）$$

二是估计资产组可收回金额。

经估计生产线未来5年现金流量及其折现率，得到其现值为60万元。而公司无法合理估计其公允价值减去处置费用后的净额，则以预计未来现金流量的现值作为其可收回金额。

$$资产组可收回金额 = 60（万元）$$

减值损失分摊过程见表9-8。

**表9-8 资产组减值测算明细表** 单位：元

| 项　目 | 机器A | 机器B | 机器C | 整条生产线 |
|---|---|---|---|---|
| 账面价值 | 200 000 | 300 000 | 500 000 | 1 000 000 |
| 可收回金额 | | | | 600 000 |
| 减值损失 | | | | 400 000 |
| 减值损失分摊比例 | 20% | 30% | 50% | 100% |
| 分摊减值损失 | 50 000 | 120 000 | 200 000 | 370 000 |
| 分摊后账面价值 | 150 000 | 180 000 | 300 000 | 630 000 |
| 尚未分摊减值损失 | | | | 30 000 |
| 二次分摊比例 | | 37.5% | 62.5% | 100% |
| 二次分摊减值损失 | | 11 250 | 18 750 | 30 000 |
| 二次分摊后应确认减值损失总额 | 50 000 | 131 250 | 218 750 | 400 000 |
| 二次分摊后账面价值 | 150 000 | 168 750 | 281 250 | 600 000 |

三是比较资产组的账面价值及其可收回金额，并确认相应的减值损失。

借：资产减值损失——固定资产减值损失——机器A　　50 000
　　　　　　　　　　　　　　　　　　——机器B　　131 250
　　　　　　　　　　　　　　　　　　——机器C　　218 750

　贷：固定资产减值准备——机器A　　50 000
　　　　　　　　　　　——机器B　　131 250
　　　　　　　　　　　——机器C　　218 750

**（八）商誉的减值测试与处理**

1. 商誉的含义及减值测试的要求

商誉是指非同一控制下的企业合并，购买方对合并成本大于合并中取得的被购买方可辨认净资产公允价值份额的差额。

企业合并所形成的商誉，至少应当在每年年度终了进行减值测试。商誉应当结合与其相关的资产组或者资产组组合进行减值测试。

相关的资产组或者资产组组合应当是能够从企业合并的协同效应中受益的资产组或者资产组组合，不应当大于分部报告中的报告分部。

2. 商誉减值测试的步骤

第一，减值测试的前提——商誉分摊。自购买日起，商誉应按照合理的方法分摊至相关的资产组，难以分摊至相关的资产组的，应当将其分摊至相关的资产组组合。

分摊方法为：①应当按照各资产组或者资产组组合的公允价值占相关资产组或者资产组组合公允价值总额的比例进行分摊；②公允价值难以可靠地计量的，按照各资产组或者资产组组合的账面价值占相关资产组或者资产组组合账面价值总额的比例进行分摊；③企业因重组等原因改变了其报告结构，从而影响到已分摊商誉的一个或者若干个资产组或者资产组组合构成的，应当按以上方法将商誉重新分摊至受影响的资产组或者资产组合。

第二，商誉减值的一般处理方法。与商誉相关的资产组或者资产组组合存在减值迹象的情况如下：①应当对不包含商誉的资产组或者资产组组合进行减值测试，计算可收回金额，并与相关账面价值相比较，确认相应的减值损失；②再对包含商誉的资产组或者资产组组合进行减值测试，比较这些相关资产组或者资产组组合的账面价值（包括所分摊的商誉的账面价值部分）与其可收回金额，如相关资产组或者资产组组合的可收回金额低于其账面价值的，应当确认商誉的减值损失。

第三，存在少数股东权益情况下的商誉减值测试：①应当调整资产组（或者资产组组合）的账面价值。由于合并财务报表中反映的商誉，不包括子公司归属于少数股东的商誉。但对相关资产组或资产组组合进行减值测试时，应当调整资产组的账面价值，将归属于少数股东权益的商誉包括在内，然后根据调整后的资产组账面价值与其可收回金额（可收回金额的预计包括了少数股东在商誉中的权益价值部分）进行比较，以确定资产组（包括商誉）是否发生了减值；②商誉减值损失应当在母公司和少数股东权益之间进行分摊。

上述资产组如已发生减值的，由于根据上述步骤计算的商誉减值损失包括了应由少数股东权益承担的部分，应当将该损失在可归属于母公司和少数股东权益之间按比例进行分摊，以确认归属于母公司的商誉减值损失。

**例 9-10** 假设 A 企业从 2×19 年 1 月 1 日开始执行新的企业准则，在 2×20 年 1 月 1 日以 2 400 万元的价格收购了 B 企业 80% 股权。在购买日，B 企业可辨认资产的公允价值为 2 250 万元，没有负债和或有负债。A 企业在合并财务报表中确认：

商誉 600 万元（2 400 － 2 250×80%）；

B 企业可辨认净资产 2 250 万元；

少数股东权益 450 万元（2 250×20%）。

假定 B 企业所有资产被认定为一个资产组，且该资产组包括商誉。需要至少于每年年度终了进行减值测试。

假定 B 企业可辨认资产综合按 10 年进行折旧或者摊销，B 企业 2×20 年年末可辨认净资产的账面价值为 2 025 万元。

（1）企业商誉的减值测试过程。

一是确定在合并报表中 B 企业资产组（B 企业）在 2×20 年年末的账面价值：

合并报表中反映 B 企业的账面价值＝2 025 ＋ 600 ＝ 2 625（万元）

计算归属于少数股东权益的商誉价值＝（2 400 ÷ 80%－ 2 250）×20%

＝150（万元）

或 ＝（600 － 450）＝ 150（万元）

二是经计算确定 B 企业资产组（B 企业）在 2×20 年年末的可收回金额为 1 500 万元。

三是比较 B 企业资产组（B 企业）的账面价值与可收回金额，确认减值损失为 1 275 万元（2 625 ＋ 150 － 1 500），见表 9-9。

**表 9-9 2×20 年年末对 A 企业进行商誉资产减值测试** 单位：万元

| 项 目 | A 企业商誉 | B 企业可辨认净资产 | 合 计 |
|---|---|---|---|
| 2×20 年 1 月 1 日账面原值 | 600 | 2 250 | 2 850 |
| 2×20 年累计折旧 | — | （225） | （225） |
| 2×20 年年末账面价值 | 600 | 2 025 | 2 625 |
| 归属于少数股东权益的商誉 | 150 | — | 150 |
| 账面价值调整 | 750 | 2 025 | 2 775 |
| 可收回金额 | | | 1 500 |
| 减值损失 | | | 1 275 |

公司应当首先将 1 275 万元减值损失分摊到商誉减值损失，其中分摊到少数股东权益的为 150 万元，归属于母公司的商誉减值损失为 600 万元，剩余的 525 万元在 B 企业各项可辨认资产之间进行分摊，见表 9-10。

表 9-10 2×20 年年末资产减值的分摊 单位：万元

| 项　目 | 商　誉 | 可辨认净资产 | 合　计 |
|---|---|---|---|
| 账面原值 | 600 | 2 250 | 2 850 |
| 累计折旧 | — | （225） | （225） |
| 账面价值总额 | 600 | 2 025 | 2 625 |
| 减值损失分摊 | （600） | （525） | （1 125） |
| 减值后的账面价值 | 0 | 1 500 | 1 500 |

（2）商誉减值的账务处理。

借：资产减值损失——商誉减值损失　　6 000 000

　　贷：商誉减值准备　　6 000 000

（3）归属于 B 企业可辨认资产的 525 万元减值损失还需要作进一步分摊。

**例 9-11** 承例 9-10，假定 B 企业 2×19 年年末可辨认资产包括两项：一项固定资产账面价值为 1 500 万元；另一项无形资产账面价值为 525 万元。525 万元减值损失应当在上述两项资产之间进行分摊：

固定资产应分摊的减值损失＝525×1 500÷2 025 ＝ 389（万元）

无形资产应分摊的减值损失＝525×525÷2 025 ＝ 136（万元）

账务处理如下：

借：资产减值损失——固定资产减值损失　　3 890 000

　　　　　　　　——无形资产减值损失　　1 360 000

　　贷：固定资产减值准备　　3 890 000

　　　　无形资产减值准备　　1 360 000

**例 9-12** 甲公司的相关资料如下：

（1）2×20 年 1 月 1 日，以 1 600 万元的价格收购了乙企业 80%股权。在购买日，乙企业可辨认资产的公允价值为 1 500 万元，没有负债和或有负债。因此，甲公司在其合并财务报表中确认：

商誉 400 万元（1 600 － 1 500×80%）；

乙企业可辨认净资产 1 500 万元；

少数股东权益 300 万元（1 500×20%）。

（2）假定乙企业所有资产被认定为一个资产组，且该资产组包括商誉。需要至少于每年年度终了进行减值测试。

（3）乙企业 2×20 年年末可辨认净资产的账面价值为 1 350 万元。

减值测试过程如下：

（1）确定资产组（乙企业）在 2×20 年年末的账面价值。

合并报表反映的账面价值＝1 350＋400＝1 750（万元）
归属于少数股东权益的商誉价值＝（1 600÷80%－1 500）×20%＝100（万元）
资产组账面价值（包括完全商誉）＝1 750＋100＝1 850（万元）

（2）经计算确定资产组（乙企业）在2×20年年末的可收回金额为1 000万元。

（3）比较资产组（乙企业）的账面价值与可收回金额，确认减值损失为850万元（1 850－1 000），见表9-11。

**表9-11　2×20年年末资产减值测试计算表**　　单位：万元

| 项　目 | 商　誉 | 可辨认净资产 | 合　计 |
| --- | --- | --- | --- |
| 账面原值 | 400 | 1 350 | 1 750 |
| 未确认归属于少数股东权益的商誉价值 | 100 | — | 100 |
| 调整后账面价值 | 500 | 1 350 | 1 850 |
| 可收回金额 | | | 1 000 |
| 减值损失 | | | 850 |

（4）甲公司应当首先将850万元减值损失分摊到商誉减值损失，其中分摊到少数股东权益的为100万元，归属于甲公司的商誉减值损失为400万元，剩余的350万元应当在乙企业各项可辨认资产之间进行分摊，见表9-12。

**表9-12　2×20年年末资产减值损失分摊计算表**　　单位：万元

| | 商　誉 | 可辨认净资产 | 合　计 |
| --- | --- | --- | --- |
| 账面价值 | 400 | 1 350 | 1 750 |
| 确认减值损失 | （400） | （350） | （750） |
| 确认减值损失后账面价值 | 0 | 1 000 | 1 000 |

（5）甲公司在合并层次进行商誉减值的账务处理：

借：资产减值损失——商誉减值损失　　4 000 000
　贷：商誉减值准备　　4 000 000

（6）归属于乙企业可辨认资产的350万元减值损失还需要作进一步分摊。

假定乙企业2×20年年末可辨认资产包括两项：一项固定资产账面价值为1 000万元；另一项无形资产账面价值为350万元。350万元减值损失应当在上述两项资产之间进行分摊：

固定资产应分摊的减值损失＝350×1 000÷1 350＝259（万元）
无形资产应分摊的减值损失＝350×350÷1 350＝91（万元）

乙企业的账务处理如下：

借：资产减值损失——固定资产减值损失　　2 590 000
　　　　　　　　——无形资产减值损失　　910 000
　贷：固定资产减值准备　　2 590 000
　　　无形资产减值准备　　910 000

## 第二节 首次执行日的会计处理

### 一、执行新准则后报表项目的变化

根据《企业会计准则第 30 号——财务报表列报》第七条第二款资产项目按扣除减值准备后的净额列示，不属于抵销。财务报表在列示资产项目时按扣除计提资产减值准备后的净额列示，在利润表中增列“资产减值损失”项目。

### 二、首次执行日的会计调整

（1）相关规定。根据《企业会计准则第 38 号——首次执行企业会计准则》第十三条规定，在首次执行日对商誉进行减值测试，发生减值的，应当以计提减值准备后的金额确认，并调整留存收益。

（2）会计调整方法。对商誉减值的处理应该采用追溯调整法进行调整，调整分录如下：

借：利润分配、未分配利润或盈余公积
　贷：商誉减值准备

## 第三节 新准则对企业的影响

### 一、相关规定

本准则主要规范了企业非流动资产的减值会计问题。

当资产的可收回金额低于其账面价值，即表明发生了减值，企业应当确认资产减值损失，并把资产的账面价值减记至可收回金额。

企业应当在资产负债表日判断资产是否存在可能发生减值的迹象。在发生减值时，原则上都应当加以确认和计量。

对此前期已确认的资产减值损失一经确认，在以后会计期间不得转回。

### 二、新准则对企业的影响

（1）报表信息更加客观真实，提高了会计信息质量。我国原会计制度和《国际会计准则第 36 号——资产减值》都允许对已经确认的资产减值损失予以转回，国际会计准则对于商誉减值损失不允许转回。但是，以我国实际运行情况来看，该规定已经成为一些企业操纵损益的主要手段。新准则实施后，将不会有利用减值准备转回而迅速改善财务状况和经营业绩的现象。

（2）企业应该根据新准则以及其他相关准则，制定计提资产减值准备的会计政策与计提方法，明确提取减值准备核准级次以及实施检查和计算的部门，保证会计报表日可以如实反映资产的状况。

# 第十章　职 工 薪 酬

## 第一节　案例分析及操作实务

### 一、科目设置

在账务处理上，只设置“应付职工薪酬”（以下简称“本科目”）一个统一的一级科目，各种形式的薪酬均体现为二级科目。

本科目核算企业根据有关规定应付给职工的各种薪酬。

本科目应当按照“工资”“职工福利”“社会保险费”“住房公积金”“工会经费”“职工教育经费”和“辞退福利”等应付职工薪酬项目进行明细核算。

**（一）应付职工薪酬的主要账务处理**

（1）企业按照有关规定向职工支付工资、奖金、津贴等，借记本科目，贷记“银行存款”“库存现金”等科目。

（2）企业从应付职工薪酬中扣还的各种款项（代垫的家属药费、个人所得税等），借记本科目，贷记“其他应收款”“应交税费——应交个人所得税”等科目。

（3）企业向职工支付职工福利费，借记本科目，贷记“银行存款”“库存现金”科目。

（4）企业支付工会经费和职工教育经费用于工会运作和职工培训，借记本科目，贷记“银行存款”等科目。

（5）企业按照国家有关规定缴纳社会保险费和住房公积金，借记本科目，贷记“银行存款”科目。

（6）企业因解除与职工的劳动关系向职工给予补偿，借记本科目，贷记“银行存款”“库存现金”等科目。

**（二）对发生的职工薪酬应根据职工提供服务的受益对象分别情况处理**

（1）生产部门人员的职工薪酬，借记“生产成本”“制造费用”“劳务成本”科目，贷记本科目。

（2）管理部门人员的职工薪酬，借记“管理费用”科目，贷记本科目。

（3）销售人员的职工薪酬，借记“销售费用”科目，贷记本科目。

（4）应由在建工程、研发支出负担的职工薪酬，借记“在建工程”“研发支出”科目，贷记本科目。

（5）因解除与职工的劳动关系给予的补偿，借记“管理费用”科目，贷记本科目。

本科目期末贷方余额，反映企业应付职工薪酬的结余。

### 二、关于职工福利费用的会计处理

长期以来，企业的职工福利费按照工资总额的 14% 提取，使用时再冲减提取的福利费。新准则规定，企业发生的职工福利费，应当在实际发生时根据实际发生额计入当期损益或相关资产成本。职工福利费为非货币性福利的，应当按照公允价值计量。

## 三、关于社保支出的会计处理

新准则规定，企业为职工缴纳的医疗保险费、工伤保险费、生育保险费等社会保险费和住房公积金，以及按规定提取的工会经费和职工教育经费，应当在职工为其提供服务的会计期间，根据规定的计提基础和计提比例计算确定相应的职工薪酬金额，并确认相应负债，计入当期损益或相关资产成本。

## 四、短期薪酬的会计处理

企业应当在职工为其提供服务的会计期间，将实际发生的短期薪酬确认为负债，并计入当期损益，其他会计准则要求或允许计入资产成本的除外。

（1）所有与职工薪酬相关的支出都必须通过“应付职工薪酬”科目核算。

（2）对于直接发放货币给员工的，也须先贷记“应付职工薪酬”科目，再以银行存款或现金支付。

（3）对于由公司代员工扣缴内容，应从“应付职工薪酬”科目中转出至“其他应付款”“应交税费”等科目。

（4）对于公司为员工发放各类福利支出，均应通过“应付职工薪酬——福利费”科目核算。如此类福利为货币性福利，则在发放货币时直接冲减“应付职工薪酬——福利费”科目余额。若为非货币性福利，应将福利金额从“应付职工薪酬——福利费”科目转出至“应付职工薪酬——非货币性福利”科目，再进行支付或转入其他应付款。若福利发生时福利费提取的余额不足时，须先提取后再按上述方法处理。

（5）对于向外部采购物品发给员工，目前还未付采购款，实际付款对象并非公司员工的非货币性福利，应在记录非货币性福利后立即将记入“应付职工薪酬——非货币性福利”科目的金额转入“其他应付款”等相应科目（参见例 10-2）。

（6）“应付职工薪酬”科目不再设“提取”“发放”明细科目，今后所有的与职工薪酬有关的支出，“应付职工薪酬”明细科目的贷方发生额表示提取数，借方发生额表示发放数。特别需注意的是，为了保证提取和发放数与借贷方发生额的一致性，在发现提错或发错的情况下，若对应付职工薪酬科目进行冲销时，必须采用红字冲销方法，而不能采用转换借贷方冲销方法。

（7）“应付职工薪酬”科目的贷方发生额减去“应付职工薪酬——非货币性福利”科目的贷方发生额，即为企业为员工负担的所有薪酬支出。“应付职工薪酬”科目的借方发生额表示发放数与转出数。“应付职工薪酬”科目的余额即为企业未付给职工的薪酬部分。

（8）在工资发放的过程中，若产生会计上根据权责发生制原则确认了应付职工薪酬负债，但在以后期间发放而产生的所得税暂时性差异，应确认递延所得税资产。详见《所得税》一章。

**例 10-1** 甲企业 2×20 年 9 月职工工资总额为 1 260 000 元，其中：产品生产工人 600 000 元，在建工程人员 300 000 元，公司管理人员 225 000 元，产品销售人员

135 000元。该企业发生的职工福利费为180 000元，其中：产品生产工人84 000元，在建工程人员42 000元，公司管理人员35 100元，产品销售人员18 900元。并按工资总额的10%计算应缴纳的住房公积金，按工资总额2%和1.5%分别计提工会经费和职工教育经费。另外，应由企业代扣代缴职工个人应负担的住房公积金63 000元，工会会费12 600元，个人所得税156 000元。

根据上述资料，该企业编制有关的会计分录如下：

（1）工资分配进成本、费用时：

借：生产成本　　600 000
　　在建工程　　300 000
　　管理费用　　225 000
　　销售费用　　135 000
　　贷：应付职工薪酬——工资　　1 260 000

（2）发生职工福利费时：

借：生产成本　　84 000
　　在建工程　　42 000
　　管理费用　　35 100
　　销售费用　　18 900
　　贷：应付职工薪酬——职工福利　　180 000

（3）按工资总额10%计算应缴纳的住房公积金时：

借：生产成本　　60 000
　　在建工程　　30 000
　　管理费用　　22 500
　　销售费用　　13 500
　　贷：应付职工薪酬——住房公积金　　126 000

（4）按工资总额2%和1.5%分别计提工会经费和职工教育经费时：

借：生产成本　　21 000
　　在建工程　　10 500
　　管理费用　　7 875
　　销售费用　　4 725
　　贷：应付职工薪酬——工会经费　　25 200
　　　　　　　　　　——职工教育经费　　18 900

（5）代扣代缴职工个人应负担的住房公积金、工会经费和个人所得税时：

借：应付职工薪酬——工资　　231 600
　　贷：其他应付款——应付住房公积金　　63 000
　　　　　　　　　——应付工会经费　　12 600
　　　　应交税费——应交个人所得税　　156 000

## 五、非货币性福利的会计核算

（1）以自己生产的产品作为非货币性福利提供给职工的，按产品的公允价值和相关税费计量应计入成本或费用的职工薪酬金额，并确认为主营业务收入，其销售成本的结转、相关税费的处理，视同正常销售。

（2）以外购商品作为非货币性福利提供给职工的，应当按照该商品的公允价值确定应付职工薪酬金额。

（3）无偿向职工提供住房等资产使用的，应当根据受益对象，将住房每期应计提的折旧计入相关资产成本或费用。租赁住房等资产供职工无偿使用的，应当根据受益对象，将每期应付的租金计入相关资产成本或费用。

（4）提供给职工整体使用的资产应计提的折旧、应付的租金，应当根据受益对象分期计入相关资产成本或费用；难以认定受益对象的，直接计入管理费用。

**例 10-2** 甲公司共有职工 200 名，其中 170 名为操作人员，30 名为管理人员。2×20 年 2 月，公司将外购的每台购买价为 1 000 元的电暖器作为福利发放给公司的每名职工，目前企业的福利费余额足够支付这笔福利，这批电暖器是向乙公司采购的。电暖器已发给职工，但款项目前尚未支付。则账务处理如下：

（1）从福利费转入非货币性福利时：

借：应付职工薪酬——职工福利　　200 000

　　贷：应付职工薪酬——非货币性福利　　200 000

（2）转入其他应付款时：

借：应付职工薪酬——非货币性福利　　200 000

　　贷：其他应付款——乙公司　　200 000

（3）支付乙公司电暖器款项时：

借：其他应付款——乙公司　　200 000

　　贷：银行存款　　200 000

**例 10-3** 公司决定为企业的部门经理每人租赁住房一套，并提供轿车一辆免费使用，轿车的月折旧总额为 1.8 万元，外租住房的月租金总额为 3.5 万元。

乙公司对该非货币性福利的会计处理如下：

（1）计提轿车折旧时：

借：管理费用　　18 000

　　贷：应付职工薪酬——非货币性福利　　18 000

借：应付职工薪酬——非货币性福利　　18 000

　　贷：累计折旧　　18 000

（2）确认租金费用时：

借：管理费用　　35 000

　　贷：应付职工薪酬——非货币性福利　　35 000

借：应付职工薪酬——非货币性福利　　35 000

　　贷：银行存款　　35 000

## 六、关于离职后福利的会计处理

企业应当将离职后福利计划分类为设定提存计划和设定受益计划，其中，设定提存计划，是指向独立的基金缴存固定费用后，企业不再承担进一步支付义务的离职后福利计划；设定受益计划，是指除设定提存计划以外的离职后福利计划。

### （一）设定提存计划的会计处理

依据新准则的规定，企业应当在职工为其提供服务的会计期间，将根据设定提存计划计算的应缴存金额确认为负债，并计入当期损益或相关资产成本。根据设定提存计划，预期不会在职工提供相关服务的年度报告期结束后 12 个月内支付全部应缴存金额的，企业应当将全部应缴存金额以折现后的金额计量应付职工薪酬。其中，折现时所采用的折现率应当根据资产负债表日与设定提存计划义务期限和币种相匹配的国债或活跃市场上的高质量公司债券的市场收益率确定。

设定提存计划的会计核算相对较简单，因为报告企业在每一期间的义务取决于该期间提存的金额。因此，在计量义务或费用时不需要精算假设，也没有产生精算利得或损失的可能性。另外，计量该义务时采用非折现基础，但雇员提供相关服务的期末以后 12 个月内不全部到期的除外。

当雇员在一个期间为企业提供了服务，企业应确认为换取该服务应付给设定提存计划的提存金：

（1）应当将扣除所有已付提存金后余额作为一项负债。若已付提存金超过了资产负债表日之前取得服务应得的提存金，且该预付将导致诸如未来支付的减少或现金返还，企业应将超过部分确认为一项资产（预付项目，同时考虑是否确认递延所得税资产）；

（2）作为一项费用，除非其他会计准则要求或允许将该提存金包括在资产的成本中。若支付给设定提存计划的提存金在雇员提供相关服务的期末以后的 12 个月内尚未全部到期，则应对其折现。

**例 10-4** A 公司 2×20 年 1 月应付各类职工工资总额 500 000 元，其中：产品生产工人工资 350 000 元，管理人员工资 70 000 元，产品销售人员工资 30 000 元。依据工资总额 12%计算基本养老保险费，缴存当地社会保险机构。则该公司设定提存计划的会计处理如下：

| | | |
|---|---|---|
| 借：生产成本（350 000×12%） | 42 000 | |
| 　　在建工程（50 000×12%） | 6 000 | |
| 　　管理费用（70 000×12%） | 8 400 | |
| 　　销售费用（30 000×12%） | 3 600 | |
| 　　贷：应付职工薪酬（500 000×12%） | | 60 000 |

### （二）设定受益计划的会计处理

按照新准则的规定，企业对设定受益计划的会计处理通常包括下列四个步骤：

（1）根据预期累计福利单位法，采用无偏且相互一致的精算假设对有关人口统计变量和财务变量等作出估计，计量设定受益计划所产生的义务，并确定相关义务的归属期间。企业应当按照一定的折现率将设定受益计划所产生的义务予以折现，以确定设定受益计划义务的现值和当期服务成本。折现时所采用的折现率应当根据资产负债表日与设定受益计划义务期限和币种相匹配的国债或活跃市场上的高质量公司债券的市场收益率确定。

在预期累计福利单位法下，每一服务期间会增加一个单位的福利权利，并且需对每一个单位单独计量，以形成最终义务。企业应当将福利归属于提供设定受益计划的义务发生的期间。这一期间是指从职工提供服务以获取企业在未来报告期间预计支付的设定受益计划福利开始，至职工的继续服务不会导致这一福利金额显著增加之日为止。

企业应根据预期累计福利单位法确定的本期福利义务，按受益原则进行如下账务处理：

借：管理费用等［现值］

　　未确认融资费用［利息］

　　贷：应付职工薪酬［本期增加的义务］

每期期末，按照实际利率法分摊原先未确认的融资费用：

借：财务费用

　　贷：未确认融资费用

企业养老金计划的支付单位的计算举例如下：

**例 10-5** A 公司 2×20 年年初新招聘一财务经理，该员工 48 岁，当年年薪 10 万元，以后年均增长 5%，假设公司养老金计算公式为：养老金支付单位＝最后年薪 ×2%（元/月），并假设员工福利计算规则是：工资增长从次年开始计算；退休年龄指领取养老金起始年，该年度不计入缴费；养老金月缴费和月支付均计算期初值。请计算该财务经理 60 岁退休时形成的雇主月养老金支付金额。

雇主月养老金支付金额＝最后年薪 ×2%

＝100 000×（1＋5%）11×2%

＝100 000×1.71×2%＝3 420（元）

（2）设定受益计划存在资产的，企业应当将设定受益计划义务现值减去设定受益计划资产公允价值所形成的赤字或盈余确认为一项设定受益计划净负债或净资产。设定受益计划存在盈余的，企业应当以设定受益计划的盈余和资产上限两项的孰低者计量设定受益计划净资产。其中，资产上限，是指企业可从设定受益计划退款或减少未来对设定受益计划缴存资金而获得的经济利益的现值。

（3）确定应当计入当期损益的金额。应计入当期损益的金额包括：①服务成本，包括当期服务成本、过去服务成本和结算利得或损失。其中，当期服务成本，是指职工当期提供服务所导致的设定受益计划义务现值的增加额；过去服务成本，是指设定受益计划修改所导致的与以前期间职工服务相关的设定受益计划义务现值的增加或减少。②设定受益计划净负债或净资产的利息净额，包括计划资产的利息收益、设定受益计划义务的利息费用以及资产上限影响的利息。

（4）确定应当计入其他综合收益的金额。应当计入其他综合收益的金额主要包括重新计量设定受益计划净负债或净资产所产生的变动，具体又包括：①精算利得或损失，即由于精算假设和经验调整导致之前所计量的设定受益计划义务现值的增加或减少。②计划资产回报，扣除包括在设定受益计划净负债或净资产的利息净额中的金额。③资产上限影响的变动，扣除包括在设定受益计划净负债或净资产的利息净额中的金额。计入其他综合收益的金额，在后续会计期间不允许转回至损益，但企业可以在权益范围内转移这些在其他综合收益中确认的金额。

**例 10-6** A 公司拥有一项设定受益计划，财务报告期末为 2×20 年 12 月 31 日，有关该计划的信息见表10-1。假设前期没有任何精算损益，且在2×20年并没有向该计划支付任何提存金，也没有支付任何福利，参与该计划的雇员的平均剩余寿命为15年。该设定受益计划的相关资料如表10-1所示。

**表10-1　天津可美食品公司设定受益计划的相关资料**　　单位：万元

| 项　目 | 2×20年1月1日 | 2×20年12月31日 |
|---|---|---|
| 设定受益义务的现值 | 10 000 | 15 000 |
| 计划资产的公允价值 | 7 000 | 8 000 |
| 设定受益负债的净额 | 3 000 | 7 000 |
| 服务成本 | 3 500 | |
| 折现率（高质量公司债券的收益率） | 3% | |
| 计划资产的预期回报率 | 5% | |

该设定受益计划的综合收益计算过程如表10-2所示。

**表10-2　综合收益表**　　单位：万元

| 项　目 | 金　额 |
|---|---|
| 设定受益负债净额 | 7 000 |
| 服务成本 | 3 500 |
| 净利息 | 90（3000×3%） |
| 损益 | 3 590 |
| 其他综合收益 | 340 |
| 综合收益总额 | 3 930 |

其中：

净利息＝期初设定受益负债净额 × 折现率＝3 000×3% ＝90（万元）

损益＝服务成本＋净利息＝3 500 ＋ 90 ＝ 3590（万元）

设定受益义务产生的精算损失＝期末设定受益义务的现值－期初设定受益义务的现值－服务成本－期初设定受益义务的现值 × 折现率

＝15 000 － 10 000 － 3 500 － 10 000×3% ＝ 1 200（万元）

计划资产回报净额＝期末计划资产的公允价值－期初计划资产的公允价值

－期初计划资产的公允价值 × 计划资产的预期回报率

＋期初计划资产的公允价值 × 折现率

＝ 8 000 － 7 000 － 7 000×5% ＋ 7 000×3% ＝ 860（万元）

其他综合收益＝ 1 200 － 860 ＝ 340（万元）

综合收益＝损益＋其他综合收益＝ 3 590 ＋ 340 ＝ 3 930（万元）

**例 10-7** 设定受益计划的会计处理。（资料来源：财政部准则培训班）

假设 2×20 年 1 月 1 日，A 公司制定了一项设定受益计划，并于当日开始实施，计划内容如下：

（1）向公司部分员工提供额外退休金，这些员工在退休后每年可以额外获得 10 万元退休金，直至去世。

（2）员工获得该额外退休金基于其自计划开始日起为公司提供的服务，而且应当自该设定受益计划开始一直为公司服务到退休。

（3）假定符合计划的员工为 10 人，当期平均年龄为 51 岁，退休年龄为 60 岁，可以为公司服务 10 年。假定在退休前无人离职，退休后平均计划剩余寿命为 10 年。

（4）假定适用的折现率为 10%，不考虑未来通货膨胀影响因素、离职因素等。

1. 计算在退休日的退休金义务现值，如表 10-3 所示。

**表 10-3　退休金义务现值**　　单位：万元

| 项目 | 退休后未来 10 年期间 | | | | | | | | | |
|---|---|---|---|---|---|---|---|---|---|---|
| | 第 1 年 | 第 2 年 | 第 3 年 | 第 4 年 | 第 5 年 | 第 6 年 | 第 7 年 | 第 8 年 | 第 9 年 | 第 10 年 |
| 年度支付 | 100 | 100 | 100 | 100 | 100 | 100 | 100 | 100 | 100 | 100 |
| 复利现值 | 91 ＝［100 ÷（1 ＋ 10%）$^{1}$］ | 83 | 75 | 68 | 62 | 56 | 51 | 47 | 42 | 39 ＝［100 ÷（1 ＋ 10%）$^{10}$］ |
| 退休时点现值合计 | 614（将上行 10 个数字相加），即年金现值 | | | | | | | | | |

需要说明的是：上述 614 ＝［100 ÷（1 ＋ 10%）$^{1}$］＋［100 ÷（1 ＋ 10%）$^{2}$］＋…＋［100 ÷（1 ＋ 10%）$^{10}$］，因此 614 是退休时点现值，即退休后未来 10 年期初的现值。

2. 计算服务期间每年服务成本、设定受益义务如表 10-4。

3. 设定受益计划账务处理

服务第 1 年至第 10 年的账务处理如下：

（1）服务第 1 年。

借：管理费用（或资产成本）　　260 000

　　贷：应付职工薪酬——设定受益计划义务　　260 000

表 10–4 受益义务 单位：万元

| 服务年份 | 1 | 2 | 3 | 4 | 5 | 6 | 7 | 8 | 9 | 10 |
|---|---|---|---|---|---|---|---|---|---|---|
| 福利归属 | | | | | | | | | | |
| 以前年度 | 0 | 61.4 | 122.8 | 184.2 | 245.6 | 307.0 | 368.4 | 429.8 | 491.2 | 552.6 |
| 当年 | 61.4① | 61.4 | 61.4 | 61.4 | 61.4 | 61.4 | 61.4 | 61.4 | 61.4 | 61.4 |
| 以前＋当年 | 61.4 | 122.8 | 184.2 | 245.6 | 307.0 | 368.4 | 429.8 | 491.2 | 552.6 | 61.4 |
| 期初义务 | 0 | 26.0 | 57.3 | 94.5 | 138.6 | 190.6 | 251.6 | 322.9 | 405.9 | 502.3 |
| 利息 | 0 | 2.6 | 5.7 | 9.5 | 13.9 | 19.1 | 25.2 | 32.3 | 40.6 | 50.2 |
| 当期服务成本 | 26.0② | 28.7③ | 31.5 | 34.6 | 38.1 | 41.9 | 46.1 | 50.7 | 55.8 | 61.4 |
| 期末义务 | 26.0 | 57.3④ | 94.5 | 138.6 | 190.6 | 251.6 | 322.9 | 405.9 | 502.3 | 614 |

注：

① 61.4 ＝ 614 ÷ 10，即退休时点现值在服务期内的年均值；

② 26.0 ＝ 61.4 ÷（1 ＋ 10%）$^{9}$，即服务第 1 年因职工当期提供服务所导致的设定受益计划义务现值的增加额；

③ 28.7 ＝ 61.4 ÷（1 ＋ 10%）$^{8}$，即服务第 2 年因职工当期提供服务所导致的设定受益计划义务现值的增加额；

④ 57.3 ＝ 26.0 ＋ 2.6 ＋ 28.7，即服务第 2 年设定受益计划的产生的期末义务总额，包括期初义务＋利息＋当期服务成本。

第 2 年。

借：管理费用（或资产成本） 287 000

贷：应付职工薪酬——设定受益计划义务 287 000

借：管理费用（或资产成本） 26 000

贷：应付职工薪酬——设定受益计划义务 26 000

第 3 年。

借：管理费用（或资产成本） 315 000

贷：应付职工薪酬——设定受益计划义务 315 000

借：管理费用（或资产成本） 57 000

贷：应付职工薪酬——设定受益计划义务 57 000

第 4 年至第 10 年，依次类推处理。

（2）如果企业根据每期确认的设定受益计划义务提存资金，成立基金，并进行投资。则第 1 年年末的基金金额为 26 万元，假定在第 2 年的利息收入为 2.86 万元。

借：应付职工薪酬——设定受益计划义务 28 600

贷：管理费用 28 600

（3）假定在第 2 年年末重新计量设定受益计划，由于预期寿命等精算假设和经验调整导致设定受益计划义务现值增加，形成精算损失 10 万元。

借：资本公积——其他资本公积

（其他综合收益——设定受益计划精算损失） 10 000

贷：应付职工薪酬 10 000

## 七、辞退福利的会计核算

企业向职工提供辞退福利的，应当在下列两者孰早日确认辞退福利产生的职工薪酬负债，并计入当期损益：①企业不能单方面撤回因解除劳动关系计划或裁减建议所提供的辞退福利时。②企业确认与涉及支付辞退福利的重组相关的成本或费用时。

企业应当按照辞退计划条款的规定，合理预计并确认辞退福利产生的应付职工薪酬。辞退福利预期在其确认的年度报告期结束后 12 个月内完全支付的，应当适用短期薪酬的相关规定；辞退福利预期在年度报告期结束后 12 个月内不能完全支付的，应当适用本准则关于其他长期职工福利的有关规定。

对于企业日常发生的辞退福利，无论职工有无选择权，均应通过“应付职工薪酬——辞退福利”科目进行核算；对于企业重组时发生的辞退福利，当补偿金额确定时，通过“应付职工薪酬——辞退福利”科目核算，当补偿金额不确定时，将预计金额记入“应付职工薪酬——辞退福利”科目中，发放时冲减“应付职工薪酬——辞退福利”科目。

其一，职工无选择权的辞退福利，应当根据辞退计划条款规定的拟解除劳动关系的职工数量、每一职位的辞退补偿等，计提应付职工薪酬（辞退福利）。其会计分录如下：

借：管理费用——辞退福利

贷：应付职工薪酬——辞退福利

其二，职工有选择权的辞退福利，对于自愿接受裁减的建议，因接受裁减的职工数量不确定，企业应当预计将会接受裁减建议的职工数量，根据预计的职工数量和每一职位的辞退补偿等，确认预计负债。其会计分录如下：

借：管理费用——辞退福利

贷：应付职工薪酬——辞退福利

辞退福利支付未在年内完成时的计量。若实质性辞退工作在年内完成，但部分付款推迟到 1 年后支付的，应当选择与预计支付期限相同的银行贷款利率作为折现率，对辞退福利进行折现后计量。

**例 10-8** 2×19 年 9 月，由于业务转型，A 公司管理层制定了一项辞退计划，拟从 2×20 年 1 月 1 日起，企业将以职工自愿方式，辞退其服务于某业务板块的部分员工。辞退计划的详细内容均已与职工沟通，并达成一致意见。辞退计划已于当年 12 月 10 日经董事会正式批准，并将于下一个年度内实施完毕。关于辞退补偿计划的详细内容如表 10-5 所示。

表 10-5 辞退补偿计划的内容

| 拟裁员职位 | 工龄（年） | 每人补偿（万元） |
|---|---|---|
| 经理 | 1 ~ 10 | 10 |
| | 10 ~ 20 | 20 |
| | 20 ~ 30 | 30 |
| 主管 | 1 ~ 10 | 8 |
| | 10 ~ 20 | 18 |
| | 20 ~ 30 | 28 |
| 员工 | 1 ~ 10 | 5 |
| | 10 ~ 20 | 15 |
| | 20 ~ 30 | 25 |

假定在本例中，工龄在 10 ~ 20 年的经理级别人员接受辞退的各种数量及发生概率如表 10-6 所示。

表 10-6 经理级别人员接受辞退情况表

| 接受辞退的职工数量 | 发生概率 | 最佳估计数 |
|---|---|---|
| 0 | 0% | — |
| 1 | 3% | 0.03 |
| 2 | 5% | 0.10 |
| 3 | 5% | 0.15 |
| 4 | 20% | 0.80 |
| 5 | 15% | 0.75 |
| 6 | 25% | 1.50 |
| 7 | 8% | 0.56 |
| 9 | 12% | 1.08 |
| 10 | 7% | 0.70 |
| 合 计 | 100% | 5.67 |

企业应确认该职级的辞退福利金额应为 113.4 万元（5.67×20），会计分录如下：

借：管理费用——职工薪酬——辞退福利　　1 134 000

　　贷：应付职工薪酬——辞退福利　　1 134 000

**例 10-9**　因金融危机以及全行业产能过剩，A 公司董事会决定 2×19 年 1 月 1 日起拟解除与部分职工的劳动关系。为此管理层制定了一项 3 年支付的辞退计划：公司分别于 2×19 年 12 月 31 日支付 50 万元，2×20 年 12 月 31 日支付 30 万元，2×21 年 12 月 31 日支付 20 万元。假定 3 年期国债年利率为 6%。需要支付的总价款的现值计算如下：

$$
\begin{aligned}
\text{总价款现值} &= 50 \div (16\%) + 30 \div (1+6\%)^2 + 20 \div (1+6\%)^3 \\
&= 47.17 + 26.7 + 16.79 \\
&= 90.662\ (\text{万元})
\end{aligned}
$$

备注：依据新准则，辞退工作在 1 年内完成但付款时间超过 1 年的，应当选择同期限国债利率作为折现率，以折现后的金额计入当期损益和应付职工薪酬（辞退福利）；不存在与辞退福利支付期相匹配国债利率的，应当以短于辞退福利支付期限的国债利率为基础，并根据国债收益率曲线采用外推法估计超出期限部分的利率，合理确定折现率。

需要支付的总价款的价值是 100 万元，现值是 90.662 万元。会计分录如下：

借：管理费用　　906 620

　　未确认融资费用　　93 380

　　贷：应付职工薪酬——辞退福利　　1 000 000

采用实际利率法分摊未确认融资费用：各年分摊费用如下：

第 1 年实际支付时：

借：应付职工薪酬——辞退福利　　500 000

　　贷：银行存款　　500 000

2×19 年 12 月 31 日采用实际利率法分摊未确认融资费用：

借：财务费用（906 620×6%）　　54 397.2

　　贷：未确认融资费用（906 620×6%）　　54 397.2

第 2 年实际支付时：

借：应付职工薪酬——辞退福利　　300 000

　　贷：银行存款　　300 000

2×20 年 12 月 31 日采用实际利率法分摊未确认融资费用：

借：财务费用（461 017.2×6%）　　27 661.03

　　贷：未确认融资费用（461 017.2×6%）　　27 661.03

第 3 年实际支付时：

借：应付职工薪酬——辞退福利　　200 000

　　贷：银行存款　　200 000

2×21 年 12 月 31 日采用实际利率法分摊未确认融资费用：

借：财务费用（188 678.232×6%）　　11 321.77

　　贷：未确认融资费用（188 678.232×6%）　　11 321.77

## 八、利润分享计划的会计核算

利润分享计划同时满足下列条件的，企业应当确认相关的应付职工薪酬：①企业因过去事项导致现在具有支付职工薪酬的法定义务或推定义务；②因利润分享计划所产生的应付职工薪酬义务金额能够可靠估计。

属于下列三种情形之一的，视为义务金额能够可靠估计：①在财务报告批准报出之前企业已确定应支付的薪酬金额。②该短期利润分享计划的正式条款中包括确定薪酬金额的方式。③过去的惯例为企业确定推定义务金额提供了明显证据。

职工只有在企业工作一段特定期间才能分享利润的，企业在计量利润分享计划产生的应付职工薪酬时，应当反映职工因离职而无法享受利润分享计划福利的可能性。如果企业在职工为其提供相关服务的年度报告期间结束后 12 个月内，不需要全部支付利润分享计划产生的应付职工薪酬，该利润分享计划应当适用本准则其他长期职工福利的有关规定。

## 九、其他长期职工福利的会计核算

企业向职工提供的其他长期职工福利，符合设定提存计划条件的，应当适用本准则关于设定提存计划的有关规定进行处理，对于除此以外的情形，企业应当适用本准则关于设定受益计划的有关规定，确认和计量其他长期职工福利净负债或净资产。在报告期末，企业应当将其他长期职工福利产生的职工薪酬成本确认为下列组成部分：①服务成本。②其他长期职工福利净负债或净资产的利息净额。③重新计量其他长期职工福利净负债或净资产所产生的变动。为简化相关会计处理，上述项目的总净额应计入当期损益或相关资产成本。

**例 10-10**　甲是 A 公司一名员工，在 2×19 年 1 月 1 日内部退休（50 岁），将于 2×23 年 12 月 31 日正式退休（55 岁）。假设在每年年末应支付甲内退工资和福利 5 万元，并假定折现率为 6%。则 A 公司进行会计处理如下：

2×19 年 1 月 1 日，由于甲员工内退，未来 5 年不为 A 公司创造价值，但公司承诺支付 25 万元。按照资产负债观，内退日应将未来 5 年薪酬现值确认为负债。

$$
\begin{aligned}
\text{应付职工薪酬现值} &= 5\times(1+6\%)^{-1}+5\times(1+6\%)-2+5\times(1+6\%)^{-3}\\
&\quad +5\times(1+6\%)^{-4}+5\times(1+6\%)^{-5}\\
&=4.72+4.45+4.20+3.96+3.74\\
&=21.07\ (\text{万元})
\end{aligned}
$$

| | | |
|---|---|---|
| 借：管理费用 | 210 700 | |
| 　　未确认融资费用 | 39 300 | |
| 　　贷：应付职工薪酬 | | 250 000 |

在 2×19 年 1 月月末资产负债表中，应列示应付职工薪酬 21.07 万元，因为应付职工薪酬期末摊余成本＝应付职工薪酬账面余额 25 －未确认融资费用 3.93 ＝ 21.07（万元）。

从2×19年开始，应确认利息费用，见表10-7所示。

**表10-7 各年利息费用计算表** 单位：万元

| 日期 | 支付的职工薪酬 | 利息费用（6%） | 归还的本金 | 应付职工薪酬摊余成本（本金） |
|---|---|---|---|---|
| 2×19年1月1日 | | | | 21.07 |
| 2×19年12月31日 | 5（本+息） | 1.26 | 3.74 | 17.33 |
| 2×20年12月31日 | 5（本+息） | 1.04 | 3.96 | 13.37 |
| 2×21年12月31日 | 5（本+息） | 0.80 | 4.20 | 9.17 |
| 2×22年12月31日 | 5（本+息） | 0.55 | 4.45 | 4.72 |
| 2×23年12月31日 | 5（本+息） | 0.28 | 4.72 | 0 |

根据上表，2×19年12月31日确认利息费用：

借：财务费用　　12 600

　　贷：未确认融资费用　　12 600

2×19年年末支付内退工资和福利：

借：应付职工薪酬　　50 000

　　贷：银行存款　　50 000

2×20年年末：

2×20年12月31日确认利息费用：

借：财务费用　　10 400

　　贷：未确认融资费用　　10 400

2×20年年末支付内退工资和福利：

借：应付职工薪酬　　50 000

　　贷：银行存款　　50 000

2×21年年末：

2×21年12月31日确认利息费用：

借：财务费用　　8 000

　　贷：未确认融资费用　　8 000

2×21年年末支付内退工资和福利：

借：应付职工薪酬　　50 000

　　贷：银行存款　　50 000

2×22年年末：

2×22年12月31日确认利息费用：

借：财务费用　　5 500

　　贷：未确认融资费用　　5 500

2×22年年末支付内退工资和福利：

借：应付职工薪酬 50 000
　　贷：银行存款 50 000

2×23年年末：

2×23年12月31日确认利息费用：

借：财务费用 2 800
　　贷：未确认融资费用 2 800

2×23年年末支付内退工资和福利：

借：应付职工薪酬 50 000
　　贷：银行存款 50 000

## 第二节　新准则的衔接

新准则规定，企业比较财务报表中披露的本准则施行之前的信息与新准则要求不一致的，不需要按照新准则的规定进行调整。对于新准则施行日存在的离职后福利计划、辞退福利、其他长期职工福利，除按上述规定以外，应当按照《企业会计准则第28号——会计政策、会计估计变更和差错更正》的规定采用追溯调整法处理。

# 第十一章　企业年金基金

## 第一节　案例分析及操作实务

### 一、企业年金与企业年金基金

企业年金，是指企业及其职工在依法参加基本养老保险的基础上，自愿建立的补充养老保险制度，是社会保障体系的重要组成部分。企业年金采取自愿原则，国家给予税收政策支持，实行完全积累制，采用个人账户管理和市场化运作，其费用由企业和职工个人共同缴纳。

企业年金基金，是指根据依法制定的企业年金计划筹集的资金及其投资运营收益形成的企业补充养老保险基金。由此可以看出，企业年金基金由两部分组成：一是企业和职工依照企业年金计划规定的缴费，即企业年金基金本金。二是企业年金基金投资运营而形成的收益。

我国企业年金采用信托型管理模式，实行以信托关系为核心，以委托代理关系为补充的治理结构。企业和职工作为委托人将企业年金基金财产委托给受托人管理运作，是一种信托行为。企业年金基金作为一种信托财产，独立于委托人、受托人、账户管理人、托管人、投资管理人和其他为企业年金基金提供服务的自然人、法人或其他组织的固有财产及其管理的其他财产，应当作为独立的会计主体，进行确认、计量和披露。

企业年金基金具有以下特征：一是企业年金基金具有长期性、安全性、稳定性，以及追求长期稳定的投资回报；二是企业年金基金只能用于履行企业补充养老保险的义务，不能支付给企业自己的债权人，也不能返还给企业；三是企业年金基金必须存入企业年金专户，企业年金基金的管理、运用或其他情形取得的财产和收益，应当归入企业年金基金；四是企业年金基金不属于委托人等各管理当事人的清算财产；五是企业年金基金不得与各管理当事人自身债务相抵销。

### 二、企业年金基金管理各方当事人

企业年金基金管理各方当事人包括：委托人、受托人、账户管理人、托管人、投资管理人和中介服务机构等。受托人、托管人和投资管理人根据各自的职责，设置相应的会计科目和账户，对企业年金基金交易或事项进行会计处理。

**（一）企业年金基金委托人**

企业年金基金委托人，是指设立企业年金基金的企业及其职工。企业和职工是企业年金计划参与者，作为缴纳企业年金计划供款的主体，按规定缴纳企业年金供款，并作为委托人与受托人签订书面合同，将企业年金基金财产委托给受托人管理运作。

（二）企业年金基金受托人

企业年金基金受托人，是指受托管理企业年金基金的企业年金理事会或符合国家规定的养老金管理公司等法人受托机构，是编制企业年金基金财务报表的法定责任人。

受托人主要职责有：选择、监督、更换账户管理人、托管人、投资管理人以及中介服务机构；制定企业年金基金投资策略；编制企业年金基金管理和财务会计报告；根据合同对企业年金管理进行监督；根据合同收取企业和职工缴费，并向受益人支付企业年金待遇；接受委托人、受益人查询，定期向委托人、受益人和有关监管部门提供企业年金基金管理报告等。

（三）企业年金基金账户管理人

企业年金基金账户管理人，是指受托管理企业年金基金账户的专业机构。

账户管理人主要职责有：建立企业年金基金企业账户和个人账户；记录企业、职工缴费以及企业年金基金投资收益；及时与托管人核对缴费数据以及企业年金基金账户财产变化状况；计算企业年金待遇；提供企业年金基金企业账户和个人账户信息查询服务；定期向受托人和有关监管部门提交企业年金基金账户管理报告等。

（四）企业年金基金托管人

企业年金基金托管人，是指受托提供保管企业年金基金财产等服务的商业银行或专业机构。

托管人主要职责有：安全保管企业年金基金财产；以企业年金基金名义开设资金账户和证券账户；对所托管的不同企业年金基金财产分别设置账户，确保基金财产的完整和独立；根据受托人指令，向投资管理人分配企业年金基金财产；根据投资管理人投资指令，及时办理清算、交割事宜；负责企业年金基金会计核算和估值，复核、审查投资管理人计算的基金财产净值；及时与账户管理人、投资管理人核对有关数据，按照规定监督投资管理人的投资运作；定期向受托人提交企业年金基金托管报告和财务会计报告；定期向有关监管部门提交企业年金基金托管报告；保存企业年金基金托管业务活动记录、账册、报表和其他资料等。

（五）企业年金基金投资管理人

企业年金基金投资管理人，是指受托管理企业年金基金投资的专业机构。

投资管理人主要职责有：对企业年金基金财产进行投资；及时与托管人核对企业年金基金会计核算和估值结果；建立企业年金基金投资管理风险准备金；定期向受托人和有关监管部门提交投资管理报告；保存企业年金基金会计凭证、会计账簿、年度财务会计报告和投资记录等。

（六）中介服务机构

企业年金基金中介服务机构，是指为企业年金基金管理提供服务的投资顾问公司、信用评估公司、精算咨询公司、会计师事务所和律师事务所等专业机构。

## 三、企业年金基金会计准则及其应用指南

企业年金既是一项重要的经济制度，也是一项十分重要的社会制度。企业年金基金作为职工退休后的“养命钱”，关系到每一位职工的切身利益和社会的和谐稳定，客观上要求企业年金基金日常管理和投资运营必须遵循谨慎、分散风险的原则，确保企业年金基金的安全和保值增值。

《企业会计准则第10号——企业年金基金》（以下简称企业年金基金准则）及其

应用指南，明确了企业年金作为独立的会计主体，规范了企业年金基金的确认、计量和报告，以真实反映企业年金基金的财务状况、投资运营情况、净资产变动情况，及时揭示企业年金基金的管理风险等信息。

企业年金基金受托人、托管人、投资管理人应当根据各自的职责，按照企业年金基金准则及其应用指南的规定，设置相应的会计科目和会计账簿，对企业年金基金发生的有关交易或者事项进行会计处理和报告。企业年金基金会计科目名称和编号见表11-1。

**表 11-1　企业年金基金会计科目名称和编号**

| 顺序号 | 编号 | 会计科目名称 |
|---|---|---|
| 一、资产类 | | |
| 1 | 101 | 银行存款 |
| 2 | 102 | 结算备付金 |
| 3 | 104 | 交易保证金 |
| 4 | 113 | 应收利息 |
| 5 | 114 | 应收股利 |
| 6 | 115 | 应收红利 |
| 7 | 118 | 买入返售证券 |
| 8 | 125 | 其他应收款 |
| 9 | 128 | 交易性金融资产 |
| 10 | 131 | 其他资产 |
| 二、负债类 | | |
| 11 | 201 | 应付受益人待遇 |
| 12 | 204 | 应付受托人管理费 |
| 13 | 205 | 应付托管人管理费 |
| 14 | 216 | 应付投资管理人管理费 |
| 15 | 215 | 应交税费 |
| 16 | 218 | 卖出回购证券款 |
| 17 | 221 | 应付利息 |
| 18 | 223 | 应付佣金 |
| 19 | 229 | 其他应付款 |
| 三、共同类 | | |
| 20 | 301 | 证券清算款 |

（续表）

| 顺序号 | 编号 | 会计科目名称 |
|---|---|---|
| 四、基金净值类 | | |
| 21 | 401 | 企业年金基金 |
| | | 个人账户结余 |
| | | 企业账户结余 |
| | | 净收益 |
| | | 个人账户转入 |
| | | 个人账户转出 |
| | | 支付受益人待遇 |
| 22 | 410 | 本期收益 |
| 五、损益类 | | |
| 23 | 501 | 存款利息收入 |
| 24 | 503 | 买入返售证券收入 |
| 25 | 505 | 公允价值变动收益 |
| 26 | 531 | 投资收益 |
| 27 | 533 | 其他收入 |
| 28 | 534 | 交易费用 |
| 29 | 539 | 受托人管理费 |
| 30 | 540 | 托管人管理费 |
| 31 | 541 | 投资管理人管理费 |
| 32 | 552 | 卖出回购证券支出 |
| 33 | 566 | 其他费用 |
| 34 | 570 | 以前年度损益调整 |

## 四、企业年金基金缴费及其流程

企业年金基金由企业缴费、职工个人缴费和企业年金基金投资运营而形成的收益组成。企业可以根据自身的经济效益情况和目标，在国家统一规定的范围内，自主决定企业缴费的具体比例，并按照企业年金计划约定的参保范围、企业年金种类和缴费方式，定期进行缴费。对企业来说，企业按照企业年金计划进行的缴费，属于企业职工薪酬范围，其确认、计量及报告适用《企业会计准则第 9 号——职工薪酬》。

企业年金基金缴费（供款）一般流程如下：

（1）企业年金计划开始时，委托人将相关职工缴费总额及明细情况通知受托人，受托人将相关信息提供给账户管理人。账户管理人据此进行系统设置和信息录入。

（2）缴费日前，账户管理人计算缴费总额及明细情况，生成企业缴费和职工个人缴费账单，报受托人确认。

（3）受托人收到账户管理人提供的缴费账单后，与委托人核对确认，核对无误后，将签字确认的缴费账单反馈给账户管理人。

（4）缴费日，受托人向委托人下达缴费指令，委托人向托管人划转缴费账单所列缴款总额，并通知受托人。

（5）受托人向托管人送达收账通知及企业缴费总额账单。托管人收到款项后，核对实收金额与受托人提供的缴费总额账单，并向受托人和账户管理人送达缴费到账通知单。

（6）受托人核对托管人转来数据后，通知账户管理人进行缴费的财务处理。账户管理人将缴费明细数据和托管人通知的缴费总额核对无误后，根据企业年金计划的约定在已建立的个人账户之间进行分配。

企业年金基金缴费流程如图 11-1 所示。

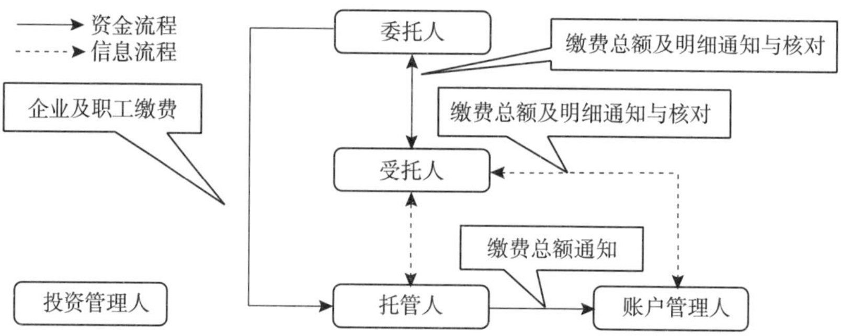


**图 11-1　企业年金基金缴费流程**

## 五、企业年金基金收到缴费的账务处理

为了核算企业年金基金收到缴费等业务，企业年金基金作为独立的会计主体，应当设置“企业年金基金”“银行存款”等科目。“企业年金基金”科目核算企业年金基金资产的来源和运用，应按个人账户结余、企业账户结余、净收益、个人账户转入、个人账户转出，以及支付受益人待遇等设置相应的明细科目，本科目期末贷方余额，反映企业年金基金净值。企业年金基金银行账户主要有资金账户、证券账户等。资金账户包括银行存款账户、结算备付金账户等，其中银行存款账户又包括受托财产托管账户、委托投资资产托管账户；证券账户包括证券交易所证券账户和全国银行间市场债券托管账户等。

收到企业及职工个人缴费时，按实际收到的金额，借记“银行存款”科目，贷记“企业年金基金——个人账户结余”“企业年金基金——企业账户结余”科目。

**例 11-1**　2×20 年 1 月 5 日，某企业年金基金收到缴费 350 万元，其中企业缴费

200 万元、职工个人缴费 150 万元，存入企业年金账户，实收金额与提供的缴费总额账单核对无误。按该企业年金计划约定，企业缴费 200 万元中，归属个人账户金额为 110 万元，另 90 万元的权益归属条件尚未实现。该企业年金基金账务处理如下：

| | |
|---|---|
| 借：银行存款 | 3 500 000 |
| 　贷：企业年金基金——个人账户结余——个人缴费 | 1 500 000 |
| 　　——个人账户结余——企业缴费 | 1 100 000 |
| 　　——企业账户结余——企业缴费 | 900 000 |

企业年金基金收到缴费后，如需账户管理人核对后确认，可先通过“其他应付款——企业年金基金供款”科目核算，确认后再转入“企业年金基金”科目。

## 六、企业年金基金投资运营原则和范围

企业年金基金来自企业和职工的缴费等，是职工（受益人）退休后的补充养老保险，其安全性要求高，另外，企业年金基金个人账户转入、个人账户转出，以及支付受益人待遇等业务频繁，其流动性要求强。企业年金基金投资运营应当遵循谨慎、分散风险的原则，充分考虑企业年金基金财产的安全性和流动性，实行专业化管理，严格按照国家相关规定进行投资运营。

根据现行制度的规定，企业年金基金投资运营应当选择具有良好流动性的金融产品，其投资范围，限于银行存款、国债和其他具有良好流动性的金融产品，包括短期债券回购、信用等级在投资级以上的金融债和企业债、可转换债、投资性保险产品、证券投资基金、股票等。

《企业年金基金管理试行办法》规定，企业年金基金的投资，按市场价计算应当符合下列规定：

（1）投资银行活期存款、中央银行票据、短期债券回购等流动性产品及货币市场基金的比例，不低于基金净资产的 20%。

（2）投资银行定期存款、协议存款、国债、金融债、企业债等固定收益类产品及可转换债、债券基金的比例，不高于基金净资产的 50%，其中投资国债的比例不低于基金净资产的 20%。

（3）投资股票等权益类产品及投资性保险产品、股票基金的比例，不高于基金净资产的 30%。其中，投资股票的比例不高于基金净资产的 20%。

企业年金基金有关监管部门将根据金融市场变化和投资运营情况，适时对企业年金基金投资产品和比例等进行调整。如 2007 年 1 月 31 日，中国人民银行、劳动和社会保障部印发《关于企业年金基金进入全国银行间债券市场有关事项的通知》，就企业年金基金进入全国银行间债券市场从事债券投资等问题作出了规定。

## 七、企业年金基金投资运营流程

企业年金基金投资运营一般流程如下：

（1）受托人通知托管人和投资管理人企业年金基金投资额度。

（2）托管人根据受托人指令，向投资管理人分配基金资产，并将资金到账情况通知投资管理人。

（3）投资管理人进行投资运作，并将交易数据发送托管人；同时，对企业年金基金投资进行会计核算、估值。

（4）托管人将投资管理人发送的数据和交易所及中国证券登记结算公司发送的数据核对无误后，进行清算、会计核算、估值和投资运作监督，并将清算及估值结果反馈给投资管理人，托管人将交易数据、账务数据和估值数据发送受托人。如果发现投资管理人的违规行为，应立即通知投资管理人，并及时向受托人和有关监管部门报告。

（5）托管人复核投资管理人的估值结果，以书面形式通知投资管理人。

（6）托管人将估值结果（企业年金基金净值和净值增长率）通知受托人和账户管理人。

（7）账户管理人根据企业年金基金净值和净值增长率，将基金投资运营收益按日或按周足额记入企业年金基金企业账户和个人账户。企业年金基金投资运营一般流程如图 11-2 所示。

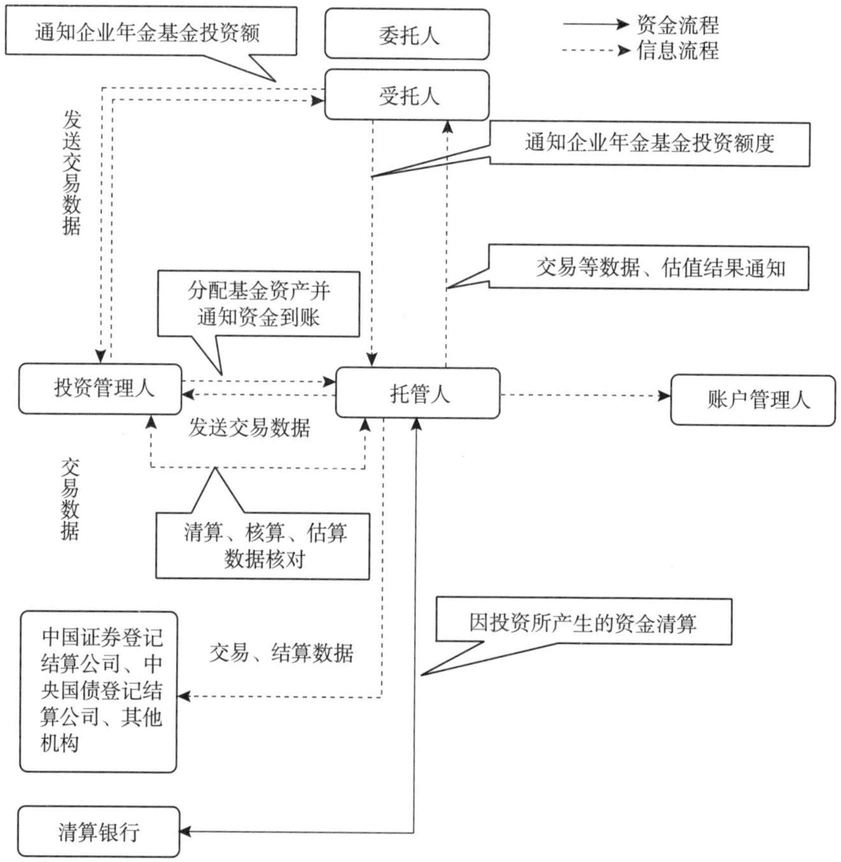


**图 11-2　企业年金基金投资运营流程图**

## 八、企业年金基金投资运营的账务处理

企业年金基金准则规定，企业年金基金在投资运营中，根据国家规定的投资范围取得的国债、信用等级在投资级以上的金融债等具有良好流动性的金融产品，其初始

取得和后续估值应当以公允价值计量。企业年金基金投资公允价值的确定，适用《企业会计准则第 22 号——金融工具确认和计量》。

企业年金基金投资运营的会计核算一般需要设置“交易性金融资产”“公允价值变动收益”“证券清算款”“结算备付金”“交易保证金”“投资收益”“交易费用”“应收利息”“应收股利”“应收红利”及“本期收益”等科目。

**（一）初始取得投资时的账务处理**

企业年金基金初始取得投资的交易日，以支付的价款（不含支付的价款中所包含的、已到付息期但尚未领取的利息或已宣告但尚未发放的现金股利、基金红利）计入投资的成本，借记“交易性金融资产——成本”科目，按发生的交易费用及相关税费直接计入当期损益，借记“交易费用”科目，按支付的价款中所包含的、已到付息期但尚未领取的利息或已宣告但尚未发放的现金股利、红利，借记“应收利息”“应收股利”或“应收红利”科目，贷记“证券清算款”“银行存款”等科目。

资金交收日，按实际清算的金额，借记“证券清算款”科目，贷记“结算备付金”“银行存款”等科目。

**例 11-2** 2×20 年 9 月 1 日，某企业年金基金通过证券交易所购入分期付息、一次还本的国债 500 手，每手债券面值为 1 000 元，成交金额 600 000 元（含已到付息期但尚未领取的利息 40 000 元），另发生手续费、佣金等相关税费 2 000 元。票面年利率为 3.56%。

该企业年金基金账务处理如下：

（1）交易日（T 日，即 9 月 1 日）与证券登记结算机构清算应付证券款时：

借：交易性金融资产——成本——债券 560 000
　　应收利息 40 000
　　交易费用 2 000
　　贷：证券清算款 602 000

（2）资金交收日（T＋1 日，即 9 月 2 日）与证券登记结算机构交收资金时：

借：证券清算款 602 000
　　贷：结算备付金 602 000

**例 11-3** 2×20 年 4 月 1 日，某企业年金基金通过证券交易所以 10.3 元的价格购入公司 10 万股（其中每股含已经宣告但尚未发放的现金股利 0.3 元），成交金额为 103 万元，另发生券商佣金、印花税等 2 万元。

该企业年金基金账务处理如下：

（1）交易日（T 日，即 4 月 1 日）与证券登记结算机构清算应付证券款时：

借：交易性金融资产——成本——A 股票 1 000 000
　　应收股利——A 股票 30 000
　　交易费用 20 000
　　贷：证券清算款 1 050 000

（2）资金交收（T＋1 日，即 4 月 2 日）与证券登记结算机构交收资金时：

借：证券清算款 1 050 000
　　贷：结算备付金 1 050 000

**（二）投资持有期间及估值日的账务处理**

1. 投资持有期间的账务处理

企业年金基金投资持有期间，被投资单位宣告发放的现金股利，或资产负债表日按债券票面利率计算的利息收入，应确认为投资收益，借记“应收股利”“应收利息”或“应收红利”科目，贷记“投资收益”科目。期末，将“投资收益”科目余额转入“本期收益”科目。

**例 11-4** 沿用例 11-2，该企业年金基金持有国债期间，按债券票面价值和票面利率计提债券利息。假设 1 年按 365 日计算，每日计提利息，票面年利率为 3.56%。

该企业年金基金账务处理如下：

每日应计利息＝500 000×3.56%÷365＝48.77（元）

每日计提利息时：

借：应收利息　　48.77

　　贷：投资收益　　48.77

债券除息日（T 日），借记“证券清算款”科目，贷记“应收利息”科目。资金交收日（T＋1 日），借记“结算备付金”科目，贷记“证券清算款”科目。

**例 11-5** 沿用例 11-3，2×20 年 4 月 5 日，企业年金基金收到购买 A 股票时已宣告的现金股利，该上市公司发放 A 股票的现金股利为每股 0.3 元，合计 3 万元。

该企业年金基金账务处理如下：

借：结算备付金　　30 000

　　贷：应收股利　　30 000

2. 估值日的账务处理

根据企业年金基金准则的规定，企业年金基金的投资应当按日估值，或至少按周进行估值。也就是说，每个工作日结束时，或者每周四或周五工作日结束时为估值日。

估值日对投资进行估值时，应当以估值日的公允价值计量。公允价值与上一估值日公允价值的差额，计入当期损益，并以此调整原账面价值。借记或贷记“交易性金融资产（公允价值变动）”科目，贷记或借记“公允价值变动损益”科目。

**例 11-6** 沿用例 11-5，2×20 年 4 月 12 日，企业年金基金持有的 A 股票证券交易所收盘价为每股 11 元。在估值日和资产负债表日，企业年金基金持有的上市流通的债券、基金、股票等交易性金融资产，以其估值日在证券交易所挂牌的市价（平均价或收盘价）估值；估值日无交易的以最近交易日的市价估值。

估计日公允价值与上一估值日公允价值的差额＝（11－10）×100 000＝100 000（元）

该企业年金基金账务处理如下：

借：交易性金融资产——公允价值变动——A 股票　　100 000

　　贷：公允价值变动损益　　100 000

**（三）投资处置的账务处理**

在处置企业年金基金投资时，应在交易日按照卖出投资所取得的价款与其账面价值（买入价）的差额，确定为投资损益。

出售股票时，按应收金额，借记“证券清算款”科目，按买入时原账面价值（初始买价），贷记“交易性金融资产——成本”科目，按出售股票成交价总额与原账面价值（初始买价）的差额，作为投资处置收益金额，贷记或借记“投资收益”科目。同时，将原计入该投资的公允价值变动转出，借记或贷记“公允价值变动损益”科目，贷记或借记“投资收益”科目。

因债券、基金、股票的交易比较频繁，出售债券、基金、股票等证券时，其投资成本应一并结转。出售证券成本的计算方法可采用加权平均法、移动加权平均法和先进先出法等，成本计算方法一经确定，不得随意变更。

**例 11–7** 沿用例 11–6，2×20 年 5 月 30 日，该企业年金基金出售 A 股 5 万股，每股市价 13 元，成交总额为 65 万元，另发生券商佣金、印花税等 1 800 元。

在本例中，成交总额扣减佣金、印花税等为应收证券清算款，共计金额 648 200 元（650 000 － 1 800）。

该企业年金基金账务处理如下：

（1）交易日（T 日，即 5 月 30 日）与证券登记结算机构清算应收证券款时：

| | | |
|---|---|---|
| 借：证券清算款 | 648 200 | |
| 　　交易费用 | 1 800 | |
| 　　贷：交易性金融资产——成本——A 股票 | | 500 000 |
| 　　　　　　　　　　——公允价值变动——A 股票 | | 50 000 |
| 　　　　投资收益 | | 100 000 |
| 借：公允价值变动损益 | 50 000 | |
| 　　贷：投资收益 | | 50 000 |

（2）资金交收日（T ＋ 1 日，即 5 月 31 日）与证券登记结算机构交收资金时：

| | | |
|---|---|---|
| 借：结算备付金 | 648 200 | |
| 　　贷：证券清算款 | | 648 200 |

## 九、企业年金基金收入的账务处理

企业年金基金收入，是指企业年金基金在投资营运中所形成的经济利益的流入。企业年金基金收入能够带来企业年金基金资产的增加，也可能使企业年金基金负债减少，或两者兼而有之。企业年金基金应每日或每周计算、确认基金收入，并进行账务处理。

企业年金基金收入由以下项目构成：存款利息收入；买入返售证券收入；公允价值变动收益；投资收益；风险准备金补亏等其他收入。

企业年金基金收入项目中，公允价值变动收益、投资收益有关内容及其账务处理已在前面进行了介绍。下面主要介绍存款利息收入、买入返售证券收入和其他收入账务处理有关内容。

### （一）存款利息收入的账务处理

存款利息收入包括活期存款、定期存款、结算备付金和交易保证金等利息收入。根据企业年金基金会计准则及其应用指南的规定，企业年金基金应按日或至少按周确认存款利息收入，并按存款本金和适用利率计提的金额入账。按日或按周计提银行存款、结算备付金存款等利息时，借记“应收利息”科目，贷记“存款利息收入”科目。

**例 11-8** 2×20 年 9 月 1 日，某企业年金基金在商业银行的存款本金为 1 500 000 元，假设 1 年按 365 天计算，银行存款年利率为 1.98%，每季季末结息，该企业年金基金逐日估值。

每日银行存款应计利息＝存款本金 × 年利率 ÷365
＝1 500 000×1.98% ÷365
＝81.37（元）

该企业年金基金账务处理如下：

（1）每日计提存款利息时：

借：应收利息　　81.37
　　贷：存款利息收入　　81.37

（2）每季收到存款利息时（假设每季收息 7 425 元）：

借：银行存款　　7 425
　　贷：应收利息　　7 425

### （二）买入返售证券收入的账务处理

买入返售证券业务，是指企业年金基金与其他企业以合同或协议的方式，按一定价格买入证券，到期日再按合同规定的价格将该批证券返售给其他企业，以获取利息收入的证券业务。根据企业年金基金准则及其应用指南的规定，企业年金基金应于买入证券时，按实际支付的价款确认为一项资产，在融券期限内按照买入返售证券价款和协议约定的利率逐日或每周计提的利息确认买入返售证券收入。

企业年金基金应设置“买入返售证券”“买入返售证券收入”等科目，对买入返售证券业务进行账务处理。买入证券付款时，按实际支付的款项，借记“买入返售证券——×× 证券”科目，贷记“结算备付金”科目。计提利息时，借记“应收利息”科目，贷记“买入返售证券收入”科目。买入返售证券到期时，按实际收到的金额，借记“结算备付金”科目；按买入时的价款，贷记“买入返售证券”科目；按已计未收利息，贷记“应收利息”科目；按本期应计利息，贷记“买入返售证券收入”科目。期末将“买入返售证券收入”科目余额转入“本期收益”科目。

### （三）其他收入的账务处理

其他收入，是指除上述收入以外的收入，如风险准备金补亏。根据《企业年金基金管理试行办法》的规定，投资管理人应当按当期收取的投资管理人管理费的一定比例提取企业年金基金投资管理风险准备金，由托管人专户存储，专项用于弥补企业年金基金投资亏损。企业年金基金投资管理风险准备提取比例为 20%，余额达到投资管理企业年金基金净资产的10%时可不再提取。

企业年金基金取得投资管理风险准备金用于补亏时，应当按照实际收到金额计入其他收入。

**例 11-9** 2×20 年 1 月 10 日，某企业年金基金估值时确认当日亏损 25 万元。按规定，将企业年金基金投资管理风险准备金 25 万元用于补亏。已知：该企业年金基金按日估值；投资管理人提取的风险准备金结余 60 万元。

该企业年金基金账务处理如下：

| | | |
|---|---|---|
| 借：银行存款 | 250 000 | |
| 贷：其他收入——风险准备金补亏 | | 250 000 |

## 十、企业年金基金费用的账务处理构成

企业年金基金费用，是指企业年金基金在投资营运等日常活动中所发生的经济利益的流出。企业年金基金费用可能表现为企业年金基金资产的减少，或企业年金基金负债的增加，或两者兼而有之。企业年金基金每日或每周确认、计算基金费用，并进行相应的账务处理。

企业年金基金费用由以下项目构成：交易费用；受托人管理费；托管人管理费；投资管理人管理费；卖出回购证券支出；其他费用。

### （一）交易费用

交易费用，是指企业年金基金在投资运营中发生的手续费、佣金以及相关税费，包括支付给代理机构、咨询机构、券商的手续费和佣金以及相关税费等其他必要支出。企业年金基金应设置“交易费用”科目，按照实际发生的金额，借记“交易费用”科目，贷记“证券清算款”“银行存款”等科目。

### （二）受托人管理费、托管人管理费和投资管理人管理费

受托人管理费、托管人管理费和投资管理人管理费，是指根据企业年金计划或合同文件规定的比例，提取的相应管理费。根据《企业年金基金管理试行办法》的规定，受托人、托管人提取的管理费均不得高于企业年金基金净值的0.2%，投资管理人提取的管理费不得高于企业年金基金净值的1.2%。企业年金基金应当设置“受托人管理费”“托管人管理费”“投资管理人管理费”“应付受托人管理费”“应付托管人管理费”“应付投资管理人管理费”等科目，对发生的上述管理费，分别进行账务处理。

企业年金基金计提相关费用时，应当按照应付的实际金额，借记“受托人管理费”“托管人管理费”“投资管理人管理费”科目，同时确认为负债，贷记“应付受托人管理费”“应付托管人管理费”“应付投资管理人管理费”科目。支付相关管理费用时，借记“受托人管理费”“托管人管理费”“投资管理人管理费”科目，贷记“银行存款”等科目。期末，将“受托人管理费”“托管人管理费”“投资管理人管理费”科目的借方余额全部转入“本期收益”科目。

**例 11-10** 2×20 年 4 月 1 日，某企业年金基金市值为 10 000 000 元。投资管理合同中约定：投资管理费年费率为基金净值（市值）的 1.2%；1 年按 365 天计算，按日估值。

当日应计提的投资管理费＝基金净值 × 年费率 ÷ 当年天数
＝10 000 000×1.2%÷365
＝328.77（元）

该企业年金基金账务处理如下：

借：投资管理人管理费——×× 投资管理人　　328.77
　　贷：应付投资管理人管理费　　328.77

**例 11-11**　2×20 年 4 月 1 日，某企业年金基金市值为 10 000 000 元。受托管理合同和托管合同中均约定：受托人管理费和托管人管理费年费率均为基金净值（市值）的 0.2%；假设 1 年按 365 天计算，按日估值。

当日应计提的受托人管理费＝基金净值 × 年费率 ÷ 当年天数
＝10 000 000×0.2%÷365
＝54.79（元）

当日应计提的托管人管理费＝基金净值 × 年费率 ÷ 当年天数
＝10 000 000×0.2%÷365
＝54.79（元）

该企业年金基金账务处理如下：

借：受托人管理费——×× 受托人　　54.79
　　贷：应付受托人管理费　　54.79

借：托管人管理费——×× 托管人　　54.79
　　贷：应付托管人管理费　　54.79

**（三）卖出回购证券支出**

卖出回购证券业务，是指企业年金基金与其他企业以合同或协议的方式，按照一定价格卖出证券，到期日再按合同约定的价格买回该批证券，以获得一定时期内资金的使用权的证券业务。根据企业年金基金准则及其应用指南的规定，企业年金基金应在融资期限内，按照卖出回购证券价款和协议约定的利率每日或每周确认、计算卖出回购证券支出。

企业年金基金应设置“卖出回购证券支出”“卖出回购证券款”等科目，对卖出回购证券业务进行账务处理。卖出证券收到价款时，按实际收到价款，借记“结算备付金”科目，同时确认一笔负债，贷记“卖出回购证券款——×× 证券”科目。证券持有期内计提利息时，按计提的金额，借记“卖出回购证券支出”科目，贷记“应付利息”科目。到期回购时，按卖出证券时实际收款金额，借记“卖出回购证券款——×× 证券”科目，按应计提未到期的卖出回购证券利息，借记“应付利息”科目，按借贷方差额，借记“卖出回购证券支出”科目，按实际支付的款项，贷记“结算备付金”科目。期末将“卖出证券支出”科目余额转入“本年收益”科目。

**（四）其他费用**

其他费用，是指除上述（一）（二）（三）费用以外的其他各项费用，包括注册登记费、上市年费、信息披露费、审计费用、律师费用等。根据现行法律制度的规定，基金管理各方当事人因未履行义务导致的费用支出或资产的损失以及处理与基金运作无关的事项发生的费用不得列入企业年金基金费用。

企业年金基金应当设置“其他费用”等科目，按费用种类设置明细账，对发生的其他费用进行账务处理。发生其他费用时，应按实际发生的金额，借记“其他费用”科目，贷记“银行存款”等科目。如发生的其他费用金额较大，比如大于基金净值十万分之一，也可以采用待摊或预提的方法，待摊或预提计入基金损益，但一经采用，不得随意变更，且年末一般无余额。

（1）采用待摊方法的，发生时，借记“待摊费用”科目，贷记“银行存款”科目；摊销时，借记“其他费用”科目，贷记“待摊费用”科目。

（2）采用预提方法的，预提时，借记“其他费用”科目，贷记“预提费用”科目；支付费用时，借记“预提费用”科目，贷记“银行存款”科目。期末，应将“其他费用”科目的借方余额全部转入“本期收益”科目。

**例 11-12**　2×20 年 1 月 1 日，某企业年金基金市值为 3.5 亿元，该日发生信息披露费 3 000 元。假设按日估值。该企业年金基金账务处理如下：

借：其他费用　　3 000

　　贷：银行存款　　3 000

## 十一、企业年金待遇给付及其账务处理

企业年金待遇，是指企业年金计划受益人符合退休年龄等法定条件时，应当享受的企业年金养老待遇。企业年金计划受益人，是指参加企业年金计划并享有受益权的职工及其继承人。企业年金养老待遇支付水平受到缴费金额、缴费时间、投资运营收益情况等因素的影响。企业年金待遇给付方式，由企业年金计划约定，分次或一次支付。

企业年金待遇给付一般流程如下：

（1）委托人向受托人发送企业年金待遇支付或转移的通知。

（2）受托人通知账户管理人计算支付企业年金待遇。

（3）账户管理人将计算支付企业年金待遇结果反馈受托人，并与受托人核对。

（4）受托人核对后通知托管人和投资管理人进行份额赎回。

（5）受托人根据账户管理人提供的待遇支付表，通知托管人支付或转移金额，托管人将相应资金划入受托人指定的专用账户，并向受托人和账户管理人报告。

（6）受托人指令账户管理人进行待遇支付的账户处理，账户管理人与托管人提供的支付结果核对，扣减个人账户资产，并向受益人提供年金基金的最终账户数据或向新年金计划移交账户资料。

企业年金待遇给付运作流程如图 11-3 所示。

企业年金基金应设置“企业年金基金——支付受益人待遇”“应付受益人待遇”等科目，按受益人设置明细账进行账务处理。给付企业年金待遇时，按应付金额，借记“企业年金基金——支付受益人待遇”科目，贷记“应付受益人待遇”科目；支付款项时，借记“应付受益人待遇”科目，贷记“银行存款”科目。

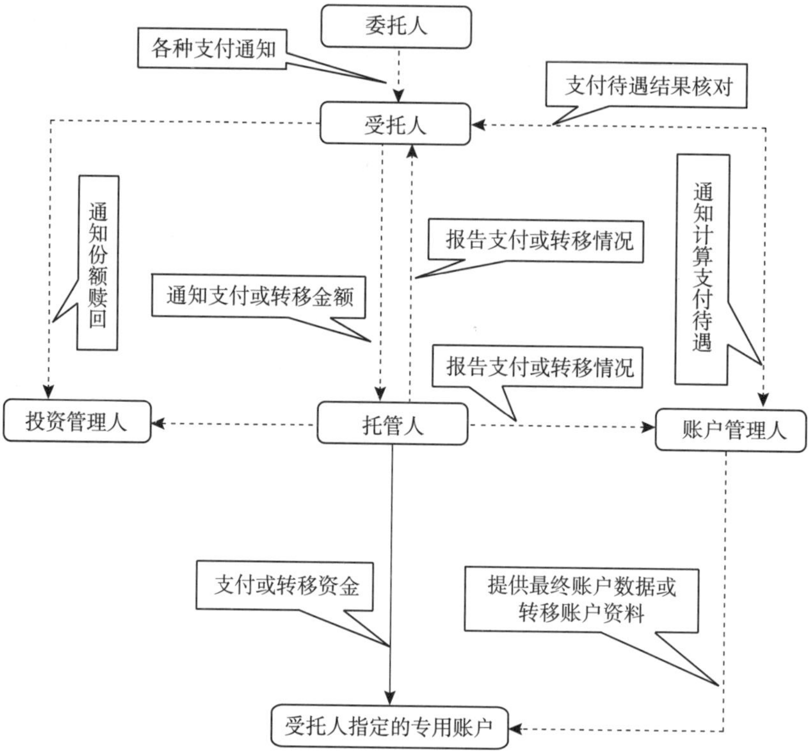


**图 11-3　企业年金待遇给付流程图**

**例 11-13**　2×20 年 11 月 5 日，某企业年金基金根据企业年金计划和委托人指令，支付退休人员企业年金待遇，金额共计 70 000 元。该企业年金基金账务处理如下：

（1）计算、确认给付企业年金待遇时：

借：企业年金基金——支付受益人待遇　　70 000

　贷：应付受益人待遇　　70 000

（2）支付受益人待遇时：

借：应付受益人待遇　　70 000

　贷：银行存款　　70 000

此外，根据企业年金基金准则的规定，因职工调离企业而发生的个人账户转出金额，相应减少基金净资产。因职工调入企业而发生的个人账户转入金额，相应增加基金净资产。企业年金基金应设置"企业年金基金——个人账户转入""企业年金基金——个人账户转出"等科目，按受益人设置明细账进行账务处理。

## 十二、企业年金基金净资产、净收益及其账务处理

企业年金基金净资产又称年金基金净值，是指企业年金基金受益人在企业年金基金财产中享有的经济利益，其金额等于企业年金基金资产减去基金负债后的余额。

企业年金基金净资产＝期初净资产＋本期净收益＋收取企业缴费
＋收取职工个人缴费＋个人账户转入
－支付受益人待遇－个人账户转出

企业年金基金净收益，是指企业年金基金在一定会计期间已实现的经营成果，其金额等于本期收入减本期费用的余额。其中，本期收入包括：存款利息收入、买入返售证券收入、公允价值变动收益、投资收益和其他收入等。本期费用包括：交易费用、受托人管理费、投资管理人管理费、卖出回购证券支出和其他费用等。企业年金基金净收益直接影响基金净值的变动。

需要说明的是，企业年金基金资产不仅包括委托给投资管理人管理的资产，还包括未委托给投资管理人管理的其他现金资产。

企业年金基金净值增长率，是当期基金净值与前期基金净值的差额除以前期基金财产净值的比例。计算公式如下：

企业年金基金净值增长率＝当期基金资产－前期基金净资产前期基金净资产 ×100%

企业年金基金账户管理人根据企业年金基金净值和净值增长率，按日或按周足额记入企业年金基金企业账户和个人账户。在收益记入日，账户管理人根据托管人提供的、经受托人复核的企业年金基金净值和净值增长率，并根据企业账户和 职工个人账户前期余额，计算本期各账户应计入的投资运营收益。

其计算公式如下：

个人账户本期余额＝个人账户前期余额 ×（1 ＋企业年金基金净值增长率）
企业账户本期余额＝企业账户前期余额 ×（1 ＋企业年金基金净值增长率）

根据企业年金基金准则的规定，资产负债表日，应当将当期企业年金基金各项收入和费用结转至净资产，并根据企业年金计划按期将运营收益分配记入企业和职工个人账户。

企业年金基金应设置“本期收益”等科目。“本期收益”科目核算本期实现的基金净收益（或净亏损）。期末，结转企业年金基金净收益时，将“存款利息收入”“买入返售证券收入”“公允价值变动收益”“投资收益”“其他收入”等科目的余额转入“本期收益”科目贷方；将“交易费用”“受托人管理费”“托管人管理费”“投资管理人管理费”“卖出回购证券支出”“其他费用”等科目的余额转入“本期收益”科目借方。“本期收益”科目余额，即为企业年金基金净收益（或净亏损）。净收益转入企业年金基金时，借记“本期收益”科目，贷记“企业年金基金——净收益”科目；如为净亏损，作相反分录。将净收益按企业年金计划约定的比例转入个人和企业账户时，借记“企业年金基金——净收益”科目，贷记“企业年金基金——个人账户结余”“企业年金基金——企业账户结余”科目。

## 十三、企业年金基金财务报表的编制

### （一）企业年金基金财务报表编报主体

根据《企业年金基金管理试行办法》的规定，受托人负责编制企业年金基金管理和财务会计报告。这就是说，受托管理企业年金基金的企业年金理事会或符合国家规定的养老金管理公司等法人受托机构是编报企业年金基金财务报表的法定责任人，应当按照企业年金基金会计准则的规定，负责编制和对外报告企业年金基金财务报表。现行相关法规规定，受托人应当在年度结束后45日内向委托人和监管机构提交经会计师事务所审计的企业年金基金年度财务报告。

此外，为了保证企业年金基金财务报表的真实和完整，托管人、投资管理人还要定期向受托人提供相关信息。现行相关法规规定，托管人在每季度结束10日内向受托人提交季度企业年金基金财务报告，并在年度结束后30日内向受托人提交经会计师事务所审计的年度企业年金基金财务报告。投资管理人在每季度结束后10日内向受托人提交经托管人确认的季度企业年金基金投资组合报告；并应当在年度结束后30日内向受托人提交经托管人确认的年度企业年金基金投资管理报告。账户管理人应当在每季度结束后10日内向受托人提交季度企业年金基金账户管理报告，并应当在年度结束后30日内向受托人提交年度企业年金基金账户管理报告。

**（二）企业年金基金财务报表构成**

企业年金基金财务报表，是指企业年金基金对外提供的反映基金某一特定日期财务状况和一定会计期间的经营成果；净资产变动情况的书面文件。企业年金基金财务报表包括以下几部分内容。

1. 资产负债表

资产负债表，是指反映企业年金基金在某一特定日期的财务状况，应当按资产、负债和净资产分类列示。资产类项目至少应当列示下列信息：①货币资金；②应收证券清算款；③应收利息；④买入返售证券；⑤其他应收款；⑥债券投资；⑦基金投资；⑧股票投资；⑨其他投资；⑩其他资产。负债类项目至少应当列示下列信息：①应付证券清算款；②应付受益人待遇；③应付受托人管理费；④应付托管人管理费；⑤应付投资管理人管理费；⑥应交税费；⑦卖出回购证券款；⑧应付利息；⑨应付佣金；⑩其他应付款。净资产类项目列示企业年金基金净值。

2. 净资产变动表

净资产变动表，是指反映企业年金基金在一定会计期间的净资产增减变动情况的财务报表。净资产变动表应当列示下列信息：①期初净资产；②本期净资产增加数；③本期净资产减少数；④期末净资产。其中，本期净资产增加数包括：本期收入、收取企业缴费、收取职工个人缴费、个人账户转入。本期收入由存款利息收入、买入返售证券收入、公允价值变动收益、投资处置收益、其他收入构成。本期净资产减少数，包括本期费用、支付受益人待遇、个人账户转出。其中，本期费用由交易费用、受托人管理费用、托管人管理费用、卖出回购证券支出、其他费用构成。

3. 附注

附注，是指对资产负债表、净资产变动表中列示项目的文字描述或明细资料，以及对未能在报表中列示其他业务和事项进行的说明。企业年金基金资产负债表、净资产变动表和附注的格式、列示内容参见企业年金基金准则。

**（三）企业年金基金财务报表编制**

1. 资产负债表的编制说明

（1）“货币资金”项目，反映期末存放在金融机构的各种款项，应根据“银行存款”“结算备付金” “交易保证金” 等科目的期末余额填列。

（2） “应收证券清算款” 项目，反映期末尚未收回的证券清算款，应根据 “证券清算款”科目所属明细科目期末借方余额填列。

（3）“应收利息”项目，反映期末尚未收回的各项利息，应根据“应收利息”科目期末余额填列。

（4）“买入返售证券”项目，反映期末已经买入但尚未到期返售证券的实际成本，应根据“买入返售证券”科目期末余额填列。

（5）“其他应收款”项目，反映除应收证券清算款、应收利息、应收红利、应收股利以外的，期末尚未收回的其他各种应收款、暂付款项等，应根据“其他应收款”等科目的期末余额分析计算填列。

（6）“债券投资”项目，反映期末持有债券投资的公允价值，应根据“交易性金融资产”及其明细科目的期末余额分析填列。

（7）“基金投资”项目，反映期末持有基金投资的公允价值，应根据“交易性金融资产”及其明细科目的期末余额分析填列。

（8）“股票投资”项目，反映期末持有股票投资的公允价值，应根据“交易性金融资产”及其明细科目的期末余额分析填列。

（9）“其他投资”项目，反映期末持有的除上述投资以外的资产的公允价值，应根据“交易性金融资产”等相关科目的期末余额分析填列。

（10）“其他资产”项目，反映除上述资产以外的其他资产，应根据“交易性金融资产”等相关科目的期末余额分析填列。“应收红利”“应收股利”科目期末余额也填列在此项目。

（11）“应付证券清算款”项目，反映期末尚未支付的证券清算款，应根据“证券清算款”科目所属明细科目期末余额填列。

（12）“应付受益人待遇”项目，反映期末尚未支付受益人待遇的款项，应根据“应付受益人待遇”科目所属明细科目期末余额填列。

（13）“应付受托人管理费”项目，反映期末尚未支付受托人的管理费用，应根据“应付受托人管理费”科目期末余额填列。

（14）“应付托管人管理费”项目，反映期末尚未支付托管人的管理费用，应根据“应付托管人管理费”科目期末余额计算填列。

（15）“应付投资管理人管理费”项目，反映期末尚未支付投资管理人的管理费用，应根据“应付投资管理人管理费”科目期末余额计算填列。

（16）“应交税费”项目，反映期末应交未交的相关税费，应根据“应交税费”科目的期末余额填列。

（17）“卖出回购证券款”项目，反映已经卖出但尚未到期回购的证券款，应根据“卖出回购证券款”科目的期末余额填列。

（18）“应付利息”项目，反映期末尚未支付的各项利息，应根据“应付利息”科目期末余额填列。

（19）“应付佣金”项目，反映期末尚未支付券商的佣金，应根据“应付佣金”科目的期末余额填列。

（20）“其他应付款”项目，反映除上述负债以外的其他负债，如暂收款、多收的款项等，应根据“其他应付款”等有关科目期末余额分析填列。

（21）“企业年金基金净值”项目，反映期末企业年金基金净值，应根据“企业年金基金”及其明细科目分析填列。

2. 净资产变动表的编制说明

（1）“期初净资产”项目，反映企业年金基金期初净值，应根据上期期末“企业年金基金”及其明细科目贷方余额分析填列。

（2）“存款利息收入”项目，反映本期存放金融机构各种存款的利息收入，应根据“存款利息收入”科目期末结转“本期收益”科目的数额填列。

（3）“买入返售证券收入”项目，反映本期买入返售证券业务而实现的利息收入，应根据“买入返售证券收入”科目期末结转“本期收益”科目的数额填列。

（4）“公允价值变动收益”项目，反映本期持有债券、基金、股票等投资的公允价值变动情况，应根据“公允价值变动收益”科目期末结转“本期收益”科目的数额填列。

（5）“投资处置收益”项目，反映本期投资处置时实现的收益，以及投资持有期间收到被投资单位发放的现金股利、红利，或按债券票面利率计算的利息收入。应根据“投资收益”科目期末结转“本期收益”科目的数额分析填列。

（6）“其他收入”项目，反映本期除以上收入外的其他收入，应根据“其他收入”科目期末结转“本期收益”科目的数额填列。

（7）“收取的企业缴费”项目，反映本期收到的企业缴费，应根据“企业年金基金”及其明细科目的余额分析填列。

（8）“收取的职工个人缴费”项目，反映本期收到的职工个人缴费，应根据“企业年金基金”及其明细科目的余额分析填列。

（9）“个人账户转入”项目，反映本期从其他企业调入本企业职工个人账户转入的金额，应根据“企业年金基金——个人账户转入”科目的余额填列。

（10）“交易费用”项目，反映本期投资运营中发生的手续费、佣金及其他必要支出，应根据“交易费用”科目期末结转“本期收益”科目的数额填列。

（11）“受托人管理费”项目，反映本期按照合同约定计提的受托人管理费用，应根据“受托人管理费”科目期末结转“本期收益”科目的数额填列。

（12）“托管人管理费”项目，反映本期按照合同约定计提的托管人管理费用，应根据“托管人管理费”科目期末结转“本期收益”科目的数额填列。

（13）“投资管理人管理费”项目，反映本期按照合同约定计提的投资管理人管理费用，应根据“投资管理人管理费”科目期末结转“本期收益”科目的数额填列。

（14）“卖出回购证券支出”项目，反映本期发生的卖出回购证券业务的支出，应根据“卖出回购证券款”科目期末结转“本期收益”科目的数额填列。

（15）“其他费用”项目，反映本期除上述费用之外的其他各项费用，应根据“其他费用”科目期末结转“本期收益”科目的数额填列。

（16）“支付受益人待遇”项目，反映本期支付受益人待遇的金额，应根据“企业年金基金”及其明细科目的期末余额填列。

（17）“个人账户转出”项目，反映本期企业职工调出、离职等原因从个人账户转出的金额，应根据“企业年金基金——个人账户转出”科目的期末余额填列。

3. 附注披露内容和要求

根据企业年金基金准则及其应用指南的规定，企业年金基金在附注中应当披露下列内容：

（1）企业年金计划的主要内容及重大变化。

（2）企业年金基金管理各方当事人（包括委托人、受托人、托管人、投资管理人、账户管理人、中介机构等）名称、注册地、组织形式、总部地址、业务性质和主要经营活动。

（3）财务报表的编制基础。

（4）遵循企业年金基金准则的声明。

（5）重要会计政策和会计估计。

（6）会计政策和会计估计变更及差错更正的说明。包括会计政策、会计估计变更和差错更正的内容、理由、影响数或影响数不能合理确定的理由等。

（7）投资种类、金额及公允价值的确定方法。

（8）各类投资占投资总额的比例。

（9）报表重要项目的说明，包括货币资金、买入返售证券、债券投资、基金投资、股票投资、其他投资、卖出回购证券款、收取企业缴费、收取职工个人缴费、个人账户转入、支付受益人待遇、个人账户转出等。在具体编制时，可参照财务报表列报及其应用指南列示的“证券公司报表附注”的披露格式和要求。

（10）企业年金基金净收益，包括本期收入、本期费用的构成。

（11）资产负债表日后事项、关联方关系及其交易的说明等。

（12）企业年金基金投资组合情况、风险管理政策，以及可能使投资价值受到重大影响的其他事项。

## 第二节 新准则的税收应用

### 一、关于企业年金基金税务处理的案例分析

企业年金在我国一般称为补充养老保险，从我国的企业实践来看，国家允许企业建立补充养老保险金制度，并对若干企业的补充养老金的税务处理作出了规定，从中也可以看出税法的处理原则，也能够得出一些结论。

**（一）中国海洋石油补充性养老保险的税务处理**

1997年，国家税务总局下发《关于海洋石油若干税收政策问题的通知》（国税发〔1997〕44号），规范了中国海洋石油总公司职工养老储蓄金的税收处理问题，该文件明确规定：中国海洋石油总公司按照国家建立企业职工养老保险制度的有关规定，对其职工实行养老保险计划。一是基本养老保险；二是企业补充养老保险；三是个人储蓄性养老保险。对上述形式的保险费支出在税收处理上统一规定为：①企业按国家规定为职工缴纳的基本养老保险费不计入职工个人所得，允许企业在税前列支；个人缴纳的基本养老保险费，不计征个人所得税。②企业根据自身经济能力为本企业职工建立的企业补充养老保险，保险费用从企业自有资金中的奖励、福利基金内提取。保险费支出并入职工个人所得征税。③企业为职工以社会保险津贴统一认购的储蓄性养老保险，保险费用应从企业自有资金中的奖励、福利基金内提取，并入职工所得征税。

从该政策规定中我们可以看出，国家认可企业建立投资型的年金基金，中国海洋石油设立了储蓄性养老保险，但对其需并入职工所得征收个人所得税。

**（二）吉林邮电系统发放补充养老保险的税务处理**

吉林邮电系统将1998年实行工效挂钩以来形成的结余工资，以每人3 000元的标准发放给在职职工及离退休人员，作为补充养老基金。《国家税务总局关于企业发放

补充养老保险金征收个人所得税问题的批复》（国税函〔1999〕615号）对吉林省邮电系统发放职工补充养老保险金征税问题明确如下：依据财税〔1997〕144号文件规定，职工取得的该笔所得应按照“工资、薪金所得”应税项目计算缴纳个人所得税，具体办法：①对在职职工取得的该笔所得，应全额计入发放当月个人的工资、薪金收入，合并计征个人所得税；②对离退休职工取得的该笔所得，应单独作为1个月的工资、薪金收入，按税法规定计征个人所得税。

从该政策可以看出，企业年金至1999年还未享受税收优惠，这与当时我国的经济发展水平是有关系的。

## 二、中国企业年金基金的现行税收政策演变过程

2001年3月8日，国务院《关于印发完善城镇社会保障体系试点方案的通知》（国发〔2000〕42号）中规定：部分经济效益好的企业为职工建立的补充养老保险，缴纳额在工资总额4%以内的部分，准予在缴纳企业所得税前全额扣除。

2003年2月，财政部下发的《关于企业为职工购买保险有关财务处理问题的通知》（财企〔2003〕61号）规定，有条件的企业可为职工建立补充养老保险。辽宁等省完善城镇社会保障体系试点地区的企业，提取额在工资总额4%以内的部分，作为劳动费列入成本费用；非试点地区的企业，从应付福利费中列支，但不得因此导致应付福利费发生赤字。

财政部、国家税务总局《关于完善城镇社会保障体系试点中有关所得税政策问 题的通知》（财税〔2001〕9号）也明确：①部分经济效益好的企业为职工建立的补充养老保险，缴纳额在工资总额4%以内的部分，以及企业为职工建立的补充医疗保险，提取额在工资总额4%以内的部分，准予在缴纳企业所得税前全额扣除。该项政策适用于在辽宁全省以及其他省、自治区、直辖市按《通知》规定的试点地区。②非试点地区企业为职工建立补充医疗保险，继续执行国务院《关于建立城镇职工基本医疗保险制度的决定》（国发〔1998〕44号）确定的标准，提取额在工资总额4%以内的部分，从职工福利费中列支，福利费不足列支的部分，经同级财政部门核准后列入成本，准予在缴纳企业所得税前全额扣除。

国家对于补充养老保险在2003年之前，仅允许在试点地区税前扣除。2003年，国家税务总局为协调会计与税法之间的差异，制定并颁布了《关于执行〈企业会计制度〉需要明确的有关所得税问题的通知》（国税发〔2003〕45号），该文件规定补充养老保险符合标准的部分允许在税前扣除，并规定了税务处理的基本原则：①企业为全体雇员按国务院或省级人民政府规定的比例或标准缴纳的补充养老保险、补充医疗保险，可以在税前扣除；②企业为全体雇员按国务院或省级人民政府规定的比例或标准补缴的基本或补充养老、医疗和失业保险，可在补缴当期直接扣除；金额较大的，主管税务机关可要求企业在不低于3年的期间内分期均匀扣除。

## 三、企业年金基金的税前扣除处理技巧

如果单位为个人支付的补充养老保险超过国务院或省级人民政府规定的比例或标准的，应该在缴纳企业所得税时进行纳税调整。《中华人民共和国所得税法实施条例》（2005年12月19日修订）对于单位为个人缴付和个人缴付的基本养老保险，允许从

纳税义务人的应纳税所得额中扣除。但对于补充养老保险，没有进一步明确。按照国家的税法精神，对于补充养老保险凡在省级人民政府规定标准范围以内的部分，也应该属于免税的个人所得，也允许从纳税义务人的应纳税所得额中扣除。

《关于单位为员工支付有关保险缴纳个人所得税问题的批复》（国税函〔2005〕318号）规定：对企业为员工支付各项免税之外的保险金，应在企业向保险公司缴付时（即该保险归入被保险人的保险财产）并入员工当期的工资收入，按“工资、薪金所得”项目计征个人所得税，税款由企业负责代扣代缴。

《财政部　国家税务总局关于个人所得税有关问题的批复》（财税〔2005〕194号）进一步明确了“关于单位为个人办理补充养老保险退保后个人所得税及企业所得税的处理问题”，即当单位为职工个人购买商业性补充养老保险等，在办理投保手续时应作为个人所得税的“工资、薪金所得”项目，按税法规定缴纳个人所得税。当然，补充养老保险计入工资、薪金总额后超过计税工资标准的，也要进行所得税纳税调整。

因各种原因退保，个人未取得实际收入的，已缴纳的个人所得税应予以退回。这一方面遏制了利用补充养老保险避税的问题，另一方面规定退保时个人所得税可予退税，也体现了个人所得税的公平征收原则。

# 第十二章　股份支付

## 第一节　案例分析及操作实务

### 一、以权益结算的股份支付

《企业会计准则第 11 号——股份支付》第六条规定，完成等待期内的服务或达到规定业绩条件才可行权的换取职工服务的以权益结算的股份支付，在等待期内的每个资产负债表日，应当以对可行权权益工具数量的最佳估计为基础，按照权益工具授予日的公允价值，将当期取得的服务计入相关成本或费用和资本公积。

例 12-1　2×17 年 12 月，A 公司董事会批准了一项股份支付协议。协议规定，2×18 年 1 月 1 日，公司向其 200 名管理人员每人授予 100 份股票期权，这些管理人员必须从 2×18 年 1 月 1 日起在该公司连续服务 3 年，服务期满时才能够以每股 4 元购买 100 股 A 公司股票。公司估计该期权在授予日（2×18 年 1 月 1 日）的公允价值为 15 元。

第 1 年有 20 名管理人员离开 A 公司，A 公司估计 3 年中离开的管理人员比例将达到 20%；第 2 年又有 10 名管理人员离开公司，公司将估计的管理人员离开比例修正为 15%；第 3 年又有 15 名管理人员离开。

（1）费用和资本公积计算过程见表 12-1。

表 12-1　费用和资本公积计算表　　单位：元

| 年份 | 计算 | 当期费用 | 累计费用 |
|---|---|---|---|
| 2×18 | 200×100×（1 − 20%）×15×1 ÷ 3 | 80 000 | 80 000 |
| 2×19 | 200×100×（1 − 15%）×15×2 ÷ 3 − 80 000 | 90 000 | 170 000 |
| 2×20 | 155×100×15 − 170 000 | 62 500 | 232 500 |

（2）会计处理：

2×18 年 1 月 1 日，授予日不作处理。

2×18 年 12 月 31 日：

借：管理费用　　80 000

　　贷：其他综合收益　　80 000

2×19 年 12 月 31 日：

借：管理费用　　90 000
　　贷：其他综合收益　　90 000

2×20 年 12 月 31 日：

借：管理费用　　62 500
　　贷：其他综合收益　　62 500

2×21 年 12 月 31 日（第 4 年年末），假设有 10 名管理人员放弃了股票期权，2×22 年 12 月 31 日（第 5 年年末），剩余 145 名全部行权，A 公司股票面值为 1 元。

2×21 年 12 月 31 日（可行权日之后），不调整成本、费用和资本公积。

2×22 年 12 月 31 日（行权日）：

借：银行存款（145×100×4）　　58 000
　　其他综合收益　　232 500
　　贷：股本（145×100×1）　　14 500
　　　　资本公积——资本溢价　　276 000

**例 12-2**　ABC 公司为其 500 名雇员均授予 100 份股份期权。每一授予均附有要求雇员未来 3 年留在公司工作的条件。公司估计每份股份的公允价值为 15 元。基于加权平均概率，公司估计有 20% 的雇员将在未来 3 年内离开，因此他们对股份期权的权利将作废。

如果确实如所期望的那样，公司为作为股份期权的对价而取得的服务在给予期间内确认如表 12-2 所示金额。

**表 12-2　薪酬费用计算表**　　单位：元

| 年序 | 计算 | 当期薪酬费用 | 累计薪酬费用 |
|---|---|---|---|
| 1 | 50 000×80% ×15×1÷3 | 200 000 | 200 000 |
| 2 | （50 000×80% ×15×2÷3）－ 200 000 | 200 000 | 400 000 |
| 3 | （50 000×80% ×15×3÷3）－ 400 000 | 200 000 | 600 000 |

会计处理如下：

第 1、第 2、第 3 年相同，即：

借：管理费用（对应资本化资产项目）　　200 000
　　贷：其他综合收益　　200 000

第 3 年行权日：

借：其他综合收益　　600 000
　　贷：股本　　40 000
　　　　资本公积——资本溢价　　560 000

如果第 1 年内，有 20 名雇员离开。公司将估计在 3 年中雇员离开率由 20%（100 名雇员）修正为 15%（75 名雇员）。第 2 年内，又有 22 名雇员离开。公司将估计在 3 年中雇员离开率由 15% 修正为 12%（60 名雇员）。第 3 年内，另有 15 名雇员离开。因此，3 年中共有 57 名雇员对股份期权的权利作废，同时在第 3 年年末一共给予了 44 300 份股份期权（443×100），见表 12-3。

表 12-3　薪酬费用计算表　　单位：元

| 年序 | 计算 | 当期薪酬费用 | 累计薪酬费用 |
|---|---|---|---|
| 1 | 50 000×85% ×15×1 ÷ 3 | 212 500 | 212 500 |
| 2 | （50 000×88% ×15×2 ÷ 3）－ 212 500 | 227 500 | 440 000 |
| 3 | （44 300×15）－ 440 000 | 224 500 | 664 500 |

会计处理如下：

第 1 年：

借：管理费用［对应资本化资产项目］　212 500

　　贷：其他综合收益　212 500

第 2 年：

借：管理费用　227 500

　　贷：其他综合收益　227 500

第 3 年：

借：管理费用　224 500

　　贷：其他综合收益　224 500

第 3 年行权日：

借：其他综合收益　664 500

　　贷：股本　44 300

　　　　资本公积——资本溢价　620 200

在某些情况下，授予的股份或股份期权也可能附有要求达到特定的业绩目标的条件。

**例 12-3**　以附有业绩条件的授予，说明其给予期间的长度变化。

第 1 年年初，公司对 500 名雇员均授予每人 100 份股份，附有要求雇员在给予期间受雇于公司的条件。股份于第 1 年年末给予的条件是公司收益的增长超过 18%；于第 2 年年末给予的条件是公司收益 2 年平均增长超过 13%；于第 3 年年末给予的条件是公司收益 3 年平均增长超过 10%。每股股份在第 1 年年初的公允价值是 30 元，等于授予日的股价。在 3 年中预计不分配股利。

第 1 年年末，公司收益增长了 14%，同时有 30 名雇员离开。公司预计收益在第 2 年继续以相似的比例增长，因此预计股份将于第 2 年年末给予。在加权平均可能性的基础上，公司预计在第 2 年又会有 30 名雇员离开，因此预计第 2 年年末将会给予 440 名雇员每人 100 份股份。

第 2 年年末，公司收益仅仅增长了 10%，因此没有给予股份。在当年有 28 名雇员离开。公司预计在第 3 年又会有 25 名雇员离开，同时公司收益至少增长 6%，从而达到平均每年增长 10%。

第 3 年年末，有 23 名雇员离开，公司收益增长了 8%，导致每年平均增长

10.67%。因此，在第 3 年年末，有 419 名雇员收到了 100 份股份。

按规定条件计算如表 12-4 所示。

**表 12-4 薪酬费用计算表**

单位：元

| 年序 | 计算 | 当期薪酬费用 | 累计薪酬费用 |
|---|---|---|---|
| 1 | 440×100×30×1÷2 | 660 000 | 660 000 |
| 2 | （417×100×30×2÷3）－660 000 | 174 000 | 834 000 |
| 3 | （419×100×30×3÷3）－834 000 | 423 000 | 1 257 000 |

**例 12-4** 以附有业绩条件的授予，说明其权益性工具数量的变化。

第 1 年年初，A 公司对于在销售部工作的 100 名雇员每人授予了股份期权。如果雇员一直在公司服务，同时如果特定产品的销售量每年至少增长 5%的话，将于第 3 年年末给予股份期权。如果产品销售量平均每年增长 5%～10%，每 1 名雇员将取得 100 份股份期权。如果产品销售量平均每年增长 10%～15%，每 1 名雇员将取得 200 份股份期权。如果产品销售量平均每年增长 15%或更多，每 1 名雇员将取得 300 份股份期权。

在授予日，A 公司估计每一股份期权的公允价值是 20 元。A 公司也估计产品销售平均每年增长 10%～15%，因此预计一直在公司服务的每 1 名雇员都将被给予 300 份股份期权。在加权平均可能性的基础上，公司也估计 3 年中将有 20%的雇员离开。

第 1 年年末，7 名雇员离开，公司仍然预计 3 年中总共将有 20 名雇员离开。因此，公司预计 3 年中会有 80 名雇员一直在公司服务。产品销售增长了 12%，同时公司预计在未来的 2 年中维持着这一增长率。第 2 年年末，又有 5 名雇员离开，到此为止总共有 12 名雇员离开。公司现在预计仅有 3 名雇员将在第 3 年离开，因此预计 3 年中共有 15 名雇员离开，因而会有 85 名雇员一直留在公司。产品销售增长了 18%，导致 2 年平均增长 15%。公司现在预计 3 年的平均增长率为 15%或更高，因此预计每 1 名销售部的雇员将于第 3 年年末取得 300 份的股份期权。

第 3 年年末，又有 2 名雇员离开。因此，3 年中共有 14 名雇员离开，同时有 86 名雇员一直留在公司。公司的销售量 3 年平均增长 16%。因此，86 名雇员中的每 1 位都取得了 300 份股份期权。按规定条件的计算如表 12-5 所示。

**表 12-5 薪酬费用计算表**

单位：元

| 年序 | 计算 | 当期薪酬费用 | 累计薪酬费用 |
|---|---|---|---|
| 1 | 80×200×20×1÷3 | 106 667 | 106 667 |
| 2 | （85×300×20×2÷3）－106 667 | 233 333 | 340 000 |
| 3 | （86×300×20×3÷3）－340 000 | 176 000 | 516 000 |

**例 12-5** 以附有业绩条件的授予，说明其行权价格变化。

第 1 年年初，公司授予高级行政人员 10 000 份股份期权，附有要求行政人员 3 年内受雇于公司的条件。行权价格是 40 元。然而，如果 3 年中公司收益平均每年至少增长 10%，行权价格将降为 30 元。在授予日，公司估计当行权价格为 30 元时，股份期权的公允价值为每份期权 16 元。当行权价格为 40 元时，估计股份期权的公允价值为每份期权 12 元。

第 1 年，公司收益增长 12%，同时公司预计在未来 2 年收益以同样的比率增长。因此，公司预计能够达到收益目标，同时股份期权的行权价格将为 30 元。

第 2 年，公司收益增长 13%，同时公司继续预计能够达到收益目标。

第 3 年，公司收益仅增长 3%，因此没有达到收益目标。行政人员完成了 3 年服务，因此满足服务条件。因为没有达到收益目标，给予的 10 000 份股份期权具有 40 元的行权价格。

对规定的应用如下：因为行权价格取决于非市场条件的业绩条件的结果，在估计授予日股份期权的公允价值时没有考虑业绩条件的影响（即行权价格为 40 元的可能性和行权价格为 30 元的可能性）。相反，公司应估计在授予日每种情况中股份期权的公允价值（即 40 元的行权价格和 30 元的行权价格），同时最终修正交易金额以反映业绩条件的结果，如表 12-6 所示。

**表 12-6　薪酬费用计算表**　　　　单位：元

| 年序 | 计算 | 当期薪酬费用 | 累计薪酬费用 |
|---|---|---|---|
| 1 | 10 000×16×1÷3 | 53 333 | 53 333 |
| 2 | （10 000×16×2÷3）－53 333 | 53 334 | 106 667 |
| 3 | （10 000×12×3÷3）－106 667 | 13 333 | 120 000 |

## 二、以现金结算的股份支付

《企业会计准则第 11 号——股份支付》第十二条规定，完成等待期内的服务或达到规定业绩条件以后才可行权的以现金结算的股份支付，在等待期内的每个资产负债表日，应当以对可行权情况的最佳估计为基础，按照企业承担负债的公允价值金额，将当期取得的服务计入成本或费用和相应的负债。

在资产负债表日，后续信息表明企业当期承担债务的公允价值与以前估计不同的，应当进行调整，并在可行权日调整至实际可行权水平。

**例 12-6**　2×15 年 11 月，B 公司董事会批准了一项股份支付协议。协议规定，2×16 年 1 月 1 日，公司向其 200 名中层以上管理人员每人授予 100 份现金股票增值权，这些管理人员则必须在该公司连续服务 3 年，即可自 2×18 年 12 月 31 日起根据股价的增长幅度可以行权获得现金。该股票增值权应在 2×20 年 12 月 31 日之前行使完毕。B 公司估计，该股票增值权在负债结算之前每一个资产负债表日以及结算日的公允价值和可行权后的每份股票增值权现金支出额如表 12-7 所示。

表 12-7　每份股票增值权的公允价值和现金支出额　　单位：元

| 年份 | 公允价值 | 现金支出额 |
|---|---|---|
| 2×16 | 14 | |
| 2×17 | 15 | |
| 2×18 | 18 | 16 |
| 2×19 | 21 | 20 |
| 2×20 | | 25 |

第 1 年，有 20 名管理人员离开 A 公司，B 公司估计 3 年中还将有 15 名管理人员离开；第 2 年，又有 10 名管理人员离开公司，公司估计还将有 10 名管理人员离开；第 3 年，又有 15 名管理人员离开。第 3 年年末，假定有 70 人行使股份增值权取得了现金，费用和应付职工薪酬计算过程如表 12-8 所示。

表 12-8　应付职工薪酬和费用计算表　　单位：元

| 年份 | 应付职工薪酬计算 | 支付现金 | 应付职工薪酬 | 当期费用 |
|---|---|---|---|---|
| 2×16 | （200 − 35）×100×14×1÷3 = 77 000 | | 77 000 | 77 000 |
| 2×17 | （200 − 40）×100×15×2÷3 = 160 000 | | 160 000 | 83 000 |
| 2×18 | （200 − 45 − 70）×100×18 = 153 000 | 70×100×16 = 112 000 | 153 000 | 105 000 |
| 2×19 | （200 − 45 − 70 − 50）×100×21 = 73 500 | 50×100×20 = 100 000 | 73 500 | 20 500 |
| 2×20 | 73 500 − 73 500 = 0 | 35×100×25 = 87 500 | 0 | 14 000 |
| 总额 | | 299 500 | | 299 500 |

授予日不作处理。

（1）2×16 年 12 月 31 日：

借：管理费用　　77 000

　　贷：应付职工薪酬——股份支付　　77 000

（2）2×17 年 12 月 31 日：

借：管理费用　　83 000

　　贷：应付职工薪酬——股份支付　　83 000

（3）2×18 年 12 月 31 日：

借：管理费用　105 000
　　贷：应付职工薪酬——股份支付　105 000
借：应付职工薪酬——股份支付　112 000
　　贷：银行存款　112 000

2×19 年 12 月 31 日（第 4 年年末），有 50 人行使了股份增值权。2×20 年 12 月 31 日（第 5 年年末），剩余 35 人全部行使了股份增值权。

（4）2×19 年 12 月 31 日（可行权日之后）：

借：公允价值变动损益　20 500
　　贷：应付职工薪酬——股份支付　20 500
借：应付职工薪酬——股份支付　100 000
　　贷：银行存款　100 000

（5）2×20 年 12 月 31 日：

借：公允价值变动损益　14 000
　　贷：应付职工薪酬——股份支付　14 000
借：应付职工薪酬——股份支付　87 500
　　贷：银行存款　87 500

**例 12-7**　公司对 500 名雇员都授予每人 100 份现金股份增值权（SARs），附有雇员未来 3 年受雇于公司的条件。第 1 年，有 35 名雇员离开。公司估计还会有 60 名雇员将在第 2 年和第 3 年离开。第 2 年，有 40 名雇员离开，公司估计还会有 25 名雇员将在第 3 年离开。第 3 年，有 22 名雇员离开。第 3 年年末，150 名雇员行使了股份增值权，另外，140 名雇员于第 4 年年末行使了股份增值权，剩余的 113 名雇员于第 5 年年末行使了股份增值权。

公司估计了作为负债存在的 SARs 在每年年末的公允价值。第 3 年年末，给予了剩余雇员持有的全部 SARs。第 3 年年末、第 4 年年末和第 5 年年末行权日 SARs 的内在价值（与现金支出相等）列示如表 12-9 所示。

**表 12-9　SARs 的公允价值和内在价值**　单位：元

| 年序 | 公允价值 | 内在价值 |
|---|---|---|
| 1 | 14.40 | |
| 2 | 15.50 | |
| 3 | 18.20 | 15.00 |
| 4 | 21.40 | 20.00 |
| 5 | | 25.00 |

按要求计算行权情况如表 12-10 所示。

表 12-10 行权情况计算表

单位：元

| 年序 | 计算 | 费 用 | 负债 |
|---|---|---|---|
| 1 | （500 － 95）×100×14.40×1 ÷ 3 | 194 400 | 194 400 |
| 2 | （500 － 100）×100×15.50×2 ÷ 3 － 194 400 | 218 933 | 413 333 |
| 3 | （500 － 97 － 150）×100×18.20 － 413 333 | 47 127 | 460 460 |
| | ＋ 150×100×15.00 | 225 000 | |
| | | 272 127 | |
| 4 | （253 － 140）×100×21.40 － 460 460 | － 218 640 | 241 820 |
| | ＋ 140×100×20.00 | 280 000 | |
| | | 61 360 | |
| 5 | 0 － 241 820 | － 241 820 | 0 |
| | ＋ 113×100×25.00 | 282 500 | |
| | | 40 680 | |
| 总额 | | 787 500 | |

## 三、回购股票进行职工期权激励

《公司法》第一百四十三条规定，企业可回购本公司股份奖励给本公司职工，用于收购的资金应当从公司的税后利润中支付。这属于权益结算的股份支付，应当进行以下处理：

（1）按照公司法规定预留未分配利润。企业实行职工期权激励所需资金，应控制在当期可供投资者分配的利润数额之内。预留回购股份的全部支出应当通过备查簿入账，借记“利润分配（未分配利润）”科目，贷记“资本公积”科目。

（2）回购股份。企业实际回购股份时，应当按照回购股份的全部支出，借记“库存股”科目，同时，贷记“银行存款”科目。

（3）确认成本费用。按照新准则关于权益结算股份支付换取职工服务的规定，企业应当在等待期内每个资产负债表日，将取得的职工或其他方提供的服务计入成本、费用，同时增加资本公积。会计处理同上述例 12—1。

（4）职工行权。职工在行权日应按照期权激励办法规定的价格，行使购买企业股份的权利。

企业应按职工行权时购买本企业股票收到的价款，借记“银行存款”等科目，同时转销等待期内在其他资本公积中累计确认的金额，借记“其他综合收益”科目；按回购的库存股成本，贷记“库存股”科目；按照上述借贷方差额，贷记“资本公积——资本溢价”科目。

## 第二节　首次执行日的会计处理

### 一、相关规定

《企业会计准则第 11 号——股份支付》第七条规定，企业在可行权日之后不再对已确认的相关成本或费用和所有者权益总额进行调整。《企业会计准则第 38 号——首次执行企业会计准则》第十条规定：①对于可行权日在首次执行日或之后的股份支付，应当根据《企业会计准则第 11 号——股份支付》的规定，按照权益工具、其他方服务或承担的以权益工具为基础计算确定的负债的公允价值，将应计入首次执行日之前等待期的成本、费用金额调整留存收益，相应增加所有者权益或负债；②首次执行日之前可行权的股份支付，不应追溯调整。

### 二、会计调整方法

1. 采用未来适用法的处理方法

采用未来适用法时，作正常会计处理。

2. 采用追溯调整法的处理方法

（1）以权益结算的股份支付：

借：期初未分配利润

　　相应资产［如存货、无形资产、固定资产］

　　贷：资本公积

（2）以现金结算的股份支付：

借：期初未分配利润

　　相应资产［如存货、无形资产、固定资产］

　　贷：长期应付款

### 三、过渡到新准则说明的披露

1. 报表比较信息的披露

披露企业执行当期和上年同期的报表比较信息。

2. 相关附注的披露

资本公积——股份支付披露：“公司自 2007 年 1 月 1 日首次采用《企业会计准则第 11 号——股份支付》，根据该准则，公司对已执行的《××× 管理层激励计划》进行追溯调整，调减期初留存收益 ××× 元，调增资本公积 ××× 元。”

长期应付款及其他科目如上述资本公积披露方式，或作相关索引披露。

## 第三节　与股份支付相关的税务问题

### 一、《国家税务总局关于我国居民企业实行股权激励计划有关企业所得税处理问题的公告》

2012 年 5 月 23 日，国家税务总局发布了《国家税务总局关于我国居民企业实行股权激励计划有关企业所得税处理问题的公告》（国家税务总局公告 2012 年第 18 号），明确了我国对于股权激励企业所得税的处理原则。该公告规定，上市公司依照《管理办法》要求建立职工股权激励计划，并按我国企业会计准则的有关规定，在股权激励计划授予激励对象时，按照该股票的公允价格及数量，计算确定作为上市公司相关年度的成本或费用，作为换取激励对象提供服务的对价。上述企业建立的职工股权激励计划，其企业所得税的处理，按以下规定执行：

（1）对股权激励计划实行后立即可以行权的，上市公司可以根据实际行权时该股票的公允价格与激励对象实际行权支付价格的差额和数量，计算确定作为当年上市公司工资、薪金支出，依照税法规定进行税前扣除。

（2）对股权激励计划实行后，需待一定服务年限或者达到规定业绩条件（以下简称等待期）方可行权的。上市公司等待期内会计上计算确认的相关成本、费用，不得在对应年度计算缴纳企业所得税时扣除。在股权激励计划可行权后，上市公司方可根据该股票实际行权时的公允价格与当年激励对象实际行权支付价格的差额及数量，计算确定作为当年上市公司工资、薪金支出，依照税法规定进行税前扣除。

（3）本条所指股票实际行权时的公允价格，以实际行权日该股票的收盘价格确定。

对照国家税务总局 18 号公告和《企业会计准则第 11 号——股份支付》，我们可以看出，税法和会计对于股权激励的处理存在着明显的差异：

（1）根据《企业会计准则第 11 号——股份支付》的规定，除了立即可行权的股份支付外，无论权益结算的股份支付还是现金结算的股份支付，企业在授予日均不作会计处理。企业应当在等待期内的每个资产负债表日，将取得职工或其他方提供的服务计入成本、费用，同时确认所有者权益或负债。对于附有市场条件的股份支付，只要职工满足了其他所有非市场条件，企业就应当确认已经取得的服务。

根据国家税务总局 18 号公告的规定，对于股权激励，在税收处理上，上市公司等待期内会计上计算确认的相关成本、费用，在当期不能在计算企业所得税应纳税所得额时进行扣除。实施股权激励的企业，只有在股权激励计划可行权后，按照该股票实际行权时的公允价格（一般是实际行权日该股票收盘价）与当年激励对象实际行权支付价格的差额及数量，计算确定作为当年上市公司工资、薪金支出，依照税法规定进行税前扣除。

（2）无论是在股权激励成本、费用金额的确认上，还是在扣除时点的确定上，会计和税法都存在明显的差异。由此，导致了企业需要根据《企业会计准则第 18 号——所得税》规定的原则进行所得税会计处理。

对于股权激励的所得税会计处理问题，与股份支付相关的支出在按照会计准则规定确认为成本时，其相关的所得税影响应区别于税法的规定进行处理。如果税法规定与股份支付相关的支出不允许税前扣除，则不形成暂时性差异；如果税法规定与股份支付相关的支出允许税前扣除，在按照会计准则规定确认成本、费用的期间，企业应当根据会计期末取得的信息估计可税前扣除的金额计算确定其计税基础及由此产生的暂时性差异，符合确认条件的情况下应当确认相关的递延所得税。其中预计未来期间可税前扣除的金额超过按照会计准则规定确认的与股份支付相关的成本、费用，超过部分的所得税影响应直接计入所有者权益。

## 二、《关于完善股权激励和技术入股有关所得税政策的通知》

2016 年 9 月 22 日和 28 日，财政部、国家税务总局相继下发了《关于完善股权激励和技术入股有关所得税政策的通知》（财税〔2016〕101 号，以下称“101 号文”）、《关于股权激励和技术入股所得税征管问题的公告》（国家税务总局公告 2016 年第 62 号，以下称“62 号公告”）和《关于做好股权激励和技术入股所得税政策贯彻落实工作的通知》（税总函〔2016〕496 号，以下称“496 号文”），分别从具体政策、税收征管以及税务系统落实政策要求等方面对股权激励的新的处理方式进行了明确规定。

### （一）对符合条件的非上市公司股票期权、股权期权、限制性股票和股权奖励实行递延纳税政策

1）非上市公司授予本公司员工的股票期权、股权期权、限制性股票和股权奖励，符合规定条件的，经向主管税务机关备案，可实行递延纳税政策，即员工在取得股权激励时可暂不纳税，递延至转让该股权时纳税；股权转让时，按照股权转让收入减除股权取得成本以及合理税费后的差额，适用“财产转让所得”项目，按照 20% 的税率计算缴纳个人所得税。

股权转让时，股票（权）期权取得成本按行权价确定，限制性股票取得成本按实际出资额确定，股权奖励取得成本为零。

2）享受递延纳税政策的非上市公司股权激励（包括股票期权、股权期权、限制性股票和股权奖励，下同）须同时满足以下条件：

（1）属于境内居民企业的股权激励计划。

（2）股权激励计划经公司董事会、股东（大）会审议通过。未设股东（大）会的国有单位，经上级主管部门审核批准。股权激励计划应列明激励目的、对象、标的、有效期、各类价格的确定方法、激励对象获取权益的条件、程序等。

（3）激励标的应为境内居民企业的本公司股权。股权奖励的标的可以是技术成果投资入股到其他境内居民企业所取得的股权。激励标的股票（权）包括通过增发、大股东直接让渡以及法律、法规允许的其他合理方式授予激励对象的股票（权）。

（4）激励对象应为公司董事会或股东（大）会决定的技术骨干和高级管理人员，激励对象人数累计不得超过本公司最近 6 个月在职职工平均人数的 30%。

（5）股票（权）期权自授予日起应持有满 3 年，且自行权日起持有满 1 年；限制性股票自授予日起应持有满 3 年，且解禁后持有满 1 年；股权奖励自获得奖励之日起应持有满 3 年。上述时间条件须在股权激励计划中列明。

（6）股票（权）期权自授予日至行权日的时间不得超过 10 年。

（7）实施股权奖励的公司及其奖励股权标的公司所属行业均不属于《股权奖励税收优惠政策限制性行业目录》范围（见附件）。公司所属行业按公司上一纳税年度主

营业务收入占比最高的行业确定。

3）本通知所称股票（权）期权是指公司给予激励对象在一定期限内以事先约定的价格购买本公司股票（权）的权利；所称限制性股票是指公司按照预先确定的条件授予激励对象一定数量的本公司股权，激励对象只有工作年限或业绩目标符合股权激励计划规定条件的才可以处置该股权；所称股权奖励是指企业无偿授予激励对象一定份额的股权或一定数量的股份。

4）股权激励计划所列内容不同时满足第（一）条第2）款规定的全部条件，或递延纳税期间公司情况发生变化，不再符合第（一）条第2）款第（4）至第（6）项条件的，不得享受递延纳税优惠，应按规定计算缴纳个人所得税。

**（二）对上市公司股票期权、限制性股票和股权奖励适当延长纳税期限**

（1）上市公司授予个人的股票期权、限制性股票和股权奖励，经向主管税务机关备案，个人可自股票期权行权、限制性股票解禁或取得股权奖励之日起，在不超过12个月的期限内缴纳个人所得税。《财政部国家税务总局关于上市公司高管人员股票期权所得缴纳个人所得税有关问题的通知》（财税〔2009〕40号）自本通知施行之日起废止。

（2）上市公司股票期权、限制性股票应纳税款的计算，继续按照《财政部国家税务总局关于个人股票期权所得征收个人所得税问题的通知》（财税〔2005〕35号）《财政部国家税务总局关于股票增值权所得和限制性股票所得征收个人所得税有关问题的通知》（财税〔2009〕5号）《国家税务总局关于股权激励有关个人所得税问题的通知》（国税函〔2009〕461号）等相关规定执行。股权奖励应纳税款的计算比照上述规定执行。

**（三）对技术成果投资入股实施选择性税收优惠政策**

（1）企业或个人以技术成果投资入股到境内居民企业，被投资企业支付的对价全部为股票（权）的，企业或个人可选择继续按现行有关税收政策执行，也可选择适用递延纳税优惠政策。

选择技术成果投资入股递延纳税政策的，经向主管税务机关备案，投资入股当期可暂不纳税，允许递延至转让股权时，按股权转让收入减去技术成果原值和合理税费后的差额计算缴纳所得税。

（2）企业或个人选择适用上述任一项政策，均允许被投资企业按技术成果投资入股时的评估值入账并在企业所得税前摊销扣除。

（3）技术成果是指专利技术（含国防专利）、计算机软件著作权、集成电路布图设计专有权、植物新品种权、生物医药新品种，以及科技部、财政部、国家税务总局确定的其他技术成果。

（4）技术成果投资入股，是指纳税人将技术成果所有权让渡给被投资企业、取得该企业股票（权）的行为。

**（四）相关政策**

（1）个人从任职受雇企业以低于公平市场价格取得股票（权）的，凡不符合递延纳税条件，应在获得股票（权）时，对实际出资额低于公平市场价格的差额，按照“工资、薪金所得”项目，参照《财政部国家税务总局关于个人股票期权所得征收个人所得税问题的通知》（财税〔2005〕35号）有关规定计算缴纳个人所得税。

（2）个人因股权激励、技术成果投资入股取得股权后，非上市公司在境内上市的，处置递延纳税的股权时，按照现行限售股有关征税规定执行。

（3）个人转让股权时，视同享受递延纳税优惠政策的股权优先转让。递延纳税的股权成本按照加权平均法计算，不与其他方式取得的股权成本合并计算。

（4）持有递延纳税的股权期间，因该股权产生的转增股本收入，以及以该递延纳税的股权再进行非货币性资产投资的，应在当期缴纳税款。

（5）全国中小企业股份转让系统挂牌公司按照本通知第一条规定执行。

适用本通知第二条规定的上市公司，是指其股票在上海证券交易所、深圳证券交易所上市交易的股份有限公司。

### （五）配套管理措施

（1）对股权激励或技术成果投资入股选择适用递延纳税政策的，企业应在规定期限内到主管税务机关办理备案手续。未办理备案手续的，不得享受本通知规定的递延纳税优惠政策。

（2）企业实施股权激励或个人以技术成果投资入股，以实施股权激励或取得技术成果的企业为个人所得税扣缴义务人。递延纳税期间，扣缴义务人应在每个纳税年度终了后向主管税务机关报告递延纳税有关情况。

（3）工商部门应将企业股权变更信息及时与税务部门共享，暂不具备联网实时共享信息条件的，工商部门应在股权变更登记3个工作日内将信息与税务部门共享。

**（六）本通知自2016年9月1日起施行。**

### 附件（见表12-11）

**表12-11　股权奖励税收优惠政策限制性行业目录**

| 门类代码 | 类别名称 |
|---|---|
| A（农、林、牧、渔业） | （1）03 畜牧业（科学研究、籽种繁育性质项目除外）<br>（2）04 渔业（科学研究、籽种繁育性质项目除外） |
| B（采矿业） | （3）采矿业（除第11类开采辅助活动） |
| C（制造业） | （4）16 烟草制品业<br>（5）17 纺织业（除第178类非家用纺织制成品制造）<br>（6）19 皮革、毛皮、羽毛及其制品和制鞋业<br>（7）20 木材加工和木、竹、藤、棕、草制品业<br>（8）22 造纸和纸制品业（除第223类纸制品制造）<br>（9）31 黑色金属冶炼和压延加工业（除第314类钢压延加工） |
| F（批发和零售业） | （10）批发和零售业 |
| G（交通运输、仓储和邮政业） | （11）交通运输、仓储和邮政业 |
| H（住宿和餐饮业） | （12）住宿和餐饮业 |
| J（金融业） | （13）66 货币金融服务<br>（14）68 保险业 |
| K（房地产业） | （15）房地产业 |

（续表）

| 门类代码 | 类别名称 |
|---|---|
| L（租赁和商务服务业） | （16）租赁和商务服务业 |
| O（居民服务、修理和其他服务业） | （17）79 居民服务业 |
| Q（卫生和社会工作） | （18）84 社会工作 |
| R（文化、体育和娱乐业） | （19）88 体育<br>（20）89 娱乐业 |
| S（公共管理、社会保障和社会组织） | （21）公共管理、社会保障和社会组织（除第 9421 类专业性团体和 9422 类行业性团体） |
| T（国际组织） | （22）国际组织 |

说明：以上目录按照《国民经济行业分类》（GB/T 4754—2011）编制。

## 第四节 新准则对企业的影响

### 一、新准则的财务影响

财政部于 2001 年发布的关于印发《实施〈企业会计制度〉及其相关准则问题解答》的通知（财会〔2001〕43 号）规定：①公司为对中高层管理人员实施激励机制采用的奖励措施，由公司根据其管理权限，依据法律或者有关规定作出安排。公司无论以何种形式奖励中高层管理人员，其发生的支出，均应计入公司当期的成本、费用。②如果公司以前年度提取的、用于奖励中高层管理人员的激励基金未按上述规定处理的，作为会计差错予以更正。

根据新准则的规定，应作费用化处理，故整体影响不大。

### 二、执行新准则的相关影响

#### （一）对企业运营、交易策略、公司治理等方面的影响

中国证监会 2006 年年初发布的《上市公司股权激励管理办法》（试行）及新准则将使上市公司加快股权激励的实施进程。上市公司实施股权激励是一把“双刃剑”。

高管们为了未来自己的股票升值，不得不勤勉进取，以使公司业绩向好、股价提升；不过，这也使得个别人铤而走险，为了自身利益进行财务舞弊。上市公司高管层股权激励和其他股份支付都对公司治理、风险管理、内部控制提出了新的要求，需要上市公司进一步在股份支付方案的形成、审批权限的设置、股份支付的实施、股份支付的记录、资本管理等方面作出具体规定，以正面的方式及处理方法来使用这一支付形式。

股份支付形式的采用可以使得上市公司在管理费用、相关资产方面减少相应的

现金流出，对经营活动、投资活动、融资活动形成一定影响，实施股份支付时应予以考虑。

通常情况下，实施股权激励计入相关成本或费用，将减少公司当期收益，但如果实施股权激励可以激发高管层更加勤勉进取、公司业绩不断攀升，将会抵减计入成本或费用的不利影响。

**（二）对企业内部会计控制的要求和影响**

上市公司应专门制定相关控制政策与程序，对采用股权激励、股份支付及其他股份支付的流程作出具体规定，以防止部分公司成员谋取私利、弄虚作假，利用股份支付这一形式对公司作出不利的决策与行为。

**（三）其他影响**

外部审计师应对公司实施的股份支付计划作出全面、有效的测试，包括其方案、审批程序、合规要求、公允价值判断、账务处理等方面。

上市公司董事会下属审计委员会、独立董事及内部审计部门也需要将股份支付列为关注重点。股份支付中股权激励方案将成为投资者进行投资决策的又一重要因素。

# 第十三章　债务重组

## 第一节　案例分析及操作实务

### 一、以资产清偿债务

（1）企业以资产清偿债务的，因资产类别不同，其会计处理也略有不同。

以资产清偿债务的，债务人应分清债务重组利得与资产转让损益的界限，并于债务重组当期予以确认。债务重组利得，是指重组债务的账面价值超过资产（即抵债资产）的公允价值之间的差额，应计入投资收益。资产公允价值与账面价值的差额，应按照相关准则规定处理，如：①资产为存货的，应作为销售处理；②资产为固定资产的，应视同固定资产处置处理；③资产为无形资产的，视同无形资产处置处理；非现金资产的账面价值，一般为非现金资产的账面余额扣除其资产减值准备后的金额。其中，非现金资产的账面余额，是指非现金资产账户在期末未扣除其资产减值准备之前的余额。未计提减值准备的非现金资产，其账面价值就是账面余额。

对债权人来说，以资产清偿债务的，债权人应当对受让的非现金资产按其放弃债权的公允价值加相关税费入账，放弃债权的账面余额与公允价值之间的差额，确认为债务重组损失，计入投资收益。重组债权已经计提了减值准备的，分别以下情况进行处理：①债权人对重组债权个别计提减值准备的，只需要将上述差额冲减已计提的减值准备，减值准备不足以冲减的部分作为债务重组损失。②如果减值准备冲完该差额后，仍有余额，应予转回并抵减当期资产减值损失，不再确认债务重组损失。③如果债权人对重组债权不是个别计提减值准备，而是采取组合计提减值准备的方法，则债权人应将对应于该债务人的损失准备倒算出来，再确定是否确认债务重组损失。

**例 13-1**　2×20 年 1 月 1 日，甲公司销售一批材料给乙公司，含税价为 105 000 元。2×20 年 7 月 1 日，乙公司发生财务困难，无法按合同规定偿还债务，经双方协议，甲公司同意乙公司用产品抵偿该应付账款。该产品市价为 80 000 元，增值税税率为 13%，产品成本为 70 000 元。乙公司为转让的产品计提了存货跌价准备 500 元，甲公司为债权计提了坏账准备 500 元。假定不考虑其他税费，债权放弃债权的公允价值与换入资产公允价值相等。计算（债务人乙公司）如下：

销售存货收益＝ 80 000 －（70 000 － 500）＝ 10 500（元）
债务重组利得＝ 105 000 － 80 000 －（80 000×13%）
　　　　　　＝ 14 600（元）

（1）债务人乙公司的账务处理：

| | |
|---|---|
| 借：应付账款——甲公司 | 105 000 |
| 　　贷：主营业务收入 | 80 000 |
| 　　　　应交税费——应交增值税（销项税额） | 10 400 |
| 　　　　投资收益——债务重组利得 | 14 600 |
| 借：主营业务成本 | 69 500 |
| 　　存货跌价准备 | 500 |
| 　　贷：库存商品 | 70 000 |

（2）债权人甲公司的账务处理：

| | |
|---|---|
| 借：应交税费——应交增值税（进项税额） | 10 400 |
| 　　坏账准备 | 500 |
| 　　存货（原材料） | 80 000 |
| 　　投资收益——债务重组损失 | 14 100 |
| 　　贷：应收账款——乙公司 | 105 000 |

**例 13-2** 2×19 年 12 月 31 日，甲公司销售一批材料给乙公司，含税价为 468 000 元。2×20 年 5 月 1 日，乙公司资金周转暂时发生困难，经双方协议，甲公司同意乙公司将其拥有的一项长期股权投资用于抵偿债务。该项长期股权投资的公允价值为 430 000 元，账面价值为 470 000 元，计提的相关减值准备为 51 700 元。乙公司转让该项长期股权投资时发生相关费用 2 000 元，甲公司对相关债权提取了 70 200 元坏账准备。假定不考虑其他相关税费，债权放弃债权的公允价值与换入资产公允价值相等。计算（债务人乙公司）如下：

转让投资收益＝430 000－（470 000－51 700）－2 000＝9 700（元）
债务重组利得＝468 000－430 000＝38 000（元）

（1）债务人乙公司的账务处理：

| | |
|---|---|
| 借：应付账款——甲公司 | 468 000 |
| 　　长期投资减值准备 | 51 700 |
| 　　贷：长期股权投资 | 470 000 |
| 　　　　银行存款 | 2 000 |
| 　　　　投资收益 | 9 700 |
| 　　　　投资收益——债务重组利得 | 38 000 |

（2）债权人甲公司的账务处理：

| | |
|---|---|
| 借：长期股权投资 | 430 000 |
| 　　坏账准备 | 70 200 |
| 　　贷：应收账款——乙公司 | 468 000 |
| 　　　　资产减值损失 | 32 200 |

**例 13-3** 甲公司因购货原因于 2×20 年 1 月 1 日产生应付乙公司账款 100 万元，货款偿还期限为 3 个月。2×20 年 4 月 1 日，甲公司发生财务困难，无法偿还到期债务，经与乙公司协商进行债务重组。双方同意：以甲公司的 2 辆小汽车抵偿债务。这 2 辆小汽车原值为 100 万元，已提累计折旧 20 万元，净值 80 万元，公允价值为 50 万元。

假定上述资产均未计提减值准备，不考虑相关税费，债权放弃债权的公允价值与换入资产公允价值相等。计算（债务人甲公司）如下：

固定资产处置损失＝80－50＝30（万元）
债务重组利得＝100－50＝50（万元）

（1）债务人的账务处理：

| | | |
|---|---|---|
| 借：固定资产清理 | 800 000 | |
| 　　累计折旧 | 200 000 | |
| 　　贷：固定资产 | | 1 000 000 |
| 借：应付账款——乙公司 | 1 000 000 | |
| 　　资产处置损益——处置非流动资产损失 | 300 000 | |
| 　　贷：固定资产清理 | | 800 000 |
| 　　　　投资收益——债务重组利得 | | 500 000 |

（2）债权人的账务处理：

| | | |
|---|---|---|
| 借：固定资产 | 500 000 | |
| 　　投资收益——债务重组损失 | 500 000 | |
| 　　贷：应收账款——甲公司 | | 1 000 000 |

## 二、将债务转为权益工具

**例 13–4**　甲公司应收乙公司应收账款的账面余额为200 000元，由于乙公司无法偿付，经双方协商同意，乙公司以普通股偿还，假设普通股面值为1元，乙公司以100 000股抵偿该债务（不考虑相关税费）。甲公司对应收账款提取坏账准备10 000元。乙公司债务重组后股票公允价值为1.6元/股。假定债权放弃债权的公允价值与换入股份公允价值相等。

（1）债务人的账务处理：

| | | |
|---|---|---|
| 借：应付账款——甲公司 | 200 000 | |
| 　　贷：股本 | | 100 000 |
| 　　　　资本公积——资本溢价 | | 60 000 |
| 　　　　投资收益——债务重组利得 | | 40 000 |

（2）债权人的账务处理：

| | | |
|---|---|---|
| 借：长期股权投资——股权投资成本——乙公司 | 160 000 | |
| 　　坏账准备 | 10 000 | |
| 　　投资收益——债务重组损失 | 30 000 | |
| 　　贷：应收账款——乙公司 | | 200 000 |

## 三、以修改其他债务条件清偿债务

**例 13–5**　甲公司2×18年12月31日应收乙公司票据的账面余额为65 400元，其中，5 400元为累计未付的利息，票面年利率4%。经双方协商，于2×19年1月5日进行债务重组。甲公司同意将债务本金减至50 000元；免去债务人所欠的全部利息；

将利率从4%降低到2%（等于实际利率），并将债务到期日延至2×20年12月31日，利息按年支付。该项债务重组协议从协议签订日起开始实施。A、乙公司已将应收、应付票据转入应收、应付账款。甲公司已为该项应收款项计提了5 000元坏账准备。

（1）乙公司的账务处理：

①计算债务重组利得：

| | |
|---|---|
| 应付账款的账面余额 | 65 400 |
| 减：重组后债务入账价值 | 50 000 |
| 债务重组利得 | 15 400 |

②债务重组时的会计分录：

| | | |
|---|---|---|
| 借：应付账款 | 65 400 | |
| 贷：应付账款——债务重组 | | 50 000 |
| 投资收益——债务重组利得 | | 15 400 |

③2×19年12月31日支付利息：

| | | |
|---|---|---|
| 借：财务费用 | 1 000 | |
| 贷：银行存款（50 000×2%） | | 1 000 |

④2×20年12月31日偿还本金和最后一年利息：

| | | |
|---|---|---|
| 借：应付账款——债务重组 | 50 000 | |
| 财务费用 | 1 000 | |
| 贷：银行存款 | | 51 000 |

（2）甲公司的账务处理：

①计算债务重组损失：

| | |
|---|---|
| 应收账款账面余额 | 65 400 |
| 减：重组后债权入账价值 | 50 000 |
| 减：已计提坏账准备 | 5 000 |
| 得：债务重组损失 | 10 400 |

②债务重组日的会计分录：

| | | |
|---|---|---|
| 借：应收账款——债务重组 | 50 000 | |
| 投资收益——债务重组损失 | 10 400 | |
| 坏账准备 | 5 000 | |
| 贷：应收账款 | | 65 400 |

③2×19年12月31日收到利息：

| | | |
|---|---|---|
| 借：银行存款 | 1 000 | |
| 贷：财务费用（50 000×2%） | | 1 000 |

④2×20年12月31日收到本金和最后一年利息：

| | | |
|---|---|---|
| 借：银行存款 | 51 000 | |
| 贷：财务费用 | | 1 000 |
| 应收账款 | | 50 000 |

## 四、以混合重组方式进行债务重组

**例13-6** 2×20年5月15日，丙公司销售一批库存商品给丁公司，货款共计720 000元，尚未收到。2×20年10月20日，丙公司与丁公司协商进行债务重组，重组协议如下：丁公司支付现金18 000元，其余的款项，部分以一台机器偿还，另一部分转为资本。机器的账面原值为500 000元，已提折旧为350 000元，公允价值为180 000元。丙公司获得丁公司5%的股权，其对应的注册资本为300 000元，公允价值为510 000元。假如丙公司没有对该项应收账款计提坏账准备，债务重组过程中没有发生相关税费，假定债权放弃债权的公允价值与换入资产及股份公允价值相等。

（1）丙公司（债权人）作会计分录如下：

| | | |
|---|---|---|
| 借：银行存款 | 18 000 | |
| 　　固定资产 | 180 000 | |
| 　　长期股权投资 | 510 000 | |
| 　　投资收益——债务重组损失 | 12 000 | |
| 　　贷：应收账款 | | 720 000 |

（2）丁公司（债务人）作会计分录如下：

| | | |
|---|---|---|
| 借：固定资产清理 | 150 000 | |
| 　　累计折旧 | 350 000 | |
| 　　贷：固定资产 | | 500 000 |
| 借：应付账款 | 720 000 | |
| 　　贷：银行存款 | | 18 000 |
| 　　　　固定资产清理 | | 150 000 |
| 　　　　实收资本 | | 300 000 |
| 　　　　资本公积——资本溢价 | | 210 000 |
| 　　　　资产处置损益——处置非流动资产利得 | | 30 000 |
| 　　　　投资收益——债务重组利得 | | 12 000 |

## 第二节　债务重组准则的修订

### 一、债务重组定义

原准则中，债务重组是指在债务人发生财务困难的情况下，债权人按照其与债务人达成的协议或者法院的裁定作出让步的事项。在新准则中，债务重组是指在不改变交易对手方的情况下，经债权人和债务人协定或法院裁定，就清偿债务的时间、金额或方式等重新达成协议的交易。主要变化包括：

（1）债务重组涉及的债权和债务，应属于金融工具准则所定义和规范的金融工具，而应交税费、预收款项及预付款项等非金融工具项目的变更，则不属于新债务重组准则范围。

（2）删除“债务人发生财务困难”“作为让步”条件，从而避免了相同性质的债务重组交易因是否“发生财务困难”或“作出让步”的不同判断，而采用不同的会计处理模式。

（3）增加“不改变交易对手方”条件，并明确不同交易对手方之间的债权债务相互抵销、重新修订协议等，应按金融工具相关准则进行处理。

（4）继续承接债务重组达成方式为“经债权人和债务人协定”或“法院裁定”两种，

债务重组的具体内容包括就债务的“时间、金额或方式等重新达成协议”。

## 二、准则适用范围

为保持与其他准则的内在协调关系，新债务重组准则明确了适用范围以及与其他准则的关系，新债务重组准则适用范围相应减少。主要变化包括：

（1）债务重组准则主要规范的是债务重组所涉及债权、债务工具终止确认时的会计处理，而债务重组所涉及债权、债务工具的确认、计量和列报，适用金融工具相关准则。

（2）债务重组准则所规范的债务工具转为权益工具，仅包括将债务工具转为联营或合营企业权益性投资的交易。债务重组形成企业合并的，适用企业合并准则，债务工具转为金融工具准则范围内权益工具，适用金融工具相关准则规定。

（3）债务重组准则规定修改其他条款方式的债务重组，适用至金融确认和计量准则。此类修改其他条款方式的债务重组，债权人应按金融确认和计量准则中有关“与交易对手方修改或重新议定合同”等规定进行处理。

（4）排除属于权益性交易的债务重组。权益性交易是企业与所有者之间的交易，不是与正常商业关系的企业之间的交易，相关利得或损失，应直接计入所有者权益（资本公积），不计入利润表。

## 三、债务重组中债权人会计处理

新准则对债务重组中债权人会计处理的修订主要包括以下几个方面：

（1）以资产清偿债务时，债权人对相关资产的初始确认处理原则从“出售交易模式”改为“购买交易模式”，即债权人对债务重组换入资产的初始成本，应当以放弃债权的公允价值加上直接相关费用进行计量，与一般购买资产的初始计量原则一致。

（2）删除了涉及或有应收金额相关规定，相关或有应收金额应按金融工具确认和计量准则相关规定进行处理，不属于新准则范围。

（3）明确以多项资产清偿债务或组合方式进行债务重组时，首先应按金融工具准则规定确定所受让金融资产价值，然后将放弃债权公允价值扣除金融资产价值后的余额，向其他资产分配。

## 四、债务重组中债务人会计处理

新准则对债务重组中债务人会计处理的修订主要包括以下几个方面：

（1）在新准则下，在以资产清偿债务情况下，债务重组损益以清偿债务账面价值和转让资产账面价值确定，不涉及公允价值计量。在原准则下，以非现金资产清偿债务的，债务人应当将重组债务的账面价值与转让的非现金资产公允价值之间的差额，计入当期损益。

（2）在新准则下，将债务转为权益工具，债务人初始确认权益工具时应当按照权益工具的公允价 值计量，权益工具的公允价值不能可靠计量的，应当按照所 清偿债务的公允价值计量。

（3）新准则明确以多项资产清偿债务或组合方式进行债务重组，应分别按新准则确定权益工具公允价值及所转让资产账面价值，相应确认债务重组损益，即债务人首先应确定权益工具的公允价值，其余资产按账面价值结转。

## 五、债务重组利得或损失不再计入“营业外收支”

根据财政部《关于修订印发 2019 年度一般企业财务报表格式的通知》（财会〔2019〕6 号），“营业外收支”项目不再包括债务重组利得或损失，债务重组利得或损失的核算科目和列报项目，根据金融工具准则、固定资产准则、无形资产准则等相关准则的要求确定。

# 第十四章　或有事项

## 第一节　案例分析及操作实务

### 一、或有事项形成或有负债、或有资产和预计负债

**例 14-1**　甲公司因销售商品取得一张金额为 5 000 万元、到期日为 2×20 年 4 月 3 日的商业承兑汇票。2×19 年 10 月 5 日，因急需资金，甲公司将所持未到期票据向开户银行申请贴现。经审核，贴现银行同意了甲公司的申请，并办理了有关手续。

在本例中，如果贴现银行到时不能获得付款时，甲公司负有全额偿付的责任，甲公司因应收票据贴现而承担了一项现时义务，但经济利益是否很可能流出企业尚难确定。根据新准则的规定，甲公司应作如下披露：

“或有负债：

2×19 年 10 月 5 日，本公司将一张未到期商业承兑汇票向开户银行进行贴现。贴现票据金额为 5 000 万元，到期日为 2×20 年 4 月 3 日。开户银行到时不能获得付款时，本公司负有代为付款的义务。”

**例 14-2**　2×19 年 10 月 5 日，乙公司向甲银行提出信用贷款申请。2×19 年 11 月 20 日，甲银行批准乙公司的信用贷款（无担保、无抵押）申请，同意向其贷款 1 000 万元，期限 1 年，年利率 7.2%。2×20 年 11 月 20 日，乙公司的借款本息到期。乙公司具有还款能力，但因与甲银行之间存在其他经济纠纷，而未按时归还贷款。随后，甲银行与乙公司协商，但没有达成协议。2×20 年 12 月 25 日，甲银行向法院提起诉讼。截至 2×20 年 12 月 31 日，法院尚未对甲银行提起的诉讼进行审理。

（1）甲银行分析：如无特殊情况，甲银行很可能在诉讼中获胜。因此，从 2×20 年 12 月 31 日看，甲银行可以作“很可能胜诉”的判断，并预计除可以收回本金和利息外，还可能获得罚息等。假定甲银行根据规定的标准估计，将来最可能获得包括罚息在内的收入为 12 万元（这项金额在提起诉讼时已估计）。根据本准则的规定，甲银行应在 2×20 年 12 月 31 日于资产负债表附注中披露一项或有资产 12 万元，同时说明很可能收回乙公司所欠的贷款本金和利息 1 072 万元。具体如下：

“或有资产：

2×20 年 11 月 20 日，乙公司借本行款项到期未还，本金和利息共计 1 072 万元，主要原因在于与本行存在其他经济纠纷。经协商不成，本行遂于 2×20 年 12 月 25 日向某法院提起诉讼，要求乙公司偿还所借本金和利息合计 1 072 万元，并支付罚息等费用 12 万元。目前，有关诉讼正在审理之中。”

（2）乙公司分析：如无特殊情况，乙公司很可能败诉。为此，乙公司不仅须偿还贷款本金和利息，还需要支付罚息、诉讼费等费用。假定乙公司预计将要支付的罚息、诉讼费等费用估计为10万～12万元。根据新准则的规定，乙公司应在2×20年12月31日确认一项负债11万元［（10＋12）÷2］，对方支付的诉讼费为2万元。乙公司除进行相关会计处理外，同时还应在资产负债表附注中作如下披露：

“预计负债：

本公司欠甲银行贷款于2×20年11月20日到期，到期本金和利息合计1 072万元。由于与甲银行存在其他经济纠纷，故本公司尚未偿还上述借款本金和利息。为此，甲银行起诉本公司，除要求本公司偿还本金和利息外，还要求支付罚息等费用。由于以上情况，本公司在2×20年12月31日确认了一项负债11万元。目前，此案正在审理中。”

## 二、亏损合同和重组义务

**例14-3** 甲公司于2×19年9月与乙公司签订合同，在2×20年4月销售100件商品，单位成本估计为1 100元，合同单价1 600元；如4月未交货，延迟交货的商品单价降为1 000元。2×19年12月，甲公司因生产线损坏，尚未投入生产，估计在2×20年5月交货。该合同为不可撤销。因此，合同为亏损合同，且不存在标的资产。

2×19年12月31日，甲公司应作会计处理如下：

借：营业外支出（100×100）　　10 000

　　贷：预计负债　　10 000

2×20年5月，该产品生产完工后，将已确认的预计负债冲减产品成本：

借：预计负债　　10 000

　　贷：库存商品　　10 000

**例14-4** 甲公司2×18年1月采用经营租赁方式租入生产线，租期3年，产品获利。2×19年12月，市政规划要求公司迁址，公司决定停产该产品。原经营租赁合同不可撤销，还要持续1年，生产线无法转租。合同变为亏损合同，按2×20年应支付租金200万元确认预计负债。

2×19年12月31日：

借：营业外支出——预计负债　　2 000 000

　　贷：预计负债　　2 000 000

2×20年，实际应支付租金时：

借：预计负债　　2 000 000

　　贷：其他应付款　　2 000 000

**例14-5** 甲公司2×19年9月与乙公司签订合同，2×20年1月，为乙公司运送一批货物，合同价款为10 000元。2×19年12月31日，甲公司预计该合同的运输成本为11 000元。

2×19年12月31日，甲公司应作会计处理如下：

借：营业外支出——预计负债　　1 000
　　贷：预计负债　　1 000

**例 14-6**　乙公司生产的 A 产品库存积压较大，产品成本为每件 100 元，为了消化库存，盘活资金，乙公司在 2×19 年 12 月 20 日与某商店签订了一项产品销售合同，约定在 2×20 年 1 月 10 日，以每件产品 80 元的价格销售 A 产品 10 000 件，合同不可撤销。

乙公司销售的 A 产品成本为每件 100 元，而售价为每件 80 元，每销售 1 件亏损 20 元，共计损失 200 000 元，并且合同为不可撤销。因此，该销售合同为亏损合同。由于该合同签订时即为亏损合同，且存在标的资产，乙公司应当对 A 产品进行减值测试，计提减值准备，如果亏损不超过该减值损失，不需要确认预计负债，如果亏损超过该减值损失，应将超过部分确认为预计负债。

**例 14-7**　2×20 年 11 月，甲公司计划于 2×17 年 2 月重组旗下 A 事业部，预计重组义务为 100 000 元。

2×20 年 12 月 31 日，甲公司应作会计处理如下：

借：营业外支出——预计负债　　100 000
　　贷：预计负债　　100 000

## 第二节　首次执行日的会计处理

### 一、相关规定

《企业会计准则第 38 号——首次执行企业会计准则》第七条规定：在首次执行日，对于符合预计负债确认条件且该日之前尚未计入固定资产成本的弃置费，应当增加该项资产成本和负债；同时，将应补提的折旧调整留存收益。第十一条规定：在首次执行日，企业应当按照《企业会计准则第 13 号——或有事项》的规定，将在该日之前已成为亏损合同和符合确认条件的重组义务，确认为预计负债，并调整留存收益。

### 二、会计调整方法

不适合采用未来适用法的处理方法，而应采用追溯调整法的处理方法：

（1）补计应计入固定资产成本的弃置费用和相应折旧。在首次执行日，对于满足预计负债条件且该日之前尚未计入固定资产成本的弃置费用，应当增加该项资产成本和负债，借记“固定资产”科目，贷记“预计负债”科目。同时，将应补提的折旧调整留存收益，借记“利润分配——未分配利润”科目，贷记“累计折旧”科目。

（2）补计亏损合同及符合确认条件的重组义务。在首次执行日，对于在该日之前已成为预计亏损合同及符合确认条件的重组义务，应当增加负债并调整留存收益，借记“利润分配——未分配利润”科目，贷记“预计负债”科目。

### 三、过渡到新准则的说明和披露

（1）报表比较信息的披露（执行当期和上年同期）。比较信息的调整，如追溯调整固定资产弃置费用、补计首次执行日前已成为亏损合同和符合确认条件的重组义务。

（2）相关附注的披露。要求说明会计政策的变更。

# 第十五章　收　　入

## 第一节　案例分析及操作实务

为了适应社会主义市场经济发展需要，规范收入的会计处理，提高会计信息质量，根据《企业会计准则——基本准则》，我国财政部于 2017 年 7 月对《企业会计准则第 14 号——收入》（以下简称“新收入准则”）进行了修订。在境内外同时上市的企业以及在境外上市并采用国际财务报告准则或企业会计准则编制财务报表的企业，自 2018 年 1 月 1 日起施行；其他境内上市企业，自 2020 年 1 月 1 日起施行；执行企业会计准则的非上市企业，自 2021 年 1 月 1 日起施行。同时，允许企业提前执行。

### 一、收入准则修订的主要内容

收入准则修订的主要内容如下：

（1）将旧收入准则和建造合同准则纳入统一的收入确认模型。

旧收入准则和建造合同准则在某些情形下边界不够清晰，可能导致类似的交易采用不同的收入确认方法，从而对企业财务状况和经营成果产生重大影响。新收入准则要求采用统一的收入确认模型来规范所有与客户之间的合同产生的收入，并且就“在某一时段内”还是“在某一时点”确认收入提供具体指引，有助于更好地解决目前收入确认时点的问题，提高会计信息可比性。

（2）引入了五步法收入确认模型。

新收入准则在充分借鉴 IFRS15 的情况下，对收入确认引入了五步法模型，即识别与客户订立的合同、识别合同中的单项履约义务、确定交易价格、将交易价格分摊至各单项履约义务、履行每一单项履约义务时确认收入。

（3）以控制权转移替代风险报酬转移作为收入确认时点的判断标准。

旧收入准则要求区分销售商品收入和提供劳务收入，并且强调在将商品所有权上的主要风险和报酬转移给购买方时确认销售商品收入，实务中有时难以判断。新收入准则打破商品和劳务的界限，要求企业在履行合同中的履约义务，即客户取得相关商品（或服务）控制权时确认收入，从而能够更加科学合理地反映企业的收入确认过程。

（4）对于包含多重交易安排的合同的会计处理提供更明确的指引。

旧收入准则对于包含多重交易安排的合同仅提供了非常有限的指引，具体体现在旧收入准则第十五条以及企业会计准则讲解中有关奖励积分的会计处理规定。这些规定远远不能满足当前的实务需要。新收入准则对包含多重交易安排的合同的会计处理提供了更明确的指引，要求企业在合同开始日对合同进行评估，识别合同所包含的各单项履约义务，按照各单项履约义务所承诺商品（或服务）的单独售价的相对比例将交易价格分摊至各单项履约义务，进而在履行各单项履约义务时确认相应的收入，有助于解决此类合同的收入确认问题。

（5）对于某些特定交易（或事项）的收入确认和计量给出了明确规定。

新收入准则对于某些特定交易（或事项）的收入确认和计量给出了明确规定。例如，区分总额和净额确认收入、附有质量保证条款的销售、附有客户额外购买选择权的销售、向客户授予知识产权许可、售后回购、无需退还的初始费等，这些规定将有助于更好地指导实务操作，从而提高会计信息的可比性。

## 二、收入确认的基本步骤

按照新入准则的规定，收入确认的基本步骤如下：

### （一）识别与客户订立的合同

1. 客户的定义

客户，是指与企业订立合同以向该企业购买其日常活动产出的商品或服务并支付对价的一方。如果合同对方与企业订立合同的目的是共同参与一项活动（如合作开发一项资产），合同对方和企业一起分担（或分享）该活动产生的风险（或收益），而不是获取企业日常活动产出的商品，则该合同对方不是企业的客户，企业与其签订的该份合同也不属于收入准则规范范围。

2. 合同的识别

（1）合同的定义

合同，是指双方或多方之间订立有法律约束力的权利义务的协议。合同包括书面形式、口头形式以及其他形式（如隐含于商业惯例或企业以往的习惯做法中等）。

（2）应用收入准则的合同需要满足的条件（收入确认前提条件）

新收入准则规定，当企业与客户之间的合同同时满足下列条件时，企业应当在客户取得相关商品控制权时确认收入：

①合同各方已批准该合同并承诺将履行各自义务。

②该合同明确了合同各方与所转让商品或提供劳务相关的权利和义务。对于合同各方均有权单方面终止完全未执行的合同，且无需对合同其他方作出补偿的，企业应当视为该合同不存在。其中，完全未执行的合同，是指企业尚未向客户转让任何合同中承诺的商品，也尚未收取且尚未有权收取已承诺商品的任何对价的合同。

③该合同有明确的与所转让商品相关的支付条款。

④该合同具有商业实质，即履行该合同将改变企业未来现金流量的风险、时间分布或金额。合同具有商业实质，是指履行该合同将改变企业未来现金流量的风险、时间分布或金额。关于商业实质，应按照非货币性资产交换中有关商业实质说明进行判断。没有商业实质的非货币性资产交换，无论何时，均不应确认收入。

⑤企业因向客户转让商品而有权取得的对价很可能收回。企业在评估其因向客户转让商品而有权取得的对价是否很可能收回时，仅应考虑客户到期时支付对价的能力和意图（即客户的信用风险）。当对价是可变对价时，由于企业可能会向客户提供价格折让，企业有权收取的对价金额可能会低于合同标价。企业向客户提供价格折让的，应当在估计交易价格时进行考虑。

**例 15-1** A 公司销售一批商品给 B 公司。B 公司根据 A 公司开具的发票账单已支付货款，并取得提货单，但 A 公司仍未将该商品移交 B 公司。

分析：根据本案例的相关信息，A 公司采用了交款提货的销售方式，即购买方根据销售方开出的发票账单已支付货款，并取得卖方开具的提货单。在这种情况下，购买方支付了货款并取得提货单，但如果购买方此时仍不能主导该商品的使用，并从中获得几乎全部的经济利益，A公司在这种情况下仍不能确认收入。

**例 15-2** A公司是一家从事电子商务平台的公司，其电子商务平台于2×20年11月11日开展大规模的促销活动，其自营商品在11月11日当天接受客户大量订单，并收到了货款。但是由于订单量激增，大量货物推迟至11月15日才发货，并且一部分货物在11月30日晚24点尚在运输过程之中。对于运输过程之中的货物，判断A公司能否确认收入？

分析：根据新收入准则关于收入的确认原则，结合本案例的相关信息，A公司对于收入确认的判断，应基于以下几点：（1）客户能够主导该商品的使用并从中获得几乎全部的经济利益。（2）企业已经将该商品转移给客户，即客户已实际占有该商品。（3）客户已接受该商品。显然，本案例中处于运输过程之中的货物的销售不符合上述确认条件，因此，A公司不应当确认收入。

3. 未满足条件的合同但取得了对价的会计处理

对于不能同时满足收入确认的五个条件的合同，企业只有在不再负有向客户转让商品的剩余义务（例如，合同已完成或取消），且已向客户收取的对价（包括全部或部分对价）无需退回时，才能将已收取的对价确认为收入；否则，应当将已收取的对价作为负债进行会计处理。其中，企业向客户收取无需退回的对价的，应当在已经将该部分对价所对应的商品的控制权转移给客户，并且已不再向客户转让额外的商品且不再负有此类义务时，将该部分对价确认为收入；或者在相关合同已经终止时，将该部分对价确认为收入。

**例 15-3** 甲房地产开发公司与乙公司签订合同，向其销售一栋建筑物，合同价款为100万元。该建筑物的成本为60万元，乙公司在合同开始日即取得了该建筑物的控制权。根据合同约定，乙公司在合同开始日支付了5%的保证金5万元，并就剩余95%的价款与甲公司签订了不附追索权的长期融资协议，如果乙公司违约，甲公司可重新拥有该建筑物，即使收回的建筑物不能涵盖所欠款项的总额，甲公司也不能向乙公司索取进一步的赔偿。乙公司计划在该建筑物内开设一家餐馆。在该建筑物所在的地区，餐饮行业面临激烈的竞争，但乙公司缺乏餐饮行业的经营经验。

分析：本例中，乙公司计划以该餐馆产生的收益偿还甲公司的欠款，除此之外并无其他的经济来源，乙公司也未对该笔欠款设定任何担保。如果乙公司违约，甲公司虽然可重新拥有该建筑物，但即使收回的建筑物不能涵盖所欠款项的总额，甲公司也不能向乙公司索取进一步的赔偿。因此，甲公司对乙公司还款的能力和意图存在疑虑，认为该合同不满足合同价款很可能收回的条件。甲公司应当将收到的5万元确认为一项负债。

4. 合同的持续评估

（1）对于在合同开始日即满足上述收入确认条件的合同，企业在后续期间无需对其进行重新评估，除非有迹象表明相关事实和情况发生重大变化。合同开始日，通常是指合同开始赋予合同各方具有法律约束力的权利和义务的日期，即合同生效日。

（2）企业与客户之间的合同不符合规定的五项条件的，企业应当在后续期间对其进行持续评估，判断其能否满足收入准则规定的5项条件。如果企业在此之前已经向客户转移了部分商品，当该合同在后续期间满足五项条件时，企业应当将在此之前已经转移的商品所分摊的交易价格确认为收入。

**例 15-4** 甲公司与乙公司签订合同，将一项专利技术授权给乙公司使用，并按其使用情况收取特许权使用费。甲公司评估认为，该合同在合同开始日就满足合同确认收入的五个条件。该专利技术在合同开始日即授权给乙公司使用。

在合同开始日后的第1年内，乙公司每季度向甲公司提供该专利技术的使用情况报告，并在约定的期间内支付特许权使用费。

在合同开始日后的第2年内，乙公司继续使用该专利技术，但是乙公司的财务状况下滑，融资能力下降，可用资金不足，因此，乙公司仅按合同支付了当年第一季度的特许权使用费，而后三个季度仅按象征性金额付款。

在合同开始日后的第3年内，乙公司继续使用甲公司的专利技术，但是，乙公司已经完全丧失了融资能力，且流失了大部分客户，因此，乙公司的付款能力进一步恶化，信用风险显著升高。

分析：

（1）该合同在合同开始日满足收入确认的前提条件，因此，甲公司在乙公司使用该专利技术的行为发生时，按照约定的特许权使用费确认收入。

（2）合同开始日后的第2年，由于乙公司的信用风险升高，甲公司在确认收入的同时，按照金融资产减值的要求对乙公司的应收账款进行减值测试。

（3）合同开始日后的第3年，由于乙公司的财务状况恶化，信用风险显著升高，甲公司对该合同进行了重新评估，认为“企业因向客户转让商品而有权取得的对价很可能收回”这一条件不再满足，因此，甲公司不再确认特许权使用费收入，同时对现有应收款项是否发生减值继续进行评估。

5. 合同合并

新收入准则规定，企业与同一客户（或该客户的关联方）同时订立或在相近时间内先后订立的两份或多份合同，在满足下列条件之一时，应当合并为一份合同进行会计处理：

（1）该两份或多份合同基于同一商业目的而订立并构成“一揽子”交易。例如，一份合同在不考虑另一份合同的对价的情况下将会发生亏损。

（2）该两份或多份合同中的一份合同的对价金额取决于其他合同的定价或履行情况。例如，一份合同如果发生违约，将会影响另一份合同的对价金额。

（3）该两份或多份合同中所承诺的商品（或每份合同中所承诺的部分商品）构成新准则规定的单项履约义务。

注意的是，两份或多份合同合并为一份合同进行会计处理的，仍然需要区分该一份合同中包含的各单项履约义务。

**例 15-5** A软件公司与B客户签订了一份授权许可协议，允许B客户使用其开发的客户关系管理软件。7天之后，A软件公司与B客户又签订了另一份咨询服务协议，该协议规定，A软件公司将根据B客户的IT运行环境，对B的客户关系管理软件进行重大的修改或定制。客户B在定制服务完成之前不能使用该软件。

分析：对于A软件公司来说，由于这两份合同几乎是在同一时间与同一个客户签订的，两份合同中的商品或服务从整体上看是一个定制软件，即仅有一项履约义务，因此，两份合同应当合并为一份合同进行会计处理。

6. 合同变更

新收入准则规定，企业应当区分下列三种情形并对合同变更分别进行会计处理。

（1）合同变更增加了可明确区分的商品及合同价款，且新增合同价款反映了新增商品单独售价的，应当将该合同变更部分作为一份单独的合同进行会计处理。在判断新增合同价款是否反映了新增商品的单独售价时，应当考虑为反映该特定合同的具体情况而对新增商品价格所做的适当调整。在合同变更时，企业由于无需发生为发展新客户等所须发生的相关销售费用，可能会向客户提供一定的折扣；或者根据客户的采购量的多少提供折扣，从而在新增商品单独售价的基础上予以适当调整。

**例 15-6** 甲公司承诺向某客户销售120件产品，每件产品售价100元。该批产品彼此之间可明确区分，且将于未来6个月内陆续转让给该客户。甲公司将其中的60件产品转让给该客户后，双方对合同进行了变更，甲公司承诺向该客户额外销售30件相同的产品，最初订立的合同并未包含这额外30件产品。

分析：在合同做出修订后，针对额外30件产品的价格修订为2 850元（每件95元）。由于新增的30件产品是可明确区分的，且新增的合同价款反映了新增产品的单独售价，因此，该合同变更实际上构成了一份单独的、在未来销售30件产品的新合同，该新合同并不影响对原合同的会计处理。甲公司应当对原合同中的120件产品按每件产品100元确认收入，对新合同中的30件产品按每件产品95元确认收入。

（2）合同变更不属于本条第（1）项规定的情形，且在合同变更日已转让的商品或已提供的服务与未转让的商品或未提供的服务之间可明确区分的，应当视为原合同终止，同时，将原合同未履约部分与合同变更部分合并为新合同进行会计处理。

新合同的交易价格＝原合同交易价格中尚未确认为收入的部分（包括已从客户收取的金额）＋合同变更中客户已承诺的对价金额

注意的是，在上述情形下，原合同迄今为止已经确认的收入不做调整，而是通过未来适用法对原合同部分以及变更部分一并进行处理。

**例 15-7** A公司与客户签订合同，每周为客户的办公楼提供保洁服务，合同期限为三年，客户每年向A公司支付服务费10万元（假定该价格反映了合同开始日该项服务的单独售价）。在第二年末，合同双方对合同进行了变更，将第三年的服务费调整为8万元（假定该价格不反映了合同变更日该项服务的单独售价），同时以20万元的价格将合同期限延长三年（假定该价格不反映合同变更日该三年服务的单独售价），即每年的服务费为6.67万元，于每年年初支付。上述价格均不包含增值税。

分析：本例中，在合同开始日，A公司认为其每周为客户提供的保洁服务是可明确区分的，但由于A公司向客户转让的是一系列实质相同且转让模式相同的、可明确区分的服务，因此将其作为单项履约义务（见后文所述）。在合同开始的前两年，即合同变更之前，A公司每年确认收入10万元。在合同变更日，由于新增的三年保洁服务的价格不能反映该项服务在合同变更时的单独售价，因此，该合同变更不能作为单独的合同进行会计处理，由于在剩余合同期间需提供的服务与已提供的服务是可明确区分的，A公司应当将该合同变更作为原合同终止，同时，将原合同中未履约的部分与合同变更合并为一份新合同进行会计处理。该新合同的合同期眼为四年，对价为28万元，即原合同下尚未确认收入的对价8万元与新增的三年服务相应的对价20万元之和，新合同中A公司每年确认的收入为7万元（28万元 ÷4年）。

（3）合同变更不属于本条第（1）项规定的情形，且在合同变更日已转让的商品与未转让的商品之间不可明确区分的，应当将该合同变更部分作为原合同的组成部分进行会计处理，由此产生的对已确认收入的影响，应当在合同变更日调整当期收入。

**例15-8** 2×19年1月15日，乙建筑公司和某客户签订了一项总金额为1 000万元的固定造价合同，在客户自有土地上建造一幢办公楼，预计合同总成本为700万元。假定该建造服务属于在某一时段内履行的履约义务，并根据累计发生的合同成本占合同预计总成本的比例确定履约进度。

截至2×19年末，乙公司累计已发生成本420万元，履约进度为60%（420÷700）。因此，乙公司在2×19年确认收入600万元（1 000×60%）。

2×20年年初，合同双方同意更改该办公楼屋顶的设计，合同价格和预计总成本因此而分别增加200万元和120万元。

分析：在本例中，由于合同变更后拟提供的剩余服务与在合同变更日或之前已提供的服务不可明确区分（即合同仍为单项履约义务），因此，乙公司应当将合同变更作为原合同的组成部分进行会计处理。合同变更后的交易价格为1 200万元（1 000 ＋ 200），乙公司重新估计的履约进度为51.2%［420÷（700 ＋ 120）］，乙公司在合同变更日应额外确认收入14.4万元（51.2%×1 200 － 600）。

**（二）识别合同中的单项履约义务**

1. 履约义务的定义

收入确认模型是一个分摊交易对价的模型，履约义务是收入确认会计处理的计量单元，识别能够反映出合同中商品或服务的计量单元，是收入确认的基础。

新收入准则规定，履约义务，是指合同中企业向客户转让可明确区分商品的承诺。履约义务既包括合同中明确的承诺，也包括由于企业已公开宣布的政策、特定声明或以往的习惯做法等导致合同订立时客户合理预期企业将履行的承诺（隐含的承诺）。例如，企业向客户销售商品，虽然合同没有约定，但是，企业在其宣传广告中宣称，对于购买该商品的客户，企业将为其提供为期5年的免费保养服务，如果该广告使客户对于企业提供的保养服务形成合理预期，企业应当考虑该项服务是否构成单项履约义务。再如，企业向客户销售软件，根据企业以往的习惯做法，企业会向客户提供免费的升级服务，如果该习惯做法使得客户对于企业提供的软件升级服务形成合理预期，则企业应当考虑该项服务是否构成单项履约义务。

企业为履行合同而应开展的初始活动，通常不构成履约义务，除非该活动向客户转让了承诺的商品。例如，某俱乐部为注册会员建立档案，该活动 并未向会员转让承诺的商品，因此，不构成单项履约义务。

在通常情况下，商品控制权转移给客户之前发生的运输活动不构成单项履约义务；相反，商品控制权转移给客户之后发生的运输活动可能表明企业向客户提供了一项运输服务，企业应当考虑该项服务是否构成单项履约义务。

**例 15–9** 小明在家装节上购买了一套A公司生产的整体式淋浴房，A公司负责上门安装，合同总价为4 200元。小明付款2天后，A公司上门安装，并调试了淋浴房。

分析：根据收入准则的规定，A公司必须区分合同中的履约义务。本案例实质上有两项履约义务，一项是A公司销售整体式淋浴房给小明，另一项是A公司提供淋浴房的安装服务给小明。当A公司履行了合同义务，也就是将淋浴房交给了小明，并安装调试完毕，在小明确认收货后，应分别确认销售淋浴房的收入和安装服务的收入。

**例 15–10** 甲公司与乙公司签订合同，向其销售一批产品，并负责将该批产品运送至乙公司指定的地点，甲公司承担相关的运输费用。假定销售该产品属于在某一时点履行的履约义务，且控制权在出库时转移给乙公司。

分析：本例中，甲公司向乙公司销售产品，并负责运输。该批产品在出库时，控制权转移给乙公司。在此之后，甲公司为将产品运送至乙公司指定的地点而发生的运输活动，属于为乙公司提供了一项运输服务。如果该运输服务构成单项履约义务，且甲公司是运输服务的主要责任人，甲公司应当按照分摊至该运输服务的交易价格确认收入。

**例 15–11** 甲公司与乙公司签订合同，向其销售一批产品，并负责将该批产品运送至乙公司指定的地点，甲公司承担相关的运输费用。假定销售该产品属于在某一时点履行的履约义务，且控制权在送达乙公司指定地点时转移给乙公司。

分析：本例中，甲公司向乙公司销售产品，并负责运输。该批产品在送达乙公司指定地点时，控制权转移给乙公司。由于甲公司的运输活动是在产品的控制权转移给客户之前发生的，因此不构成单项履约义务，而是甲公司为履行合同发生的必要活动。

2. 可明确区分商品的界定

新收入准则规定，企业向客户承诺的商品同时满足下列条件的，应当作为可明确区分商品。

（1）客户能够从该商品本身或从该商品与其他易于获得资源一起使用中受益。

（2）企业向客户转让该商品的承诺与合同中其他承诺可单独区分。

**例 15–12** 甲公司与其经销商乙公司签订合同，将其生产的产品销售给乙公司，乙公司再将该产品销售给最终用户。

情形一：合同约定，从乙公司购买甲公司产品的最终用户可以享受甲公司提供的该产品正常质量保证范围之外的免费维修服务。甲公司委托乙公司代为提供该维修服务，并且按照约定的价格向乙公司支付相关费用；如果最终用户没有使用该维修服务，则甲公司无需向乙公司付款。

情形二：合同开始日，双方并未约定甲公司将提供任何该产品正常质量保证范围之外的维修服务，甲公司通常也不提供此类服务。甲公司向乙公司交付产品时，产品控制权转移给乙公司，该合同完成。在乙公司将产品销售给最终用户之前，甲公司主动提出免费为向乙公司购买该产品的最终用户提供该产品正常质量保证范围之外的维修服务。

分析：对于情形一，甲公司在该合同下的承诺包括销售产品以及提供维修服务 两项履约义务；

对于情形二，甲公司和乙公司签订的合同在合同开始日并未包含提供维修服务的承诺，甲公司也未通过其他明确或隐含的方式承诺向乙公司或最终用户提供该项服务，因此，甲公司在该合同下的承诺只有销售产品一项履约义务，甲公司因承诺提供维修服务产生的相关义务应当按照《企业会计准则第 13 号——或有事项》进行会计处理。

3. 实质相同且转让模式相同的可明确区分商品或服务的承诺

企业向客户转让一系列实质相同且转让模式相同的、可明确区分商品的承诺，应当作为单项履约义务，即使这些商品可明确区分。

（1）“实质相同”

企业在判断所转让的一系列商品是否实质相同时，应当考虑合同中承诺的性质，当企业承诺的是提供确定数量的商品时，需要考虑这些商品本身是否实质相同。当企业承诺的是在某一期间内随时向客户提供某项服务时，需要考虑企业在该期间内的各个时间段（如每天或每小时）的承诺是否相同，而并非具体的服务行为本身。

例如，企业与客户签订 2 年的合同，每月向客户提供工资核算服务，共计 24 次，由于企业提供服务的次数是确定的，在判断每月的服务是否实质相同时，应当考虑每次提供的具体服务是否相同，由于同一家企业的员工结构、工资构成以及核算流程等相对稳定，企业每月提供的该项服务很可能符合“实质相同”的条件。

再如，企业向客户提供 2 年的酒店管理服务，具体包括保洁、维修、安保等，但没有具体的服务次数或时间的要求，尽管企业每天提供的具体服务不一定相同，但是企业每天对于客户的承诺都是相同的，即按照约定的酒店管理标准，随时准备根据需要为其提供相关服务，因此，企业每天提供的该酒店管理服务符合“实质相同”的条件。

（2）“转让模式相同”

转让模式相同，是指每一项可明确区分商品均满足在某一时段内履行履约义务的条件，且采用相同方法确定其履约进度。

上述规定适用于连续提供的商品或服务（而非同时提供），比如重复性服务合同（如保洁合同和供电合同等），即可将满足前两项标准的、连续提供的一系列商品或服务作为一项单独的履约义务来处理。对于同时提供（而非连续提供）的商品或服务，如果将这些商品或服务分别作为个别履约义务的处理结果，与作为单项履约义务的处理结果一致的话，企业也可以将其作为单项履约义务进行处理。

**例 15-13** 企业与客户签订为期一年的保洁服务合同，承诺每天为客户提供保洁服务。

分析：本例中，企业每天所提供的服务都是可明确区分且实质相同的，并且，根据控制权转移的判断标准，每天的服务都属于在某一时段内履行的履约义务。因此，企业应当将每天提供的保洁服务合并在一起作为单项履约义务进行会计处理。

4. 不可单独区分的转让商品的承诺的界定

下列情形通常表明企业向客户转让该商品的承诺与合同中其他承诺不可单独区分。

（1）企业需提供重大的服务以将该商品与合同中承诺的其他商品整合成合同约定的组合产出转让给客户。例如，企业为客户建造写字楼的合同中，企业向客户提供的砖头、水泥、人工等都能够使客户获益，但是，在该合同下，企业对客户承诺的是为其建造一栋写字楼，而并非提供这些砖头、水泥和人工等，企业需提供重大的服务将这些商品或服务进行整合，以形成合同约定的一项组合产出（即写字楼）转让给客户。因此，在该合同中，砖头、水泥和人工等商品或服务彼此之间不能单独区分。

（2）该商品将对合同中承诺的其他商品予以重大修改或定制。例如，企业承诺向客户提供其开发的一款现有软件，并提供安装服务，虽然该软件无需更新或技术支持也可直接使用，但是企业在安装过程中需要在该软件现有基础上对其进行定制化的重大修改，以使其能够与客户现有的信息系统相兼容。此时，转让软件的承诺与提供定制化重大修改的承诺在合同层面是不可明确区分的。

（3）该商品与合同中承诺的其他商品具有高度关联性。例如，企业承诺为客户设计一种新产品并负责生产 10 个样品，企业在生产和测试样品的过程中需要对产品的设计进行不断的修正，导致已生产的样品均可能需要进行不同程度的返工。此时，企业提供的设计服务和生产样品的服务是不断交替反复进行的，二者高度关联，因此，在合同层面是不可明确区分的。

**例 15-14** A 承包商企业签订了一份为客户建造医院的合同。该企业负责项目的整体管理，并识别应提供的各种商品或服务，包括工程技术、场地清理、地基构建、采购、建筑架构、管道和管线的铺设、设备安装及装修等。

分析：A 承包商提供的各项服务之间具有高度关联性，属于组合产出，明显是不可单独区分的，因此，应当作为一项单项履约义务。

**例 15-15** 甲公司与客户订立一项合同，约定转让软件许可证、实施安装服务并在 2 年期间内提供未明确规定的软件更新和技术支持（通过在线和电话方式）。安装服务包括为各类用户（例如，市场营销、库存管理和信息技术）更改网页屏幕。作为安装服务的一部分，软件将作重大定制以增添重要的新功能，从而使软件能够与客户使用的其他定制软件、应用程序相对接。

分析：根据案例背景资料，安装定制服务将对合同中承诺的软件许可证予以重大修改和定制，是不可明确区分的，应当合并在一起作为一项单项履约义务。

**例 15-16** 甲公司同意为乙公司设计一种实验性的新产品并生产该产品的 20 个样品。产品规格包含尚未得到证实的功能。甲公司应根据客户意见，不断改进样品，直到客户满意。

分析：根据案例背景资料，甲公司提供的样品生产服务与新产品设计服务是高度关联的，因此，是不可明确区分的，应当合并在一起作为一项单项履约义务。

**例 15-17** 乙公司与客户签订合同，向客户出售一台其生产的设备并提供安装服务。该设备可以不经任何定制或改装而直接使用，不需要复杂安装，除乙公司外，市场上还有其他供应商也能提供此项安装服务。

分析：

（1）客户可以使用该设备或将其以高于残值的价格转售，能够从该设备与市场上其他供应商提供的此项安装服务一起使用中获益，也可从安装服务与客户已经获得的其他资源（例如，设备）一起使用中获益，表明该设备和安装服务能够明确区分。

（2）在该合同中，乙公司对客户的承诺是交付设备之后再提供安装服务，而非两者的组合产出，该设备仅需简单安装即可使用，乙公司并未对设备和安装提供重大整合服务，安装服务没有对该设备作出重大修改或定制，虽然客户只有获得设备的控制权之后才能从安装服务中获益，但是企业履行其向客户转让设备的承诺能够独立于其提供安装服务的承诺，因此安装服务并不会对设备产生重大影响。

该设备与安装服务彼此之间不会产生重大的影响，也不具有高度关联性，表明两者在合同中彼此之间可明确区分。因此，该项合同包含两项履约义务，即销售设备和提供安装服务。

如果其他条件不变，按照合同规定只能由乙公司向客户提供安装服务。在这种情况下，合同限制并没有改变相关商品本身的特征，也没有改变企业对客户的承诺。虽然根据合同约定，客户只能选择由乙公司提供安装服务，但是设备和安装服务本身仍然符合可明确区分的条件，仍然是两项履约义务。

如果乙公司提供的安装服务很复杂，该安装服务可能对其销售的设备进行定制化的重大修改，即使市场上有其他的供应商也可以提供此项安装服务，乙公司也不能将该安装服务作为单项履约义务，而是应当将设备和安装服务合并作为单项履约义务。

**（三）确认交易价格**

1. 交易价格的定义

新收入准则规定，企业应当按照分摊至各单项履约义务的交易价格计量收入。交易价格是指企业因向客户转让商品而预期有权收取的对价金额。企业代第三方收取的款项以及企业预期将退还给客户的款项，应当作为负债进行会计处理，不计入交易价格。企业应当根据合同条款，并结合其以往的习惯做法确定交易价格。在确定交易价格时，企业应当考虑可变对价、合同中存在的重大融资成分、非现金对价、应付客户对价等因素的影响。

2. 存在可变对价时的处理

新收入准则规定，合同中存在可变对价的，企业应当按照期望值或最可能发生金额确定可变对价的最佳估计数，但包含可变对价的交易价格，应当不超过在相关不确定性消除时累计已确认收入极可能不会发生重大转回的金额。企业在评估累计已确认收入是否极可能不会发生重大转回时，应当同时考虑收入转回的可能性及其比重。

每一资产负债表日，企业应当重新估计应计入交易价格的可变对价金额。可变对价金额发生变动的，按照收入准则与可变对价变动的分摊相关的规定进行会计处理。

**例 15-18** C 公司于 2×20 年 12 月 1 日与一家分销商客户订立一项合同。C 公司向分销商转让 1 000 个产品，价格为每个产品 100 元，合同总价为 100 000 元。分销商将这些产品销售给最终客户时向 C 公司结算。分销商通常在取得产品后的 90 天内将其售出。对产品的控制于 2×20 年 12 月 1 日转移给客户。基于过往实务及为维护与分销商的关系，C 公司给予分销商价格折让，因此，合同的对价是可变的。

C 公司拥有销售此类产品的大量经验，根据以往的销售经验，C 公司一般给予此类经销商不大于 20% 的价格折让。C 公司采用预期价值法估计可收到的商品销售对价，估计金额为 80 000 元（80×1 000）。

C 公司是否应将 80 000 元估计金额全部作为收入确认？

分析：C 公司根据新收入准则的规定，考虑是否能够将估计的可变对价金额 80 000 全部作为收入确认。C 公司拥有大量有关该产品的过往经验且其估计能够获得当前市场信息的支持。此外，尽管存在超出其影响范围之外的因素所导致的若干不确定性，但基于其当前的市场估计，C 公司的预计价格可在短期内确定。因此，C 公司认为，在不确定性消除时（即，在价格折让总金额确定时），已确认的累计收入金额（即 80 000 元）极可能不会发生重大转回。据此，C 公司在产品于 2×20 年 12 月 1 日转让给客户时将 80 000 元确认为收入。

**例 15-19** D 公司于 2×20 年 12 月 1 日与一家分销商客户订立一项合同。D 公司向分销商转让 1 000 个产品，价格为每个产品 100 元，合同总价为 100 000 元。分销商将这些产品销售给最终客户时向 D 公司结算。分销商通常在取得产品后的 90 天内将其售出。对产品的控制于 2×20 年 12 月 1 日转移给客户。基于过往实务及为维护与分销商的关系，D 公司给予分销商价格折让，因此，合同的对价是可变的。

D 公司拥有销售类似产品的经验。但是，D 公司的产品具有较高的陈旧过时风险，且对其产品的定价市场正经历大幅波动。可观察的数据表明，以往 D 公司对同类产品授予的价格折让范围较广（销售价格的 20%—60%）。当前市场信息还显示，为使产品在分销链中流转可能需要降价 15%—50%。D 公司采用预期价值法对销售对价进行估计。其中，D 公司估计将提供 40% 的折扣，因此估计的交易价格为 60 000 元（60×1 000）。

D 公司是否应将 60 000 元估计金额全部作为收入确认？

分析：D 公司根据新收入准则的规定，考虑是否能够将估计的可变对价金额 60 000 元全部作为收入确认。D 公司认为，该对价金额极易受到超出其影响范围之外的因素（即，陈旧过时风险）影响，并且为使产品在分销链中流转，必须授予范围较广的价格折让。但是，D 公司不能将估计金额 60 000 元全部作为收入确认，因为 D 公司无法断定已确认的累计收入金额极可能不会发生重大转回。

D 公司以往的价格折让范围为 20%—60%，但当前市场信息显示有必要授予 15% — 50% 的价格折让。在以往的类似交易中，D 公司的实际结果与当时的市场信息相一致。因此，D 公司断定，如果将 50 000 元的金额作为估计金额，已确认的累计收入金额极可能不会发生重大转回。因此，D 公司在产品转让时将 50 000 元确认为收入。在实际结算之前，D 公司应在每一个报告日重新评估该交易价格的估计值。

**例 15-20** 甲公司与分包商乙公司于 2×20 年 1 月 1 日签订了电路板生产合同，生产数量为 50 000 个，完工日为 2×20 年 6 月 30 日，合同价格为 1 000 000 元。若生产于 2×20 年 6 月 30 日前完工，每提前一天，承诺的对价将增加 10 000 元；若生产于 2×20 年 6 月 30 日前未完工，每延迟一天，承诺的对价将减少 10 000 元。甲公司估计延迟 2 天的概率为 5%，延迟 1 天的概率为 10%，按时完工的概率为 50%，提前 1 天的概率为 20%，提前 2 天的概率为 15%。

分析：可变对价最佳估计数 = 1 000 000 +（− 20 000×5% − 10 000×10% + 0×50% + 10 000×20% + 20 000×15%）= 1 003 000（元）。

**例 15-21** 2×20 年 10 月 1 日，甲公司签订合同，为一只股票型基金提供资产管理服务，合同期限为 3 年。甲公司所能获得的报酬包括两部分：一是每季度按照季度末该基金净值的 1% 收取管理费，该管理费不会因基金净值的后续变化而调整或被要求退回；二是该基金在三年内的累计回报如果超过 10%，则甲公司可以获得超额回报部分的 20% 作为业绩奖励。在 2×20 年 12 月 31 日，该基金的净值为 5 亿元。假定不考虑相关税费影响。

分析：本例中，甲公司在该项合同中收取的管理费和业绩奖励均为可变对价，其金额极易受到股票价格波动的影响，这是在甲公司影响范围之外的，虽然甲公司过往有类似合同的经验，但是该经验在确定未来市场表现方面并不具有预测价值。因此，在合同开始日，甲公司无法对其能够收取的管理费和业绩奖励进行估计，不满足累计已确认的收入金额极可能不会发生重大转回的条件。

2×20 年 12 月 31 日，甲公司重新估计该合同的交易价格时，影响第四季度管理费收入金额的不确定性已经消除，甲公司确认管理费收入 500 万元（5 亿元 ×1%）。甲公司未确认业绩奖励收入，这是因为，该业绩奖励仍然会受到基金未来累计回报的影响，有关将可变对价计入交易价格的限制条件仍然没有得到满足。甲公司应当在后续的每一资产负债表日，估计业绩奖励是否满足上述条件，以确定其收入金额。

3. 存在重大融资成分时的处理

新收入准则规定，合同中存在重大融资成分的，企业应当按照假定客户在取得商品控制权时即以现金支付的应付金额确定交易价格。该交易价格与合同对价之间的差额，应当在合同期间内采用实际利率法摊销。合同开始日，企业预计客户取得商品控制权与客户支付价款间隔不超过一年的，可以不考虑合同中存在的重大融资成分。

**例 15-22** A 公司向客户销售一个产品，销售价格为 121 万元，该价款必须在交货后的 24 个月内支付。客户在合同开始时即获得了该产品的控制权。合同允许客户在 90 天内无条件退回产品。该产品是一个新产品，且 A 公司没有任何相关的产品退货历史证据或任何其他可获得的市场证据。该产品的现金售价为 100 万元，它代表了在合同开始时点，按相同条款和条件出售相同产品，并于交货时支付货款的价格。该产品的成本为 80 万元。

A 公司应当在何时确认收入，应确认收入金额是多少？

分析：在该案例中，A 公司应当于无条件退货期满后，即 90 天后确认产品销售收入。这是因为客户存在退货权，并且 A 公司缺乏相关的历史证据，这意味着 A 公司无法确定，已确认的累计收入金额是否极可能不会发生重大转回。

本案例中，合同对价 121 万元与商品转让给客户之日的现金售价 100 万元之间存在差额，表明客户从 A 公司获得了重大融资利益。因此，该合同包含重大融资成分，A 公司应就该融资成分的影响调整合同收入金额。

根据案例情况，将合同付款对价 121 万元折现为现金售价 100 万元，折现期为 24 个月，可得出该合同的内含利率为 10%。A 公司评价了该利率，并认为该利率与在合同开始时与其客户进行单独的融资交易所反映的折现率相一致。因此，A 公司采用该利率为折现率。

A 公司的会计处理如下：

（1）在合同开始，向客户转让商品时。

借：发出商品　　800 000

　　贷：库存商品　　800 000

（2）90 天退货期满后，按折现后对价确认收入（不考虑相关税费）。

借：应收账款　　1 000 000

　　贷：主营业务收入　　1 000 000

借：主营业务成本　　800 000

　　贷：发出商品　　800 000

（3）在付款期限内，按实际利率 10% 分期确认利息收入。

借：应收账款　　210 000

　　贷：财务费用——利息收入　　210 000

（4）客户实际付款时。

借：银行存款　　1 210 000

　　贷：应收账款　　1 210 000

4. 非现金对价支付时的处理

新收入准则规定，客户支付非现金对价的，企业应当按照非现金对价的公允价值确定交易价格。非现金对价的公允价值不能合理估计的，企业应当参照其承诺向客户转让商品的单独售价间接确定交易价格。单独售价是指企业向客户单独销售商品的价格。

非现金对价的公允价值因对价形式以外的原因而发生变动的，应当作为可变对价，按照上述存在可变对价时的规定进行会计处理。

**例 15-23**　A 公司与 B 公司签订合同，为 B 公司建造一项大型设备。合同约定，B 公司向 A 公司支付 1 000 万元现金，以及一批材料。该批材料公允价值为 500 万元，A 公司无须为该批材料额外支付价款，且必须将该批材料用于该设备的建造。设备于 3 个月内建造完成并移交 B 公司，B 公司在该时点获得了设备的控制权。

A 公司应当如何确定该设备的收入金额？

分析：本案例中，A 公司所获得的材料，无须单独支付对价，因此，A 公司应将该批材料按公允价值计量，作为设备销售的收入进行确认，即，该大型设备的销售收入为 1 500 万元。

5. 应付客户对价

新收入准则规定，企业应付客户（或向客户购买本企业商品的第三方，本节下同）对价的，应当将该应付对价冲减交易价格，并在确认相关收入与支付（或承诺支付）客户对价二者孰晚的时点冲减当期收入，但应付客户对价是为了向客户取得其他可明确区分商品的除外。

企业应付客户对价是为了向客户取得其他可明确区分商品的，应当采用与本企业其他采购相致的方式确认所购买的商品。企业应付客户对价超过向客户取得可明确区分商品公允价值的，超过金额应当冲减交易价格。向客户取得的可明确区分商品公允价值不能合理估计的，企业应当将应付客户对价全额冲减交易价格。

**例 15-24**　某消费品制造商 A 公司签订了一项合同，向一家全球大型连锁零售店客户销售商品，合同期限为一年。该零售商承诺，在合同期限内以约定价格购买至少价值 1 500 万元的产品。合同同时约定，A 公司需在合同开始时向该零售商支付 150 万元的不可退回款项。该款项旨在就零售商需更改货架以使其适合放置 A 公司产品而作出补偿。

A 公司如何对该补偿款进行处理?

分析：本案例中，A 公司根据前述应付给客户对价的相关规定，首先分析应付客户款项的性质。A 公司认为，由于该款项并非为获取单独可区分的商品或服务，A 公司并不享有改造货架的任何控制权。因此，A 公司得出结论，应将向零售商支付的 150 万元款项作为后续销售商品收入的抵减项。根据合同约定，零售商承诺购货总价为 1 500 万元，因此，所支付 150 万元相当于给予每项商品 10% 的折扣，A 公司在确认每项商品销售收入时，按 10% 的折扣确认收入金额。

**（四）分配交易价格**

1. 交易价格分摊的总体原则

新收入准则规定，合同中包含两项或多项履约义务的，企业应当在合同开始日，按照各单项履约义务所承诺商品的单独售价的相对比例，将交易价格分至各单项履约义务。企业不得因合同开始日之后单独售价的变动而重新分摊交易价格。

企业在类似环境下向类似客户单独销售商品的价格，应作为确定该商品单独售价的最佳证据。单独售价无法直接观察的，企业应当综合考虑其能够合理取得的全部相关信息，采用市场调整法、成本加成法、余值法等方法合理估计单独售价。在估计单独售价时，企业应当最大限度地采用可观察的输入值，并对类似的情况采用一致的估计方法。

市场调整法，是指企业根据某商品或类似商品的市场售价考虑本企业的成本和毛利等进行适当调整后，确定其单独售价的方法。

成本加成法，是指企业根据某商品的预计成本加上其合理毛利后的价格，确定其单独售价的方法。

余值法，是指企业根据合同交易价格减去合同中其他商品可观察的单独售价后的余值，确定某商品单独售价的方法。

企业在商品近期售价波动幅度巨大，或者因未定价且未曾单独销售而使售价无法可靠确定时，可采用余值法估计其单独售价。

**例 15-25** 2×20 年 8 月 1 日，A 房地产公司取得预售许可证，与客户张某签订预售合同，预收房款 100 万元。2×21 年 1 月 1 日，A 公司开发的商品房竣工，与客户张某签订正式的商品房销售合同。该合同规定，客户张某购买 A 公司 120 平商品房，赠送 A 房地产公司提供的物业服务 3 年，合同售价 600 万元（含税），当天张某交付余款。房屋单独售价 600 万元（含税），3 年物业服务费 10 万元（含税）。

分析：

（1）识别与客户订立的合同。A 公司与购房者签订的《商品房销售合同》基本同时满足收入准则所列的合同的 5 项条件，A 公司交房、客户取得相关商品控制权时确认收入。另外，预售合同不满足合同的 5 项条件，收到的预收款不能确认为收入。

（2）识别合同中的单项履约义务。合同中包含两项履约义务，销售房屋和提供 3 年物业服务。

（3）确定交易价格。合同中规定的交易价格为 600 万元。

（4）将交易价格分摊至各单项履约义务。A 公司商品房应摊交易价格＝600×600÷（600＋10）＝590.2（万元），3 年物业服务应摊交易价格 9.8 万元。

（5）履行每一单项履约义务时确认收入。销售商品房按时点确认收入，提供物业服务按时段确认收入。

A 公司的会计处理如下：

（1）预收账款时。

| | | |
|---|---|---|
| 借：银行存款 | 1 000 000 | |
| 　　贷：合同负债 | | 1 000 000 |

（2）收到余款时确认收入。

| | | |
|---|---|---|
| 借：银行存款 | 5 000 000 | |
| 　　合同负债 | 1 000 000 | |
| 　　贷：主营业务收入——商品房 | | 5 366 000 |
| 　　　　合同负债 | | 98 000 |
| 　　　　应交税费——应交增值税（销项税额） | | 536 000 |

（3）假设按年确认物业费收入，并计提增值税。

| | | |
|---|---|---|
| 借：合同负债 | 32 700 | |
| 　　贷：其他业务收入 | | 30 800 |
| 　　　　应交税费——应交增值税（销项税额） | | 1 900 |

2. 合同折扣的分摊

新收入准则规定，合同折扣是指合同中各单项履约义务所承诺商品的单独售价之和高于合同交易价格的金额。对于合同折扣，企业应当在各单项履约义务之间按比例分摊。

有确凿证据表明合同折扣仅与合同中一项或多项（而非全部）履约义务相关的，企业应当将该合同折扣分摊至相关一项或多项履约义务。

合同折扣仅与合同中一项或多项（而非全部）履约义务相关，且企业采用余值法估计单独售价的，应当首先在该一项或多项（而非全部）履约义务之间分摊合同折扣，然后采用余值法估计单独售价。因此，合同折扣的分摊分为以下三种情形。

（1）企业应当在各单项履约义务之间按比例分摊合同折扣。

**例 15-26** 甲公司与乙公司签订了一份销售合同，乙向甲购买了 A 产品和 B 产品的组合，总价款为 200 万元。A 产品和 B 产品在市场上均有单独售价，A 售价为 180 万元，B 售价为 45 万元。

分析：在本案例中，A 产品和 B 产品应分摊的交易价格分别为：

$$A = 180 \div (180 + 45) \times 200 = 160（万元）$$
$$B = 45 \div (180 + 45) \times 200 = 40（万元）$$

**例 15-27** 甲公司与乙公司签订了一份合同，以 100 万元的价格向其销售 A、B、C 三种产品。这三种产品构成三项履约义务。甲公司经常以 50 万元单独出售 A 产品，其单独售价可直接观察；B 产品和 C 产品的单独售价不可直接观察。由于 B 产品和 C

产品的单独售价不能直接观察，企业必须对其进行估计。甲公司对B产品采用市场调整法，对C产品采用成本加成法。在做出相关估计时，甲公司最大限度地使用可观察输入值对单独售价的估计如下：

| 产品 | 单独售价 | 估计方法 |
|---|---|---|
| 产品A | 50万元 | 可直接观察 |
| 产品B | 25万元 | 市场调整法 |
| 产品C | 75万元 | 成本加成法 |
| 合计 | 150万元 | |

由于单独售价之和为150万元，超过所承诺的对价100万元，乙公司实际上是因购买一揽子商品的组合而获得了折扣。因为没有证据表明合同折扣仅与合同中一项或多项履约义务相关，因此将折扣在产品A、B、C之间按比例进行分摊：

| 产品 | 分摊的交易价格 |
|---|---|
| 产品A | 33万元（50÷150×100） |
| 产品B | 17万元（25÷150×100） |
| 产品C | 50万元（75÷150×100） |
| 合计 | 100万元 |

（2）有确凿证据表明合同折扣仅与合同中一项或多项（而非全部）履约义务相关的，企业应当将该合同折扣分摊至相关的一项或多项履约义务。

一般而言，同时满足下列三项条件时，企业应当将合同折扣全部分摊至合同中的一项或多项（而非全部）履约义务：

①企业经常将该合同中的各项可明确区分商品单独销售或者以组合的方式单独销售。

②企业也经常将其中部分可明确区分的商品以组合的方式按折扣价格单独销售。

③归属于上述第②项中每一组合的商品的折扣与该合同中的折扣基本相同，且针对每一组合中的商品的分析为将该合同的整体折扣归属于某一项或多项履约义务提供了可观察的证据。

**例15-28** 甲公司与乙客户签订了水质监测站点的建设和运营维护合同，合同中约定共有A、B、C三个站点。其中，A站点建设价款100万元、B站点建设价款120万元、C站点建设价款200万元。建成后需提供三年的运营维护服务，约定A站点三年运营维护价款30万元、B站点三年运营维护价款36万元、C站点三年运营维护价款60万元。

以上合同总价款546万元，同时约定给予C站点建设和运营维护价款46万元的折扣，折扣后总价款为500万元。

分析：在本案例中，合同明确约定46万元的折扣仅与C站点的建设服务和运营维护服务两项履约义务相关，因此，甲公司认为，该折扣只需要在这两项履约义务中进行分摊。

**例 15-29** 甲公司与乙公司签订合同，向其销售 A、B、C 三种产品，合同总价款为 120 万元，这三种产品构成三项履约义务。企业经常以 50 万元单独出售 A 产品，其单独售价可直接观察；B 产品和 C 产品的单独售价不可直接观察，企业采用市场调整法估计的 B 产品单独售价为 25 万元，采用成本加成法估计的 C 产品单独售价为 75 万元。

| 产品 | 单独售价 | 估计方法 |
| --- | --- | --- |
| 产品 A | 50 万元 | 可直接观察 |
| 产品 B | 25 万元 | 市场调整法 |
| 产品 C | 75 万元 | 成本加成法 |
| 合计 | 150 万元 | |

甲公司通常以 50 万元的价格单独销售 A 产品，并将 B 产品和 C 产品组合在一起以 70 万元的价格销售。上述价格均不包含增值税。

分析：本例中，三种产品的单独售价合计为 150 万元，而该合同的价格为 120 万元，该合同的整体折扣为 30 万元 。由于甲公司经常将 B 产品和 C 产品组合在一起以 70 万元的价格销售，该价格与其单独售价之和（ 100 万元）的差额为 30 万元，与该合同的整体折扣一致，而 A 产品单独销售的价格与其单独售价一致，证明该合同的整体折扣仅应归属于 B 产品和 C 产品。因此将折扣在产品 B 和 C 之间按比例进行分摊。

| 产品 | 分摊的交易价格 |
| --- | --- |
| A 产品 | 50 万元 |
| B 产品 | 17.5 万元（ 25 ÷ 100× 70） |
| C 产品 | 52.5 万元（ 75 ÷ 100× 70） |
| 合计 | 120 万元 |

**（3）有确凿证据表明，合同折扣仅与合同中的一项或多项（而非全部）履约义务相关，且企业采用余值法估计单独售价的，应当首先在该一项或多项（而非全部）履约义务之间分摊合同折扣，然后再采用余值法估计单独售价。**

**例 15-30** 沿用上例，A、B 和 C 产品的单独售价均不变，合计为 150 万元，B 和 C 产品组合销售的折扣仍为 30 万元。但是，合同总价款为 160 万元，甲公司与乙公司签订的合同中还包括销售 D 产品。 D 产品的价格波动巨大，甲公司向不同的客户单独销售 D 产品的价格在 20 万元至 60 万元之间。

在本例中，由于产品价格波动巨大，甲公司计划 D 产品用余值法估计其单独售价。由于合同折扣 30 万元仅与 B 和 C 产品有关，因此，甲公司首先应当在 B 和 C 产品之间分摊合同折扣。然后，甲公司采用余值法估计 D 产品的单独售价：

| 产品 | 单独售价 |
| --- | --- |
| A 产品 | 50 万元 |
| B 产品 | 17.5 万元（ 25 ÷ 100× 70） |

| | |
|---|---|
| C 产品 | 52.5 万元（75÷100×70） |
| D 产品 | 40 万元（160－120） |
| 合计 | 160 万元 |

甲公司采用余值法估计 D 产品的单独售价为 40 万元，该金额在甲公司以往单独销售 D 产品的价格区间之内，表明该分摊结果符合分摊交易价格的目标，即该金额能够反映甲公司因转让 D 产品而预期有权收取的对价金额。

若合同总价款为 125 万元，上述其他资料不变。则：

| 产品 | 单独售价 |
|---|---|
| A 产品 | 50 万元 |
| B 产品 | 17.5 万元（25÷100×70） |
| C 产品 | 52.5 万元（75÷100×70） |
| D 产品 | 5 万元（125－120） |
| 合计 | 125 万元 |

甲公司采用余值法估计的 D 产品的单独售价仅为 5 万元，该金额在甲公司过往单独销售 D 产品的价格区间之外，表明该分摊结果可能不符合分摊交易价格的目标，即该金额不能反映甲公司因转让 D 产品而预期有权收取的对价金额。在这种情况下，用余值法估 D 产品的单独售价可能是不恰当的，甲公司应当考虑采用其他的方法估计 D 产品的单独售价。

3. 可变对价的分摊

合同所包含的可变对价可能与整个合同相关，也可能仅与合同中的某一特定组成部分有关。新收入准则规定，对于可变对价及可变对价的后续变动额，企业应当按照分摊交易价格的一般原则，将其分摊至与之相关的一项或多项履约义务，或者分摊至构成单项履约义务的一系列可明确区分商品中的一项或多项商品。对于已履行的履约义务，其分摊的可变对价后续变动额应当调整变动当期的收入。

（1）可变对价全部分摊至合同的特定部分

同时满足下列条件的，企业应当将可变对价及可变对价的后续变动额全部分摊至与之相关的某项履约义务，或者构成单项履约义务的一系列可明确区分商品中的某项商品：

①可变对价的条款专门针对企业为履行该项履约义务或转让该项可明确区分商品所做的努力（或者是履行该项履约义务或转让该项可明确区分商品所导致的特定结果）。

②企业在考虑了合同中的全部履约义务及支付条款后，将合同对价中的可变金额全部分摊至该项履约义务或该项可明确区分商品符合分摊交易价格的目标。

（2）按照分摊交易价格的一般原则分摊

对于不满足上述条件的可变对价及可变对价的后续变动额，以及可变对价及其后续变动额中未满足上述条件的剩余部分：企业应当按照分摊交易价格的一般原则，将其分摊至合同中的各单项履约义务。对于已履行的履约义务，其分摊的可变对价后续变动额应当调整变动当期的收入。

**例 15-31** 甲公司与乙公司签订合同，将其拥有的两项专利技术 X 和 Y 授权给乙公司使用。假定两项授权均构成单项履约义务，且都属于在某一时点履行的履约义务。X 和 Y 的单独售价分别为 80 万元和 100 万元。假定不考虑增值税等相关税费。

情形 1：可变对价全部分摊至一项履约义务

该合同约定，授权使用 X 的价格为 80 万元，授权使用 Y 的价格为乙公司使用该专利技术所生产的产品销售额的 3%。甲公司估计其就授权使用 Y 而有权收取的特许权使用费为 100 万元。

分析：在本情形下，该合同包含固定对价和可变对价。在分摊交易价格时，企业应将可变对价（即基于销售的特许权使用费）全部分摊至 Y，主要考虑以下原因：

①可变对价明确地与转让 Y 的履约义务的结果有关（即客户后续销售使用 Y 的产品）

②甲公司估计基于实际销售情况收取的特许权使用费的金额接近 Y 的单独售价，且固定金额 80 万元接近于 X 的单独售价。

因此，甲公司将可变对价部分的特许权使用费金额全部由 Y 承担符合交易价格的分摊目标。

情形 2：基于单独售价分摊的可变对价

该合同约定，授权使用 X 的价格为 30 万元，授权使用 Y 的价格为乙公司使用该专利技术所生产的产品销售额的 5%。甲公司估计其就授权使用 Y 而有权收取的特许权使用费为 150 万元。

分析：在本情形下，虽然可变对价部分的特许权使用费明确的与转让专利技术 Y 履约义务的结果相关（即客户后续销售使用许可证的产品），但将 30 万元分摊至专利技术 X，并将 150 万元分摊至专利技术 Y，未能反映出基于专利技术 X 和专利技术 Y 的单独售价（分别为 80 万元和 100 万元）对交易价格进行的合理分摊。因此，企业基于单独售价的相对比例（分别为 80 万元和 100 万元）将交易价格 30 万元，分摊至专利技术 X 和专利技术 Y。同时基于单独售价的相对比例对与基于销售的特许使用费相关的对价进行分摊。

（3）交易价格的后续变动

交易价格发生后续变动的，企业应当按照在合同开始日所采用的基础将该后续变动金额分摊至合同中的履约义务。企业不得因合同开始日之后单独售价的变动而重新分摊交易价格。

（4）合同变更后可变对价及其变动的处理

合同变更之后发生可变对价后续变动的，企业应当区分下列三种情形分别进行会计处理。

①合同变更属于增加了可明确区分的商品及合同价款，且新增合同价款反映了新增商品单独售价的，企业应当判断可变对价后续变动与哪一项合同相关，再按照上述原则进行会计处理。

②合同变更不属于第①规定的情形，且在合同变更日已转让的商品或已提供的服务（以下简称“已转让的商品”）与未转让的商品或未提供的服务（以下简称“未转让的商品”）之间可明确区分，且可变对价后续变动与合同变更前已承诺可变对价相

关的，企业应当首先将该可变对价后续变动额以原合同开始日确定的基础进行分摊，然后再将分摊至合同变更日尚未履行履约义务的该可变对价后续变动额以新合同开始日确定的基础进行二次分摊。

③合同变更之后发生除上述①和②规定情形以外的可变对价后续变动的，企业应当将该可变对价后续变动额分摊至合同变更日尚未履行的履约义务。

**例 15-32** 2×20 年 9 月 1 日，甲公司与乙公司签订合同，向其销售 A 产品和 B 产品。A 产品和 B 产品均为可明确区分商品，其单独售价相同，且均属于在某一时点履行的履约义务。合同约定，A 产品和 B 产品分别于 2×20 年 11 月 1 日和 2×21 年 3 月 31 日交付给乙公司。合同约定的对价包括 1000 元的固定对价和估计金额为 200 元的可变对价。假定甲公司将 200 元的可变对价计入交易价格，满足新收入准则有关将可变对价金额计入交易价格的限制条件。因此，该合同的交易价格为 1200 元。假定上述价格均不包含增值税。

2×20 年 12 月 1 日，双方对合同范围进行了变更，乙公司向甲公司额外采购 C 产品，合同价格增加 300 元，C 产品与 A、B 两种产品可明确区分，但该增加的价格不反映 C 产品的单独售价。

C 产品的单独售价与 A 产品和 B 产品相同。C 产品将于 2×21 年 6 月 30 日交付给乙公司。

2×20 年 12 月 31 日，企业预计有权收取的可变对价的估计金额由 200 元变更为 240 元，该金额符合计入交易价格的条件。因此，合同的交易价格增加了 40 元，且甲公司认为该增加额与合同变更前已承诺的可变对价相关。

分析：

（1）在合同开始日，该合同包含两个单项履约义务，甲公司应当将估计的交易价格分摊至这两项履约义务。由于两种产品的单独售价相同，且可变对价不符合分摊至其中一项履约义务的条件，因此，甲公司将交易价格 1 200 元平均分摊至 A 产品和 B 产品，即 A 产品和 B 产品各自分摊的交易价格均为 600 元。

（2）2×20 年 11 月 1 日，当 A 产品交付给客户时，甲公司相应确认收入 600 元。

（3）2×20 年 12 月 1 日，双方进行了合同变更。该合同变更属于新收入准则关于合同变更的第二种情形，因此该合同变更应当作为原合同终止，并将原合同的未履约部分与合同变更部分合并为新合同进行会计处理。在该新合同下，合同的交易价格为 900 元（600 + 300），由于 B 产品和 C 产品的单独售价相同，分摊至 B 产品和 C 产品的交易价格的金额均为 450 元。

（4）2×20 年 12 月 31 日，甲公司重新估计可变对价，增加了交易价格 40 元。由于该增加额与合同变更前已承诺的可变对价相关，因此应首先将该增加额分摊给 A 产品和 B 产品，之后再将分摊给 B 产品的部分在 B 产品和 C 产品形成的新合同中进行二次分摊。在本例中，由于 A、B 和 C 产品的单独售价相同，在将 40 元的可变对价后续变动分摊至 A 产品和 B 产品时，各自分摊的金额为 20 元。由于甲公司已经转让了 A 产品，在交易价格发生变动的当期即应将分摊至 A 产品的 20 元确认为收入。之后，甲公司将分摊至 B 产品的 20 元平均分摊至 B 产品和 C 产品，即各自分摊的金额为 10 元，经过上述分摊后，B 产品和 C 产品的交易价格金额均为 460 元（450 + 10）。因此，甲公司分别在 B 产品和 C 产品控制权转移时确认收入 460 元。

**（五）在履行义务得以满足时确认收入**

1. 履约义务的类型

新收入准则规定，合同开始日，企业应当对合同进行评估，识别该合同所包含的各单项履约义务，并确定各单项履约义务是在某一时段内履行，还是在某一时点履行，然后，在履行了各单项履约义务时分别确认收入。

满足下列条件之一的，属于在某一时段内履行履约义务；否则，属于在某一时点履行履约义务：

（1）客户在企业履约的同时即取得并消耗企业履约所带来的经济利益。该条件意味着若在企业履约的过程中更换其他企业继续履行剩余履约义务，继续履行合同的企业实质上无需重新执行企业累计至今已经完成的工作。例如，常规或经常性的服务合同（保洁服务和咨询服务等）。

**例 15-33** 甲企业承诺将客户的一批货物从 A 市运送到 B 市，假定该批货物在途经 C 市时，由乙运输公司接替甲企业继续提供该运输服务，由于 A 市到 C 市之间的运输服务是无需重新执行的，表明客户在甲企业履约的同时即取得并消耗了甲企业履约所带来的经济利益，因此，甲企业提供的运输服务属于在某一时段内履行的履约义务。

（2）客户能够控制企业履约过程中在建的商品。履约过程中的商品可以是有形资产（如 在客户的土地上进行施工服务的建造合同，客户通常能够控制企业在履约时所形成的任何在建资产），也可以是无形资产（如在客户所在地开发信息技术系统）。

**例 15-34** 甲企业与客户签订合同，在客户拥有的土地上按照客户的设计要求为其建造厂房。在建造过程中客户有权修改厂房设计，并与企业重新协商设计变更后的合同价款。客户每月末按当月工程进度向企业支付工程款。如果客户终止合同，已完成建造部分的厂房归客户所有。

分析：本例中，企业为客户建造厂房，该厂房位于客户的土地上，客户终止合同时，已建造的厂房归客户所有。这些均表明客户在该厂房建造的过程中就能够控制该在建的厂房。 因此，企业提供的该建造服务属于在某一时段内履行的履约义务，企业应当在提供该服务的期间内确认收入。

（3）企业履约过程中所产出的商品具有不可替代用途，且该企业在整个合同期间内有权就累计至今已完成的履约部分收取款项。

具有不可替代用途，是指因合同限制或实际可行性限制，企业不能轻易地将商品用于其他用途。其中，合同限制，是指合同中存在实质性限制条款 ，导致企业不能将合同约定的商品用于其他用途（如销售给其他客户）。实际可行性限制，是指虽然合同中没有限制，但是企业将合同中约定的商品用作其他用途，将遭受重大的经济损失（如需以显著较低的价格出售该资产或发生重大的返工成本）。企业在判断商品是否具有不可替代用途时，需要注意以下四点：

首先，企业应当在合同开始日判断所承诺的商品是否具有不可替代用途。在此之后，除非发生合同变更，且该变更显著改变了原合同约定的履约义务，否则，企业无需重新进行评估。

其次，合同是否存在实质性限制条款，导致企业不能将合同约定的商品用于其他用途。保护性条款也不应被视为实质性限制条款。

另外，是否存在实际可行性限制。例如，虽然合同没有限制，但是企业将合同约定的商品用作其他用途，将遭受重大的经济损失或发生重大的返工成本。

最后，企业应当根据最终转移给客户的商品的特征判断其是否具有不可替代用途。例如，某商品在生产的前期可以满足多种用途需要的，从某一时点或某一流程开始，才进入定制化阶段，此时，企业应当根据该商品在最终转移给客户时的特征来判断其是否满足“具有不可替代用途”的条件。

有权就累计至今已完成的履约部分收取款项，是指在由于客户或其他方原因终止合同的情况下，企业有权就累计至今已完成的履约部分收取能够补偿其已发生成本和合理利润的款项，并且该权利具有法律约束力。注意的是，合同终止必须是由于客户或其他方（即由企业未按照合同承诺履约之外的其他原因）而非企业自身的原因所致，在整个合同期间内的任一时点，企业均应当拥有此项权利。企业在进行判断时，需要注意以下几点。

一是企业有权就累计至今已完成的履约部分收取的款项应当大致相当于累计至今已经转移给客户的商品的售价，即该金额应当能够补偿企业已经发生的成本和合理利润。其中，合理的利润补偿并非一定是该合同的整体毛利水平，以下两种情形都属于合同的利润补偿：第一，根据合同终止前的履约进度对该合同的毛利水平进行调整后确定的金额作为利润补偿金额；第二，如果该合同的毛利水平高于企业同类合同的毛利水平，以企业从同类合同中能够获取的合理资本回报或者经营毛利作为利润补偿金额。

二是，企业有权就累计至今已完成的履约部分收取款项，并不意味着企业拥有随时可行使的无条件收款权。当合同约定客户在约定的某一时点、重要事项完成的时点或者整个合同完成之后才支付合同价款时，企业并没有取得收款的权利。在判断其是否满足要求时，应当考虑在整个合同期间内的任一时点，假设由于客户或其他原因导致合同提前终止时，企业是否有权主张该收款权利，即有权要求客户补偿其截至目前已完成的履约部分应收取的款项。

三是当客户只有在某些特定时点才能要求终止合同，或者根本无权终止合同时终止了合同（包括客户没有按照合同约定履行其义务）时，如果合同条款或法律法规赋予了企业继续执行合同（即企业继续向客户转移合同中承诺的商品并要求客户支付对价）的权利，则表明企业有权就累计至今已完成的履约部分收取款项。

四是企业在进行相关判断时，不仅要考虑合同条款的约定，还应当充分考虑所处的法律环境（包括适用的法律法规、以往的司法实践以及类似案例的结果等）是否对合同条款形成了补充，或者会凌驾于合同条款之上。例如，在合同没有明确约定的情况下，相关的法律法规等是否支持企业主张相关的收款权利；以往的司法实践是否表明合同中的某些条款没有法律约束力；在以往的类似合同中，企业虽然拥有此类权利，却在考虑了各种因素之后没有行使该权利，这是否导致企业主张该权利的要求在当前的法律环境下不被支持等。

五是企业和客户在合同中约定的具体付款时间表并不一定意味着，企业有权就累计至今已完成的履约部分收取款项。企业需要在进一步评估，合同中约定的付款时间表，是否使企业在整个合同期间内的任一时点，在由于除企业自身未按照合同承诺履约之外的其他原因导致合同终止的情况下，均有权就累计至今已完成的履约部分收取能够补偿其成本和合理利润的款项。

**例 15-35** 甲公司是一家造船企业，与乙公司签订了一份船舶建造合同，按照乙公司的具体要求设计和建造船舶。甲公司在自己的厂区内完成该船舶的建造，乙公司无法控制在建过程中的船舶。甲公司如果想把该船舶出售给其他客户，需要发生重大的改造成本。双方约定，如果乙公司单方面解约，乙公司需向甲公司支付相当于合同总价 30% 的违约金，且建造中的船舶归甲公司所有。假定该合同仅包含一项履约义务，即设计和建造船舶。

分析：本例中，船舶是按照乙公司的具体要求进行设计和建造的，甲公司需要发生重大的改造成本将该船舶改造之后才能将其出售给其他客户，因此，该船舶具有不可替代用途。然而，如果乙公司单方面解约，仅需向甲公司支付相当于合同总价 30% 的违约金，表明甲公司无法在整个合同期间内都有权就累计至今已完成的履约部分收取能够补偿其已发生成本和合理利润的款项。因此，甲公司为乙公司设计和建造船舶不属于在某一时段内履行的履约义务。

**例 15-36** 甲公司与乙公司签订合同，针对乙公司的实际情况和面临的具体问题，为改善其业务流程提供咨询服务，并出具专业的咨询意见。双方约定，甲公司仅需要向乙公司提交最终的咨询意见，而无需提交任何其在工作过程中编制的工作底稿和其他相关资料；在整个合同期间内，如果乙公司单方面终止合同，乙公司需要向甲公司支付违约金，违约金的金额等于甲公司已发生的成本加上 15% 的毛利率，该毛利率与甲公司在类似合同中能够赚取的毛利率大致相同。

分析：本例中，在合同执行过程中，由于乙公司无法获得甲公司已经完成工作的工作底稿和其他任何资料，假设在执行合同的过程中，因甲公司无法履约而需要由其他公司来继续提供后续咨询服务并出具咨询意见时，其需要重新执行甲公司已经完成的工作，表明乙公司并未在甲公司履约的同时即取得并消耗了甲公司履约所带来的经济利益。然而，由于该咨询服务是针对乙公司的具体情况而提供的，甲公司无法将最终的咨询意见用作其他用途，表明其具有不可替代用途。此外，在整个合同期间内，如果乙公司单方面终止合同，甲公司根据合同条款可以主张其已发生的成本及合理利润，表明甲公司在整个合同期间内有权就累计至今已完成的履约部分收取款项。

因此，甲公司向乙公司提供的咨询服务属于在某一时段内履行的履约义务，甲公司应当在其提供服务的期间内按照适当的履约进度确认收入。

**例 15-37** 甲公司与乙公司签订合同，在乙公司申请首次公开发行股票时，提供包括依法对乙公司申请文件、证券发行募集文件进行核查，出具保荐意见等保荐服务。乙公司在签订合同后支付 10% 的保荐费，在首次公开发行股票申请被受理后再支付 50% 的保荐费，其余 40% 的保荐费在首次公开发行股票完成后支付，已支付的费用无需返还。如果因乙公司或其他方原因终止合同时（如乙公司首次公开发行股票申请未被受理），甲公司无权收取剩余款项，但可就其发生的差旅费等直接费用获取补偿。根据相关监管要求，保荐人应当结合尽职调查过程中获得的信息对发行人进行审慎核查，对其提供的资料和披露的内容进行独立判断，保荐人的工作底稿应当独立保存至少 10 年，如果乙公司更换保荐机构，新的保荐机构需要重新执行原保荐机构已完成的保荐工作，并且乙公司需要重新履行申报程序。假定该合同不涵盖承销服务及上市后的持续督导等其他服务。

分析：本例中，除非甲公司完成乙公司上市前的全部保荐服务，乙公司不能从甲公司提供的各项服务本身获益，或将其与其他易于获得的资源一起使用并受益，即该保荐服务中的各项服务本身是不能够明确区分的。同时，该合同所约定的各项服务具有高度关联性，即合同中承诺的各项服务在合同层面是不可单独区分的。因此，甲公司提供的保荐服务属于单项履约义务。

另外，在本例中，（1）如果乙公司在首次发行股票申请过程中更换保荐机构，新的保荐公司需要重新执行原保荐机构已完成的保荐工作，乙公司在甲公司履约的同时并未取得并消耗甲公司提供服务所带来的经济利益；（2）甲公司按照相关监管要求独立进行核查并出具保荐意见，工作底稿归甲公司所有且应当独立保存至少10年，乙公司不能控制甲公司正在履行的保荐服务；（3）虽然甲公司是针对乙公司的具体情况提供保荐服务，该服务具有不可替代用途，但是，该合同约定首付款仅10%，后续进度款直到首发申请被受理及首发完成才支付，并且由于乙公司或其他方原因终止合同时，甲公司无权收取剩余款项，仅可就发生的差旅费等直接费用获取补偿，上述情况表明甲公司并不能在整个合同期间内任一时点就累计至今已完成的履约部分收取能够补偿其已发生成本和合理利润的款项。综合上述情况，甲公司提供的保荐服务不满足在某一时段内履行履约义务的条件，属于在某一时点履行的履约义务。

**例15-38** 甲公司与乙公司签订合同，为其进行某新药的药理药效实验。合同约定，甲公司按照乙公司预先确定的实验测试的材料、方式和次数进行实验并记录实验结果，且需向乙公司实时汇报和提交实验过程中所获取的数据资料，实验完成后应向乙公司提交一份药理药效实验报告，用于乙公司后续的临床医药实验。假定该合同仅包含一项履约义务。该项实验工作的流程和所使用的技术相对标准化，如果甲公司中途被更换，乙公司聘请另一家实验类企业（以下简称“新聘企业”）可以在甲公司已完成的工作基础上继续进行药理药效实验并提交实验报告，新聘企业在继续履行剩余履约义务时将不会享有甲公司目前已控制的、且在将剩余履约义务转移给该企业后仍然控制的任何资产的利益。

分析：本例中，甲公司在判断其他企业是否实质上无需重新执行甲公司累计至今已经完成的工作时，应当基于下列两个前提：一是不考虑可能会使甲公司无法将剩余履约义务转移给其他企业的合同限制或实际可行性限制；二是假设新聘企业将不享有甲公司目前已控制的、且在将剩余履约义务转移给该新聘企业后仍然控制的任何资产的利益。由于甲公司实验过程中的资料和数据已实时提交给乙公司，且如果在甲公司履约的过程中更换其他企业继续进行药理药效实验，其他企业可以在甲公司已完成的工作基础上继续进行药理药效实验并提交实验报告，实质上无需重复执行甲公司累计已经完成的工作，因此，乙公司在甲公司履约的同时即取得并消耗了甲公司履约所带来的经济利益，甲公司提供的实验服务属于在某一时段内履行的履约义务。

**例15-39** 甲公司与乙公司签订合同，为其开发一套定制化软件系统。合同约定，为确保信息安全以及软件开发完成后能够迅速与乙公司系统对接，甲公司需在乙公司办公现场通过乙公司的内部模拟系统进行软件开发，开发过程中所形成的全部电脑程序、代码等应存储于乙公司的内部模拟系统中，开发人员不得将程序代码等转存至其他电脑中，开发过程中形成的程序、文档等所有权和知识产权归乙公司所有。如果甲公司被中途更换，其他供应商无法利用甲公司已完成工作，而需要重新执行软件定制工作。乙公司对甲公司开发过程中形成的代码和程序没有合理用途，乙公司并不能够利用开发过程中形成的程序、文档，并从中获取经济利益。乙公司将组织里程碑验收和终验，并按照合同约定分阶段付款，其中预付款比例为合同价款的5%，里程碑验收时付款比例为合同价款的65%，终验阶段付款比例为合同价款的30%。如果乙公司违约，需支付合同价款10%的违约金。

分析：在本例中，（1）如果甲公司被中途更换，新供应商需要重新执行软件定制工作，所以乙公司在甲公司履约的同时并未取得并消耗甲公司软件开发过程中所带来的经济利益；（2）甲公司虽然在乙公司的办公场地的模拟系统中开发软件产品，乙公司也拥有软件开发过程中形成的所有程序、文档等所有权和知识产权，可以主导其使用，但上述安排主要是基于信息安全的考虑，乙公司并不能够合理利用开发过程中形成的程序、文档，并从中获得几乎全部的经济利益，所以乙公司不能够控制甲公司履约过程中在建的商品；（3）甲公司履约过程中产出的商品为定制软件，具有不可替代用途，但是，乙公司按照合同约定分阶段付款，预付款仅5%，后续进度款仅在相关里程碑达到及终验时才支付，且如果乙公司违约，仅需支付合同价款10%的违约金，表明甲公司并不能在整个合同期内任一时点就累计至今已完成的履约部分收取能够补偿其已发生成本和合理利润的款项。因此，该定制软件开发业务不满足属于在某一时段内履行履约义务的条件，属于在某一时点履行的履约义务。

2. 某一时段内履行履约义务的收入确认

对于在某一时段内履行的履约义务，企业应当在该段时间内按照履约进度确认收入，但是，履约进度不能合理确定的除外。

相关计算公式如下：

本期确认的收入＝合同的交易价格总额 × 履约进度－以前会计期间累计已确认的收入
本期确认的成本＝合同预计总成本 × 履约进度－以前会计期间已确认的成本、费用
本期确认毛利＝本期确认收入－本期确认的成本

（1）履约进度的确定

企业应当考虑商品的性质，采用产出法或投入法确定恰当的履约进度。对于每一项履约义务，企业只能采用一种方法来确定其履约进度，并加以一贯运用。对于类似情况下的类似履约义务，企业应当采用相同的方法确定履约进度。

产出法是根据已转移给客户的商品对于客户的价值确定履约进度。产出法主要是根据已转移给客户的商品对于客户的价值确定履约进度，主要包括按照实际测量的完工进度、评估已实现的结果、已达到的里程碑、时间进度、已完工或交付的产品等确定履约进度的方法。企业在评估是否采用产出法确定履约进度时，应当考虑所选择的产出指标是否能够如实地反映向客户转移商品的进度。当产出法所需要的信息可能无法直接通过观察获得，或者为获得这些信息需要花费很高的成本时，可采用投入法。

**例15-40** 甲公司与客户签订合同，为该客户拥有的一条铁路更换100根铁轨，合同价格为10万元（不含税价）。截至2×20年12月31日，甲公司共更换铁轨60根，剩余部分预计在2×21年3月31日之前完成。该合同仅包含一项履约义务，且该履约义务满足在某一时段内履行的条件。假定不考虑其他情况。

分析：本例中，甲公司提供的更换铁轨的服务属于在某一时段内履行的履约义务，甲公司按照已完成的工作量确定履约进度。因此，截至 2×20 年 12 月 31 日，该合同的履约进度为 60%（60÷100），甲公司应确认的收入为 6 万元（10×60%）。

投入法是根据企业为履行履约义务的投入确定履约进度，主要包括以投入的材料数量、花费的人工工时或机器工时、发生的成本和时间进度等投入指标确定履约进度。当企业从事的工作或发生的投入是在整个履约期间内平均发生时，按照直线法确认收入是合适的。由于企业的投入与向客户转移商品的控制权之间未必存在直接的对应关系，因此，企业在采用投入法时，应当扣除那些虽然已经发生、但是未导致向客户转移商品的投入。

在实务中，企业通常按照累计实际发生的成本占预计总成本的比例（即，成本法）确定履约进度。企业在采用成本法确定履约进度时，可能需要对已发生的成本进行适当调整的情形：

①已发生的成本并未反映企业履行其履约义务的进度（如因企业生产效率低下等原因而导致的非正常消耗，包括非正常消耗的直接材料、直接人工及制造费用等，或因为这些非正常消耗并没有为合同进度做出贡献），除非企业和客户在订立合同时已经预见会发生这些成本并将其包括在合同价款中。

②已发生的成本与企业履行其履约义务的进度不成比例。当企业已发生的成本与履约进度不成比例，企业在采用成本法确定履约进度时需要进行适当调整，通常仅以其已发生的成本为限确认收入。

对于施工过程中尚未安装、使用或耗用的商品（本段的商品不包括服务）或材料成本等，当企业在合同开始日就预期将能够满足下列所有条件时，应在采用成本法确定履约进度时不包括这些成本：

第一，该商品或材料不可明确区分，即不构成单项履约义务。

第二，客户先取得该商品或材料的控制权，之后才接受与之相关的服务。

第三，该商品或材料的成本相对于预计总成本而言是重大的。

第四，企业自第三方采购该商品或材料，且未深入参与其设计和制造，对于包含该商品的履约义务而言，企业是主要责任人。

**例 15-41** 2×20 年 10 月，甲公司与客户签订合同，为客户装修一栋办公楼并安装一部电梯，合同总金额为 100 万元。甲公司预计的合同总成本为 80 万元，其中包括电梯的采购成本 30 万元。交易价格和预计成本汇总如下：

| 预计成本 | 金额 |
|---|---|
| 电梯 | 30 万元 |
| 其他成本 | 50 万元 |
| 预计总成本 | 80 万元 |
| 交易价格 | 100 万元 |

2×20 年 12 月，甲公司将电梯运达施工现场并经过客户验收，客户已取得对电梯的控制权，但是根据装修进度，预计到 2×21 年 2 月才会安装该电梯。截至 2×20 年

12月，甲公司累计发生成本40万元，其中包括支付给电梯供应商的采购成本30万元以及因采购电梯发生的运输和人工等相关成本5万元。

假定该装修服务（包括安装电梯）构成单项履约义务，并属于在某一时段内履行的履约义务，甲公司是主要责任人，但不参与电梯的设计和制造；甲公司采用成本法确定履约进度 。上述金额均不含增值税。

分析：本例中，截至2×20年12月，甲公司发生成本40万元（包括电梯采购成本30万元以及因采购电梯发生的运输和人工等相关成本5万元），甲公司认为其已发生的成本和履约进度不成比例，因此需要对履约进度的计算作出调整，将电梯的采购成本排除在已发生成本和预计总成本之外。在该合同中，该电梯不构成单项履约义务，其成本相对于预计总成本而言是重大的，甲公司是主要责任人，但是未参与该电梯的设计和制造，客户先取得了电梯的控制权，随后才接受与之相关的安装服务，因此，甲公司在客户取得该电梯控制权时，按照该电梯采购成本的金额确认转让电梯产生的收入。

因此，2×20年12月：

该合同的履约进度 =（40 － 30）÷（80 － 30）＝ 20%

应确认的收入＝（100 － 30）×20% ＋ 30 ＝ 44（万元）

应确认的销售成本＝（80 － 30）×20% ＋ 30 ＝ 40（万元）

（2）履约进度的重新估计

资产负债表日，当客观环境发生变化时，企业需要重新评估履约进度是否发生变化，以确保履约进度能够反映履约情况的变化，该变化应当作为会计估计变更进行会计处理。

（3）履约进度不能合理确定的会计处理

对于在某一时段内履行的履约义务，只有当其履约进度能够合理确定时，才应当按照履约进度确认收入。 当履约进度不能合理确定时，企业已经发生的成本预计能够得到补偿的，应当按照已经发生的成本金额确认收入，直到履约进度能够合理确定为止。

3. 某一时点内履行履约义务的收入确认

新收入准则规定，对于在某一时点履行的履约义务，企业应当在客户取得相关商品控制权时点确认收入。在判断客户是否已取得商品控制权时，企业应当鉴别是否出现下列迹象：

（1）企业就该商品享有现时收款权利，即客户就该商品负有现时付款义务。当企业就该商品享有现时收款权利时，可能表明客户已经有能力主导该商品的使用并从中获得几乎全部的经济利益。

（2）企业已将该商品的法定所有权转移给客户，即客户已拥有该商品的法定所有权。当客户取得了商品的法定所有权时， 可能表明 其已经有能力主导该商品的使用并从中获得几乎全部的经济利益，或者能够阻止其他企业获得这些经济利益，即客户已取得对该商品的控制权。如果企业仅仅是为了确保到期收回货款而保留商品的法定所有权，那么该权利通常不会对客户取得对该商品的控制权构成障碍。

（3）企业已将该商品实物转移给客户，即客户已实物占有该商品。客户如果已经占有商品实物，则可能表明其有能力主导该商品的使用并从中获得其几乎全部的经济利益或者使其他企业无法获得这些利益。需要说明的是，客户占有了某项商品实物并不意味着其就一定取得了该商品的控制权，反之亦然。

①采用支付手续费方式的委托代销安排

采用支付手续费方式的委托代销安排下，虽然企业作为委托方已将商品发送给受托方，但是受托方并未取得该商品的控制权，因此，企业不应在向受托方发货时确认销售商品的收入，而仍然应当根据控制权是否转移来判断何时确认收入，通常应当在受托方售出商品时确认销售商品收入；受托方应当在商品销售后，按合同或协议约定的方法计算确定的手续费确认收入。表明一项安排是委托代销安排的迹象包括：

a. 在特定事件发生之前（例如，向最终客户出售产品或指定期间到期之前），企业拥有对商品的控制权；

b. 企业能够要求将委托代销的商品退回或者将其销售给其他方（如其他经销商）；

c. 尽管经销商可能被要求向企业支付一定金额的押金，但是其并没有承担对这些商品无条件付款的义务。

**例 15-42**　甲公司委托乙公司销售 W 商品 1 000 件，W 商品已经发出，每件成本为 70 元。合同约定乙公司应按每件 100 元对外销售，甲公司按不含增值税的销售价格的 10% 向乙公司支付手续费。除非这些商品在乙公司存放期间内由于乙公司的责任发生毁损或丢失，否则在 W 商品对外销售之前，乙公司没有义务向甲公司支付货款。乙公司不承担包销责任，没有售出的 W 商品须返回给甲公司，同时，甲公司也有权要求收回 W 商品或将其 销售给其他的客户。

乙公司对外实际销售 1 000 件，开出的增值税专用发票上注明的销售价格为 100 000 元，增值税税额为 13 000 元，款项已经收到，乙公司立即向甲公司开具代销清单并支付货款。甲公司收到乙公司开具的代销清单时，向乙公司开具一张相同金额的增值税专用发票。假定甲公司发出 W 商品时纳税义务尚未发生，手续费增值税税率为 6%，不考虑其他因素。

分析：本例中，甲公司将 W 商品发送至乙公司后，乙公司虽然已经实物占有 W 商品，但是仅是接受甲公司的委托销售 W 商品，并根据实际销售的数量赚取一定比例的手续费。甲公司有权要求收回 W 商品或将其销售给其他的客户，乙公司并不能主导这些商品的销售，这些商品对外销售与否、是否获利以及获利多少等不由乙公司控制，乙公司没有取得这些商品的控制权。因此，甲公司将 W 商品发送至乙公司时，不应确认收入，而应当在乙公司将 W 商品销售给最终客户时确认收入。

根据上述资料，甲公司的账务处理如下：

（1）发出商品。

| | | |
|---|---|---|
| 借：发出商品——乙公司 | 70 000 | |
| 　　贷：库存商品——W 商品 | | 70 000 |

（2）收到代销清单，同时发生增值税纳税义务。

| | | |
|---|---|---|
| 借：应收账款——乙公司 | 113 000 | |
| 　　贷：主营业务收入 | | 100 000 |
| 　　　　应交税费——应交增值税（销项税额） | | 13 000 |
| 借：主营业务成本 | 70 000 | |
| 　　贷：发出商品 | | 70 000 |

借：销售费用　　10 000
　　应交税费——应交增值税（进项税额）　　600
　　贷：应收账款　　10 600

（3）收到乙公司支付的货款。

借：银行存款　　105 400
　　贷：应收账款　　105 400

乙公司的账务处理如下：

（1）收到商品。

借：受托代销商品　　100 000
　　贷：受托代销商品款　　100 000

（2）对外销售。

借：银行存款　　113 000
　　贷：受托代销商品　　100 000
　　　　应交税费——应交增值税（销项税额）　　13 000

（3）收到增值税专用发票。

借：受托代销商品款　　100 000
　　应交税费——应交增值税（进项税额）　　13 000
　　贷：应付账款　　113 000

（4）支付货款并计算代销手续费。

借：应付账款　　116 000
　　贷：银行存款　　105 400
　　　　其他业务收入　　10 000
　　　　应交税费——应交增值税（销项税额）　　600

②“售后代管商品”安排

售后代管商品是指根据企业与客户签订的合同，已经就销售的商品向客户收款或取得了收款权利，但是直到在未来某一时点将该商品交付给客户之前，仍然继续持有该商品实物的安排。企业有时根据合同已经就销售的商品向客户收款或取得了收款权利，但是，由于客户因为缺乏足够的仓储空间或生产进度延迟等原因，直到在未来某一时点将该商品交付给客户之前，企业仍然继续持有该商品实物，这种情况通常称为“售后代管商品”安排。

在“售后代管商品”安排下，企业除了考虑客户是否取得商品控制权的迹象之外，还应当同时满足下列条件，才表明客户取得了该商品的控制权：

a. 该安排必须具有商业实质，例如该安排是应客户的要求而订立的；

b. 属于客户的商品必须能够单独识别，例如将属于客户的商品单独存放在指定地点；

c. 该商品可以随时交付给客户；

d. 企业不能自行使用该商品或将该商品提供给其他客户。

企业根据上述条件对尚未发货的商品确认了收入的，还应当考虑是否还承担了其他履约义务，例如，向客户提供保管服务等，从而应当将部分交易价格分摊至该其他履约义务。越是通用的、可以和其他商品互相替换的商品，可能越难满足上述条件。

**例 15-43**　2×19 年 1 月 1 日，甲公司与乙公司签订合同，向其销售一台设备和专用零部件。该设备和零部件的制造期为 2 年。甲公司在完成设备和零部件的生产之后，能够证明其符合合同约定的规格。

假定企业向客户转让设备和零部件为两个单项履约义务，且都属于在某一时点履行的履约义务。2×20 年 12 月 31 日，乙公司支付了该设备和零部件的合同价款，并对其进行了验收。乙公司运走了设备，但是考虑到其自身的仓储能力有限，且其工厂紧邻甲公司的仓库，因此要求将零部件存放于甲公司的仓库中，并且要求甲公司按照其指令随时安排发货 。乙公司已拥有零部件的法定所有权，且这些零部件可明确识别为属于乙公司的物品。甲公司在其仓库内的单独区域内存放这些零部件，并且应乙公司的要求可随时发货，甲公司不能使用这些零部件，也不能将其提供给其他客户使用。

分析：本例中，2×20 年 12 月 31 日，该设备的控制权转移给乙公司；对于零部件而言，甲公司已经收取合同价款，但是应乙公司的要求尚未发货，乙公司已拥有零部件的法定所有权并且对其进行了验收，虽然这些零部件实物尚由甲公司持有，但是其满足在“售后代管商品”的安排下客户取得商品控制权的条件，这些零部件的控制权也已经转移给了乙公司。因此，甲公司应当确认销售设备和零部件的相关收入。除销售设备和零部件之外，甲公司还为乙公司提供了仓储保管服务，该服务与设备和零部件可明确区分，构成单项履约义务，甲公司需要将部分交易价格分摊至该项服务，并在提供该项服务的期间确认收入。

**例 15-44**　A 公司生产并销售笔记本电脑。2×18 年，A 公司与零售商 B 公司签订销售合同，向其销售 1 万台电脑。由于 B 公司的仓储能力有限，无法在 2×18 年底之前接收该批电脑，双方约定 A 公司在 2×19 年按照 B 公司的指令按时发货，并将电脑运送至 B 公司指定的地点。

2×18 年 12 月 31 日，A 公司共有上述电脑库存 1.2 万台，其中包括 1 万台将要销售给 B 公司的电脑，然而，这 1 万台电脑和其余 2 000 台电脑一起存放并统一管理，并且彼此之间可以互相替换。

分析：本例中，尽管是由于 B 公司没有足够的仓储空间才要求 A 公司暂不发货，并按照其指定的时间发货，但是由于这 1 万台电脑与 A 公司的其他产品可以互相替换，且未单独存放保管，A 公司在向 B 公司交付这些电脑之前，能够将其提供给其他客户或者自行使用。因此，这 1 万台电脑在 2×18 年 12 月 31 日不满足“售后代管商品”安排下确认收入的条件 。

（4）企业已将该商品所有权上的主要风险和报酬转移给客户，即客户已取得该商品所有权上的主要风险和报酬。企业向客户转移了商品所有权上的主要风险和报酬，可能表明客户已经取得了主导该商品的使用并从中获得其几乎全部经济利益的能力。但是，在评估商品所有权上的主要风险和报酬是否转移时，不应考虑导致企业在除所转让商品之外产生其他单项履约义务的风险。例如，企业将产品销售给客户，并承诺提供后续维护服务的安排中，销售产品和提供维护服务均构成单项履约义务，企业将产品销售给客户之后，虽然仍然保留了与后续维护服务相关的风险，但是，由于维护服务构成单项履约义务，所以该保留的风险并不影响企业已将产品所有权上的主要风险和报酬转移给客户的判断。

（5）客户已接受该商品。如果客户已经接受了企业提供的商品，例如，企业销售给客户的商品通过了客户的验收，可能表明客户已经取得了该商品的控制权。

①当企业能够客观地确定其已经按照合同约定的标准和条件将商品的控制权转移给客户时，客户验收只是一项例行程序，并不影响企业判断客户取得该商品控制权的时点。例如，企业向客户销售一批必须满足规定尺寸和重量的产品，合同约定，客户收到该产品时，将对此进行验收。由于该验收条件是一个客观标准，企业在客户验收前就能够确定其是否满足约定的标准，客户验收可能只是一项例行程序。

②当企业无法客观地确定其向客户转让的商品是否符合合同规定的条件时，在客户验收之前，企业不能认为已经将该商品的控制权转移给了客户。在这种情况下，企业无法确定客户是否能够主导该商品的使用并从中获得其几乎全部的经济利益。例如，客户主要基于主观判断进行验收时，该验收往往不能被视为仅仅是一项例行程序，在验收完成之前，企业无法确定其商品是否能够满足客户的主观标准，因此，企业应当在客户完成验收并接受该商品时才能确认收入。实务中，定制化程度越高的商品，越难以证明客户验收仅仅是一项例行程序。

③如果企业将商品发送给客户供其试用或者测评，且客户并未承诺在试用期结束前支付任何对价，则在客户接受该商品或者在试用期结束之前，该商品的控制权并未转移给客户。

（6）其他表明客户已取得商品控制权的迹象。

需要强调的是，在上述五个迹象中，并没有哪一个或哪几个迹象是决定性的，企业应当根据合同条款和交易实质进行分析，综合判断其是否将商品的控制权转移给客户以及何时转移的，从而确定收入确认的时点。此外，企业应当从客户的角度进行评估，而不应当仅考虑企业自身的看法。

## 三、合同成本的确认与计量

### （一）合同成本的确认

1. 资本化的合同成本

收入准则规定，企业为履行合同发生的成本，不属于其他企业会计准则规范范围且同时满足下列条件的，应当作为合同履约成本确认为一项资产。

（1）该成本与一份当前或预期取得的合同直接相关。预期取得的合同应当是企业能够明确识别的合同，例如，现有合同续约后的合同以及尚未获得批准的特定合同等。

与合同直接相关的成本包括：

①直接人工（例如，支付给直接为客户提供所承诺服务的人员的工资和奖金等）。

②直接材料（例如，为履行合同耗用的原材料、辅助材料、构配件、零件、半成品的成本和周转材料的摊销及租赁费用等）。

③制造费用或类似费用（例如，与组织和管理生产、施工和服务等活动发生的费用，包括管理人员的职工薪酬、劳动保护费、固定资产折旧费及修理费、物料消耗、取暖费、水电费、办公费、差旅费、财产保险费、工程保修费、排污费和临时设施摊销费等）

④明确由客户承担的成本以及仅因该合同而发生的其他成本（例如，支付给分包商的成本、机械使用费、设计和技术援助费用、施工现场二次搬运费、生产工具和用具使用费、检验试验费、工程定位复测费、工程点交费用和场地清理费等）。

（2）该成本增加了企业未来用于履行履约义务的资源。

（3）该成本预期能够收回。

**例 15-45** 甲公司与乙公司签订合同，为其信息中心提供管理服务，合同期限为5年。在向乙公司提供服务之前，甲公司设计并搭建了一个信息技术平台供其内部使用，该信息技术平台由相关的硬件和软件组成。甲公司需要提供设计方案，将该信息技术平台与乙公司现有的信息系统对接，并进行相关测试。该平台并不会转让给乙公司，但是将用于向乙公司提供服务。甲公司为该平台的设计、购买硬件和软件以及信息中心的测试发生了成本。除此之外，甲公司专门指派两名员工，负责向乙公司提供服务。

分析：本例中，甲公司为履行合同发生的上述成本中，购买硬件和软件的成本应当分别按照固定资产和无形资产进行会计处理；设计服务成本和信息中心的测试成本不属于其他章节的规范范围，但是这些成本与履行该合同直接相关，并且增加了甲公司未来用于履行履约义务（即提供管理服务）的资源，如果甲公司预期该成本可通过未来提供服务收取的对价收回，则甲公司应当将这些成本确认为一项资产。甲公司向两名负责该项目的员工支付的工资费用，虽然与向乙公司提供服务有关，但是由于其并未增加企业未来用于履行履约义务的资源，因此，应当于发生时计入当期损益。

2. 费用化的合同成本

企业应当在下列支出发生时，将其计入当期损益。

（1）管理费用。

（2）非正常消耗的直接材料、直接人工和制造费用（或类似费用）。这些支出为履行合同发生，但未反映在合同价格中。

（3）与履约义务中已履行部分相关的支出。即该支出与企业过去的履约活动相关。

（4）无法在尚未履行的与已履行的履约义务之间区分的相关支出。

**例 15-46** 甲公司经营一家酒店，该酒店是甲公司的自有资产。甲公司在进行会计核算时，除发生的餐饮、商品材料等成本外，还需要计提与酒店经营相关的固定资产折旧（如酒店、客房以及客房内的设备家具等）、无形资产摊销（如酒店土地使用权等）费用等，应如何对这些折旧、摊销进行会计处理。

分析：本例中，甲公司经营一家酒店，主要通过提供客房服务赚取收入，而客房服务的提供直接依赖于酒店物业（包含土地）以及家具等相关资产，即与客房服务相关的资产折旧和摊销属于甲公司为履行与客户的合同而发生的服务成本。该成本需先考虑是否满足收入准则第二十六条规定的资本化条件，如果满足，应作为合同履约成本进行会计处理，并在收入确认时对合同履约成本进行摊销，计入营业成本。此外，这些酒店物业等资产中与客房服务不直接相关的，例如财务部门相关的资产折旧等费用或者销售部门相关的资产折旧等费用，则需要按功能将相关费用计入管理费用或销售费用等科目。

3. 增量成本的确认

增量成本是指企业不取得合同就不会发生的成本（比如销售佣金等）。

收入准则规定，企业为取得合同发生的增量成本预期能够收回的，应当作为合同取得成本确认为一项资产；但是，该资产摊销期限不超过一年的，可以在发生时计入当期损益。企业为取得合同发生的、除预期能够收回的增量成本之外的其他支出（如无论是否取得合同均会发生的差旅费等），应当在发生时计入当期损益，但是，明确由客户承担的除外。

**例 15-47** 甲公司是一家咨询公司，其通过竞标赢得一个新客户，为取得该客户的合同，甲公司发生下列支出：①聘请外部律师进行尽职调查的支出为 15 000 元，②因投标发生的差旅费为 10 000 元，③销售人员佣金为 5 000 元，甲公司预期这些支出未来能够收回。此外，甲公司根据其年度销售目标、整体盈利情况及个人业绩等，向销售部门经理支付年度奖金 10 000 元。

分析：本例中，甲公司向销售人员支付的佣金属于为取得合同发生的增量成本，应当将其作为合同取得成本确认为一项资产。甲公司聘请外部律师进行尽职调查发生的支出，为投标发生的差旅费，无论是否取得合同都会发生，不属于增量成本，因此，应当于发生时直接计入当期损益。甲公司向销售部门经理支付的年度奖金也不是为取得合同发生的增量成本，这是因为该奖全发放与否以及发放金额还取决于其他因素（包括公司的盈利情况和个人业绩），其并不能直接归属于可识别的合同。

**例 15-48** 甲公司相关政策规定，销售部门的员工每取得一份新的合同，可以获得提成 100 元，现有合同每续约一次，员工可以获得提成 60 元。甲公司预期上述提成均能够收回。

分析：本例中，甲公司为取得新合同支付给员工的提成 100 元，属于为取得合同发生的增量成本，且预期能够收回，因此，应当确认为一项资产。同样地，甲公司为现有合同续约支付给员工的提成 60 元，也属于为取得合同发生的增量成本，这是因为如果不发生合同续约，就不会支付相应的提成，由于该提成预期能够收回，甲公司应当在每次续约时将应支付的相关提成确认为一项资产。

除上述规定外，甲公司相关政策规定，当合同变更时，如果客户在原合同的基础上，向甲公司支付额外的对价以购买额外的商品，甲公司需根据该新增的合同金额向销售人员支付一定的提成，此时，无论相关合同变更属于合同变更的哪一种情形，甲公司均应当将应支付的提成视同为取得合同（变更后的合同）发生的增量成本进行会计处理。

### （二）合同成本的摊销

新收入准则规定，上述资本化处理的合同成本以及增量成本（以下简称“与合同成本有关的资产”），应当采用与该资产相关的商品收入确认相同的基础进行摊销，计入当期损益。

1. 确认为资产的合同履约成本和合同取得成本，应当采用与该资产相关的商品收入确认相同的基础（即在履约义务履行的时点或按照履约义务的履约进度）进行摊销，计入当期损益。

2. 对于合同取得成本而言，如果合同续约时，企业仍需要支付与取得原合同相当的佣金，这表明取得原合同时支付的佣金与预期将要取得的合同无关，该佣金只能在原合同的期限内进行摊销。

3. 企业应当对资产的摊销情况进行复核并更新，以反映该预期时间的重大变化。此类变化应当作为会计估计变更进行会计处理。

### （三）合同成本的减值

1. 减值的计提

新收入准则规定，与合同成本有关的资产，其账面价值高于下列两项的差额的，超出部分应当计提减值准备，并确认为资产减值损失。

（1）企业因转让与该资产相关的商品预期能够取得的剩余对价。

（2）为转让该相关商品估计将要发生的成本。

2. 减值的转回

以前期间减值的因素之后发生变化，使得上述（1）减（2）的差额高于该资产账面价值的，应当转回原已计提的资产减值准备，并计入当期损益，但转回后的资产账面价值不应超过假定不计提减值准备情况下该资产在转回日的账面价值。

3. 减值测试的顺序

在确定与合同成本有关的资产的减值损失时，企业应当首先对按照其他相关企业会计准则确认的、与合同有关的其他资产确定减值损失；

然后，按照收入准则第三十条规定，确定与合同成本有关的资产的减值损失。

企业按照《企业会计准则第 8 号——资产减值》测试相关资产组的减值情况时，应当将确定与合同成本有关的资产减值后的新账面价值计入相关资产组的账面价值。

**例 15-49** 甲建筑公司与其客户签订一项总金额为 580 万元的固定造价合同，该合同不可撤销。甲公司负责工程的施工及全面管理，客户按照第三方工程监理公司确认的工程完工量，每年与甲公司结算一次。该工程已于 2×18 年 2 月开工，预计 2×21 年 6 月完工。预计可能发生的工程总成本为 550 万元。到 2×19 年底，由于材料价格上涨等因素，甲公司将预计工程总成本调整为 600 万元。2×20 年末根据工程最新情况将预计工程总成本调整为 610 万元。假定该建造工程整体构成单项履约义务，并属于在某一时段内履行的履约义务，该公司采用成本法确定履约进度，不考虑其他相关因素。该合同的其他有关资料如表 15-1 所示。

表 15-1 合同资料　　单位：万元

| 项目 | 2×18 年 | 2×19 年 | 2×20 年 | 2×21 年 | 2×22 年 |
|---|---|---|---|---|---|
| 年末累计实际发生成本 | 154 | 300 | 488 | 610 | — |
| 年末预计完成合同尚需发生的成本 | 396 | 300 | 122 | — | — |
| 本期结算合同款 | 174 | 196 | 180 | 30 | — |
| 本期实际收到价款 | 170 | 190 | 190 | — | 30 |

按照合同约定，工程质保金 30 万元需等到客户于 2×22 年底保证期结束且未发生重大质量问题方能收款。上述价款均为不含税价款，不考虑相关税费的影响。

甲建筑公司的会计处理如下：

1．2×18 年账务处理如下：

（1）实际发生合同成本。

借：合同履约成本　　1 540 000

　贷：原材料、应付职工薪酬等　　1 540 000

（2）确认计量当年的收入并结转成本。

履约进度＝1 540 000÷（1 540 000＋3 960 000）＝28%

合同收入＝5 800 000×28%＝1 624 000（元）

借：合同结算——收入结转　　1 624 000

　贷：主营业务收入　　1 624 000

借：主营业务成本　　1 540 000

　贷：合同履约成本　　1 540 000

（3）结算合同价款。

借：应收账款　　1 740 000

　贷：合同结算——价款结算　　1 740 000

（4）实际收到合同价款。

借：银行存款　　1 700 000

　贷：应收账款　　1 700 000

2018年12月31日，“合同结算”科目的余额为贷方11.6万元（174－162.4），表明甲公司已经与客户结算但尚未履行履约义务的金额为11.6万元，由于甲公司预计该部分履约义务将在2×19年内完成，因此，应在资产负债表中作为合同负债列示。

2．2×19年的账务处理如下：

（1）实际发生合同成本。

借：合同履约成本　　1 460 000

　贷：原材料、应付职工薪酬等　　1 460 000

（2）确认计量当年的收入并结转成本，同时，确认合同预计损失。

履约进度＝3 000 000÷（3 000 000＋3000 000）＝50%

合同收入＝5 800 000×50%－1 624 000＝1 276 000（元）

借：合同结算——收入结转　　1 276 000

　贷：主营业务收入　　1 276 000

借：主营业务成本　　1 460 000

　贷：合同履约成本　　1 460 000

借：主营业务成本　　100 000

　贷：预计负债　　100 000

合同预计损失＝（3 000 000＋3 000 000－5 800 000）×（1－50%）

＝100 000（元）

在2×19年底，由于该合同预计总成本（600万元）大于合同总收入（580万元），预计发生损失总额为20万元，由于其中10万元（20×50%）已经反映在损益中，因此应将剩余的、为完成工程将发生的预计损失10万元确认为当期损失。根据《企业会计准则第13号——或有事项》的相关规定，待执行合同变成亏损合同的，该亏损合同产生的义务满足相关条件的，则应当对亏损合同确认预计负债。因此，为完成工程将发生的预计损失10万元应当确认为预计负债。

（3）结算合同价款。

借：应收账款　　1 960 000

　　贷：合同结算——价款结算　　1 960 000

（4）实际收到合同价款。

借：银行存款　　1 900 000

　　贷：应收账款　　1 900 000

2×19年12月31日，“合同结算”科目的余额为贷方80万元（11.6＋196－127.6），表明甲公司已经与客户结算但尚未履行履约义务的金额为80万元，由于甲公司预计该部分履约义务将在2×20年内完成，因此，应在资产负债表中作为合同负债列示。

3．2×20年的账务处理如下：

（1）实际发生的合同成本。

借：合同履约成本　　1 880 000

　　贷：原材料、应付职工薪酬等　　1 880 000

（2）确认计量当年的合同收入并结转成本，同时调整合同预计损失。

履约进度＝4 880 000÷（4 880 000＋1 220 000）＝80%

合同收入＝5 800 000×80%－1 624 000－1 276 000＝1 740 000（元）

合同预计损失＝（4 880 000＋1 220 000－5 800 000）×（1－80%）－100 000

＝－40 000（元）

借：合同结算——收入结转　　1740 000

　　贷：主营业务收入　　1740 000

借：主营业务成本　　1 880 000

　　贷：合同履约成本　　1 880 000

借：预计负债　　40 000

　　贷：主营业务成本　　40 000

在2×20年底，由于该合同预计总成本（610万元）大于合同总收入（580万元），预计发生损失总额为30万元，由于其中24万元（30×80%）已经反映在损益中，因此预计负债的余额为6万元（30－24），反映剩余的、为完成工程将发生的预计损失，因此，本期应转回合同预计损失4万元。

（3）结算合同价款。

借：应收账款　　1 800 000

　　贷：合同结算——价款结算　　1 800 000

（4）实际收到合同价款。

借：银行存款　　1 900 000

　　贷：应收账款　　1 900 000

2×20年12月31日，“合同结算”科目的余额为贷方86万元（80＋180－174），表明甲公司已经与客户结算但尚未履行履约义务的金额为86万元，由于该部分履约义务将在2×21年6月底前完成，因此，应在资产负债表中作为合同负债列示。

4．2×21 年 1-6 月的账务处理如下：

（1）实际发生合同成本。

借：合同履约成本　　1 220 000

　　贷：原材料、应付职工薪酬等　　1 220 000

（2）确认计量当期的合同收入并结转成本及已计提的合同损失。

2×21 年 1-6 月确认的合同收入＝合同总金额－截至目前累计已确认的收入

＝5 800 000－1 624 000－1 276 000－1 740 000

＝1 160 000（元）

借：合同结算——收入结转　　1 160 000

　　贷：主营业务收入　　1 160 000

借：主营业务成本　　1 220 000

　　贷：合同履约成本　　1 220 000

借：预计负债　　60 000

　　贷：主营业务成本　　60 000

2×21 年 6 月 30 日，“合同结算”科目的余额为借方 30 万元（86－116），是工程质保金，需等到客户于 2×22 年底保质期结束且未发生重大质量问题后方能收款，应当在资产负债表中作为合同资产列示。

5．2×22 年的账务处理：

（1）保质期结束且未发生重大质量问题。

借：应收账款　　300 000

　　贷：合同结算　　300 000

（2）实际收到合同价款。

借：银行存款　　300 000

　　贷：应收账款　　300 000

## 四、特定交易的会计处理

### （一）附有销售退回条款的销售

在实务中，企业销售方式存在销售退回条款，主要包括无理由退货、退回老旧过时产品、以旧换新以及合同终止时退回产品等，这些条款有时是在合同中明确约定的，有时是隐含的权利。这些销售退回条款通常授予客户有权取得全部或部分退款，或者换取另一种产品等相关权利。

对于上述附有销售退回条款的合同，只有在合同中的退货权失效后，企业才能确定实际的销售数量，其实质在于，企业开展了不确定数量的销售。因此，附有销售退回条款的合同收入的确认金额必须满足依据新收入准则中关于“可变对价及其限制”的相关规定（即包含可变对价的交易价格，应当不超过在相关不确定性消除时累计已确认收入极可能不会发生重大转回的金额），因此，对于客户行使退货权可能发生的销售退回部分不应该确认为收入。

对于这种附有销售退回条款的销售，新收入准则规定，企业应当在客户取得相关商品控制权时，按照因向客户转让商品而预期有权收取的对价金额（即，不包含预期因销售退回将退还的金额）确认收入，按照预期因销售退回将退还的金额确认负债（预计负债）；同时，按照预期将退回商品转让时的账面价值，扣除收回该商品预计发生的成本（包括退回商品的价值减损）后的余额，确认为一项资产（发出商品），按照所转让商品转让时的账面价值，扣除上述资产成本的净额结转成本。

新收入准则同时规定，在每一资产负债表日，企业都应当重新估计未来销售退回情况，如有变化，应当作为会计估计变更进行会计处理。

**例 15-50** A 公司研制出一种新产品，为了推销该新产品，承诺凡购买新产品的客户均有一个月的试用期。在试用期内，如果客户对新产品的使用效果并不满意，A 公司无条件给予退货。该种新产品已交付，并且其货款已收讫。

分析：根据本案例的相关信息，A 公司虽然已将新产品售出，并已收到货款。根据收入准则的规定，企业应当在客户取得相关商品控制权时，按照因向客户转让商品而预期有权收取的对价金额（即，不包含预期因销售退回将退还的金额）确认收入。但是，由于是新产品，A 公司无法估计退货的可能性，因此，在发出新产品且收到货款时仍不能确认收入。

**例 15-51** A 公司是一家运动器材销售公司。2×19 年 1 月 1 日，A 公司向 B 公司销售 1 000 件运动器材，单位销售价格为 500 元（不含税价），单位成本为 400 元，开出的增值税专用发票上注明的销售价款为 500 000 元，增值税税额为 65 000 元。协议约定，B 公司应于 2 月 1 日之前支付货款，在 6 月 30 日之前有权退还运动器材。运动器材已经发出，款项尚未收到。假定 A 公司根据过去的经验，估计该批运动器材退货率约为 20%；运动器材发出时纳税义务已经发生；实际发生销售退回时取得税务机关开具的红字增值税专用发票。A 公司的会计处理如下：

（1）2×19 年 1 月 1 日发出运动器材时。

| | | |
|---|---|---|
| 借：应收账款 | 565 000 | |
| 　　贷：主营业务收入 | | 400 000 |
| 　　　　应交税费——应交增值税（销项税额） | | 65 000 |
| 　　　　预计负债 | | 100 000 |
| 借：主营业务成本 | 320 000 | |
| 　　应收退货成本 | 80 000 | |
| 　　贷：库存商品 | | 400 000 |

（2）2 月 1 日前收到货款时。

| | | |
|---|---|---|
| 借：银行存款 | 565 000 | |
| 　　贷：应收账款 | | 565 000 |

（3）6 月 30 日发生销售退回，实际退货量为 200 件，款项已经支付。

| | | |
|---|---|---|
| 借：预计负债 | 100 000 | |
| 　　应交税费——应交增值税（销项税额） | 13 000 | |
| 　　贷：银行存款 | | 113 000 |
| 借：库存商品 | 80 000 | |
| 　　贷：应收退货成本 | | 80 000 |

如果实际退货量为 160 件。

借：库存商品　64 000
　　应交税费——应交增值税（销项税额）　10 400
　　主营业务成本　16 000
　　预计负债　100 000
　　贷：银行存款　90 400
　　　　主营业务收入　20 000
　　　　应收退货成本　80 000

如果实际退货量为 240 件。

借：库存商品　96 000
　　应交税费——应交增值税（销项税额）　20 400
　　主营业务收入　20 000
　　预计负债　100 000
　　贷：主营业务成本　16 000
　　　　银行存款　140 400
　　　　应收退货成本　80 000

如果 6 月 30 日之前没有发生退货。

借：主营业务成本　80 000
　　预计负债　100 000
　　贷：主营业务收入　100 000
　　　　应收退货成本　80 000

**例 15-52** 乙公司与客户签订合同，向其销售 A 产品。客户在合同开始日即取得了 A 产品的控制权，并在 90 天内有权退货 。由于 A 产品是最新推出的产品 ，乙公司尚无有关该产品退货率的历史数据，也没有其他可以参考的市场信息。该合同对价为 12 100 元，根据合同约定，客户应于合同开始日后的第二年年末付款。A 产品在合同开始日的现销价格为 10 000 元。A 产品的成本为 8 000 元。退货期满后，未发生退货。上述价格均不包含增值税，假定不考虑相关税费影响。

分析：本例中，客户有退货权，因此，该合同的对价是可变的。由于乙公司缺乏有关退货情况的历史数据，考虑将可变对价计入交易价格的限制要求，在合同开始日不能将可变对价计入交易价格，因此， 乙公司在 A 产品控制权转移时确认的收入为 0 ，其应当在退货期满后，根据实际退货情况，按照预期有权收取的对价金额确定交易价格。此外，考虑到 A 产品控制权转移与客户付款之间的时间间隔以及该合同对价与 A 产品现销价格之间的差异等因素，乙公司认为该合同存在重大融资成分。乙公司的账务处理如下：

（1）在合同开始日，乙公司将 A 产品的控制权转移给客户。

借：应收退货成本　8 000
　　贷：库存商品　8 000

（2）在 90 天的退货期内，乙公司尚未确认合同资产和应收款项，因此，无需确认重大融资成分的影响。

（3）退货期满日（假定应收款项在合同开始日和退货期满日的公允价值无重大差异）。

| | |
|---|---|
| 借：长期应收款 | 12 100 |
| 贷：主营业务收入（现销价格） | 10 000 |
| 未实现融资收益（差额） | 2 100 |
| 借：主营业务成本 | 8 000 |
| 贷：应收退货成本 | 8 000 |

（4）在后续期间，乙公司应当考虑在剩余合同期限确定实际利率，将上述应收款项的金额与合同对价之间的差额（2 100 元）按照实际利率法进行摊销，确认相关的利息收入。此外，乙公司还应当按照金融工具相关会计准则评估上述应收款项是否发生减值，并进行相应的会计处理。

**（二）附有质量保证条款的销售**

1. 一般会计处理原则

新收入准则规定，对于附有质量保证条款的销售，企业应当评估该质量保证是否在向客户保证所销售商品符合既定标准之外提供了单独的服务。企业提供额外服务的，相关服务应当作为单项履约义务，按照收入准则规定进行会计处理；否则，质量保证责任应当按照《企业会计准则第 13 号——或有事项》规定进行会计处理。

在评估质量保证是否在向客户保证所销售商品符合既定标准之外提供了单独的服务时，企业应当考虑该质量保证是否为法定要求、质量保证期限以及企业承诺履行任务的性质等因素。客户能够选择单独购买质量保证的，该质量保证构成单项履约义务。

2. 客户具有单独购买质量保证的选择权的考虑因素

评估质量保证是否向客户提供了合同既定标准之外的一项单独服务，直观的考虑因素是客户是否具有单独购买质量保证的选择权。

（1）如果客户能够单独选择购买该项质量保证服务。例如，质量保证是单独定价或商定的，说明企业除了向客户转让合同约定的商品之外，又向客户提供了一项单独的服务，此类质量保证服务构成单项履约义务。

（2）如果客户不能够单独选择购买该项质量保证服务，应当按照或有事项准则对质量保证进行会计处理，除非根据后述考虑因素表明，其向客户提供产品符合约定规格的保证之外的服务。

3. 客户不具有单独购买质量保证的选择权的考虑因素

在客户不存在单独购买质量保证的选择权的情况下，评估是否向客户提供了合同既定标准之外的一项单独服务，企业应当考虑以下因素：

（1）质量保证条款是否为法定要求。如果法律要求企业提供质量保证，表明合同所承诺的质量保证不是一项履约义务，因为这些要求通常是为了保护客户免于承担购买不合格产品的风险。

（2）质量保证条款的保证期限。质量保证期限越长，越有可能表明提供了产品符合合同约定的正常质量保证之外的服务，该质量保证越可能是单项履约义务。

（3）质量保证条款中承诺履行任务的性质。质量保证条款中所承诺的质量保证服务是否为企业所必须履行的特定任务，例如，向客户转让的商品由于质量、品种不符合要求等原因而发生的退换货服务等，这些服务性质可能为合同约定的正常质量保证范围内的保证服务，并不会形成单项履约义务。

**例 15-53** A 公司与其客户签订的销售合同中为客户提供了购买商品的质量保证，此项质量保证条款保证商品符合约定规格，且自购买日起一年内能按合同中的约定正常运行，同时为客户提供获得最多 20 小时有关如何操作商品的培训服务的权利。此前，A 公司在定期单独出售此类商品时并未附加该类培训服务，合同中未收取任何额外费用。

A 公司应如何对该项质量保证服务进行会计处理？（本案例选自 IFRS）

分析：依据收入准则的相关规定及案例情况，判断该项质量保证条款是否提供了合同既定标准之外的一项单独服务。具体分析如下：

（1）A 公司提供的质量保证服务不收取任何额外费用，不能够单独议价，客户不能够单独选择购买该项质量保证服务，需进一步判断该质量保证是否向客户提供合同既定标准之外的一项单独服务；

（2）合同中保证商品符合约定规格，且自购买日起一年内能按合同约定正常运行的这一质量保证条款，向客户提供商品符合约定规格，使其能按合同约定正常使用一年的保证，是合同约定的正常质量保证服务，为保证类似的质量保证，不构成一项单独的履约义务，应按照或有事项准则的要求对该质量保证服务进行会计处理，在向客户转让商品时确认一项质量保证负债及相应费用；

（3）合同中为客户提供 20 小时培训服务的这一质量保证条款，该项服务虽未收取任何额外费用，但依据收入准则关于履约义务的相关规定分析，客户可以从培训服务使用中获益，且培训服务与合同中约定所转让的商品单独区分，是可明确区分的单项履约义务，属于服务类的质量保证，应将该部分服务作为一项单独的履约义务进行处理，并将交易价格分摊至该项履约义务，在履约义务时（或履约过程中）确认收入。

4. 无法合理区分保证类质量保证和服务类质量保证的处理

如果合同质量保证条款未提供产品满足合同约定规格质量等要求之外的服务，则属于保证类质量保证。此时，质量保证条款实质上产生的是一项更换或维修有瑕疵产品的单独负债，但不构成单独项履约义务。当合同质量保证条款提供了符合合同既定标准之外的一项单独服务时，属于服务类质量保证，构成单项履约义务。但是，企业提供的质量保证同时包含上述两类的，应当分别对其进行会计处理；无法合理区分的，应当将这两类质量保证一起作为单项履约义务按照新收入准则进行会计处理。

**例 15-54** B 公司与客户签订合同，向客户销售一台笔记本电脑，总价 5 500 元，在法律规定的一年质保期外，B 公司额外提供延长一年的质保期，在此期间内如发生质量问题，B 公司负责维修或更换。该笔记本的一般市场售价（按规定提供一年质保期的情况下）为 5 400 元，该笔记本的一年延保服务的单独售价为 200 元。

分析：根据收入准则的规定，B 公司应将交易价格 5 500 元在笔记本和延保服务之间按单独售价的相对比例进行分摊，确认笔记本销售收入 5 303.57 元［5 500×5 400÷（5 400 + 200）］，在将笔记本电脑交付客户时确认收入；确认延保服务收入 196.43 元，该延保服务属于在某一时段内履行履约义务的情形，B 公司应在延保期间内按照履约进度确认延保服务收入。

**例 15-55** 甲公司与客户签订合同，销售一部手机。该手机自售出起一年内如果发生质量问题，甲公司负责提供质量保证服务。此外，在此期间内，由于客户使用不当（例如手机进水）等原因造成的产品故障，甲公司也免费提供维修服务。该维修服务不能单独购买。

分析：本例中，甲公司的承诺包括销售手机、提供质量保证服务以及维修服务。甲公司针对产品的质量问题提供的质量保证服务是为了向客户保证所销售商品符合既定标准，因此不构成单项履约义务；甲公司对由于客户使用不当而导致的产品故障提供的免费维修服务，属于在向客户保证所销售商品符合既定标准之外提供的单独服务，尽管其没有单独销售，该服务与手机可明确区分，应该作为单项履约义务。

因此，在该合同下，甲公司的履约义务有两项：销售手机和提供维修服务，甲公司应当按照其各自单独售价的相对比例，将交易价格分摊至这两项履约义务，并在各项履约义务履行时分别确认收入。甲公司提供的质量保证服务，应当按照《企业会计准则第13号——或有事项》的要求进行会计处理。

**（三）主要责任人与代理人**

1. 一般会计处理原则

新收入准则规定，企业应当根据其在向客户转让商品前是否拥有对该商品的控制权，来判断其从事交易时的身份是主要责任人还是代理人。企业在向客户转让商品前能够控制该商品的，该企业为主要责任人，应当按照已收或应收对价总额确认收入；否则，该企业为代理人，应当按照预期有权收取的佣金或手续费的金额确认收入，该金额应当按照已收或应收对价总额扣除应支付给其他相关方的价款后的净额，或者按照既定的佣金金额或比例等确定。

2. 主要责任人或代理人的判断原则

企业在判断其是主要责任人还是代理人时，应当根据其承诺的性质，也就是履约义务的性质，确定企业在某项交易中的身份是主要责任人还是代理人。企业承诺自行向客户提供特定商品的，其身份是主要责任人；企业承诺安排他人提供特定商品的，即为他人提供协助的，其身份是代理人。自行向客户提供特定商品可能也包含委托另一方（包括分包商）代为提供特定商品。

（1）识别特定商品。

这里的特定商品，是指向客户提供的可明确区分的商品或可明确区分的一揽子商品，根据前述可明确区分的商品的内容，该特定的商品也包括享有由其他方提供的商品的权利。例如，旅行社销售的机票向客户提供了乘坐航班的权利，团购网站销售的餐券向客户提供了在指定餐厅用餐的权利等。

当企业与客户订立的合同中包含多项特定商品时，对于某些商品而言，企业可能是主要责任人，而对于其他商品而言，企业可能是代理人。例如，企业与客户订立合同，向客户销售其生产的产品并且负责将该产品运送至客户指定的地点，假定销售产品和提供运输服务是两项履约义务，企业需要分别判断其在这两项履约义务中的身份是主要责任人还是代理人。

（2）企业应当评估特定商品在转让给客户之前，企业是否控制该商品。

①企业在将特定商品转让给客户之前控制该商品的，表明企业的承诺是自行向客户提供该商品，或委托另一方（包括分包商）代其提供该商品，因此，企业为主要责任人；

②企业在特定商品转让给客户之前不控制该商品的，表明企业的承诺是安排他人向客户提供该商品，是为他人提供协助，因此，企业为代理人。

③ 当企业仅仅是在特定商品的法定所有权转移给客户之前，暂时性地获得该商品

的法定所有权时，并不意味着企业一定控制了该商品。

3. 企业作为主要责任人的情况

企业向客户转让商品前能够控制该商品的情形包括以下几类：

（1）企业自第三方取得商品或其他资产控制权后，再转让给客户。企业应当考虑该权利是仅在转让给客户时才产生，还是在转让给客户之前就已经存在，且企业一直能够主导其使用，如果该权利在转让给客户之前并不存在，表明企业实质上并不能在该权利转让给客户之前控制该权利。

**例 15-56** 甲公司是一家旅行社，从航空公司购买了一定数量的折扣机票，并对外销售。甲公司向旅客销售机票时，可自行决定机票的价格，未售出的机票不能退还给航空公司。

分析：本例中，甲公司向客户提供的 特定商品为机票 ，该机票代表了客户可以乘坐某特定航班（即享受航空公司提供的飞行服务）的权利。甲公司在确定特定客户之前已经预先从航空公司购买了机票，因此，该权利在转让给客户之前已经存在。甲公司从航空公司购入机票之后，可以自行决定该机票的用途，即是否用于对外销售，以何等价格以及向哪些客户销售等，甲公司 有能力主导该机票的使用并且能够获得其几乎全部的经济利益 。因此，甲公司在将机票销售给客户之前，能够控制该机票， 甲公司在向旅客销售机票的交易中的身份是主要责任人 。

（2）企业能够主导第三方代表本企业向客户提供服务。当企业承诺向客户提供服务，并委托第三方（例如分包商、其他服务提供商等）代表企业向客户提供服务时，如果企业能够主导该第三方代表本企业向客户提供服务，则 表明企业在相关服务提供给客户之前能够控制该相关服务。

**例 15-57** A 公司定期委托一些第三方服务供应商向其客户提供服务。A 公司与客户 B 公司订立合同，为其提供写字楼物业服务。A 公司与 B 公司确定服务范围并商定价格，A 公司负责确保按照合同条款和条件提供服务。A 公司在与 B 公司签订合同后，与其一家服务供应商 C 公司签订合同，合同约定 C 公司为 B 公司提供写字楼物业服务。A 公司与 C 公司订立的合同付款条款大致上同 A 公司与 B 公司订立的付款条款一致。并且，即使 B 公司不能付款，A 公司都必须向 C 公司付款。

A 公司属于“主要责任人”还是“代理人”？

分析：在本案例中，合同约定 A 公司为客户提供物业服务，A 公司委托第三方服务供应商为其客户提供服务，服务在交付给客户之前，A 公司能够主导第三方为客户提供服务。A 公司能控制服务供应商 C 为客户 B 所提供的物业服务，应当作为主要责任人进行会计处理。

（1）A 公司承担了向客户 B 提供服务的主要责任。A 公司与客户 B 确定服务范围并商定价格，且合同中约定，A 公司负责确保按照合同条款提供服务，表明 A 公司承担了提供物业服务的主要责任。

（2）A 公司在服务供应商 C 向客户 B 提供物业服务之后承担了该服务的风险。本案例中，即使 C 公司在向客户提供物业服务后，客户不能付款，A 公司都必须向 C 公司付款，表明 A 公司承担了该物业服务的存货风险。

（3）A 公司有权自主决定该物业服务的价格。A 公司在该交易中与客户 B 公司确定服务范围及价格，且其自行选择服务供应商并确定相关合同条款。

综上所述，A 公司是该交易中的主要责任人，A 公司在其履行安排物业 C 向客户 B 提供物业服务时，按其已收或应收 B 公司的款项全额确认收入。

（3）企业自第三方取得商品控制权后，通过提供重大的服务将该商品与其他商品整合成某组合产出转让给客户。此时，企业承诺提供的特定商品就是合同约定的组合产出，企业应首先获得为生产该组合产出所需要的投入的控制权，然后才能够将这些投入加工整合为合同约定的组合产出。

**例 15-58** 甲公司与乙公司签订合同，向其销售一台特种设备，并商定了该设备的具体规格和销售价格，甲公司负责按照约定的规格设计该设备，并按双方商定的销售价格向乙公司开具发票。该特种设备的设计和制造高度相关。为履行该合同，甲公司与其供应商丙公司签订合同，委托丙公司按照其设计方案制造该设备，并安排丙公司直接向乙公司交付设备。丙公司将设备交付给乙公司后，甲公司按与丙公司约定的价格向丙公司支付制造设备的对价；丙公司负责设备质量问题，甲公司负责设备由于设计原因引致的问题。

分析：本例中，甲公司向乙公司提供的特定商品是其设计的专用设备。虽然甲公司将设备的制造工作分包给丙公司进行，但是，甲公司认为该设备的设计和制造高度相关，不能明确区分，应当作为单项履约义务。由于甲公司负责该合同的整体管理，如果在设备制造过程中发现需要对设备规格作出任何调整，甲公司需要负责制定相关的修订方案，通知丙公司进行相关调整，并确保任何调整均符合修订后的规格要求。甲公司主导了丙公司的制造服务，并通过必需的重大整合服务，将其整合作为向乙公司转让的组合产出（专用设备）的一部分，在该专用设备转让给客户前控制了该专用设备。因此，甲公司在该交易中的身份为主要责任人 。

4. 需要考虑的相关事实和情况

在具体判断向客户转让商品前是否拥有对该商品的控制权时，企业不应仅局限于合同的法律形式，而应当综合考虑所有相关事实和情况。这些事实和情况包括以下几类：

（1）企业承担向客户转让商品的主要责任。企业负责向客户转让商品或服务最典型的主要责任是为商品或服务的可接受性负责。例如，负责保证所提供的商品或服务符合合同约定的规格，承担客户退换货等责任。如果企业承担了向客户转让商品的主要责任，负责履行向客户提供特定商品或服务的承诺，那么可能表明交易中所涉及的第三方仅是代表企业的名义进行活动，企业为主要责任人。

（2）企业在转让商品之前或之后承担了该商品的存货风险。如果企业在与客户签订合同之前就取得了特定商品或服务，无论商品或服务最终是否出售，企业均承担其存货损毁等风险，可能表明企业在将商品或服务转移给客户之前，能够主导商品或服务的使用并从中获得几乎全部的经济利益，企业拥有对特定商品或服务的控制权。

（3）企业有权自主决定所交易商品的价格。如果企业能够自主决定特定商品或服务的交易价格，可能表明企业能够主导商品或服务的使用并从中获得几乎全部的经济利益，企业拥有对特定商品或服务的控制权。但是，在某些情况下，代理人在设定价格时可能会有一定的灵活性，可以自行决定价格，以便代理人向客户提供货物或服务的服务中获得额外的收入。

（4）其他相关事实和情况。

以上几种情况是为帮助企业确定在指定商品或服务交付给客户之前是否取得对其的控制权提供有力的判断依据，其效力并不凌驾于控制原则之上，只是对控制评估的支持性证据，这些判断情况不是独立的，不能孤立地看待，需根据不同的交易情况进行考虑，通常来说考虑一种或多种情况更有助于进行判断。

**例 15-59** A 电子商务公司经营一家购物网站，许多供应商在网站上销售商品。商品由供应商直接发给客户，根据 A 公司与供应商订立的合同，当客户通过其网站购买商品时，A 公司有权获得售价 5% 的手续费。客户通过该网站购买商品，客户在购买商品时需预先支付货款，货款由 A 公司网站代收，待客户收到商品并确认收货时，A 公司网站向供应商支付。如商品出现任何质量问题，由客户与供应商协商退换，该网站无其他义务。

A 购物网站属于“主要责任人”还是“代理人”？

分析：在本案例中，合同约定供应商直接向客户提供商品，A 电子商务网站仅协助其达成交易，并获取手续费，企业并未在向客户转让商品前取得商品的控制权，应当作为代理人进行会计处理。

（1）A 购物网站不承担向客户转让商品的主要责任。商品由供应商直接发给客户，A 购物网站既不用提供商品，也没有责任验收商品；

（2）A 购物网站在供应商转让商品之前或之后未承担该商品的存货风险。A 购物网站并未在客户购买商品前从供应商处获取存货，商品由供应商直接发给客户；也未承诺对商品的任何损坏或返修承担责任，商品出现任何质量问题，由客户与供应商协商退换；

（3）A 购物网站没有对商品的定价权。商品销售价格由供应商自行决定。

企业是该交易中的代理人，企业在其履行安排供应商向客户提供商品的承诺时，按其有权获得的手续费金额确认收入。

**例 15-60** A 公司为服务型企业，主要业务是为其客户针对其职位空缺寻找应聘者，并提供面试候选人及进行背景调查等服务。作为与客户的合同的一部分，客户能够获得访问第三方可能招聘信息数据库的许可。A 公司安排第三方提供该许可，但客户直接与数据库提供商签订许可证合同。A 公司代表数据库提供商收取款项，并向客户开具发票。数据库提供商自行决定许可证的价格，并向客户提供后续技术支持以及承担未来可能因服务故障或技术问题给客户造成的损失。

A 公司属于“主要责任人”还是“代理人”？

分析：企业应首先识别合同中约定的特定商品或服务，并评估其在转让给客户前是否拥有对其的控制权。在本案例中，依据收入准则关于履约义务的相关规定来看，合同中有两项可明确区分的商品或服务，即“招聘服务”和“提供第三方数据库的访问服务”。因此，A 公司需要针对以上两项可明确区分的服务来分别判断企业的身份是主要责任人还是代理人。

对于招聘服务，A 公司自己为客户提供相关服务，交易过程中不涉及第三方，A 公司即为主要责任人，按期已收或应收对价的金额全额确认收入；

对于提供第三方数据库的访问服务，在服务提供给客户之前，A 公司并不控制对数据库的访问许可，由于客户直接与数据库提供商签订许可协议，A 公司并不能主导数据库提供商为客户提供指导的许可服务。

（1）A公司不负责履行提供进入数据库服务的履约义务。客户直接与数据库提供商签订许可合同，并向客户提供后续技术支持以及承担未来可能因服务故障或技术问题给客户造成的损失。

（2）A公司不承担存货风险。A公司在向客户提供许可服务之前并没有购买进入数据库的许可，交易中客户与数据库提供商直接签订合同。

（3）A公司没有对进入数据库许可的定价权，数据库服务的价格由数据库提供商自行决定，A公司只是代收相关款项。

因此，对于第三方数据库的访问服务，A公司是代理人，按其在履行安排数据库提供商向客户提供商品的承诺时，有权获得的手续费金额确认收入。

**（四）附有客户额外购买选择权的销售**

额外购买选择权的情况包括销售激励、客户奖励积分、未来购买商品的折扣券以及合同续约选择权等。

1. 购买选择权为重大权利的含义

如果客户只有在订立了一项合同的前提下才取得了额外购买选择权，并且客户行使该选择权购买额外商品时，能够享受到超过该地区或该市场中其他同类客户所能够享有的折扣，则通常认为该选择权向客户提供了一项重大权利。例如，在商场销售商品的同时会授予客户一些优惠券，这些优惠券客户无法从其他渠道取得，而是需要满足一定的消费条件，此时，优惠券就为客户提供了一项重大权利；但如果该优惠券为商场促销活动免费发放，任何客户不需要满足任何条件就可以取得，此类优惠券提供的选择权并未向客户提供一项重大权利。

在考虑授予客户的该项权利是否重大时，应根据其金额和性质综合判断。例如，企业实施一项奖励积分计划，客户每消费10元便可获得1个积分，每个积分的单独售价为0.1元，该积分可累积使用，用于换取企业销售的产品，虽然客户每笔消费所获取的积分的价值相对于消费金额而言并不重大，但是由于该积分可以累积使用，基于企业的历史数据，客户通常能够累积足够的积分来免费换取产品，这可能表明该积分向客户提供了重大权利。

注意的是，企业向客户提供了额外购买选择权，但客户在行使该选择权购买商品价格反映了该商品的单独售价的，即使客户只能通过与企业订立特定合同才能获得选择权，该选择权也不应被视为向该客户提供了一项重大权利（销售要约）。

2. 为重大权利的会计处理

新收入准则规定，对于附有客户额外购买选择权的销售，企业应当评估该选择权是否向客户提供了一项重大权利。企业提供重大权利的，应当作为单项履约义务，按照上节交易价格分摊的有关规定将交易价格分摊至该履约义务，并在客户未来行使购买选择权取得相关商品控制权时，或者该选择权失效时，确认相应的收入。

企业向客户提供的额外购买商品的选择权为客户提供一项重大权利的，其实质为客户在签订合同时已经就未来可能购买的商品或服务进行了预先的支付，而不是与合同中初始交易直接相关的一部分，该选择权构成合同中的一项履约义务，企业应将合同中的交易价格分摊至该项履约义务，将收到的款项中归属于该选择权的部分确认为一项合同负债，在未来客户行使该项选择权或选择权失效时确认相关收入。

注意的是，分摊给重大权利的交易价格，相当于客户就未来的商品预先向企业支付的款项。一般来说，客户能够自主确定商品转让时间，在此情况下，即使预付的时间和未来商品主要的时间间隔超过一年，通常也不认为合同中存在重大融资成分。

客户额外购买选择权的单独售价无法直接观察的，企业应当综合考虑客户行使和不行使该选择权所能获得的折扣的差异、客户行使该选择权的可能性等全部相关信息后，予以合理估计。

3. 估计选择权单独售价的一种方法

当客户享有的额外购买选择权是一项重大权利时，如果客户行使该权利购买的额外商品与原合同下购买的商品类似（关键点），且企业将 按照原合同条款（关键点）提供该额外商品的，则企业可以无需估计该选择权的单独售价，而是直接把其预计将提供的额外商品的数量以及预计将收取的相应对价金额纳入原合同，并进行相应的会计处理。注意的是，这是一种便于实务操作的简化处理方式，常见于企业向客户提供续约选择权的情况。

**例 15-61** 企业与客户签订为期一年的合同，以每件 2 000 元的价格向客户销售 A 产品，数量不限，客户可以选择在合同到期时以与原合同相同的条款续约一年，这款产品通常每年提价 20%，由于行使续约选择权的客户可以按原合同价格（低于当年的市场价格）购买 A 产品，企业认为该续约选择权向客户提供了重大权利，且符合简化处理的条件，因此，企业 可以无需 将原合同的交易价格分摊至该续约选择权，而是直接按照每件 2 000 元的价格确认原合同 和 续约后的合同下 销售的 A 产品收入。

**例 15-62** 甲公司以 100 元的价格向客户销售 A 商品，购买该商品的客户可得到一张 40% 的折扣券，客户可以在未来的 30 天内使用该折扣券购买甲公司原价不超过 100 元的任一商品。同时，甲公司计划推出季节性促销活动，在未来 30 天内针对所有产品均提供 10% 的折扣。上述两项优惠不能叠加使用。

根据历史经验，甲公司预计有 80% 的客户会使用该折扣券，额外购买的商品的金额平均为 50 元。上述金额均不包含增值税，且假定不考虑相关税费影响。

分析：本例中，购买 A 商品的客户能够取得 40% 的折扣券，其远高于所有客户均能享有的 10% 的折扣，因此，甲公司认为该折扣券向客户提供了重大权利，应当作为单项履约义务。考虑到客户使用该折扣券的可能性以及额外购买的金额，甲公司估计该折扣券的单独售价为 12 元［50×80%×（40% － 10%）］。

A 商品和折扣券的单独售价以及交易价格 100 元相应的分摊结果如下：

| 履约义务 | 单独售价 |
|---|---|
| A 商品 | 100 元 |
| 折扣券 | 12 元 |
| 合　计 | 112 元 |

分摊后的交易价格：

| 履约义务 | 单独售价 |
|---|---|
| A 商品 | 89 元［100 ÷（100 + 12）× 100］ |
| 折扣券 | 11 元［12 ÷（100 + 12）× 100］ |
| 合　计 | 100 元 |

甲公司将 89 元分摊至 A 商品并在 控制权转让时 确认 A 商品的收入；将 11 元分摊至折扣券并在 客户将折扣券兑现为商品或服务时或在折扣券到期时确认相应的收入。

甲公司在销售 A 商品时的账务处理。

借：银行存款　　100

　　贷：主营业务收入　　89

　　　　合同负债　　11

**例 15-63** A 公司在向客户销售商品的同时向客户进行积分奖励，客户每购买 10 元商品奖励其 1 积分，每个积分可在未来购买本公司商品时按 1 元折扣抵现，积分有效期为自授予之日起两年。

本年度向客户销售商品 100 000 元，奖励客户 10 000 个积分。A 公司预计未来将有 9 500 个积分被兑现。基于兑现可能性计算出的每个积分单独售价 0.95 元，共 9 500 元。本年末，有 4 500 个积分被兑现，A 公司继续预计该笔积分将有 9 500 个积分被兑现。第二年末，累计有 8 500 个积分被兑现，A 公司预计该笔积分将有 9 500 个积分被兑现。

A 企业应如何对该笔积分进行会计处理？（不考虑相关税费）

分析：依据收入准则相关规定，此积分为客户提供了在不订立合同的情况下无法获得的重大权利。因此，向客户提供的积分是单项履约义务。企业应基于单独售价的相对比例将交易价格 100 000 元分摊至产品和提供积分两项履约义务中。

销售商品价格＝ 100 000×100 000÷（100 000 ＋ 9 500）＝ 91 3240（元）

提供积分价格＝ 100 000×9 500÷（100 000 ＋ 9 500）＝ 8 6760（元）

（1）销售商品及提供积分时：

借：银行存款　　100 000

　　贷：营业收入　　91 324

　　　　合同负债　　8 676

（2）本年末，确认已使用 4 500 奖励积分的收入 4 500÷9 500×8 676 ＝ 4 110（元）

借：合同负债　　4 110

　　贷：营业收入　　4 110

（3）第二年，确认已使用的相关积分收入＝ 8 500÷9 500×8 676 － 4 110 ＝ 3 4930（元）

借：合同负债　　3 493

　　贷：营业收入　　3 493

（4）第二年末，奖励积分有效期满，结转剩余积分的相关负债＝ 8 676 － 4 110 － 3 493 ＝ 1 0730（元）

借：合同负债　　1 073

　　贷：营业收入　　1 073

**例 15-64** A 电信企业与客户订立了一项合同，以提供一部手机和为期两年的月度网络服务。网络服务包括每月至多 1 000 分钟通话时间和 1 500 条短信，按月收取固定费用。合同规定了客户可选择在任何月份购买的额外通话时间或短信的费用。这些服务的价格与其单独售价相同。

A电信企业应如何对合同中“客户可选择在任何月份购买的额外通话时间或短信的费用”这一选择权进行会计处理？

分析：购买额外通话时间和短信的选择权案例中该额外通话时间和短信的选择权的价格反映了这些服务的单独售价，未向客户提供在不订立合同的情况下无法获得的重大权利，其并非合同中的履约义务。因此，A企业不必将任何交易价格分摊至额外通话时间或短信的选择权，仅当其提供这些服务的情况下才确认额外通话时间或短信的收入。

### （五）知识产权许可的授予

企业向客户授予的知识产权，常见的包括软件和技术、影视和音乐等的版权、特许经营权以及专利权、商标权和其他版权等。企业向客户授予知识产权许可的，应当按照要求评估该知识产权许可是否构成单项履约义务。

1. 授予知识产权许可是否构成单项履约义务

不同知识产权许可的特点及经济特征也不尽相同，从而导致知识产权许可所提供的权利也存在着显著差异。在某些情况下，企业在向客户授予知识产权许可时，客户即获得主导知识产权许可的使用并取得其几乎所有的剩余利益，此时在授予时点即转让了的无形资产的使用权。而在另一些情况下，企业在向客户授予知识产权许可时，相关知识产权许可处于动态变化之中，企业后续的相关活动会影响相关知识产权许可，客户并未在授予时点主导知识产权的使用并获得其几乎所有的剩余利益，此时客户并未控制该知识产权许可。因此，为了准确评估收入确认时点，企业需要对所授予知识产权许可的性质进行判断是否构成单项履约义务。

授予知识产权许可不构成单项履约义务的情形（无法与合同中其他商品明确区分）：（1）该知识产权许可构成有形商品的组成部分并且对于该商品的正常使用不可或缺。例如，向客户销售设备和相关软件，该软件内嵌于设备之中，该设备必须安装了该软件之后才能正常使用。（2）客户只有将该知识产权许可和相关服务一起使用才能够从中获益。例如，客户取得授权许可，但只有通过企业提供的在线服务才能访问相关内容。

如果授予客户的知识产权许可不构成单项履约义务的，企业应当将该知识产权许可和所售商品一起作为单项履约义务进行会计处理。

**例15-65** A为一家制药公司，授予客户在10年内享有其针对某项经审批的合成药的专利权的许可证，并承诺为客户生产该药品。该药品是一项成熟产品，依据商业惯例，A公司后续不会实施支持该药品的任何活动。

（1）由于生产流程的特殊性极高，因此没有能生产该种药品的其他企业。许可证不能独立于生产服务而单独购买。

（2）用于生产该药品的生产流程并非唯一或特殊的，其他企业也能够为客户生产该种药品。

依据上述（1）（2）情景分别判断A公司应如何对知识产权许可进行会计处理？

分析：

（1）A公司应根据收入准则的相关规定评估承诺向客户提供的商品和服务，以识别可明确区分的履约义务。在此种情景下，客户在不获得生产服务的情况下不能从许可证中获益，许可证和生产服务不可明确区分，企业将许可证和生产服务作为一项单独的履约义务进行会计处理，并按照收入准则中相关规定判断其是在某一时点还是一段时间内履行的履约义务。

（2）A公司应根据收入准则相关规定评估承诺向客户提供的商品和服务，以识别可明确区分的履约义务。在此种情景下，由于生产流程可由其他企业提供，因此，客户能够通过单独使用该许可证中获益，且许可证可与生产流程单独区分开来。因此，该合同中具有专利许可证及生产服务两项可明确区分的履约义务。

另外，A公司应依据收入准则相关规定来判断向客户授予的知识产权许可的性质。该药品是一项成熟产品，即已通过审批，当前在生产且在过去数年内已实现具有商业利益的销售。对于此类成熟产品，其商业惯例是企业后续不实施任何支持该药品的活动。企业未来从事的活动不会对知识产权许可产生重大影响，因此，企业向客户提供的知识产权许可的性质为使用知识产权许可的权利，将其作为在某一时点履行的履约义务进行会计处理。

2. 对于构成单项履约义务的，应当进一步确定其是在某一时段内履行还是在某一时点履行。

收入准则规定，企业向客户授予知识产权许可，同时满足下列条件时，应当作为在某一时段内履行的履约义务确认相关收入；否则，应当作为在某一时点履行的履约义务确认相关收入。

（1）合同要求或客户能够合理预期企业将从事对该项知识产权有重大影响的活动。

企业从事的活动存在下列情况之一的，将会对该项知识产权有重大影响：①活动预期将显著改变知识产权的形式或者功能（如知识产权的设计、内容和功能性等）。②客户从该项知识产权中获益的能力在很大程度上来源于或者取决于这些活动。

（2）该活动对客户将产生有利或不利影响。如果企业从事的后续活动并不影响授予客户的知识产权许可，那么企业的后续活动只是在改变其自已拥有的资产。虽然这些活动可能影响企业提供未来知识产权许可的能力，但将不会影响客户已控制或使用的内容

（3）该活动不会导致向客户转让某项商品。

在判断某项知识产权许可是属于在某一时段内履行的履约义务还是在某一时点履行的履约义务时，企业不应考虑下列因素：①该许可在时间、地域或使用方面的限制；②企业就其拥有的知识产权的有效性以及防止未经授权使用该知识产权许可所提供的保证。

企业向客户授予知识产权许可不能同时满足上述条件的，则属于在某一时点履行的履约义务，并在该时点确认收入。在客户能够使用某项知识产权许可并开始从中获益之前，企业不能对此类知识产权许可确认收入。例如，企业授权客户在一定期间内使用软件，但是在企业向客户提供该软件的密钥之前，客户都无法使用该软件，不应确认收入。

**例15-66** C公司是一家连载漫画、漫画电影创作公司，其向客户B公司授予许可，客户可在4年内使用其“正义联盟”系列漫画中超级英雄的形象和名称。“正义联盟”系列漫画目前包括超人、蝙蝠侠、神奇女侠、快银、钢骨等角色。但是，C公司会定期创造新的角色，且原角色的形象也会随时演变。B公司是大型游乐场的运营商，其

能够依据合理的方式（例如，节目或演出）使用C公司的角色。合同要求，B公司需及时根据C公司的连载漫画、漫画电影更新超级英雄的角色形象。

C公司在4年授权期间内，每年向B公司收取1 000 000元的固定对价。

分析：首先，C公司评估其承诺向B公司提供的商品或服务，以确定哪些商品和服务可明确区分。C公司得出结论认为，除授予许可的承诺外不存在其他履约义务。也就是说，与许可相关的额外活动并不向B公司直接转让商品或服务，因为这些活动是C公司授予许可承诺的一部分。

其次，C公司评估其转让许可承诺的性质。在评估有关条件时，C公司考虑了以下各项因素：

（1）根据C公司的商业惯例，B公司可合理预期，C公司将实施对B公司享有权利的知识产权（即超级英雄角色）产生重大影响的活动。这是因为，C公司的活动（创造超级英雄）改变了客户享有权利的知识产权的形态。此外，B公司自其享有权利的知识产权获取利益的能力，实质上受C公司持续活动（出版连载漫画、拍摄电影）驱动，或依赖于该活动。

（2）许可所授予的权利，使B公司直接面临C公司活动产生的任何正面或负面影响，因为合同要求，B公司需及时根据C公司的连载漫画、漫画电影更新超级英雄的角色形象。

（3）尽管B公司可通过许可授予的权利从这些活动中获益，但此类活动发生时并不导致向B公司转让商品或服务。

因此，C公司得出结论认为，C公司转让许可承诺的性质为，向B公司提供获得整个许可有效期内存在的C公司知识产权的权利。相应地，C公司将承诺的许可作为在一段时间内履行的履约义务进行会计处理。

C公司应识别最能反映其许可相关履约义务的履约进度计量方法。由于合同规定，B公司在一段固定期间内可无限制地使用授予许可的角色，因此，C公司确定，基于时间的计量方法是计量其履约义务履约进度的最适当方法，即在许可期内平均摊销确认该许可收入。

**例15-67** 某软件开发商A公司与B公司订立一项合同，约定转让软件许可、实施安装服务并在两年期间内提供未明确规定的软件更新和技术支持（通过在线和电话方式）。合同明确规定，作为安装服务的一部分，软件将作重大定制以增添重要的新功能，从而使软件能够与客户使用的其他定制软件应用程序相对接。定制安装服务可由其他主体提供。

分析：A公司在合同中识别出的四项履约义务：①软件许可；②安装服务；③软件更新；④技术支持。

A公司根据收入准则相关规定评估其转让软件许可的承诺的性质。A公司在评估收入准则相关条件时，并未考虑提供软件更新的承诺，因为其将导致向客户转让额外的商品或服务。A公司也注意到，其并不具有除更新和技术支持以外的合同性或隐含义务，需实施活动改变许可期内软件的功能。该软件在不进行更新或进一步技术支持的情况下，仍然具有其功能，因此，客户具有从该软件获得利益的能力，并非实质上由A公司的持续活动驱动，或依赖于其活动。A公司决定，合同并未要求，客户也不能合理预期，A公司将实施对该软件具有重大影响的活动，更新和技术支持除外。

综上分析，A公司得出结论，该软件具有重大独立功能，不满足获得知识产权许可权利的所有条件。因此，A 公司转让许可承诺的性质为，提供存在于某一时点的 A 公司知识产权的使用权。相应地，A 公司将该许可作为在某一时点履行的履约义务进行会计处理。

3. 基于销售或使用的特许权使用费

企业向客户授予知识产权许可，并约定按客户实际销售或使用情况收取特许权使用费的，应当在下列两项孰晚的时点确认收入。

（1）客户后续销售或使用行为实际发生。

（2）企业履行相关履约义务。

这是估计可变对价的例外规定，该例外规定只有在下列两种情形下才能使用：①特许权使用费仅与知识产权许可相关；②特许权使用费可能与合同中的知识产权许可和其他商品都相关，但是与知识产权许可相关的部分占有主导地位。

值得注意的是，企业使用该例外规定时，应当对特许权使用费整体采用该规定，而不应当将特许权使用费进行分拆。如果与授予知识产权许可相关的对价同时包含固定金额和按客户实际销售或使用情况收取的变动金额两部分，则只有后者能采用该例外规定，而前者应当在相关履约义务履行的时点或期间内确认收入。对于不适用该例外规定的特许权使用费，应当按照估计可变对价的一般原则进行处理。

**例 15-68** A 公司为一家电影发行公司，向 B 公司授予 X 电影的放映许可。B 公司为电影院运营商，获得了在六周内播放该电影的权利。此外，合同约定：①在六周放映期开始前，向 B 公司发送该电影相关周边纪念品；②在六周放映期内，向 B 公司提供在其电影院内播放的 X 电影剧场版预告片。因授予播放许可及相关促销产品，A 公司将参与 B 公司电影院放映 X 电影的票房分成（即，基于销售的特许使用费形式的可变对价）。

分析：A 公司认为，X 电影放映权是该基于销售的特许使用权中的关键项目，因为 A 公司可合理预期，B 公司认为，该放映权相较于特许权中其他商品或服务具有更加重大的价值。A 公司所确认的该基于销售的特许使用费收入，仅包括按合同有权收取的对价，并应将该特许权整体适用准则中“特许权限制”的规定，即在以下二者孰晚发生时确认收入：①发生了后续的销售；②某些或全部基于销售特许使用费所分摊的履约义务已经履行。

此外，A 公司还应考虑，所提供的纪念品及预告片，是否属于单独履约义务，从而将基于销售的特许使用费向其分摊。

**例 15-69** 甲公司是一家著名的足球俱乐部。甲公司授权乙公司在其设计生产的服装、帽子、水杯以及毛巾等产品上使用甲公司球队的名称和图标，授权期间为 2 年。合同约定，甲公司收取的合同对价由两部分组成：一是 200 万元固定金额的使用费；二是按照乙公司销售上述商品所取得销售额的 5% 计算的提成。乙公司预期甲公司会继续参加当地顶级联赛，并取得优异的成绩。

分析：本例中，该合同仅包括一项履约义务，即授予使用权许可，甲公司继续参加比赛并取得优异成绩等活动是该许可的组成部分，而并未向客户转让任何可明确区分的商品或服务。由于乙公司能够合理预期甲公司将继续参加比赛，甲公司的成绩将会对其品牌（包括名称和图标等）的价值产生重大影响，而该品牌价值可能会进一步影响乙公司产品的销量，甲公司从事的上述活动并未向乙公司转让任何可明确区分的商品，因此，甲公司授予的该使用权许可，属于在某一时段内履行的履约义务。甲公司收取的200万元固定金额的使用费应当在2年内平均确认收入，按照乙公司销售相关商品所取得销售额的5%计算的提成应当在乙公司的销售实际完成时确认收入。

**例15-70** 甲公司是一家投资控股型的上市公司。拥有从事各种不同业务的子公司。

（1）甲公司的子公司—乙公司是一家建筑承包商，专门从事办公楼设计和建造业务。

20×17年2月1日，乙公司与戊公司签订办公楼建造合同，按照戊公司的特定要求在戊公司的土地上建造一栋办公楼。根据合同的约定，建造该办公楼的价格为8 000万元，乙公司分三次收取款项，分别于合同签订日、完工进度达到50%、竣工验收日收取合同造价的20%、30%、50%。工程于20×17年2月开工，预计于20×19年底完工。乙公司预计建造上述办公楼的总成本为6 500万元，截至20×17年12月31日止，乙公司累计实际发生的成本为3 900万元。乙公司按照累计实际发生的成本占预计总成本的比例确定履约进度。

（2）甲公司的子公司——丙公司是一家生产通信设备的公司。20×17年1月1日，丙公司与已公司签订专利许可合同，许可已公司在5年内使用自己的专利技术生产A产品。根据合同的约定，丙公司每年向已公司收取由两部分金额组成的专利技术许可费，一是固定金额200万元，于每年末收取；二是按照已公司A产品销售额的2%计算的提成，于第二年初收取。根据以往年度的经验和做法，丙公司可合理预期不会实施对该专利技术产生重大影响的活动。

20×17年12月31日，丙公司收到已公司支付的固定金额专利技术许可费200万元。

20×17年度，已公司销售A产品80 000万元。

其他有关资料：

第一，本题涉及的合同均符合企业会计准则关于合同的定义，均经合同各方管理层批准。

第二，乙公司和丙公司估计，因向客户转让商品或提供服务而有权取得的对价很可能收回。

第三，不考虑货币时间价值，不考虑税费及其他因素。

要求：

（1）根据资料（1），判断乙公司的建造办公楼业务是属于在某一时段内履行履约义务还是属于某一时点履行履约义务，并说明理由。

分析：乙公司的建造办公楼业务属于在某一时段内履行的履约义务。理由：按照戊公司的特定要求在戊公司的土地上。建造一栋办公楼，满足“客户能够控制企业履约过程中在建的商品”条件，属于在某一时段内履行的履约义务。

（2）根据资料（1），计算乙公司20×17年度的合同履约进度，以及应确定的收入和成本。

分析：

乙公司20×17年度的合同履约进度＝3 900÷6 500×100%＝60%

应确认的收入＝8 000×60%＝4 800（万元）；

确认的成本＝6 500×60%＝3 900（万元）。

（3）根据资料（2），判断丙公司授予知识产权许可属于在某一时段内履行履约义务还是属于某一时点履行履约义务，并说明理由。说明丙公司按照已公司 A 产品销售额的 2% 收取的提成应于何时确认收入。

分析：丙公司授予知识产权许可属于在某一时点履行履约义务。丙公司可合理预期不会实施对该专利技术产生重大影响的活动，应当作为在某一时点履行的履约义务。

企业向客户授予知识产权许可，并约定按客户实际销售或使用情况收取特许权使用费的，应当在下列两项孰晚的时点确认收入：第一，客户后续销售或使用行为实际发生；第二，企业履行相关履约义务。即丙公司按照已公司 A 产品销售额的 2% 收取的提成应于 20×17 年 12 月 31 日确认收入。

（4）根据资料（2），编制丙公司 20×17 年度与收入确认相关的会计分录。

分析：20×17 年 1 月 1 日

| | | |
|---|---|---|
| 借：长期应收款 | 10 000 000 | |
| 贷：主营业务收入 | | 10 000 000 |

20×17 年 12 月 31 日

| | | |
|---|---|---|
| 借：银行存款 | 2 000 000 | |
| 贷：长期应收款 | | 2 000 000 |
| 借：应收账款（80 000×2%） | 16 000 000 | |
| 贷：主营业务收入 | | 16 000 000 |

**（六）售后回购交易**

售后回购是指企业销售商品的同时承诺或有权选择日后再将该商品（包括相同或几乎相同的商品，或以该商品作为组成部分的商品）购回的销售方式。新收入准则规定，对于售后回购交易，企业应当区分下列两种情形并分别进行相应会计处理。

1. 企业因存在与客户的远期安排而负有回购义务或企业享有回购权利

企业因存在与客户的远期安排而负有回购义务或企业享有回购权利的，表明客户在销售时点并未取得相关商品控制权，企业应当将此作为租赁交易或融资交易进行相应的会计处理。

（1）回购价格低于原售价的，应当视为租赁交易，按照《企业会计准则第 21 号——租赁》的相关规定进行会计处理。

（2）回购价格不低于原售价的，应当视为融资交易，在收到客户款项时确认金融负债，并将该款项和回购价格的差额在回购期间内确认为利息费用等。企业到期未行使回购权利的，应当在该回购权利到期时终止确认金融负债，同时确认收入。

注意的是，企业在比较回购价格和原销售价格时，应当考虑货币的时间价值。在企业有权要求回购或者客户有权要求企业回购的情况下，企业或者客户到期未行使权利的，应在该 权利到期时终止确认相关负债，同时确认收入。

**例 15-71** A 公司向 B 公司销售一台设备，销售价格为 200 万元，同时双方约定两年之后，A 公司将以 120 万元的价格回购该设备。假定不考虑货币时间价值等其他因素影响。

分析：本例中，根据合同有关 A 公司在两年后回购该设备的确定，B 公司并未取得该设备的控制权。不考虑货币时间价值等影响，该交易的实质是 B 公司支付了 80 万元（200 － 120）的对价取得了该设备 2 年的使用权。因此，A 公司应当将该交易作为租赁交易进行会计处理。

2. 企业负有应客户要求回购商品义务

企业负有应客户要求回购商品义务的，应当在合同开始日评估客户是否具有行使该要求权的重大经济动因。客户具有行使该要求权重大经济动因的，企业应当将售后回购作为租赁交易或融资交易，按照上条规定进行会计处理。否则，企业应当将其作为附有销售退回条款的销售交易按照附有销售退回条款的销售有关规定进行会计处理。

（1）客户是否具有行使要求回购权的重大经济动因的判断

在判断客户是否具有行权的重大经济动因时，企业应当 综合考虑 各种相关因素，包括回购价格与预计回购时市场价格之间的比较，以及权利的到期日等。例如，如果回购价格 明显高于该资产回购时的市场价值，则表明客户有行权的重大经济动因 。

（2）具有重大经济动因

客户具有行使该要求权的重大经济动因的，企业应当将回购价格与原售价进行比较，并按照上述第 1 种情形下的原则将该售后回购作为租赁交易或融资交易进行相应的会计处理。

（3）不具有重大经济动因

客户不具有行使该要求权的重大经济动因的 ，企业应当将该售后回购作为附有销售退回条款的销售交易进行相应的会计处理。

①针对回购资产的义务确认为一项负债，该负债按照预计向客户支付的对价金额计量。

②针对企业在清偿负债时获得该资产的权利确认为一项资产，该资产的计量金额与资产原账面价值有可能相同或不同。

③针对在资产的售价与回购资产的义务确认的负债之间的差额，确认为资产转让损益。

**例 15-72** A 公司向 B 公司销售其生产的一台设备，销售价格为 2 000 万元，双方约定，B 公司在 5 年后有权要求 A 公司以 1 500 万元的价格回购该设备。A 公司预计该设备在回购时的市场价值将远低于 1 500 万元。

分析：本例中，假定不考虑时间价值的影响，A 公司的回购价格低于原售价，但远高于该设备在回购时的市场价值，A 公司判断 B 公司有重大的经济动因行使其权利要求 A 公司回购该设备。因此，A 公司应当将该交易作为租赁交易进行会计处理。

**（七）客户未行使的权利**

1. 企业向客户预收销售商品款项的，应当首先将该款项确认为负债，待履行了相关履约义务时再转为收入。

2. 当企业 预收款项无需退回，且客户可能会放弃其全部或部分合同权利时（如放弃储值卡的使用等）：

（1）企业预期将有权获得与客户所放弃的合同权利相关的金额的，应当按照客户行使合同权利的模式按比例将上述金额确认为收入；

（2）企业预期无权获得与客户所放弃的合同权利相关的金额的，企业只有 在客户要求其履行剩余履约义务的可能性极低时，才能将上述负债的相关余额转为收入。

企业在确定其是否预期将有权获得与客户所放弃的合同权利相关的金额时，应当考虑将估计的可变对价计入交易价格的限制要求。（即，在客户放弃其全部或部分合同权利，企业只有在能够合理预计客户要求其履行剩余义务的可能性极低时，才能将相关负债余额转为收入，其金额应以相关不确定性消除时极可能不会发生累计已确认收入的重大转回为限）。

**例 15-73**　A 公司与客户签订了一项销售合同，合同总价款为 1 100 元，签订时客户即付全款，未来一年内客户有权取得 110 件商品，未来无论客户是否取得合同中约定的全部商品，所付款项均不予返还。

（1）A 公司依据其经验能够合理预期客户未来将取得 100 件商品。

（2）A 公司无法预期客户未来将取得的商品数量。

针对（1）和（2）两种情况，应分别如何进行会计处理？

分析：依据收入准则相关规定，企业在收到客户的预付合同款项时，应确认为一项合同负债。

（1）A 公司依据其经验能够合理预期客户未来将取得 100 件商品，剩余 10 件商品为客户放弃的合同权利，企业能够合理预计其将有权获得未使用的权利金额，应根据客户行使权利的模式按比例将预计未使用的权利金额确认为收入。

即，1 100 ÷ 100 ＝ 11 元，A 公司在合同开始后每销售一件商品确认收入 11 元。

（2）A 公司无法预期客户未来将取得的商品数量，即不能合理预计其获得未使用的权利金额，则企业应考虑收入准则中关于可变对价的限制相关要求，在客户行使其剩余权利的可能性极低时将预计未使用的权利金额确认为收入。即，1 100 ÷ 110 ＝ 10 元，A 公司在合同开始日后每销售一件商品确认收入 10 元，剩余权利相关金额在企业预计未来客户行使其剩余权利的可能性极低时将相关金额确认为收入。

**例 15-74**　甲公司经营一家连锁超市，以主要责任人的身份销售商品给客户。甲公司销售的商品适用不同的增值税税率，如零食等适用税率为 13%，粮食等适用税率为 9% 等。2×18 年，甲公司向客户销售了 5 000 张不可退的储值卡，每张卡的面值为 200 元，总额为 1 000 000 元。客户可在甲公司经营的任意一家门店使用该等储值卡进行消费。根据历史经验，甲公司预期客户购买的储值卡金额将全部被消费。甲公司为增值税一般纳税人，在客户使用该等储值卡消费时发生增值税纳税义务。

分析：本例中，甲公司经营一家连锁超市，销售适用不同税率的各种商品，并收取商品价款及相应的增值税。因此甲公司销售储值卡收取的款项 1 000 000 元中，仅商品价款部分代表甲公司已收客户对价而应向客户转让商品的义务，应当确认合同负债，其中增值税部分，因不符合合同负债的定义，不应确认为合同负债。

甲公司应根据历史经验（例如，公司以往年度类似业务的综合税率等）估计客户使用该类储值卡购买不同税率商品的情况，将估计的储值卡款项中的增值税部分确认为应交税费——待转销项税额，将剩余的商品价款部分确认为合同负债。实际消费情况与预计不同时，根据实际情况进行调整；后续每个资产负债表日根据最新信息对合同负债和应交税费的金额进行重新估计。

**例 15-75**　甲公司经营一家电商平台，平台商家自行负责商品的采购、定价、发货以及售后服务，甲公司仅提供平台供商家与消费者进行交易并负责协助商家和消费者结算货款，甲公司按照货款的 5% 向商家收取佣金，并判断自己在商品买卖交易中是代理人。2×18 年，甲公司向平台的消费者销售了 1 000 张不可退的电子购物卡，每张卡的面值为 200 元，总额 200 000 元。假设不考虑相关税费的影响。

分析：本例中，考虑到甲公司在商品买卖交易中为代理人，仅为商家和消费者提供平台及结算服务，并收取佣金，因此，甲公司销售电子购物卡收取的款项 200 000 元中，仅佣金部分 10 000 元（200 000×5%，不考虑相关税费）代表甲公司已收客户（商家）对价而应在未来消费者消费时作为代理人向商家提供代理服务的义务，应当确认合同负债。对于其余部分（即 190 000 元），为甲公司代商家收取的款项，作为其他应付款，待未来消费者消费时支付给相应的商家。

**（八）无须退回的初始费**

企业在合同开始日（或邻近合同开始日）向客户收取的无需退回的初始费通常包括入会费、接驳费和初装费等。企业收取该初始费时，应当评估该初始费是否与向客户转让已承诺的商品相关。

1. 无需退回的初始费的处理。

收入准则规定，企业在合同开始（或接近合同开始）日向客户收取的无须退回的初始费（如俱乐部的入会费等）应当计入交易价格。企业应当评估该初始费是否与向客户转让已承诺的商品相关。该初始费与向客户转让已承诺的商品相关，并且该商品构成单项履约义务的，企业应当在转让该商品时，按照分摊至该商品的交易价格确认收入；该初始费与向客户转让已承诺的商品相关，但该商品不构成单项履约义务的，企业应当在包含该商品的单项履约义务履行时，按照分摊至该单项履约义务的交易价格确认收入；该初始费与向客户转让已承诺的商品不相关的，该初始费应当作为未来将转让商品的预收款，在未来转让该商品时确认为收入。

企业收取了无须退回的初始费且为履行合同应开展初始活动，但这些活动本身并没有向客户转让已承诺的商品的，该初始费与未来将转让的已承诺商品相关，应当在未来转让该商品时确认为收入，企业在确定履约进度时不应考虑这些初始活动；企业为该初始活动发生的支出应当按照规定确认为一项资产或计入当期损益。

2. 企业收取了无需退回的初始费且为履行合同应开展初始活动，但这些活动本身并没有向客户转让已承诺的商品的，该初始费与未来将转让的已承诺商品相关，应当在未来转让该商品时确认为收入，企业在确定履约进度时不应考虑这些初始活动。企业为该初始活动发生的支出应当按照合同成本部分的要求确认为一项资产或计入当期损益 。

**例 15–76** 甲公司经营一家会员制健身俱乐部。甲公司与客户签订了为期 2 年的合同，客户入会之后可以随时在该俱乐部健身。除俱乐部的年费 2 000 元之外，甲公司还向客户收取了 50 元的入会费，用于补偿俱乐部为客户进行注册登记、准备会籍资料以及制作会员卡等初始活动所花费的成本。甲公司收取的入会费和年费均无需返还。

分析：本例中，甲公司承诺的服务是向客户提供健身服务，而甲公司为会员入会所进行的初始活动并未向客户提供其所承诺的服务，而只是一些内部行政管理性质的工作。因此，甲公司虽然为补偿这些初始活动向客户收取了 50 元入会费，但是该入会费实质上是客户为健身服务所支付的对价的一部分，故应当作为健身服务的预收款，与收取的年费一起在 2 年内分摊确认为收入。

## 第二节 新准则对企业的影响

新收入准则基于全新的模型确认收入，调整了收入确认的标准，对涉及多重交易活动的合同的会计处理方式做出了相应指引，在实务中涉及大量的专业判断，对企业会计核算能力的要求更高，另外也在考验企业的内部控制及信息系统，企业部门间的合作模式有待调整，因此，其对企业的影响是十分重大的。

### 一、新收入准则涉及大量的专业判断，对会计人员提出了更高的要求

新收入准则以合同为基础，加入了履约义务等概念，通过控制权的转移来进行收入的确认，对特殊性交易活动和事项的收入确认方法做出了具体规定，适用于多种业务。但是，在实务应用中，新准则提出的五步法模型每一步的运用都需要大量的会计估计，通用的会计准则将涉及相当大的专业判断空间。更多专业判断的运用增加了会计处理的复杂性，也对企业财务人员的专业能力和职业素养也提出了更高的要求。特别是对于某些特殊行业，当业务处理中涉及大量判断时，可能会直接影响成本效益原则。同时，实务操作的复杂性，以及各种判断的主观性也可能为企业的收入确认提供了操纵空间，进而影响到企业会计信息质量。

### 二、会计核算更为复杂

在选择确定履约义务进度的方法上，新准则规定可以选择产出法或者投入法。由于产出法直接计量已转移的商品或劳务的价值相较于承诺的剩余商品或劳务的价值比例，不存在产销不匹配的现象，反映较为真实的完工进度，因此产出法更优。但由于大部分企业的产出值的确定涉及多方面的因素，核算较为复杂，无法直接或以较低的成本来获取，在实务中企业往往选择以投入法代替。

但采用投入法，项目的完工进度也难以准确确定。投入法基于对项目总成本的准确预估，而一部分项目通常都具有价值高、生产周期长、不确定性大等特点，经济政策、市场供求、通货膨胀等等都可能成为影响因素。为了更加贴近实际完工进度，投入法还规定了要排除与履约进度不成比例的成本，例如，返工和废料成本，已采购但未投入项目的设备采购成本等进行调整，这也会增加财务人员工作量，提高工作难度。

此外，新收入准则还明确了确定交易价格时需要考虑的因素，财务部门须对财务信息的可靠性给予充分保证，这也对企业的会计核算能力提出了更高的要求。

### 三、对企业的内部控制体系及信息系统提出了更高的要求

新收入准则存在大量的估计，例如，涉及重大融资成分的货币时间价值的估计、单独售价的估计和客户信用风险评估等，这些估计都是建立在大量数据的基础上的。同时，由于新收入准则还要求企业披露更多的收入相关信息，对企业而言意味着需要花费额外的精力以应对披露所带来的挑战，因引，企业必须确保其拥有的内部控制体

系和信息系统，以收集，加工和整合新准则所要求和需要的信息。因此，企业需要对现有的信息系统和内部控制体系的有效性进行评估，以确定是否可以为新收入准则下收入的确认提供足够的数据和程序支持。同时，企业有必要根据实际情况对信息系统和内部控制体系进行相应的调整，必要情况时要及时升级和重新设计，否则可能无法应对新收入准则的核算要求。

### 四、对企业的业财融合提出了更高的要求

收入确认流程的变化要求调整会计核算流程，进一步要求业务流程随之改变。新收入准则明确了确定交易价格时需要考虑的因素，在确认企业收入时，财务人员需要更多的合同信息和其他业务信息，包括业务部门、销售部门和市场部门涉及的会计评估和判断依据。因此，企业的各个相关部门需要将更多的业务信息提供给财务部门，以便于财务部门做出更符合实质的判断和评估。因此，新收入准则的实施要求企业各部门间探究出更高效的合作模式，以促进财务管理和业务管理的融合，从而保证收入的合理确认。

# 第十六章　政 府 补 助

## 第一节　案例分析及操作实务

### 一、政府补助会计处理的资本法和收益法

**（一）资本法**

所谓资本法，是指将政府补助直接贷记所有者权益的一种会计处理方法。支持采用这一方法的理由主要有：

（1）政府补助是一种融资手段，应在企业的资产负债表中进行处理，而不应通过利润表去抵销其补偿的费用项目。考虑到企业不需要归还，因此政府补助应当直接记入所有者权益项目。

（2）在利润表直接确认政府补助是不恰当的，因为企业获得的政府补助不是企业在生产经营活动中赚取的，而是政府给予的与成本无关的奖励。

**（二）收益法**

所谓收益法，是指将政府补助直接计入利润表的一种会计处理方法。支持采用这一方法的理由主要有：

（1）政府补助不是来自所有者投入的资源，不应直接计入所有者权益，而应在合适的期间确认为利润的组成部分。

（2）政府补助很少是无偿的，企业接受政府补助是有条件的，因此，政府补助应当在合适期间确认为利润的组成部分，并与将来拟补偿的成本相配比。

（3）正如所得税费用要从利润中扣减一样，政府补助作为政府政策的一种延伸，在利润表中确认是符合逻辑的。采用收益法核算政府补助的基础在于，在与有关费用相配比的期间内，采用系统、合理的方法将政府补助确认为利润的组成部分，在大多数情况下，企业能够确定与政府补助有关的费用的确认期间，从而在确认相关费用的期间内将与特定政府补助有关的补助确认为利润的组成部分。同样 的道理，对于与折旧资产相关的政府补助，一般也是按照这些资产计提折旧的比例在相同的期间内确认为利润的组成部分。

根据我国新准则的规定，政府补助应当采用收益法进行核算。

### 二、政府补助会计核算应当设置的会计科目

为了核算收到的政府补助，企业应当设置“营业外收入”“递延收益”等总账科目，进行总分类核算。

### 三、政府补助的确认条件

根据新准则的规定，政府补助同时满足下列条件的，才能予以确认。

1. 企业能够满足政府补助所附条件

政府向企业提供的政府补助，通常是附有条件的。因此，企业收到的政府补助，应当在满足一定条件时，才能加以确认。如果不满足一定的确认条件，则不能加以确认。企业收到政府补助这一事实本身，并不能表明企业一定能够获得这一政府补助。政府补助的获得是以企业能够满足政府补助的相关条件为前提的。

2. 企业能够收到政府补助

企业要确认政府补助，还要以能够收到政府补助为前提。如果企业不能获得政府补助，则不能加以确认。

## 四、政府补助的初始计量

政府向企业提供的补助，既有可能是货币性资产，也有可能是非货币性资产。对于不同的政府补助，其会计处理基本相同，即均需要按照政府补助的公允价值进行计量。

1. 政府补助为货币性资产

根据新准则的规定，政府补助为货币性资产的，应当按照收到或应收的金额计量。

**例 16-1** 2×20 年 1 月 1 日，甲公司接到当地政府通知，将向其提供 120 000 元的政府补助，以鼓励甲公司未来安排相关的残疾人员就业。有关款项已存入甲公司账户。甲公司的会计处理如下：

借：银行存款　　120 000

　　贷：递延收益　　120 000

2. 政府补助为非货币性资产

根据新准则的规定，政府补助为非货币性资产的，应当按照公允价值计量；公允价值不能可靠取得的，按照名义金额（1 元）计量。具体来说，企业应当按照非货币性资产的公允价值，借记“固定资产”“无形资产”等科目，贷记“递延收益”“营业外收入”等科目。

**例 16-2** 2×20 年 3 月 15 日，乙公司接到当地政府通知，将向其提供一台不需要安装的固定资产的政府补助，以鼓励乙公司在环境保护方面继续采取相关措施。该固定资产已办妥相关手续，公允价值为 43 000 元。假定不考虑其他因素。乙公司的会计处理如下：

借：固定资产　　43 000

　　贷：递延收益　　43 000

**例 16-3** 2×20 年 3 月 1 日，甲公司接到省级人民政府通知，将向其提供一条生产线，以鼓励乙公司继续生产环境保护产品。该生产线的公允价值为 21 000 元。甲公司为安装该生产线领用本公司生产的一批产品，成本为 20 000 元，计税价格为 21 000 元，适用的增值税税率为 13%；在安装过程中发生人员薪酬 2 300 元，不考虑其他因素。甲公司的会计处理如下：

借：在建工程　　21 000

　　贷：递延收益　　21 000

借：在建工程　25 030
　　贷：库存商品　20 000
　　　　应交税费——应交增值税（销项税额）　2 730
　　　　应付职工薪酬　2 300
借：固定资产　46 030
　　贷：在建工程　46 030

**例 16-4**　2×20 年 8 月 1 日，丙公司接到当地政府通知，将向其提供一台不需安装的办公设备。该办公设备的公允价值无法可靠地计量。假定不考虑其他因素。丙公司的会计处理如下：

借：固定资产　1
　　贷：营业外收入　1

## 五、政府补助的后续计量

政府向企业提供的补助，既有与资产相关的政府补助，也有与收益相关的政府补助。对于不同类型的政府补助，其后续计量是不同的。

1. 与资产相关的政府补助

根据新准则的规定，与资产相关的政府补助，应当冲减相关资产的账面价值或确认为递延收益。与资产相关的政府补助确认为递延收益的，应当在相关资产使用寿命内按照合理、系统的方法分期计入损益。但是，按照名义金额计量的政府补助，直接计入当期损益。

**例 16-5**　承例 16-3，假定该生产线使用寿命 10 年，采用直线法计提折旧，无残值，该生产线每月计提折旧，分摊递延收益的会计处理如下：

借：制造费用　390.58
　　贷：累计折旧　390.58
借：递延收益　175
　　贷：制造费用　175

2. 与收益相关的政府补助

根据新准则的规定，与收益相关的政府补助，应当分别下列情况处理：

（1）用于补偿企业以后期间的相关费用或损失的，确认为递延收益，并在确认相关成本费用或损失的期间，计入当期损益或冲减相关成本。

**例 16-6**　某粮食企业因购买储备粮，按规定每季季初收到财政贴息资金 60 万元。其应作会计处理如下：

（1）每季季初，收到财政贴息时：

借：银行存款　600 000
　　贷：递延收益　600 000

（2）每月月末，将财政贴息计入当期损益时：

借：递延收益　200 000
　　贷：营业外收入　200 000

（2）用于补偿企业已发生的相关费用或损失的，直接计入当期损益或冲减相关成本。

**例 16-7** 按照国家相关规定，乙企业生产的产品适用增值税先征后返政策，按实际缴纳增值税返还 70%。2×20 年 7 月，该企业实际缴纳增值税税额 100 万元。2×20 年 8 月，该企业收到返还的增值税税额 70 万元。乙企业应作会计处理如下：

借：银行存款　700 000
　　贷：营业外收入　700 000

3. 需要返还的政府补助

根据新准则的规定，已确认的政府补助需要返还的，应当分别下列情况处理：

（1）存在相关递延收益的，冲减相关递延收益账面余额，超出部分计入当期损益。

**例 16-8** 2×20 年 7 月 1 日，甲公司向政府返还政府补助 8 000 元，与此有关的递延收益账面余额为 7 000 元。甲公司的会计处理如下：

借：递延收益　7 000
　　营业外收入　1 000
　　贷：银行存款　8 000

（2）初始确认时冲减相关资产账面价值的，调整资产账面价值。

（3）属于其他情况的，直接计入当期损益。

**例 16-9** 2×20 年 8 月 11 日，乙公司向政府返还政府补助 1 200 元。乙公司的会计处理如下：

借：营业外收入　1 200
　　贷：银行存款　1 200

## 第二节　新准则对企业的影响

### 一、对企业财务的影响

新旧准则最大的差异就是新准则要求将政府补助计入当期损益，而不是计入权益。因此，采用新准则以后，政府补助将会给企业带来利润而不是权益。接受政府补助资产，在获得了收取政府补助的权利并基本确定能收到时，可予以确认。这将在一定程度上虚增企业资产或负债。

## 二、对企业内部会计控制的要求和影响

从规范企业内部控制方面考虑，对接受政府补助进行有效规范，有利于企业规范自身经营行为，将政府补助从暗处反映到明处，有利于减少舞弊事件的发生。

## 三、其他影响

新准则对企业的影响在于判断政府补助是与资产相关还是与收益相关的可操作性，以及何时确认。

# 第十七章　借款费用

## 第一节　案例分析及操作实务

### 一、涉及的主要会计科目及使用说明

（1）固定资产。在固定资产达到预定可使用状态后，从在建工程转入固定资产。
（2）库存商品。在存货达到预定可使用状态后，从生产成本转入存货。
（3）投资性房地产。在投资性房地产达到预定可使用状态后，从开发成本转入投资性房地产。
（4）在建工程。记录发生在固定资产购建过程中应予资本化的借款费用。
（5）生产成本。记录发生在存货生产过程中应予资本化的借款费用。
（6）开发成本。记录发生在投资性房地产购建过程中应予资本化的借款费用。
（7）管理费用。记录企业在筹建期间不应计入有关资产成本的借款费用。
（8）银行存款。记录支付的借款费用，如辅助费用、借款利息等。
（9）长期借款。记录专门借款利息、外汇借款利息及汇兑差额。
（10）应付债券。记录应付债券利息及溢价折价的摊销。
（11）财务费用。记录不予资本化的借款费用。

### 二、新准则主要条款说明和会计处理举例

新准则共包括总则、确认和计量、披露等三章内容。

### 三、实务操作中应注意事项和问题

对未使用专项借款利息收入及进行暂时性投资取得的投资收益资金的确认，需要企业对专门借款专户存储，否则无法确认其资金来源和相关利率。

### 四、对财务报表附注披露的具体要求

1. 会计政策的披露要求和参考内容

可直接归属于购建或生产符合资本化条件的资产（指需要经过相当长时间的购建或者生产活动才能达到预定可使用或者可销售状态的固定资产、投资性房地产和存货等资产）的借款费用，计入这些资产的成本，直到这些资产在实质上已达到预定可使用或可销售状态为止。在发生符合条件资产的支出前，将专项借款作暂时性投资而获得的投资收益应扣减可资本化的借款费用。

其他借款费用，在发生时根据其发生额确认为费用，计入当期损益。

2. 报表项目注释的披露要求

在存货、固定资产及投资性房地产等报表项目注释下披露：①当期资本化的借款费用金额；②当期用于计算确定借款费用资本化金额的资本化率。

**例 17-1** 华远公司于 2×19 年 1 月 1 日动工兴建一办公楼，工程采用出包方式，每半年支付一次工程进度款。工程于 2×20 年 6 月 30 日完工，达到预定可使用状态。

建造工程资产支出如下：

2×19 年 1 月 1 日，支出 1 500 万元。

2×19 年 7 月 1 日，支出 2 500 万元，累计支出 4 000 万元。

2×20 年 1 月 1 日，支出 1 500 万元，累计支出 5 500 万元。

公司为建造办公楼于 2×19 年 1 月 1 日专门借款 2 000 万元，借款期限为 3 年，年利率为 8%。除此之外，无其他专门借款。

办公楼的建造还占用 2 笔一般借款：

A 银行长期贷款 2 000 万元，期限为 2×18 年 12 月 1 日至 2×21 年 12 月 1 日，年利率为 6%，按年支付利息。

发行公司债券 1 亿元，发行日为 2×18 年 1 月 1 日，期限为 5 年，年利率为 8%，按年支付利息。

闲置专门借款资金用于固定收益债券短期投资，假定短期投资月收益率为 0.5%。假定全年按 360 天计算。

分析：

（1）计算专门借款利息资本化金额：

2×19 年专门借款利息资本化金额＝2 000×8%－500×0.5% ×6＝145（万元）

2×20 年专门借款利息资本化金额＝2 000×8%×180÷360＝80（万元）

（2）计算一般借款利息资本化金额：

一般借款资本化率（年）＝（2 000×6%＋10 000×8%）÷（2 000＋10 000）
＝7.67%

2×19 年占用了一般借款资金的资产支出加权平均数＝2 000×180÷360
＝1 000（万元）

2×19 年一般借款利息资本化金额＝1 000×7.67%＝76.70（万元）

2×20 年占用了一般借款资金的资产支出加权平均数＝（2 000＋1 500）×180÷360＝1 750（万元）

2×20 年一般借款利息资本化金额＝1 750×7.67%＝134.23（万元）

（3）公司建造办公楼应予资本化的利息金额：

2×19 年利息资本化金额＝145＋76.70＝221.70（万元）

2×20 年利息资本化金额＝80＋134.23＝214.23（万元）

（4）有关账务处理：

2×19 年：

借：在建工程　　2 217 000
　　贷：应付利息　　2 217 000
2×20 年：
借：在建工程　　2 142 300
　　贷：应付利息　　2 142 300

**例 17-2**　某公司于 2×20 年 1 月 1 日动工兴建一幢办公楼，工期为 1 年，工程采用出包方式，分别于 2×20 年 1 月 1 日、7 月 1 日和 10 月 1 日支付工程进度款 1 500 万元、3 000 万元和 1 000 万元。办公楼于 2×20 年 12 月 31 日完工，达到预定可使用状态。公司为建造办公楼发生了 2 笔专门借款，分别为：① 2×20 年 1 月 1 日，专门借款 2 000 万元，借款期限为 3 年，年利率为 8%，利息按年支付；② 2×20 年 7 月 1 日，专门借款 2 000 万元，借款期限为 5 年，年利率为 10%，利息按年支付。闲置专门借款资金均用于固定收益债券短期投资，假定该短期投资月收益率为 0.5%。

公司为建造办公楼的支出总额 5 500 万元（1 500 + 3 000 + 1 000），超过了专门借款总额 4 000 万元（2 000 + 2 000），占用了一般借款 1 500 万元。假定所占用一般借款有 2 笔，分别为：①向 A 银行长期借款 2 000 万元，期限为 2×19 年 12 月 1 日至 2×22 年 12 月 1 日，年利率为 6%，按年支付利息；②发行公司债券 10 000 万元，于 2×19 年 1 月 1 日发行，期限为 5 年，年利率为 8%，按年支付利息。根据上述资料，计算公司建造办公楼应予资本化的利息费用。

分析：

（1）计算专门借款利息费用资本化金额：

专门借款利息资本化金额＝专门借款当期实际发生的利息费用－将闲置借款金额短期投资取得的投资收益

为简化计算，假定全年按 360 天计算。据此，专门借款利息费用的资本化金额如下：

2 000×8%＋2 000×10% ×180÷360 － 500×0.5% ×6 ＝ 245（万元）

（2）计算一般借款利息费用资本化金额：

一般借款利息费用资本化金额＝累计资产支出超过专门借款部分的资产支出加权平均数 × 所占用一般借款的资本化率

其中：

累计资产支出超过专门借款部分的资产支出加权平均数＝（4 500 － 4 000）×180 360 ＋ 1 000×90 360 ＝ 500（万元）

一般借款利息费用资本化金额＝ 500×7.67%＝ 38.35（万元）

（3）计算建造办公楼应予资本化的利息费用金额：该公司建造办公楼应予资本化的利息费用金额为 283.35 万元，即专门借款利息费用资本化金额 245 万元和一般借款利息费用资本化金额 38.35 万元之和。

3. 借款溢价或者折价的摊销采用实际利率法

新准则第七条规定，借款存在折价或者溢价的，应当按照实际利率法确定每一会计期间应摊销的折价或者溢价金额。

在实际利率法下，企业应当按照期初借款余额乘以实际利率计算确定每期借款利息费用。实际利率是企业在借款期限内未来应支付的利息和本金折现为借款当前账面价值的利率。

**例 17-3** A 公司于 2×16 年 1 月 1 日折价发行了面值为 1 250 万元公司债券，期限为 5 年，发行价格为 1 000 万元，票面利率为 4.72%，每年年末支付利息 59 万元（1 250×4.72%），到期一次还本。据此，计算该公司债券实际利率 i 为：

由于 $1\,000 = 59\times(1+i)^{-1} + 59\times(1+i)^{-2} + 59\times(1+i)^{-3} + 59\times(1+i)^{-4} + (59+1\,250)\times(1+i)^{-5}$，由此计算得出 i = 10%。A 公司各期的利息费用计算如表 17-1 所示。

**表 17-1 利息费用计算表**

单位：万元

| 年份 | 期初公司债券（A） | 实际利息费用（B）（按 10% 计算） | 每年支付现金（C） | 期末公司债券摊余成本（D）=（A）+（B）-（C） |
|---|---|---|---|---|
| 2×16 | 1 000 | 100 | 59 | 1 041 |
| 2×17 | 1 041 | 104 | 59 | 1 086 |
| 2×18 | 1 086 | 109 | 59 | 1 136 |
| 2×19 | 1 136 | 113 | 59 | 1 190 |
| 2×20 | 1 190 | 119 | 1 250 + 59 | 0 |

假定 A 公司发行公司债券募集的资金专门用于建造一条生产线。该生产线从 2×16 年 1 月 1 日开始建设，于 2×18 年年底完工，达到预定可使用状态。公司在 2×16—2×18 年间每年应予资本化的利息费用为 100 万元、104 万元和 109 万元，2×19 年、2×20 年发生的 113 万元和 119 万元利息费用应当计入当期损益，不应再予资本化。

**例 17-4** 某公司于 2×20 年 1 月 1 日采取出包方式开始建造厂房，至 12 月 31 日发生支出如表 17-2 所示。该公司于 2×20 年 1 月 1 日发行 3 年期债券，票面价值为 1 000 万元，票面利率为 5%，一次还本付息。债券发行价格为 1 000 万元，不考虑发行费用。另外，在 2×20 年 8 月 1 日又专门借款 500 万元，借款期为 4 年，年利率为 6%，一次还本付息。该公司还有流动资金借款 500 万元，借款年利率为 4%。活期存款年利率为 1%。要求：按年度计算应予资本化的利息金额。

表 17-2　建造厂房发生支出　　单位：万元

| 月份 | 每期资产支出金额 | 资产支出累计 |
|---|---|---|
| 1 | 150 | 150 |
| 2 | 100 | 250 |
| 3 | 130 | 380 |
| 4 | 100 | 480 |
| 5 | 130 | 610 |
| 6 | 160 | 770 |
| 7 | 120 | 890 |
| 8 | 110 | 1 000 |
| 9 | 150 | 1 150 |
| 10 | 250 | 1 400 |
| 11 | 260 | 1 660 |
| 12 | 140 | 1 800 |

分析：

该公司 2×20 年度为建造固定资产共支出 1 800 万元，而专门借款金额为 1 500 万元。截至 2×20 年 11 月，支出总额开始超过专门借款金额，应考虑占用的一般借款。

（1）计算 2×20 年累计支出加权平均数如表 17-3 所示。

表 17-3　借款累计支出情况表　　单位：万元

| 栏次＼月份 | 支出金额 | | 资本化期间 | | 累计支出加权平均数 | |
|---|---|---|---|---|---|---|
| | 流动资金借款 | 专项借款 | 使用月份 | 全年月份 | 流动资金借款 | 专项借款 |
| | 1 | 2 | 3 | 4 | 5 ＝ 1×3 ÷ 4 | 6 ＝ 2×3 ÷ 4 |
| 1 | | 150 | 12 | 12 | | 150.00 |
| 2 | | 100 | 11 | 12 | | 91.67 |
| 3 | | 130 | 10 | 12 | | 108.33 |
| 4 | | 100 | 9 | 12 | | 75.00 |
| 5 | | 130 | 8 | 12 | | 86.67 |
| 6 | | 160 | 7 | 12 | | 93.33 |

（续表）

| 栏次 / 月份 | 支出金额 | | 资本化期间 | | 累计支出加权平均数 | |
|---|---|---|---|---|---|---|
| | 流动资金借款 | 专项借款 | 使用月份 | 全年月份 | 流动资金借款 | 专项借款 |
| | 1 | 2 | 3 | 4 | 5 = 1×3 ÷ 4 | 6 = 2×3 ÷ 4 |
| 7 | | 120 | 6 | 12 | | 60.00 |
| 8 | | 110 | 5 | 12 | | 45.83 |
| 9 | | 150 | 4 | 12 | | 50.00 |
| 10 | | 250 | 3 | 12 | | 62.50 |
| 11 | 160 | 100 | 2 | 12 | 26.67 | 16.67 |
| 12 | 140 | | 1 | 12 | 11.67 | 0 |
| 累计 | 300 | 1 500 | | | 38.33 | 840.00 |
| 合计 | 1 800 | | | | 878.33 | |

（2）计算未使用专项借款加权平均数如表 17-4 所示。

**表 17-4 专项借款情况表**

单位：万元

| 项目 | 专项借款本金加权平均数 | 专项借款累计支出加权平均数 | 未使用专项借款加权平均数 |
|---|---|---|---|
| | 1 | 2 | 3 = 1 − 2 |
| 应付债券 | 1 000.00 | 710.83 | 289.17 |
| 专项借款 | 500×5 ÷ 12 = 208.34 | 129.17 | 79.17 |
| 合计 | 1 208.34 | 840.00 | 368.34 |

（3）计算资本化利息如表 17-5 所示。

**表 17-5 资本化利息计算表**

单位：万元

| 项目 | 实际发生利息 | 存款利息收入 | 合计 |
|---|---|---|---|
| 债券利息＝ 1 000×5%＝ 50（万元） | 50.00 | − 2.89 | 47.11 |
| 专门借款利息＝ 500×6% ×5 ÷ 12 ＝ 12.50（万元） | 12.50 | − 0.79 | 11.71 |
| 一般借款利息＝ 38.33×4%＝ 1.53（万元） | 1.53 | | 1.53 |
| 合 计 | 64.03 | − 3.68 | 60.35 |

备注：债券存款利息收入＝ 289.17×1%＝ 2.89（万元）
专门借款利息收入＝ 79.17×1%＝ 0.79（万元）

（4）账务处理。

| | |
|---|---|
| 借：在建工程 | 603 500 |
| 贷：应付债券——应计利息 | 471 100 |
| 长期借款 | 117 100 |
| 应付利息 | 15 300 |

## 第二节 首次执行日的会计处理

### 一、相关规定

《企业会计准则第38号——首次执行企业会计准则》规定：编制期初资产负债表时，除按照本准则第五条至第十九条规定要求追溯调整的项目外，其他项目不应追溯调整。

### 二、会计调整方法

采用未来适用法的处理方法。

对于新准则生效日以前企业已经发生的借款费用，所采用的借款费用会计处理方法与新准则规定的方法不同的，不作追溯调整；对于新准则生效日以后发生的借款费用，应当按照新准则的规定进行会计处理。

### 三、过渡到新准则的说明和披露

（1）报表比较信息的披露（执行当期和上年同期）。

（2）相关附注的披露。在会计政策及相关报表项目中披露。

## 第三节 新准则的税收应用

### 一、借款费用的税务处理一般原则

税法所称的借款费用，是指纳税人为经营活动的需要承担的，与借入资金相关的利息费用，包括：①长期、短期借款的利息；②与债券相关的折价或溢价的摊销；③安排借款时发生的辅助费用的摊销；④与借入资金有关，作为利息费用调整额的外币借款产生的差额。税法对于借款费用也区分资本化和费用化的界限，对于资本化的借款费用不允许税前列支，对于计入财务费用等费用化的借款费用允许税前列支。《企业所得税税前扣除办法》（国税发〔2000〕84号）对借款费用的税务处理作出了规定，《国家税务总局关于执行〈企业会计制度〉需要明确的有关所得税问题的通知》（国税发〔2003〕45号）又对因投资而发生的借款费用的税务处理作出了修订。

对于借款费用，税法还限制纳税人从其关联方取得的借款。国税发〔2000〕84号文件规定："纳税人从关联方取得的借款金额超过其注册资本50%的，超过部分的利息支出，不得在税前扣除。"这一规定是为了防止纳税人利用高比率举债经营发挥利息抵税效应，从而规避税收。

## 二、一般借款费用的税务处理

### （一）借款费用的税务处理

（1）纳税人发生的经营性借款费用，符合利息水平限定条件的（即利息水平不超过同期同类银行利息的），可以直接扣除。

《中华人民共和国企业所得税暂行条例》及其实施细则规定，纳税人在生产、经营期间向金融机构（包括保险企业、非银行金融机构）的利息支出，按照实际发生数扣除；向非金融机构借款的利息支出，不高于按照金融机构同类、同期贷款利率计算的数额以内的部分准予扣除。

（2）为购置、建造和生产固定资产、无形资产而发生的借款，在有关资产购建期间发生的借款费用，应作为资本性支出计入有关资产的成本；有关资产交付使用后发生的借款费用，可在发生当期扣除。

（3）纳税人借款未指明用途的，其借款费用应按经营性活动和资本性支出占用资金的比例，合理计算应计入有关资产成本的借款费用和可直接扣除的借款费用。

（4）纳税人经批准集资的利息支出，凡不高于同期、同类商业银行贷款利率的部分也允许扣除，超过部分不得扣除。纳税人逾期归还银行贷款，银行按规定加收的罚息，不属于行政性罚款，允许在所得税前扣除。

（5）企业在筹建期间发生的长期借款费用，除购置固定资产而发生的长期借款费用外，计入开办费。

（6）纳税人在付息日或买入国债后持有至到期时取得的利息收入，免征企业所得税；在付息日或持有国债到期之前交易取得的利息收入，按其成交后交割单列明的应计利息额免征企业所得税。

### （二）为对外投资而借入资金的借款费用的税务处理

国税发〔2000〕45号文件规定：纳税人为对外投资而借入资金发生的借款费用，应计入有关投资的成本，不得作为纳税人的经营性费用在税前扣除。2003年，国家税务总局发布国税发〔2003〕45号文件，进一步明确：纳税人为对外投资而发生的借款费用符合《中华人民共和国企业所得税暂行条例》第六条和《企业所得税税前扣除办法》（国税发〔2000〕84号）第三十六条规定的，可以直接扣除，不需要资本化计入有关投资的成本。

这一规定改变了因对外投资而借入资金的借款费用的处理方法，允许作为当期费用直接在税前扣除。

### （三）房地产业借款费用的税务处理

从事房地产开发业务的纳税人为开发房地产而借入资金所发生的借款费用，在房地产完工之前发生的，应计入有关房地产的开发成本。

## 三、借款费用资本化的税务处理

税收在借款费用资本化方面的确认标准有特别的规定。税收上对购置、建造和生产固定资产、无形资产强调“交付使用前”所发生的借款费用应予资本化，对房地产开发强调“房地产完工之前”所发生的借款费用应予成本化。新准则规定，对“达到预定可使用状态”可从以下几个方面来判断：

第一，符合资本化条件的资产的实体建造（包括安装）或者生产工作已经全部完成或者实质上已经完成。

第二，所购建或者生产的符合资本化条件的资产与设计要求、合同规定或者生产要求相符或基本相符，即使有极个别与设计、合同或者生产要求不相符的地方，也不影响其正常使用或者销售。

第三，继续发生在所购建或者生产符合资本化条件的资产上的支出金额很少或者几乎不再发生。

## 第四节　新准则对企业的影响

### 一、对财务的影响

由于新准则扩大了借款费用资本化的资产范围和借款范围，相应地会增加企业的资产价值，减少当期财务费用，进而增加当期利润。

### 二、对企业运营、交易策略、公司治理等方面的影响

新准则中扩大了借款费用可以资本化的范围，将使生产大型机器设备、船舶等生产周期较长的先进制造业公司受益。许多先进制造业公司的产品生产周期比较长，借款金额巨大，实施新准则后，相关的利息支出计入存货，不再直接计入损益，将会提高此类企业的业绩。

### 三、对企业内部会计控制的要求和影响

企业应考虑新准则变化，建立健全为购建或者生产符合资本化条件的资产而借入专门借款的专户存储管理，尤其是加强对尚未动用的借款资金存入银行取得的利息收入或进行暂时性投资取得的投资收益的管理，以满足按新准则规定的计算专门借款利息资本化时的扣除要求。

### 四、其他影响

新准则中扩大了借款费用可以资本化的范围，减少了直接计入损益的利息支出，增加了企业利润，使企业对应计利息支出部分的所得税款在纳税时间上提前。

# 第十八章　所　得　税

## 第一节　案例分析及操作实务

### 一、与所得税有关的会计科目设置

（1）企业应在损益类科目中设置“所得税费用”科目，核算企业按规定从当期利润中扣除的所得税费用，借方反映如下内容：企业按照税法计算确定的当期应交所得税金额；在确认相关资产、负债时，根据所得税准则应予确认的递延所得税负债；在资产负债表日递延所得税资产的应有余额小于“递延所得税资产”科目余额的差额；在资产负债表日递延所得税负债的应有余额大于“递延所得税负债”科目余额的差额；在资产负债表日预计未来期间很可能无法获得足够的应纳税所得额用来抵扣可抵扣暂时性差异的，按原已确认的递延所得税资产中应减记的金额等。贷方反映在确认相关资产、负债时根据所得税准则应予确认的递延所得税资产；在资产负债表日递延所得税资产的应有余额大于“递延所得税资产”科目余额的差额；在资产负债表日递延所得税负债的应有余额小于“递延所得税负债”科目余额的差额及结转“本年利润”科目金额。本科目结转后期末无余额。

（2）企业应在负债类科目中设置“应交税费——应交所得税”科目，核算企业按税法规定计算应交所得税和实际缴纳所得税情况。贷方反映应纳所得税，借方反映实际已纳所得税，余额反映欠缴的所得税。

（3）企业应在资产类科目中设置“递延所得税资产”科目，核算企业根据所得税准则确认的可抵扣暂时性差异产生的所得税资产。根据税法规定可用以后年度税前利润弥补的亏损产生的所得税资产，也在本科目核算。借方反映企业在确认相关资产、负债时，根据所得税准则应予确认的递延所得税资产和在资产负债表日递延所得税资产的应有余额大于本科目余额的差额。贷方反映当企业确认递延所得税资产的可抵扣暂时性差异情况发生回转时转回的所得税影响额、税率变动或开征新税调整的递延所得税资产、资产负债表日递延所得税资产的应有余额小于本科目余额的差额、在资产负债表日预计未来期间很可能无法获得足够的应纳税所得额用来抵扣可抵扣暂时性差异的所得税影响金额等。余额反映尚未转回的递延所得税资产。

（4）企业应在负债类科目中设置“递延所得税负债”科目，核算企业根据所得税准则确认的应纳税暂时性差异产生的所得税负债。贷方反映企业在确认相关资产、负债时根据所得税准则应予确认的递延所得税负债、在资产负债表日递延所得税负债的应有余额大于本科目余额的差额，借方反映当企业确认递延所得税负债的应纳税暂时性差异情况发生回转时转回的所得税影响额、税率变动或开征新税调整的递延所得税负债、在资产负债表日递延所得税负债的应有余额小于本科目余额的差额。余额反映尚未转回的递延所得税负债。

（5）企业应设置“递延所得税资产和递延所得税负债备查登记簿”，详细记录发生的暂时性差异的原因、金额、预计转销期限、已转销数额等。

## 二、资产负债表法应用举例

**例 18–1** A 企业 2×15 年 12 月购入价值 100 000 元的设备，预计使用期 5 年，无残值。会计上采用直线法计提折旧，税法允许采用双倍余额递减法计提折旧。2×15 年的会计利润为 200 000 元，以后各年度未计提折旧前的利润总额为 220 000 元，没有其他调整事项，企业所得税税率为 15%，2×18 年起调整为 20%（假设除该项设备折旧外，没有其他暂时性差异事项）。

步骤一：确定暂时性差异的项目——设备折旧。

步骤二：根据账面价值与计税基础确定各年的暂时性差异。

步骤三：根据各年年末暂时性差异与适用税率确定递延所得税的余额。

步骤四：确定各年递延所得税的转回金额。

各年对递延所得税负债影响情况和处理见表 18–1、表 18–2 和表 18–3。

**表 18–1 A 企业各年所得税负债情况**　　单位：元

| 项目 | 2×15 年年末 | 2×16 年年末 | 2×17 年年末 | 2×18 年年末 | 2×19 年年末 | 2×20 年年末 |
|---|---|---|---|---|---|---|
| 账面价值 | 100 000 | 80 000 | 60 000 | 40 000 | 20 000 | 0 |
| 计税基础 | 100 000 | 60 000 | 36 000 | 21 600 | 10 800 | 0 |
| 暂时性差异 | 0 | 20 000 | 24 000 | 18 400 | 9 200 | 0 |
| 企业所得税税率（%） | 15 | 15 | 15 | 20 | 20 | 20 |
| 递延所得税余额 | 0 | 3 000 | 3 600 | 3 680 | 1 840 | 0 |
| 当年调整金额 | 0 | 3 000 | 600 | 80 | − 1840 | − 1840 |
| 会计利润 | 200 000 | 200 000 | 200 000 | 200 000 | 200 000 | 200 000 |
| 应纳税所得额 | 200 000 | 180 000 | 196 000 | 205 600 | 209 200 | 209 200 |
| 当年应纳所得税额 | 30 000 | 27 000 | 29 400 | 41 120 | 41 840 | 41 840 |
| 当期所得税费用 | 30 000 | 30 000 | 30000 | 41 200 | 40 000 | 40 000 |

**表 18-2　递延所得税负债各年发生额及余额**　　单位：元

| 项目 | 2×15 年年末 | 2×16 年年末 | 2×17 年年末 | 2×18 年年末 | 2×19 年年末 | 2×20 年年末 |
|---|---|---|---|---|---|---|
| 期初余额 | 0 | 0 | 3 000 | 3 600 | 3 680 | 1 840 |
| 借方发生额 | 0 | 0 | 0 | 0 | 1 840 | 1 840 |
| 贷方发生额 | 0 | 3 000 | 600 | 80 | 0 | 0 |
| 期末余额 | 0 | 3 000 | 3 600 | 3 680 | 1 840 | 0 |

**表 18-3　各年的会计分录**　　单位：元

| 分录 | 2×15 年年末 | 2×16 年年末 | 2×17 年年末 | 2×18 年年末 | 2×19 年年末 | 2×20 年年末 |
|---|---|---|---|---|---|---|
| 借：所得税费用 | 30 000 | 30 000 | 30 000 | 41 200 | 40 000 | 40 000 |
| 借：递延所得税资产 | | | | | 1 840 | 1 840 |
| 贷：递延所得税负债 | | 30 000 | 600 | 80 | | |
| 贷：应交税费——应交所得税 | 30 000 | 27 000 | 29 400 | 41 120 | 41 840 | 41 840 |

各年年末在财务会计报告附注中需披露的信息（略）。

**例 18-2**　甲企业于 2×19 年 12 月 28 日购入一台机器设备，账面金额与计税基础均为 10 万元。该机器采用直线法计提折旧，企业采用的年折旧率是 10%，而在计税时，年折旧率为 15%。企业所得税税率为 25%，比较两种方法的处理情况如表 18-4 所示。

**表 18-4　两种债务法比较**

| 利润表债务法 | 资产负债表债务法 |
|---|---|
| 2×20 年，会计计提 1 万元，2×20 年，计税折旧 1.5 万元，2×20 年，产生 0.5 万元应纳税时间性差异，则当期产生递延所得税贷项 0.125 万元 | 2×20 年年末，该机器设备账面价值为 9 万元，计税基础为 8.5 万元，2×20 年，产生 0.5 万元应纳税暂时性差异，企业应确认 0.125 万元的递延所得税负债 |

**例 18-3**　甲企业 2×19 年 12 月 31 日资产负债表中部分项目账面价值与计税基础情况如表 18-5 所示。

表 18-5 2×19 年资产负债表部分项目情况 单位：万元

| 项目 | 账面价值 | 计税基础 | 应纳税差异 | 可抵扣差异 |
| --- | --- | --- | --- | --- |
| 交易性金融资产 | 260 | 200 | 60 | |
| 存货 | 2 000 | 2 200 | | 200 |
| 预计负债 | 100 | 0 | | 100 |
| 总计 | | | 60 | 300 |

可抵扣暂时性差异＝300（万元）

递延所得税资产＝300×25%＝75（万元）

应纳税暂时性差异＝60（万元）

递延所得税负债＝60×25%＝15（万元）

（1）2×19 年假设企业应交所得税为 250 万元，确认所得税费用的会计处理如下：

借：所得税费用——当期所得税费用 2 500 000
　　递延所得税资产 750 000
　　贷：应交税费——应交所得税 2 500 000
　　　　递延所得税负债 150 000
　　　　所得税费用——递延所得税费用 600 000

上述分录也可以分两笔来做。

（2）2×20 年，资产负债表中部分项目情况如表 18-6 所示。

表 18-6 2×20 年资产负债表部分项目情况 单位：万元

| 项目 | 账面价值 | 计税基础 | 应纳税差异 | 可抵扣差异 |
| --- | --- | --- | --- | --- |
| 交易性金融资产 | 280 | 380 | | 100 |
| 存货 | 2 600 | 2 600 | | |
| 预计负债 | 60 | | | 60 |
| 无形资产 | 300 | 0 | 300 | |
| 总计 | | | 300 | 160 |

分析：

期末应纳税暂时性差异＝300（万元）

期末递延所得税负债＝300×25%＝75（万元）

期初递延所得税负债＝15（万元）

递延所得税负债增加 = 60（万元）
期末可抵扣暂时性差异 = 160（万元）
期末递延所得税资产 = 160×25% = 40（万元）
期初递延所得税资产 = 75（万元）
递延所得税资产减少 = 35（万元）

（3）假设企业当期应交所得税仍为250万元，确认所得税费用的会计处理如下：

| | | |
|---|---|---|
| 借：所得税费用——当期所得税费用 | 2 500 000 | |
| ——递延所得税费用 | 950 000 | |
| 贷：应交税费——应交所得税 | | 2 500 000 |
| 递延所得税资产 | | 350 000 |
| 递延所得税负债 | | 600 000 |

## 三、计提资产减值准备对所得税影响的应用举例

会计准则要求企业在期末对出现减值迹象的资产或资产组进行测试，如果发现其可收回金额低于账面价值，则应该按照可收回金额低于账面价值的差额计提资产减值准备。但是税法规定，只有实际发生的资产损失才能从应纳税所得额中扣除（除了税法规定的允许金融企业计提的坏账准备在税前扣除以外），不承认企业计提的资产减值准备。由此，产生的矛盾是企业按照会计准则计入当期会计损益的资产价值损失，已经在利润总额中扣除，但是按照税法的规定却不能在当期的应纳税所得额中扣除，需要待资产处置或报废时才算作损失的实际发生，才能将其损失从当期应纳税所得额中扣除。两者之间的差异，显然属于暂时性差异。该差异对所得税的影响理应作为可抵减的递延税款资产待转处理。

### （一）流动资产计提资产减值准备对所得税的影响

流动资产计提资产减值准备对所得税的影响可以分为两个阶段：一是计提资产减值准备的当期，企业会计需要对虽然已经计入当期损益但税法不予承认的资产减值准备发生额作纳税调整，补交所得税；二是待已提取资产减值准备的流动资产处置或变现时，才对已提取的资产减值准备加以转销和对其差异影响所得税的金额进行转回。

**例 18-4** A企业持有的某项原材料原价为900万元，2×20年，根据市场上新技术的发展情况及同类原材料的市场价格及所生产产成品价格判断，预计其可变现净值为700万元，应提取存货跌价准备200万元。2×20年12月31日，A企业按该上述金额提取了存货跌价准备。假定A企业2×20年利润总额为3 100万元。A企业适用的所得税税率为25%。则A企业的存货减值准备对所得税有何影响？

计算应交所得税及有关会计处理如下：

（1）2×20年12月31日，A企业计提存货跌价准备时：

| | | |
|---|---|---|
| 借：资产减值损失 | 2 000 000 | |
| 贷：存货跌价准备 | | 2 000 000 |

（2）A企业核算所得税时，对当期的所得税影响作递延税款处理：

借：所得税费用（31 000 000×25%）　　7 750 000
　　递延所得税资产（2 000 000×25%）　　500 000
　　贷：应交税费——应交所得税［（31 000 000＋2 000 000）×25%］
　　　　8 250 000

**例 18-5**　续例 18-4，假设 2×21 年 A 企业持有的原材料及用其生产的产成品对外销售 50%，根据存销比例计算的跌价准备应为 100 万元。并且，2×21 年税率保持 25%不变。

A 企业计算结转存货跌价准备影响的递延税款如下：

借：存货跌价准备（500 000×50%或 1 000 000×25%）　　250 000
　　贷：主营业务成本　　250 000
借：应交税费——应交所得税　　250 000
　　贷：递延所得税资产　　250 000

由此可见，因计提资产减值准备而产生的可抵减暂时性差异对所得税的影响反映为“递延税款”科目的借方，其期末余额在资产负债表上为资产方，故而称为“递延所得税资产”。该暂时性差异的影响金额要在以后转回时调整原已确认的“递延所得税资产”金额，抵减转回“递延所得税资产”当期的应纳税所得额，同时形成转回当期的所得税费用。

**（二）长期资产计提资产减值准备对所得税的影响**

对于长期资产计提资产减值准备对所得税的影响，相关会计准则规定：固定资产、无形资产计提减值准备以后，应当按照计提减值准备后的账面价值及尚可使用寿命重新计算折旧率、折旧额或摊销额。

税法规定，企业已提取减值准备的固定资产、无形资产，如果纳税申报时已调增应纳税所得额，可按提取减值前的账面价值确定可扣除的折旧额或摊销额。

两者之间的差别：会计上按减值后的账面价值计算以后期间的折旧和摊销；税法规定，如提取减值准备当期已调增应纳税所得额，则按未计提减值准备前的账面余额作为计算折旧或摊销额的基础。

因此，与流动资产相比，长期资产计提资产减值准备对所得税费用的影响不但涉及计提资产价值准备的当期和已计提资产减值准备的长期资产得到处置或报废的当期，而且还涉及这两个期间之中的各个会计年度。以固定资产为例，固定资产计提减值准备以后，其账面价值已经发生了变化，原先预计的使用年限、预计净残值、折旧方法等都可能发生变化，为此，应当按照该固定资产的账面价值及尚可使用年限重新计算确定折旧率和折旧额。按照税法的规定，已计提固定资产减值准备如果在申报纳税时已经调增应纳税所得额，在计算应纳税所得额时可按提取减值准备前的账面价值确定可扣除的折旧，即固定资产计提减值准备后，按照会计方法重新确定当期计提的折旧额与按照固定资产原价计提的折旧额之间的差异额不予承认，企业仍须按照固定资产原价计提的折旧额从当期应纳税所得额中进行扣除。由此，便产生了计提固定资产减值准备后对此后各期计提的折旧额与可从应纳税所得额前扣除的折旧额之间的暂时性差异。该差异对所得税费用的影响，同样需要通过“递延所得税资产”科目转回处理。

**例 18-6** A 企业持有的某固定资产取得原价为 1 800 万元，于 2×15 年 12 月取得，预计使用年限为 10 年，净残值为零。2×19 年 12 月 31 日，根据该固定资产的使用状况和生产产品的市场竞争能力等进行综合判断，A 企业对该固定资产提取了 180 万元的减值准备，2×19 年，A 企业会计利润 900 万元，并按税法规定调整了 2×19 年度应纳税所得额。假定提取减值准备后，该固定资产的预计使用年限和预计净残值不变。假定 A 企业 2×20 年实现利润总额 1 000 万元。适用的所得税税率为 25%，无其他纳税调整事项。

（1）A 企业 2×19 年年末计算应交所得税及有关的会计处理如下：

借：所得税费用（9 000 000×25%） 2 250 000

　　递延所得税资产（1 800 000×25%） 450 000

　　贷：应交税费——应交所得税［（9 000 000 + 1 800 000）×25%］

　　　　2 700 000

（2）2×20 年年末，A 企业核算所得税的相关计算：

2×20 年的会计折旧额 =（1 800 − 180×4 − 180）÷6 = 150（万元）

按税法规定 2×20 年折旧额 = 1 800÷10 = 180（万元）

折旧差异导致的转回可抵扣暂时性差异 = 180 − 150 = 30（万元）

2×20 年应纳税所得额 = 1 000 − 30 = 970（万元）

2×20 年应交所得税额 = 970×25% = 242.5（万元）

（3）会计分录如下：

借：所得税费用（10 000 000×25%） 2 500 000

　　贷：递延所得税资产（300 000×25%） 75 000

　　　　应交税费——应交所得税 2 425 000

如果此后每年都有足够的应纳税所得额可以保证该项固定资产减值准备调整暂时性差异得以转回的话，则在 2×21 年年末以前每年都需要贷记“递延所得税资产”科目 7.5 万元。2×21 年以后，该项递延所得税资产转平。当然，如果长期资产计提资产减值准备后，未用到报废就出售或转让处置了，则视为税法规定的损失实现处理，此时需要经税务机关审核批准后将尚未转回的“递延所得税资产”余额在资产处置当期全部转销。

**例 18-7** A 公司 2×20 年度处置某项固定资产，取得处置收入 200 万元。该项资产的账面原价为 600 万元，累计折旧为 300 万元，并已计提减值准备 150 万元。处置当期“递延所得税资产”科目中与该项资产相关的金额为借方余额 29.7 万元。该项资产处置按税法规定累计应计提的折旧为 360 万元。假定 2×20 年度 A 企业的利润总额为 2 000 万元，适用的所得税税率为 25%。

A 公司处置该项资产按会计规定及税法规定计算的损益分别如下：

（1）按会计制度计算的损益 = 200 −（600 − 300 − 150）= 50（万元）。

（2）按税法规定计算的损益 = 200 −（600 − 360）= − 40（万元）。

（3）应纳税所得额 = 2 000 −［50 −（− 40）］= 1 910（万元）。

（4）应纳所得税额 = 1 910×25% = 477.5（万元）。

A 公司核算所得税时，有关会计处理如下：

借：所得税费用（20 000 000×25%） 5 000 000
　　贷：递延所得税资产 225 000
　　　　应交税费——应交所得税 4 775 000

## 四、其他暂时性差异对所得税影响的处理

除了上述暂时性差异会对企业所得税造成影响，因而需要通过“递延所得税负债”和“递延所得税资产”科目进行纳税调整之外，还可能遇到一些也会导致暂时性差异的其他业务。因为这些业务引起的差异时间跨越一个会计期间，所以也对企业所得税的计算和缴纳产生影响。

会计准则规定，企业资产如果发生了实质性或永久性的损失，此时该资产已经不能给企业带来预期的经济利益，应该按其账面价值全额计提减值准备。例如，仍可使用的设备，但生产出来的产品大量不合格，致使其产品成本高于其售价，则表明该设备已经发生了实质上的永久性损失。按照税法的规定，当企业的资产出现上述情形时，可以认定为永久性或实质性损害，应该在扣除变价收入、可收回金额以及责任和保险赔偿后，确认为财产损失，从应纳税所得额中扣除。

尽管会计准则与税法在认定资产永久性损失的条件上没有什么不同，但是两者在确认的时间上却往往存在着差异。因为企业会计部门确认资产价值损失的时间在先，而该项确认得到税务部门的审核批准经常需要经过一段时日。这两个时间往往不在一个会计期间之内。如果企业会计部门确认一项固定资产发生了永久性损失，按账面价值全额计提的资产减值准备已经计入了当期损益，但该项损失未经税务部门审批之前不得从应纳税所得额中抵扣，由此存在着暂时性（虽然时间较短）差异。按照会计准则的规定，采用债务法进行暂时性差异的处理时，期末资产负债表日仍然应该确认暂时性差异的所得税影响，待税务部门批准企业可以从其应纳税所得额中扣除该项损失时，再转回这部分暂时性差异对所得税影响的金额。

**例 18-8** B企业2×19年12月31日因出现减值迹象，经测试确认一套生产装置发生永久性的损失。该套装置的原价32万元，已计提折旧累计23万元，预计净残值1万元，全额计提资产减值准备。2×19年的利润总额100万元，不存在永久性差异和其他暂时性差异，所得税税率25%。2×20年4月1日，税务部门审核批准B企业2×19年年末认定的该套装置永久性损害，准许其以8万元损失作为应纳税所得额的扣除项目。

（1）B企业2×19年12月31日的会计分录如下：

借：资产减值损失（320 000－230 000－10 000） 80 000
　　贷：固定资产减值准备 80 000
借：所得税费用（1 000 000×25%） 250 000
　　递延所得税资产（80 000×25%） 20 000
　　贷：应交税费——应交所得税［（1 000 000＋80 000）×25%］
　　　　270 000

（2）B企业2×20年4月1日的会计分录如下：

借：应交税费——应交所得税 20 000
　　贷：递延所得税资产 20 000

## 五、不影响所得税费用的递延所得税处理

在某些情况下，企业发生的递延所得税产生于直接计入所有者权益的交易或事项，或者产生于企业合并中资产、负债的账面价值与其计税基础之间的差异。这类交易或事项中产生的递延所得税不影响利润表中确认的所得税费用，其所得税影响应分别以下情况加以确认。

1. 直接计入所有者权益的交易或事项产生的递延所得税

直接计入所有者权益的交易或事项，如可供出售金融资产公允价值的变动，相关资产、负债的账面价值与其计税基础之间形成暂时性差异的，应当按规定确认递延所得税资产或递延所得税负债，计入资本公积（其他资本公积）。

**例 18–9** 甲企业当期购入的一项可供出售金融资产，成本为 600 万元，期末，其公允价值为 700 万元，该企业所得税税率为 25%。可供出售金融资产的公允价值变动，应调整其账面价值，差额计入资本公积。但其计税基础一般不会发生变动，调整后账面价值与计税基础之间形成的暂时性差异，应确认的递延所得税也应计入资本公积。因此，甲企业应作会计处理如下：

借：可供出售金融资产——公允价值变动　　1 000 000
　　贷：其他综合收益　　1 000 000
借：其他综合收益　　250 000
　　贷：递延所得税负债　　250 000

2. 企业合并中产生的递延所得税

由于会计准则规定与税法规定对企业合并的处理不同，可能会造成企业合并中取得资产、负债的入账价值与其计税基础的差异。比如，非同一控制下企业合并产生的应纳税暂时性差异或可抵扣暂时性差异在确认递延所得税负债或递延所得税资产的同时，相应的递延所得税费用（或收益），通常应调整企业合并中所确认的商誉。

**例 18–10** 丙公司以发行 9 600 万元的普通股为对价，吸收合并丁公司。该合并属于非同一控制下企业合并，并符合税法规定的免税合并条件。在购买日，丁公司的各项可辨认资产和负债的公允价值、计税基础及暂时性差异（其所得税税率为 25%）如表 18–7 所示。

**表 18–7　丁公司各项资产和负债情况表**　　单位：万元

| 项目 | 公允价值 | 计税基础 | 应纳税暂时性差异 | 可抵扣暂时性差异 |
|---|---|---|---|---|
| 存货 | 3 840 | 3 600 | 240 | |
| 应收账款 | 1 800 | 1 800 | | |
| 固定资产 | 4 800 | 4 080 | 720 | |
| 无形资产 | 2 520 | 2 400 | 120 | |
| 短期借款 | 1 200 | 1 200 | | |

（续表）

| 项目 | 公允价值 | 计税基础 | 应纳税暂时性差异 | 可抵扣暂时性差异 |
|---|---|---|---|---|
| 应付账款 | 3 480 | 3 480 | | |
| 预计负债 | 1 440 | 0 | | 1 440 |
| 净资产 | 6 840 | 7 200 | 1 080 | 1 440 |

丙公司在合并交易中应确认的递延所得税资产、递延所得税负债，以及商誉的金额计算如下：

| | |
|---|---|
| 可辨认净资产的公允价值（不包括递延所得税） | 6 840 |
| 递延所得税资产（1 440×25%） | 360 |
| 递延所得税负债（1 080×25%） | 270 |
| 可辨认净资产的公允价值（包括递延所得税） | 6 930 |
| 商誉 | 2 670 |
| 合并成本 | 9 600 |

所确认的商誉金额 2 670 万元与其计税基础零之间的应纳税暂时性差异，不需再进一步确认相关的所得税影响。

## 第二节　首次执行日的会计处理

### 一、执行新准则后报表项目的变化

（1）取消“递延税款”科目。

（2）增加“递延税款资产”科目，核算企业根据所得税准则确认的可抵扣暂时性差异产生的所得税资产。根据税法规定可用以后年度税前利润弥补的亏损产生的所得税资产，也在本科目核算。借方反映企业在确认相关资产、负债时，根据所得税准则应予确认的递延所得税资产和在资产负债表日递延所得税资产的应有余额大于本科目余额的差额；贷方反映当企业确认递延所得税资产的可抵扣暂时性差异情况发生回转时转回的所得税影响额、税率变动或开征新税调整的递延所得税资产、资产负债表日递延所得税资产的应有余额小于本科目余额的差额、在资产负债表日预计未来期间很可能无法获得足够的应纳税所得额用来抵扣可抵扣暂时性差异的金额等；余额反映尚未转回的递延所得税资产。

（3）增加“递延税款负债”科目，核算企业根据所得税准则确认的应纳税暂时性差异产生的所得税负债。贷方反映企业在确认相关资产、负债时根据所得税准则应予确认的递延所得税负债、在资产负债表日递延所得税负债的应有余额大于本科目余额的差额；借方反映当企业确认递延所得税负债的应纳税暂时性差异情况发生回转时转回的所得税影响额、税率变动或开征新税调整的递延所得税负债、在资产负债表日递延所得税负债的应有余额小于本科目余额的差额；余额反映尚未转回的递延所得税负债。

## 二、首次执行日的会计调整

### （一）相关规定

《企业会计准则第38号——首次执行企业会计准则》第十二条和《企业会计准则第18号——所得税》规定，在首次执行日对资产、负债的账面价值与计税基础不同形成的暂时性差异的所得税影响应进行追溯调整，并将影响金额调整留存收益。

### （二）会计调整方法

在首次执行新准则时，采用追溯调整法进行处理。

（1）如期初形成递延所得税资产，则：

借：递延所得税资产

　　贷：盈余公积

　　　　未分配利润

（2）如期初形成递延所得税负债，则：

借：盈余公积

　　未分配利润

　　贷：递延所得税负债

# 第三节　新准则对企业的影响

## 一、相关规定

在以往的所得税会计核算中，企业对所得税会计核算方法选择的余地较大，既可以选择应付税款法，也可以选择纳税影响会计法。在纳税影响会计法下，既可以采用递延法，也可以采用债务法。而新准则明确提出，企业所得税会计必须采用资产负债表债务法计算所得税费用。

企业应于资产负债表日确定资产负债表中除递延所得税资产与递延所得税负债以外的其他资产与负债的账面价值，同时以适用的税收法规为基础，确定资产负债表中有关资产、负债项目的计税基础，比较有关资产、负债的账面价值与计税基础的差额，确认为递延所得税资产与递延所得税负债。

## 二、对企业利润表的影响

由于所得税会计核算采用资产负债表债务法，将对企业的所得税费用造成影响，进而影响企业的净利润。

## 三、对企业资产负债表的影响

新准则要求，递延所得税资产与递延所得税负债应当分别作为非流动资产与非流动负债在资产负债表中列示。同时要求在资产负债表日，对已经确认的递延所得税资产的账面价值进行复核。对于能够结转以后年度的可抵扣亏损和税款抵减，应当以很可能获得用来抵扣可抵扣亏损和税款递减的未来应纳税所得额为限。

为了适应新准则的需要，要对会计核算流程和财务管理和控制系统进行改进，以正确核算企业所得税。

# 第十九章　外币折算

## 第一节　案例分析及操作实务

### 一、外币交易折算会计处理示例

**（一）交易日的会计处理**

采用即期汇率或与即期汇率近似的汇率将外币金额折算为记账本位币金额。

外币投入资本属于外币非货币性项目，企业收到投资者以外币投入的资本，采用交易日即期汇率折算，不产生外币资本折算差额。

收到外币资本投入时：

借：银行存款（双币）

　　贷：实收资本（记账本位币）

**（二）资产负债表日的会计处理**

1. 货币性项目

对于外币货币性项目，应当采用资产负债表日的即期汇率折算，因汇率波动而产生的汇兑差额作为财务费用计入当期损益，同时调增或调减外币货币性项目的记账本位币金额；需要计提减值准备的，应当按资产负债表日的即期汇率折算后，再计提减值准备。

汇兑损失的会计处理：

借：财务费用［汇兑差额］

　　贷：应收账款、应付账款等

汇兑收益的账务处理：

借：应收账款、应付账款等

　　贷：财务费用［汇兑差额］

2. 非货币性项目

对于以历史成本计量的外币非货币性项目，由于在交易发生日已按当日即期汇率折算，资产负债表日不应改变其原记账本位币金额，不产生汇兑差额。

需要注意的是：对于外币价值发生变动的外币非货币性项目，其价值变动计入当期损益的，相应的汇率变动的影响应当计入当期损益。

实质上意味着，以公允价值计量的外币股票投资等外币非货币性项目，汇率变动对其影响应一并计入公允价值变动损益。

**例 19-1**　国内甲公司的记账本位币为人民币。2×20 年 12 月 2 日，以 30 000 港元购入乙公司 H 股 10 000 股作为短期投资，当日汇率为 1 港元＝1.2 元人民币，款项已付。2×20 年 12 月 31 日，由于市价变动，当月购入的乙公司 H 股变为 35 000 港元，当日1港元＝1元人民币。

2×20年12月2日，该公司应对上述交易做账务处理如下：

借：交易性金融资产——成本（30 000×1.2）　　36 000

　　贷：银行存款（30 000×1.2）　　36 000

由于该项短期股票投资是从境外市场购入、以外币计价，在资产负债表日，不仅应考虑其港元市价的变动，还应一并考虑汇率变动的影响，上述交易性金融资产以资产负债表日的人民币35 000元（35 000×1）入账，与原账面价值36 000元（30 000×1.2）的差额为1 000元人民币，计入公允价值变动损益。相应的会计分录如下：

借：公允价值变动损益　　1 000

　　贷：交易性金融资产——公允价值变动　　1 000

1 000元人民币包含甲公司所购H股公允价值变动以及人民币与港元之间汇率变动的双重影响。

**例19-2** 某公司以人民币为记账本位币，外币交易采用发生日的即期汇率折算，并按月计算汇兑损益。2×20年9月30日，有关外币账户期末余额如表19-1所示。

**表19-1　外币账户期末余额表**

| 项目 | 外币账产金额 | 汇率 | 记账本位币金额（人民币元） |
|---|---|---|---|
| 银行存款 | 200 000（美元） | 7.4 | 1 480 000 |
| 银行存款 | 40 000（港元） | 0.98 | 39 200 |
| 应收账款 | 100 000（美元） | 7.4 | 740 000 |
| 应付账款 | 50 000（美元） | 7.4 | 370 000 |

该公司10月份发生如下外币业务（假设不考虑有关税费）：

（1）10月8日，对外销售产品2 000件，每件单价100美元，当日的即期汇率为1美元＝7.3元人民币，款未收。

（2）10月9日，以35 000港元购入乙公司H股10 000股作为交易性金融资产，当日汇率为1港元＝0.97元人民币，款项已付。

（3）10月10日，从银行借入短期外币借款180 000美元，款项存入银行，当日的即期汇率为1美元＝7.3元人民币。

（4）10月16日，进口原材料一批，价款总计16 000美元，款项未支付，当日的即期汇率为1美元＝7.35元人民币。

（5）10月25日，收到10月8日赊销货款100 000美元，当日的即期汇率为1美元＝7.35元人民币。

（6）10月31日，偿还借入的短期外币借款180 000美元，当日的即期汇率为1美元＝7.35元人民币。

（7）10月31日，由于股票市价变动，当月购入的乙公司H股市价变为32 000港元，当日的即期汇率为1港元＝0.96元人民币。

根据上述资料，该企业应作外币交易发生时的会计分录如下：

| | | |
|---|---|---|
| （1）借：应收账款——美元户（US ＄200 000×7.3） | 1 460 000 | |
| 　　贷：主营业务收入 | | 1 460 000 |
| （2）借：交易性金融资产 | 33 950 | |
| 　　贷：银行存款——港元户（HK ＄35 000×0.97） | | 33 950 |
| （3）借：银行存款——美元户（US ＄180 000×7.3） | 1 314 000 | |
| 　　贷：短期借款——美元户 | | 1 314 000 |
| （4）借：原材料 | 117 600 | |
| 　　贷：应付账款——美元户（US ＄16 000×7.35） | | 117 600 |
| （5）借：银行存款——美元户（US ＄100 000×7.35） | 735 000 | |
| 　　贷：应收账款——美元户 | | 735 000 |
| （6）借：短期借款——美元户（US ＄180 000×7.35） | 1 323 000 | |
| 　　贷：银行存款——美元户 | | 1 323 000 |
| （7）借：公允价值变动损益（33 950 － HK ＄32 000×0.96） | 3 230 | |
| 　　贷：交易性金融资产 | | 3 230 |

10 月 31 日，按期末即期汇率计算各外币货币性账户的汇兑差额如下：

（1）银行存款——美元户的汇兑差额＝（200 000 ＋ 180 000 ＋ 100 000 － 180 000）×7.35 －（1 480 000 ＋ 1 314 000 ＋ 735 000 － 1 323 000）＝－ 1 000（元）。

（2）银行存款——港元户的汇兑差额＝（40 000 － 35 000）×0.96 －（39 200 － 33 950）＝－ 450（元）。

（3）应收账款——美元户的汇兑差额＝（100 000 ＋ 200 000 － 100 000）×7.35 －（740 000 ＋ 1 460 000 － 735 000）＝ 5 000（元）。

（4）应付账款——美元户的汇兑差额＝（50 000 ＋ 16 000）×7.35 －（370 000 ＋ 117 600）＝－ 2 500（元）。

（5）短期借款——美元户的汇兑差额＝ 0×7.35 －（1 314 000 － 1 323 000）＝ 9 000（元）。

根据上述的计算结果，作期末汇兑差额的会计分录如下：

| | | |
|---|---|---|
| 借：应收账款——美元户 | 5 000 | |
| 　　应付账款——美元户 | 2 500 | |
| 　　财务费用 | 2 950 | |
| 　　贷：银行存款——美元户 | | 1 000 |
| 　　　　　　　　——港元户 | | 450 |
| 　　　　短期借款——美元户 | | 9 000 |

实质上构成对境外经营净投资的长期债权（已按双币记账）由于汇率变动产生的汇兑差额，应当计入当期损益。在编制合并财务报表时，计入所有者权益项下“外币财务报表折算差额”项目，处置该境外经营时计入处置当期损益。

## 二、外币报表折算会计处理示例

**例 19-3**　某公司以人民币作为记账本位币，该公司有一子公司在美国，假定 2×20 年 12 月 31 日的即期汇率为 1 美元＝ 7.45 元人民币，2×20 年的平均汇率为 1 美元＝ 7.50 元人民币，该子公司实收资本发生日的即期汇率为 1 美元＝ 7.80 元人民币。

2×19 年 12 月 31 日的累计盈余公积为 280 万美元，折算人民币为 2 142 万元，累计未分配利润为 200 万美元，折算人民币为 1 536 万元。年末按当年实现的净利润计提 10%盈余公积。该企业有关外币财务报表及折算后的财务报表如表 19-2、表 19-3 和表 19-4 所示。

**表 19-2　利润表（折算前后）**

编制单位：某子公司　　2×20 年　　单位：万元

| 项　目 | 本期金额（美元） | 折算汇率 | 折算为人民币金额 |
|---|---|---|---|
| 一、营业收入 | 6 000 | 7.50 | 45 000 |
| 减：营业成本 | 3 600 | 7.50 | 27 000 |
| 　　管理费用 | 400 | 7.50 | 3 000 |
| 　　财务费用 | 200 | 7.50 | 1 500 |
| 二、营业利润 | 1 800 | — | 13 500 |
| 加：营业外收入 | 200 | 7.50 | 1 500 |
| 三、利润总额 | 2 000 | — | 15 000 |
| 减：所得税费用 | 600 | 7.50 | 4 500 |
| 四、净利润 | 1 400 | — | 10 500 |
| 五、每股收益 | — | — | — |

**表 19-3　所有者权益变动表（折算前后）**

编制单位：某子公司　　2×20　　年单位：万元

| 项目 | 实收资本 | | | 盈余公积 | | | 未分配利润 | | 外币报表折算差额 | 股东权益合计 |
|---|---|---|---|---|---|---|---|---|---|---|
| | 美元 | 汇率 | 人民币 | 美元 | 汇率 | 人民币 | 美元 | 人民币 | | |
| 一、本年年初余额 | 12 000 | 7.80 | 93 600 | 280 | | 2142 | 200 | 1 536 | | 97 278 |
| 二、本年增减变动金额 | | | | | | | | | | |
| （一）净利润 | | | | | | | | | | |
| （二）直接计入所有者权益的利得和损失 | | | | | | | 1 400 | 10 500 | | 10 500 |
| 其中：外币报表折算差额 | | | | | | | | | －4 372 | －4 372 |
| （三）利润分配 | | | | | | | | | | |

（续表）

| 项目 | 实收资本 | | | 盈余公积 | | | 未分配利润 | | 外币报表折算差额 | 股东权益合计 |
|---|---|---|---|---|---|---|---|---|---|---|
| | 美元 | 汇率 | 人民币 | 美元 | 汇率 | 人民币 | 美元 | 人民币 | | |
| 1. 提取盈余公积 | | | | 140 | 7.45 | 1 043 | －140 | －1 043 | | |
| 三、本年年末余额 | 12 000 | 7.80 | 93 600 | 420 | | 3 185 | 1 460 | 10 993 | －4 372 | 103 406 |

**表 19-4 资产负债表（折算前后）**

编制单位：某子公司 2×20 年 12 月 31 日 单位：万元

| 资产 | 期末数（美元） | 汇率 | 人民币金额 | 负债和所有者权益 | 期末数（美元） | 汇率 | 人民币金额 |
|---|---|---|---|---|---|---|---|
| 流动资产： | | | | 流动负债： | | | |
| 银行存款 | 2 000 | 7.45 | 14 900 | 应付账款 | 720 | 7.45 | 5 364 |
| 应收账款 | 3 600 | 7.45 | 26 820 | 应付职工薪酬 | 1 600 | 7.45 | 11 920 |
| 存货 | 3 000 | 7.45 | 22 350 | 流动负债合计 | 2 320 | | 17 284 |
| 流动资产合计 | 8 600 | — | 64 070 | 非流动负债： | | | |
| | | | | 长期借款 | 2 400 | 7.45 | 17 880 |
| 非流动资产： | | | | 非流动负债合计 | 2 400 | — | 17 880 |
| 长期应收款 | 2 000 | 7.45 | 14 900 | 负债合计 | 4 720 | — | 35 164 |
| 固定资产 | 10 000 | 7.45 | 74 500 | 所有者权益： | | | |
| 减：累计折旧 | 4 000 | 7.45 | 29 800 | 实收资本 | 12 000 | 7.8 | 93 600 |
| 无形资产 | 2 000 | 7.45 | 14 900 | 盈余公积 | 420 | — | |
| 非流动资产合计 | 10 000 | — | 74 500 | 未分配利润 | 1 460 | — | 10 993 |
| | | | | 外币报表折算差额 | | | －4 372 |
| | | | | 股东权益合计 | 13 880 | — | 103 406 |
| 资产总计 | 18 600 | — | 138 570 | 负债和所有者权益总计 | 18 600 | — | 138 570 |

## 第二节　首次执行日的会计处理

### 一、相关规定

按《企业会计准则第38号——首次执行企业会计准则》第四条规定，在首次执行日，外币折算准则中涉及会计政策变更的，不应追溯调整。

### 二、会计调整方法

采用未来适用法的处理方法。

### 三、过渡到新准则说明的披露

（1）报表比较信息的披露（执行当期和上年同期）。比较财务报表的编制按照新准则的规定处理。

（2）相关附注的披露。企业应在财务报表附注中披露开始执行新准则的日期及处理方法。

## 第三节　新准则对企业的影响

### 一、对企业运营、交易策略、公司治理等方面的影响

根据新准则，对境外经营进行处置时，将已列入外币报表折算差额中的相关部分自所有者权益中转入当期损益，因此，若会计期内有境外经营处置业务的，与新准则实施前相比，会对当期损益有影响。

对企业内部会计控制的要求和影响较小。

### 二、其他影响

（1）由于将少数股东权益从资产负债表中的负债方转入所有者权益，资产负债表的结构因此会有变化。合并报表的所有者权益增加，负债相应减少。

（2）新准则将少数股东权益从负债与权益之间调入权益，合并报表中所有与少数股东相关的权益均纳入“少数股东权益”科目，其他权益科目内容，包括外币报表折算差额反映的都是大股东的权益，权益反映更加清晰。

# 第二十章　企业合并

## 第一节　案例分析及操作实务

新准则将企业合并划分为两大基本类型：同一控制下的企业合并和非同一控制下的企业合并。企业合并的类型不同，其会计处理原则也不相同。同一控制下的企业合并采用权益结合法，而非同一控制下的企业合并采用购买法。

### 一、同一控制下的企业合并

新准则规定，参与合并的企业在合并前后均受同一方或相同的多方最终控制且该控制并非暂时性的，为同一控制下的企业合并。控制并非暂时性，是指参与合并的各方在合并前后较长的时间内受同一方或相同的多方最终控制。较长的时间通常指 1 年以上（含 1 年）。

**（一）处理原则**

同一控制下的企业合并本质上属于非交易性的集团内部的资产、负债重组，所以在会计处理时不得使用公允价值计量，而应使用账面价值计量。对此同一控制主体下合并的处理原则为：

（1）从最终控制方的角度出发，不会因为企业合并导致控制的资产价值增加。

（2）不需要按照公允价值对被合并方的资产和负债进行调整。

（3）企业合并过程中不会产生新的资产和负债，不形成商誉。

（4）合并后形成报告主体视同在合并日及以前期间一直存在。

**（二）控股合并方式**

（1）合并方以支付现金、转让非现金资产作为合并对价的，应当以所取得的被合并方账面净资产的份额作为长期股权投资的初始投资成本，差额调整资本公积——资本或股本溢价；资本公积不足冲减的，调整盈余公积和未分配利润。

（2）合并方以发行权益性证券作为对价的，应按所取得的被合并方账面净资产的份额作为长期股权投资的成本，该成本与所发行股份面值总额之间的差额应当调整资本公积——资本或股本溢价；资本公积不足冲减的，调整盈余公积和未分配利润。上述处理后，在合并日的合并财务报表中，对于被合并方在合并日以前实现的留存收益中归属于合并方的部分，应根据不同情况进行适当的调整，自资本公积转入留存收益。

与同一控制主体下合并取得的长期股权投资的入账方式对应，相关例子可以参见《长期股权投资》一章。

**（三）吸收合并和新设合并方式**

合并方在合并日对合并中取得的被合并方资产、负债应按其原账面价值计量，支付的合并对价账面价值与取得净资产账面价值之间的差额，应当调整资本公积；资本公积不足冲减的，调整盈余公积和未分配利润。若合并双方采用的会计政策不一致，被合并方资产、负债需要根据合并方的会计政策调整后进行确认。

**例 20-1** 2×20 年 6 月 30 日，A 公司向 B 公司的股东定向增发 1 200 万股普通股（每股面值 1 元，市价 4 元），对 B 公司进行吸收合并。并于当日取得 B 公司净资产。合并后，B 公司失去其法人资格。

假定 A、B 公司为同一集团内两家全资子公司，合并前其共同的母公司为 M 公司。因此，该合并为同一控制下的企业合并，自 2×20 年 6 月 30 日起，A 公司能够对 B 的净资产实施控制，此日期即为合并日。

又因 B 公司失去其法人资格，所以为吸收合并，A 公司应确认合并中取得的 B 公司的各项资产和负债。假定 A、B 公司在合并前采用的会计政策相同。

B 公司合并前的资产负债状况如表 20-1：

A 公司对该项合并应进行的会计处理如下：

借：货币资金　　1 800 000
　　存货　　1 020 000
　　应收账款　　8 000 000
　　长期股权投资　　5 600 000
　　固定资产　　12 000 000
　　无形资产　　2 000 000
　　贷：短期借款　　7 000 000
　　　　应付账款　　1 200 000
　　　　其他应付款　　1 200 000
　　　　股本　　12 000 000
　　　　资本公积　　9 020 000

**表 20-1　B 公司合并前的资产负债状况**　　单位：元

| 项目 | 账面价值 | 项目 | 账面价值 |
|---|---|---|---|
| 货币资金 | 1 800 000 | 短期借款 | 7 000 000 |
| 存货 | 1 020 000 | 应付账款 | 1 200 000 |
| 应收账款 | 8 000 000 | 其他应付款 | 1 200 000 |
| 长期股权投资 | 5 600 000 | 负债合计： | 9 400 000 |
| 固定资产 | 12 000 000 | 实收资本 | 12 000 000 |
| 无形资产 | 2 000 000 | 资本公积 | 4 000 000 |
| | | 盈余公积 | 1 000 000 |
| | | 未分配利润 | 4 020 000 |
| 资产合计 | 30 420 000 | 所有者权益合计 | 21 020 000 |

**例 20-2** A、B 公司分别为 C 公司控制下的两家子公司。A 公司于 2×20 年 3 月 10 日从母公司 C 处取得 B 公司 100% 股权。合并后，B 公司仍维持其独立法人资格继

续经营。为进行该项企业合并，A公司发行了700万股普通股（每股面值1元）作为对价。合并日A公司及B公司的所有者权益构成如表20-2所示：

表20-2 合并日所有者权益构成情况 单位：万元

| A公司 | | B公司 | |
|---|---|---|---|
| 股本 | 3 600 | 股本 | 600 |
| 资本公积 | 1 000 | 资本公积 | 200 |
| 盈余公积 | 800 | 盈余公积 | 400 |
| 未分配利润 | 2 000 | 未分配利润 | 800 |
| 合计 | 7 400 | 合计 | 2 000 |

A公司在合并日应进行会计处理如下：

借：长期股权投资 20 000 000

贷：股本 7 000 000

资本公积——股本溢价 13 000 000

进行上述处理后，A公司在合并日编制资产负债表时，对于企业合并前B公司实现的留存收益中归属于合并方的部分（1 200万元）应自资本公积（资本溢价或股本溢价）转入留存收益。本例中，A公司在确认对B公司的长期股权投资后，其资本公积的账面余额为2 300万元（1 000＋1 300），假定其中股本溢价的余额为1 800万元。在合并工作底稿中，应编制调整分录如下：

借：资本公积——股本溢价 12 000 000

贷：盈余公积 4 000 000

利润分配——未分配利润 8 000 000

**例20-3** A公司以一项账面价值为360万元的固定资产（原价600万元，累计折旧240万元）和一项账面价值为340万元的无形资产为对价取得同一集团内另一家企业B公司100%的股权，合并日A公司和B公司的所有者权益构成如表20-3所示：

表20-3 合并日所有者权益构成情况 单位：万元

| A公司 | | B公司 | |
|---|---|---|---|
| 股本 | 3 600 | 股本 | 200 |
| 资本公积 | 200 | 资本公积 | 200 |
| 盈余公积 | 800 | 盈余公积 | 400 |
| 未分配利润 | 2 000 | 未分配利润 | 400 |
| 合计 | 6 600 | 合计 | 1 200 |

A 公司在合并日确认对 B 公司长期股权投资，账务处理如下：

借：长期股权投资　　12 000 000

　　累计折旧　　2 400 000

　　贷：固定资产　　6 000 000

　　　　无形资产　　3 400 000

　　　　资本公积　　5 000 000

进行上述处理后，A 公司资本公积账面余额为 700 万元（200 + 500），假如全部属于资本溢价或股本溢价，小于 B 公司在合并前实现的留存收益 800 万元（400 + 400）中归属于 A 公司的部分，A 公司编制合并报表时，应以账面资本公积（资本溢价或股本溢价）的余额为限，将 B 公司在合并前实现的留存收益中归属于 A 公司的部分相应转入留存收益。调整分录如下：

借：资本公积　　7 000 000

　　贷：盈余公积［（7 000 000÷8 000 000）×4 000 000］　　3 500 000

　　　　未分配利润［（7 00 000÷8 000 000）×4 000 000］　　3 500 000

**（四）合并费用的处理**

（1）合并方为进行企业合并发生的各项直接相关费用，包括为进行企业合并而支付的审计费用、评估费用、法律服务费用等，应当于发生时计入管理费用各科目。

（2）为企业合并发行的债券或承担其他债务支付的手续费、佣金等，计入所发行债券及其他债务的初始计量金额。

（3）企业合并中发行权益性证券发生的手续费、佣金等费用，应当抵减权益性证券溢价收入，溢价收入不足冲减的，冲减留存收益。

**（五）控股合并下合并日合并报表的编制**

在同一控制下的企业合并中，应视同合并后形成的报告主体（合并方），自合并日开始对被合并方实施控制。

合并资产负债表中被合并方的各项资产、负债，应当按账面价值计量，被合并方在企业合并前实现的留存收益中归属于合并方的部分，不再由合并方的资本公积转入盈余公积和未分配利润；合并利润表应合并被合并方从合并日开始实现的净利润；合并现金流量表应当合并被合并方从合并日开始形成的现金流量。

合并方在编制合并当期期末的比较报表时，不应将合并取得的被合并方前期有关的财务状况、经营成果和现金流量等并入前期合并财务报表。

**（六）同一控制下企业合并的披露**

（1）参与合并企业的基本情况。

（2）属于同一控制下企业合并的判断依据。

（3）合并日的确定依据。

（4）以支付现金、转让非现金资产以及承担债务作为合并对价的，所支付对价在合并日的账面价值；以发行权益性证券作为合并对价的，合并中发行权益性证券的数量及定价原则，以及参与合并各方交换有表决权股份的比例。

（5）被合并方的资产、负债在上一会计期间资产负债表日及合并日的账面价值；被合并方自合并当期期初至合并日收入、净利润、现金流量等情况。

（6）合并合同或协议约定将承担被合并方或有负债的情况。

（7）被合并方采用的会计政策与合并方不一致所作调整情况的说明。

（8）合并后已处置或准备处置被合并方资产、负债的账面价值、处置价格等。

**例 20-4**　（1）A、B 公司同为 C 公司控制下的子公司，2×20 年 9 月 1 日，A 公司以现金 600 万元的对价收购了 B 公司 100% 的股权。2×20 年 8 月 31 日，A、B 两公司的资产负债表部分项目数据如表 20-4 所示。

**表 20-4　A、B 两公司部分项目资料表**　　单位：万元

| 项目 | A 公司 50 | B 公司 | B 公司（公允价值） |
|---|---|---|---|
| 库存现金 | 50 | 20 | 20 |
| 应收账款 | 450 | 180 | 150 |
| 存货 | 300 | 200 | 180 |
| 固定资产净值 | 1 000 | 300 | 400 |
| 短期借款 | 500 | 200 | 200 |
| 所有者权益 | 1 300 | 500 | 550 |

则 9 月 1 日 A 公司的会计处理如下：

借：长期股权投资　　5 000 000

　　资本公积或留存收益　　1 000 000

　　贷：银行存款　　6 000 000

（2）2×20 年，B 公司当年实现盈利 100 万元，其中 9 月 1 日至 12 月 31 日实现利润 50 万元。假定 12 月 31 日即宣布分派股利 100 万元。则 12 月 31 日 A 公司的会计处理如下：

借：应收股利　　1 000 000

　　贷：投资收益　　1 000 000

## 二、非同一控制下的企业合并（一次交易）

新准则规定，参与合并的各方在合并前后不受同一方或相同的多方最终控制的，为非同一控制下的企业合并。非同一控制下的企业合并从本质上讲属于交易性的资产和负债重组，需用公允价值计量。

### （一）辨认购买方

非同一控制下的企业合并，在购买日取得对其他参与合并企业控制权的一方为购买方，参与合并的其他企业为被购买方。购买方就是控制了其他合并主体或业务的合并主体。

在通常情况下，在判断购买方时要考虑相关因素：①以支付现金、转让非现金资产或承担负债的方式进行的企业合并，一般支付现金、转让非现金资产或是承担负债的一方为购买方。②考虑参与合并各方的股东在合并后主体的相对投票权，其中股东在合并后主体具有相对较高投票比例的一方一般为购买方。③参与合并各方的管理层

对合并后主体生产经营决策的主导能力，如果合并导致参与合并一方的管理层能够主导合并后主体生产经营政策的制定，其管理层能够实施主导作用的一方一般为购买方。④参与合并一方的公允价值远远大于另一方的，公允价值较大的一方很可能为购买方。⑤企业合并是通过以有表决权的股份换取另一方的现金及其他资产的，则付出现金或其他资产的一方很可能为购买方。⑥通过权益互换实现的企业合并，发行权益性证券的一方通常为购买方。

**（二）购买日的确定**

根据控制权是否转移的判断标准来确定购买日。确定购买日的基本原则是控制权转移的时点。企业在实务操作中，应当结合合并合同或协议的约定及其他有关的影响因素，按照实质重于形式的原则进行判断。

同时满足了以下条件时，一般可认为实现了控制权的转移，形成购买日，具体包括：①企业合并合同或协议已获股东大会等内部权力机构通过。企业合并一般涉及的交易规模较大，无论是合并当期还是合并以后期间，均会对企业的生产经营产生重大影响，在能够对企业合并进行确认，形成实质性的交易前，该交易或事项应经过企业的内部权力机构批准，如对于股份有限公司，其内部权力机构一般指股东大会。②按照规定，合并事项需要经过国家有关主管部门审批的，已获得相关部门的批准。按照国家有关规定，企业购并需要经过国家有关部门批准的，取得相关批准文件是对企业合并交易或事项进行会计处理的前提之一。③参与合并各方已办理了必要的财产权交接手续。作为购买方，其通过企业合并无论是取得对被购买方的股权还是取得被购买方的全部净资产，能够形成与取得股权或净资产相关的风险和报酬的转移，一般需办理相关的财产权交接手续，从而从法律上保障有关风险和报酬的转移。④购买方已支付了购买价款的大部分（一般应超过50%），并且有能力、有计划支付剩余款项。购买方要取得与被购买方净资产相关的风险和报酬，其前提是必须支付一定的对价，一般在形成购买日之前，购买方应当已经支付了购买价款的大部分，并且从其目前财务状况判断，有能力支付剩余款项。⑤购买方实际上已经控制了被购买方的财务和经营政策，享有相应的收益并承担相应的风险。企业合并涉及一次以上交易的，例如通过分阶段取得股份最终实现合并，企业应于每一交易日确认对被投资企业的各单项投资。“交易日”是指合并方或购买方在自身的账簿和报表中确认对被投资单位投资的日期。分步实现的企业合并中，购买日是指按照有关标准判断购买方最终取得对被购买企业控制权的日期。例如，A公司于2×19年10月20日取得B公司30%的股权（假定能够对被投资单位施加重大影响），在与取得股权相关的风险和报酬发生转移的情况下，A公司应确认对B公司的长期股权投资。在已经拥有B公司30%股权的基础上，A公司又于2×20年12月8日取得B公司30%的股权，在其持股比例达到60%的情况下，假定于当日开始能够对B公司实施控制，则2×20年12月8日为第二次购买股权的交易日，同时因在当日能够对B公司实施控制，形成企业合并的购买日。

**（三）合并成本的确定**

新准则规定，合并成本为购买方在购买日为取得对被购买方的控制权而付出的资产、发生或承担的负债以及发行的权益性证券的公允价值。具体包括：

（1）作为合并对价的现金及非现金资产的公允价值。以非货币性资产作为合并对价的，其合并成本为所支付对价的公允价值，该公允价值与作为合并对价的非货币性资产账面价值的差额，作为资产的处置损益，计入合并当期的利润表。

（2）发行的权益性证券的公允价值。确定所发行权益性证券的公允价值时，对于购买日存在公开报价的权益性证券，其公开报价提供了确定公允价值的依据，除非在非常特殊的情况下，购买方能够证明权益性证券在购买日的公开报价不能可靠地代表其公允价值，并且用其他的证据和估价方法能够更好地计量公允价值时，可以考虑其他的证据和估价方法。如果购买日权益性证券的公开报价不可靠，或者购买方发行的权益性证券不存在公开报价，则该权益性证券的公允价值可以参照其在购买方公允价值中所占权益份额，或者是参照在被购买方公允价值中获得的权益份额，按两者当中有明确证据支持的一个进行估价。

（3）因企业合并发生或承担的债务的公允价值。因企业合并而承担的各项负债，应采用按照适用利率计算的未来现金流量的现值作为其公允价值。预期因企业合并可能发生的未来损失或其他成本不是购买方为取得对被购买方的控制权而承担的负债，不构成企业合并成本。

（4）或有对价的公允价值。某些情况下，合并各方可能在合并协议中约定，根据未来一项或多项或有事项的发生，购买方通过发行额外证券、支付额外现金或其他资产等方式追加合并对价，或者要求返还之前已经支付的对价。购买方应当将合并协议约定的或有对价作为企业合并转移对价的一部分，按照其在购买日的公允价值计入企业合并成本。

**（四）购买日取得资产的后续计量**

企业合并形成母子公司关系的，母公司应当设置备查簿，记录企业合并中取得的子公司各项可辨认资产、负债及或有负债等在购买日的公允价值。编制合并财务报表时，应当以购买日确定的各项可辨认资产、负债及或有负债的公允价值为基础对子公司的财务报告进行调整。

在非同一控制下的企业合并中，购买方确认在合并中取得的被购买方各项可辨认资产和负债不仅局限于被购买方在合并前已经确认的资产和负债，还可能包括企业合并前被购买方在其资产负债表中未予确认的资产和负债，该类资产和负债在企业合并前可能由于不符合确认条件未确认为被购买方的资产和负债，但在企业合并发生后，因符合了有关的确认条件则需要作为合并中取得的可辨认资产和负债进行确认。例如，被购买方在企业合并前存在的未弥补亏损，在企业合并前因无法取得足够的应纳税所得额用于抵扣该亏损而未确认相关的递延所得税资产，如按照税法规定能够抵扣购买方未来期间实现的应纳税所得额而且购买方在未来期间预计很可能取得足够的应纳税所得额的情况下，有关的递延所得税资产应作为合并中取得的可辨认资产予以确认。

但在被购买方自身财务报表中，原则上仍然按照持续经营假设，被购买方作为一个持续存在的会计主体，其资产、负债均应以历史成本为基础进行计量，后续发生的一些交易和事项的会计处理也应该基于历史成本计量。

**（五）企业合并中业务的判断**

1. 构成业务的要素

根据新准则的规定，涉及构成业务的合并应当新准则规定处理。业务是指企业内部某些生产经营活动或资产的组合，该组合一般具有投入、加工处理过程和产出能力，能够独立计算其成本费用或所产生的收入。合并方在合并中取得的生产经营活动或资产的组合（以下简称组合）构成业务，通常应具有下列三个要素：（1）投入，指原材料、人工、必要的生产技术等无形资产以及构成产出能力的机器设备等其他长期资产的投入。（2）加工处理过程，指具有一定的管理能力、运营过程，能够组织投入形成产出能力的系统、标准、协议、惯例或规则。（3）产出，包括为客户提供的产品或服务、为投资者或债权人提供的股利或利息等投资收益，以及企业日常活动产生的其他的收益。

2. 构成业务的判断条件

合并方在合并中取得的组合应当至少同时具有一项投入和一项实质性加工处理过程，且二者相结合对产出能力有显著贡献，该组合才构成业务。合并方在合并中取得的组合是否有实际产出并不是判断其构成业务的必要条件。企业应当考虑产出的下列情况分别判断加工处理过程是否是实质性的：

（1）该组合在合并日无产出的，同时满足下列条件的加工处理过程应判断为是实质性的：①该加工处理过程对投入转化为产出至关重要；②具备执行该过程所需技能、知识或经验的有组织的员工，且具备必要的材料、权利、其他经济资源等投入，例如技术、研究和开发项目、房地产或矿区权益等。

（2）该组合在合并日有产出的，满足下列条件之一的加工处理过程应判断为是实质性的：①该加工处理过程对持续产出至关重要，且具备执行该过程所需技能、知识或经验的有组织的员工；②该加工处理过程对产出能力有显著贡献，且该过程是独有、稀缺或难以取代的。企业在判断组合是否构成业务时，应当从市场参与者角度考虑可以将其作为业务进行管理和经营，而不是根据合并方的管理意图或被合并方的经营历史来判断。

3. 集中度测试的应用

判断非同一控制下企业合并中取得的组合是否构成业务，也可选择采用集中度测试。集中度测试是非同一控制下企业合并的购买方在判断取得的组合是否构成一项业务时，可以选择采用的一种简化判断方式。进行集中度测试时，如果购买方取得的总资产的公允价值几乎相当于其中某一单独可辨认资产或一组类似可辨认资产的公允价值的，则该组合通过集中度测试，应判断为不构成业务，且购买方无须按照上述 2 的规定进行判断；如果该组合未通过集中度测试，购买方仍应按照上述 2 的规定进行判断。购买方应当按照下列规定进行集中度测试：

（1）计算确定取得的总资产的公允价值。取得的总资产不包括现金及现金等价物、递延所得税资产以及由递延所得税负债影响形成的商誉。购买方通常可以通过下列公式之一计算确定取得的总资产的公允价值：①总资产的公允价值＝合并中取得的非现金资产的公允价值＋（购买方支付的对价＋购买日被购买方少数股东权益的公允价值＋购买日前持有被购买方权益的公允价值－合并中所取得的被购买方可辨认净资产公允价值）－递延所得税资产－ 由递延所得税负债影响形成的商誉。②总资产的公允价值＝购买方支付的对价＋购买日被购买方少数股东权益的公允价值＋购买日前持有被购买方权益的公允价值＋取得负债的公允价值（不包括递延所得税负债）－取得的现金及现金等价物－递延所得税资产－ 由递延所得税负债影响形成的商誉。

（2）关于单独可辨认资产。单独可辨认资产是企业合并中作为一项单独可辨认资产予以确认和计量的一项资产或资产组。如果资产（包括租赁资产）及其附着物分拆成本重大，应当将其一并作为一项单独可辨认资产，例如，土地和建筑物。

（3）关于一组类似资产。企业在评估一组类似资产时，应当考虑其中每项单独可辨认资产的性质及其与管理产出相关的风险等。下列情形通常不能作为一组类似资产：①有形资产和无形资产；②不同类别的有形资产，例如，存货和机器设备；③不同类别的可辨认无形资产，例如，商标权和特许权；④金融资产和非金融资产；⑤不同类别的金融资产，例如，应收款项和权益工具投资；⑥同一类别但风险特征存在重大差别的可辨认资产等。

**例 20-5** A 公司是一家不锈钢线材行业的上市公司，通过签订资产收购协议，从第三方 B 公司收购了与吊装、过磅业务相关的资产，包括应收账款、机器设备、在建工程以及相关的订单处理系统和经营管理系统。另外，B 公司相关的业务人员也全部转入 A 公司，并重新签订了劳动合同。B 公司具有吊装、过磅业务相关的产出能力。购入的吊装及过磅业务相关资产的账面价值为 2 500 万元。根据相关的资产评估报告，上述资产按成本法的评估值为 2 000 万元，而按收益法的评估值为 6 400 万元。A 公司与 B 公司双方达成协议，按收益法的评估值 6 000 万元，作为交易价格，评估增值为 3 500 万元。

分析：在本例中，从法律形式来看，该交易采取收购资产组合的方式。但按照实质重于形式，A 公司的购买对象，到底是一个资产组合，还是一项业务，则需要综合判断。首先，该资产组合包括与吊装、过磅业务相关的实物资产（例如，固定资产和在建工程）以及业务人员，满足“投入”要素；其次，该资产组合包括订单处理系统和经营管理系统，满足“处理过程”要求。最后，从相关信息来看，购买的资产组合也具有吊装、过磅业务相关的产出能力。这些因素综合起来考虑，A 公司收购的该资产组合满足“业务”的定义，应当按照企业合并新准则来进行会计处理。

**例 20-6** A 公司购买了 10 套商住两用房，每套均用于对外出租。所支付对价的公允价值正好等于所取得 10 套商住两用房公允价值之和。每套商住两用房包括土地使用权和建筑物及其装修。每套商住两用房具有不同的建筑面积和室内设计。10 套商住两用房坐落在相同的区域，且其租户类别基本类似。所取得商住两用房所处市场中与房地产运营相关的风险并无显著差别。另外，该转让未包含员工、其他资产和其他过程或活动。

分析：为了简化判断成本，A 公司选择采用集中度测试，主要分析如下：

（1）建筑物及装修附属于土地使用权，且无法在不发生重大成本的情况下进行拆除，因此，每套商住两用房均为单项可辨认资产。

（2）10 套商住两用房的资产组合属于一组类似可辨认资产，因为这些商住两用房在性质，以及与管理和创造产出相关的风险上不存在显著的差异，原因在于商住两用房的类型和客户类别没有显著不同。

（3）所支付对价的公允价值正好等于所取得 10 套商住两用房公允价值之和，因此，所取得总资产全部的公允价值集中在一组类似可辨认资产上。

综合上述分析，A 公司认为，所取得的 10 套商住两用房资产组合不构成业务，按照资产购买进行会计处理。

**例 20-7** 除了购买案例 1 中的 10 套商住两用房以外，A 公司还购买了位于办公园区的 6 栋 10 层楼高的办公楼，全部用于对外出租，所购买的该资产组合包含了土地使用权、建筑物、租赁业务合同、清洁外包合同以及安全和维护合同。该转让未包含员工、其他资产、其他过程或者其他活动。所支付对价的公允价值正好等于所取得的 10 套商住两用房和 6 栋办公楼的公允价值之和。通过清洁外包合同以及安全与维护合同所执行的过程，相对于创造产出所要求的全部过程来说，是辅助的或次要的。

分析：为了简化判断成本，A 公司选择采用集中度测试，主要分析如下：

（1）商住两用房和办公楼不属于类似可辨认资产，因为商住两用房和办公楼在资产运营、获得租户和管理租户的相关风险存在显著不同，特别是两个类别客户相关的运营规模和风险是显著不同的。因此，商住两用房和办公楼属于2个单独的可辨认资产。另外，所取得总资产的公允价值不会实质上全部集中于一组类似可辨认资产，因为所支付对价的公允价值正好等于所取得的10套商住两用房和6栋办公楼的公允价值之和。为此，A公司需要进一步细节测试，以评价所取得的资产组合是否满足构成业务的最低要求。

（2）该组资产组合具有产出，因为其正在凭借租赁合同产生收入。因此，A公司需要确定所取得的过程是否为实质性的。

（3）所取得的资产组合不包含有组织的员工。另外，通过合同由清洁外包人员、安全和维护人员所执行的过程（唯一取得的过程），相对于创造产出所要求的全部过程是辅助的或次要的，对持续产生产出的能力没有具有重大贡献。而且这些过程在市场上很容易获得，因此，并不是独特和稀缺的。

综合上述分析，A公司认为，所取得的由商住两用房和办公楼构成的资产组合不构成业务，按照资产购买进行会计处理。

**例20-8** 假设其他情况与上例相同，不同的是A公司所取得的资产组合还包括负责租赁、租户管理，以及管理和监督整个运营过程的员工。

分析：A公司没有选择采用集中度测试，直接进行细节测试，以评价该资产组合是否满足构成业务的最低要求。主要分析如下：

（1）该资产组合具有产出，因为其正在凭借租赁合同产生收入。因此，A公司需要确定所取得的过程是否为实质性的。

（2）该组合包含了执行实质性过程（即租赁、租户管理，以及管理和监督运营过程）所必要的技能、知识或经验的有组织员工，因为他们对将所取得投入（即土地使用权、建筑物和租赁业务合同）应用于持续产生产出的能力至关重要。另外，这些实质性过程和投入共同对创造产出的能力具有重大贡献。

综合上述分析，A公司认为，所取得的资产组合构成业务，按照企业合并会计准则进行会计处理。

**（六）企业合并中交易费用的处理**

非同一控制下的企业合并中，购买方为合并发生的审计、法律服务、评估咨询等中介费用以及其他相关管理费用，应当于发生时计入当期损益；购买方作为合并对价发行的权益性证券或债务性证券的费用，应当计入权益性证券或债务性证券的初始确认金额。

**（七）非同一控制下的控股合并**

（1）长期股权投资成本的确定。购买方应当以付出的资产、发生或承担的负债以及发行的权益性证券的公允价值加上为企业合并发生的各项直接相关费用之和，作为合并中形成的长期股权投资的初始投资成本。其中，支付合并对价的公允价值与账面价值的差额作为资产处置收益计入当期损益（营业外收入——非货币性资产投资利得、营业外支出——非货币性资产投资损失）。

（2）长期股权投资成本与应享有被购买方可辨认净资产公允价值份额差额的处理。长期股权投资成本大于应享有被购买方可辨认净资产公允价值份额的差额部分，应当确认为合并资产负债表中的商誉，商誉不摊销而于每年年末进行减值测试；长期股权投资成本小于应享有被购买方可辨认净资产公允价值份额差额部分，经核实后确认为合并利润表中的营业外收入。

和长期股权投资一样，与非同一控制主体下合并取得的长期股权投资的入账方式对应，相关例子可以参见《长期股权投资》一章。

**（八）非同一控制下的吸收合并和新设合并**

购买方在购买日对合并中取得的各项可辨认资产、负债应按其公允价值计量，合并成本大于合并中取得的可辨认净资产公允价值的差额部分，应当确认为商誉，此处商誉为账面商誉，商誉不摊销而于每年年末进行减值测试；合并成本小于合并中取得的可辨认净资产公允价值的，差额部分经核实后确认为营业外收入。

例 20-9 甲企业以公允价值为 14 000 万元、账面价值为 10 000 万元的资产作为对价对乙企业进行吸收合并，购买日乙企业持有资产的情况如表 20-5 所示：

**表 20-5 乙企业资产情况** 单位：万元

| | 账面价值 | 公允价值 |
|---|---|---|
| 固定资产 | 6 000 | 8 000 |
| 长期股权投资 | 4 000 | 6 000 |
| 长期借款 | 3 000 | 3 000 |
| 净资产 | 7 000 | 11 000 |

非货币性资产投资利得＝ 14 000 － 10 000 ＝ 4 000（万元）

应确认的商誉＝ 14 000 － 11 000 ＝ 3 000（万元）

合并日，甲企业应作会计分录如下：

借：固定资产 80 000 000

　　长期股权投资 60 000 000

　　商誉 30 000 000

　　贷：长期借款 30 000 000

　　　　相关资产 100 000 000

　　　　营业外收入——非货币性资产投资利得 40 000 000

购买方对合并成本小于合并中取得的被购买方可辨认净资产公允价值份额的差额，应当按照以下规定处理：

对取得的被购买方各项可辨认资产和负债的公允价值以及合并成本的计量进行复核，经复核后合并成本仍小于合并中取得的被购买方可辨认净资产公允价值份额的，其差额应当计入营业外收入。

**（九）被购买方可辨认净资产的公允价值问题**

1. 被购买方可辨认净资产的公允价值确认原则

被购买方可辨认净资产公允价值，是指合并中取得的被购买方可辨认资产的公允价值减去负债公允价值后的余额。

被购买方各项可辨认资产、负债和或有负债，符合下列条件的，应当单独予以确认：

（1）合并中取得的被购买方除无形资产以外的其他各项资产（不仅限于被购买方原已确认的资产），其所带来的经济利益很可能流入企业且公允价值能够可靠地计量的，应当单独予以确认并按照公允价值计量。

（2）合并中取得的无形资产，其公允价值能够可靠地计量的，应当单独确认为无形资产并按照公允价值计量。

（3）合并中取得的被购买方除或有负债以外的其他各项负债，履行有关的义务很可能导致经济利益流出企业且公允价值能够可靠地计量的，应当单独予以确认并按照公允价值计量。

（4）对于购买方在合并中可能需要代被购买方承担的或有负债，在其公允价值能够可靠地计量的情况下，应当单独确认为负债并按照公允价值计量。

2. 被购买方可辨认净资产的公允价值确认方法

企业应当按照以下规定确认合并中取得的被购买方各项可辨认资产、负债及或有负债的公允价值。

（1）货币资金，按照购买日被购买方的账面余额确定。

（2）有活跃市场的股票、债券、基金等金融工具，按照购买日活跃市场中的市场价格确定。

（3）应收款项，其中的短期应收款项，一般按照应收取的金额作为其公允价值；长期应收款项，应按适当的利率折现后的现值确定其公允价值。在确定应收款项的公允价值时，应考虑发生坏账的可能性及相关收款费用。

（4）存货，对其中的产成品和商品按其估计售价减去估计的销售费用、相关税费以及购买方出售类似产成品或商品估计可能实现的利润确定；在产品按完工产品的估计售价减去至完工仍将发生的成本、估计的销售费用、相关税费以及基于同类或类似产成品的基础上估计出售可能实现的利润确定；原材料按现行重置成本确定。

（5）不存在活跃市场的金融工具如权益性投资等，应当参照《金融工具确认和计量》一章的规定，采用估值技术确定其公允价值。

（6）房屋建筑物、机器设备、无形资产存在活跃市场的，应以购买日的市场价格为基础确定其公允价值；不存在活跃市场，但同类或类似资产存在活跃市场的，应参照同类或类似资产的市场价格确定其公允价值；同类或类似资产也不存在活跃市场的，应采用估值技术确定其公允价值。

（7）应付账款、应付票据、应付职工薪酬、应付债券、长期应付款其中的短期负债，一般按照应支付的金额确定其公允价值；长期负债，应按适当的折现率折现后的现值作为其公允价值。

（8）取得的被购买方的或有负债，其公允价值在购买日能够可靠地计量的，应确认为预计负债。此项负债应当按照假定第三方愿意代购买方承担，就其所承担义务需要购买方支付的金额作为其公允价值。

（9）递延所得税资产和递延所得税负债，取得的被购买方各项可辨认资产、负债及或有负债的公允价值与其计税基础之间存在差额的，应当按照《所得税》一章的规定确认相应的递延所得税资产或递延所得税负债，所确认的递延所得税资产或递延所得税负债的金额不应折现。

### （十）商誉的有关规定

购买方应当在购买日将企业合并中获得的商誉确认为一项资产，商誉属于不可辨认的资产。

（1）商誉的确认。在被购买方法律主体消失的情况下，购买日在购买方账面确认的商誉，即称账面商誉；在被购买方法律主体存续的情况下，购买日进行确认，体现在合并财务报表中，即称合并商誉。

（2）商誉的计量。商誉的初始计量应于合并或购买开始时按成本计量。

商誉＝购买成本－（可辨认资产公允价值－负债公允价值）×购买方享有比例

商誉的后续计量应于购买日后按成本减去累计减值损失的金额计量，商誉不得摊销，但应至少以年度为基础进行减值测试。

**例 20-10** A公司2×20年1月5日以1 500万元货币资金获得B公司75%的股权。当日，B公司可辨认净资产账面价值为1 000万元。除了下列两项资产外，B公司其他资产和负债的账面价值与公允价值相等。固定资产的公允价值比账面价值高400万元，存货的公允价值比账面价值高200万元，该项固定资产的剩余使用年限为5年（直线法折旧，无残值）。商誉的计量如表20-6所示。

**表 20-6 A公司商誉计量表** 单位：万元

| 项目名称及计算过程 | 金额 |
|---|---|
| 购买成本 | 1 500 |
| 减：购买可辨认净资产账面价值 | 750 |
| 减：固定资产增值（400×75%） | 300 |
| 存货增值（200×75%） | 150 |
| 商誉 | 300 |

注：此商誉不会在A公司的账中，将会在合并报表中体现为合并商誉。

### （十一）控股合并方式下，购买日合并财务报表的编制

被购买方在合并前实现的净利润已经包含在企业合并成本中，母公司在购买日可以编制合并资产负债表，不编制合并利润表和合并现金流量表，因为购买日后，被购买方的利润和现金流量状况才能并入合并企业的报表中。合并资产负债表反映购买方自购买日起能够控制的经济资源，其中对于被购买方有关资产、负债应当按照合并中确定的公允价值列示，合并成本与合并中取得的各项可辨认资产、负债公允价值份额的差额，确认为合并资产负债表中的商誉。

非同一控制下的控股合并，购买方应自购买日起设置备查簿，登记其在购买日取得的被购买方可辨认资产、负债的公允价值，为以后期间核算及合并财务报表的编制提供基础资料。

企业合并发生当期的期末，因合并中取得的各项可辨认资产、负债及或有负债公允价值或企业合并成本只能暂时确定的，购买方应当以所确定的暂时价值为基础对企

业合并进行确认和计量。购买日后12个月内对确认的暂时价值进行调整的，视为在购买日确认和计量。

**（十二）分步实现的企业合并**

如果企业合并是通过多次交换交易分步实现的，则企业在每一单项交易发生时，应确认对被投资单位的投资。投资企业在持有被投资单位的部分股权后，通过增加持股比例等达到对被投资单位形成控制的，购买方应当区分个别财务报表和合并财务报表分别进行处理。

1. 个别财务报表

在个别财务报表中，购买方应当以购买日之前所持被购买方的股权投资的账面价值与购买日新增股权投资成本之和，作为该项投资的初始投资成本；购买日之前持有的被购买方的股权涉及其他综合收益的，应当在处置该项投资时将与其相关的其他综合收益转入当期投资收益，并按以下原则进行会计处理：

（1）购买方于购买日之前持有的被购买方的股权投资，保持其账面价值不变，其中，购买日前持有的股权投资作为长期股权投资并采用成本法核算的，为成本法核算下至购买日应有的账面价值；购买日前持有的股权投资作为长期股权投资并采用权益法核算的，为权益法核算下至购买日应有的账面价值；购买日前持有的股权投资作为金融资产并按公允价值计量的，为至购买日的账面价值。

（2）追加的投资，按照购买日支付对价的公允价值计量，并确认长期股权投资。购买方应当以购买日之前所持被购买方的股权投资的账面价值与购买日新增投资成本之和，作为该项投资的初始投资成本。

（3）购买方对于购买日之前持有的被购买方的股权投资涉及其他综合收益的，例如，购买方原持有的股权投资按照权益法核算时，被购买方持有的可供出售金融资产公允价值变动确认的其他综合收益，购买方按持股比例计算应享有的份额并确认为其他综合收益的部分，不予处理。待购买方出售被购买方股权时，再按出售股权相对应的其他综合收益部分转入出售当期的损益。

2. 合并财务报表

在合并财务报表中，购买方对于购买日之前持有的被购买方的股权，应当按照该股权在购买日的公允价值进行重新计量，并按照以下原则处理：

（1）购买方对于购买日之前持有的被购买方的股权，按照该股权在购买日的公允价值进行重新计量，公允价值与其账面价值之间的差额计入当期投资收益。

（2）购买日之前持有的被购买方的股权于购买日的公允价值，与购买日新购入股权所支付对价的公允价值之和，为合并财务报表中的合并成本。

（3）在按上述计算的合并成本基础上，比较购买日被购买方可辨认净资产公允价值的份额，确定购买日应予确认的商誉，或者应计入发生当期损益的金额。

（4）购买方对于购买日之前持有的被购买方的股权涉及其他综合收益的，与其相关的其他综合收益应当转为购买日所属当期的投资。

**例 20-11** 2×19年1月1日，A公司以5 000万元取得B公司10%的股份，取得投资时B公司净资产的公允价值为45 000万元。假定该项投资不存在活跃市场，公允价值无法可靠地计量。因未以任何方式参与B公司的生产经营决策，A公司对持有的该投资采用成本法核算。2×20年1月1日，A公司另支付30 000万元取得B公司

50% 的股份，能够对 B 公司实施控制。购买日 B 公司可辨认净资产公允价值为 55 000 万元，A 公司之前所取得的 10% 股权于购买日的公允价值为 5 500 万元。B 公司自 2×19 年 1 月 1 日 A 公司取得投资后至 2×20 年 1 月 1 日购买 50% 股份之前实现的留存收益为 1 500 万元，未进行利润分配。

1）A 公司在个别财务报表中的处理。

2×19 年 1 月 1 日，A 公司取得对 B 公司长期股权投资的成本为 5 000 万元。2×20 年 1 月 1 日，A 公司进一步取得 B 公司 50% 的股权时，支付价款 30 000 万元。该项长期股权投资于购买日的账面价值为 35 000 万元。A 公司于购买日的账务处理如下：

借：长期股权投资　　300 000 000
　贷：银行存款　　300 000 000

2）A 公司在合并财务报表中的处理。

（1）计算合并成本：

合并成本＝ 5 500 ＋ 30 000 ＝ 35 500（万元）

（2）计算应计入损益的金额：

应计入损益的金额＝ 5 500 － 5 000 ＝ 500（万元）

借：长期股权投资　　5 000 000
　贷：投资收益　　5 000 000

（3）计算商誉：

在合并财务报表中应体现的商誉＝ 35 500 － 55 000×60% ＝ 2 500（万元）

在合并工作底稿上应作的合并抵销分录如下：

借：B 公司所有者权益　　550 000 000
　商誉　　25 000 000
　贷：长期股权投资　　355 000 000
　　少数股东权益　　220 000 000

**（十三）非同一控制下企业合并的披露**

（1）参与合并企业的基本情况。

（2）购买日的确定依据。

（3）合并成本的构成及其账面价值、公允价值及公允价值的确定方法。

（4）被购买方各项可辨认资产、负债在上一会计期间资产负债表日及购买日的账面价值和公允价值。

（5）合并合同或协议约定将承担被购买方或有负债的情况。

（6）被购买方自购买日起至报告期期末的收入、净利润和现金流量等情况。

（7）商誉的金额及其确定方法。

（8）因合并成本小于合并中取得的被购买方可辨认净资产公允价值的份额计入当期损益的金额。

（9）合并后已处置或准备处置被购买方资产、负债的账面价值、处置价格等。

**例 20-12** D 公司以公允价值为 1 500 万元、账面价值为 950 万元的资产作为对价对 E 公司进行吸收合并，购买日 E 公司持有资产的情况如表 20-8 所示：

表 20-8 E 公司资产情况 单位：万元

| | 账面价值 | 公允价值 |
|---|---|---|
| 固定资产 | 600 | 850 |
| 长期股权投资 | 550 | 650 |
| 长期借款 | 350 | 350 |
| 净资产 | 800 | 1 150 |

D 公司的账务处理如下：

借：固定资产 8 500 000

长期股权投资 6 500 000

商誉（15 000 000 － 11 500 000） 3 500 000

贷：长期借款 3 500 000

相关资产 9 500 000

营业外收入——非货币性资产投资利得

（15 000 000 － 9 500 000） 5 500 000

## 三、购买子公司少数股权的处理

企业在取得对子公司的控制权，形成企业合并后，购买少数股东全部或部分权益的，实质上是股东之间的权益性交易，应当分别母公司个别财务报表以及合并财务报表两种情况进行处理：

（1）母公司个别财务报表中对于自子公司少数股东处新取得的长期股权投资，应当按照《企业会计准则第 2 号——长期股权投资》第四条的规定，确定长期股权投资的入账价值。

（2）在合并财务报表中，子公司的资产、负债应以购买日（或合并日）开始持续计算的金额反映。

母公司新取得的长期股权投资成本与按照新增持股比例计算应享有子公司自购买日（或合并日）开始持续计算的可辨认净资产份额之间的差额，应当调整合并财务报表中的资本公积（资本溢价或股本溢价），资本公积（资本溢价或股本溢价）的余额不足冲减的，调整留存收益。

**例 20-13** 2×19 年 12 月 30 日，甲公司以 24 000 万元取得对乙公司 70% 的股权（非同一控制下企业合并），能够对乙公司实施控制。2×20 年 12 月 30 日，甲公司又支付 9 000 万元从乙公司的其他股东处取得乙公司 20% 的股权。在交易前，甲公司、乙公司及乙公司的少数股东不存在关联方关系。

（1）2×19 年 12 月 30 日，乙公司可辨认净资产公允价值总额为 30 000 万元。

（2）2×20 年 12 月 30 日，乙公司有关资产、负债的账面价值、以购买日开始持续计算的金额（对母公司的价值）以及在交易日的公允价值如表 20-8 所示。

表 20-8 乙公司有关项目资料表 单位：万元

| 项目 | 账面价值 | 资产、负债对母公司的价值 | 资产、负债在交易日的公允价值 |
|---|---|---|---|
| 存货 | 1 500 | 1 500 | 1 800 |
| 应收账款 | 7 500 | 7 500 | 7 500 |
| 固定资产 | 12 000 | 13 800 | 15 000 |
| 无形资产 | 2 400 | 3 600 | 3 900 |
| 其他资产 | 6 600 | 9 600 | 10 200 |
| 流动负债 | 1 800 | 1 800 | 1 800 |
| 其他负债 | 1 200 | 1 200 | 1 200 |
| 净资产 | 27 000 | 33 000 | 35 400 |

分析：

1）确定甲公司对乙公司长期股权投资的成本。

2×19 年 12 月 30 日为该非同一控制下企业合并的购买日，甲公司取得对乙公司长期股权投资的成本为 24 000 万元。

2×20 年 12 月 30 日，甲公司在进一步取得乙公司 20%的少数股权时支付价款 9 000 万元。

该项长期股权投资在 2×20 年 12 月 30 日的账面余额为 33 000 万元。

2）编制合并财务报表时的处理。

（1）商誉的计算。

甲公司取得对乙公司 70% 股权时产生的商誉＝24 000 － 30 000×70%
＝3 000（万元）

在合并财务报表中应体现的商誉总额为 3 000 万元。

（2）所有者权益的调整。合并财务报表中，乙公司的有关资产、负债应以其对母公司甲的价值进行合并，即与新取得的 20%股权相对应的被投资单位可辨认资产、负债的金额为 6 600 万元（33 000×20%）。

因购买少数股权新增加的长期股权投资成本 9 000 万元与按照新取得的股权比例（20%）计算确定应享有子公司自购买日开始持续计算的可辨认净资产份额 6 600 万元之间的差额 2 400 万元，在合并资产负债表中调整所有者权益相关项目，先调整资本公积（资本溢价或股本溢价），在资本公积（资本溢价或股本溢价）的金额不足冲减的情况下，调整留存收益（盈余公积和未分配利润）。

## 四、被购买方的会计处理

非同一控制下的企业合并中，被购买方在企业合并后仍持续经营的。如购买方取得被购买方100%股权，被购买方可以按合并中确定的有关资产、负债的公允价值调账，其他情况下被购买方不应因企业合并改记资产、负债的账面价值。

### 五、比较两种合并处理方法对报表的影响

从上面的会计处理规定可以看出，在同一控制下的企业合并方法下，合并方按照被合并方的账面价值计量合并获得的资产、负债和净资产，而在非同一控制下的企业合并方法下，购买方按照被购买方的可辨认净资产的公允价值（包括未入账的资产和或有负债等）确认合并获得的资产、负债和净资产，导致编制合并报表时，被购买方的计量基础发生改变。这两种不同的处理方法对合并后的资产总额、净资产和净利润存在显著差异。

## 第二节 首次执行日的会计处理

首次执行日的会计处理应与《企业会计准则第38号——首次执行企业会计准则》的要求相符。

### 一、首次执行日长期股权投资的处理

（1）对于按照《企业会计准则第20号——企业合并》规定，属于同一控制下企业合并产生的长期股权投资，尚未摊销完毕的股权投资差额全额冲销，并调整留存收益，以冲销股权投资差额后的长期股权投资账面价值作为首次执行日的认定成本。

（2）除上述第（1）项以外的其他采用权益法核算的长期股权投资，存在股权投资贷方差额的，应冲销贷方差额，调整留存收益，并以冲销贷方差额后的长期股权投资账面价值作为首次执行日的认定成本；存在股权投资借方差额的，应当将长期股权投资的账面价值作为首次执行日的认定成本。

### 二、首次执行日前发生的企业合并的处理

企业对于首次执行日之前发生的企业合并一般不应追溯调整，但下列项目除外：

（1）按照《企业会计准则第20号——企业合并》的规定，属于同一控制下企业合并，按照原规定已确认商誉的摊余价值，应当全额冲销，并调整留存收益。

按照新准则的规定，属于非同一控制下企业合并的，应当将商誉在首次执行日的摊余价值作为认定成本，不再进行摊销。

（2）首次执行日之前发生的企业合并，合并合同或协议中约定根据未来事项的发生对合并成本进行调整的，如果首次执行日预计未来事项很可能发生并且对合并成本的影响金额能够可靠地计量的，应当按照该影响金额调整已确认商誉的账面价值。

在首次执行日，企业应当按照《企业会计准则第8号——资产减值》的规定对商誉进行减值测试，发生减值的，应当以计提减值准备后的金额确认。

（3）因企业合并取得的资产、承担的负债的账面价值与其计税基础不同形成的暂时性差异，应当按照《企业会计准则第 18 号——所得税》的规定进行追溯调整。

## 第三节　新准则对企业的影响

新准则的实施，将对企业的兼并收购和资产重组等活动产生重大影响。

### 一、对同一控制下的企业合并产生的财务影响

对于同一控制下的企业合并采用权益结合法，不可以再选用购买法。

1. 合并方取得的被合并方的净资产的计量

在同一控制下的企业合并中涉及 100%的股权转移的情况下，根据旧准则，合并方对取得的资产和负债按照资产评估价值计量；根据新准则，合并方取得的资产和负债，应当按照合并日被合并方的账面价值计量。因此，对于涉及 100%的股权转移的情况，执行新准则将导致企业集团不再可能通过进行该企业集团内部的企业合并而以购买法不断增加该企业集团的净资产，从而将减少企业集团净资产，提高净资产收益率。

同时，由于在 100%的股权转移的情况下不再存在对被收购方的固定资产、无形资产等资产评估增值部分的折旧或摊销，执行新准则通常将会增加合并后企业集团的净利润，提高净资产收益率。

在同一控制下的企业合并中涉及部分股权转移的情况下，根据现行会计法规，合并方的初始投资成本按照实际支付的合并成本计价，被合并方的账面价值保持不变，合并方的初始投资成本大于其在被合并方所享有的所有者权益份额的金额，作为股权按投资差额分期摊销。而根据新准则，合并方取得的资产和负债应当按照合并日被合并方的账面价值计量，合并方支付的合并对价账面价值（或发行股份面值总额）与取得的净资产账面价值的差额，冲减权益。所以，在合并方支付的合并对价账面价值（或发行股份面值总额）大于取得的净资产账面价值的情况下，执行新准则将减少企业集团的净资产，提高净资产收益率。

2. 商誉或股权投资差额

现行会计法规要求将合并对价大于取得的被合并方的净资产或所享有的权益份额的差额确认为商誉或股权投资差额，并分期摊销。在新准则下，要求将合并方支付的合并对价账面价值（或发行股份面值总额）与取得的净资产账面价值的差额，调整资本公积或者留存收益，同一控制下的企业合并不再确认商誉或股权投资差额。由于不再存在商誉或股权投资差额的分期摊销，因此，执行新准则，通常将会增加企业或企业集团的净利润。

3. 以非现金资产作为合并对价

在同一控制下的企业合并中，在以非现金资产作为合并对价的情况下，是按照账面价值还是资产评估价值，现行会计法规没有涉及。但是，新准则明确应采用账面价值。因此，采用新准则，将避免对当期损益的影响。

## 二、对于非同一控制下企业合并产生的财务影响

对于非同一控制下的企业合并采用购买法。

1. 合并成本与取得的被购买方净资产公允价值的差额

按照现行会计法规的规定，股权投资的初始投资成本与应享有的被合并方的所有者权益份额的差额，借方作为股权投资差额分期摊销，贷方计入资本公积。企业兼并中成本高于评估价确认的净资产的差额，确认为商誉并分期摊销。

根据新准则，合并成本高于合并方取得的可辨认净资产公允价值的差额，确认为商誉。商誉每年进行减值测试，但不进行摊销。故此，不再存在对已确认的股权投资差额或者商誉进行摊销而对损益产生的影响。因此，执行新准则，合并后企业的净利润通常将增加。

合并成本低于合并方取得的可辨认净资产公允价值的差额，经复核后仍然存在的，计入当期损益，不再计入资本公积或者负商誉。因此，执行新准则，合并当期企业或者企业集团的净利润将增加。

2. 在不涉及 100% 的股权转移的情况下购买方取得的被购买方的净资产的计量

在不涉及 100% 的股权转移的情况下，按照现行会计规定，被收购的子公司的资产和负债按照账面价值（以历史成本为基础）在合并财务报表上反映，同时列示合并价差；按照新准则，被收购的子公司的资产、负债和损益等以购买日公允价值为基础调整后在合并财务报表上反映，同时列示商誉。鉴于对子公司财务报表所采用的会计计量属性不同，新准则下的合并资产负债结构和利润结构将会产生变化。

3. 以非现金资产作为合并对价

非同一控制下的企业合并中，在以非现金资产作为合并对价的情况下，是按照账面价值还是资产评估价值，现行会计法规没有涉及。但是，新准则明确规定应采用公允价值，公允价值与其账面价值的差额，计入当期损益。因此，采用新准则可能增加合并当期净利润。

## 三、首次执行新准则之前发生的企业合并对于首次执行当期的影响

除了上述情况对企业执行新准则带来的影响之外，对于首次执行新准则之前发生的企业合并，根据《企业会计准则第 38 号——首次执行企业会计准则》，企业在首次执行新准则的当期，可能还存在下列追溯调整带来的影响：

（1）同一控制下企业合并，原已确认商誉的摊余价值应当全额冲销，同时调整留存收益。故此，将减少企业首次执行新准则当期的净资产。

（2）在首次执行日对以前非同一控制下企业合并产生商誉进行减值测试，存在减值的，应以计提减值准备后的金额确认商誉，差额调整留存收益。故此，将减少企业首次执行新准则当期的净资产。

## 四、执行新准则的非财务相关影响

### （一）准则的实施将推动市场化并购的开展

新《公司法》《证券法》的实施为市场化并购提供了法律环境，上市公司股权分置改革的即将完成和即将出台的《上市公司收购管理办法》与新准则相互配合，将推

动上市公司的市场化并购。特别是股权分置改革完成后，上市公司企业合并行为的变化和特征将使采用购买法会计处理的部分限制消除，为广泛采用购买法提供了条件，同时由于同一控制下的企业合并行为的长期存在，要防止上市公司使用权益结合法可能带来的利润操纵问题，杜绝为实现特殊目的而构造企业合并交易。

**（二）对企业内部会计控制的要求和影响**

新准则对非同一控制下企业合并按公允价值计量以及对商誉的减值处理要求，将对企业会计核算体系、信息系统等方面提出更高的要求，会计信息系统必须能采集到新的数据，以满足执行准则的要求。同时在执行新准则时，上市公司应按照《上海证券交易所上市公司内部控制指引》的要求，建立健全相应的内控制度，特别是投资环节内控和对并购的附属公司的管理控制。

**（三）其他影响**

新准则规定的信息披露内容详细完整，将对证券市场的监管者和投资者产生积极的影响，同时也对上市公司提出了较高要求。

# 第二十一章 租 赁

为了规范租赁的会计处理，提高会计信息质量，根据《企业会计准则——基本准则》，财政部2018年12月对《企业会计准则第21号——租赁》（以下简称“租赁准则”或者“新准则”）进行了修订，现予印发。在境内外同时上市的企业以及在境外上市并采用国际财务报告准则或企业会计准则编制财务报表的企业，自2×19年1月1日起施行；其他执行企业会计准则的企业自2021年1月1日起施行。

## 第一节 案例分析及操作实务

### 一、租赁概述

**（一）租赁的定义**

在合同开始日，企业应当评估合同是否为租赁或者包含租赁。租赁，是指在一定期间内，出租人将资产的使用权让与承租人以获取对价的合同。如果合同一方让渡了在一定期间内控制一项或多项已识别资产使用的权利以换取对价，则该合同为租赁或者包含租赁。一项合同要被分类为租赁，必须要满足三要素：（1）存在一定期间；（2）存在已识别资产；（3）资产供应方向客户转移对已识别资产使用权的控制。

在合同中，“一定期间”也可以表述为已识别资产的使用量，例如，某项设备的产出量。如果客户有权在部分合同期内控制已识别资产的使用，则合同包含一项在该部分合同期间的租赁。

企业应当就合同进行评估，判断其是否为租赁或包含租赁。租赁准则规定，同时符合下列条件的，使用已识别资产的权利构成一项单独租赁：（1）承租人可从单独使用该资产或将其与易于获得的其他资源一起使用中获利；（2）该资产与合同中的其他资产不存在高度依赖或高度关联关系。

另外，接受商品或服务的合同可能由合营安排或合营安排的代表签订（合营安排的定义参见《企业会计准则第40号－合营安排》）。在这种情况下，企业评估合同是否包含一项租赁时，应将整个合营安排视为该合同中的客户，评估该合营安排是否在使用期间有权控制已识别资产的使用。

除非合同条款或条件发生变化，企业无需重新评估合同是否为租赁或者是否包含租赁。

**（二）租赁合同判定的具体规则**

1. 已识别资产

根据租赁准则规定，已识别资产需从三个方面进行判定：合同指定、物理区分和实质性替换权，三个条件缺一不可，如图21-1所示。

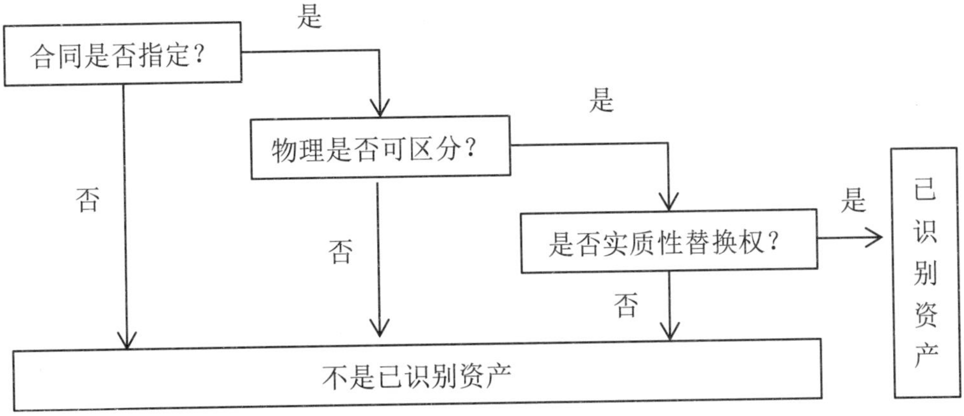


**图 21-1　已识别资产的判断逻辑图**

（1）对资产的指定按照租赁准则第六条，已识别资产通常由合同明确指定，也可以在资产可供客户使用时隐性指定。

**例 21-1**　A 公司（客户）与 B 公司（供应方）签订了使用 B 公司一节火车车厢的 3 年期合同。该车厢专为用于运输 A 公司生产过程中使用的特殊材料而设计，未经重大改造不适合其他客户使用。

合同中没有明确指定轨道车辆（例如，通过序列号），但是 B 公司仅拥有一节适合客户 A 使用的火车车厢。如果车厢不能正常工作，合同要求 B 公司修理或更换车厢。

分析：具体哪节火车车厢虽未在合同中明确指定，但是被隐含指定，因为乙公司仅拥有一节适合客户 A 公司使用的火车车厢，必须使用其来履行合同，B 公司无法自由替换该车厢。因此，火车车厢是一项已识别资产。

（2）物理可区分

如果资产的部分产能在物理上可区分（例如，建筑物的一层），则该部分产能属于已识别资产。如果资产的某部分产能与其他部分在物理上不可区分（例如，光缆的部分容量），则该部分不属于已识别资产，除非其实质上代表该资产的全部产能，从而使客户获得因使用该资产所产生的几乎全部经济利益的权利。

**例 21-2**　情形 1：X 公司（客户）与 Y 公司（公用设施公司）签订了一份为期 10 年的合同，以取得连接 A、B 城市光缆中三条指定的物理上可区分的光纤使用权。若光纤损坏，Y 公司应负责修理和维护。Y 公司拥有额外的光纤，但仅可因修理、维护或故障等原因替换指定给 X 公司使用的光纤。

情形 2：X 公司与 Y 公司签订了一份为期 10 年的合同，以取得连接 A、B 城市光缆中约定带宽的光纤使用权。X 公司约定的带宽相当于使用光缆中三条光纤的全部传输容量（乙公司光缆包含 15 条传输容量相近的光纤）。

分析：在情形 1 下，合同明确指定了三条光纤，并且这些光纤与光缆中的其他光纤在物理上可区分、Y公司不可因修理、维护或故障以外的原因替换光纤，因此情形1中存在三条已识别光纤。

情形2下，X公司仅使用光缆的部分传输容量，提供给X公司使用的光纤与其余光纤在物理上不可区分，且不代表光缆的几乎全部传输容量，因此情形2中不存在已识别资产。

（3）实质性替换权

按照租赁准则第六条，即使合同已对资产进行指定，如果资产供应方在整个使用期间拥有对该资产的实质性替换权，则该资产不属于已识别资产。其原因在于，如果资产供应方在整个使用期间均能自由替换合同资产，那么实际上，合同只规定了满足客户需求的一类资产，而不是被唯一识别出的一项或几项资产。也就是说，在这种情况下，合同资产并未和资产供应方的同类其他资产明确区分开来，并未被识别出来。同时符合下列条件时，表明资产供应方拥有资产的实质性替换权：

①资产供应方拥有在整个使用期间替换资产的实际能力。例如客户无法阻止供应方替换资产，且用于替换的资产对于资产供应方而言易于获得或者可以在合理期间内取得。

②资产供应方通过行使替换资产的权利将获得经济利益。即替换资产的预期经济利益将超过替换资产所需成本。

需要注意的是，如果合同仅赋予资产供应方在特定日期或者特定事件发生日或之后拥有替换资产的权利或义务，考虑到资产供应方没有在整个使用期间替换资产的实际能力，资产供应方的替换权不具有实质性。

企业在评估资产供应方的替换权是否为实质性权利时，应基于合同开始日的事实和情况，而不应考虑在合同开始日企业认为不可能发生的未来事件，例如，①未来某个客户为使用该资产同意支付高于市价的价格；②引入了在合同开始日尚未实质开发的新技术；③客户对资产的实际使用或资产实际性能与在合同开始日认为可能的使用或性能存在重大差异；④使用期间资产市价与合同开始日认为可能的市价存在重大差异。

与资产位于资产供应方所在地相比，如果资产位于客户所在地或其他位置，替换资产所需要的成本更有可能超过其所能获取的利益。资产供应方在资产运行结果不佳或者进行技术升级的情况下，因修理和维护而替换资产的权利或义务不属于实质性替换权。

企业难以确定资产供应方是否拥有实质性替换权的，应视为资产供应方没有对该资产的实质性替换权。

**例21-3** A公司（客户）与B公司（供应方）签订合同，合同要求B公司在3年内按照约定的时间表使用指定型号的火车车厢为A公司运输约定数量的货物。合同中约定的时间表和货物数量相当于A公司在3年内有权使用10节指定型号火车车厢。合同规定了所运输货物的性质。B公司有大量类似的车厢可以满足合同要求。车厢不用于运输货物时存放在B公司处。

分析：（1）B公司在整个使用期间有替换每节车厢的实际能力。用于替换的车厢是B公司易于获得的，且无需A公司批准即可替换。（2）B公司可通过替换车厢获得经济利益。车厢存放在B公司处，B公司拥有大量类似的车厢，替换每节车厢的成本极小，B公司可以通过替换车厢获益，例如，使用已位于任务所在地的车厢执行任务，或利用某客户未使用而闲置的车厢。因此，乙公司拥有车厢的实质性替换权，合同中用于运输甲公司货物的车厢不属于已识别资产。

例21-4 A公司是一家便利店运营企业，与某机场运营商B公司签订了使用机场内某处商业区域销售商品的3年期合同。合同规定了商业区域的面积，商业区域可以位于机场内的任一登机区域，B公司有权在整个使用期间随时调整分配给A公司的商业区域位置。A公司使用易于移动的自有售货亭销售商品。机场有很多符合合同规定的区域可供A公司使用。

分析：（1）B公司在整个使用期间有变更A公司使用的商业区域的实际能力。机场内有许多区域符合合同规定的商业区域，B公司有权随时将A公司使用的商业区域的位置变更至其他区域而无需A公司批准。

（2）B公司通过替换商业区域将获得经济利益。因为售货亭易于移动，所以B公司变更A公司所使用商业区域的成本极小。B公司能够根据情况变化最有效地利用机场登机区域，因此B公司能够通过替换机场内的商业区域获益。A公司控制的是自有的售货亭，而合同约定的是机场内的商业区域，B公司可随意变更该商业区域，因此B公司有替换A公司所使用商业区域的实质性权利。因此，尽管合同具体规定了A公司使用的商业区域的面积，但合同中不存在已识别资产。

例21-5 A公司（客户）与B公司（供应方）签订了使用一架指定飞机的5年期合同，合同详细规定了飞机的内、外部规格。合同规定，B公司在5年合同期内可以随时替换飞机，在飞机出现故障时则必须替换飞机；无论哪种情况下，所替换的飞机必须符合合同中规定的内、外部规格。在B公司的机队中配备符合A公司要求规格的飞机所需成本高昂。

分析：本例中，合同明确指定了飞机，尽管合同允许B公司替换飞机，但配备另一架符合合同要求规格的飞机会发生高昂的成本，B公司不会因替换飞机而获益，因此B公司的替换权不具有实质性。本例中存在已识别资产。

2. 客户是否控制已识别资产使用权的判断

租赁准则第五条规定，为确定合同是否让渡了在一定期间内控制已识别资产使用的权利，企业应当评估合同中的客户是否有权获得在使用期间因使用已识别资产所产生的几乎全部经济利益，并有权在该使用期间主导已识别资产的使用。

（1）客户是否有权获得因使用资产所产生的几乎全部经济利益

在评估客户是否有权获得因使用已识别资产所产生的几乎全部经济利益时，企业应当在约定的客户权利范围内考虑其所产生的经济利益。

例如：①如果合同规定汽车在使用期间仅限在某一特定区域使用，则企业应当仅考虑在该区域内使用汽车所产生的经济利益，而不包括在该区域外使用汽车所产生的经济利益；②如果合同规定客户在使用期间仅能在特定里程范围内驾驶汽车，则企业应当仅考虑在允许的里程范围内使用汽车所产生的经济利益，而不包括超出该里程范围使用汽车所产生的经济利益。

为了控制已识别资产的使用，客户应当有权获得整个使用期间使用该资产所产生的几乎全部经济利益（例如，在整个使用期间独家使用该资产）。客户可以通过多种方式直接或间接获得使用资产所产生的经济利益，例如，通过使用、持有或转租资产。使用资产所产生的经济利益包括资产的主要产出和副产品（包括来源于这些项目的潜在现金流量）以及通过与第三方之间的商业交易实现的其他经济利益。

如果合同规定客户应向资产供应方或另一方支付因使用资产所产生的部分现金流量作为对价，该现金流量仍应视为客户因使用资产而获得的经济利益的一部分。例如，如果客户因使用零售区域需向供应方支付零售收入的一定比例作为对价，该条款本身并不妨碍客户拥有获得使用零售区域所产生的几乎全部经济利益的权利。因为零售收入所产生的现金流量是客户使用零售区域而获得的经济利益，而客户支付给零售区域供应方的部分现金流量是使用零售区域的权利的对价。

（2）客户是否有权主导资产的使用

按照租赁准则第八条的规定，存在下列情形之一的，可视为客户有权主导对已识别资产在整个使用期间的使用：

①客户有权在整个使用期间主导已识别资产的使用目的和使用方式；

②已识别资产的使用目的和使用方式在使用期间前已预先确定，并且客户有权在整个使用期间自行或主导他人按照其确定的方式运营该资产，或者客户设计了已识别资产（或资产的特定方面）并在设计时已预先确定了该资产在整个使用期间的使用目的和使用方式。

关于上述第一种情况，如果客户有权在整个使用期间在合同界定的使用权范围内改变资产的使用目的和使用方式，则视为客户有权在该使用期间主导资产的使用目的和使用方式。在判断客户是否有权在整个使用期间主导已识别资产的使用目的和使用方式时，企业应当考虑在该使用期间与改变资产的使用目的和使用方式最为相关的决策权。相关决策权是指对使用资产所产生的经济利益产生影响的决策权。最为相关的决策权可能因资产性质、合同条款和条件的不同而不同。此类例子包括：①变更资产产出类型的权利。例如，决定将集装箱用于运输商品还是储存商品，或者决定在零售区域销售的产品组合。②变更资产的产出时间的权利。例如，决定机器或发电厂的运行时间。③变更资产的产出地点的权利。例如，决定卡车或船舶的目的地，或者决定设备的使用地点。④变更资产是否产出以及产出数量的权利。例如，决定是否使用发电厂发电以及发电量的多少。

某些决策权并未授予客户改变资产的使用目的和使用方式的权利，例如，在资产的使用目的和使用方式未预先确定的情况下，客户仅拥有运行或维护资产的权利。这些决策权对于资产的高效使用通常是必要的，但它们往往取决于有关于资产使用目的和使用方式来决定，而并非主导资产的用目的和使用方式的权利。

关于上述第二种情况，与资产使用目的和使用方式相关的决策可以通过很多方式预先确定，例如，通过设计资产或在合同中对资产的使用做出限制来预先确定相关决策。

**例 21-6** A 公司（客户）与 B 公司（供应方）就使用一辆卡车在一周时间将货物从 X 地运至 Y 地签订了合同。根据合同，B 公司只提供卡车、发运及到货的时间和站点，A 公司负责派人驾车自 X 地到 Y 地。合同中明确指定了卡车，并规定在合同期内该卡车只允许用于运输合同中指定的货物，B公司没有替换权。合同规定了卡车可行驶的最大里程。A公司可在合同规定的范围内选择具体的行驶速度、路线、停车休息地点等。A公司在指定路程完成后无权继续使用这辆卡车。

分析：本例中，合同明确指定了一辆卡车，且B公司无权替换，因此合同存在已识别资产。合同预先确定了卡车的使用目的和使用方式，即在规定时间内将指定货物从X地运至Y地。A公司有权在整个使用期间操作卡车（例如决定行驶速度、路线、停车休息地点），因此A公司主导了卡车的使用，A公司通过控制卡车的操作在整个使用期间全权决定卡车的使用。

**例21-7** A公司（客户）与B公司（供应方）签订了购买某一新太阳能电厂20年生产的全部电力的合同。合同明确指定了太阳能电厂，且B公司没有替换权。太阳能电厂的产权归B公司所有，B公司不能通过其他电厂向A公司供电。太阳能电厂在建造之前由A公司设计，A公司聘请了太阳能专家协助其确定太阳能电厂的选址和设备工程。B公司负责按照A公司的设计建造太阳能电厂，并负责电厂的运行和维护。关于是否发电、发电时间和发电量无需再进行决策，该项资产在设计时已经预先确定了这些决策。

分析：本例中，合同明确指定了太阳能电厂，且B公司无权替换，因此合同存在已识别资产。由于太阳能电厂使用目的、使用方式等相关决策在太阳能电厂设计时已预先确定，因此，尽管太阳能电厂的运营由B公司负责，但是该电厂由A公司设计这一事实赋予了A公司主导电厂使用的权利，A公司在整个20年使用期有权主导太阳能电厂的使用。

在评估客户是否有权主导资产的使用时，除非资产（或资产的特定方面）由客户设计，企业应当仅考虑在使用期间对资产使用做出决策的权利。例如，如果客户仅能在使用期间之前指定资产的产出而没有与资产使用相关的任何其他决策权，则该客户享有的权利与任何购买该项商品或服务的其他客户享有的权利并无不同。

**例21-8** 沿用例21-7，但电厂由B公司在合同签订前自行设计。

分析：本例中，合同明确指定了电厂，且B公司无权替换，因此合同存在已识别资产。电厂的使用目的和使用方式，即是否发电、发电时间和发电量，在合同中已预先确定。A公司在使用期间无权改变电厂的使用目的和使用方式，没有关于电厂使用的其他决策权（例如，A公司不运营电厂），也未参与电厂的设计，因此A公司在使用期间无权主导电厂的使用。

**例21-9** A公司（客户）与B公司（供应方）签订合同，使用指定的B公司船只将货物从甲地运至乙地。合同明确规定了船只、运输的货物以及装卸日期。B公司没有替换船只的权利。运输的货物将占据该船只几乎全部的运力。B公司负责船只的操作和维护，并负责船上货物的安全运输。合同期间，A公司不得雇佣其他人员操作船只或自行操作船只。

分析：本例中，合同明确指定了船只，且B公司无权替换，因此合同存在已识别资产。合同预先确定了船只的使用目的和使用方式，即在规定的装卸日期将指定货物从甲地运至乙地。A 公司在使用期间无权改变船只的使用目的和使用方式，也没有关于船只使用的其他决策权（例如，A 公司无权操作船只），也未参与该船只的设计，因此 A 公司在使用期间无权主导船只的使用。

**例 21-10** A 公司（客户）与电信公司 B 公司（供应方）签订了两年期的网络服务合同，合同要求 B 公司提供约定传输速度和质量的网络服务。为提供这项服务，B 公司在 A 公司处安装并配置了服务器；在保证约定的 A 公司在网络上使用服务器传输数据的速度和质量的前提下，B 公司有权决定使用服务器传输数据的方式（包括服务器接入的网络）、是否重新配置服务器以及是否将服务器用于其他用途。A 公司并不操作服务器或对其使用作出任何重大决定。

分析：B 公司是使用期间唯一可就服务器的使用作出相关决策的一方。尽管 A 公司可以在使用期开始前决定网络的服务水平（网络服务的传输速度和质量），但其不能直接影响网络服务的配置，也不能决定服务器的使用方式和使用目的，因此 A 公司在使用期间不能主导服务器的使用。

合同可能包含一些旨在保护资产供应方在已识别资产或其他资产中的权益、保护资产供应方的工作人员或者确保资产供应方不因客户使用租赁资产而违反法律法规的条款和条件。例如，合同可能规定资产使用的最大工作量，限制客户使用资产的地点或时间，要求客户遵守特定的操作惯例，或者要求客户在变更资产使用方式时通知资产供应方。这些权利虽然对客户使用资产权利的范围作出了限定、但是其本身不足以否定客户拥有主导资产使用的权利。

**例 21-11** A 公司（客户）与 B 公司（供应方）签订了使用指定船只的 5 年期合同。合同明确规定了船只，且 B 公司没有替换权。A 公司在整个 5 年使用期决定运输的货物、船只是否航行以及航行的时间和目的港，但需遵守合同规定的限制条件。这些限制条件是为了防止 A 公司将船只驶入遭遇海盗风险较高的水域或装载危险品。B 公司负责船只的操作与维护，并负责船上货物的安全运输。合同期间，A 公司不得雇佣其他人员操作船只或自行操作船只。

分析：本例中，合同明确指定了船只，且 B 公司无权替换，因此存在已识别资产。合同中关于船只可航行水域和可运输货物的限制，限定了 A 公司使用船只的权利的范围，但目的仅是保护 B 公司船只和人员安全。因为 A 公司在使用权范围内可以决定船只是否航行、航行的时间和地点以及所运输的货物，所以 A 公司在整个 5 年使用期可以决定船只的使用目的和使用方式，并有权改变这些决定。尽管船只的操作和维护对于船只的有效使用必不可少，但 B 公司在这些方面的决策并未赋予其主导船只使用目的和使用方式的权利。相反，B 公司的决策取决于 A 公司关于船只使用目的和使用方式的决定。因此，A 公司在整个 5 年使用期有权主导该船只的使用。

3. 评估流程

综上，合同开始日，企业评估合同是否为租赁或是否包括租赁可参考图 21-2。

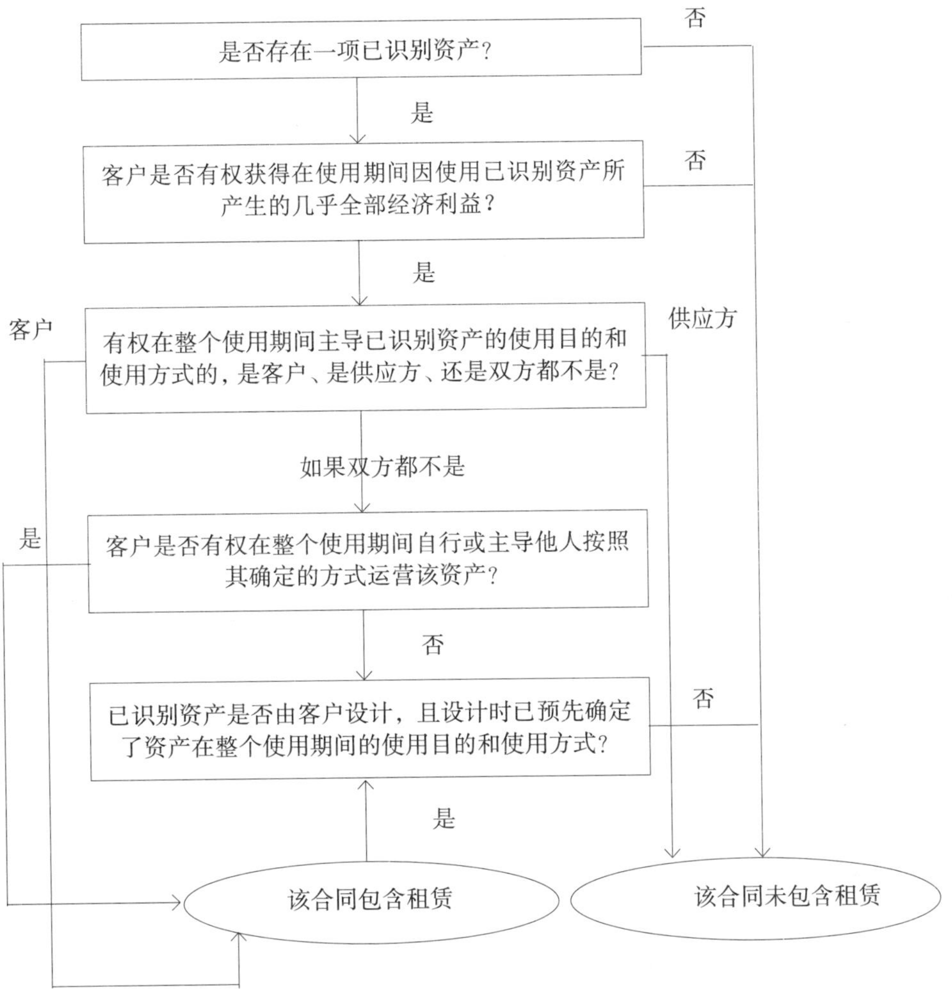


**图 21-2 评估合同是否为租赁或是否包括租赁**

**例 21-12** A 公司（客户）与 B 公司（货运商）签订了一份使用 10 个指定型号集装箱的 5 年期合同。合同指定了具体的集装箱，集装箱归 B 公司所有。A 公司有权决定何时何地使用这些集装箱以及用其运输什么货物。不用时，集装箱存放在 A 公司处。A 公司可将集装箱用于其他目的（如用于存储）。但合同明确规定 A 公司不能运输特定类型的货物（如爆炸物）。若某个集装箱需要保养或维修，B 公司应以同类型的集装箱替换。除非 A 公司违约，B 公司在这合同期内不得收回集装箱。除集装箱外，合同还约定 B 公司应按照 A 公司的要求提供运输集装箱的卡车和司机。卡车存放在 B 公司处，B 公司向司机发出指示详细说明 A 公司的货物运输要求。B 公司可使用任一卡车满足 A 公司的需求，卡车既可以用于运输 A 公司的货物，也可以运输其他客户的货物，即，如果其他客户要求运输货物的目的地与 A 公司要求的目的地距离不远且时间接近，B 公司可以用同一卡车运送 A 公司使用的集装箱及其他客户的货物。

分析：本例中，合同明确指定了 10 个集装箱，B 公司一旦交付集装箱给 A 公司，仅在集装箱需要保养或维修时方可替换，因此，这 10 个集装箱是已识别资产。合同既未明确也未隐性指定卡车，因此运输集装箱的卡车不属于已识别资产。A 公司在整个 5 年使用期内控制这 10 个集装箱的使用，原因如下：（1）A 公司有权获得在五年使用期使用集装箱所产生的几乎全部经济利益。本例中 A 公司在整个使用期间（包括不使用集装箱运输货物的期间）拥有这些集装箱的独家使用权。（2）合同中关于集装箱可运输货物的限制并未赋予 B 公司主导集装箱使用目的和使用方式的权利。在合同约定的使用权范围内，A 公司可以主导集装箱的使用目的和使用方式，决定何时何地使用集装箱以及使用集装箱运输什么货物。当集装箱不用于运输货物时，A 公司还可决定是否使用以及如何使用集装箱（如用于存储）。A 公司在 5 年使用期内有权改变这些决定，因此 A 公司有权主导集装箱的使用。尽管 B 公司控制了运输集装箱的卡车和司机，但 B 公司在这方面的决策并未赋予其主导集装箱使用目的和使用方式的权利。因此，B 公司在使用期间不能主导集装箱的使用。

基于上述分析可以得出结论，该合同包含集装箱的租赁，A 公司拥有 10 个集装箱约 5 年使用权。关于卡车的合同条款并不构成一项租赁，而是一项服务。

**例 21-13** A 公司（客户）与 B 公司（某商场物业所有者）签订了一份使用商铺 X 的 5 年期合同。商铺 X 是某商场的一部分，该商场包含许多商铺。合同授予了 A 公司商铺 X 的使用权。B 公司可以要求 A 公司搬至另一商铺，在这种情况下，B 公司应向 A 公司提供与商铺 X 面积和位置类似的商铺，并支付搬迁费用。仅当有新的重要租户决定租用较大零售区域，并支付至少足够涵盖 A 公司及零售区域内其他租户搬迁费用的租赁费时，B 公司才能因 A 公司搬迁而获得经济利益。尽管这种情形不完全排除发生的可能性，但根据合同开始日情况来看，企业认为属于不可能发生的情况。合同要求 A 公司在商场的营业时间内使用商铺 X 经营其知名店铺品牌以销售商品。A 公司在使用期间就商铺 X 的使用作出决定。例如，A 公司决定该商铺所销售的商品组合、商品价格和存货量。合同要求 A 公司向 B 公司支付固定付款额，并按商铺 X 销售额的一定比例支付可变付款额。作为合同的一部分，B 公司提供清洁、安保及广告服务。

分析：本例中商铺 X 在合同中明确指定 B 公司有替换商铺的实际能力，但仅在特定情况下才能获益，根据合同开始日的情形分析不太可能出现这种情况，因此，B 公司的替换权不具有实质性，商铺 X 属于已识别资产。A 公司在整个 5 年使用期控制商铺 X 的使用，原因如下：（1）A 公司有权获得在 5 年使用期使用商铺 X 所产生的几乎全部经济利益。本例中，A 公司在整个使用期间拥有商铺 X 的独家使用权。尽管商铺 X 销售所产生的部分现金流量将从 A 公司流向 B 公司，但这仅代表 A 公司为使用商铺 X 而支付给 B 公司的对价，并不妨碍 A 公司拥有获得使用商铺 X 所产生的几乎全部经济利益的权利。（2）合同关于商铺 X 销售的商品以及营业时间的限制限定了 A 公司使用商铺 X 的权利的范围。在同界定的使用权范围内，A 公司可以决定商铺 X 的使用目的和使用方式，例如，A 公司能够决定在商铺 X 销售的商品组合以及商品售价。A 公司在 5 年使用期有权改变这些决定。因此 A 公司有权主导商铺 X 的使用。尽管清洁、安保和广告服务对于商铺 X 的有效使用必不可少，但 B 公司在这些方面的决定并未赋予其主导商铺 X 使用目的和使用方式的权利。

基于上述分析可以得出结论，该合同包含商铺 X 的租赁，A 公司拥有商铺 X5 年的使用权。

**例 21-14** A 公司（客户）与 B 公司（制造商）签订了 3 年期合同，购买一定数量特定材质、版型和尺码的西装。B公司仅有一家符合A公司需求的工厂，且B公司无法用另一家工厂生产的西装供货或从第三方公司购买西装供货。B公司工厂的产能超过与A公司签订的合同中的数量（即A公司未就工厂的几乎全部产能签订合同）。B公司全权决定该工厂的运营，包括工厂的产出水平以及将不用于满足该合同的产出用以履行哪些客户合同。

分析：本例中，B公司仅可通过使用一家工厂履行合同，工厂是隐性指定的，因此是已识别资产。但是，A公司无权获得使用该工厂所产生的几乎全部经济利益，因为B公司在使用期间可以使用该工厂履行其他客户合同。另外，A公司在3年使用期内也无权主导工厂的使用目的和使用方式，因为B公司有权决定工厂的产出水平以及将生产的产品用于履行哪些客户合同，所以B公司有权主导工厂的使用。A公司的权利仅限于合同中规定的工厂的特定产出。A公司对工厂的使用享有与从工厂购买西装的其他客户同样的权利。

单凭A公司无权获得使用工厂所产生的几乎全部经济利益这一事实，或单凭A公司无权主导工厂的使用这一事实，均足以判断A公司在使用期间不能控制工厂的使用权。

**例21-15** A公司（客户）与B公司（信息技术公司）签订了使用一台指定服务器的3年期合同。B公司根据A公司的指示在A公司处交付和安装服务器，并在整个使用期间根据需要提供服务器的维修和保养服务。B公司仅在服务器发生故障时替换服务器。A公司决定在服务器中存储哪些数据以及如何将服务器与其运营整合，并在整个使用期间有权改变这些决定。

分析：本例中，合同明确指定了服务器，B公司仅在服务器发生故障时方可替换，合同存在已识别资产。A公司在整个3年使用期控制服务器的使用，原因如下：（1）A公司有权获得在3年使用期使用服务器所产生的几乎全部经济利益。因此，A公司在整个使用期间拥有服务器的独家使用权；（2）A公司有权决定使用该服务器支持其运营的哪些方面以及存储哪些数据，A公司可就服务器的使用目的和使用方式作出相关决定，且A公司是使用期间唯一可对服务器的使用作出决定的一方，因此A公司有权主导服务器的使用。

基于上述分析可以得出结论，该合同包含服务器的租赁，A公司拥有服务器3年的使用权。

### （三）租赁的分拆与合并

1. 租赁的分拆

租赁准则规定，合同中同时包含多项单独租赁的，承租人和出租人应当将合同予以分拆，并分别各项单独租赁进行会计处理。合同中同时包含租赁和非租赁部分的，承租人和出租人应当将租赁和非租赁部分进行分拆，除了企业适用租赁准则第十二条的规定进行会计处理的情况。分拆时，各租赁部分应当分别按照租赁准则进行会计处理，非租赁部分应当按照其他适用的企业会计准则进行会计处理。具体如图21-3所示。同时符合下列条件，使用已识别资产的权利构成合同中的一项单独租赁：

条件一：承租人可从单独使用该资产或将其与易于获得的其他资源一起使用中获利。易于获得的资源是指出租人或其他供应方单独销售或出租的商品或服务，或者承租人已从出租人或其他交易中获得的资源。

条件二：该资产与合同中的其他资产不存在高度依赖或高度关联关系。例如，若承租人租入资产的决定不会对承租人使用合同中的其他资产的权利产生重大影响，则表明该项资产与合同中的其他资产不存在高度依赖或高度关联关系。

出租人可能要求承租人承担某些款项，却并未向承租人转移商品或服务。例如，出租人可能将管理费或与租赁相关的其他成本计入应付金额，而并未向承租人转移商品或服务。此类应付金额不构成合同中单独的组成部分，而应视为总对价的一部分分摊至单独识别的合同组成部分。

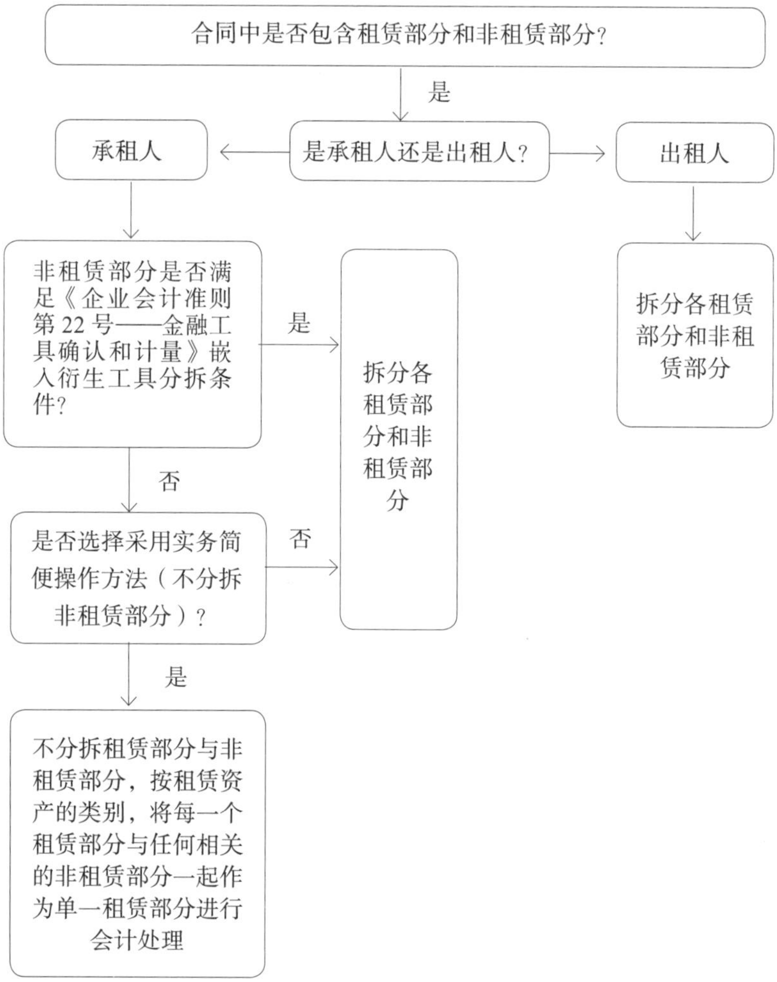


**图 21-3 租赁的分析**

（1）承租人的处理

在分拆合同包含的租赁和非租赁部分时，承租人应当按照各项租赁部分单独价格及非租赁部分的单独价格之和的相对比例分摊合同对价。租赁和非租赁部分的相对单独价格，应当根据出租人或类似资产供应方就该部分或类似部分向企业单独收取的价格确定。如果可观察的单独价格不易于获得，承租人应当最大限度地利用可观察的信息估计单独价格。

租赁准则第十二条规定，为简化处理，承租人可以按照租赁资产的类别选择是否分拆合同包含的租赁和非租赁部分。承租人选择不分拆的，应当将各租赁部分及与其相关的非租赁部分分别合并为租赁，按照租赁准则进行会计处理。但是，对于按照《企业会计准则第 22 号—金融工具确认和计量》（2017）应分拆的嵌入衍生工具，承租人不应将其与租赁部分合并进行会计处理。

**例 21-16** A 公司从 B 公司租赁一台推土机、一辆卡车和一台长臂挖掘机用于采矿业务，租赁期为 4 年。B 公司同意在整个租赁期内维护各项设备。合同固定对价为 3 000 000 元，按年分期支付，每年支付 750 000 元。合同对价包含了各项设备的维护费用。

分析：A 公司未采用简化处理，而是将非租赁部分（维护服务）与租入的各项设备分别进行会计处理。A 公司认为租入的推土机、卡车和长臂挖掘机分别属于单独租赁，原因如下：（1）A 公司可从单独使用这三项设备中的每一项，或将其与易于获得的其他资源一起使用中获利（例如，A 公司易于租入或购买其他卡车或挖掘机用于其采矿业务）；（2）尽管 A 公司租入这三项设备只有一个目的（即从事采矿业务），但这些设备不存在高度依赖或高度关联关系。因此，A 公司得出结论，合同中存在三个租赁部分和对应的三个非租赁部分（维护服务）。A 公司将合同对价分摊至三个租赁部分和非租赁部分。

市场上有多家供应方提供类似推土机和卡车的维护服务，因此这两项租入设备的维护服务存在可观察的单独价格。假设其他供应方的支付条款与甲、B 公司签订的合同条款相似，A 公司能够确定推土机和卡车维护服务的可观察单独价格分别为 160 000 元和 80 000 元。长臂挖掘机是高度专业化机械，其他供应方不出租类似挖掘机或为其提供维护服务。B 公司对从本公司购买相似长臂挖掘机的客户提供 4 年的维护服务，可观察对价为固定金额 280 000 元，分 4 年支付。因此，A 公司估计长臂挖掘机维护服务的单独价格为 280 000 元。

A 公司观察到 B 公司在市场上单独出租租赁期为 4 年的推土机、卡车和长臂挖掘机的价格分别为 900 000 元、580 000 元和 1200 000 元。A 公司将合同固定对价 3 000 000 元分摊至租赁和非租赁部分的情况，如表 21-1 所示。

**表 21-1 租赁信息调查表**

| 项目（金额单位：元） | | 推土机 | 卡车 | 长臂挖掘机 | 合计 |
|---|---|---|---|---|---|
| 可观察的单独价格 | 租赁 | 900 000 | 580 000 | 1 200 000 | 2 680 000 |
| | 非租赁 | | | | 520 000 ① |
| | 合计 | | | | 3 200 000 |
| 固定对价总额 | | | | | 3 000 000 |
| 分摊率 | 分摊率（%）② | | | | 93.75 |

注：① 160 000 + 80 000 + 280 000 = 520 000（元）；②按照租赁准则规定，承租人按照推土机、卡车、长臂挖掘机这三个租赁部分单独价格 900 000 元、580 000 元，1 200 000 元和非租赁部分的单独价格之和 520 000 元的相对比例，来分摊合同对价。分拆后，推土机、卡车和长臂挖掘机的租赁付款额（折现前）分别为 843 750 元，543 750 元和 1 125 000 元。

（2）出租人的处理

出租人应当分拆租赁部分和非租赁部分，根据《企业会计准则第14号－收入》（2017）第二十条至第二十五条关于交易价格分摊的规定分摊合同对价。

2. 租赁的合并

企业与同一交易方或其关联方在同一时间或相近时间订立的两份或多份包含租赁的合同，在满足下列条件之一时，应当合并为一份合同进行会计处理：

条件一：该两份或多份合同基于总体商业目的而订立并构成一揽子交易，若不作为整体考虑则无法理解其总体商业目的。

条件二：该两份或多份合同中的某份合同的对价金额取决于其他合同的定价或履行情况。

条件三：该两份或多份合同让渡的资产使用权合起来构成一项单独租赁。

两份或多份合同合并为一份合同进行会计处理的，仍然需要区分该一份合同中的租赁部分和非租赁部分。

**（四）租赁期**

租赁准则规定，租赁期是指承租人有权使用租赁资产且不可撤销的期间；承租人有续租选择权、即有权选择续租该资产，且合理确定将行使该选择权的，租赁期还应当包含续租选择权涵盖的期间；承租人有终止租赁选择权、即有权选择终止租赁该资产，但合理确定将不会行使该选择权的、租赁期应当包含终止租赁选择权涵盖的期间。

1. 租赁期开始日

租赁期自租赁期开始日起计算。租赁期开始日，是指出租人提供租赁资产使其可供承租人使用的起始日期。如果承租人在租赁协议约定的起租日或租金起付日之前，已获得对租赁资产使用权的控制，则表明租赁期已经开始。租赁协议中对起租日或租金支付时间的约定，并不影响租赁期开始日的判断。

**例 21-17** 在某商铺的租赁安排中，出租人于2×19年1月1日将房屋钥匙交付承租人，承租人在收到钥匙后，就可以自主安排对商铺的装修布置，并安排搬迁。合同约定有3个月的免租期，起租日为2×19年4月1日，承租人自起租日开始支付租金。

分析：此交易中，由于承租人自2×19年1月1日起就已拥有对商铺使用权的控制，因此租赁期开始日为2×19年1月1日，即租赁期包含出租人给予承租人的免租期。

2. 不可撤销期间

在确定租赁期和评估不可撤销租赁期间时，企业应根据租赁条款约定确定可强制执行合同的期间。如果承租人和出租人双方均有权在未经另一方许可的情况下终止租赁，且罚款金额不重大，则该租赁不再可强制执行。如果只有承租人有权终止租赁，则在确定租赁期时，企业应将该项权利视为承租人可行使的终止租赁选择权予以考虑。如果只有出租人有权终止租赁，则不可撤销的租赁期包括终止租赁选择权所涵盖的期间。

**例 21-18** 承租人与出租人签订了一份租赁合同，约定自租赁期开始日1年内不可撤销，如果撤销，双方将支付重大罚金，1年期满后，经双方同意可再延长1年，如有一方不同意，将不再续期，且没有罚款。假设承租人对于租赁资产并不具有重大依赖。

分析：在此情况下，自租赁期开始日起的第 1 年有强制的权利和义务，是不可撤销期间。而此后 1 年的延长期并非不可撤销期间，因为承租人或出租人均可单方面选择不续约而无需支付任何罚款。

3. 续租选择权和终止租赁选择权

在租赁期开始日，企业应当评估承租人是否合理确定将行使续租或购买标的资产的选择权，或者将不行使终止租赁选择权。在评估时，企业应当考虑对承租人行使续租选择权或不行使终止租赁选择权带来经济利益的所有相关事实和情况，包括自租赁期开始日至选择权行使日之间的事实和情况的预期变化。需考虑的因素包括但不限于以下方面：

（1）与市价相比，选择权期间的合同条款和条件。例如：选择权期间内为使用租赁资产而需支付的租金；可变租赁付款额或其他或有款项，如因终止租赁罚款和余值担保导致的应付款项；初始选择权期间后可行使的其他选择权的条款和条件，如续租期结束时可按低于市价的价格行使购买选择权。

（2）在合同期内，承租人进行或预期进行重大租赁资产改良的，在可行使续租选择权、终止租赁选择权或者购买租赁资产选择权时，预期能为承租人带来的重大经济利益。

（3）与终止租赁相关的成本。例如，谈判成本、搬迁成本、寻找与选择适合承租人需求的替代资产所发生的成本、将新资产融入运营所发生的整合成本、终止租赁的罚款、将租赁资产恢复至租赁条款约定状态的成本、将租赁资产归还至租赁条款约定地点的成本等。

（4）租赁资产对承租人运营的重要程度。例如，租赁资产是否 为一项专门资产，租赁资产位于何地以及是否可获得合适的替换资产等。

（5）与行使选择权相关的条件及满足相关条件的可能性。例如，租赁条款约定仅在满足一项或多项条件时方可行使选择权，此时还应考虑相关条件及满足相关条件的可能性。

租赁的不可撤销期间的长短会影响对承租人是否合理确定将行使或不行使选择权的评估。通常，租赁的不可撤销期间越短，承租 人行使续租选择权或不行使终止租赁选择权的可能性就越大，原因在于不可撤销期间越短，获取替代资产的相对成本就越高。此外，评估承租人是否合理确定将行使或不行使选择权时，如果承租人以往曾经使用过特定类型的租赁资产或自有资产，则可以参考承租人使用该类资产的通常期限及原因。例如，承租人通常在特定时期内使用某类资产，或承租人时常对某类租赁资产行使选择权，则承租人应考虑以往这些做法的原因，以评估是否合理确定将对此类租赁资产行使选择权。

续租选择权或终止租赁选择权可能与租赁的其他条款相结合。例如，无论承租人是否行使选择权，均保证向出租人支付基本相等的最低或固定现金，在此情形下，应假定承租人合理确定将行使续租选择权或不行使终止租赁选择权。又如，同时存在原租赁和转租赁时，转租赁期限超过原租赁期限，如原租赁包含 5 年的不可撤销期间和 2 年的续租选择权，而转租赁的不可撤销期限为 7 年，此时应考虑转租赁期限及相关租赁条款对续租选择权评估的可能影响。

购买选择权的评估方式应与续租选择权或终止租赁选择权的评估方式相同，购买选择权在经济上与将租赁期延长至租赁资产全部剩余经济寿命的续租选择权类似。

**例 21-19** 承租人签订了一份设备租赁合同，包括 4 年不可撤销期限和 2 年期固定价格续租选择权，续租选择权期间的合同条款和条件与市价接近，没有终止罚款或其他因素表明承租人合理确定将行使续租选择权。因此，在租赁期开始日，确定租赁期为 4 年。

**例 21-20** 承租人签订了一份建筑租赁合同，包括 4 年不可撤销期限和 2 年按照市价行使的续租选择权。在搬入该建筑之前，承租人花费了大量资金对租赁建筑进行了改良，预计在 4 年结束时租赁资产改良仍将具有重大价值，且该价值仅可通过继续使用租赁资产实现。

分析：在此情况下，承租人合理确定将行使续租选择权，因为如果在 4 年结束时放弃该租赁资产改良，将蒙受重大经济损失。因此，在租赁开始时，承租人确定租赁期为 6 年。

4. 对租赁期和购买选择权的重新评估

租赁准则规定，发生承租人可控范围内的重大事件或变化，且影响承租人是否合理确定将行使相应选择权的，承租人应当对其是否合理确定将行使续租选择权、购买选择权或不行使终止租赁选择权进行重新评估，并根据重新评估结果修改租赁期。承租人可控范围内的重大事件或变化包括但不限于下列情形：

（1）在租赁期开始日未预计到的重大租赁资产改良，在可行使续租选择权、终止租赁选择权或购买选择权时，预期将为承租人带来重大经济利益；

（2）在租赁期开始日未预计到的租赁资产的重大改动或定制化调整；

（3）承租人做出的与行使或不行使选择权直接相关的经营决策。例如，决定续租互补性资产、处置可替代的资产或处置包含相关使用权资产的业务。

如果不可撤销的租赁期间发生变化，企业应当修改租赁期。例如，在下述情况下，不可撤销的租赁期将发生变化：一是承租人实际行使了选择权，但该选择权在之前企业确定租赁期时未涵盖；二是承租人未实际行使选择权，但该选择权在之前企业确定租赁期时已涵盖；三是某些事件的发生，导致根据合同规定承租人有义务行使选择权，但该选择权在之前企业确定租赁期时未涵盖；四是某些事件的发生，导致根据合同规定禁止承租人行使选择权，但该选择权在之前企业确定租赁期时已涵盖。

## 二、承租人的会计处理

在租赁期开始日，承租人应当对租赁确认使用权资产和租赁负债，应用短期租赁和低价值资产租赁简化处理的除外。

### （一）承租人使用的相关会计科目

1. “使用权资产”

本科目核算承租人持有的使用权资产的原价，期末借方余额反映承租人使用权资产的原价。承租人可按租赁资产的类别和项目进行明细核算，应当在资产负债表中单独列示“使用权资产”项目，主要账务处理：

（1）在租赁期开始日，承租人应当按成本借记本科目，按尚未支付的租赁付款额的现值贷记“租赁负债”科目；对于租赁期开始日之前支付租赁付款额的（扣除已享受的租赁激励），贷记“预付款项”等科目；按发生的初始直接费用，贷记“银行存款”等科目；按预计将发生的为拆卸及移除租赁资产、复原租赁资产所在场地或将租赁资产恢复至租赁条款约定状态等成本的现值，贷记“预计负债”科目。

（2）在租赁期开始日后，承租人按变动后的租赁付款额的现值重新计量租赁负债的，当租赁负债增加时，应当按增加额借记本科目，贷记“租赁负债”科目；除下述③中的情形外，当租赁负债减少时，应当按减少额借记“租赁负债”科目，贷记本科目；若使用权资产的账面价值已调减至零，应当按仍需进一步调减的租赁负债金额，借记“租赁负债”科目，贷记“制造费用”“销售费用”“管理费用”和“研发支出”等科目。

（3）租赁变更导致租赁范围缩小或租赁期缩短的，承租人应当按缩小或缩短的相应比例，借记“租赁负债”“使用权资产累计折旧”“使用权资产减值准备”科目，贷记本科目，差额借记或贷记“资产处置损益”科目。

（4）企业转租使用权资产形成融资租赁的，应当借记“应收融资租赁款”“使用权资产累计折旧”“使用权资产减值准备”科目，贷记本科目，差额借记或贷记“资产处置损益”科目。

2. “使用权资产累计折旧”

本科目核算使用权资产的累计折旧。期末贷方余额反映使用权资产的累计折旧额，承租人可按租赁资产的类别和项目进行明细核算，主要账务处理：

（1）承租人通常应当自租赁期开始日起按月计提使用权资产的折旧，借记“营业成本”“制造费用”“销售费用”“管理费用”“研发支出”等科目，贷记本科目。当月计提确有困难的，也可从下月起计提折旧，并在附注中予以披露。

（2）因租赁范围缩小、租赁期缩短或转租等原因减记或终止确认使用权资产时，承租人应同时结转相应的使用权资产累计折旧。

3. “使用权资产减值准备”

本科目核算使用权资产的减值准备，期末贷方余额反映使用权资产的累计减值准备金额。承租人可按租赁资产的类别和项目进行明细核算，使用权资产减值准备一旦计提，不得转回，主要账务处理：

（1）使用权资产发生减值的，按应减记的金额，借记“资产减值损失”科目，贷记本科目。

（2）因租赁范围缩小、租赁期缩短或转租等原因减记或终止确认使用权资产时，承租人应同时结转相应的使用权资产累计减值准备。

4. “租赁负债”

本科目核算承租人尚未支付的租赁付款额的现值，期末贷方余额反映承租人尚未支付的租赁付款额的现值。承租人可分别设置“租赁付款额”“未确认融资费用”等进行明细核算，主要账务处理：

（1）在租赁期开始日，承租人应当按尚未支付的租赁付款额，贷记“租赁负债——租赁付款额”科目；按尚未支付的租赁付款额的现值，借记“使用权资产”科目；按尚未支付的租赁付款额与其现值的差额，借记“租赁负债——未确认融资费用”科目。

（2）承租人在确认租赁期内各个期间的利息时，应当借记“财务费用——利息费用”“在建工程”等科目，贷记“租赁负债——未确认融资费用”科目。

（3）承租人支付租赁付款额时，应当借记“租赁负债——租赁付款额”等科目，贷记“银行存款”等科目。

（4）在租赁期开始日后，承租人按变动后的租赁付款额的现值重新计量租赁负债的，当租赁负债增加时，应当按租赁付款额现值的增加额，借记“使用权资产”科目，按租赁付款额的增加额，贷记“租赁负债——租赁付款额”科目，按其差额，借记“租赁负债——未确认融资费用”科目；除下述（5）中的情形外，当租赁负债减少时，应当按租赁付款额的减少额、借记“租赁负债——租赁付款额”科目、按租赁付款额现值的减少额、贷记“使用权资产”科目、按其差额，贷记“租赁负债——未确认融资费用”科目；若使用权资产的账面价值已调减至零、应当按仍需进一步调减的租赁付款额借记“租赁负债——租赁付款额”科目、按仍需进一步调减的租赁付款额现值贷记“营业成本”“制造费用”“销售费用”“管理费用”“研发支出”等科目、按其差额，贷记“租赁负债——未确认融资费用”科目。

（5）租赁变更导致租赁范围缩小或租赁期缩短的，承租人应当按缩小或缩短的相应比例，借记“租赁负债——租赁付款额”“使用权资产累计折旧”“使用权资产减值准备”科目，贷记“租赁负债——未确认融资费用”“使用权资产”科目，差额借记或贷记“资产处置损益”科目。

**（二）租赁期开始日的会计处理**

在租赁期开始日，承租人应当按照成本对使用权资产进行初始计量，租赁负债应当按照租赁期开始日尚未支付的租赁付款额的现值行初始计量。租赁期开始日，承租人对租赁负债的计量才是重点和难点。识别应纳入租赁负债的相关付款项目、选定折现率是计量租赁负债的两大关键因素。

1. 使用权资产初始计量

使用权资产，是指承租人可在租赁期内使用租赁资产的权利，使用权资产成本包括下列四项：

（1）租赁负债的初始计量金额。

（2）在租赁期开始日或之前支付的租赁付款额；存在租赁激励的，应扣除已享受的租赁激励相关金额。

（3）承租人发生的初始直接费用。

（4）承租人为拆卸及移除租赁资产、复原租赁资产所在场地或将租赁资产恢复至租赁条款约定状态预计将发生的成本。前述成本属于为生产存货而发生的，适用《企业会计准则第 1 号——存货》。

关于上述第4项成本，承租人有可能在租赁期开始日就承担了上述成本的支付义务，也可能在特定期间内因使用标的资产而承担了相关义务。承租人应在其有义务承担上述成本时，将这些成本确认为使用权资产成本的一部分。但是，承租人由于在特定期间内将使用权资产用于生产存货而发生的上述成本，应按照《企业会计准则第 1 号——存货》进行会计处理。承租人应当按照《企业会计准则第 13 号——或有事项》对上述成本的支付义务进行确认和计量。

在某些情况下，承租人可能在租赁期开始前就发生了与标的资产相关的经济业务或事项。例如：租赁合同双方经协商在租赁合同中约定，标的资产需经建造或重新设计后方可供承租人使用；根据合同条款与条件，承租人需支付与资产建造或设计相关的成本。承租人如发生与标的资产建造或设计相关的成本，应适用其他相关准则（如《企业会计准则第 4 号——固定资产》）进行会计处理。同时，需要注意的是与标的资产建造或设计相关的成本不包括承租人为获取标的资产使用权而支付的款项，此类款项无论在何时支付，均属于租赁付款额。

2. 租赁付款额

租赁付款额，是指承租人向出租人支付的与在租赁期内使用租赁资产的权利相关的款项。租赁付款额包括以下五项内容：

（1）固定付款额及实质固定付款额，存在租赁激励的，扣除租赁激励相关金额。实质固定付款额是指在形式上可能包含变量但实质上无法避免的付款额。例如：

①付款额设定为可变租赁付款额，但该可变条款几乎不可能发生，没有真正的经济实质。例如，付款额仅需在租赁资产经证实能够在租赁期间正常运行时支付，或者仅需在不可能不发生的事件发生时支付。又如，付款额初始设定为与租赁资产使用情况相关的可变付款额，但其潜在可变性将于租赁期开始日之后的某个时点消除，在可变性消除时，该类付款额成为实质固定付款额。

②承租人有多套付款额方案，但其中仅有一套是可行的。在此情况下，承租人应采用该可行的付款额方案作为租赁付款额。

③承租人有多套可行的付款额方案，但必须选择其中一套。在此情况下、承租人应采用总折现金额最低的一套作为租赁付款额。

**例 21-21** A 公司是一家知名零售商，从 B 公司处租入已成熟开发的零售场所开设一家商店。根据租赁合同，A 公司在正常工作时间内必须经营该商店，且 A 公司不得将商店闲置或进行分租。合同中关租赁付款额的条款为：如果 A 公司开设的这家商店没有发生销售，则 A 公司应付的年租金为 100 元；如果这家商店发生了任何销售，则 A 公司应付的年租金为 1 000 000 元。

分析：本例中，该租赁包含每年 1 000 000 的实质固定付款额。该金额不是取决于销售额的可变付款额。因为 A 公司是一家知名零售商，根据租赁合同 A 公司应在正常工作时间内经营该商店，所以 A 公司开设的这家商店不可能不发生销售。

**例 21-22** 承租人 A 公司签订了一份为期 5 年的卡车租赁合同。合同中关于租赁付款额的条款为：如果该卡车在某月份的行驶里程不超过 1 万公里，则该月应付的租金为 10 000 元；如果该卡车在某月份的行驶里程超过 1 万公里但不超过 2 万公里，则该月应付的租金为 16 000 元：该卡车 1 个月内的行驶里程最高不能超过 2 万公里，否则承租人需支付巨额罚款。

分析：本例中，租赁付款额中包含基于使用情况的可变性，且在某些月份里确实可避免支付较高租金，然而，月付款额 10 000 元是不可避免的。因此，月付款额 10 000 元属于实质固定付款额，应被纺入租赁负债的初始计量中。

**例 21-23** 承租人 A 公司租入一台预计使用寿命为 5 年的机器。不可撤销的租赁期为 3 年。在第 3 年年末，A 公司必须以 20 000 元购买该机器，或者必须将租赁期延长 2 年，如延长，则在续租期内每年末支付 10 500 元。

分析：A 公司在租赁期开始时评估认为，不能合理确定在第 3 年年末将是购买该机器，还是将租赁期延长 2 年。如果 A 公司单独考虑购买选择权或续租选择权，那么在租赁期开始时，购买选择权的行权价格与续租期内的应付租金都不会纳入租赁负债中。然而，该安排在第 3 年年末包含一项实质固定付款额。这是因为，A 公司必须行使上述两种选择权中的其中一个，且不论在哪种选择权下，A 公司都必须进行付款。

因而在该安排中，实质固定付款额的金额是下述两项金额中的较低者：购买选择权的行权价格（20 000 元）的现值与续租期内付款额（每年年末支付 10 500 元）的现值。

租赁激励，是指出租人为达成租赁向承租人提供的优惠，包括出租人向承租人支付的与租赁有关的款项、出租人为承租人偿付或承担的成本等。存在租赁激励的，承租人在确定租赁付款额时，应扣除租赁激励相关金额。

（2）取决于指数或比率的可变租赁付款额。可变租赁付款额，是指承租人为取得在租赁期内使用租赁资产的权利，而向出租人支付的因租赁期开始日后的事实或情况发生变化（而非时间推移）而变动的款项。可变租赁付款额可能与下列各项指标或情况挂钩：

①由于市场比率或指数数值变动导致的价格变动。例如，基准利率或消费者价格指数变动可能导致租赁付款额调整。

②承租人源自租赁资产的绩效。例如，零售业不动产租赁可能会要求基于使用该不动产取得的销售收入的一定比例确定租赁付款额。

③租赁资产的使用。例如，车辆租赁可能要求承租人在超过特定里程数时支付额外的租赁付款额。

需要注意的是，可变租赁付款额中，仅取决于指数或比率的可变租赁付款额纳入租赁负债的初始计量中，包括与消费者价格指数挂钩的款项、与基准利率挂钩的款项和为反映市场租金费率变化而变动的款项等。此类可变租赁付款额应当根据租赁期开始日的指数或比率确定。除了取决于指数或比率的可变租赁付款额之外，其他可变租赁付款额均不纳入租赁负债的初始计量中。

**例 21-24** 承租人 A 公司签订了一项为期 10 年的不动产租赁合同，每年的租赁付款额为 50 000 元，于每年年初支付。合同规定，租赁付款额在租赁期开始日后每两年基于过去 24 个月消费者价格指数的上涨进行上调。租赁期开始日的消费者价格指数为 125。

分析：A 公司在初始计量租赁负债时、应基于租赁期开始日的消费者物价指数确定租赁付款额，无需对后续年度因消费者物价指数而导致的租金变动作出估计。因此，在租赁期开始日，A 公司应以每年 50 000 元的租赁付款额为基础计量租赁负债。

（3）购买选择权的行权价格，前提是承租人合理确定将行使该选择权。

在租赁期开始日，承租人应评估是否合理确定将行使购买标的资产的选择权。在评估时，承租人应考虑对其行使或不行使购买选择权产生经济激励的所有相关事实和情况。如果承租人合理确定将行使购买标的资产的选择权，则租赁付款额中应包含购买选择权的行权价格。

**例 21-25** 承租人 A 公司与出租人 B 公司签订了一份不可撤销的 5 年期设备租赁合同。合同规定，A 公司可以选择在租赁期结束时以 5 000 元购买这台设备。已知该设备应用于不断更新、迅速变化的科技领域，租赁期结束时其公允价值可能出现大幅波动，估计在 4 000 元至 9 000 元之间，在 5 年租赁期内可能会有更好的替代产品出现。

分析：在租赁期开始日，A 公司对于其是否将行使购买选择权的经济动机作出全面评估，并最终认为不能合理确定将行使购买选择权。该评估包括：租赁期结束时该设备公允价值的重大波动性，以及在租赁期间内可能出现更好替代产品的可能性等。评估A公司是否合理确定将行使购买选择权可能涉及重大判断。假设A公司租赁设备时，约定更短的租赁期限（例如，1年或2年）或设备所处环境不同（例如，租赁设备并非应用于不断更新的科技领域，而是应用于相对稳定的行业，并且其未来的公允价值能够可靠预测和估计），则A公司是否行使购买选择权的判断可能不同。

（4）行使终止租赁选择权需支付的款项，前提是租赁期反映出承租人将行使终止租赁选择权。

在租赁期开始日，承租人应评估是否合理确定将行使终止租赁的选择权。在评估时，承租人应考虑对其行使或不行使终止租赁选择权产生经济激励的所有相关事实和情况。如果承租人合理确定将行使终止租赁选择权，则租赁付款额中应包含行使终止租赁选择权需支付的款项，并且租赁期不应包含终止租赁选择权涵盖的期间。

**例21-26** 承租人A公司租入某办公楼的一层楼，为期10年。A公司有权选择在第5年后提前终止租赁，并以相当于6个月的租金作为罚金。每年的租赁付款额为固定金额120 000元。该办公楼是全新的，并且在周边商业园区的办公楼中处于技术领先水平。上述租赁付款额与市场租金水平相符。

分析：在租赁期开始日，A公司评估后认为，6个月的租金对于A公司而言金额重大，同等条件下，也难以按更优惠的价格租入其他办公楼，可以合理确定不会选择提前终止租赁，因此其租赁负债不应包括提前终止租赁时需支付的罚金，租赁期确定为10年。

（5）根据承租人提供的担保余值预计应支付的款项。担保余值，是指与出租人无关的一方向出租人提供担保，保证在租赁结束时租赁资产的价值至少为某指定的金额。如果承租人提供了对余值的担保，则租赁付款额应包含该担保下预计应支付的款项，它反映了承租人预计将支付的金额，而不是承租人担保余值下00的最大敞口。

**例21-27** 承租人A公司与出租人B公司签订了汽车租赁合同，租赁期为5年。合同中就担保余值的规定为：如果标的汽车在租赁期结束时的公允价值低于40 000元，则A公司需向B公司支付40 000元与汽车公允价值之间的差额，因此，A公司在该担保余值下的最大敞口为40 000元。

分析：在租赁期开始日，A公司预计标的汽车在租赁期结束时的公允价值为40 000元，即A公司预计在担保余值下将支付的金额为零。因此A公司在计算租赁负债时，与担保余值相关的付款额为零。

3. 折现率

租赁负债应当按照租赁期开始日尚未支付的租赁付款额的现值进行初始计量。在计算租赁付款额的现值时，承租人应当采用租赁内含利率作为折现率：无法确定租赁内含利率的，应当采用承租人增量借款利率作为折现率。

（1）租赁内含利率，是指使出租人的租赁收款额的现值与未担保余值的现值之和等于租赁资产公允价值与出租人的初始直接费用之和的利率。其中，①未担保余值是指租赁资产余值中，出租人无法保证能够实现或仅由与出租人有关的一方予以担保的部分。②初始直接费用，是指为达成租赁所发生的增量成本。增量成本是指若企业不取得该租赁，则不会发生的成本，如佣金、印花税等。无论是否实际取得租赁都会发生的支出，不属于初始直接费用，例如为评估是否签订租赁而发生的差旅费、法律费用等，此类费用应当在发生时计入当期损益。

**例 21-28** 承租人 A 公司与出租人 B 公司签订了一份车辆租赁合同，租赁期为 5 年。在租赁开始日，该车辆的公允价值为 100 000 元，B 公司预计在租赁结束时其公允价值（即未担保余值）将为 10 000 元。租赁付款额为每年 23 000 元，于年末支付。B 公司发生的初始直接费用为 5 000 元。B 公司计算租赁内含利率 r 的方法如下：

$$23\,000\times(P/A，r，5)+10\,000\times(P/F，r，5)=100\,000+5\,000$$

计算得出的租赁内含利率 r 为 5.79%，

（2）承租人增量借款利率，是指承租人在类似经济环境下为获得与使用权资产价值接近的资产，在类似期间以类似抵押条件借入资金须支付的利率。该利率与下列事项相关：①承租人自身情况，即承租人的偿债能力和信用状况；②“借款”的期限，即租赁期；③“借入”资金的金额，即租赁负债的金额；④“抵押条件”，即租赁资产的性质和质量；⑤经济环境，包括承租人所处的司法管辖区、计价货币、合同签订时间等。

在具体操作时，承租人可以先根据所处经济环境，以可观察的利率作为确定增量借款利率的参考基础，然后根据承租人自身情况、标的资产情况、租赁期和租赁负债金额等租赁业务具体情况对参考基础进行调整，得出适用的承租人增量借款利率。企业应当对确定承租人增量借款利率的依据和过程做好记录。

实务中，承租人增量借款利率常见的参考基础包括承租人同期银行贷款利率、相关租赁合同利率、承租人最近一期类似资产抵押贷款利率、与承租人信用状况相似的企业发行的同期债券利率等，但承租人还需根据上述事项在参考基础上相应进行调整。

**例 21-29** 2×19 年 1 月 1 日，承租人 A 公司签订了一份为期 10 年的不动产租赁协议，并拥有 5 年的续租选择权。每年的租赁付款额固定为人民币 900 000 元，于每年年末支付。

在租赁期开始日，A 公司评估后认为，不能合理确定将行使续租选择权，因此将租赁期确定为 10 年。A 公司无法确定租赁内含利率，需采用增量借款利率作为折现率来计算租赁付款额的现值。

A 公司现有的借款包括：①一笔为期 6 个月的短期借款，金额为 500 000 元，借款起始日为 2×18 年 10 月 1 日，到期日为 2×19 年 3 月 31 日，利率为 4.0%，每季末支付利息。到期时一次性偿还本金、无任何抵押；②一笔为期 15 年的债券，金额为 50 000 000 元，发行日为 2×17 年 1 月 1 日，到期日为 2×31 年 12 月 31 日，票面利率为 9.0%，每年末支付利息、到期时一次性偿还本金，无任何抵押。

分析：为确定该租赁的增量借款利率，A 公司需要找到类似期限限（即租赁期 10 年）、类似抵押条件（即以租赁资产作为抵押）、类似经济环境下（例如，借入时点是租赁期开始日，偿付方式是每年等额偿付 900 000 元，10 年后拥有与续租权类似的借款选择权），借入与使用权资产价值接近的资金（即人民币 9 000 000 元）须支付的固定利率。由于无法直接获取满足上述全部条件的利率，A公司以其现有的借款利率以及市场可参考信息（如，相同期限的国债利率等）作为基础，估计该租赁的增量借款利率。

以可观察的借款利率作为参考基础确定增量借款利率时，通常需要考虑的调整事项包括但不限于：

①本息偿付方式不同，例如，作为参考基础的借款是每年付息且到期一次性偿还本金，而不是每年等额偿付本息；

②借款金额不同，例如，作为参考基础的借款金额远高于租赁负债；

③借款期限不同，例如，作为参考基础的借款短于或长于租赁期；

④抵押、担保情况不同，例如，作为参考基础的借款为无抵押借款；

⑤资金借入时间的不同，例如，作为参考基础的债券是2年前发行的，而市场利率水平在2年内发生了较大变化；

⑥提前偿付或其他选择权的影响；

⑦借款币种不同，例如，作为参考基础的借款为人民币借款，但租赁付款额的币种为美元。

情形一：A公司发行的债券有公开市场

当A公司发行的债券有公开市场时，通常需考虑该债券的市场价格及市场利率，因为其反映了A公司的现有信用状况以及债权投资者所要求的现时回报率。A公司结合其自身情况判断后认为，以自己发行的15年期债券利率作为估计增量借款利率的起点最为恰当。

A公司在15年期债券利率的基础上，执行了如下步骤，以确定该租赁的增量借款利率：

第一步，确定15年期债券的市场利率。A公司根据该债券的市场价格和剩余13年的还款情况（即，每年末根据票面利率支付利息、到期一次性偿还本金），计算该债券的市场利率。该市场利率反映了A公司的现有信用状况以及债权投资者所要求的现时回报率，A公司无需因该债券的发行时间（即2年前）而进行额外调整。

第二步，调整借款金额的不同。15年期债券的金额为50 000 000元，租赁付款总额为9 000 000元。A公司根据估计日市场情况考虑上述借款金额的不同是否影响借款利率并相应进行调整。

第三步，调整本息偿付方式的不同。该租赁是每年支付固定的租赁付款额，而15年期债券是每年末付息并到期一次性偿还本金。A公司应考虑该事项对借款利率的影响并作相应调整。

第四步，调整借款期间的不同。该租赁的租赁期为10年，而15年期债券的剩余期间为13年。A公司应考虑该事项对借款利率的影响并作相应调整。

第五步，调整抵押情况的不同。在确定增量借款利率时，租赁合同视为以租赁资产作为抵押而获得借款，而15年期债券无任何抵押。A公司应考虑该事项对借款利率的影响并作相应调整。

情形二：A公司发行的债券没有公开市场

当A公司发行的债券没有公开市场、但A公司存在可观察的信用评级时，可考虑以与A公司信用评级相同的企业所发行的公开交易的债券利率为基础，确定上述第一步的参考利率。

当A公司发行的债券没有公开市场、且A公司没有可观察的信用评级时，在市场利率水平和A公司信用状况在债券发行日至增量借款利率估计日期间没有发生重大变化的情况下，可考虑以该15年期债券发行时的实际利率为基础，作为估计增量借款利率的起点。确定参考利率后，将其调整为增量借款利率的步骤与情形一基本相同。

情形三：A公司没有任何借款

当A公司没有任何借款时，可考虑通过银行询价的方式获取同期借款利率，并进行适当调整后确定其增量借款利率；或者，可考虑聘用第三方评级机构获取其信用评级，参考情形一下的方法确定其增量借款利率。

4. 租赁期开始日的承租人会计处理案例

**例21-30** 承租人A公司就某栋建筑物的某一层楼与出租人B公司签订了为期10年的租赁协议，并拥有5年的续租选择权。有关资料如下：（1）初始租赁期内的不含税租金为每年50 000元，续租期间为每年55 000元，所有款项应于每年年初支付；（2）为获得该项租赁，A公司发生的初始直接费用为20 000元，其中，15 000元为向该楼层前任租户支付的款项，5 000元为向促成此租赁交易的房地产中介支付的佣金；（3）作为对A公司的激励，B公司同意补偿A公司5 000元的佣金；（4）在租赁期开始日，A公司评估后认为，不能合理确定将行使续租选择权，因此，将租赁期确定为10年；（5）A公司无法确定租赁内含利率，其增量借款利率为每年5%，该利率反映的是A公司以类似抵押条件借入期限为10年、与使用权资产等值的相同币种的借款而必须支付的利率。为简化处理，假设不考虑相关税费影响。

分析：承租人A公司的会计处理如下：

第一步，计算租赁期开始日租赁付款额的现值，并确认租赁负债和使用权资产。

在租赁期开始日，A公司支付第1年的租金50 000元，并以剩余9年租金（每年50 000元）按5%的年利率折现后的现值计量租赁负债。计算租赁付款额现值的过程如下：

剩余9期租赁付款额＝50 000×9＝450 000（元）
租赁负债＝剩余9期租赁付款额的现值＝50 000×（P/A，5%，9）＝355 391（元）
未确认融资费用＝剩余9期租赁付款额－剩余9期租赁付款额的现值
＝450 000－355 391＝94 609（元）

借：使用权资产　405 391
　　租赁负债——未确认融资费用　94 609
　　贷：租赁负债——租赁付款额　450 000
　　　　银行存款（第1年的租赁付款额）　50 000

第二步，将初始直接费用计入使用权资产的初始成本。

借：使用权资产　20 000
　　贷：银行存款　20 000

第三步，将已收的租赁激励相关金额从使用权资产入账价值中扣除。

借：银行存款　5 000
　　贷：使用权资产　5 000

综上，A公司使用权资产的初始成本为：405 391＋20 000－5 000＝420 391（元）。

### （三）使用权资产的后续计量

1. 计量基础

在租赁期开始日后，承租人应当采用成本模式对使用权资产进行后续计量，即，以成本减累计折旧及累计减值损失计量使用权资产。

承租人按照租赁准则有关规定重新计量租赁负债的，应当相应调整使用权资产的账面价值。

2. 使用权资产的折旧

承租人应当参照《企业会计准则第 4 号——固定资产》有关折旧规定，自租赁期开始日起对使用权资产计提折旧。使用权资产通常应自租赁期开始的当月计提折旧，当月计提确有困难的，为便于实务操作，企业也可以选择自租赁期开始的下月计提折旧，但应对同类使用权资产采取相同的折旧政策。计提的折旧金额应根据使用权资产的用途，计入相关资产的成本或者当期损益。

承租人在确定使用权资产的折旧方法时，应当根据与使用权资产有关的经济利益的预期实现方式做出决定。通常，承租人按直线法对使用权资产计提折旧，其他折旧方法更能反映使用权资产有关经济利益预期实现方式的，应采用其他折旧方法。

承租人在确定使用权资产的折旧年限时，应遵循以下原则：承租人能够合理确定租赁期届满时取得租赁资产所有权的，应当在租赁资产剩余使用寿命内计提折旧；承租人无法合理确定租赁期届满时能够取得租赁资产所有权的，应当在租赁期与租赁资产剩余使用寿命两者孰短的期间内计提折旧。如果使用权资产的剩余使用寿命短于前两者，则应在使用权资产的剩余使用寿命内计提折旧。

3. 使用权资产的减值

在租赁期开始日后，承租人应当按照《企业会计准则第 8 号一资产减值》的规定，确定使用权资产是否发生减值，并对已识别的减值损失进行会计处理。使用权资产发生减值的，按应减记的金额，借记“资产减值损失”科目，贷记“使用权资产减值准备”科目。使用权资产减值准备一旦计提，不得转回。承租人应当按照扣除减值损失之后的使用权资产的账面价值，进行后续折旧。

**例 21-31**　承租人 A 公司签订了一份为期 10 年的机器租赁合同，用于 A 公司生产经营。相关使用权资产的初始账面价值为 100 000 元，按直线法在 10 年内计提折旧，年折旧费为 10 000 元。在第 5 年年末，确认该使用权资产发生的减值损失 20 000 元，计入当期损益。

该使用权资产在减值前的账面价值为 50 000 元（100 000×5 ÷ 10）。计提减值损失之后，该使用权资产的账面价值减至 30 000 元（50 000 － 20 000），之后每年的折旧费也相应减至 6 000 元（30 000 ÷ 5）。

企业执行租赁准则后，《企业会计准则第 13 号——或有事项》有关亏损合同的规定仅适用于采用短期租赁和低价值资产租赁简化处理方法的租赁合同以及在租赁开始日前已是亏损合同的租赁合同，不再适用于其他租赁合同。

### （四）租赁负债的后续计量

1. 计量基础

在租赁期开始日后，承租人应当按以下原则对租赁负债进行后续计量：

（1）确认租赁负债的利息时，增加租赁负债的账面金额；（2）支付租赁付款额时，减少租赁负债的账面金额；（3）因重估或租赁变更等原因导致租赁付款额发生变动时，重新计量租赁负债的账面价值。

承租人应当按照固定的周期性利率计算租赁负债在租赁期内各期间的利息费用，并计入当期损益，但按照《企业会计准则第17号——借款费用》等其他准则规定应当计入相关资产成本的，从其规定。

此处的周期性利率，是指承租人对租赁负债进行初始计量时所采用的折现率，或者因租赁付款额发生变动或因租赁变更而需按照修订后的折现率对租赁负债进行重新计量时，承租人所采用的修订后的折现率。

**例 21-32** 承租人A公司与出租人B公司签订了为期7年的商铺租赁合同。每年的租赁付款额为450 000元，在每年年末支付。A公司无法确定租赁内含利率，其增量借款利率为5.04%。

分析：在租赁期开始日，A公司按租赁付款额的现值所确认的租赁负债为2 600 000元。在第1年年末，A公司向B公司支付第一年的租赁付款额450 000元，其中，131 040元（2600 000×5.04%）是当年的利息，318 960元（450 000－131 040）是本金，即租赁负债的账面价值减少318 960元。A公司的账务处理为：

借：租赁负债——租赁付款额　　450 000
　　贷：银行存款　　450 000
借：财务费用——利息费用　　131 040
　　贷：租赁负债——未确认融资费用　　131 040

未纳入租赁负债计量的可变租赁付款额，即，并非取决于指数或比率的可变租赁付款额，应当在实际发生时计入当期损益，但按照《企业会计准则第1号－存货》等其他准则规定应当计入相关资产成本的，从其规定。

**例 21-33** 沿用例21-32，除固定付款额外，合同还规定租赁期间A公司商铺当年销售额超过1 000 000元的，当年应再支付按销售额的2%计算的租金，于当年年末支付。

分析：由于该可变租赁付款额与未来的销售额挂钩，而并非是取决于指数或比率的，因此不应被纳入租赁负债的初始计量中。假设在租赁的第3年，该商铺的销售额为1 500 000元。A公司第3年年末应支付的可变租赁付款额为30 000元（1 500 000×2%），在实际发生时计入当期损益。A公司的账务处理为：

借：营业成本（或销售费用）　　30 000
　　贷：银行存款等　　30 000

2. 租赁负债的重新计量

在租赁期开始日后，当发生下列四种情形时，承租人应当按照变动后的租赁付款额的现值重新计量租赁负债，并相应调整使用权资产的账面价值。使用权资产的账面价值已调减至零，但租赁负债仍需进一步调减的，承租人应当将剩余金额计入当期损益。

（1）实质固定付款额发生变动。如果租赁付款额最初是可变的，但在租赁期开始日后的某一时点转为固定，那么，在潜在可变性消除时，该付款额成为实质固定付款额，应纳入租赁负债的计量中。承租人应当按照变动后租赁付款额的现值重新计量租赁负债。在该情形下，承租人采用的折现率不变，即，采用租赁期开始日确定的折现率。

**例 21-34** 承租人 A 公司签订了一份为期 10 年的机器租赁合同。租金于每年年末支付，并按以下方式确定：第 1 年，租金是可变的，根据该机器在第 1 年下半年的实际产能确定；第 2 至 10 年，每年的租金根据该机器在第 1 年下半年的实际产能确定，即，租金将在第 1 年年末转变为固定付款额。在租赁期开始日，A 公司无法确定租赁内含利率，其增量借款利率为 5%. 假设在第 1 年年末，根据该机器在第 1 年下半年的实际产能所确定的租赁付款额为每年 20 000 元。

分析：本例中，在租赁期开始时，由于未来的租金尚不确定，因此 A 公司的租赁负债为零。在第 1 年年末，租金的潜在可变性消除，成为实质固定付款额（即每年 20 000 元），因此 A 公司应基于变动后的租赁付款额重新计量租赁负债，并采用不变的折现率（即 5%）进行折现。在支付第 1 年的租金之后，A 公司后续年度需支付的租赁付款额为 180 000 元（20 000×9），租赁付款额在第 1 年末的现值为 142 156 元［20 000×（P/A，5%，9）］，未确认融资费用为 37 844 元（180 000 − 142 156）。A 公司在第 1 年末的相关账务处理如下：

支付第一年租金：

借：制造费用等　　20 000

　　贷：银行存款　　20 000

确认使用权资产和租赁负债：

借：使用权资产　　142 156

　　租赁负债——未确认融资费用　　37 844

　　贷：租赁负债——租赁付款额　　180 000

（2）担保余值预计的应付金额发生变动。在租赁期开始日后、承租人应对其在担保余值下预计支付的金额进行估计。该金额发生变动的，承租人应当按照变动后租赁付款额的现值重新计量租赁负债。在该情形下，承租人采用的折现率不变。

**例 21-35** 沿用例 21-27，在租赁期开始日后，承租人 A 公司对该汽车在租赁期结束时的公允价值进行监测。假设在第 1 年年末，A 公司预计该汽车在租赁期结束时的公允价值为 30 000 元。那么，A 公司应将该担保余值下预计应付的金额 10 000 元（40 000 − 30 000）纳入租赁付款额，并使用不变的折现率来重新计量租赁负债。

（3）用于确定租赁付款额的指数或比率发生变动。在租赁期开始日后、因浮动利率的变动而导致未来租赁付款额发生变动的，承租人应当按照变动后租赁付款额的现值重新计量租赁负债。在该情形下、承租人应采用反映利率变动的修订后的折现率进行折现。

在租赁期开始日后，因用于确定租赁付款额的指数或比率（浮动利率除外）的变动而导致未来租赁付款额发生变动的，承租人应当按照变动后租赁付款额的现值重新计量租赁负债。在该情形下，承租人采用的折现率不变。

需要得注意的是，仅当现金流量发生变动时，即租赁付款额的变动生效时、承租人才应重新计量租赁负债，以反映变动后的租赁付款额。承租人应基于变动后的合同付款额，确定剩余租赁期内的租赁付款额。

**例 21-36** 沿用例 21-24，假设在租赁第 3 年年初的消费者价格指数为 135，A 公司在租赁期开始日采用的折现率为 5%。在第 3 年年初，在对因消费者价格指数变化而导致未来租赁付款额的变动进行会计处理以及支付第 3 年的租赁付款额之前，租赁负债为 339 320 元［50 000 + 50 000×（P/A，5%，7）］。经消费者价格指数调整后的第 3 年租赁付款额为 54 000 元［50 000×135÷125）］。

分析：本例中，因用于确定租赁付款额的消费者价格指数的变动，而导致未来租赁付款额发生变动，A 公司应当于第 3 年年初重新计量租赁负债，以反映变动后的租赁付款额，即租赁负债应当以每年 54 000 元的租赁付款额（剩余 8 笔）为基础进行重新计量。在第 3 年年初，A 公司按以下金额重新计量租赁负债：每年 54 000 元的租赁付款额按不变的折现率（即 5%）进行折现，为 366 466 元［54 000 + 54 000×（P/A，5%，7）］。因此，A 公司的租赁负债将增加 27 146 元，即重新计量后的租赁负债（366 466 元）与重新计量前的租赁负债（339 320 元）之间的差额。不考虑其他因素，A 公司相关账务处理如下。

| | |
|---|---|
| 借：使用权资产 | 27 146 |
| 　　租赁负债——未确认融资费用 | 4 854 |
| 　贷：租赁负债——租赁付款额 | 32 000 |

（4）购买选择权、续租选择权或终止租赁选择权的评估结果或实际行使情况发生变化。

租赁期开始日后，发生下列情形的，承租人应采用修订后的折现率对变动后的租赁付款额进行折现，以重新计量租赁负债：

①发生承租人可控范围内的重大事件或变化，且影响承租人是否合理确定将行使续租选择权或终止租赁选择权的，承租人应当对其是否合理确定将行使相应选择权进行重新评估。上述选择权的评估结果发生变化的，承租人应当根据新的评估结果重新确定租赁期和租赁付款额。前述选择权的实际行使情况与原评估结果不一致等导致租赁期变化的，也应当根据新的租赁期重新确定租赁付款额。

②发生承租人可控范围内的重大事件或变化，且影响承租人是否合理确定将行使购买选择权的，承租人应当对其是否合理确定将行使购买选择权进行重新评估。评估结果发生变化的，承租人应根据新的评估结果重新确定租赁付款额。

上述两种情形下，承租人在计算变动后租赁付款额的现值时，应当采用剩余租赁期间的租赁内含利率作为折现率；无法确定剩余租赁期间的租赁内含利率的，应当采用重估日的承租人增量借款利率作为折现率。

**例 21-37** 承租人 A 公司与出租人 B 公司签订了一份为期 5 年的设备租赁合同。A 公司计划开发自有设备以替代租赁资产，自有设备计划在 5 年内投入使用。A 公司拥有在租赁期结束时以 5 000 元购买该设备的选择权。每年的租赁付款额固定为 10 000 元，于每年年末支付。A 公司无法确定租赁内含利率，其增量借款利率为 5%，在租赁期开始日，A 公司对行使购买选择权的可能性进行评估后认为，不能合理确定将行使购买选择权。这是因为、A公司计划开发自有设备，继而在租赁期结束时替代租赁资产。

分析：在租赁期开始日，A公司确认的租赁负债为43 300元［10 000×（P/A，5%，5）］。租赁负债将按以下方法摊销，如表21-2所示。

**表21-2 租赁负债的摊销** 单位：元

| 年度 | 租赁负债年初金额 | 利息 | 租赁付款额 | 租赁负债年末金额 |
|---|---|---|---|---|
| | ① | ②=①×5% | ③ | ④=①+②-③ |
| 1 | 43 300 | 2 165 | 10 000 | 35 465 |
| 2 | 35 465 | 1 773 | 10 000 | 27 238 |
| 3 | 27 238 | 1 362 | 10 000 | 18 600 |
| 4 | 18 600 | 930 | 10 000 | 9 530 |
| 5 | 9 530 | 470 | 10 000 | — |

注：第5年的利息费用＝10 000－9530＝470（元）

假设在第3年年末，A公司作出削减开发项目的战略决定，包括上述替代设备的开发。该决定在A公司的可控范围内，并影响其是否合理确定将行使购买选择权。此外，A公司预计该设备在租赁期结束时的公允价值为20 000元。A公司重新评估其行使购买选择权的可能性后认为，其合理确定将行使该购买选择权。原因是：在租赁期结束时不大可能有可用的替代设备，并且该设备在租赁期结束时的预期市场价值（20 000元）远高于行权价格（5 000元）。因此，A公司应在第3年年末将购买选择权的行权价格纳入租赁付款额中。假设A公司无法确定剩余租赁期间的租赁内含利率，其第3年年末的增量借款利率为5.5%. 在第3年年末，A公司重新计量租赁负债以涵盖购买选择权的行权价格，并采用修订后的折现率5.5%进行折现。重新计量后的租赁负债（支付前3年的付款额后）为22 960元［10 000×（P/F，5.5%，1）+（10 000＋5 000）×（P/F，5.5%，2）］。此后，租赁负债将按表21-3所述方法进行后续计量：

**表21-3 租赁负债的计量** 单位：元

| 年度 | 租赁负债年初金额 | 利息 | 租赁付款额 | 租赁负债年末金额 |
|---|---|---|---|---|
| | ① | ②=①×5.5% | ③ | ④=①+②-③ |
| 4 | 22 960 | 1 263 | 10 000 | 14 223 |
| 5 | 14 223 | 777 | 15 000 | — |

注：第5年的利息费用＝10 000＋5 000－14 223（行权价格）＝777（元）

**例21-38** 承租人A公司租入一层办公楼，为期10年，并拥有可续租5年的选择权。初始租赁期间（即10年）的租赁付款额为每年50 000元，可选续租期间（即5年）的租赁付款额为每年55 000元，均在每年年初支付。在租赁期开始日，A公司评估后认为，不能合理确定将会行使续租选择权，因此确定租赁期为10年。A公司无法确定租赁内含利率，其增量借款利率为5%. 在租赁期开始日，A公司支付第1年的租赁付款额50 000元，并确认租赁负债355 390元［50 000×（P/A，5%，9）］。在第5至6年，A公司的业务显著增长，其日益壮大的人员规模意味着需要扩租办公楼。为了最大限度降低成本，A公司额外签订了一份为期8年、在同一办公楼内其他楼层的租赁合同，在第7年年初起租。

分析：将扩张的人员安置到在同一办公楼内其他楼层的决定，在A公司的可控范围内，并影响其是否合理确定将行使现有租赁合同下的续租选择权。如果在其他办公楼中租入一个类似的楼层，A公司可能会产生额外的费用，因为其人员将处于两栋不同的办公楼中，而将全部人员搬迁到其他办公楼的费用可能会更高。在第6年年末，A公司重新评估后认为，其合理确定将行使现有租赁合同下 的续租选择权。因此该租赁的租赁期由10年变为15年。在对租赁期的变化进行会计处理前，即基于10年租赁期时、A公司在第6年年末的租赁负债（支付前6年的付款额后）为186 160元［50 000＋50 000×（P/A.5%，3）］。

在第6年年末，A公司重新评估后的租赁期为15年，因此应将剩余租赁期（第7至15年）内的租赁付款额（共9笔）纳入租赁负债。并采用修订后的折现率进行折现。假设A公司无法确定剩余租赁期间的租赁内含利率，其第6年末的增量借款利率为4.5%。因此，A公司重新计量后的租赁负债为399 030元［50 000＋50 000×（P/A，4.5%，3）＋55 000×（P/A， 4.5%，5）×（P/F，4.5%，3）］。

**例21-39** 承租人A公司与出租人B公司签订为期5年的库房租赁合同，每年年末支付固定租金10 000元。A公司拥有在租赁期结束时以300 000元购买该库房的选择权。在租赁期开始日，A公司评估后认为，不能合理确定将行使该购买选择权。

第3年年末，该库房所在地房价显著上涨，A公司预计租赁期结束时该库房的市价为600 000元，A公司重新评估后认为，能够合理确定将行使该购买选择权。

分析：该库房所在地区的房价上涨属于市场情况发生的变化，不在A公司的可控范围内。因此，虽然该事项导致购买选择权的评估结果发生变化，但A公司不应在第3年年末重新计量租赁负债。

然而，如果A公司在第3年年末不可撤销地通知B公司，其将在第5年末行使购买选择权，则属于购买选择权实际行使情况发生了变化，A公司需要在第3年年末按修订后的折现率对变动后的租赁付款额进行折现，重新计量租赁负债。

**例21-40** 承租人A公司与出租人B公司签订了一份办公楼租赁合同，每年的租赁付款额为50 000元，于每年年末支付。A公司无法确定租赁内含利率，其增量借款利率为5%，不可撤销租赁期为5年，并且合同约定在第5年年末，A公司有权选择以每年50 000元续租5年，也有权选择以1 000 000元购买该房产。A公司在租赁期开始时评估认为，可以合理确定将行使续租选择权，而不会行使购买选择权，因此将租赁期确定为10年。

分析：在租赁期开始日，A公司确认的租赁负债和使用权资产为386 000元［50 000×（P/A，5%，10）］。租赁负债将按表21-4所述方法进行后续计量：

表 21-4　租赁负债的计量　　单位：元

| 年度 | 租赁负债年初金额 | 利息 | 租赁付款额 | 租赁负债年末金额 |
|---|---|---|---|---|
| | ① | ②=①×5% | ③ | ④=①+②-③ |
| 1 | 386 000 | 19 300 | 50 000 | 355 300 |
| 2 | 355 300 | 17 765 | 50 000 | 323 065 |
| 3 | 323 065 | 16 155 | 50 000 | 289 255 |
| 4 | 289 255 | 14 465 | 50 000 | 253 765 |
| 5 | 253 765 | 12 690 | 50 000 | 216 490 |
| 6 | 216 490 | 10 825 | 50 000 | 177 325 |
| 7 | 177 325 | 8 865 | 50 000 | 136 165 |
| 8 | 136 165 | 6 810 | 50 000 | 93 010 |
| 9 | 93 010 | 4 650 | 50 000 | 47 650 |
| 10 | 47 650 | 2 350 | 50 000 | — |

注：为便于计算，本题中，年金现值系数取两位小数。

在租赁期开始日，A 公司的账务处理为：

借：使用权资产　386 000

　　租赁负债——未确认融资费用（500 000 － 386 000）　114 000

　　贷：租赁负债——租赁付款额　500 000

在第 4 年，该房产所在地房价显著上涨，A 公司预计租赁期结束时该房产的市价为 2 000 000 元，A 公司在第 4 年年末重新评估后认为，能够合理确定将行使上述购买选择权，而不会行使上述续租选择权。该房产所在地区的房价上涨属于市场情况发生的变化，不在 A 公司的可控范围内。因此，虽然该事项导致购买选择权及续租选择权的评估结果发生变化，但 A 公司不需重新计量租赁负债。

在第 5 年末，A 公司实际行使了购买选择权。截至该时点，使用权资产的原值为 386 000 元，累计折旧为 193 000 元（386 000×5÷10）；支付了第 5 年租赁付款额之后，租赁负债的账面价值为 216 490 元。其中，租赁付款额为 250 000 元，未确认融资费用为 33 510 元（250 000 － 216 490）。A 公司行使购买选择权的会计分录为：

借：固定资产——办公楼　976 510

　　使用权资产累计折旧　193 000

　　租赁负债——租赁付款额　250 000

　　贷：使用权资产　386 000

　　　　租赁负债——未确认融资费用　33 510

　　　　银行存款　1 000 000

（五）租赁变更的会计处理

租赁变更，是指原合同条款之外的租赁范围、租赁对价、租赁期限的变更，包括增加或终止一项或多项租赁资产的使用权，延长或缩短合同规定的租赁期等。租赁变更生效日，是指双方就租赁变更达成一致的日期。

1. 租赁变更作为一项单独租赁处理

租赁发生变更且同时符合下列条件的，承租人应当将该租赁变更作为一项单独租赁进行会计处理：

（1）该租赁变更通过增加一项或多项租赁资产的使用权而扩大了租赁范围或延长了租赁期限；

（2）增加的对价与租赁范围扩大部分或租赁期限延长部分的单独价格按该合同情况调整后的金额相当。

**例 21-41** 承租人 A 公司与出租人 B 公司就 2 000 平方米的办公场所签订了一项为期 10 年的租赁合同。在第 6 年年初，A 公司和 B 公司同意对原租赁合同进行变更，以扩租同一办公楼内 3 000 平方米的办公场所。扩租的场所于第 6 年第二季度末可供 A 公司使用。增加的租赁对价与新增 3 000 平方米办公场所的当前市价（根据 A 公司获取的扩租折扣进行调整后的金额）相当。扩租折扣反映了 B 公司节约的成本，即，若将相同场所租赁给折租户，B 公司将会发生的额外成本（如营销成本）。

分析：在本例中，A 公司应当将该变更作为一项单独的租赁，与原来的 10 年期租赁分别进行会计处理：原因在于，该租赁变更通过增加 3 000 平方米办公场所的使用权而扩大了租赁范围，并且增加的租赁对价与新增使用权的单独价格按该合同情况调签后的金额相当。据此，在新租赁的租赁期开始日（即第 6 年第二季度末），A 公司确认与新增 3 000 平方米办公场所租赁相关的使用权资产和租赁负债。A 公司对原有 2 000 平方米办公场所租赁的会计处理不会因为该租赁变更而进行任何调整。

2. 租赁变更未作为一项单独租赁处理

租赁变更未作为一项单独租赁进行会计处理的，在租赁变更生效日，承租人应当按照租赁准则有关租赁分拆的规定对变更后合同的对价进行分摊；按照租赁准则有关租赁期的规定确定变更后的租赁期；并采用变更后的折现率对变更后的租赁付款额进行折现、以重新计量租赁负债。在计算变更后租赁付款额的现值时、承租人应当采用剩余租赁期间的租赁内含利率作为折现率；无法确定剩余租赁期间的租赁内含利率的，应当采用租赁变更生效日的承租人增量借款利率作为折现率。

就上述租赁负债调整的影响、承租人应区分以下情形进行会计处理：（1）租赁变更导致租赁范围缩小或租赁期缩短的，承租人应当调减使用权资产的账面价值，以反映租赁的部分终止或完全终止。承租人应将部分终止或完全终止租赁的相关利得或损失计入当期损益。（2）其他租赁变更，承租人应当相应调整使用权资产的账面价值。

**例 21-42** 承租人 A 公司与出租人 B 公司就 5 000 平方米的办公坛所签订了 10 年期的租赁合同。年租赁付款额为 100 000 元，在每年年末支付：A 公司无法确定租赁内含利率。在租赁期开始日，A 公司的增量借款利率为 6%，相应的租赁负债和使用权资产的初始确认金额均为 736 000 元［100 000×（P/A，6%，10）］。在第 6 年年初，A 公司和 B 公司同意对原租赁合同进行变更，即自第 6 年年初起。将原租赁场所缩减至

2 500 平方米。每年的租赁付款额（自第 6 至 10 年）调整为 60 000 元。承租人在第 6 年年初的增量借款利率为 5%。

分析：在租赁变更生效日（即第 6 年年初），A 公司基于以下情况对租赁负债进行重新计量：①剩余租赁期为 5 年；②年付款额为 60 000 元；③采用修订后的折现率 5% 进行折现。据此，计算得出租赁变更后的租赁负债为 259 770 元［60 000×（P/A，5%，5）］。

A 公司应基于原使用权资产部分终止的比例（即缩减的 2 500 平方米占原使用权资产的 50%），来确定使用权资产账面价值的调减金额。在租赁变更之前，原使用权资产的账面价值为 368 000 元（736 000×5÷10），50% 的账面价值为 184 000 元；原租赁负债的账面价值为 421 240 元［100 000×（P/A，6%，5）］，50% 的账面价值为 210 620 元。因此，在租赁变更生效日（第 6 年年初），A 公司终止确认 50% 的原使用权资产和原租赁负债，并将租赁负债减少额与使用权资产减少额之间的差额 26 620 元（210 620 － 184 000），作为利得计入当期损益。其中，租赁负债的减少额（210 620 元）包括：租赁付款额的减少额 250 000 元（100 000×50%×5），以及未确认融资费用的减少额 39 380 元（250 000 － 210 620）。A 公司终止确认 50% 的原使用权资产和原租赁负债的账务处理为：

| | | |
|---|---|---|
| 借：租赁负债——租赁付款额 | 250 000 | |
| 　贷：租赁负债——未确认融资费用 | | 39 380 |
| 　　使用权资产 | | 184 000 |
| 　　资产处置损益 | | 26 620 |

此外，A 公司将剩余租赁负债（210 620 元）与变更后重新计量的租赁负债（259 770 元）之间的差额 49 150 元，相应调整使用权资产的账面价值。其中，租赁负债的增加额（49 150 元）包括两部分：租赁付款额的增加额 50 000 元［（60 000 － 100 000×50%）×5］，以及未确认融资费用的增加额 850 元（50 000 － 49150）。

A 公司调整现使用权资产价值的账务处理为：

| | | |
|---|---|---|
| 借：使用权资产 | 49150 | |
| 　租赁负债——未确认融资费用 | 850 | |
| 　贷：租赁负债——租赁付款额 | | 50 000 |

注：100 000×（P/A，6%，10）＝ 736 010（元），为便于计算，本题中，作尾数调整，取 736 000 元。

**例 21-43** 承租人 A 公司与出租人 B 公司就 5 000 平方米的办公场所签订了一项为期 10 年的租赁。年租赁付款额为 100 000 元，在每年年末支付。A 公司无法确定租赁内含利率。A 公司在租赁期开始日的增量借款利率为 6%。在第 7 年年初，A 公司和 B 公司同意对原租赁合同进行变更，即，将租赁期延长 4 年。每年的租赁付款额不变（即在第 7 至 14 年的每年年末支付 100 000 元）。A 公司在第 7 年年初的增量借款利率为 7%.

分析：在租赁变更生效日（即第 7 年年初），A 公司基于下列情况对租赁负债进行重新计量：①剩余租赁期为 8 年；②年付款额为 100 000 元；③采用修订后的折现率 7% 进行折现。据此，计算得出租赁变更后的租赁负债为 597 130 元［100 000×（P/A，7%，8）］。租赁变更前的租赁负债为 346 510 元［100 000×（P/A，6%、4）］。A 公司将变更后租赁负债的账面价值与变更前的账面价值之间的差额 250 620 元（597 130 －

346 510），相应调整使用权资产的账面价值，

**（六）短期租赁和低价值资产租赁**

租赁准则规定，对于短期租赁和低价值资产租赁，承租人可以选择不确认使用权资产和租赁负债。作出该选择的，承租人应当将短期租赁和低价值资产租赁的租赁付款额，在租赁期内各个期间按照直线法或其他系统合理的方法计入相关资产成本或当期损益。其他系统合理的方法能够更好地反映承租人的受益模式的，承租人应当采用该方法。

1. 短期租赁

租赁准则规定，短期租赁。是指在租赁期开始日，租赁期不超过12个月的租赁。包含购买选择权的租赁不属于短期租赁。

对于短期租赁。承租人可以按照租赁资产的类别作出采用简化会计处理的选择。如果承租人对某类租赁资产作出了简化会计处理的选择，未来该类资产下所有的短期租赁都应采用简化会计处理。某类租赁资产是指企业运营中具有类似性质和用途的一组租赁资产。

按照简化会计处理的短期租赁发生租赁变更或者其他原因导致租赁期发生变化的，承租人应当将其视为一项新租赁，重新按照上述原则判断该项新租赁是否可以选择简化会计处理。

**例21-44** 承租人与出租人签订了一份租赁合同，约定不可撤销期间为9个月，且承租人拥有4个月的续租选择权。在租赁期开始日，承租人判断可以合理确定将行使续租选择权，因为续租期的月租赁付款额明显低于市场价格。在此情况下，承租人确定租赁期为13个月，不属于短期租赁，承租人不能选择上述简化会计处理。

2. 低价值资产租赁

低价值资产租赁，是指单项租赁资产为全新资产时价值较低的租赁。承租人在判断是否是低价值资产租赁时，应基于租赁资产的全新状态下的价值进行评估，不应考虑资产已被使用的年限。

对于低价值资产租赁，承租人可根据每项租赁的具体情况作出简化会计处理选择。低价值资产同时还应满足租赁准则第十条的规定，即，只有承租人能够从单独使用该低价值资产或将其与承租人易于获得的其他资源一起使用中获利，且该项资产与其他租赁资产没有高度依赖或高度关联关系时，才能对该资产租赁选择进行简化会计处理。

低价值资产租赁的标准应该是一个绝对金额，即仅与资产全新状态下的绝对价值有关，不受承租人规模、性质等影响，也不考虑该资产对于承租人或相关租赁交易的重要性。常见的低价值资产的例子包括平板电脑、普通办公家具、电话等小型资产。

但是，如果承租人已经或者预期要把相关资产进行转租赁，则不能将原租赁按照低价值资产租赁进行简化会计处理。值得注意的是，符合低价值资产租赁的，也并不代表承租人若采取购入方式取得该资产时该资产不符合固定资产确认条件。

**例21-45** 承租人与出租人签订了一份租赁合同，约定的租赁资产包括：（1）IT设备，包括供员工个人使用的笔记本电脑、台式电脑、平板电脑、桌面打印机和手机等；（2）服务器，其中包括增加服务器容量的单独组件，这些组件根据承租人需要

陆续添加到大型服务器以增加服务器存储容量；（3）办公家具，如桌椅和办公隔断等；（4）饮水机。

通常，办公笔记本电脑全新时的单独价格不超过人民币 10 000 元，台式电脑、平板电脑、桌面打印机和手机全新时的单独价格不超过人民币 5 000 元，普通办公家具的单独价格不超过人民币 1 000 元，饮水机的单独价格不超过人民币 1 000 元，服务器单个组件的单独价格不超过人民币 10 000 元。

分析：上述租赁资产中，各种 IT 设备、办公家具、饮水机都够单独使承租人获益，且与其他租赁资产没有高度依赖或高度关联关系。通常情况下，符合低价值资产租赁的资产全新状态下的绝。价值应低于人民币 40 000 元。本例中，承租人将 IT 设备、办公具、饮水机作为低价值租赁资产，选择按照简化方法进行会计处理对于服务器中的组件，尽管单个组件的单独价格较低，但由于每组件都与服务器中的其他部分高度相关，承租人若不租赁服务器不会租赁这些组件，不构成单独的租赁部分，因此不能作为低价租赁资产进行会计处理。

## 三、出租人会计处理

### （一）出租人使用的相关会计科目

1. “融资租赁资产”

本科目核算租赁企业作为出租人为开展融资租赁业务取得资产的成本，期末借方余额反映企业融资租赁资产的成本。出租人可按租赁资产类别和项目进行明细核算。租赁业务不多的企业，也可通过“固定资产”等科目核算。租赁企业和其他企业对于融资租赁资产在未融资租赁期间的会计处理遵循固定资产准则或其他适用的会计准则，主要账务处理：

（1）出租人购入和以其他方式取得融资租赁资产的，借记本科目，贷记“银行存款”等科目。

（2）在租赁期开始日，出租人应当按尚未收到的租赁收款额，借记“应收融资租赁款——租赁收款额”科目，按预计租赁期结束时的未担保余值，借记“应收融资租赁款——未担保余值”科目，按已经收取的租赁款，借记“银行存款”等科目，按融资租赁方式租出资产的账面价值，贷记本科目：融资租赁方式租出资产的公允价值与账面价值的差额，借记或贷记“资产处置损益”科目；按发生的初始直接费用，贷记“银行存款”等科目；差额贷记“应收融资租赁款——未实现融资收益”科目。

2. “应收融资租赁款”

本科目核算出租人融资租赁产生的租赁投资净额，期末借方余额反映未担保余值和尚未收到的租赁收款额的现值之和，在“长期应收款”项目中填列，其中，自资产负债表日起一年内（含一年）到期的，在“一年内到期的非流动资产”中填列。出租业务较多的出租人，也可在“长期应收款”项目下单独列示为“其中：应收融资租赁款”。

出租人可分别设置“租赁收款额”“未实现融资收益”“未担保余值”等进行明细核算。租赁业务较多的，出租人还可以在“租赁收款额”明细科目下进一步设置明细科目核算，主要账务处理：

（1）在租赁期开始日，出租人应当按尚未收到的租赁收款额，借记“应收融资租赁款——租赁收款额”科目，按预计租赁期结束时的未担保余值，借记“应收融资租赁款——未担保余值”科目，按已经收取的租赁款，借记“银行存款”等科目，按融资租赁方式租出资产的账面价值，贷记“融资租赁资产”等科目，按融资租赁方式租出资产的公允价值与其账面价值的差额，借记或贷记“资产处置损益”科目，按发生的初始直接费用，贷记“银行存款”等科目，差额贷记“应收融资租赁款——未实现融资收益”科目。

企业认为有必要对发生的初始直接费用进行单独核算的，也可以按照发生的初始直接费用的金额，借记“应收融资租赁款——初始直接费用”科目，贷记“银行存款”等科目；然后借记“应收融资租赁款——未实现融资收益”科目，贷记“应收融资租赁款——初始直接费用”科目。

（2）出租人在确认租赁期内各个期间的利息收入时，应当借记“应收融资租赁款——未实现融资收益”科目、贷记“租赁收入——利息收入”“其他业务收入”等科目。

（3）出租人收到租赁收款额时，应当借记“银行存款”科目，贷记“应收融资租赁款——租赁收款额”科目。

3.“应收融资租赁款减值准备”

本科目核算应收融资租赁款的减值准备，期末贷方余额反映应收融资租赁款的累计减值准备金额，主要账务处理：应收融资租赁款的预期信用损失，按应减记的金额，借记“信用减值损失”科目，贷记本科目。转回已计提的减值准备时，做相反的会计分录。

4.“租赁收入”

本科目核算租赁企业作为出租人确认的融资租赁和经营租赁的租赁收入，期末应将本科目余额转入“本年利润”科目，结转后本科目无余额。一般企业根据自身业务特点确定租赁收入的核算科目，例如“其他业务收入”等，对于日常经营活动为租赁的企业，其利息收入和租赁收入可以作为营业收入列报。出租人可按租赁资产类别和项目进行明细核算，主要账务处理：

（1）出租人在经营租赁下，将租赁收款额采用直线法或其他系统合理的方法在租赁期内进行分摊确认时，应当借记“银行存款”“应收账款”等科目，贷记“租赁收入——经营租赁收入”科目。

出租人在融资租赁下，在确认租赁期内各个期间的利息收入时，应当借记“应收融资租赁款——未实现融资收益”科目，贷记“租赁收入——利息收入”“其他业务收入”等科目。出租人为金融企业的，在融资租赁下，在确认租赁期内各个期间的利息收入时，应当借记“应收融资租赁款——未实现融资收益”科目，贷记“利息收入”等科目。

（2）出租人确认未计入租赁收款额的可变租赁付款额时，应当借记“银行存款”“应收账款”等科目，贷记“租赁收入——可变租赁付款额”科目。

**（二）出租人的租赁分类**

1. 融资租赁和经营租赁

租赁准则规定，出租人应当在租赁开始日将租赁分为融资租赁和经营租赁。租赁开始日，是指租赁合同签署日与租赁各方就主要租赁条款作出承诺日中的较早者。租赁开始日可能早于租赁期开始日，也可能与租赁期开始日重合。

一项租赁属于融资租赁还是经营租赁取决于交易的实质，而不是合同的形式。如果一项租赁实质上转移了与租赁资产所有权有关的几乎全部风险和报酬，出租人应当将该项租赁分类为融资租赁。出租人应当将除融资租赁以外的其他租赁分类为经营租赁。

在租赁准则中，出租人的租赁分类是以租赁转移与租赁资产所有权相关的风险和报酬的程度为依据的。风险包括由于生产能力的闲置或技术陈旧可能造成的损失，以及由于经济状况的改变可能造成的回报变动。报酬可以表现为在租赁资产的预期经济寿命期间经营的盈利以及因增值或残值变现可能产生的利得。

租赁开始日后，除非发生租赁变更，出租人无需对租赁的分类进行重新评估。租赁资产预计使用寿命、预计余值等会计估计变更或发生承租人违约等情况变化的，出租人不对租赁进行重分类。

租赁合同可能包括因租赁开始日与租赁期开始日之间发生的特定变化而需对租赁付款额进行调整的条款与条件（例如，出租人标的资产的成本发生变动，或出租人对该租赁的融资成本发生变动）。在此情况下，出于租赁分类目的，此类变动的影响均视为在租赁开始日已发生。

2. 融资租赁的分类标准

一项租赁存在下列一种或多种情形的，通常分类为融资租赁：

（1）在租赁期届满时，租赁资产的所有权转移给承租人。即，如果在租赁协议中已经约定，或者根据其他条件，在租赁开始日就可以合理地判断、租赁期届满时出租人会将资产的所有权转移给承租人、那么该项租赁通常分类为融资租赁。

（2）承租人有购买租赁资产的选择权，所订立的购买价款预计将远低于行使选择权时租赁资产的公允价值，因而在租赁开始日就可以合理确定承租人将行使该选择权。

（3）资产的所有权虽然不转移，但租赁期占租赁资产使用寿命的大部分。实务中，这里的“大部分”一般指租赁期占租赁开始日租赁资产使用寿命的75%以上（含75%）. 需要说明的是，这里的 量化标准只是指导性标准。企业在具体运用时，必须以准则规定的相关条件进行综合判断。这条标准强调的是租赁期占租赁资产使用寿命的比例，而非租赁期占该项资产全部可使用年限的比例。如果租赁资产是旧资产，在租赁前已使用年限超过资产自全新时起算可使用年限的75%以上时，则这条判断标准不适用，不能使用这条标准确定租赁的分类。

（4）在租赁开始日，租赁收款额的现值几乎相当于租赁资产的公允价值。实务中，这里的“几乎相当于”，通常掌握在90%以上。需要说明的是，这里的量化标准只是指导性标准，企业在具体运用时，必须以准则规定的相关条件进行综合判断。

（5）租赁资产性质特殊，如果不作较大改造，只有承租人才能使用。租赁资产由出租人根据承租人对资产型号、规格等方面的特殊要求专门购买或建造的，具有专购、专用性质。这些租赁资产如果不作较大的重新改制，其他企业通常难以使用。这种情况下，通常也分类为融资租赁。

一项租赁存在下列一项或多项迹象的，也可能分类为融资租赁：

（1）若承租人撤销租赁，撤销租赁对出租人造成的损失由承租人承担。

（2）资产余值的公允价值波动所产生的利得或损失归属于承租人。例如，租赁结束时，出租人以相当于资产销售收益的绝大部分金额作为对租金的退还，说明承租人承担了租赁资产余值的几乎所有风险和报酬。

（3）承租人有能力以远低于市场水平的租金继续租赁至下一期间。此经济激励政策与购买选择权类似，如果续租选择权行权价远低于市场水平，可以合理确定承租人将继续租赁至下一期间。

值得注意的是，出租人判断租赁类型时，上述情形和迹象并非总是决定性的，而是应综合考虑经济激励的有利方面和不利方面。若有其他特征充分表明，租赁实质上没有转移与租赁资产所有权相关的几乎全部风险和报酬，则该租赁应分类为经营租赁。

例如，若租赁资产的所有权在租赁期结束时是以相当于届时其公允价值的可变付款额转让至承租人，或者因存在可变租赁付款额导致出租人实质上没有转移几乎全部风险和报酬，就可能出现这种情况。

**（三）出租人对融资租赁的会计处理**

1. 初始计量

租赁准则规定，在租赁期开始日，出租人应当对融资租赁确认应收融资租赁款，并终止确认融资租赁资产。出租人对应收融资租赁款进行初始计量时，应当以租赁投资净额作为应收融资租赁款的入账价值。

租赁投资净额为未担保余值和租赁期开始日尚未收到的租赁收款额按照租赁内含利率折现的现值之和。租赁内含利率，是指使出租人的租赁收款额的现值与未担保余值的现值之和（即租赁投资净额）等于租赁资产公允价值与出租人的初始直接费用之和的利率。

因此，出租人发生的初始直接费用包括在租赁投资净额中，也即包括在应收融资租赁款的初始入账价值中。

租赁收款额是指出租人因让渡在租赁期内使用租赁资产的权利而应向承租人收取的款项，包括：

（1）承租人需支付的固定付款额及实固定付款额。存在租赁激励的，应当扣除租赁激励相关金额。

（2）取决于指数或比率的可变租赁付款额。该款项在初始计量时根据租赁期开始日的指数或比率确定。

（3）购买选择权的行权价格，前提是合理确定承租人将行使该选择权。

（4）承租人行使终止租赁选择权需支付的款项，前提是租赁期反映出承租人将行使终止租赁选择权。

（5）由承租人、与承租人有关的一方以及有经济能力履行担保义务的独立第三方向出租人提供的担保余值。

**例 21-46** 2×19 年 12 月 1 日，A 公司与 B 公司签订了一份租赁合同，从 B 公司租入塑钢机一台。租赁合同主要条款如下：

（1）租赁资产：全新塑钢机。

（2）租赁期开始日：2×20 年 1 月 1 日。

（3）租赁期：2×20 年 1 月 1 日—2×25 年 12 月 31 日，共 72 个月。

（4）固定租金支付：自 2×20 年 1 月 1 日，每年年末支付租金 160 000 元。如果 A 公司能够在每年年末的最后一天及时付款，则给予减少租金 10 000 元的奖励。

（5）取决于指数或比率的可变租赁付款额：租赁期限内，如遇中国人民银行贷款基准利率调整时，出租人将对租赁利率作出同方向、同幅度的调整。基准利率调整日之前各期和调整日当期租金不变，从下一期租金开始按调整后的租金金额收取。

（6）租赁开始日租赁资产的公允价值：该机器在 2×19 年 12 月 31 日的公允价值为 700 000 元，账面价值为 600 000 元。

（7）初始直接费用：签订租赁合同过程中 B 公司发生可归属于租赁项目的手续费、佣金 10 000 元。

（8）承租人的购买选择权：租赁期届满时，A 公司享有优惠购买该机器的选择权，购买价为 20 000 元，估计该日租赁资产的公允价值为 80 000 元。

（9）取决于租赁资产绩效的可变租赁付款额：2×21年和2×22年两年，A公司每年按该机器所生产的产品一塑钢窗户的年销售收入的5%向B公司支付。

（10）承租人的终止租赁选择权：A公司享有终止租赁选择权。在租赁期间，如果A公司终止租赁，需支付的款项为剩余租赁期间的固定租金支付金额。

（11）担保余值和未担保余值均为0。

（12）全新塑钢机的使用寿命为7年。

分析：出租人B公司的会计处理如下：

第一步，判断租赁类型。

（1）本例存在优惠购买选择权，优惠购买价20 000元远低于行使选择权日租赁资产的公允价值80 000元，因此在2×19年12月31日就可合理确定A公司将会行使这种选择权。另外，在本例中，租赁期6年，占租赁开始日租赁资产使用寿命的86%（占租赁资产使用寿命的大部分）。同时，B公司综合考虑其他各种情形和迹象，认为该租赁实质上转移了与该项设备所有权有关的几乎全部风险和报酬，因此将这项租赁认定为融资租赁。

第二步，确定租赁收款额。

承租人的固定付款额为考虑扣除租赁激励后的金额＝（160 000－10 000）×6＝900 000（元）

（2）取决于指数或比率的可变租赁付款额。该款项在初始计量时根据租赁期开始日的指数或比率确定，此本例题在租赁期开始日不做考虑。

（3）承租人购买选择权的行权价格。

租赁期届满时，A公司享有优惠购买该机器的选择权，购买价为20 000元，估计该日租赁资产的公允价值为80 000元。优惠价20 000元远低于行使选择权日租赁资产的公允价值，因此在2×25年12月31日就可合理确定A公司将会行使这种选择权。

结论：租赁付款额中应包括承租人购买选择权的行权20 000元。

（4）终止租赁的罚款。

虽然A公司享有终止租赁选择权，但若终止租赁，A公司付的款项为剩余租赁期间的固定租金支付金额。

结论：根据上述条款，可以合理确定A公司不会行使终止选择权。

（5）由承租人向出租人提供的担保余值：A公司向B公司的担保余值为0元。

综上所述，租赁收款额＝900 000＋20 000＝920 000（元）

第三步，确认租赁投资总额。

租赁投资总额＝在融资租赁下出租人应收的租赁收款额＋担保余值

本例中租赁投资总额＝920 000＋0＝920 000（元）

第四步，确认租赁投资净额的金额和未实现融资收益。

租赁投资净额＝租赁资产在租赁期开始日公允价值＋出租人发生的租赁初始直接费用

＝700 000＋10 000＝710 000（元）

未实现融资收益＝租赁投资总额－租赁投资净额

＝920 000－710 000＝210 000（元）

第五步，计算租赁内含利率。租赁内含利率是使租赁投资总额的现值（即租赁投资净额）等于租赁资产在租赁开始日的公允价值与出租人的初始直接费用之和的利率。

本例中列出公式 150 000×（P/A，r，6）+ 20000×（P/F，r，6）= 710 000（元），计算得到租赁的内含利率为 7.82%。

第六步，账务处理。

2×20 年 1 月 1 日

| | |
|---|---|
| 借：应收融资租赁款——租赁收款额 | 920 000 |
| 贷：银行存款 | 10 000 |
| 融资租赁资产 | 600 000 |
| 资产处置损益 | 100 000 |
| 应收融资租赁款——未实现融资收益 | 210 000 |

若某融资租赁合同必须以收到租赁保证金为生效条件，出租人收到承租人交来的租赁保证金，借记“银行存款”科目，贷记“其他应收款－租赁保证金”科目。承租人到期不交租金，以保证金抵作租金时，借记“其他应收款－租赁保证金”科目，贷记“应收融资租赁款”科目。承租人违约，按租赁合同或协议规定没收保证金时，借记“其他应收款－租赁保证金”科目，贷记“营业外收入”等科目。

2. 融资租赁的后续计量

出租人应当按照固定的周期性利率计算并确认租赁期内各个期间的利息收入。该周期性利率，是按照租赁准则第三十八条规定所采用的折现率，或者按照租赁准则第四十四条规定所采用的修订后的折现率。

**例 21-47** 沿用例 21-46，以下说明出租人如何确认计量租赁期内各期间的利息收入。

分析：

第一步，计算租赁期内各期的利息收入，如表 21-5 所示。

**表 21-5 租赁期内各期利息收入** 单位：元

| 日期 | 租金 | 确认的利息收入 | 租赁投资净额余额 |
|---|---|---|---|
| ① | ② | ③=期初④ ×7.82% | 期末④=期初④－②+③ |
| 2×20 年 1 月 1 日 | 150 000 | | 710 000 |
| 2×20 年 12 月 31 日 | 150 000 | 55 522 | 615 522 |
| 2×21 年 12 月 31 日 | 150 000 | 48 134 | 513 656 |
| 2×22 年 12 月 31 日 | 150 000 | 40 168 | 403 824 |
| 2×23 年 12 月 31 日 | 150 000 | 31 579 | 285 403 |
| 2×24 年 12 月 31 日 | 150 000 | 22 319 | 157 722 |
| 2×25 年 12 月 31 日 | 150 000 | 12 278 | 20 000 |

（续表）

| 日期 | 租金 | 确认的利息收入 | 租赁投资净额余额 |
|---|---|---|---|
| ① | ② | ③=期初④ ×7.82% | 期末④=期初④－②+③ |
| 2×25 年 12 月 31 日 | 20 000 | | |
| 合计 | 920 000 | 210 000 | |

注：作尾数调整 12 278 = 150 000 + 20 000 − 157 722

第二步，会计分录：

2×20 年 12 月 31 日收到第一期租金。

借：银行存款　150 000

　　贷：应收融资租赁款——租赁收款额　150 000

借：应收融资租赁款——未实现融资收益　55 522

　　贷：租赁收入　55 522

2×21 年 12 月 31 日收到第二期租金。

借：银行存款　150 000

　　贷：应收融资租赁款——租赁收款额　150 000

借：应收融资租赁款——未实现融资收益　48 134

　　贷：租赁收入　48 134

租赁准则规定，纳入出租人租赁投资净额的可变租赁付款额只包含取决于指数或比率的可变租赁付款额。在初始计量时，应当采用租赁期开始日的指数或比率进行初始计量。出租人应定期复核计算租赁投资总额时所使用的未担保余值。若预计未担保余值降低，出租人应修改租赁期内的收益分配，并立即确认预计的减少额。

出租人取得的未纳入租赁投资净额计量的可变租赁付款额，如与资产的未来绩效或使用情况挂钩的可变租赁付款额，应当在实际发生时计入当期损益。

**例 21-48**　沿用例 21-46，假设 2×21 年和 2×22 年，A 公司分别实现塑钢窗户年销售收入 1 000 000 和 1 500 000 元。根据租赁合同，B 公司 2×21 年和 2×22 年应向 A 公司收取的与销售收入挂钩的租金分别为 50 000 元和 75 000 元。

分析：

会计分录为：

2×21 年

借：银行存款（或应收账款）　50 000

　　贷：租赁收入　50 000

2×22 年

借：银行存款（或应收账款）　75 000

　　贷：租赁收入　75 000

**例 21-49**　沿用例 21-46，租赁期届满时的处理一承租人行使购买权。

分析：

借：银行存款　　20 000

　　贷：应收融资租赁款——租赁收款额　　20 000

3. 融资租赁变更的会计处理

租赁准则规定、融资租赁发生变更且同时符合下列条件的，出租人应当将该变更作为一项单独租赁进行会计处理：

（1）该变更通过增加一项或多项租赁资产的使用权而扩大了租赁范围或延长了租赁期限；

（2）增加的对价与租赁范围扩大部分或租赁期限延长部分的单独价格按该合同情况调整后的金额相当。

**例 21-50**　承租人就某套机器设备与出租人签订了一项为期 5 年的租赁，构成融资租赁。在第 2 年年初，承租人和出租人同意对原租赁进行修改，再增加 1 套机器设备用于租赁，租赁期也为 5 年。扩租的设备从第 2 年第二季度末时可供承租人使用。租赁总对价的增加额与新增的该套机器设备的当前出租市价扣减相关折扣相当。其中，折扣反映了出租人节约的成本，即若将同样设备租赁给新租户出租人会发生的成本，如营销成本等。

分析：此情况下，该变更通过增加一项或多项租赁资产的使用权而扩大了租赁范围，增加的对价与租赁范围扩大部分的单独价格按该合同情况调整后的金额相当，应将该变更作为一项新的租赁。

租赁准则规定，如果融资租赁的变更未作为一项单独租赁进行会计处理，且满足假如变更在租赁开始日生效，该租赁会被分类为经营租赁条件的，出租人应当自租赁变更生效日开始将其作为一项新租赁进行会计处理，并以租赁变更生效日前的租赁投资净额作为租赁资产的账面价值。

**例 21-51**　承租人就某套机器设备与出租人签订了一项为期 5 年的租赁，构成融资租赁。合同规定，每年末承租人向出租人支付租金 10 000 元，租赁期开始日，出租资产公允价值为 37 908 元。按照公式 10 000×（P/A，r，5）＝37 908（元），计算得出租赁内含利率 10%，租赁收款额为 50 000 元，未确认融资收益为 12 092 元。在第 2 年年初，承租人和出租人同意对原租赁进行修改，缩短租赁期限到第三年年末，每年支付租金时点不变，租金总额从 50 000 元变更到 33 000 元。假设本例中不涉及未担保余值、担保余值、终止租赁罚款等。

分析：本例中，如果原租赁期限设定为 3 年，在租赁开始日，租赁类别被分类为经营租赁。那么，在租赁变更生效日，即第 2 年年初，出租人将租赁投资净额余额 31 699 元（37 908＋37 908×10%－10 000）作为该套机器设备的入账价值，并从第 2 年年初开始，作为一项新的经营租赁（2 年租赁期，每年末收取租金 11 500 元）进行会计处理。

第二年年初会计分录如下：

借：固定资产　　31 699

　　应收融资租赁款——未确认融资收益（12 092－37 908×10%）　　8 301

　　贷：应收融资租赁款——租赁收款额（50 000－10 000）　　40 000

如果融资租赁的变更未作为一项单独租赁进行会计处理，且满足假如变更在租赁开始日生效，该租赁会被分类为融资租赁条件的，出租人应当按照《企业会计准则第22号——金融工具确认和计量》（2017）第四十二条关于修改或重新议定合同的规定进行会计处理。即，修改或重新议定租赁合同，未导致应收融资租赁款终止确认，但导致未来现金流量发生变化的，应当重新计算该应收融资租赁款的账面余额，并将相关利得或损失计入当期损益。重新计算应收融资租赁款账面余额时，应当根据重新议定或修改的租赁合同现金流量按照应收融资租赁款的原折现率或按照《企业会计准则第24号——套期会计》（2017）第二十三条规定重新计算的折现率（如适用）折现的现值确定。对于修改或重新议定租赁合同所产生的所有成本和费用，企业应当调整修改后的应收融资租赁款的账面价值，并在修改后的应收融资租赁款的剩余期限内进行摊销。

**例21-52** 承租人就某套机器设备与出租人签订了一项为期5年的租赁，构成融资租赁。合同规定，每年年末承租人向出租人支付租金10 000元、租赁开始日租赁资产公允价值为37 908元，如例21-51，租赁内含利率10%。在第2年年初，承租人和出租人因为设备适用性等原因同意对原租赁进行修改，从第二年开始，每年支付租金额为9 500元、租金总额从50 000元变更到48 000元。

分析：如果此付款变更在租赁开始日生效，租赁类别仍被分类为融资租赁，那么，在租赁变更生效日到第2年年初，按10%原租赁内含利率重新计算租赁投资净额为30 114元［9500×（P/A，10%，4）］，与原租赁投资净额账面余额31 699元的差额1 585元（其中“应融资租赁款——租赁收款额”减少2000元，“应收融资租赁款——未确认融资收益”减少415元）计入当期损益。

第二年年初会计分录如下：

| | | |
|---|---|---|
| 借：租赁收入 | 1 585 | |
| 　　应收融资租赁款——未确认融资收益 | 415 | |
| 　　贷：应收融资租赁款——租赁收款额 | | 2 000 |

**（四）出租人对经营租赁的会计处理**

1. 租金的处理

在租赁期内各个期间，出租人应采用直线法或者其他系统合理的方法将经营租赁的租赁收款额确认为租金收入。如果其他系统合理的方法能够更好地反映因使用租赁资产所产生经济利益的消耗模式的，则出租人应采用该方法。

2. 出租人对经营租赁提供激励措施

出租人提供免租期的，出租人应将租金总额在不扣除免租期的整个租赁期内，按直线法或其他合理的方法进行分配，免租期内应当确认租金收入。出租人承担了承租人某些费用的，出租人应将该费用自租金收入总额中扣除，按扣除后的租金收入余额在租赁期内进行分配。

3. 初始直接费用

出租人发生的与经营租赁有关的初始直接费用应当资本化至租赁标的资产的成本，在租赁期内按照与租金收入相同的确认基础分期计入当期损益。

4. 折旧和减值

对于经营租赁资产中的固定资产，出租人应当采用类似资产的折旧政策计提折旧；

对于其他经营租赁资产，应当根据该资产适用的企业会计准则，采用系统合理的方法进行摊销。

出租人应当按照《企业会计准则第 8 号——资产减值》的规定，确定经营租赁资产是否发生减值，并对已识别的减值损失进行会计处理。

5. 可变租赁付款额

出租人取得的与经营租赁有关的可变租赁付款额，如果是与指数或比率挂钩的，应在租赁期开始日计入租赁收款额；除此之外的，应当在实际发生时计入当期损益。

6. 经营租赁的变更

租赁准则规定，经营租赁发生变更的，出租人应自变更生效日开始，将其作为一项新的租赁进行会计处理，与变更前租赁有关的预收或应收租赁收款额视为新租赁的收款额。

## 四、特殊租赁业务的会计处理

### （一）转租赁

转租情况下。原租赁合同和转租赁合同通常都是单独协商的，交易对手也是不同的企业、租赁准则要求转租出租人对原租赁合同和转租赁合同分别根据承租人和出租人会计处理要求，进行会计处理。

承租人在对转租赁进行分类时，转租出租人应基于原租赁中产生的使用权资产，而不是租赁资产（如作为租赁对象的不动产或设备）进行分类。原租赁资产不归转租出租人所有，原租赁资产也未计入其资产负债表。因此，转租出租人应基于其控制的资产（即使用权资产）进行会计处理：

原租赁为短期租赁，且转租出租人作为承租人已按照租赁准则采用简化会计处理方法的，应将转租赁分类为经营租赁。

**例 21-53** A 公司（原租赁承租人）与 B 公司（原租赁出租人）就 5 000 平方米办公场所签订了一项为期 5 年的租赁（原租赁）。在第 3 年年初，A 公司将该 5 000 平方米办公场所转租给丙企业，期限为原租赁的剩余 3 年时间（转租赁）。假设不考虑初始直接费用。

分析：A 公司应基于原租赁形成的使用权资产对转租赁进行分类。本例中，转租赁的期限覆盖了原租赁的所有剩余期限，综合考虑其他因素，A 公司判断其实质上转移了与该项使用权资产有关的几乎全部风险和报酬，A 公司将该项转租赁分类为融资租赁。

A 公司的会计处理为：（1）终止确认与原租赁相关且转给丙企业（转租承租人）的使用权资产，并确认转租赁投资净额；（2）将使用权资产与转租赁投资净额之间的差额确认为损益；（3）在资产负债表中保留原租赁的租赁负债，该负债代表应付原租赁出租人的租赁付款额。在转租期间，中间出租人既要确认转租赁的融资收益，也要确认原租赁的利息费用。

**例 21-54** A 公司（原租赁承租人）与 B 公司（原租赁出租人）就 5 000 平方米办公场所签订了一项为期 5 年的租赁（原租赁）。在原租赁的租赁期开始日，A 公司将该 5 000 平方米办公场所转租给丙企业，期限为两年（转租赁）。

分析：A公司基于原租赁形成的使用权资产对转租赁进行分类，考虑各种因素后，将其分类为经营租赁。签订转租赁时，中间出租人在其资产负债表中继续保留与原租赁相关的租赁负债和使用权资产。在转租期间，A公司（1）确认使用权资产的折旧费用和租赁负债的利息；并（2）确认转租赁的租赁收入。

**（二）生产商或经销商出租人的融资租赁会计处理**

生产商或经销商通常为客户提供购买或租赁其产品或商品的选择。如果生产商或经销商出租其产品或商品构成融资租赁，则该交易产生的损益应相当于按照考虑适用的交易量或商业折扣后的正常售价直接销售标的资产所产生的损益。构成融资租赁的，生产商或经销商出租人在租赁期开始日应当按照租赁资产公允价值与租赁收款额按市场利率折现的现值两者孰低确认收入，并按照租赁资产账面价值扣除未担保余值的现值后的余额结转销售成本，收入和销售成本的差额作为销售损益。

由于取得融资租赁所发生的成本主要与生产商或经销商赚取的销售利得相关，生产商或经销商出租人应当在租赁期开始日将其计入损益。即，与其他融资租赁出租人不同，生产商或经销商出租人取得融资租赁所发生的成本不属于初始直接费用，不计入租赁投资净额。

**例21-55** A公司是一家设备生产商，与B公司（生产型企业）签订了一份租赁合同，向B公司出租所生产的设备，合同主要条款如下：（1）租赁资产：设备A；（2）租赁期：2×19年1月1日至2×21年12月31日，共3年；（3）租金支付：自2×19年起每年年末支付年租金1 000 000元；（4）租赁合同规定的利率：5%（年利率），与市场利率相同；（5）该设备于2×19年1月1日的公允价值为2 700 000元，账面价值为2 000 000元；（6）A公司取得该租赁发生的相关成本为5000元；（7）该设备于2×19年1月1日交付B公司，预计使用寿命为8年，无残值；租赁期届满时，B公司可以100元购买该设备，预计租赁到期日该设备的公允价值不低于1 500 000元，B公司对此金额提供担保；租赁期内该设备的保险、维修等费用均由B公司自行承担。假设不考虑其他因素和各项税费影响。

分析：

第一步，判断租赁类型：本例中租赁期满B公司可以远低于租赁到期日租赁资产公允价值的金额购买租赁资产，A公司认为其可以合理确定B公司将行使购买选择权，综合考虑其他因素，与该项资产所有权有关的几乎所有风险和报酬已实质转移给B公司，因此A公司将该租赁认定为融资租赁。

第二步，计算租赁期开始日租赁收款额按市场利率折现的现值，确定收入金额。

租赁收款额＝租金×期数＋购买价格＝1 000 000×3＋100＝3 000 100（元）

租赁收款额按市场利率折现的现值＝1 000 000×（P/A，5%，3）＋100×（P/F，5%，3）＝2 723 286（元）

按照租赁资产公允价值与租赁收款额按市场利率折现的现值两者孰低的原则，确认收入为2 700 000元。

第三步，计算租赁资产账面价值扣除未担保余值的现值后的余额，确定销售成本金额。

销售成本＝账面价值－未担保余值的现值＝2 000 000 － 0 ＝ 2000 000（元）

第四步，会计分录：

2×19 年 1 月 1 日（租赁期开始日）

借：应收融资租赁款—租赁收款额　　3 000 100

　　贷：营业收入　　2 700 000

　　　　应收融资租赁款—未实现融资收益　　300 100

借：营业成本　　2 000 000

　　贷：存货　　2 000 000

借：销售费用　　5 000

　　贷：银行存款　　5 000

由于 A 公司在确定营业收入和租赁投资净额（即应收融资租赁款）时，是基于租赁资产的公允价值，因此，A 公司需要根据租赁收款额、未担保余值和租赁资产公允价值重新计算租赁内含利率。

即 1 000 000×（P/A，r，3）＋ 100×（P/F，r，3）＝ 2700 000（元），r ＝ 5.4606%≈5.46%，计算租赁期内各期分摊的融资收益如表 21-6 所示。

**表 21-6　租赁期内各期的融资收益**　　单位：元

| 日期 | 收取租赁款项 | 确认的融资收入 | 应收租赁款减少额 | 应收租赁款净额 |
|---|---|---|---|---|
| | ① | ②＝期初④ ×5.4606% | ③＝①－② | 期末④＝期初④－③ |
| 2×19 年 1 月 1 日 | 1 000 000 | | | 2 700 000 |
| 2×19 年 12 月 31 日 | 1 000 000 | 147 436 | 852 564 | 1 847 436 |
| 2×20 年 12 月 31 日 | 1 000 000 | 100 881 | 899 119 | 948 317 |
| 2×21 年 12 月 31 日 | 1 000 000 | 51 783 | 948 217 | 100 |
| 2×21 年 12 月 31 日 | 100 | | 100 | |
| 合计 | 3 000 100 | 300 100 | 2 700 000 | |

注：作尾数调整：51 783 ＝ 1 000 000 － 948 217，948 217 ＝ 948 317 － 100

2×19 年 12 月 31 日会计分录：

借：应收融资租赁款—未实现融资收益　　147 436

　　贷：租赁收入　　147 436

借：银行存款　　1000 000

　　贷：应收融资租赁款—租赁收款额　　1000 000

2×20 年 12 月 31 日和 2×21 年 12 月 31 日会计分录略。

**例 21-56** A 公司是一家设备生产商，与 B 公司（生产型企业）签订了一份租赁合同，向 B 公司出租所生产的设备，合同主要条款如下：（1）租赁资产：设备 A；（2）租赁期：2×19 年 1 月 1 日－2×25 年 12 月 31 日，共 7 年；（3）租金支付：自 2×19 年起每年末支付年租金 475 000 元；（4）租赁合同规定的利率：6%（年利率），与市场利率相同；（5）该设备于 2×19 年 1 月 1 日的公允价值为 2 700 000 元，账面价值为 2 000 000 元，A 公司认为租赁到期时该设备余值为 72 800 元，B 公司及其关联方未对会值提供担保；（6）A 公司取得该租赁发生的相关成本为 5 000 元；（7）该设备于 2×19 年 1 月 1 日交付 B 公司。预计使用寿命为 7 年；租赁期内该设备的保险、维修等费用均由 B 公司自行承担。假设不考虑其他因素和各项税费影响。

分析：

第一步，判断租赁类型。

本例中租赁期与租赁资产预计使用寿命一致，租赁收款额的现值为 2 651 600 元，约为租赁资产公允价值的 98%。

综合考虑其他因素，A 公司认为与该项资产所有权有关的几乎所有风险和报酬已实质转移给 B 公司，所以将该租赁认定为融资租赁。

第二步，计算租赁期开始日租赁收款额按市场利率折现的现值，确定收入金额。

租赁收款额＝租金 × 期数＝ 475 000×7 ＝ 3 325 000（元）

租赁收款额按市场利率折现的现值＝ 475 000×（P/A，6%，7）＝ 2 651 600（元）

按照租赁资产公允价值与租赁收款额按市场利率折现的现值两者孰低的原则，确认收入为 2 651 600 元

注：475 000×（P/A，6%，7）＝ 2 651 640（元），为便于计算，作尾数调整，取 2 651 600 元。

第三步，计算租赁资产账面价值扣除未担保余值的现值后的余额，确定销售成本金额。

未担保余值的现值＝ 72 800×（P/F，6%，7）＝ 48 400（元）

注：72 800×（P/F，6%，7）＝ 48 412 元，为便于计算，作尾数调整，取 48 400 元。

销售成本＝账面价值－未担保余值的现值＝ 2 000 000 － 48 400 ＝ 1951 600（元）

第四步，会计分录：

2×19 年 1 月 1 日（租赁期开始日）

| | | |
|---|---|---|
| 借：应收融资租赁款—租赁收款额 | 3 325 000 | |
| 贷：营业收入 | | 2 651 600 |
| 应收融资租赁款—未实现融资收益 | | 673 400 |
| 借：营业成本 | 1 951 600 | |
| 应收融资租赁款—未担保余值 | 72 800 | |
| 贷：存货 | | 2 000 000 |
| 应收融资租赁款—未实现融资收益 | | 24 400 |
| 借：销售费用 | 5 000 | |
| 贷：银行存款 | | 5 000 |

由于 A 公司在确定营业收入和租赁投资净额（即应收融资租赁款）时，是基于租赁收款额按市场利率折现的现值，因此，A 公司无需重新计算租赁内含利率。A 公司

按上述折现率 6% 计算租赁期内各期分摊的融资收益如表 21-7 所示。

**表 21-7　租赁期内各期的融资收益**　　单位：元

| 日期 | 收取租赁款项 | 确认的融资收入 | 应收租赁款减少额 | 应收租赁款净额 |
|---|---|---|---|---|
| | ① | ②=期初④ ×6% | ③=②−① | ④=期初④−③ |
| 2×19 年<br>1 月 1 日 | | | | 2 700 000 |
| 2×19 年<br>12 月 31 日 | 475 000 | 162 000 | 313 000 | 2 387 000 |
| 2×20 年<br>12 月 31 日 | 475 000 | 143 220 | 331 780 | 2 055 220 |
| 2×21 年<br>12 月 31 日 | 475 000 | 123 313 | 351 687 | 1 703 533 |
| 2×22 年<br>12 月 31 日 | 475 000 | 102 212 | 372 788 | 1 330 745 |
| 2×23 年<br>12 月 31 日 | 475 000 | 79 845 | 395 155 | 935 590 |
| 2×24 年<br>12 月 31 日 | 475 000 | 56 135 | 418 865 | 516 725 |
| 2×25 年<br>12 月 31 日 | 475 000 | 31 075 | 443 925 | 72 800 |
| | | | 72 800 | |
| 合计 | 3 325 000 | 697 800 | 2 700 000 | |

注：包括未实现融资收益的摊销和未担保余值产生的利息两部分；
作尾数调整：31 075 = 475 000 − 443925；443 925 = 516 725 − 72 800（假定租赁资产余值估计一直未变）。

2×19 年 12 月 31 日会计分录：

借：应收融资租赁款——未实现融资收益　　159 096
　　应收融资租赁款——未担保余值　　2 904
　　贷：租赁收入　　162 000
借：银行存款　　475 000
　　贷：应收融资租赁款——租赁收款额　　475 000

2×20—2×24 年度会计分录略。

假设 2×25 年 12 月 31 日，B 公司到期归还租赁资产，A 公司将该资产处置，取得处置款 72 800 元，会计分录如下：

借：应收融资租赁款——未实现融资收益　　26 931
　　应收融资租赁款——未担保余值　　4 144
　　贷：租赁收入　　31 075

借：银行存款　　475 000
　　贷：应收融资租赁款——租赁收款额　　475 000
借：融资租赁资产　　72 800
　　贷：应收融资租赁款——未担保余值　　72 800
借：银行存款　　72 800
　　贷：融资租赁资产　　72 800

为吸引客户，生产商或经销商出租人有时以较低利率报价。使用该利率会导致出租人在租赁期开始日确认的收入偏高。在这种情况下，生产商或经销商出租人应当将销售利得限制为采用市场利率所能取得的销售利得。

**（三）售后租回交易**

若企业（卖方兼承租人）将资产转让给其他企业（买方兼出租人），并从买方兼出租人租回该项资产，则卖方兼承租人和买方兼出租人均应按照售后租回交易的规定进行会计处理。企业应当按照《企业会计准则第 14 号——收入》（2017）的规定，评估确定售后租回交易中的资产转让是否属于销售，并区别进行会计处理。

在标的资产的法定所有权转移给出租人并将资产租赁给承租人之前，承租人可能会先获得标的资产的法定所有权。但是，是否具有标的资产的法定所有权本身并非会计处理的决定性因素。如果承租人在资产转移给出租人之前已经取得对标的资产的控制，则该交易属于售后租回交易。然而，如果承租人未能在资产转移给出租人之前取得对标的资产的控制，那么即便承租人在资产转移给出租人之前先获得标的资产的法定所有权，该交易也不属于售后租回交易。

1. 售后租回交易中的资产转让属于销售

卖方兼承租人应当按原资产账面价值中与租回获得的使用权有关的部分，计量售后租回所形成的使用权资产，并仅就转让至买方兼出租人的权利确认相关利得或损失。买方兼出租人根据其他适用的《企业会计准则》对资产购买进行会计处理，并根据租赁准则对资产出租进行会计处理。

如果销售对价的公允价值与资产的公允价值不同，或者出租人未按市场价格收取租金、企业应当进行以下调整：（1）销售对价低于市场价格的款项作为预付租金进行会计处理；（2）销售对价高于市场价格的款项作为买方兼出租人向卖方兼承租人提供的额外融资进行会计处理。

同时，承租人按照公允价值调整相关销售利得或损失，出租人按市场价格调整租金收入。在进行上述调整时，企业应当按以下二者中较易确定者进行：（1）销售对价的公允价值与资产的公允价值的差异；（2）合同付款额的现值与按市场租金计算的付款额的现值的差异。

2. 售后租回交易中的资产转让不属于销售

卖方兼承租人不终止确认所转让的资产，而应当将收到的现金作为金融负债。并按照《企业会计准则第 22 号－金融工具确认和计量》（2017）进行会计处理。买方兼出租人不确认被转让资产，而应当将支付的现金作为金融资产，并按照《企业会计准则第 22 号－金融工具确认和计量》（2017）进行会计处理。

3. 售后租回交易示例

（1）售后租回交易中的资产转让不属于销售。

**例 21-57** A公司（卖方兼承租人）以货币资金24 000 000元的价格向B公司（买方兼出租人）出售一栋建筑物，交易前该建筑物 的账面原值是24 000 000元，累计折旧是4 000 000元。与此同时，A公司与B公司签订了合同，取得了该建筑物18年的使用权（全部剩余使用年限为40年），年租金为2 000 000元，于每年年末支付，租赁期满时，A公司将以100元购买该建筑物。根据交易的条款和条件，A公司转让建筑物不满足《企业会计准则第14号——收入》（2017）中关于销售成立的条件。假设不考虑初始直接费用和各项税费的影响。该建筑物在销售当日的公允价值为36 000 000元。

分析：

在租赁期开始日，A公司对该交易的会计处理如下：

| | | |
|---|---|---|
| 借：货币资金 | 24 000 000 | |
| 　　贷：长期应付款 | | 24 000 000 |

在租赁期开始日，B公司对该交易的会计处理如下：

| | | |
|---|---|---|
| 借：长期应收款 | 24 000 000 | |
| 　　贷：货币资金 | | 24 000 000 |

（2）售后租回交易中的资产转让属于销售。

**例 21-58** A公司（卖方兼承租人）以货币资金40 000 000元的价格向B公司（买方兼出租人）出售一栋建筑物，交易前该建筑物的账面原值是24 000 000元，累计折旧是4 000 000元。与此同时，A公司与B公司签订了合同，取得了该建筑物18年的使用权（全部剩余使用年限为40年），年租金为2 400 000元，于每年年末支付。根据交易的条款和条件，A公司转让建筑物符合《企业会计准则第14号一收入》（2017）中关于销售成立的条件。假设不考虑初始直接费用和各项税费的影响。该建筑物在销售当日的公允价值为36 000 000元。

分析：由于该建筑物的销售对价并非公允价值，A公司和B公司分别进行了调整，以按照公允价值计量销售收益和租赁应收款。超额售价4 000 000元（40 000 000－36 000 000）作为B公司向A公司提供的额外融资进行确认。

A、B公司均确定租赁内含年利率为4.5%. 年付款额现值为29 183 980元（年付款额2 400 000，共18期，按每年4.5%进行折现），其中4 000 000元与额外融资相关，25 183 980元与租赁相关（分别对应年付款额328 948元和2 071 052元），具体计算过程如下：

年付款额现值＝2 400 000×（P/A，4.5%，18）＝29 183 980（元）

额外融资年付款额＝4000 000÷29 183 980×2 400 000 ＝328 948（元）

租赁相关年付款额＝2400 000 － 328 948 ＝207 1052（元）。

1. 在租赁期开始日，A公司对该交易的会计处理如下：

第一步，按与租回获得的使用权部分占该建筑物的原账面金额的比例计算售后租回所形成的使用权资产使用权资产＝该建筑物的账面价值 ×（18年使用权资产的租赁付款额现值 ÷ 该建筑物的公允价值）＝（2 400 0000 － 4 000 000）×（25 183 980÷36 000 000）＝13 991 100（元）

第二步，计算与转让至B公司的权利相关的利得出售该建筑物的全部利得＝6 000 000－20 000 000＝16 000 000（元），其中：

（a）与该建筑物使用权相关利得＝16 000 000×（25 183 980＝36 000 000）＝11 192 880（元）；

（b）与转让至B公司的权利相关的利得＝16 000 000－11 192 880＝4 807 120（元）。

第三步，相关会计分录：

（1）与额外融资相关。

| | | |
|---|---|---|
| 借：货币资金 | 4 000 000 | |
| 贷：长期应付款 | | 4 000 000 |

（2）与租赁相关。

| | | |
|---|---|---|
| 借：货币资金 | 36 000 000 | |
| 使用权资产固定资产——建筑物 | 13 991 100 | |
| ——累计折旧 | 4 000 000 | |
| 租赁负债——未确认融资费用 | 12094956 | |
| 贷：固定资产——建筑物——原值 | | 24 000 000 |
| 租赁负债——租赁付款额 | | 37 278 936 |
| 资产处置损益 | | 4 807 120 |

租赁付款额＝2 071 052×18＝37 278 936（元）

后续A公司支付的年付款额2 400 000元中2 071 052元作为租赁付款额处理；328 948元作为以下两项进行会计处理：（1）结算金融负债4 000 000元而支付的款项和（2）利息费用。以第一年年末为例：

| | | |
|---|---|---|
| 借：租赁负债——租赁付款额 | 2 071 052 | |
| 长期应付款 | 148 948 | |
| 利息费用 | 1 313 279 | |
| 贷：租赁负债——未确认融资费用 | | 1 133 279 |
| 银行存款 | | 2400 000 |

利息费用＝25 183 980×4.5%＋4 000 000×4.5%＝1 133 279＋180 000
＝1 313 279（元）。

长期应付款减少额＝328 948－180 000＝148 948（元）。

2. 综合考虑租期占该建筑物剩余使用年限的比例等因素，B公司将该建筑物的租赁分类为经营租赁。

在租赁期开始日，B公司对该交易的会计处理如下：

| | | |
|---|---|---|
| 借：固定资产——建筑物 | 36 000 000 | |
| 长期应收款 | 4 000 000 | |
| 贷：货币资金 | | 40 000 000 |

租赁期开始日之后，B公司将从A公司处年收款额2 400 000元中的2 071 052元作为租赁收款额进行会计处理。从A公司处年收款额中的其余328 948元作为以下两项进行会计处理：（1）结算金融资产而收到的款项；（2）利息收入。以第一年年

末为例：

| | | |
|---|---|---|
| 借：银行存款 | 2 400 000 | |
| 贷：租赁收入 | | 2 071 052 |
| 利息收入 | | 180 000 |
| 长期应收款 | | 148 948 |

## 第二节 新准则对企业的影响

### 一、租赁准则的主要变化

修订后的租赁准则，与原准则相比，主要变化归纳如下。

**（一）承租人会计处理由“双重模型”修改为“单一模型”**

新租赁准则下，承租人不再将租赁区分为经营租赁或融资租赁，而是采用统一的会计处理模型，对短期租赁和低价值资产租赁以外的其他所有租赁均确认使用权资产和租赁负债，并分别计提折旧和利息费用。

**（二）完善租赁和服务的区分原则**

新租赁准则将租赁定义为“在一定期间内，出租人将资产的使用权让与承租人以获取对价的合同”，并引入了“已识别资产”和“控制资产使用的权利”等概念，对租赁的识别以及租赁与服务的区分提供了更加详细的指引。

**（三）改进出租人的租赁分类原则、相关会计处理和披露要求**

新租赁准则总体上保持现行准则中有关出租人的会计处理规定，即保留了融资租赁与经营租赁的“双重模型”，并强调要依据交易的实质而非合同的形式区分融资租赁与经营租赁，并增加了可能导致租赁被分类为融资租赁的其他迹象。同时，还增加了对生产商或经销商作为出租人的融资租赁的会计处理规定。此外，新租赁准则还丰富了出租人披露内容，为报表使用者提供更多有用信息。

**（四）其他变化**

除上述主要变化外，新租赁准则还根据《企业会计准则第 14 号——收入》的最新修订，对于售后租回交易的会计处理进行了相应调整，并对租赁期开始日后选择权重估或合同变更等情形下的会计处理给出清晰的指引，弥补了现行准则的空白。新租赁准则还进一步完善了与租赁有关的列示和信息披露要求。

总体而言，新租赁准则将会导致承租人资产负债表中的负债大幅增加，从而改变某些关键财务指标，预期对于大量采用经营租赁模式的行业，例如，零售、运输、航空、电信等将产生深远影响。此外，虽然出租人的会计处理模式没有发生显著变化，但由于承租人会计处理的变化可能会影响承租人重新架构租赁安排，并进而影响出租人的业务模式及与承租人的商业谈判，其商业影响也不容小觑。

### 二、租赁准则的主要影响

首先，由于除短期租赁和低价值资产租赁外，新准则要求承租方不再区分其所租赁的资产是经营租赁还是融资租赁，经营租赁资产和融资租赁资产均需确认为“使用权资产”，在对“使用权资产”进行初始确认和计量的同时，还应当按照租赁期开始日尚未支付的租赁付款额的现值对“租赁负债”进行初始确认和计量。

尽管“使用权资产”的初始计量金额中，除了租赁负债的初始计量金额外，还包括“承租人发生的初始直接费用”以及“承租人为拆卸及移除租赁资产、复原租赁资产所在场地或将租赁资产恢复至租赁条款约定状态预计将发生的成本”。但从会计核算的原理而言，后二者的发生均属于资产要素内部此增彼减或资产要素和负债要素同时增加，由此，对承租方而言，与以往相比较，对经营租赁资产同时确认“使用权资产”和“租赁负债”的结果，必然要提高承租方的资产负债率指标。

其次，“使用权资产”的确认也必然要降低承租方的总总资产周转率等指标。

对于经营租赁而言，由于是将租赁期开始日尚未支付的租赁付款额的现值计入“使用权资产”的初始计量金额之中，在所确定的使用权资产折旧年限与租赁期相等的且采用使用年限法计提折旧的情况下，使用权资产的各期折旧金额必然要小于旧准则下承租方依据各期所支付的租金金额而确认的“制造费用”“销售费用”和“管理费用”等费用的金额。然而，必须指出的是，承租方应当按照固定的周期性利率计算租赁负债在租赁期内各期间的利息费用，并计入当期损益（按照《企业会计准则第 17 号——借款费用》等其他准则规定应当计入相关资产成本的，从其规定）。从理论上而言，承租方发生经营租赁行为时，租赁期内各会计期间依据旧准则所确认的“制造费用”“销售费用”和“管理费用”等费用的金额与依据新准则所确认的折旧费用与利息费用之和的金额应当是相等的。因此，新准则对承租方经营租赁的损益不会产生明显影响（注：如果承租方对使用权资产采用加速折旧法计提折旧，新准则和旧准则下对承租方的损益核算影响的差异是客观存在的）。不难看出，在经营租赁资产的折旧年限与租赁期相等且采用使用年限法计提折旧的情况下，新准则确认使用权资产的结果，通常会降低承租方的总资产报酬率等指标。

另外，尽管新准则准许承租人采用租赁内含利率或承租人增量借款利率来计算租赁付款额的现值，但从实际情况看，承租人通常很难获取出租人的租赁内含利率，承租方采用承租人增量借款利率来计算租赁付款额的现值恐怕会成为“常态”。承租人增量借款利率，是指承租人在类似经济环境下为获得与使用权资产价值接近的资产，在类似期间以类似抵押条件借入资金须支付的利率，由于同时确认使用权资产和租赁负债会拉高承租方的资产负债率，客观上就有可能助推承租方增量借款利率的提升，进而就有可能对承租方的盈利能力指标带来不利影响。

再次，从理论和技术层面而言，新准则总体上对承租方经营租赁行为所带来的负面影响并非难以判定，为了尽可能避免新准则的实施对本已面临融资困境的中小微企业带来进一步的负面影响，新准则对短期租赁和低价值资产租赁做出了特别规定，即承租人对短期租赁和低价值资产租赁可以选择不确认使用权资产和租赁负债。鉴于新准则对承租人发生的除短期租赁和低价值租赁外的经营租赁行为的总体显性负面影响并不难感知，从博弈论角度不难预判，伴随新准则的陆续实施，承租方采取化整为零的方式将长期租赁行为短期化“瘦身”必将成为不难想象或感知的“新动向”。

总而言之，实施租赁新准则之后，除短期租赁和低价值资产租赁外，承租方发生经营租赁行为时，其资产负债率、总资产周转率和总资产报酬率等财务指标均会受到不利影响，长期租赁短期化操作必将成为承租方的博弈之举。面对租赁新准则的实施，包括租赁行业监管部门、注册会计师行业、会计行业主管部门以及承租双方在内的利益相关者，均需要秉持包容心态设法推动我国租赁行业和相关中小微企业健康发展，在保持与国际财务报告准则持续趋同的同时，充分发挥新准则的社会效用。

# 第二十二章　金融工具确认和计量

## 第一节　案例分析及操作实务

2017 年 3 月 31 日，财政部修订发布了金融工具相关会计准则，《企业会计准则第 22 号——金融工具确认和计量》（以下简称“金融工具确认与计量准则”），要求自 2018 年 1 月 1 日起在境内外同时上市的企业，以及在境外上市并采用国际财务报告准则或企业会计准则编制财务报告的企业施行，自 2×19 年 1 月 1 日起在其他境内上市企业施行，自 2021 年 1 月 1 日起在执行企业会计准则的非上市企业施行，鼓励企业提前施行。

### 一、金融工具的分类

#### （一）企业管理金融资产的业务模式

1. 业务模式评估

企业管理金融资产的业务模式，是指企业如何管理其金融资产以产生现金流量。业务模式决定企业所管理金融资产现金流量的来源是收取合同现金流量、出售金融资产还是两者兼有。企业管理金融资产的业务模式，应当以企业关键管理人员决定的对金融资产进行管理的特定业务目标为基础确定。企业确定管理金融资产的业务模式，应当以客观事实为依据，不得以按照合理预期不会发生的情形为基础确定。

2. 以收取合同现金流量为目标的业务模式

在以收取合同现金流量为目标的业务模式下，企业管理金融资产旨在通过在金融资产存续期内收取合同付款来实现现金流量，而不是通过持有并出售金融资产产生整体回报。

**例 22-1**　A 公司购买了一个贷款组合，且该组合中有包含已发生信用减值的贷款。如果贷款不能按时偿付，A 公司将通过各类方式尽可能实现合同现金流量，例如，通过邮件、电话或其他方法与借款人联系催收贷款。另外，A 公司签订了一项利率互换合同，将贷款组合的利率由浮动利率转换为固定利率。

分析：本例中，A 公司管理该贷款组合的业务模式是以收取合同现金流量为目标。即使 A 公司预期无法取全部合同现金流量（部分贷款已发生信用减值），但并不影响其业务模式。此外，该公司签订利率互换合同也不影响贷款组合的业务模式。

3. 以收取合同现金流量和出售金融资产为目标的业务模式

在以收取合同现金流量和出售金融资产为目标的业务模式下，企业的关键管理人员认为收取合同现金流量和出售金融资产对于实现其管理目标而言都是不可或缺的。例如，企业的目标是管理日常流动性需求同时维持特定的收益率，或将金融资产的存续期与相关负债的存续期进行匹配。

**例 22-2** A商业银行持有金融资产组合以满足其每日流动性需求。A商业银行为了降低其管理流动性需求的成本，高度关注该金融资产组合的回报。组合回报包括收取的合同付款和出售金融资产的利得或损失。

分析：本例中，A商业银行管理该金融资产组合的业务模式以收取合同现金流量和出售金融资产为目标。

4. 其他业务模式

如果企业管理金融资产的业务模式，不是以收取合同现金流量为目标，也不是既以收取合同现金流量又出售金融资产来实现其目标，该金融资产应当分类为以公允价值计量且其变动计入当期损益的金融资产。

**（二）金融资产的分类**

根据金融工具确认和计量准则的规定，企业应当根据其管理金融资产的业务模式和金融资产的合同现金流量特征，将金融资产划分为以下三类：

（1）以摊余成本计量的金融资产。

（2）以公允价值计量且其变动计入其他综合收益的金融资产。

（3）以公允价值计量且其变动计入当期损益的金融资产。

1. 金融资产的合同现金流量特征

金融资产的合同现金流量特征，是指金融工具合同约定的、反映相关金融资产经济特征的现金流量属性。

企业分类为以摊余成本计量和以公允价值计量且其变动计入其他综合收益的金融资产，其合同现金流量特征，应当与基本借贷安排相一致。相关金融资产在特定日期产生的合同现金流量仅为对本金和以未偿付本金金额为基础的利息的支付，其中，本金是指金融资产在初始确认时的公允价值，本金金额可能因提前还款等原因在金融资产的存续期内发生变动；利息包括对货币时间价值、与特定时期未偿付本金金额相关的信用风险以及其他基本借贷风险、成本和利润的对价。货币时间价值是利息要素中仅因为时间流逝而提供对价的部分不包括为所持有金融资产的其他风险或成本提供的对价，但货币时间价值要素有时可能存在修正。在货币时间价值要素存在修正的情况下，企业应当对相关修正进行评估，以确定其是否满足上述合同现金流量特征的要求。此外，金融资产包含可能导致其合同现金流量的时间分布或金额发生变更的合同条款（如包含提前还款特征）的，企业应当对相关条款进行评估（如评估提前还款特征的公允价值是否非常小），以确定其是否满足上述合同现金流量特征的要求。

**例 22-3** 甲公司发行了面值1 000元的公司债券，债券的初始发行价格为990元。由于债券发行后利率急剧上涨，A公司（债券当前持有人）在二级市场上以850元的价格购买了该债券。

分析：在本例中，从A公司的角度而言，本金金额为850元。因此，本金 不一定 是合同票面金额（1 000元），也不一定 是工具初始发行时提供给债务人的贷款金额（990元）（当持有人在发行之后购买资产时）。

**例 22-4** 甲企业持有一项具有固定到期日且支付浮动市场利率的债券。合同规定了利率浮动的上限。对于具有固定利率或浮动利率特征的金融工具，只要利息反映了对货币时间价值、与特定时期未偿付本金金额相关的信用风险、其他基本借贷风险、成本和利润的对价，则其符合本金加利息的合同现金流量特征。

分析：本例中，合同条款设定利率上限，可以看作是固定利率和浮动利率相结合的工具，通过合同设定利率上限可能降低合同现金流量的波动性。

**例 22-5**　某金融工具是一项永续工具，按市场利率支付利息，发行人可自主决定在任一时点回购该工具，并向持有人支付面值和累计应付利息。如果发行人无法保持后续偿付能力，可以不支付该工具利息，而且递延利息不产生额外孳息。

分析：本例中，该工具不符合本金加利息的合同现金流量特征。但是，如果该工具的合同条款要求对递延利息的金额计息，则其可能符合本金加利息的合同现金流量特征。

**例 22-6**　企业持有一项金融资产，包含每月重设为 1 年期利率的浮动利率条款，则企业每月应收的利息实际上反映了未来 12 个月货币时间价值的平均数，而非当月的货币时间价值（例如，如果在之后 11 月的期间合同利率逐月提高，则各月货币时间价值的平均数将高于当月的货币时间价值），也就是说，按合同计算的利息是对实际货币时间价值的修正。如果企业将该金融资产与具有相同合同条款和相同信用风险的、但浮动利率为每月重设为 1 个月利率的金融工具的合同现金流量进行比较。如果两个现金流量存在显著差异，那么该金融资产不符合本金加利息的合同现金流量特征。

**例 22-7**　工具 A 是一项具有固定到期日的债券。本金及未偿付本金金额之利息的支付与发行该工具所用货币的通货膨胀指数挂钩。与通货膨胀挂钩未利用杠杆，并且对本金进行保护。

分析：合同现金流量仅为本金及未偿付本金金额之利息的支付。本金及未偿付本金金额之利息的支付通过与非杠杆的通货膨胀指数挂钩，而将货币时间的价值重设为当前水平。换言之，该金融工具的利率反映的是“真实的”利率。因此，利息金额是未偿付本金金额的货币时间价值的对价。

然而，如果利息支付额与涉及债务人业绩的另一变量（比如，债务人的净收益）挂钩，则合同现金流量就不是本金及未偿付本金金额之利息的支付。

**例 22-8**　工具 B 是一项可转换成固定数量的发行人权益工具的债券。

分析：债券持有人应对该可转换债券执行整体分析。合同现金流量并非本金及未偿付本金金额之利息的支付，因为其反映的回报与基本借款安排不一致；即，回报与发行人的权益价值挂钩。

2. 以摊余成本计量的金融资产

金融资产同时符合下列条件的，应当被分类为以摊余成本计量的金融资产。

（1）企业管理该金融资产的业务模式是以收取合同现金流量为目标。

（2）该金融资产的合同条款规定，在特定日期产生的现金流量，仅为对本金和以未偿付本金金额为基础的利息的支付。

企业一般应当设置“银行存款”“贷款”“应收账款”“债权投资”等科目核算分类为以摊余成本计量的金融资产。

3. 以公允价值计量且其变动计入其他综合收益的金融资产

金融资产同时符合下列条件的，应当分类为以公允价值计量且其变动计入其他综合收益的金融资产。

（1）企业管理该金融资产的业务模式既以收取合同现金流量为目标，又以出售该金融资产为目标。

（2）该金融资产的合同条款规定，在特定日期产生的现金流量，仅为对本金和以未偿付本金金额为基础的利息的支付。

企业应当设置“其他债权投资”科目核算分类为以公允价值计量且其变动计入其他综合收益的金融资产。

4. 以公允价值计量且其变动计入当期损益的金融资产

按照金融工具确认和计量准则分类为以摊余成本计量的金融资产和以公允价值计量且其变动计入其他综合收益的金融资产之外的金融资产，企业应当将其分类为以公允价值计量且其变动计入当期损益的金融资产。

金融资产或金融负债满足下列条件之一的，表明企业持有该金融资产或承担该金融负债的目的是交易性的。

（1）取得相关金融资产或承担相关金融负债的目的，主要是为了近期出售或回购。

（2）相关金融资产或金融负债在初始确认时属于集中管理的可辨认金融工具组合的一部分且有客观证据表明近期实际存在短期获利模式。

（3）相关金融资产或金融负债属于衍生工具。但符合财务担保合同定义的衍生工具以及被指定为有效套期工具的衍生工具除外。

企业应当设置“交易性金融资产”科目核算以公允价值计量且其变动计入当期损益的金融资产。企业持有的直接指定为以公允价值计量且其变动计入当期损益的金融资产，也在本科目核算。

5. 金融资产分类的特殊规定

企业在初始确认该类金融资产时，可以将非交易性权益工具投资指定为以公允价值计量且其变动计入其他综合收益的金融资产，并按照金融工具确认和计量准则第六十五条规定确认股利收入。该指定一经做出，不得撤销。

另外，值得注意的是，企业在非同一控制下的企业合并中确认的或有对价构成金融资产的，该金融资产应当分类为以公允价值计量且其变动计入当期损益的金融资产，不得指定为以公允价值计量且其变动计入其他综合收益的金融资产。

6. 公允价值选择权

在初始确认时，如果能够消除或显著减少会计错配，则企业可以将金融资产指定为以公允价值计量且其变动计入当期损益的金融资产。该指定一经做出，不得撤销。

7. 会计科目的设置

（1）分类为以摊余成本计量的金融资产，企业一般应当设置“贷款”“应收账款”“债权投资”等科目核算；

（2）分类为以公允价值计量且其变动计入其他综合收益债权性的金融资产，企业应当设置“其他债权投资”科目核算；

（3）分类为以公允价值计量且其变动计入当期损益的金融资产。企业应当设置“交易性金融资产”科目核算；

（4）指定为以公允价值计量且其变动计入其他综合收益的金融资产，企业应当设置“其他权益工具投资”科目核算。

**例 22-9** 甲公司为境内上市公司，2×17 年度及以前年度适用的企业所得税税率为 15%，2×18 年度起适用的企业所得税税率为 25%。2×16 年度至 2×18 年度，甲公司发生的有关交易或事项如下：

2×16 年 1 月 1 日，以 5 000 万元从二级市场购入乙公司当日发行的 2 年期公司债券，该债券票面价值为 5 000 万元，票面年利率为 4%（等于实际利率），每年 12 月 31 日付息，到期还本；以 1 200 万元购入丙公司（非上市公司）10% 股权，对丙公司不具有控制、共同控制和重大影响；以 500 万元从二级市场购入一组股票组合。

甲公司对金融资产在组合层次上确定业务模式并进行分类：对于持有的 2 000 万元乙公司债券的管理是以收取合同现金流量为目标的业务模式，对于持有的 3 000 万元乙公司债券，其业务模式是为收取合同现金流量并满足流动性需求，即甲公司对该部分债券以收取合同现金流量进行日常管理，但当甲公司资金发生紧缺时，将出售该债券，以保证经营所需的流动资金；对持有的丙公司股权进行指定，除了持有该股份分得的现金股利外，该投资价值的任何变动以及处置均不影响净利润；对于股票组合，以公允价值进行管理，并与投资人员的业绩挂钩。

要求：根据资料，说明甲公司购入的各项金融资产在初始确认时应当如何分类，并陈述理由。

分析：① 将持有的乙公司 2 000 万元的债券应划分为以摊余成本计量的金融资产核算。理由：对于持有的 2 000 万元乙公司债券的管理是 以收取合同现金流量为目标的业务模式，应划分为以摊余成本计量的金融资产核算。

②将持有的乙公司 3 000 万元的债券相应的划分为以公允价值计量且其变动计入其他综合收益的金融资产核算。理由：因甲公司持有该债券业务模式是为收取合同现金流量并满足流动性需求，即公司资金发生紧缺时，将出售该债券，应划分为作为以公允价值计量且其变动计入其他综合收益的金融资产核算。

③甲公司将持有的丙公司股权相应的作为以公允价值计量且其变动计入其他综合收益的金融资产核算。理由：因甲公司对持有的丙公司股权进行指定，除了持有该股份分得的现金股利外，该投资价值的任何变动以及处置均不影响净利润，因此应将该项投资指定为以公允价值计量且其变动计入其他综合收益的金融资产核算。

④甲公司将持有的丙公司股票组合相应的作为以公允价值计量且其变动计入当期损益的金融资产核算。理由：甲公司持有该股票组合是以公允价值进行管理，并与投资人员的业绩挂钩，应划分为以公允价值计量且其变动计入当期损益的金融资产核算。

### （三）金融负债的分类

1. 以摊余成本计量

根据金融工具确认和计量准则的规定，除下列各项外，企业应当将金融负债分类为以摊余成本计量的金融负债。

（1）以公允价值计量且其变动计入当期损益的金融负债，包括交易性金融负债（含属于金融负债的衍生工具）和指定为以公允价值计量且其变动计入当期损益的金融负债。

（2）金融资产转移不符合终止确认条件或继续涉入被转移金融资产所形成的金融

负债。对此类金融负债，企业应当按照《企业会计准则第 23 号——金融资产转移》相关规定进行计量。

（3）不属于上述（1）或（2）情形的财务担保合同，以及不属于上述（1）情形的以低于市场利率贷款的贷款承诺。企业作为此类金融负债发行方的，应当在初始确认后按照金融工具确认和计量准则第八章所确定的损失准备金额以及初始确认金额扣除依据《企业会计准则第 14 号——收入》相关规定所确定的累计摊销额后的余额孰高进行计量。

2. 以公允价值计量且其变动计入当期损益

在非同一控制下的企业合并中，企业作为购买方确认的或有对价形成金融负债的，该金融负债应当按照以公允价值计量且其变动计入当期损益进行会计处理。例如，如果不作出以公允价值计量且其变动计入损益的指定，某项金融资产的后续计量可能是以公允价值计量且其变动计入损益，而主体认为与之相关的负债则以摊余成本进行后续计量（其公允价值变动不予确认）。在这种情况下，企业可得出结论认为，如果该项资产和负债同时均以公允价值计量且其变动计入损益，则财务报表将能提供更相关的信息。

3. 公允价值选择权

在初始确认时，为了提供更相关的会计信息，企业可以将金融负债指定为以公允价值计量且其变动计入当期损益的金融负债，但该指定应当满足下列条件之一。

（1）能够消除或显著减少会计错配。

（2）根据正式书面文件载明的企业风险管理或投资策略，以公允价值为基础对金融负债组合或金融资产和金融负债组合进行管理和业绩评价，并在企业内部以此为基础向关键管理人员报告。该指定一经做出，不得撤销。

## 二、金融工具的重分类

### （一）金融工具重分类的定义

金融工具确认和计量准则规定，企业改变其管理金融资产的业务模式时，应当按照金融工具确认和计量准则的规定对所有受影响的相关金融资产进行重分类。企业对所有金融负债均不得进行重分类。

企业发生下列情况的，不属于金融资产或金融负债的重分类。

（1）按照《企业会计准则第 24 号——套期会计》相关规定，某金融工具以前被指定并成为现金流量套期或境外经营净投资套期中的有效套期工具，但目前已不再满足运用该套期会计方法的条件。

（2）按照《企业会计准则第 24 号——套期会计》相关规定，某金融工具被指定并成为现金流量套期或境外经营净投资套期中的有效套期工具。

（3）按照《企业会计准则第 24 号——套期会计》相关规定，运用信用风险敞口公允价值选择权所引起的计量变动。

### （二）金融资产重分类的会计处理

金融工具确认和计量准则规定，企业对金融资产进行重分类时，应当自重分类日起采用未来适用法进行相关会计处理，不得对以前已经确认的利得、损失（包括减值损失或利得）或利息进行追溯调整。

重分类日是指导致企业对金融资产进行重分类的业务模式发生变更后的首个报告

期间的第一天。

（1）企业将一项以摊余成本计量的金融资产重分类为以公允价值计量且其变动计入当期损益的金融资产的，应当按照该资产在重分类日的公允价值进行计量。原账面价值与公允价值之间的差额计入当期损益。

企业将一项以摊余成本计量的金融资产重分类为以公允价值计量且其变动计入其他综合收益的金融资产的，应当按照该金融资产在重分类日的公允价值进行计量。原账面价值与公允价值之间的差额计入其他综合收益。该金融资产重分类不影响其实际利率和预期信用损失的计量。

**例 22-10** A 银行于 2×17 年 1 月 1 日以公允价值 500 000 万元购入一项债券投资组合，将其分类为以摊余成本计量的金融资产。2×18 年 1 月 1 日，将其重分类为以公允价值计量且其变动计入当期损益的金融资产。重分类日，该债券组合的公允价值为 490 000 万元，已确认的损失准备为 6 000 万元（反映了自初始确认后信用风险显著增加，因此以整个存续期预期信用损失计量）。假定不考虑利息收入的会计处理。

2×18 年 1 月 1 日，A 银行会计处理如下：

借：交易性金融资产　490 000
　　债权投资损失准备　6 000
　　公允价值变动损益　4 000
　　贷：债权投资　500 000

**例 22-11** A 银行于 2×17 年 1 月 1 日以公允价值 500 000 万元购入一项债券投资组合，将其分类为以摊余成本计量的金融资产。2×18 年 1 月 1 日，将其重分类为以公允价值计量且其变动计入其他综合收益的金融资产。重分类日，该债券组合的公允价值为 490 000 万元，已确认的损失准备为 6 000 万元（反映了自初始确认后信用风险显著增加，因此以整个存续期预期信用损失计量）。假定不考虑利息收入的会计处理。

2×18 年 1 月 1 日，A 银行会计处理如下：

借：其他债权投资　490 000
　　其他综合收益——其他债权投资公允价值变动　10 000
　　贷：债权投资　500 000
借：债权投资损失准备　6 000
　　贷：其他综合收益——损失准备　6 000

（2）企业将一项以公允价值计量且其变动计入其他综合收益的金融资产重分类为以摊余成本计量的金融资产的，应当将之前计入其他综合收益的累计利得或损失转出，调整该金融资产在重分类日的公允价值，并以调整后的金额作为新的账面价值，即视同该金融资产一直以摊余成本计量该金融资产重分类不影响其实际利率和预期信用损失的计量。

企业将一项以公允价值计量且其变动计入其他综合收益的金融资产重分类为以公允价值计量且其变动计入当期损益的金融资产的，应当继续以公允价值计量该金融资产。同时，企业应当将之前计入其他综合收益的累计利得或损失从其他综合收益转入当期损益。

**例 22-12** A 银行于 2×17 年 1 月 1 日以公允价值 500 000 万元购入一项债券投资组合，将其分类为以公允价值计量且其变动计入其他综合收益的金融资产。2×18 年 1 月 1 日，将其重分类为以摊余成本计量的金融资产。重分类日，该债券组合的公允价值为 490 000 万元，已确认的损失准备为 6 000 万元（反映了自初始确认后信用风险显著增加，因此以整个存续期预期信用损失计量）。假定不考虑利息收入的会计处理。

2×18 年 1 月 1 日，A 银行会计处理如下：

| | | |
|---|---|---|
| 借：债权投资 | 490 000 | |
| 贷：其他债权投资 | | 490 000 |
| 借：债权投资 | 10 000 | |
| 贷：其他综合收益——其他债权投资公允价值变动 | | 10 000 |
| 借：其他综合收益——损失准备 | 6 000 | |
| 贷：债权投资损失准备 | | 6 000 |

**例 22-13** A 银行于 2×17 年 1 月 1 日以公允价值 500 000 万元购入一项债券投资组合，将其分类为以公允价值计量且其变动计入其他综合收益的金融资产。2×18 年 1 月 1 日，将其重分类为以公允价值计量且其变动计入当期损益的金融资产。重分类日，该债券组合的公允价值为 490 000 万元，已确认的损失准备为 6 000 万元（反映了自初始确认后信用风险显著增加，因此以整个存续期预期信用损失计量）。假定不考虑利息收入的会计处理。

2×18 年 1 月 1 日，A 银行会计处理如下：

| | | |
|---|---|---|
| 借：交易性金融资产 | 490 000 | |
| 贷：其他债权投资 | | 490 000 |
| 借：投资收益 | 4 000 | |
| 其他综合收益——损失准备 | 6 000 | |
| 贷：其他综合收益——其他债权投资公允价值变动 | | 10 000 |

（3）企业将一项以公允价值计量且其变动计入当期损益的金融资产重分类为以摊余成本计量的金融资产的，应当以其在重分类日的公允价值作为新的账面余额。

企业将一项以公允价值计量且其变动计入当期损益的金融资产重分类为以公允价值计量且其变动计入其他综合收益的金融资产的，应当继续以公允价值计量该金融资产。

按照上述第（3）项规定对金融资产重分类进行处理的，企业应当根据该金融资产在重分类日的公允价值确定其实际利率。同时，企业应当自重分类日起对该金融资产适用金融工具确认和计量准则关于金融资产减值的相关规定，并将重分类日视为初始确认日。

**例 22-14** A 银行于 2×17 年 1 月 1 日以公允价值 500 000 万元购入一项债券投资组合，将其分类为以公允价值计量且其变动计入当期损益的金融资产。2×18 年 1 月 1 日，将其重分类为以摊余成本计量的金融资产。重分类日，该债券组合的公允价值为 490 000 万元，12 个月预期信用损失为 4 000 万元。假定不考虑利息收入的会计处理。

2×18 年 1 月 1 日，A 银行会计处理如下：

| | | |
|---|---|---|
| 借：债权投资 | 490 000 | |
| 贷：交易性金融资产 | | 490 000 |

借：资产减值损失　　4 000
　　贷：债权投资损失准备　　4 000

**例 22-15** A 银行于 2×17 年 1 月 1 日以公允价值 500 000 万元购入一项债券投资组合，将其分类为以公允价值计量且其变动计入当期损益的金融资产。2×18 年 1 月 1 日，将其重分类为以公允价值计量且其变动计入其他综合收益的金融资产。重分类日，该债券组合的公允价值为 490 000 万元，12 个月预期信用损失为 4 000 万元。假定不考虑利息收入的会计处理。

2×18 年 1 月 1 日，A 银行会计处理如下：

借：其他债权投资　　490 000
　　贷：交易性金融资产　　490 000
借：资产减值损失　　4 000
　　贷：其他综合收益——损失准备　　4 000

## 三、金融工具计量

### （一）初始计量

1. 初始确认的原则

金融工具确认和计量准则规定，企业初始确认金融资产或金融负债，应当按照公允价值计量。对于以公允价值计量且其变动计入当期损益的金融资产和金融负债，相关交易费用应当直接计入当期损益；对于其他类别的金融资产或金融负债，相关交易费用应当计入初始确认金额。但是，企业初始确认的应收账款未包含《企业会计准则第 14 号——收入》所定义的重大融资成分或根据《企业会计准则第 14 号——收入》规定不考虑不超过一年的合同中的融资成分的，应当按照该准则定义的交易价格进行初始计量。

交易费用是指可直接归属于购买、发行或处置金融工具的增量费用。

增量费用是指企业没有发生购买、发行或处置相关金融工具的情形就不会发生的费用，包括支付给代理机构、咨询公司、券商、证券交易易所、政府有关部门等的手续费、佣金、相关税费以及其他必要支出，不包括债券溢价、折价、融资费用、内部管理成本和持有成本等与交易不直接相关的费用。

2. 公允价值计量

企业应当根据《企业会计准则第 39 号——公允价值计量》的规定，确定金融资产和金融负债在初始确认时的公允价值。公允价值通常为相关金融资产或金融负债的交易价格。金融资产或金融负债公允价值与交易价格存在差异的，企业应当区别下列情况进行处理。

（1）在初始确认时，金融资产或金融负债的公允价值依据相同资产或负债在活跃市场上的报价或者以仅使用可观察市场数据的估值技术确定的，企业应当将该公允价值与交易价格之间的差额确认为一项利得或损失。

（2）在初始确认时，金融资产或金融负债的公允价值以其他方式确定的，企业应当将该公允价值与交易价格之间的差额递延。初始确认后，企业应当根据某一因素在相应会计期间的变动程度将该递延差额确认为相应会计期间的利得或损失。该因素应当仅限于市场参与者对该金融工具定价时将予考虑的因素，包括时间等。

**（二）后续计量**

1. 后续计量的基本原则

金融工具确认和计量准则规定，初始确认后，企业应当对不同类别的金融资产，分别以摊余成本、以公允价值计量且其变动计入其他综合收益或以公允价值计量且其变动计入当期损益进行后续计量；企业应当对不同类别的金融负债，分别以摊余成本、以公允价值计量且其变动计入当期损益或以金融负债分类中规定的其他适当方法进行后续计量。金融资产或金融负债被指定为被套期项目的，企业应当根据《企业会计准则第 24 号——套期会计》规定进行后续计量。

2. 以摊余成本计量的金融资产的会计处理

（1）摊余成本

金融工具确认和计量准则规定，金融资产或金融负债的摊余成本应当以该金融资产或金融负债的初始确认金额经下列调整后的结果确定。

①扣除已偿还的本金。

②加上或减去采用实际利率法将该初始确认金额与到期日金额之间的差额进行摊销形成的累计摊销额。

③ 扣除累计计提的损失准备（仅适用于金融资产）。

（2）实际利率法

实际利率法是指计算金融资产或金融负债的摊余成本以及将利息收入或利息费用分摊计入各会计期间的方法。

实际利率是指将金融资产或金融负债在预计存续期的估计未来现金流量，折现为该金融资产账面余额或该金融负债摊余成本所使用的利率。在确定实际利率时，应当在考虑金融资产或金融负债所有合同条款（如提前还款、展期、看涨期权或其他类似期权等）的基础上估计预期现金流量，但不应当考虑预期信用损失。

合同各方之间支付或收取的、属于实际利率或经信用调整的实际利率组成部分的各项费用、交易费用及溢价或折价等，应当在确定实际利率或经信用调整的实际利率时予以考虑。

企业通常能够可靠地估计金融工具（或一组类似金融工具）的现金流量和预计存续期。在极少数情况下，金融工具（或一组金融工具）的估计未来现金流量或预计存续期无法可靠估计的，企业在计算确定其实际利率（或经信用调整的实际利率）时，应当基于该金融工具在整个合同期期内的合同现金流量。

（3）利息收入

企业应当按照实际利率法确认利息收入。利息收入应当根据金融资产账面余额乘以实际利率计算确定，但下列情况除外。

①对于购入或源生的已发生信用减值的金融资产，企业应当自初始确认起，按照该金融资产的摊余成本和经信用调整的实际利率计算确定其利息收入。

②对于购入或源生的未发生信用减值、但在后续期间成为已发生信用减值的金融资产，企业应当在后续期间，按照该金融资产的摊余成本和实际利率计算确定其利息收入。企业按照上述规定对金融资产的摊余成本运用实际利率法计算利息收入的，若该金融工具在后续期间因其信用风险有所改善而不再存在信用减值，并且这一改善在客观上可与应用上述规定之后发生的某一事件相联系（如债务人的信用评级被上调），企业应当转按实际利率乘以该金融资产账面余额来计算确定利息收入。经信用调整的实际利率是指将购入或源生的已发生信用减值的金融资产在预计存续期的估计未来现

金流量，折现为该金融资产摊余成本的利率。在确定经信用调整的实际利率时，企业应当在考虑金融资产的所有合同条款（例如，提前还款、展期、看涨期权或其他类似期权等）以及初始预期信用损失的基础上估计预期现金流量。

**例 22-16** 2×16 年 1 月 1 日，A 公司支付价款 1 000 万元（含交易费用）从上海证券交易所购入 B 公司同日发行的 5 年期公司债券 12 500 份，债券票面价值总额为 1 250 万元，票面年利率为 4.72%，于年末支付本年度债券利息（即每年利息为 59 万元），本金在债券到期时一次性偿还。合同约定，该债券的发行方在遇到特定情况时可以将债券赎回，且不需要为提前赎回支付额外款项。A 公司在购买该债券时，预计发行方不会提前赎回。A 公司根据其管理该债券的业务模式和该债券的合同现金流量特征，将该债券分类为以摊余成本计量的金融资产，其每年的利息收入和摊余成本计算结果如表 22-1 所示。

假定不考虑所得税、减值损失等因素，计算该债券的实际利率 r：

$59\times(1+r)^{-1}+59\times(1+r)^{-2}+59\times(1+r)^{-3}+59\times(1+r)^{-4}+(59+1\,250)\times(1+r)^{-5}=1\,000$（万元）。

采用插值法，可以计算得出 r = 10%。

**表 22-1 计算资料** 单位：万元

| 年份 | 期初摊余成本（A） | 实际利息收入（B = A×10%） | 现金流入（C） | 期末摊余成本（D = A + B − C） |
|---|---|---|---|---|
| 2×16 年 | 1 000 | 100 | 59 | 1 041 |
| 2×17 年 | 1 041 | 104 | 59 | 1 086 |
| 2×18 年 | 1 086 | 109 | 59 | 1 136 |
| 2×19 年 | 1 136 | 114* | 59 | 1 191 |
| 2×20 年 | 1 191 | 118** | 1 309 | 0 |

A 公司的有关账务处理如下：

（1）2×16 年 1 月 1 日，购入 A 公司债券

借：债权投资——成本 12 500 000
　　贷：银行存款 10 000 000
　　　　债权投资——利息调整 2 500 000

（2）2×16 年 12 月 31 日，确认 A 公司债券实际利息收入、收到债券利息

借：应收利息 590 000
　　债权投资——利息调整 410 000
　　贷：投资收益 1 000 000
借：银行存款 590 000
　　贷：应收利息 590 000

（3）2×17 年 12 月 31 日，确认 A 公司债券实际利息收入、收到债券利息

借：应收利息　590 000
　　债权投资——利息调整　450 000
　　贷：投资收益　1 040 000
借：银行存款　590 000
　　贷：应收利息　590 000

（4）2×18 年 12 月 31 日，确认 A 公司债券实际利息收入、收到债券利息

借：应收利息　590 000
　　债权投资——利息调整　500 000
　　贷：投资收益　1 090 000
借：银行存款　590 000
　　贷：应收利息　590 000

（5）2×19 年 12 月 31 日，确认 A 公司债券实际利息收入、收到债券利息

借：应收利息　590 000
　　债权投资——利息调整　550 000
　　贷：投资收益　1 140 000
借：银行存款　590 000
　　贷：应收利息　590 000

（6）2×20 年 12 月 31 日，确认 A 公司债券实际利息收入、收到债券利息和本金

借：应收利息　590 000
　　债权投资—利息调整（2 500 000 − 410 000 − 450 000 − 500 000 − 550 000）　590 000
　　贷：投资收益　1 180 000
借：银行存款　590 000
　　贷：应收利息　590 000
借：银行存款　12 500 000
　　贷：债权投资——成本　12 500 000

假定在 2×18 年 1 月 1 日，A 公司预计本金的一半（即 625 万元）将会在该年末收回，而其余的一半本金将于 2×20 年末付清。遇到这种情况时，A 公司应当调整 2×18 年初的摊余成本，计入当期损益；调整时采用最初确定的实际利率。据此，调整相关数据后见表 22-2：

**表 22-2　调整后数据**　　单位：万元

| 年份 | 期初摊余成本（A） | 实际利息收入（B = A×10%） | 现金流入（C） | 期末摊余成本（D = A + B − C） |
|---|---|---|---|---|
| 2×16 年 | 1 000 | 100 | 59 | 1 041 |
| 2×17 年 | 1 041 | 104 | 59 | 1 086 |
| 2×18 年 | 1 139* | 114 | 684 | 569 |
| 2×19 年 | 569 | 57 | 30** | 596 |

（续表）

| 年份 | 期初摊余成本（A） | 实际利息收入（B = A×10%） | 现金流入（C） | 期末摊余成本（D = A + B − C） |
|---|---|---|---|---|
| 2×20 年 | 596 | 59*** | 655 | 0 |

注：* （625 + 59）×（1 + 10%）$^{-1}$ + 30×（1 + 10%）$^{-2}$ +（625 + 30）×（1 + 10%）$^{-3}$ = 1 139（万元）（四舍五入）

** 625×4.72% = 30（万元）（四舍五入）

*** 625 + 30 − 596 = 59（万元）（尾数调整）

根据上述调整，A 公司的账务处理如下：

（1）2×18 年 1 月 1 日，调整期初账面余额：

借：债权投资——利息调整（11 390 000 − 10 860 000） 530 000
　　贷：投资收益 530 000

（2）2×18 年 12 月 31 日，确认实际利息、收回本金等：

借：应收利息 590 000
　　债权投资——利息调整 550 000
　　贷：投资收益 1 140 000
借：银行存款 590 000
　　贷：应收利息 590 000
借：银行存款 6 250 000
　　贷：债权投资——成本 6 250 000

（3）2×19 年 12 月 31 日，确认实际利息等：

借：应收利息 300 000
　　债权投资——利息调整 270 000
　　贷：投资收益 570 000
借：银行存款 300 000
　　贷：应收利息 300 000

（4）2×20 年 12 月 31 日，确认实际利息、收回本金等：

借：应收利息 300 000
　　债权投资——利息调整（2 500 000 − 410 000 − 450 000 − 530 000 − 550 000 − 270 000） 290 000
　　贷：投资收益 590 000
借：银行存款 300 000
　　贷：应收利息 300 000
借：银行存款 6 250 000
　　贷：债权投资——成本 6 250 000

假定 A 公司购买的 B 公司债券不是分期付息，而是到期一次还本付息，且利息不是以复利计算。此时，A 公司所购买 B 公司债券的实际利率 r 计算如下：

（59 + 59 + 59 + 59 + 59 + 1 250）×（1 + r）$^{-5}$ = 1 000（万元）由此计算得出 r ≈ 9.05%。

据此，调整相关数据后如表 22-3 所示：

**表 22-3　调整后数据**　　单位：万元

| 日期 | 期初摊余成本（A） | 实际利息收入（B = A9.05%） | 现金流入（C） | 期末摊余成本（D = A + B − C） |
|---|---|---|---|---|
| 2×16 年 | 1 000 | 90.5 | 0 | 1 090.5 |
| 2×17 年 | 1 090.5 | 98.69 | 0 | 1 189.19 |
| 2×18 年 | 1 189.19 | 107.62 | 0 | 1 296.81 |
| 2×19 年 | 1 296.81 | 117.36 | 0 | 1 414.17 |
| 2×20 年 | 1 414.17 | 130.83* | 1 545 | 0 |

A 公司的有关账务处理如下：

（1）2×16 年 1 月 1 日，购入 A 公司债券：

借：债权投资——成本　12 500 000

　贷：银行存款　10 000 000

　　债权投资——利息调整　2 500 000

（2）2×16 年 12 月 31 日，确认 A 公司债券实际利息收入：

借：债权投资——应计利息　590 000

　　——利息调整　315 000

　贷：投资收益　905 000

（3）2×17 年 12 月 31 日，确认 A 公司债券实际利息收入：

借：债权投资——应计利息　590 000

　　——利息调整　396 900

　贷：投资收益　986 900

（4）2×18 年 12 月 31 日，确认 A 公司债券实际利息收入：

借：债权投资——应计利息　590 000

　　——利息调整　486 200

　贷：投资收益　1 076 200

（5）2×19 年 12 月 31 日，确认 A 公司债券实际利息收入：

借：债权投资——应计利息　590 000

　　——利息调整　583 600

　贷：投资收益　1 173 600

（6）2×20 年 12 月 31 日，确认 A 公司债券实际利息收入、收回债券本金和票面利息：

借：债权投资——应计利息　590 000

　　——利息调整（2 500 000 − 315 000 − 396 900 − 486 200 − 583 600）　718300

　贷：投资收益——A 公司债券　1 308 300

借：银行存款　　15 450 000
　　贷：债权投资——成本　　12 500 000
　　　　　　　——应计利息　　2 950 000

3. 以公允价值计量的金融资产的会计处理

（1）对于按照公允价值进行后续计量的金融资产，其公允价值变动形成的利得损失，除与套期会计有关外，应当按照下列规定处理：

①以公允价值计量且其变动计入当期损益的金融资产的利得或损失，应当计入当期损益。

②分类为以公允价值计量且变动计入其他综合收益的金融资产所产生的利得或损失，除减值损失或利得和汇兑损益之外，均应当计入其他综合收益，直至该金融资产终止确认或被重分类。但是，采用实际利率法计算的该金融资产的利息应当计入当期损益。该类金融资产计入各期损益的金额应当与视同其一直按照摊余成本计量而计入各期损益的金额相等。

该金额资产终止确认时，之前计入其他综合收益的累计利得或损失应当从其他综合收益中转出，计入当期损益。

③指定为以公允价值计量且其变动计入其他综合收益的非交易性权益工具投资，除了获得的股利（属于投资成本收回部分的除外）计入当期损益外，其他相关的利得和损失（包括汇总损益）均应计入其他综合收益，且后续不得转入当期损益。当其终止确认时，之前计入其他综合收益的累计利得或损失应当从其他综合收益中转出，计入留存收益。

（2）企业只有在同时符合下列条件时，才能确认股利收入并计入当期损益：

①企业收取股利的权利已经确立；

②与股利相关的经济利益很可能流入企业；

③股利的金额能够可靠计量。

**例 22-17**　A 公司 2×19 年 12 月 20 日自证券市场购入 B 公司发行的股票 100 万股，共支付价款 860 万元，其中包括交易费用 4 万元，A 公司将购入的 B 公司股票作为交易性金融资产核算。2×17 年 12 月 31 日，B 公司股票每股收盘价为 9 元。2×20 年 3 月 10 日，A 公司收到 B 公司宣告发放的现金股利每股 1 元。2×20 年 3 月 20 日，A 公司出售该项交易性金融资产，收到价款 950 万元。不考虑其他因素。

要求：

（1）计算 A 公司 2×19 年 12 月 20 日取得该项交易性金融资产的入账价值。

（2）计算 A 公司从取得至出售该项交易性金融资产累计应确认的投资收益。

（3）计算 A 公司出售该项交易性金融资产时对利润总额的影响。

解析：

（1）2×19 年 12 月 20 日取得该项交易性金融资产的入账价值＝860－4＝856（万元）。

（2）取得时确认的投资收益为－4 万元；持有期间取得的现金股利确认的投资收益＝100×1＝100（万元）；出售时确认的投资收益＝950－（860－4）＝94（万元），A 公司从取得至出售该项交易性金融资产累计应确认的投资收益＝－4＋100＋94＝190（万元）。

或：A 公司从取得至出售该项交易性金融资产累计应确认的投资收益＝现金流入（950＋100）－现金流出 860＝190（万元）。

（3）出售时公允价值变动损益结转至投资收益属于损益类科目内部结转，不影响利润总额，影响利润总额的金额为出售价款与出售时资产账面价值的差额，即 A 公司出售该项交易性金融资产时影响利润总额的金额＝950－100×9＝50（万元）。

**例 22-18** 2×20 年 3 月 13 日，A 公司支付价款 106 000 元从二级市场购入 B 公司发行的股票 10 000 股，每股价格 10.60 元（含已宣告但尚未发放的现金股利 0.60 元），另支付交易费用 1 000 元。A 公司将持有的 B 公司股权划分为交易性金融资产，且持有 B 公司股权后对其无重大影响。

A 公司的其他相关资料如下。

（1）5 月 21 日，收到 B 公司发放的现金股利。

（2）5 月 30 日，B 公司股票价格涨到每股 13 元。

（3）9 月 15 日，将持有的 B 公司股票全部售出，每股售价 15 元。

假定不考虑其他因素，A 公司的账务处理如下：

（1）3 月 13 日，购入 B 公司股票。

借：交易性金融资产——成本　100 000
　　应收股利　6 000
　　投资收益　1 000
　　贷：银行存款　107 000

（2）5 月 21 日，收到 B 公司发放的现金股利。

借：银行存款　6 000
　　贷：应收股利　6 000

（3）5 月 30 日，确认股票价格变动。

借：交易性金融资产——公允价值变动　30 000
　　贷：公允价值变动损益　30 000

（4）9 月 15 日，B 公司股票全部售出。

借：银行存款　150 000
　　公允价值变动损益　30 000
　　贷：交易性金融资产——成本　100 000
　　　　　　　　　　——公允价值变动　30 000
　　　　投资收益　50 000

**例 22-19** 2×19 年 1 月 1 日，A 公司从二级市场购入 B 公司债券，支付价款合计 1 020 000 元（含已到付息期但尚未领取的利息 20 000 元），另发生交易费用 20 000 元。该债券面值 1 000 000 元，剩余期限为 2 年，票面年利率为 4%，每半年付息一次。A 公司根据其管理该债券的业务模式和该债券的合同现金流量特征，将该债券分类为以公允价值计量且其变动计入当期损益的金融资产。其他资料如下：

（1）2×19 年 1 月 5 日，收到 B 公司债券 2×15 年下半年利息 20 000 元。

（2）2×19 年 6 月 30 日，B 公司债券的公允价值为 1 150 000 元（不含利息）。

（3）2×19 年 7 月 5 日，收到 B 公司债券 2×16 年上半年利息。

（4）2×19 年 12 月 31 日，B 公司债券的公允价值为 1 100 000 元（不含利息）。

（5）2×20 年 1 月 5 日，收到 B 公司债券 2×16 年下半年利息。

（6）2×20 年 6 月 20 日，通过二级市场出售 B 公司债券，取得价款 1 180 000 元（含 1 季度利息 10 000 元）。

假定不考虑其他因素，A 公司的账务处理如下：

（1）2×19 年 1 月 1 日，从二级市场购入 B 公司债券。

借：交易性金融资产——成本　　1 000 000
　　应收利息　　20 000
　　投资收益　　20 000
　　贷：银行存款　　1 040 000

（2）2×19 年 1 月 5 日，收到该债券 2×15 年下半年利息 20 000 元。

借：银行存款　　20 000
　　贷：应收利息　　20 000

（3）2×19 年 6 月 30 日，确认 B 公司债券公允值变动和投资收益。

借：交易性金融资产——公允价值变动　　150 000
　　贷：公允价值变动损益　　150 000
借：应收利息　　20 000
　　贷：投资收益　　20 000

（4）2×19 年 7 月 5 日，收到 B 公司债券 2×16 年上半年利息。

借：银行存款　　20 000
　　贷：应收利息　　20 000

（5）2×19 年 12 月 31 日，确认 B 公司债券公允价值变动和投资收益。

借：公允价值动损益　　50 000
　　贷：交易性金融资产——公允价值变动　　50 000
借：应收利息　　20 000
　　贷：投资收益　　20 000

（6）2×20 年 1 月 5 日，收到 B 公司债券 2×16 年下半年利息。

借：银行存款　　20 000
　　贷：应收利息　　20 000

（7）2×20 年 6 月 20 日，通过二级市场出售 B 公司债券。

借：银行存款　　1 180 000
　　贷：交易性金融资产——成本　　1 000 000
　　　　　　　　　　　——公允价值变动　　100 000
　　　　投资收益　　80 000
借：公允价值动损益　　100 000
　　贷：投资收益　　100 000

**例 22-20**　2×16 年 1 月 1 日，A 公司支付价款 1 000 万元（含交易费用）从上海证券交易所购入 A 公司同日发行的 5 年期公司债券 12 500 份，债券票面价值总额为 1 250 万元，票面年利率为 4.72%，于年末支付本年度债券利息（即每年利息为 59 万元），本金在债券到期时一次偿还。合同约定，该债券的发行方在遇到特定情况时可以将债券赎回，且不需要为提前赎回支付额外款项。A 公司在购买该债券时，预计发行方不会提前赎回，A 公司根据其管理该债券的业务模式和该债券的合同现金流量特征，将该债券分类为以公允价计量且其变动计入其他综合收益的金融资产，相关计算结果如表 22-4 所示。

其他资料如下：

（1）2×16 年 12 月 31 日，A 公司债券的公允价值为 1 200 万元（不含利息）。

（2）2×17 年 12 月 31 日，A 公司债券的公允价值为 1 300 万元（不含利息）。

（3）2×19 年 12 月 31 日，A 公司债券的公允价值为 1 250 万元（不含利息）。

（4）2×19 年 12 月 31 日，A 公司债券的公允价值为 1 200 万元（不含利息）。

（5）2×20 年 1 月 20 日，通过上海证券交易所出售了 B 公司债券 12 500 份，取得价款 1 260 万元。

假定不考虑所得税、减值损失等因素，计算该债券的实际利率 r：

$$59\times(1+r)^{-1}+59\times(1+r)^{-2}+59\times(1+r)^{-3}+59\times(1+r)^{-4}+(59+1\,250)\times(1+r)^{-5}=1\,000（万元）$$

采用插值法，计算得出 r = 10%。

**表 22-4　计算资料**　　单位：万元

| 日期 | 现金流入（A） | 实际利息入（B =期初 D×10%） | 已收回的本金（C = A − B） | 摊余成本余额（D =期初 D − C） | 公允价值（E） | 公允价值变动额（F = E − D −期初 G） | 公允价值变动累计金额（G =期初 G + F） |
|---|---|---|---|---|---|---|---|
| 2×16 年 1 月 1 日 | | | | 1 000 | 1 000 | 0 | 0 |
| 2×16 年 12 月 31 日 | 59 | 100 | − 41 | 1 041 | 1 200 | 159 | 159 |
| 2×17 年 12 月 31 日 | 59 | 104 | − 45 | 1 086 | 1 300 | 55 | 214 |
| 2×18 年 12 月 31 日 | 59 | 109 | − 50 | 1 136 | 1 250 | − 100 | 114 |
| 2×19 年 12 月 31 日 | 59 | 113 | − 54 | 1 190 | 1 200 | − 104 | 10 |
| 2×20 年 1 月 20 日 | 0 | 70 | − 70 | 1 260 | 1 260 | − 10 | 0 |
| 小计 | 236 | 496 | − 260 | 1 260 | —— | | |
| 2×20 年 1 月 20 日 | 1 260 | —— | 1 260 | 0 | | | |
| 合计 | 1 496 | 496 | 1 000 | 0 | | | |

A公司的有关账务处理如下：

（1）2×16年1月1日，购入B公司债券

| | |
|---|---|
| 借：其他债权投资——成本 | 12 500 000 |
| 　　贷：银行存款 | 10 000 000 |
| 　　　　其他债权投资——利息调整 | 2 500 000 |

（2）2×16年12月31日，确认A公司债券实际利息收入、公允价值变动，收到债券利息

| | |
|---|---|
| 借：应收利息 | 590 000 |
| 　　其他债权投资——利息调整 | 410 000 |
| 　　贷：投资收益 | 1 000 000 |
| 借：银行存款 | 590 000 |
| 　　贷：应收利息 | 590 000 |
| 借：其他债权投资——公允价值变动 | 1 590 000 |
| 　　贷：其他综合收益——其他债权投资公允价值变动 | 1 590 000 |

（3）2×17年12月31日，确认B公司债券实际利息收入、公允价值变动，收到债券利息

| | |
|---|---|
| 借：应收利息 | 590 000 |
| 　　其他债权投资——利息调整 | 450 000 |
| 　　贷：投资收益 | 1 040 000 |
| 借：银行存款 | 590 000 |
| 　　贷：应收利息 | 590 000 |
| 借：其他债权投资——公允价值变动 | 550 000 |
| 　　贷：其他综合收益——其他债权投资公允价值变动 | 550 000 |

（4）2×18年12月31日，确认A公司债券实际利息收入、公允价值变动，收到债券利息

| | |
|---|---|
| 借：应收利息 | 590 000 |
| 　　其他债权投资——利息调整 | 500 000 |
| 　　贷：投资收益 | 1 090 000 |
| 借：银行存款 | 590 000 |
| 　　贷：应收利息 | 590 000 |
| 借：其他综合收益——其他债权投资公允价值变动 | 1 000 000 |
| 　　贷：其他债权投资——公允价值变动 | 1 000 000 |

（5）2×19年12月31日，确认A公司债券实际利息收入、公允价值变动，收到债券利息

| | |
|---|---|
| 借：应收利息 | 590 000 |
| 　　其他债权投资——利息调整 | 540 000 |
| 　　贷：投资收益 | 1 130 000 |
| 借：银行存款 | 590 000 |
| 　　贷：应收利息 | 590 000 |
| 借：其他综合收益——其他债权投资公允价值变动 | 1 040 000 |
| 　　贷：其他债权投资——公允价值变动 | 1 040 000 |

（6）2×20年1月20日，确认出售A公司债券实现的损益

借：银行存款　　12 600 000
　　其他债权投资——利息调整（2 500 000 － 410 000 － 450 000
　　　　　　　　　　　　　　　－ 500 000 － 540 000）　　600 000
　　贷：其他债权投资——成本　　12 500 000
　　　　　　　　　　——公允价值变动　　100 000
　　　　投资收益　　600 000
借：其他综合收益——其他债权投资公允价值变动　　100 000
　　贷：投资收益　　100 000
或者：
借：其他债权投资——利息调整　　700 000
　　贷：投资收益　　700 000
借：银行存款　　12 600 000
　　投资收益　　100 000
　　贷：其他债权投资——成本　　12 500 000
　　　　　　　　　　——公允价值变动　　100 000
　　　　　　　　　　——利息调整　　100 000

A 公司债券的成本＝ 1 250（万元）
A 公司债券的利息调整余额＝－ 250 ＋ 41 ＋ 45 ＋ 50 ＋ 54 ＋ 70 ＝－ 10（万元）
A 公司债券公允价值变动余额＝ 159 ＋ 55 － 100 － 104 ＝ 10（万元）

同时，应从其他综合收益中转出的公允价值累计金额为 10 万元。
借：其他综合收益——其他债权投资公允价值变动　　100 000
　　贷：投资收益　　100 000

**例 22-21**　2×19 年 5 月 6 日，A 公司支付价款 1 016 万元（含交易费用 1 万元和已宣告发放现金股利 15 万元），购入 B 公司发行的股票 200 万股，占 B 公司有表决权股份的 0.5%。A 公司将其指定为以公允价值计量且其变动计入其他综合收益的非交易性权益工具投资。

2×19 年 5 月 10 日，A 公司收到 B 公司发放的现金股利 15 万元。

2×19 年 6 月 30 日，该股票市价为每股 5.2 元。

2×19 年 12 月 31 日，A 公司仍持有该股票；当日，该股票市价为每股 5 元。

2×20 年 5 月 9 日，B 公司宣告发放股利 4 000 万元。

2×20 年 5 月 13 日，A 公司收到 B 公司发放的现金股利。

2×20 年 5 月 20 日，A 公司由于某特殊原因，以每股 4.9 元的价格将股票全部转让。

假定不考虑其他因素，A 公司的账务处理如下（金额单位：元）：

（1）2×19 年 5 月 6 日，购入股票
借：应收股利　　150 000
　　其他权益工具投资——成本　　10 010 000
　　贷：银行存款　　10 160 000
（2）2×19 年 5 月 10 日，收到现金股利

借：银行存款　　150 000
　　贷：应收股利　　150 000

（3）2×19 年 6 月 30 日，确认股票价格变动

借：其他权益工具投资——公允价值变动
　　（2 000 000×5.2 － 10 010 000）　　390 000
　　贷：其他综合收益——其他权益工具投资公允价值变动　　390 000

（4）2×19 年 12 月 31 日，确认股票价格变动

借：其他综合收益——其他权益工具投资公允价值变动　　400 000
　　贷：其他权益工具投资——公允价值变动　　400 000

（5）2×20 年 5 月 9 日，确认应收现金股利

借：应收股利（40 000 000×0.5%）　　200 000
　　贷：投资收益　　200 000

（6）2×20 年 5 月 13 日，收到现金股利

借：银行存款　　200 000
　　贷：应收股利　　200 000

（7）2×20 年 5 月 20 日，出售股票

借：银行存款　　9 800 000
　　其他权益工具投资——公允价值变动　　10 000
　　盈余公积——法定盈余公积　　21 000
　　利润分配——未分配利润　　189 000
　　贷：其他权益工具投资——成本　　10 010 000
　　　　其他综合收益——其他权益工具投资公允价值变动　　10 000

如果 A 公司根据其管理 B 公司股票的业务模式和 B 公司股票的合同现金流量特征，将 B 公司股票分类为以公允价值计量且其变动计入当期损益的金融资产，且 2×19 年 12 月 31 日 B 公司股票市价为每股 4.8 元，其他资料不变，则 A 公司应做如下账务处理（金额单位：元）：

（1）2×19 年 5 月 6 日，购入股票

借：应收股利　　150 000
　　交易性金融资产——成本　　10 000 000
　　投资收益　　10 000
　　贷：银行存款　　10 160 000

（2）2×19 年 5 月 10 日，收到现金股利

借：银行存款　　150 000
　　贷：应收股利　　150 000

（3）2×19 年 6 月 30 日，确认股票价格变动

借：交易性金融资产——公允价值变动　　400 000
　　贷：公允价值变动损益　　400 000

（4）2×19 年 12 月 31 日，确认股票价格变动

借：公允价值变动损益　　800 000
　　贷：交易性金融资产——公允价值变动　　800 000

注：公允价值变动＝200×（4.8 － 5.2）＝－ 80（万元）

（5）2×20 年 5 月 9 日，确认应收现金股利

借：应收股利　　200 000

　　贷：投资收益　　200 000

（6）2×20 年 5 月 13 日，收到现金股利

借：银行存款　　200 000

　　贷：应收股利　　200 000

（7）2×20 年 5 月 20 日，出售股票

借：银行存款　　9 800 000

　　投资收益　　200 000

　　交易性金融资产——公允价值变动　　400 000

　　贷：交易性金融资产——成本　　10 000 000

　　　　公允价值变动损益　　400 000

或：

借：银行存款　　9 800 000

　　交易性金融资产——公允价值变动　　400 000

　　贷：交易性金融资产——成本　　10 000 000

　　　　投资收益　　200 000

借：投资收益　　400 000

　　贷：公允价值变动损益　　400 000

4. 金融负债的后续计量

（1）金融负债后续计量原则

①以公允价值计量且其变动计入当期损益的金融负债，应当 按照公允价值后续计量，相关利得或损失应当计入当期损益。

②金融资产转移不符合终止确认条件 或 继续涉入被转移金融资产所形成的金融负债。对此类金融负债，企业应当按照《企业会计准则第 23 号——金融资产转移》相关规定进行计量。

③不属于指定为以公允价值计量且其变动计入当期损益的金融负债的财务担保合同或没有指定为以公允价值计量且其变动计入当期损益并将以低于市场利率贷款的贷款承诺，企业作为此类金融负债发行方的，应当在初始确认后按照损失准备金额以及初始确认金额 扣除 依据《企业会计准则第 14 号——收入》相关规定所确定的累计摊销额后的余额孰高进行计量。

④上述金融负债以外的金融负债，应当按摊余成本后续计量。

2. 金融负债后续计量的会计处理

①对于按照公允价值进行后续计量的金融负债，其公允价值变动形成利得或损失，除与套期会计有关外，应当计入当期损益 。

对于指定为以公允价值计量且其变动计入当期损益的金融负债 由企业自身信用风险变动引起的该金融负债公允价值的变动金额 计入其他综合收益 ，并在该金融负债终止确认时从其他综合收益中转出，计入留存收益。

②以摊余成本计量且不属于任何套期关系的一部分的金融负债所产生的利得或损失，应当在终止确认时计入当期损益或在按照实际利率法摊销时计入相关期间损益。

企业与交易对手方修改或重新议定合同，未导致金融负债终止确认，但导致合同

现金流量发生变化的，应当重新计算该金融负债的账面价值，并将相关利得或损失计入当期损益。重新计算的该金融负债的账面价值，应当根据将重新议定或修改的合同现金流量按金融负债的原实际利率折现的现值确定。对于修改或重新议定合同所产生的所有成本或费用，企业应当调整修改后的金融负债账面价值，并在修改后金融负债的剩余期限内进行摊销。

**例 22-22**　2×19 年 7 月 1 日，甲公司经批准在全国银行间债券市场公开发行 10 亿元人民币短期融资券，期限为 1 年，票面年利率 5.58%，每张面值为 100 元，到期一次还本付息，所募集资金主要用于公司购买生产经营所需的原材料及配套件等。公司将该短期融资券指定为以公允价值计量且其变动计入当期损益的金融负债。假定不考虑发行短期融资券相关的交易费用以及企业自身信用风险变动。

2×19 年 12 月 31 日，该短期融资券市场价格每张 120 元（不含利息）；2×20 年 6 月 30 日，该短期融资券到期兑付完成。

据此，甲公司账务处理如下（以万元为单位）：

（1）2×19 年 7 月 1 日，发行短期融资券：

| | | |
|---|---|---|
| 借：银行存款 | 100 000 | |
| 　　贷：交易性金融负债 | | 100 000 |

（2）2×19 年 12 月 31 日，年末确认公允价值变动和利息费用：

| | | |
|---|---|---|
| 借：公允价值变动损益 | 20 000 | |
| 　　贷：交易性金融负债 | | 20 000 |
| 借：财务费用（100 000×5.58%×6/12） | 2 790 | |
| 　　贷：应付利息 | | 2 790 |

（3）2×20 年 6 月 30 日，短期融资券到期：

| | | |
|---|---|---|
| 借：财务费用 | 2 790 | |
| 　　贷：应付利息 | | 2 790 |
| 借：交易性金融负债 | 120 000 | |
| 　　应付利息 | 5 580 | |
| 　　贷：银行存款 | | 105 580 |
| 　　　　公允价值变动损益 | | 20 000 |

**例 22-23**　A 公司发行公司债券为建造专用生产线筹集资金。有关资料如下：

①2×16 年 12 月 31 日，委托证券公司以 7 755 万元的价格发行 3 年期分期付息公司债券。该债券面值为 8 000 万元，票面年利率 4.5%，实际年利率 5.64%，每年付息一次，到期后按面值偿还。支付的发行费用与发行期间冻结资金产生的利息收入相等。

②生产线建造工程采用出包方式，于 2×17 年 1 月 1 日开始动工，发行债券所得款项当日全部支付给建造承包商，2×18 年 12 月 31 日所建造生产线达到预定可使用状态。

③假定各年度利息的实际支付日期均为下年度的 1 月 10 日；2×20 年 1 月 10 日支付 2×19 年度利息，一并偿付面值。

④所有款项均以银行存款支付。

据此，A 公司计算得出该债券在各年末的摊余成本、应付利息金额、当年应予资本化或费用化的利息金额、利息调整的本年摊销和年末余额。有关结果如下表 22-5（金额单位：万元）：

表 22-5　计算资料　　单位：万元

| 时间 | | 2×16年12月31日 | 2×17年12月31日 | 2×18年12月31日 | 2×19年12月31日 |
|---|---|---|---|---|---|
| 年末摊余成本 | 面值 | 8 000 | 8 000 | 8 000 | 8 000 |
| | 利息调整 | －245 | －167.62 | －85.87 | 0 |
| | 合计 | 7 755 | 7 832.38 | 7 914.13 | 8 000 |
| 当年应予资本化或费用化的利息金额 | | | 437.38 | 441.75 | 445.87 |
| 年末应付利息金额 | | | 360 | 360 | 360 |
| “利息调整”本年摊销额 | | | 77.38 | 81.75 | 85.87 |

相关账务处理如下：

2×16年12月31日，发行债券。

借：银行存款　　77 550 000

　　应付债券——利息调整　　2 450 000

　　贷：应付债券——面值　　80 000 000

2×17年12月31日，确认和结转利息。

借：在建工程　　4 373 800

　　贷：应付利息　　3 600 000

　　　　应付债券——利息调整　　773 800

2×18年1月10日，支付利息。

借：应付利息　　3 600 000

　　贷：银行存款　　3 600 000

2×18年12月31日，确认利息。

借：在建工程　　4 417 500

　　贷：应付利息　　3 600 000

　　　　应付债券——利息调整　　817 500

借：固定资产　　8 791 300

　　贷：在建工程　　8 791 300

2×19年1月10日，支付利息。

借：应付利息　　3 600 000

　　贷：银行存款　　3 600 000

2×19年12月31日，确认债券利息。

借：财务费用　　4 458 700

　　贷：应付利息　　3 600 000

　　　　应付债券——利息调整　　858 700

2×20年1月10日，债券到期兑付。

借：应付利息　　3 600 000
　　应付债券——面值　　80 000 000
　　贷：银行存款　　83 600 000

**（三）合同变化**

金融工具确认和计量准则规定，企业与交易对手方修改或重新议定合同，未导致金融资产终止确认，但导致合同现金流量发生变化的，应当重新计算该金融资产的账面余额，并将相关利得或损失计入当期损益。重新计算的该金融资产的账面余额，应当根据将重新议定或修改的合同现金流量按金融资产的原实际利率（或者购买或源生的已发生信用减值的金融资产的经信用调整的实际利率），或按《企业会计准则第24号——套期会计》第二十三条规定的重新计算的实际利率（如适用）折现的现值确定。对于修改或重新议定合同所产生的所有成本或费用，企业应当调整修改后的金融资产账面价值，并在修改后金融资产的剩余期限内进行摊销。

**（四）与权益投资相关的合同**

金融工具确认和计量准则规定，企业对权益工具的投资和与此类投资相联系的合同应当以公允价值计量。但在有限情况下，如果用以确定公允价值的近期信息不足，或者公允价值的可能估计金额分布范围很广，而成本代表了该范围内对公允价值的最佳估计的，则该成本可代表其在该分布范围内对公允价值的恰当估计。

企业应当利用初始确认日后可获得的关于被投资方业绩和经营的所有信息，判断成本能否代表公允价值。存在下列情形（包含但不限于）之一的，可能表明成本不代表相关金融资产的公允价值，企业应当对其公允价值进行估值。

（1）与预算、计划或阶段性目标相比，被投资方业绩发生重大变化。

（2）对被投资方技术产品实现阶段性目标的预期发生变化。

（3）被投资方的权益、产品或潜在产品的市场发生重大变化。

（4）全球经济或被投资方经营所处的经济环境发生重大变化。

（5）被投资方可比企业的业绩或整体市场所显示的估值结果发生重大变化。

（6）被投资方的内部问题，如欺诈、商业纠纷、诉讼、管理或战略变化。

（7）被投资方权益发生了外部交易并有客观证据，包括发行新股等被投资方发生的交易和第三方之间转让被投资方权益工具的交易等。

权益工具投资或合同存在报价的，企业不应当将成本作为对其公允价值的最佳估计。

## 四、金融工具的减值

**（一）金融工具计提减值准备的原则**

金融工具确认和计量准则规定，企业应当以预期信用损失为基础，对下列项目进行减值会计处理并确认损失准备。

（1）以摊余成本计量和以公允价值计量且其变动计入其他综合收益的金融资产。

（2）租赁应收款。

（3）合同资产。合同资产是指《企业会计准则第14号——收入》定义的合同资产。

（4）企业发行的分类为以公允价值计量且其变动计入当期损益的金融负债以外的贷款承诺和适用金融工具确认和计量准则第二十一条（三）规定的财务担保合同。

损失准备是指针对按照以摊余成本计量的金融资产、租赁应收款和合同资产的预期信用损失计提的准备，以公允价值计量且其变动计入其他综合收益计量的金融资产的累计减值金额以及针对贷款承诺和财务担保合同的预期信用用损失计提的准备。

**（二）金融资产信用减值的客观信息**

金融工具确认和计量准则规定，当对金融资产预期未来现金流量具有不利影响的一项或多项事件发生时，该金融资产成为已发生信用减值的金融资产。金融资产已发生信用减值的证据包括下列可观察信息。

（1）发行方或债务人发生重大财务困难。

（2）债务人违反合同，如偿付利息或本金违约或逾期等。

（3）债权人出于与债务人财务困难有关的经济或合同考虑，给予债务人在任何其他情况下都不会做出的让步。

（4）债务人很可能破产或进行其他财务重组。

（5）发行方或债务人财务困难导致该金融资产的活跃市场消失。

（6）以大幅折扣购买或源生的一项金融资产，该折扣反映了发生信用损失的事实。

金融资产发生信用减值，有可能是多个事件的共同作用所致，未必是可单独识别的事件所致。

**（三）预期信用损失**

1. 预期信用损失的定义与计量

金融工具确认和计量准则规定，预期信用损失是指以发生违约的风险为权重的金融工具信用损失的加权平均值。

企业应当以概率加权平均为基础对预期信用损失进行计量。企业对预期信用损失的计量应当反映发生信用损失的各种可能性，但不必识别所有可能的情形。

企业计量金融工具预期信用损失的方法应当反映下列各项要素。

（1）通过评价一系列可能的结果而确定的无偏概率加权平均金额。

（2）货币时间价值。

（3）在资产负债表日无须付出不必要的额外成本或努力即可获得的有关过去事项、当前状况以及未来经济状况预测的合理且有依据的信息。

2. 预期信用损失计量期限

在计量预期信用损失时，企业需考虑的最长期限为企业面临信用风险的最长合同期限（包括考虑续约选择权），而不是更长期间，即使该期间与业务实践相一致。

如果金融工具同时包含贷款和未提用的承诺，且企业根据合同规定要求还款或取消未提用承诺的能力并未将企业面临信用损失的期间限定在合同通知期内的，企业对于此类金融工具（仅限于此类金融工具）确认预期信用损失的期间，应当为其面临信用风险且无法用信用风险管理措施予以缓释的期间，即使该期间超过了最长合同期限。

**（四）信用损失**

1. 信用损失的定义

金融工具确认和计量准则规定，信用损失是指企业按照原实际利率折现的、根据合同应收的所有合同现金流量与预期收取的所有现金流量之间的差额，即全部现金短缺的现值。对于企业购买或源生的已发生信用减值的金融资产，应按照该金融资产经信用调整的实际利率折现。由于预期信用损失考虑付款的金额和时间分布，所以即使企业预计可以全额收款但收款时间晚于合同规定的到期期限，也会产生信用损失在估计现金流量时，企业应当考虑金融工具在整个预计存续期的所有合同条款（如提前还款、展期、看涨期权或其他类似期权等）。企业所考虑的现金流量应当包括出售所持担保品获得的现金流量，以及属于合同条款组成部分的其他信用增级所产生的现金流量。

企业通常能够可靠估计金融工具的预计存续期。在极少数情况下，金融工具预计存续期无法可靠估计的，企业在计算确定预期信用损失时，应当基于该金融工具的剩余合同期间。

2. 信用损失的确认方法

对于适用金融工具确认和计量准则有关金融工具减值规定的各类金融工具，企业应当按照下列方法确定其信用损失。

（1）对于金融资产，信用损失应为企业应收取的合同现金流量与预期收取的现金流量之间差额的现值。

（2）对于租赁应收款项，信用损失应为企业应收取的合同现金流量与预期收取的现金流量之间差额的现值。其中，用于确定预期信用损失的现金流量，应与按照《企业会计准则第 21 号——租赁》用于计量租赁应收款项的现金流量保持一致。

（3）对于未提用的贷款承诺，信用损失应为在贷款承诺持有人提用相应贷款的情况下，企业应收取的合同现金流量与预期收取的现金流量之间差额的现值。企业对贷款承诺预期信用损失的估计，应当与其对该贷款承诺提用情况的预期保持一致。

（4）对于财务担保合同，信用损失应为企业就该合同持有人发生的信用损失向其做出赔付的预计付款额，减去企业预期向该合同持有人、债务人或任何其他方收取的金额之间差额的现值。

（5）对于资产负债表日已发生信用减值但并非购买或源生已发生信用减值的金融资产，信用损失应为该金融资产账面余额与按原实际利率折现的估计未来现金流量的现值之间的差额。

**（五）损失准备确认方法**

1. 已发生信用减值的金融资产

金融工具确认和计量准则规定，对于购买或源生的已发生信用减值的金融资产，企业应当在资产负债表日仅将自初始确认后整个存续期内预期信用损失的累计变动确认为损失准备。在每个资产负债表日，企业应当将整个存续期内预期信用损失的变动金额作为减值损失或利得计入当期损益。即使该资产负债表日确定的整个存续期内预期信用损失小于初始确认时估计现金流量所反映的预期信用损失的金额，企业也应当将预期信用损失的有利变动确认为减值利得。

2. 特殊项目的损失准备

对于下列各项目，企业应当始终按照相当于整个存续期内预期信用损失的金额计量其损失准备。

（1）由《企业会计准则第 14 号——收入》规范的交易形成的应收款项或合同资产，且符合下列条件之一：

①该项目未包含《企业会计准则第 14 号——收入》所定义的重大融资成分，或企业根据《企业会计准则第 14 号——收入》规定不考虑不超过一年的合同中的融资成分。

②该项目包含《企业会计准则第 14 号——收入》所定义的重大融资成分，同时企业做出会计政策选择，按照相当于整个存续期内预期信用损失的金额计量损失准备。企业应当将该会计政策选择适用于所有此类应收款项项和合同资产，但可对应收款项类和合同资产类分别做出会计政策选择。

（2）由《企业会计准则第 21 号——租赁》规范的交易形成的租赁应收款，同时企业做出会计政策选择，按照相当于整个存续期内预期信用损失的金额计量损失准备。企业应当将该会计政策选择适用于所有租赁应收款，但可对应收融资租赁款和应收经营租赁款分别做出会计政策选择。

针对上述特殊项目时，企业可对应收款项、合同资产和租赁应收款分别选择减值会计政策。

3. 除 1 和 2 以外的情形

除了按照上述 1 和 2 规定的计量金融工具损失准备的情形以外，企业应当在每个资产负债表日评估相关金融工具的信用风险自初始确认后是否已显著增加，并按照下列情形分别计量其损失准备、确认预期信用损失及其变动。

（1）如果该金融工具的信用风险自初始确认后已显著增加，企业应当按照相当于该金融工具整个存续期内预期信用损失的金额计量其损失准备。无论企业评估信用损失的基础是单项金融工具还是金融工具组合，由此形成的损失准备的增加或转回金额，应当作为减值损失或利得计入当期损益。

（2）如果该金融工具的信用风险自初始确认后并未显著增加，企业应当按照相当于该金融工具未来 12 个月内预期信用损失的金额计量其损失准备，无论企业评估信用损失的基础是单项金融工具还是金融工具组合，由此形成的损失准备的增加或转回金额，都应当作为减值损失或利得计入当期损益。未来 12 个月内预期信用损失，是指因资产负债表日后 12 个月内（若金融工具的预计存续期少于 12 个月，则为预计存续期）可能发生的金融工具违约事件而导致的预期信用损失，是整个存续期预期信用损失的一部分。

企业在进行相关评估时，应当考虑所有合理且有依据的信息，包括前瞻性信息。为确保自金融工具初始确认后信用风险显著增加即确认整个存续期预期信用损失，企业在一些情况下应当以组合为基础考虑评估信用风险是否显著增加。整个存续期预期信用损失，是指因金融工具整个预计存续期内所有可能发生的违约事件而导致的预期信用损失。

**（六）判断事项**

1. 违约风险

金融工具确认和计量准则规定，企业在评估金融工具的信用风险自初始确认后是否已显著增加时，应当考虑金融工具预计存续期内发生违约风险的变化，而不是预期信用损失金额的变化。企业应当通过比较金融工具在资产负债表日发生违约的风险与在初始确认日发生违约的风险，以确定金融工具预计存续期内发生违约风险的变化情况。

在为确定是否发生违约风险而对违约进行界定时，企业所采用的界定标准，应当与其内部针对相关金融工具的信用风险管理目标保持一致，并考虑财务限制条款等其他定性指标。

企业在评估金融工具的信用风险自初始确认后是否已显著增加时，应当考虑违约风险的相对变化，而非违约风险变动的绝对值。在同一后续资产负债表日，对于违约风险变动的绝对值相同的两项金融资产，初始确认时违约风险较低的金融工具比初始确认时违约风险较高的金融工具的信用风险变化更为显著。

2. 逾期信息与前瞻性信息

企业通常应当在金融工具逾期前确认该工具整个存续期预期信用损失。企业在确定信用风险自初始确认后是否显著增加时，企业无须付出不必要的额外成本或努力即可获得合理且有依据的前瞻性信息的，不能仅依赖逾期信息来确定信用风险自初始确认后是否显著增加；企业必须付出不必要的额外成本或努力才可获得合理且有依据的逾期信息以外的单独或汇总的前瞻性信息的，可以采用逾期信息来确定信用风险自初始确认后是否显著增加。

无论企业采用何种方式评估信用风险是否显著增加，通常情况下，如果逾期超过30日，则表明金融工具的信用风险已经显著增加。除非企业在无须付出不必要的额外成本或努力的情况下即可获得合理且有依据的信息，证明即使逾期超过30日，信用风险自初始确认后仍未显著增加。如果企业在合同付款逾期超过30日前已确定信用风险显著增加，则应当按照整个存续期的预期信用损失确认损失准备。

如果交易对手方未按合同规定时间支付约定的款项，则表明该金融资产发生逾期。

3. 较低信用风险

企业确定金融工具在资产负债表日只具有较低的信用风险的，可以假设该金融工具的信用风险自初始确认后并未显著增加。如果金融工具的违约风险较低，借款人在短期内履行其合同现金流量义务的能力很强，并且即便较长时期内经济形势和经营环境存在不利变化但未必一定降低借款人履行其合同现金流量义务的能力，则该金融工具可被视为具有较低的信用风险。对于在资产负债表日具有较低信用风险的金融工具，企业可以不用与其初始确认时的信用风险进行比较，而直接做出该工具的信用风险自初始确认后未显著增加的假定（企业对这种简化处理有选择权）。

4. 合同变化

企业与交易对手方修改或重新议定合同，未导致金融资产终止确认，但导致合同现金流量发生变化的，企业在评估相关金随工具的信用风险是否已经显著增加时，应当将基于变更后的合同条款在资产负债表日发生违约的风险与基于原合同条款在初始确认时发生违约的风险进行比较。

**（七）其他规定**

1. 以公允价值计量且其变动计入其他综合收的金融资产

金融工具确认和计量准则规定，对于以公允价值计量且其变动计入其他综合收益的金融资产，企业应当在其他综合收益中确认其损失准备，并将减值损失或利得计入当期损益，且不应减少该金融资产在资产负债表中列示的账面价值。

2. 损失准备转回

企业在前一会计期间已经按照相当于金融工具整个存续期内预期信用损失的金额计量了损失准备，但在当期资产负债表日，该金融工具已不再属于自初始确认后信用风险显著增加的情形的，企业应当在当期资产负债表日按照相当于未来12个月内预期信用损失的金额计量该金融工具的损失准备，由此形成的损失准备的转回金额应当作为减值利得计入当期损益。

3. 设款承诺和时务担保合同

对于货款承诺和财务担保合同，企业在应用金融工具减值规定时，应当将本企业成为做出不可撤销承诺的一方之日作为初始确认日。

**例22-24** 甲公司于2×19年12月15日购入一项公允价值为1 000万元的债务工具，分类为以公允价值计量且其变动计入其他综合收益的金融资产。该工具合同期限为10年，年利率为5%，本例假定实际利率也为5%。初始确认时，甲公司已经确定其不属于购入或源生的已发生信用减值的金融资产。

2×19 年 12 月 31 日由于市场利率变动，该债务工具的公允价值跌至 950 万元。甲公司认为，该工具的信用风险自初始确认后并无显著增加，应按 12 个月内预期信用损失计量损失准备，损失准备金额为 30 万元。为简化起见，本例不考虑利息。

2×20 年 1 月 1 日，甲公司决定以当日的公允价值 950 万元，出售该债务工具。

甲公司相关账务处理如下（以万元为单位）：

（1）购入该工具时：

| | | |
|---|---|---|
| 借：其他债权投资——成本 | 1 000 | |
| 　　贷：银行存款 | | 1 000 |

（2）2×19 年 12 月 31 日：

| | | |
|---|---|---|
| 借：其他综合收益——其他债权投资公允价值变动 | 50 | |
| 　　贷：其他债权投资——公允价值变动 | | 50 |
| 借：信用减值损失 | 30 | |
| 　　贷：其他综合收益——信用减值准备 | | 30 |

（3）2×20 年 1 月 1 日：

| | | |
|---|---|---|
| 借：银行存款 | 950 | |
| 　　投资收益 | 20 | |
| 　　其他综合收益——信用减值准备 | 30 | |
| 　　其他债权投资——公允价值变动 | 50 | |
| 　　贷：其他综合收益——其他债权投资公允价值变动 | | 50 |
| 　　　　其他债权投资——成本 | | 1 000 |

投资收益＝出售时的价款 950 －出售时的摊余成本（1000 － 30）

＝－ 20（投资损失）（借方）

## 第二节　新准则对企业的影响

金融工具确认与计量准则的修订对企业主要产生如下影响：

1. 金融工具确认与计量准则的改变，使得企业需调整现有金融资产的分类，主要影响如下：

（1）企业的应收账款保理、应收票据贴现或背书。根据业务模式的分析，可能导致某些应收账款或应收票据被划入以公允价值计量且其变动计入当期损益的金融资产或以公允价值计量且其变动计入其他综合收益的金融资产分类之中，而需要按公允价值计量；

（2）企业持有的一些常见投资，如结构化存款、银行理财产品、银行持有的非标投资等，可能无法满足以摊余成本计量的金融资产特征，而应划入以公允价值计量且其变动计入当期损益的金融资产的分类中，并按照公允价值计量；

（3）持有的其他企业的非交易性的权益投资，均需以公允价值计量。同时，若分类为以公允价值计量且其变动计入当期损益的金融资产，则企业需承受这些权益投资公允价值的波动对其利润表的冲击；若不可撤销地指定为以公允价值计量且其变动计入其他综合收益的金融资产，则在处置时，该投资的累计公允价值变动将无法再循环至利润表，即无法确认为处置损益。

2. 金融资产减值从已发生损失模型转变为预期损失模型，对于金融企业及非金融企业都将产生重大的影响。

（1）更早、更多地确认减值准备。企业在初始确认和后续计量贷款、应收账款等以摊余成本计量的金融资产时，都需要采用预期损失模型确认相应减值准备，可能将在现行准则下以后年度才需确认的信用损失提前反映在减值准备中。

（2）采用前瞻性信息。在计算预期信用损失时应考虑所有可获得的信息，包括历史信息、当前信息和各种宏观经济情景下的前瞻性信息。这个要求意味着需要从两个方面考虑前瞻性信息，一是在考虑信用风险是否显著增加时，二是在计量预期信用损失时。而如何获得合理且有依据的前瞻性信息，对企业而言存在很大的挑战。

（3）银行的贷款以及非金融企业贷款都需要采用三阶段模型。需考虑如何设定三阶段的划分标准。而非金融企业之间的贷款，包括集团内公司间贷款也同样地需要考虑如何设定三阶段的划分标准。

（4）统一减值会计处理。以预期信用损失为基础，对相关项目进行统一的减值会计处理并确认损失准备，除按新金融工具准则分类为以摊余成本计量和以公允价值计量且其变动计入其他综合收益的金融资产外，还包括《企业会计准则第 21 号——租赁》规范的交易形成的租赁应收款，《企业会计准则第 14 号——收入》定义的合同资产及特定的贷款承诺和财务担保合同等。

# 第二十三章　金融资产转移

## 第一节　案例分析及操作实务

### 一、确定金融资产是部分还是整体适用终止确认原则

金融资产的一部分满足下列条件之一的，企业应当将终止确认的规定适用于该金融资产部分，除此之外，企业应当将终止确认的规定适用于该金融资产整体。

（1）该金融资产部分仅包括金融资产所产生的特定可辨认现金流量。例如，企业就某债务工具与转入方签订一项利息剥离合同，合同规定转入方拥有获得该债务工具利息现金流量的权利，但无权获得该债务工具本金现金流量，则终止确认的规定适用于该债务工具的利息现金流量。

（2）该金融资产部分仅包括与该金融资产所产生的全部现金流量完全成比例的现金流量部分。例如，企业就某债务工具与转入方签订转让合同，合同规定转入方拥有获得该债务工具全部现金流量 90% 份额的权利，则终止确认的规定适用于这些现金流量的 90%。

（3）该金融资产部分仅包括了与该金融资产所产生的特定可辨认现金流量完全成比例的现金流量部分。例如，企业就某债务工具与转入方签订转让合同，合同规定转入方拥有获得该债务工具利息现金流量 90% 份额的权利，则终止确认的规定适用于该债务工具利息现金流量 90% 部分。

企业发生满足上述（2）或（3）条件的金融资产转移，且存在一个以上转入方的，只要企业转移的份额与金融资产全部现金流量或特定可辨认现金流量完全成比例即可，不要求每个转入方均持有成比例的份额。

**例 23–1**　企业转移了公允价值为 100 万元人民币的一组类似的固定期限贷款组合，约定向转入方支付贷款组合预期所产生的现金流量的前 90 万元人民币，企业保留了取得剩余现金流量的次级权益。

分析：在本例中，因为最初 90 万元人民币的现金流量既可能来自贷款本金也可能来自利息，且无法辨认来自贷款组合中的哪些贷款，因此，不是特定可辨认的现金流量，也不是该金融资产所产生的全部或部分现金流量的完全成比例的份额。在这种情况下，企业不能将终止确认的相关规定适用于该金融资产 90 万元人民币的部分，而应当适用于该金融资产的整体。

**例 23–2**　企业转移了一组应收款项产生的现金流量 90% 的权利，同时提供了一项担保以补偿转入方可能遭受的信用损失，最高担保额为应收款项本金金额 8%。

分析：在上述情形下，由于存在担保，在发生信用损失的情况下，企业可能需要

向转入方支付部分已经收到的企业自留的10%的现金流量，以补偿对方就90%现金流量所遭受的损失，导致该组应收款项下实际合同现金流量的分布并非按90%及10%完全成比例分配，因此终止确认的相关规定适用于该组金融资产的整体。

## 二、确定收取金融资产现金流量的合同权利是否终止

企业在确定适用金融资产终止确认规定的报告主体层面（合并财务报表层面或个别财务报表层面）以及对象（金融资产整体或部分）后，即可开始判断是否对金融资产进行终止确认。

（1）收取金融资产现金流量的合同权利已经终止的，企业应当终止确认该金融资产。

（2）收取金融资产的现金流量的合同权利没有终止，企业应当判断是否转移了金融资产，并根据有关金融资产转移的相关判断标准确定是否应当终止确认被转移金融资产。

## 三、判断企业是否已转移金融资产

企业在判断是否已转移金融资产时，应分以下两种情形作进一步的判断：

1. 企业将收取金融资产现金流量的合同权利转移给其他方。企业将收取金融资产现金流量的合同权利转移给其他方，表明该项金融资产发生了转移，通常表现为金融资产的 合法出售 或者金融资产现金流量权利的合法转移（如票据背书转让、商业票据贴现等）。在这种情形下，转入方拥有了获取被转移金融资产所有未来现金流量的权利，转出方应进一步判断金融资产风险和报酬转移情况来确定是否应当终止确认被转移金融资产 。

2. 企业保留了收取金融资产现金流量的合同权利，但承担了将收取的该现金流量支付给一个或多个最终收款方的合同义务（过手安排）。

当企业保留了收取金融资产现金流量的合同权利， 但 承担了将收取的该现金流量支付给一个或多个最终收款方的合同义务时，当且仅当 同时符合以下三个条件时（过手测试），转出方才能按照金融资产转移的情形进行后续分析及处理，否则，被转移金融资产应予以继续确认：

（1）企业（转出方）只有从该金融资产收到对等的现金流量时，才有义务将其支付给最终收款方（不垫付原则）。企业提供短期垫付款，但有 权全额收回该垫付款并按照市场利率计收利息的，视同满足本条件。

（2）转让合同规定禁止企业（转出方）出售或抵押该金融资产，但企业（转出方）可以将其作为向最终收款方支付现金流量义务的保证（无自主处置原则）。

（3）企业（转出方）有义务将代表最终收款方 收取的所有现金流量及时划转给最终收款方，且无重大延误。企业无权将该现金流量进行再投资（无重大延迟原则）。

①在收款日和最终收款方要求的划转日之间的短暂结算期内，将所收到的现金流量进行现金或现金等价物投资，并且按照合同约定 将此类投资的收益支付给最终收款方的，视同满足本条件。

②如果按照某过手安排，合同条款允许企业将代最终收款方收取的现金流量 投资于不满足现金和现金等价物定义的某些理财产品或货币市场基金等产品，则该过手安排 不满足本条件，进而不能按照金融资产转移进行后续判断和会计处理。

③在通常情况下，如果根据合同条款，企业自代为收取现金流量之日起至最终划转给最终收款方的期间超过三个月，则视为有重大延误，进而该过手安排不满足本条件，因此不构成金融资产转移。

## 四、分析所转移金融资产的风险和报酬转移情况

企业转移收取现金流量的合同权利或者通过符合条件的过手安排方式转移金融资产的，应根据规定进一步对被转移金融资产进行风险和报酬转移分析，以判断是否应终止确认被转移金融资产。

企业在判断金融资产转移是否导致金融资产终止确认时，应当评估其在多大程度上保留了金融资产所有权上的风险和报酬，即比较其在转移前后所承担的、该金融资产未来净现金流量金额及其时间分布变动的风险，并分别以下情形进行处理：

（1）企业转移了金融资产所有权上几乎所有风险和报酬

（2）企业保留了金融资产所有权上几乎所有风险和报酬

（3）企业既没有转移也没有保留金融资产所有权上几乎所有的风险和报酬

## 五、企业转移了金融资产所有权上几乎所有风险和报酬

企业转移了金融资产所有权上几乎所有风险和报酬的，应当终止确认该金融资产，并将转移中产生或保留的权利和义务单独确认为资产或负债。以下情形表明企业已将金融资产所有权上几乎所有的风险和报酬转移给了转入方：

（1）企业无条件出售金融资产（在任何时候，包括所出售金融资产的现金流量逾期未收回时，购买方均不能够向企业进行追偿，企业也不承担任何未来损失）。

**例 23-3** 某银行向某资产管理公司出售了一组贷款，双方约定，在出售后银行不再承担该组贷款的任何风险，该组贷款发生的所有损失均由资产管理公司承担，资产管理公司不能因该组已出售贷款的包括逾期未付在内的任何未来损失向银行要求补偿。

分析：在这种情况下，银行已经将该组贷款上几乎所有的风险和报酬转移，可以终止确认该组贷款。

（2）企业出售金融资产，同时约定按回购日该金融资产的公允价值回购（公允价值变动由购买方承担），企业在金融资产转移以后只保留了优先按照回购日公允价值回购该金融资产的权利的，也应当终止确认所转移的金融资产。

**例 23-4** 2×20 年 2 月 1 日，甲公司将其持有的乙上市公司股票转让给丙公司，甲公司与丙公司约定，在 4 个月后（即 6 月 1 日）将按照 6 月 1 日乙公司股票的市价

回购被转让股票。

分析：本例中，由于甲公司已经将乙公司股票的所有价值变动风险和报酬转让给丙公司，可以认定甲公司已经转移了该项金融资产所有权上几乎所有的风险和报酬，应当终止确认其转让的乙公司股票。

（3）企业出售金融资产，同时与转入方签订看跌期权合同（即转入方有权将该金融资产返售给企业）或看涨期权合同（即转出方有权回购该金融资产），且根据合同条款判断，该看跌期权或看涨期权为一项深度价外期权（即期权合约的条款设计，使得金融资产的转入方或转出方极小可能会行权），此时可以认定企业已经转移了该项金融资产所有权上几乎所有的风险和报酬，应当终止确认该金融资产。

**例 23-5**　2×20 年 2 月 1 日，甲公司将其持有的面值为 100 万元的国债转让给丙公司，并向丙公司签发看跌期权，约定在出售后的 4 个月内，丙公司可以 60 万元价格将国债卖回给甲公司。由于国债信用等级高、预计未来 4 个月内市场利率将维持稳定，甲公司分析认为该看跌期权属于深度价外期权。在此情况下，甲公司应终止确认被转让的国债。

## 六、企业保留了金融资产所有权上几乎所有风险和报酬

企业保留了金融资产所有权上几乎所有风险和报酬，应当继续确认被转移金融资产的常见情形有以下几种：

（1）企业出售金融资产并与转入方签订回购协议，协议规定企业将按照 固定价格或是 按照原售价加上合理的资金成本向转入方回购原被转移金融资产，或者与售出的金融资产相同或实质上相同的金融资产。例如，采用买断式回购、质押式回购交易卖出债券等。

（2）企业融出证券或进行证券出借。例如，证券公司将自身持有的证券借给客户，合同约定借出期限和出借费率，到期客户需归还相同数量的同种证券并向证券公司支付出借费用。证券公司保留了融出证券所有权上几乎所有的风险和报酬。因此，证券公司应当继续确认融出的证券。

（3）企业出售金融资产并附有将市场风险敞口转回给企业的总回报互换。在附总回报互换的金融资产出售中，企业出售了一项金融资产，并与转入方达成一项总回报互换协议，如转入方将该资产实际产生的现金流量支付给企业以换取固定付款额或浮动利率付款额，该项资产公允价值的所有增减变动由企业（转出方）承担，从而使企业保留了该金融资产所有权上几乎所有的风险和报酬。在这种情况下，企业应当继续确认所出售的金融资产。

（4）企业出售短期应收款项或信贷资产，并且全额补偿转入方可能因被转移金融资产发生的信用损失。企业通过持有次级权益或承诺对特定现金流量担保，实现了对证券化资产的信用增级。如果通过这种信用增级，企业保留了被转移资产所有权上几乎所有的风险和报酬，则企业就不应当终止确认该金融资产。

（5）企业出售金融资产，同时与转入方签订看跌期权合同或看涨期权合同，且根据合同条款判断，该看跌期权或看涨期权为一项重大价内期权（即期权合约的条款设

计，使得金融资产的转入方或转出方很可能会行权）。例如，企业出售某金融资产但同时持有深度价内的看涨期权（即到期日之前不大可能变为价外期权），或者企业出售金融资产而转入方有权通过同时签订的深度价内看跌期权在以后将该金融资产回售给企业。

（6）采用附追索权方式出售金融资产。企业出售金融资产时，如果根据与购买方之间的协议约定，在所出售金融资产的现金流量无法收回时，购买方能够向企业进行追偿，企业也应承担未来损失。此时，可以认定企业保留了该金融资产所有权上几乎所有的风险和报酬，不应当终止确认该金融资产。

## 七、企业既没有转移也没有保留金融资产所有权上几乎所有的风险和报酬

企业既没有转移也没有保留金融资产所有权上几乎所有的风险和报酬，且未放弃对该金融资产控制的，应当按照其继续涉入被转移金融资产的程度确认有关金融资产并相应确认有关负债。

导致转出方对被转移金融资产形成继续涉入的常见方式有：具有追索权，享有继续服务权，签订回购协议，签发或持有期权或提供担保等。

如果企业对金融资产的继续涉入仅限于金融资产的一部分，例如，企业持有回购一部分被转移金融资产的看涨期权，或者企业保留了某项剩余权益但并未导致企业保留所有权上几乎所有的风险和报酬，且企业保留了控制权，则企业应当按照转移日因继续涉入而继续确认部分和不再确认部分的相对公允价值，在两者之间分配金融资产的原账面价值，并按其继续涉入被转移金融资产的部分确认有关金融资产，并相应确认有关负债。

## 八、金融资产转移的会计处理

### （一）满足终止确认条件的金融资产转移

1. 金融资产转移整体满足终止确认条件

金融资产转移准则规定，金融资产转移整体满足终止确认条件的，应当将下列两项金额的差额计入当期损益。

（1）被转移金融资产在终止确认日的账面价值。

（2）因转移金融资产而收到的对价，与原直接计入其他综合收益的公允价值变动累计额中对应终止确认部分的金额（涉及转移的金融资产为根据金融工具确认和计量准则第十八条分类为以公允价值计量且其变动计入其他综合收益的金融资产的情形）之和。

企业保留了向该金融资产提供相关收费服务的权利（包括收取该金融资产的现金流量，并将所收取的现金流量划转给指定的资金保管机构等），应当就该服务合同确认一项服务资产或服务负债。如果企业将收取的费用预计超过对服务的充分补偿，则应当将该服务权利作为继续确认部分确认为一项服务资产，并按照金融资产转移准则第十五条的规定确定该服务资产的金额。如果将收取的费用预计不能充分补偿企业所提供服务的，则企业应当将由此形成的服务义务确认一项服务负债，并以公允价值进

行初始计量。

企业因金融资产转移导致整体终止确认金融资产，同时获得了新金融资产或承担了新金融负债或服务负债的，应当在转移日确认该金融资产、金融负债（包括看涨期权、看跌期权、担保负债远期合同、互换等等）或服务负债，并以公允价值进行初始计量。该金融资产扣除金融负债和服务负债后的净额应当作为上述对价的组成部分。

**例 23-6** 2×19 年 5 月 15 日，A 公司销售一批商品给 B 公司，开出的增值税专用发票上注明的销售价款为 300 000 元，增值税销项税额为 39 000 元，款项尚未收到。双方约定，B 公司应于 2×20 年 10 月 31 日付款。2×20 年 6 月 4 日，经与中国银行协商后约定：A 公司将应收 B 公司的货款出售给中国银行，价款为 263 250 元；在应收 B 公司货款到期无法收回时，中国银行不能向 A 公司追偿。A 公司根据以往经验，预计该批商品将发生的销售退回金额为 22 600 元，其中，增值税销销项税额为 2 600 元，成本为 13 000 元，实际发生的销售退回由 A 公司承担。2×20 年 8 月 3 日，A 公司收到 B 公司退回的商品，价款为 22 600 元。假定不考虑其他因素。

A 公司与应收债权出售有关的账务处理如下：

（1）2×20 年 6 月 4 日出售应收债权

| | | |
|---|---|---|
| 借：银行存款 | 263 250 | |
| 　　财务费用 | 53 150 | |
| 　　其他应收款 | 22 600 | |
| 　　贷：应收账款 | | 339 000 |

（2）2×20 年 8 月 3 日收到退回的商品

| | | |
|---|---|---|
| 借：主营业务收入 | 20 000 | |
| 　　应交税费——应交增值税（销项税额） | 2 600 | |
| 　　贷：其他应收款 | | 22 600 |
| 借：库存商品 | 13 000 | |
| 　　贷：主营业务成本 | | 13 000 |

**例 23-7** 2×20 年 1 月 1 日，甲公司将持有的乙公司发行的 10 年期公司债券出售给丙公司，经协商出售价格为 311 万元人民币，2×19 年 12 月 31 日该债券公允价值为 310 万元人民币。该债券于 2×19 年 1 月 1 日发行，甲公司持有该债券时将其分类为以公允价值计量且其变动计入其他综合收益的金融资产，面值（取得成本）为 300 万元人民币。

分析：本例中，假设甲公司和丙公司在出售协议中约定，出售后该公司债券发生的所有损失均由丙公司自行承担，甲公司已将债券所有权上的几乎所有风险和报酬转移给丙公司，因此，应当终止确认该金融资产。

根据上述资料，首先 应确定出售日该笔债券的账面价值。由于资产负债表日（即 2×19 年 12 月 31 日）该债券的公允价值为 310 万元人民币，而且该债券属于以公允价值计量且其变动计入其他综合收益的金融资产，因此出售日该债券账面价值为 310 万元人民币。

其次，应确定已计入其他综合收益的公允价值累计变动额，2×19 年 12 月 31 日甲公司计入其他综合收益的利得为10万元（310－300）人民币。

最后，确定甲公司出售该债券形成的损益。按照金融资产整体转移形成的损益的计算公式计算，出售该债券形成的收益为11万元（311－310＋10）人民币（包含因终止确认而从其他综合收益中转出至当期损益的10万元）。

甲公司出售该公司债券业务应作如下账务处理：

借：银行存款　3 110 000
　贷：其他债权投资——成本　3 000 000
　　　　　　　——公允价值变动　100 000
　　　投资收益　10 000

同时，将原计入其他综合收益的公允价值变动转出：

借：其他综合收益——公允价值变动　100 000
　贷：投资收益　100 000

**例23-8**　承上例，甲公司将债券出售给丙公司时，同时签订了一项看跌期权合约，期权行权日为2×20年12月31日，行权价格为150万元人民币，期权的公允价值为4 000元人民币，且假定持有的看跌期权为深度价外期权。其他条件不变。

分析：本例中，转入方持有的看跌期权 属于深度价外期权 ，即预计该期权在行权日之前不大可能变为价内期权。因此，在转让日，可以判定债券所有权上的几乎所有风险和报酬已经转移给丙公司，甲公司应当 终止确认该金融资产。但同时，由于签订了看跌期权，承担了一项新的负债，应当按照在转让日的公允价值（4 000元）确认该期权。

甲公司出售该公司债券业务应作如下账务处理：

借：银行存款　3 110 000
　贷：其他债权投资——成本　3 000 000
　　　　　　　——公允价值变动　100 000
　　　衍生工具　4 000
　　　投资收益　6 000

同时，将原计入其他综合收益的公允价值变动转出：

借：其他综合收益——公允价值变动　100 000
　贷：投资收益　100 000

2. 转移部分金融资产且该部分满足终止确认条件

企业转移了金融资产的一部分，且该被转移部分整体满足终止确认条件的，应当将转移前金融资产整体的账面价值，在终止确认部分和继续确认部分（在此种情形下，所保留的服务资产应当视同继续确认金融资产的一部分）之间，按照转移日各自的相对公允价值进行分摊，并将下列两项金额的差额计入当期损益。

（1）终止确认部分在终止确认日的账面价值。

（2）终止确认部分收到的对价，与原计入其他综合收益的公允价值变动累计额中对应终止确认部分的金额（涉及转移的金融资产为根据《企业会计准则第22号——金融工具确认和计量》第十八条分类为以公允价值计量且其变动计入其他综合收益的金融资产的情形）之和。对价包括获得的所有新资产减去承担的所有新负债后的金额。

原计入其他综合收益的公允价值变动累计额中对应终止确认部分的金额，应当按照金融资产终止确认部分和继续确认部分的相对公允价值，对该累计额进行分摊后确定。

企业将转移前金融资产整体的账面价值按相对公允价值在终止确认部分和继续确认部分之间进行分摊时，应当按照下列规定确定继续确认部分的公允价值。

（1）企业出售过与继续确认部分类似的金融资产，或继续确认部分存在其他市场交易的，近期实际交易价格可作为其公允价值的最佳估计。

（2）继续确认部分没有报价或近期没有市场交易的，其公允价值的最佳估计为转移前金融资产整体的公允价值扣除终止确认部分的对价后的差额。

**例 23-9** 2×20 年 1 月 1 日，甲公司将持有的乙公司发行的 10 年期公司证券的 50% 出售给丙公司，经协商出售价格为 311 万元，2×16 年 12 月 3 日该债券公允价值为 620 万元人民币。该债券于 2×19 年 1 月 1 日发行，甲公司持有该债券时将其分为以公允价值计量且其变动计入其他综合收益的全融资产，面值（取得成本）为 600 万元。

分析：本例中，假设甲公司和丙公司在出售协议中约定，出售后该公司债券发生的所有损失均由丙公司自行承担，甲公司已将债券所有权上的几乎所有风险和报酬转移给丙公司，因此，应当终止确认该金融资产的 50%。

根据上述资料，首先应确定该笔债券出售部分的账面价值。由于资产负债表日（即 2×19 年 12 月 31 日）该债券的公允价值为 620 万元，而且该债券属于以公允价值计量且其变动计入其他综合收益的金融资产，继续确认部分由于与出售部分相同，所以按照出售部分的价格是它的最佳公允价值估计，也为 311 万元，因此出售部分继续确认部分的账面价值均为 310 万元［620×311/（311 + 311）］。

其次，应确定归属于终止确认部分已计入其他综合收益的公允价值累计变动额。

2×19 年 12 月 31 日甲公司计入其他综合收益的利得为 20 万元（620 − 600），归属于终止确认部分为 10 万元［20×311 ÷（311 + 311）］。

最后，确定甲公司出售该债券 50% 形成的损益。按照金融资产转移形成的损益的计算公式计算，出售该债券形成的收益为 11 万元（311 − 310 + 10）（包含终止确认部分因终止确认而从其他综合收益中转出至当期损益的 10 万元）。

甲公司出售该公司债券应作如下账务处理：

| | | |
|---|---|---|
| 借：银行存款 | 3 110 000 | |
| 　　贷：其他债权投资——成本 | | 3 000 000 |
| 　　　　　　　　　——公允价值变动 | | 100 000 |
| 　　　　投资收益 | | 10 000 |

同时，将相应计入其他综合收益的公允价值变动转出：

| | | |
|---|---|---|
| 借：其他综合收益——公允价值变动 | 100 000 | |
| 　　贷：投资收益 | | 100 000 |

**例 23-10** 2×20 年 1 月 1 日，甲公司将持有的乙公司发行的普通股的 50% 出售给

丙公司，经协商出售价格为311万元，2×19年12月31日该部分普通股公允价值为620万元人民币。该部分普通股于2×19年1月1日发行，甲公司持有该部分普通股时将其指定为以公允价值计量且其变动计入其他综合收益的金融资产、取得成本为600万元。

分析：本例中，假设甲公司和丙公司在出售协议中约定，出售后该部分普通股发生的所有损失均由丙公司自行承担，甲公司已将该部分普通股所有权上的几乎所有风险和报酬转移给丙公司，因此，应当终止确认该金融资产的50%。

根据上述资料，首先应确定出售日该部分普通股的账面价值。由于资产负表表日(即2×19年12月31日)普通股的公允价值为620万元，而且该普通股属于以公允价值计量且其变动计入其他综合收益的金融资产，继续确认部分由于与出售部分相同，因此按照出售部分的价格是它的最佳公允价值估计，也为311万元。

其次，应确定归属于终止确认部分已计入其他综合收益的公允价值累计变动额。2×19年12月31日甲公司计入其他综合收益的利得为20万元（620－600），归属于终止确认部分为10万元［20×311÷（311＋311）］。

最后，确定甲公司出售该普通股50%形成的收益。按照金融资产转移形成的损益(或留存收益)的计算公式计算，出售该普通股形成的收益为11万元(311-310＋10)(包含终止确认部分因终止确认而从其他综合收益中转出至留存收益的10万元）。

甲公司出售该公司普通股业务应作如下账务处理：

借：银行存款　　3 110 000
　贷：其他权益工具投资——成本　　3 000 000
　　　　——公允价值变动　　100 000
　　盈余公积——法定盈余公积　　1 000
　　利润分配——未分配利润　　9 000

同时，将归属于终止确认部分原计入其他综合收益的公允价值变动转出：

借：其他综合收益——其他权益工具公允价值变动　　100 000
　贷：盈余公积——法定盈余公积　　10 000
　　利润分配——未分配利润　　90 000

**（二）继续确认被转移金融资产**

金融资产转移准则规定，企业保留了被转移金融资产所有权上几乎所有风险和报酬而不满足终止确认条件的，应当继续确认被转移金融资产整体，并将收到的对价确认为一项金融负债。

在继续确认被转移金融资产的情形下，金融资产转移所涉及的金融资产与所确认的相关金融负债不得相互抵销。在后续会计期间，企业应当继续确认该金融资产产生的收入（或利得）和该金融负债产生的费用（或损失），不得相互抵销。

**例23-11**　A公司为上市公司，2×17年6月，A公司与第三方B公司签订股权转让协议，将A公司持有的C公司20%的股权转让给B公司。协议明确此次股权转让标的为C公司20%的股权，总价款7.2亿元，B公司分三次支付，2×17年支付了第一笔款项1.8亿元。为了保证B公司的利益，A公司在2×17年将持有的C公司5%

的股权变更登记为B公司，但B公司暂时并不拥有与该5%股权对应的表决权，也不拥有分配该5%股权对应的利润的权利。

问题：A公司是否应该在2×17年度确认该5%股权的处置损益？

分析：在本案例中，名义上A公司将所持有的C公司5%的股权转让给B公司，但是实质上,B公司并没有拥有对应的表决权,也并不享有对应的利润分配权。也就是说，A公司保留了收取该金融资产现金流量的权利，且没有承担将收取的现金流量支付给B公司的义务。根据金融资产准则的规定，实质上该金融资产并未转移，并不符合金融资产终止确认的条件。因此，A公司不应当确认该5%股权的处置损益，应将收到的款项作为预收款项处理。

**例23-12** 2×20年4月1日，甲公司将其持有的一笔国债出售给丙公司，售价为20万元人民币。同时，甲公司与丙公司签订了一项回购协议，3个月后由甲公司将该笔国债购回，回购价为20.175万元。2×20年7月1日，甲公司将该笔国债购回。

不考虑其他因素，甲公司应作如下账务处理：

（1）判断应否终止确认。

由于此项出售属于附回购协议的金融资产出售，到期后甲公司应按固定价格将该笔国债购回，因此可以判断，甲公司保留了该笔国债几乎所有的风险和报酬，不应终止确认，该笔国债应按转移前的计量方法继续进行后续计量。

（2）2×20年4月1日，甲公司出售该笔国债时：

借：银行存款　　200 000

　　贷：卖出回购金融资产款　　200 000

注意：“卖出回购金融资产款”科目（负债类科目）是用于核算企业（金融）按回购协议卖出票据、证券、贷款等金融资产所融入的资金。

（3）2×20年6月30日，甲公司应按根据未来回购价款计算的该卖出回购金融资产款的实际利率计算并确认有关利息费用，计算得出该卖出回购金融资产的实际利率为3.5%。

$$卖出回购国债的利息费用 = 200\,000 \times 3.5\% \times 3/12 = 1\,750（元）$$

借：利息支出　　1 750

　　贷：卖出回购金融资产款　　1 750

（4）2×20年7月1日，甲公司回购时：

借：卖出回购金融资产款　　201 750

　　贷：银行存款　　201 750

该笔国债与该笔卖出回购金融资产款在资产负债表上不应抵销；该笔国债确认的收益，与该笔卖出回购金融资产款产生的利息支出在利润表中不应抵销。

### （三）继续涉入被转移金融资产

金融资产转移准则规定，企业既没有转移也没有保留金融资产所有权上几乎所有风险和报酬，且保留了对该金融资产控制的，应当按照其继续涉入被转移金融资产的程度继续确认该被转移金融资产，并相应确认相关负债。被转移金融资产和相关负债应当在充分反映企业因金融资产转移所保留的权利和承担的义务的基础上进行计量。企业应当按照下列规定对相关负债进行计量。

①被转移金融资产以摊余成本计量的，相关负债的账面价值等于继续涉入被转移金融资产的账面价值减去企业保留的权利（如果企业因金融资产转移保留了相关权利）的摊余成本并加上企业承担的义务（如果企业因金融资产转移承担了相关义务）的摊余成本；相关负债不得指定为以公允价值计量且其变动计入当期损益的金融负债。

②被转移金融资产以公允价值计量的，相关负债的账面价值等于继续涉入被转移金融资产的账面价值减去企业保留的权利（如果企业因金融资产转移保留了相关权利）的公允价值并加上企业承担的义务（如果企业因金融资产转移承担了相关义务）的公允价值，该权利和义务的公允价值应为按独立基础计量时的公允价值。

（1）以提供担保方式继续涉入被转移金融资产。

企业通过对被转移金融资产提供担保方式继续涉入的，应当在转移日按照金融资产的账面价值和担保金额两者的较低者，继续确认被转移金融资产，同时按照担保金额和担保合同的公允价值（通常是提供担保收到的对价）之和确认相关负债。担保金额是指企业所收到的对价中，可被要求偿还的最高金额。

在后续会计期间，担保合同的初始确认金额应当随担保义务的履行进行摊销，计入当期损益。被转移金融资产发生减值的，计提的损失准备应从被转移金融资产的账面价值中抵减。

**例 23-13** 甲银行与乙银行签订一笔贷款转让协议，由甲银行将其本金为 1 000 万元、年利率为 10%、贷款期限为 9 年的组合贷款出售给乙银行，售价为 990 万元。双方约定，由甲银行为该笔贷款提供担保，担保金额为 300 万元，实际贷款损失超过担保金额的部分由乙银行承担。转移日，该笔贷款（包括担保）的公允价值为 1 000 万元，其中，担保的公允价值为 100 万元。甲银行没有保留对该笔贷款的管理服务权。

分析：在本例中，由于甲银行 既没有转移也没有保留 该笔组合贷款所有权上几乎所有的风险和报酬，而且 假设该贷款没有市场 ，乙银行不具备出售该笔贷款的实际能力，导致甲银行保留了对该笔贷款的控制 ，所以应当按照甲银行继续涉入被转移金融资产的程度继续确认该被转移金融资产，并相应确认相关负债。

由于转移日该笔贷款的账面价值为 1 000 万元，提供的担保金额为 300 万元，甲银行 应当按照 300 万元继续确认该笔贷款。由于担保合同的公允价值为 100 万元，所以甲银行确认相关负债金额为 400 万元（300 + 100）。

转移日甲银行应作以下账务处理（以万元为单位）：

| | |
|---|---|
| 借：存放中央银行款项 | 990 |
| 继续涉入资产 | 300 |
| 贷款处置损益 | 110 |
| 贷：贷款 | 1 000 |
| 继续涉入负债 | 400 |

（2）因持有看涨期权或签出看跌期权继续涉入以摊余成本计量的被转移金融资产

企业因持有看涨期权或签出看跌期权而继续涉入被转移金融资产，且该金融资产以摊余成本计量的，应当按照其可能回购的被转移金融资产的金额继续确认被转移金融资产，在转移日按照收到的对价确认相关负债。

被转移金融资产在期权到期日的摊余成本和相关负债初始确认金额之间的差额，应当采用实际利率法摊销，计入当期损益，同时调整相关负债的账面价值。相关期权行权的，应当在行权时，将相关负债的账面价值与行权价格之间的差额计入当期损益。

（3）因持有看涨期权或签出看跌期权继续涉入以公允价值计量的被转移金融资产企业因持有看涨期权或签出看跌期权（或两者兼有，即上下限期权）而继续涉入被转移金融资产，且以公允价值计量该金融资产的，应当分别依照以下情形进行会计处理：

①企业因持有看涨期权而继续涉入被转移金融资产的，应当继续按照公允价值计量被转移金融资产，同时按照下列规定计量相关负债。

（a）该期权是价内或平价期权的，应当按照期权的行权价格扣除期权的时间价值后的金额，计量相关负债。

（b）该期权是价外期权的，应当按照被转移金融资产的公允价值扣除期权的时间价值后的金额，计量相关负债。

②企业因签出看跌期权形成的义务而继续涉入被转移金融资产的，应当按照该金融资产的公允价值和该期权行权价格两者的较低者，计量继续涉入形成的资产；同时，按照该期权的行权价格与时间价值之和，计量相关负债。

③企业因持有看涨期权和签出看跌期权（即上下限期权）而继续涉入被转移金融资产的，应当继续按照公允价值计量被转移金融资产，同时按照下列规定计量相关负债。

（a）该看涨期权是价内或平价期权的，应当按照看涨期权的行权价格和看跌期权的公允价值之和，扣除看涨期权的时间价值后的金额，计量相关负债。

（b）该看涨期权是价外期权的，应当按照被转移金融资产的公允价值和看跌期权的公允价值之和，扣除看涨期权的时间价值后的金额，计量相关负债。

（4）其他规定。

金融资产转移准则规定，企业按继续涉入程度继续确认的被转移金融资产以及确认的相关负债不应当相互抵销。企业应当对继续确认的被转移金融资产确认所产生的收入（或利得），对相关负债确认所产生的费用（或损失），两者不得相互抵销。继续确认的被转移金融资产以公允价值计量的，在后续计量时对其公允价值变动应根据金融工具确认和计量准则第六十四条的规定进行确认，同时相关负债公允价值变动的确认应当与之保持一致，且两者不得相互抵销。

企业对金融资产的继续涉入仅限于金融资产一部分的，按照转移日因继续涉入而继续确认部分和不再确认部分的相对公允价值，在两者之间分配金融资产的账面价值，并将下列两项金额的差额计入当期损益。

（1）分配至不再确认部分的账面金额（以转移日计量的为准）。

（2）不再确认部分所收到的对价。

如果涉及转移的金融资产为根据《企业会计准则第22号金融工具确认和计量》分类为以公允价值计量且其变动计入其他综合收益的金融资产的，则企业应将不再确认部分的金额对应的原计入其他综合收益的公允价值变动累计额计入当期损益。

**（四）向转入方提供非现金担保物**

金融资产转移准则规定，企业向金融资产转入方提供了非现金担保物（如债务工具或权益工具投资等）的，企业（转出方）和转入方应当按照下列规定进行处理。

（1）转入方按照合同或惯例有权出售该担保物或将其再作为担保物的，企业应当将该非现金担保物在财务报表中单独列报。

（2）转入方已将该担保物出售的，转入方应当就归还担保物的义务，按照公允价值确认一项负债。

（3）除因违约丧失赎回担保物权利外，企业应当继续将担保物确认为一项资产。

企业因违约丧失赎回担保物权利的，应当终止确认该担保物；转入方应当将该担保物确认为项资产，并以公允价值计量。转入方已出售该担保物的，应当终止确认归还担保物的义务。

**例23-14** A银行持有一组住房抵押贷款，借款方可提前偿付。2×20年1月1日，该组贷款的本金和摊余成本均为100 000 000元，票面利率和实际利率均为10%。经批准，A银行拟将该组贷款转移给某信托机构（以下简称受让方）进行证券化。有关资料如下：

2×20年1月1日，A银行与受让方签订协议，将该组贷款转移给受让方，并办理有关手续。A银行收到款项91 150 000元，同时保留以下权利：

（1）收取本金10 000 000元以及这部分本金按10%的利率所计算确定利息的权利；

（2）收取以90 000 000元为本金、以0.5%为利率所计算确定利息（超额利差）的权利。受让人取得收取该组贷款本金中的90 000 000元以及这部分本金按9.5%的利率收取利息的权利。根据双方签订的协议，如果该组贷款被提前偿付，则偿付金额按1∶9的比例在A银行和受让人之间进行分配。但是，如果该组贷款发生违约，则违约金额从A银行拥有的10 000 000元贷款本金中扣除，直到扣完为止。

2×20年1月1日，该组贷款的公允价值为101 000 000元，0.5%的超额利差账户的公允价值为400 000元。

A银行的分析及会计处理如下：

（1）A银行转移了该组贷款所有权相关的部分重大风险和报酬（如重大提前偿付风险），但由于设立了次级权益（即内部信用增级），因而也保留了所有权相关的部分重大风险和报酬，并且能够对留存的该部分权益实施控制。根据金融资产转让准则，A银行应采用继续涉入法对该金融资产转移交易进行会计处理。

（2）A银行收到的91 150 000元对价，由两部分构成：一部分是转移的90%贷款及相关利息的对价，即90 900 000（即101 000 000×90%）元；另一部分是因为使保留的权利次级化所取得的对价250 000元。此外，由于超额利差账户的公允价值为400 000元，从而A银行的该项金额资产转移交易的信用增级相关的对价为650 000元。

假定A银行无法取得所转移该组贷款的90%和10%部分各自的公允价值，则A银行所转移该组贷款的90%部分形成的利得或损失计算如表23-1所示。

**表 23-1　计算数据**　　　　单位：元

| 项目 | 估计公允价值 | 百分比 | 分摊后的账面金额 |
|---|---|---|---|
| 已转移部分 | 90 900 000 | 90% | 90 000 000 |
| 未转移部分 | 10 100 000 | 10% | 10 000 000 |
| 小计 | 101 000 000 | 100% | 100 000 000 |

A 银行该项金融资产转移形成的利得＝90 900 000－90 000 000＝900 000（元）。

（3）A 银行仍保留贷款部分的账面价值为 10 000 000 元。

（4）A 银行因继续涉入而确认资产的金额，按双方协议约定的、因信用增级使 A 银行不能收到的现金流入最大值 10 000 000 元；另外，超额利差账户形成的资产 400 000 元本质上也是继续涉入形成的资产。

因继续涉入而确认负债的金额，按因信用增级使 A 银行不能收到的现金流入最大值 10 000 000 元和信用增级的公允价值总额 650 000 元，两项合计为 10 650 000 元。

据此，A 银行在金融资产转移日应做如下账务处理：

借：存放同业　　90 900 000
　　贷：贷款　　90 000 000
　　　　其他业务收入　　900 000

借：存放同业　　250 000
　　继续涉入资产——次级权益　　10 000 000
　　　　　　　　——超额账户　　400 000
　　贷：继续涉入负债　　10 650 000

或：

借：存放同业　　91 150 000
　　继续涉入资产——次级权益　　10 000 000
　　　　　　　　——超额账户　　400 000
　　贷：贷款　　90 000 000
　　　　继续涉入负债　　10 650 000
　　　　其他业务收入　　900 000

（5）金融资产转移后，A 银行应根据收入确认原则，采用实际利率法将信用增级取得的对价 650 000 元分期予以确认。此外，还应在资产负债表日对已确认资产确认可能发生的减值损失。比如，在 2×20 年 12 月 31 日，已转移贷款发生信用损失 3 000 000 元，则 A 银行应做如下账务处理：

借：资产减值损失　　3 000 000
　　贷：贷款损失准备——次级权益　　3 000 000

借：继续涉入负债　　3 000 000
　　贷：继续涉入资产——次级权益　　3 000 000

## 第二节　新准则对企业的影响

新修订的金融资产转移准则对转移和终止确认金融资产的会计处理进行了规范，当中重申这方面的会计依然要遵守现行会计准则的要求和原则，同时列出了一些指引，比如，归纳了金融资产转移的实质的常见情形；增加了涉及部分金融资产终止确认的规定；明确了金融资产转移后其控制权归属问题，规定不满足条件的，禁止进行转移和终止确认会计处理。

新准则给出了判断金融资产转移的依据，以及相应的会计处理方法，现行规定给出了确认和计量金融资产转移的标准，这些标准目前已经经过了优化和完善，其并未改变和调整原有的原则，而且还重新对相关程序、标准、会计处理方法进行了梳理，所制定的规定对于解决实质性问题帮助很大，而且还引导企业将重心放在判断过程上，它提供了规范的标准供企业处理金融资产会计转移事项，而且给出了确定金融资产衍生创新产品价格的方法，这对于改革我国金融领域而言意义重大，有助于帮助企业规避财务风险，同时也是我国在金融领域发展水平上赶超发达国家的契机。

除此之外，当中还有很多规定都涉及了继续参与情况下的负债确认问题，这对于金融资产的控制和转移意义重大，同时也对不满足转移和终止确认条件转移方的会计处理问题进行了指导。

# 第二十四章　套期保值

## 第一节　案例分析及操作实务

### 一、套期的定义及分类

**（一）套期的定义**

《企业会计准则第 24 号——套期会计》（简称“套期会计准则”）将套期定义为：企业为管理外汇风险、利率风险、价格风险、信用风险等特定风险引起的风险敞口，指定金融工具为套期工具，以使套期工具的公允价值或现金流量变动，预期抵销被套期项目全部或部分公允价值或现金流量变动的风险管理活动。

**例 24-1**　甲公司将在 6 月后购入 1 000 吨钢材用于产品生产，当时的现货价格为 2 100 元 / 吨，期货价格为 2 200 元 / 吨；如果钢材价格上升，甲公司将因价格上升而蒙受损失。甲公司购进钢材期货合同对钢材价格风险进行套期。

分析：

（1）被套期项目为计划购入的钢材。

（2）套期工具为钢材期货合同。在买入钢材期货合同之后，若钢材现货价格上涨，相对应的期货合同价格上涨；这样若在买入钢材现货时卖出期货合同，即使钢材现货蒙受损失，却可以用钢材期货合同的交易收入来弥补。

（3）被套期项目与套期工具的结合可以实现套期保值的目的。

**（二）套期的分类**

套期会计准则将套期分为公允价值套期、现金流量套期和境外经营净投资套期。

1. 公允价值套期

公允价值套期是指对已确认资产或负债、尚未确认的确定承诺，或上述项目组成部分的公允价值变动风险敞口进行的套期。该公允价值变动源于特定风险，且将影响企业的损益或其他综合收益。影响其他综合收益的情形，仅限于企业对指定为以公允价值计量且其变动计入其他综合收益的非交易性权益工具投资的公允价值变动风险敞口进行的套期。

以下是公允价值套期的例子：

（1）某企业签订一项以固定利率换浮动利率的利率互换合约，对其承担的固定利率负债的利率风险引起的公允价值变动风险敞口进行套期。

（2）某石油公司签订一项 6 个月后以固定价格购买原油的合同（尚未确认的确定承诺），为规避原油价格风险，该公司签订一项商品（原油）期货合约，对该确定承诺的价格风险引起的公允价值变动风险敞口进行套期。

（3）某企业购买一项期权合同，对持有的选择以公允价值计量且其变动计入其他综合收益的非交易性权益工具投资的证券价格风险引起的公允价值变动风险敞口进行套期。

2. 现金流量套期

现金流量套期是指对现金流量变动风险敞口进行的套期。该现金流量变动源于与已确认资产或负债、极可能发生的预期交易，或与上述项目组成部分有关的特定风险，且将影响企业的损益。尚未确认的确定承诺中，只有外汇风险可作为现金流量套期。

以下是现金流量套期的例子：

（1）某企业签订一项以浮动利率换固定利率的利率互换合约，对其承担的浮动利率债务的利率风险引起的现金流量变动风险敞口进行套期。

（2）某橡胶制品公司签订一项远期合同，对3个月后预期极可能发生的与购买橡胶相关的价格风险引起的现金流量变动风险敞口进行套期。

（3）某企业签订一项外汇远期合同，对以固定外币价格买入原材料的极可能发生的预期交易的外汇风险引起的现金流量变动风险敞口进行套期。

企业对确定承诺的外汇风险进行套期的，可以将其作为现金流量套期或公允价值套期处理。例如，某航空公司签订一项3个月后以固定外币金额购买飞机的合同（尚未确认的确定承诺），为规避外汇风险，签订一项外汇远期合同，对该确定承诺的外汇风险引起的公允价值变动或者现金流量变动风险敞口进行套期。

**例24-2** 某商业银行有承担类似风险和到期期限的金融资产和金融负债分别为1亿元和9 000万元，两者形成的净头寸为1 000万元。

对此，该商业银行可以仅将金融资产总额中的1 000万元指定为被套期项目。进而言之，如果相关的资产和负债是固定利率项目，对应的套期关系是公允价值套期；如果是浮动利率项目，则对应的套期关系是现金流量套期。

3. 境外经营净投资套期

境外经营净投资套期是指对境外经营净投资外汇风险敞口进行的套期。境外经营净投资是指企业在境外经营净资产中的权益份额。

对确定承诺的外汇风险进行的套期，企业可以将其作为公允价值套期或现金流量套期处理。

## 二、套期保值的确认与计量

### （一）公允价值套期

根据套期会计准则，公允价值套期满足运用套期会计方法条件的，应当按照下列规定处理。

（1）套期工具产生的利得或损失应当计入当期损益。如果套期工具是对选择以公允价值计量且其变动计入其他综合收益的非交易性权益工具投资（或其组成部分）进行套期的，套期工具产生的利得或损失应当计入其他综合收益。

（2）被套期项目因被套期风险敞口形成的利得或损失应当计入当期损益，同时调整未以公允价值计量的已确认被套期项目的账面价值。被套期项目为按照金融工具确认和计量准则第十八条分类为以公允价值计量且其变动计入其他综合收益的金融资产（或其组成部分）的，其因被套期风险敞口形成的利得或损失应当计入当期损益，其账面价值已经按公允价值计量，不需要调整；被套期项目为企业选择以公允价值计量且其变动计入其他综合收益的非交易性权益工具投资（或其组成部分）的，其因被套期风险敞口形成的利得或损失应当计入其他综合收益，其账面价值已经按公允价值计量，不需要调整。

被套期项目为尚未确认的确定承诺（或其组成部分）的，其在套期关系指定后因被套期风险引起的公允价值累计变动额应当确认为一项资产或负债，相关的利得或损失应当计入各相关期间损益。当履行确定承诺而取得资产或承担负债时，应当调整该资产或负债的初始确认金额，包括已确认的被套期项目的公允价值累计变动额。

公允价值套期中，被套期项目为以摊余成本计量的金融工具（或其组成部分）的，企业对被套期项目账面价值所作的调整应当按照开始摊销日重新计算的实际利率进行摊销，并计入当期损益。该摊销可以自调整日开始，但不应当晚于对被套期项目终止进行套期利得和损失调整的时点。被套期项目为按照金融工具确认和计量准则第十八条分类为以公允价值计量且其变动计入其他综合收益的金融资产（或其组成部分）的，企业应当按照相同的方式对累计已确认的套期利得或损失进行摊销，并计入当期损益，但不调整金融资产（或其组成部分）的账面价值。

**例 24-3** 2×20 年 1 月 1 日，甲公司为规避所持有铜存货公允价值变动风险，与某金融机构签订一项铜期货合同，并将其指定为对 2×20 年前两个月铜存货的商品价格变化引起的公允价值变动风险的套期工具。铜期货合同的标的资产与被套期项目铜存货在数量、质次、价格变动和产地方面相同。本示例中假设套期工具与被套期项目因铜价变化引起的公允价值变动一致，且不考虑期货市场中每日无负债结算制度的影响。

2×20 年 1 月 1 日，铜期货合同的公允价值为零，被套期期项目（铜存货）的账面价值和成本均为 1 000 000 元，公允价值为 1 100 000 元。2×20 年 1 月 31 日，铜期货合同公允价值上涨了 25 000 元，铜存货的公允价值下降了 25 000 元。2×20 年 2 月 28 日，铜期货合同公允价值下降了 15 000 元，铜存货的公允价值上升了 15 000 元。当日，甲公司将铜存货以 1 090 000 元的价格出售，并将铜期货合同结算。

甲公司通过分析发现，铜存货与铜期货合同存在经济关系，且经济关系产生的价值变动中信用风险不占主导地位，套期比率也反映了套期的实际数量，符合套期有效性要求。

假定不考虑商品销售相关的增值税及其他因素，甲公司的账务处理如下：

（1）2×20 年 1 月 1 日

借：被套期项目——库存商品铜　　1 000 000

　　贷：库存商品——铜　　1 000 000

（指定铜存货为被套期项目）

2×20 年 1 月 1 日，被指定为套期工具的铜期货合同的公允价值为零，因此无账务处理。

（2）2×20 年 1 月 31 日

确认套期工具公允价值变动：

借：套期工具——铜期货合同　25 000

　　贷：套期损益　25 000

确认被套期项目公允价值变动：

借：套期损益　25 000

　　贷：被套期项目——库存商品铜　25 000

（3）2×20 年 2 月 28 日

确认套期工具公允价值变动：

借：套期损益　15 000

　　贷：套期工具——铜期货合同　15 000

确认被套期项目公允价值变动：

借：被套期项目——库存商品铜　15 000

　　贷：套期损益　15 000

确认铜存货销售收入：

借：应收账款或银行存款　1 090 000

　　贷：主营业务收入　1 090 000

结转铜存货销售成本：

借：主营业务成本　990 000

　　贷：被套期项目——库存商品铜　990 000

结算铜期货合同：

借：银行存款　10 000

　　贷：套期工具——铜期货合同　10 000

注：由于甲公司采用套期进行风险管理，规避了铜存货公允价值变动风险，因此其铜存货公允价值下降没有对预期毛利 100 000 元（1 100 000 － 1 000 000）产生不利影响。同时，甲公司运用公允价值套期会计将套期工具与被套期项目的公允价值变动计入相同会计期间的损益，消除了因企业风险管理活动可能导致的损益波动。

**例 24-4**　甲公司为境内商品生产企业，采用人民币作为记账本位币。2×20 年 3 月 3 日，甲公司与某境外公司签订了一项设备购买合同（确定承诺），设备价格为外币（本例下称 FC）3 000 000 元，交货日期及付款日为 2×20 年 4 月 30 日。

2×20 年 3 月 3 日，甲公司签订了一项购买 FC3 000 000 元的外汇远期合同。根据该远期合同，甲公司将于 2×20 年 4 月 30 日支付人民币 4 950 000 元购入 FC3000 000 元。2×20 年 3 月 3 日，外汇远期合同的公允价值为 0。

甲公司将该外汇远期合同指定为对 FC/CNY 汇率变动可能引起的外币计价的确定承诺公允价值变动风险进行套期的套期工具。

2×20 年 4 月 30 日，甲公司履行确定承诺并以净额结算该远期合同，2×20 年 4 月 30 日的即期汇率为 1FC ＝ 1.8 元人民币。

与该套期有关的远期汇率以及外汇远期合同的资料如表 24-1 所示。

表 24-1　相关资料　　单位：人民币元

| 日期 | 2×20 年 4 月 30 日的远期汇率（FC/CNY） | 本期外汇远期合同公允价值变动 | 本期末外汇远期合同公允价值 |
|---|---|---|---|
| 2×20 年 3 月 3 日 | 1.65 | — | — |
| 2×20 年 3 月 31 日 | 1.68 | 90 000 | 90 000 |
| 2×20 年 4 月 30 日 | — | 360 000 | 450 000 |

为简化核算，假定不考虑设备购买有关的税费因素、设备运输和安装费用等。同时，本例假设被套期项目与套期工具因 FC/CNY 汇率变动引起的公允价值变动金额相同。

根据上述资料，甲公司应当进行如下账务处理（单位：人民币元）：

（1）2×20 年 3 月 3 日，因为远期合同和确定承诺当日公允价值均为 0，因此无须进行账务处理，但需编制指定文件。

（2）20×20 年 3 月 31 日，确认确定承诺因汇率变动引起的公允价值变动：

借：套期损益　　90 000

　　贷：被套期项目——确定承诺　　90 000

确认套期工具的公允价值变动：

借：套期工具——远期合同　　90 000

　　贷：套期损益　　90 000

（3）2×20 年 4 月 30 日，确认确定承诺因汇率变动引起的公允价值变动：

借：套期损益　　360 000

　　贷：被套期项目——确定承诺　　360 000

确认套期工具的公允价值变动：

借：套期工具——远期合同　　360 000

　　贷：套期损益　　360 000

结算远期合同：

借：银行存款　　450 000

　　贷：套期工具——远期合同　　450 000

履行确定承诺购入固定资产：

借：固定资产——设备　　4 950 000

　　被套期项目——确定承诺　　450 000

　　贷：银行存款　　5 400 000

注：甲公司通过运用套期进行风险管理，使所购设备的成本锁定在确定承诺的购买价格 FC3 000 000 元按 1FC = 1.65 元人民币（套期开始日的远期合同汇率）进行折算确定的金额，即人民币 4 950 000 元。

**例 24-5**　2×18 年 1 月 1 日，甲公司以每股 50 元的价格购入乙公司股票 20 000 股（占乙公司有表决权股份的 3%），且选择将其指定为以公允价值计量且其变动计入其他综合收益的非交易性权益工具投资。为规避该股票价格下跌风险，甲公司于 2×18 年 12 月 31 日签订一份股票远期合同，约定将于 2×20 年 12 月 31 日以每股 65 元的价格出售其所持的乙公司股票20 000股，2×18年12月31日该股票远期合同的公允价值为0。

2×20年12月31日，甲公司履行远期合同，出售乙公司股票。假设不考虑远期合同的远期要素。

甲公司购入的乙公司股票和股票远期合同的公允价值如表24-2所示。

**表24-2 股票合同公允价值** 单位：人民币元

| 乙公司股票 | 2×18年12月31日 | 2×19年12月31日 | 2×20年12月31日 |
|---|---|---|---|
| 每股价格 | 65 | 60 | 57 |
| 股票公允价值 | 1 300 000 | 1 200 000 | 1 140 000 |
| 远期合同公允价值 | — | 100 000 | 160 000 |

据此，甲公司进行的套期有效性分析及账务处理如下：

（1）套期有效性分析：

甲公司通过分析发现，乙公司股票与远期合同存在经济关系，且价值变动中信用风险不占主导地位，套期比率也反映了套期的实际数量，符合套期有效性要求。

（2）账务处理：

①2×18年1月1日，确认购入乙公司股票。

借：其他权益工具投资 1 000 000

　　贷：银行存款 1 000 000

②2×18年12月31日

a. 确认乙公司股票的公允价值变动。

借：其他权益工具投资 300 000

　　贷：其他综合收益——公允价值变动 300 000

b. 将非交易性权益工具投资指定为被套期项目。

借：被套期项目——其他权益工具投资 1 300 000

　　贷：其他权益工具投资 1 300 000

c. 远期合同的公允价值为0，无须进行会计处理。

③2×19年12月31日

a. 确认套期工具公允价值变动。

借：套期工具——远期合同 100 000

　　贷：其他综合收益——套期损益 100 000

b. 确认被套期项目公允价值变动。

借：其他综合收益——套期损益 100 000

　　贷：被套期项目——其他权益工具投资 100 000

④2×20年12月31日

a. 确认套期工具公允价值变动。

借：套期工具——远期合同 60 000

　　贷：其他综合收益——套期损益 60 000

b. 确认被套期项目公允价值变动。

借：其他综合收益——套期损益　　60 000

　　贷：被套期项目——其他权益工具投资　　60 000

c. 履行远期合同，出售乙公司股票。

借：银行存款　　1300 000

　　贷：被套期项目——其他权益工具投资　　1 140 000

　　　　套期工具——远期合同　　160 000

d. 将计入其他综合收益的公允价值变动转出，计入留存收益。

借：盈余公积——法定盈余公积　　30 000

　　利润分配——未分配利润　　270 000

　　贷：其他综合收益——公允价值变动　　300 000

**例 24-6**　2×16 年 12 月 31 日，甲银行按面值购入 1 亿元国债，票面利率为 3.39%，每季度付息一次，到期日为 2×17 年 12 月 31 日。甲银行对该国债以摊余成本计量。2×16 年 12 月 31 日，甲银行与交易对手签订名义金额 1 亿元的 1 年期利率互换合约，起息日为 2×16 年 12 月 31 日。甲银行作为固定利率支付方，按季支付 3.39% 的固定利率，同时按季收取并重置 SHIB0R_1M 的浮动利率，首次利率确定日为 2×16 年 12 月 30 日。国债和利率互换合约均按照 30/360 计息。利率互换合约的初始公允价值为 0。甲银行于 2×16 年 12 月 31 日将利率互换合约指定为套期工具，对该 1 亿元国债由于市场利率变动产生的公允价值变动风险进行套期。假设不考虑国债的信用风险。

2×17 年 7 月 1 日，甲银行的风险管理目标发生变化，导致套期关系不再满足运用套期会计的条件，甲银行在当日对上述指定终止运用套期会计。

利率互换合约现金流量以及公允价值变动如表 24-3 所示。

**表 24-3　公允价值变动**　　单位：元

| 时间 | 收：浮动利率（1 个月期 HIBOR） | 付：固定利率 | 净利息结算 | 期初余额（结算利息后） | 本期公允价值变动 | 期末余额（结算利息后） |
|---|---|---|---|---|---|---|
| 2×17 年 3 月 31 日 | 5.009% | 3.39% | 405 000 | — | 131 000 | 131 000 |
| 2×17 年 6 月 30 日 | 3.521% | 3.39% | 33 000 | 131 000 | （651 000） | （520 000） |
| 2×17 年 9 月 30 日 | 3.091% | 3.39% | （75 000） | （520 000） | 237 000 | （283 000） |
| 2×17 年 12 月 31 日 | 3.002% | 3.39% | （97 000） | （283 000） | 283 000 | 0 |

被套期项目因利率风险引起的公允价值变动金额如表 24-4 所示。

表 24-4　公允价值变动　　单位：元

| 时间 | 因利率风险引起的公允价值变动 | 公允价值变动累计金额 | 调整后账面价值 |
|---|---|---|---|
| 2×17 年 3 月 31 日 | （129 000） | （129 000） | 99 871 000 |
| 2×17 年 6 月 30 日 | 656 000 | 527 000 | 100 527 000 |

据此，甲银行对被套期项目所作调整的摊销以及账务处理如下：

（1）对被套期项目所作调整的摊销。

假设甲银行选择自调整日（2×17 年 3 月 31 日）开始摊销，具体摊销情况如表 24-5 所示。

表 24-5　摊销情况　　单位：元

| 时间 | 期初摊余成本 | 实际利率 | 实际利息收入 | 现金流入 | 本期摊销 | 期末摊余成本（调整前） | 本期对被套期项目的调整 | 期末摊余成本（调整后） |
|---|---|---|---|---|---|---|---|---|
| 2×17 年 3 月 31 日 | 100 000 000 | 3.39% | 847 000 | （847 000） | — | 100 000 000 | （129 000） | 99 871 000 |
| 2×17 年 6 月 30 日 | 99 871 000 | 3.56% | 890 000 | （847 000） | 43 000 | 99 914 000 | 656 000 | 100 570 000 |
| 2×17 年 9 月 30 日 | 100 570 000 | 2.24% | 563 000 | （847 000） | （284 000） | 100 286 000 | 0 | 100 286 000 |
| 2×17 年 12 月 31 日 | 100 286 000 | 2.24% | 561 000 | （100 847 000） | （286 000） | 0 | 0 | 0 |

（2）账务处理。

① 2×16 年 12 月 31 日，购入国债，并将其指定为被套期项目。

借：被套期项目——债权投资　　100 000 000

　　贷：银行存款　　100 000 000

被指定为套期工具的利率互换合约的初始公允价值为 0，因此无账务处理。

② 2×17 年 3 月 31 日，确认国债利息收入，收到国债利息：

借：应收利息　　847 000

　　贷：利息收入　　847 000

借：银行存款　　847 000

　　贷：应收利息　　847 000

结算利率互换合约利息：

借：银行存款　　405 000
　　贷：利息收入　　405 000
确认套期工具公允价值变动：
借：套期工具——利率互换合约　　131 000
　　贷：套期损益　　131 000
确认被套期项目因利率风险引起的公允价值变动：
借：套期损益　　129 000
　　贷：被套期项目——债权投资　　129 000
③ 2×17 年 6 月 30 日，确认国债利息收入，收到国债利息：
借：应收利息　　847 000
　　被套期项目——债权投资　　43 000
　　贷：利息收入　　890 000
借：银行存款　　847 000
　　贷：应收利息　　847 000
结算利率互换合约息：
借：银行存款　　33 000
　　贷：利息收入　　33 000
确认套期工具公允价值变动：
借：套期损益　　651 000
　　贷：套期工具 —— 利率互换合约　　651 000
确认被套期项目因利率风险引起的公允价值变动：
借：被套期项目 ——债权投资　　651 000
　　贷：套期损益　　651 000
④ 2×17 年 7 月 1 日，套期关系终止：
借：债权投资——本金　　100 000 000
　　　　——利息调整　　570 000
　　贷：被套期项目——债权投资　　100 570 000
借：套期工具——利率互换合约　　520 000
　　贷：衍生工具——利率互换合约　　520 000
⑤ 2×17 年 9 月 30 日，确认国债利息收入到
借：应收利息　　847 000
　　贷：利息收入　　563 000
　　债权投资 —— 利息调整　　284 000
借：银行存款　　847 000
　　贷：应收利息　　847 000
结算利率互换合约息：
借：投资收益　　75 000
　　贷：银行存款　　75 000
确认利率互换合约公允价值变动：
借：衍生工具——利率互换合约　　237 000
　　贷：公允价值变动损益　　237 000
⑥ 2×17 年 12 月 31 日，确认利息收入，收到国债本金和利息：

借：应收利息　847 000
　贷：利息收入　561 000
　　债权投资——利息调整　286 000
借：银行存款　100 847 000
　贷：应收利息　847 000
　　债权投资——本金　10 0000 000
结算利率互换合约利息：
借：投资收益　97 000
　贷：银行存款　97 000
确认利率互换合约公允价值变动：
借：衍生工具——利率互换合约　283 000
　贷：公允价值变动损益　283 000

注：本例中，根据本准则规定，甲银行对被套期项目所作调整的摊销，也可以自2×17年7月1日（被套期项目终止进行套期利得和损失调整的时点）开始。此外，如果甲银行在2×17年7月1日不终止套期会计，套期关系持续至2×17年12月31日，即对被套期项目终止进行套期利得和损失调整的时点与被套期项目的到期日相同，则对于被套期项目所作调整的累计金额为0。在此情况下，如果甲银行选择自2×17年12月31日开始摊销，则甲银行在2×17年12月31日不需要进行额外会计处理。

### （二）现金流量套期

1. 基本规定

根据套期会计准则，现金流量套期满足运用套期会计方法条件的，应当按照下列规定处理。

（1）套期工具产生的利得或损失中属于套期有效的部分，作为现金流量套期储备，应当计入其他综合收益。现金流量套期储备的金额，应当按照下列两项的绝对额中较低者确定。

①套期工具自套期开始的累计利得或损失。

②被套期项目自套期开始的预计未来现金流流量现值的累计变动额。

每期计入其他综合收益的现金流量套期储备的金额应当为当期现金流量套期储备的变动额。

（2）套期工具产生的利得或损失中属于套期无效的部分（即扣除计入其他综合收益后的其他利得或损失），应当计入当期损益。

**例24-7**　2×20年1月1日，A公司预期在2×20年6月30日将销售一批商品X，数量为100 000吨。为规避该预期销售有关的现金流量变动风险，A公司于2×20年1月1日与某金融机构签订了一项衍生工具合同Y，且将其指定为对该预期商品销售的套期工具。衍生工具Y的标的资产与被套期预期商品销售在数量、质次、价格变动和产地等方面相同，并且衍生工具Y的结算日和预期商品销售日均为2×20年6月30日。

2×20年1月1日，衍生工具Y的公允价值为零，商品的预期销售价格为1 100 000元。

2×20年6月30日，衍生工具Y的公允价值上涨了25 000元，预期销售价格下降了25 000元。当日，A公司将商品X出售，并将衍生工具Y结算。

A公司采用比率分析法评价套期有效性，即通过比较衍生工具Y和商品X预期销售价格变动评价套期有效性。A公司预期该套期完全有效。

假定不考虑衍生工具的时间价值、商品销售相关的增值税及其他因素，A公司的账务处理如下（单位：元）。

（1）2×20年1月1日，A公司不做账务处理。

（2）2×20年6月30日，账务处理如下：

确认衍生工具的公允价值变动：

借：套期工具——衍生工具　　Y25 000

　　贷：其他综合收益（套期工具价值变动）　　25 000

确认商品×的销售：

借：应收账款或银行存款　　1 075 000

　　贷：主营业务收入　　1 075 000

确认衍生工具Y的结算：

借：银行存款　　25 000

　　贷：套期工具——衍生工具　　25 000

确认将原计入资本公积的衍生工具公允价值变动转出，调整销售收入：

借：其他综合收益（套期工具价值变动）　　25 000

　　贷：主营业务收入　　25 000

2. 现金流量套期储备的金额

套期会计准则规定，现金流量套期储备的金额，应当按照下列规定处理。

（1）被套期项目为预期交易，且该预期交易使企业随后确认一项非金融资产或非金融负债的，或者非金融资产或非金融负债的预期交易形成一项适用于公允价值套期会计的确定承诺时，企业应当将原在其他综合收益中确认的现金流量套期储备金额转出，计入该资产或负债的初始确认金额。

（2）对于不属于上述第（1）条涉及的现金流量套期，企业应当在被套期的预期现金流量影响损益的相同期间，将原在其他综合收益中确认的现金流量套期储备金额转出，计入当期损益。

（3）如果在其他综合收益中确认的现金流量套期储备金额是一项损失，且该损失全部或部分预计在未来会计期间不能弥补的，则企业应当在预计不能弥补时，将预计不能弥补的部分从其他综合收益中转出，计入当期损益。

3. 终止运用套期会计

套期会计准则规定，当企业对现金流量套期终止运用套期会计时，在其他综合收益中确认的累计现金流量套期储备金额，应当按照下列规定进行处理。

（1）被套期的未来现金流量预期仍然会发生的，累计现金流量套期储备的金额应当予以保留，并按照套期会计准则第二十五条的规定进行会计处理。

（2）被套期的未来现金流量预期不再发生的，累计现金流量套期储备的金额应当从其他综合收益中转出，计入当期损益。被套期的未来现金流量预期不再极可能发生但可能预期仍然会发生，在预期仍然会发生的情况下，累计现金流量套期储备的金额应当予以保留，并按照套期会计准则第二十五条的规定进行会计处理。

**例 24-8** 甲公司于2×19年11月1日与境外乙公司签订合同，约定于2×20年1月30日以外币（FC）每吨60元的价格购入100吨橄榄油。甲公司为规避购入橄榄油成本的外汇风险，于当日与某金融机构签订一项3个月到期的外汇远期合同，约定汇率为1FC＝45元人民币，合同金额FC6 000元。2×20年1月30日，甲公司以净额方式结算该外汇远期合同，并购入橄榄油。

假定：（1）2×19年12月31日，FC对人民币1个月远期汇率为1FC＝44.8元人民币；（2）2×20年1月30日，FC对人民币即期汇率为1FC＝44.6元人民币；（3）该套期符合运用套期会计的条件；（4）不考虑增值税等相关税费和远期合同的远期要素。

根据套期会计准则，对确定承诺的外汇风险进行的套期，既可以划分为公允价值套期，也可以划分为现金流量套期。以下分别两种情形进行会计处理。

情形1：甲公司将上述套期划分为公允价值套期。

（1）2×19年11月1日，外汇远期合同的公允价值为0，不作账务处理，但需编制指定文档。

（2）2×19年12月31日，确认套期工具和被套期项目公允价值变动：

外汇远期合同的公允价值＝（45－44.8）×6 000＝1 200（人民币元）。

借：套期损益　　1 200
　　贷：套期工具——外汇远期合同　　1 200
借：被套期项目——确定承诺　　1 200
　　贷：套期损益　　1 200

（3）2×20年1月30日，确认套期工具公允价值变动：

外汇远期合同的公允价值＝（45－44.6）×6 000＝2 400（人民币元）。

借：套期损益　　1 200
　　贷：套期工具——外汇远期合同　　1 200
结算外汇远期合同：
借：套期工具——外汇远期合同　　2 400
　　贷：银行存款　　2 400
确认被套期项目公允价值变动：
借：被套期项目——确定承诺　　1 200
　　贷：套期损益　　1 200
购入橄榄油：
借：库存商品——橄榄油　　267 600
　　贷：银行存款　　267 600
将被套期项目的余额转入橄榄油账面价值：
借：库存商品——橄榄油　　2 400
　　贷：被套期项目——确定承诺　　2 400

情形2：甲公司将上述套期划分为现金流量。

（1）2×19年11月1日，外汇远期合同的公允价值为0，不作账务处理，但需不作账务处理，但需编制指定文档。

（2）2×19年12月31日，确认现金流量套期储备：

外汇远期合同的公允价值＝（45 － 44.8）×6 000 ＝ 1 200（人民币元）。

借：其他综合收益——套期储备　　1 200
　　贷：套期工具——外汇远期合同　　1 200

（3）2×20 年 1 月 30 日，确认现金流量套期储备：

外汇远期合同的公允价值 ＝（45 － 44.6）×6 000 ＝ 2 400（人民币元）。

借：其他综合收益——套期储备　　1 200
　　贷：套期工具——外汇远期合同　　1 200

结算外汇远期合同。

借：套期工具——外汇远期合同　　2 400
　　贷：银行存款　　2 400

购入橄榄油。

借：库存商品——橄榄油　　267 600
　　贷：银行存款　　267 600

将计入其他综合收益中的套期储备转出。

借：库存商品——橄榄油　　2 400
　　贷：其他综合收益——套期储备　　2 400

**（三）境外经营净投资的套期**

1. 境外经营净投资套期会计处理原则

根据套期会计准则，对境外经营净投资的套期，包括对作为净投资的一部分进行会计处理的货币性项目的套期，应当按照类似于现金流量套期会计的规定处理。

（1）套期工具形成的利得或损失中属于套期有效的部分，应当计入其他综合收益。全部或部分处置境外经营时，上述计入其他综合收益的套期工具利得或损失应当相应转出，计入当期损益。

（2）套期工具形成的利得或损失中属于套期无效的部分，应当计入当期损益。

**例 24-9** 2×19 年 10 月 1 日，甲公司（记账本位币为人民币）在其境外子公司有一项境外经营净投资外币（FC）5 000 万元。为规避境外经营净投资外汇风险，甲公司与某境外金融机构签订了一项外汇远期合同，约定于 2×20 年 4 月 1 日卖出 FC5 000 万元。其他有关资料如表 24-4 所示。

**表 24-4　相关资料**　　单位：人民币元

| 日期 | 即期汇率（FC/人民币） | 远期汇率（FC/人民币） | 远期合同的公允价值 |
|---|---|---|---|
| 2×19 年 10 月 1 日 | 1.71 | 1.70 | 0 |
| 2×19 年 12 月 31 日 | 1.64 | 1.63 | 3 430 000 |
| 2×20 年 3 月 31 日 | 1.60 | 不适用 | 5 000 000 |

假定不考虑远期合同的远期要素。甲公司的上述套期满足运用套期会计方法的所有条件。

甲公司的账务处理如下：

（1）2×19 年 10 月 1 日，外汇远期合同的公允价值为 0，不作账务处理。

（2）2×19 年 12 月 31 日，确认外汇远期合同的公允价值变动。

借：套期工具——外汇远期合同　　3 430 000

　　贷：其他综合收益——外币报表折算差额　　3 430 000

确认对子公司净投资的汇兑损益。

借：其他综合收益——外币报表折算差额　　3 500 000

　　贷：长期股权投资　　3 500 000

（3）2×20 年 3 月 31 日，确认外汇远期合同的公允价值变动。

借：套期工具——外汇远期合同　　1 570 000

　　贷：其他综合收益——外币报表折算差额　　1 570 000

确认对子公司净投资的汇兑损益。

借：其他综合收益 ——外币报表折算差额　　2 000 000

　　贷：长期股权投资　　2 000 000

结算外汇远期合同。

借：银行存款　　5 000 000

　　贷：套期工具——外汇远期合同　　5 000 000

注：境外经营净投资中套期工具形成的利得在其他综合收益中列示，直至子公司被处置。

2. 多个母公司进行的套期

在一项由境外经营净投资产生的外汇风险的套期中，被套期项目的金额可以等于或小于母公司合并财务报表中该境外经营净资产账面价值。企业可以将被套期风险指定为境外经营的记账本位币与其任何母公司（直接的、中间的或最终的母公司）的记账本位币之间产生的外汇风险敞口。通过中间母公司持有净投资不影响最终母公司所面临外汇风险的性质。但是，境外经营净投资产生的外汇风险敞口只有在合并财务报表中才可能符合套期会计的条件。如果同一境外经营净资产的同一风险被集团内部一家以上的母公司（例如，直接和间接母公司）分别进行套期，则在最终母公司合并财务报表中只有一项套期关系符合套期会计的条件。

如果一项套期关系由较低层次间接母公司在其合并财务报表中进行了指定，那么在更高层次的母公司合并财务报表中可以决定保留该套期关系或重新指定。如果较高层次的母公司决定不保留该套期关系而是重新指定，那么，在较高层次母公司的合并财务报表中必须先转回较低层次母公司所运用的套期会计，再按照重新指定的套期关系运用套期会计。相反地，套期会计可以在较高层次母公司的合并财务报表中直接指定，不必在较低层次间接母公司的合并财务报表中进行指定。

3. 集团公司内部可以持有套期工具的企业

一项衍生或非衍生金融工具（或衍生和非衍生金融工具的组合）可以被指定为境外经营净投资套期工具。只要满足本准则对境外经营净投资套期的指定、文件记录和有效性要求，套期工具就可由集团公司内部的任一家或几家企业持有。

如果持有套期工具的企业的记账本位币与投资于境外经营的母公司的记账本位币相同，就较容易进行套期有效性评估，因为在评估套期有效性时，可以假设持有境外经营的母公司也同时持有套期工具。如果持有套期工具的企业的记账本位币与投资于境外经营的母公司的记账本位币不同，评估套期有效性会较为复杂。这种情况下，套期有效性不仅要反映持有套期工具的企业的利得或损失（如果不使用套期会计，应计入合并损益），还应当反映对套期工具重新折算为母公司记账本位币的影响（如果不使用套期会计，应在合并其他综合收益中确认）。有效性的评估并不受套期工具是否是衍生工具的影响，也不受合并方法的影响。

**（四）套期关系再评估**

套期会计准则规定，套期关系由于套期比率的原因而不再符合套期有效性要求，但指定该套期关系的风险管理目标没有改变的，企业对套期关系再平衡时，应当在调整套期关系之前确定套期关系的套期无效部分，并将相关利得或损失计入当期损益。

套期关系再平衡可能会导致企业增加或减少指定套期关系中被套期项目或套期工具的数量。企业增加了指定的被套期项目或套期工具的，增加部分自指定增加之日起作为套期关系的一部分进行处理；企业减少了指定的被套期项目或套期工具的，减少部分自指定减少之日起不再作为套期关系的一部分，作为套期关系终止处理。

**例 24-10** 2×20 年 1 月 1 日，甲公司预计在未来 12 个月内采购 100 万桶西德克萨斯中质原油(WTI 原油)。甲公司采用现金流量套期，并购入 105 万桶布伦特原油(Brent 原油）期货合约，以对极可能发生的 100 万桶 WTI 原油的预期采购进行套期（套期比率为 1∶1.05）。该期货合约在指定日的公允价值为 0。

2×20 年 6 月 30 日，被套期项目 WTI 原油的预期采购自套期开始的预计未来现金流量现值的累计变动额为 200 万美元，套期工具的公允价值累计下降了 229 万美元。甲公司通过分析发现，Brent 原油相对 WTI 原油的经济关系与预期不同，因此考虑对套期关系进行再平衡。甲公司通过分析决定将套期比率重新设定为 1∶0.98。

为了在 2×20 年 6 月 30 日进行再平衡，甲公司可以指定更大的被套期风险敞口或终止指定部分套期工具。甲公司决定选择后者，即终止指定 7 万桶 Brent 原油期货合约的套期工具。

假定甲公司的上述套期满足运用套期会计方法的所有条件，不考虑其他因素。

甲公司的账务处理如下（假定美元兑人民币的汇率为 1∶6）：

（1）2×20 年 1 月 1 日，甲公司不作账务处理。

（2）2×20 年 6 月 30 日：

借：其他综合收益——套期储备　　12 000 000
　　套期损益　　1 740 000
　　贷：套期工具——期货合同　　13 740 000

在总计 105 万桶布伦特原油期货合约中，7 万桶不再属于该套期关系。因此，甲公司需将 7/1.05 的套期工具重分类为衍生工具，有关套期文件的书面记录应当相应更新。

甲公司进行再平衡时的会计处理如下：

借：套期工具——期货合同　　916 000
　　贷：衍生工具——期货合同　　916 000

注：再平衡时，重分类的套期工具的公允价值为 13 740 000×7/1.05 = 916 000（人民币元）。

**例 24-11** 2×20 年 4 月 1 日，甲公司预期极可能在 5 个月后采购 10 000 吨柴油。

为此，甲公司采用现金流量套期，并指定9 500吨以D2柴油普氏价格为标的的期货合约，对极可能于9月1日采购的10 000吨柴油进行套期（套期比率为1∶0.95）。指定日期货合约公允价值为0。

2×20年6月30日，被套期项目自套期开始的预计未来现金流量现值的累计变动额为820万美元，套期工具公允价值累计下降650万美元。基于分析，甲公司认为，未来适当的套期比率为1∶1.05。因此，甲公司决定进行套期关系再平衡，甲公司可以选择增加套期工具数量或减少被套期项目数量。根据成本效益分析，甲公司决定将被套期项目数量减少952吨（10 000－9 500/1.05）。

2×20年6月30日，甲公司从被套期项目中减少预期采购的952吨柴油，预期采购的剩余9048吨仍保留在套期关系中。

甲公司的账务处理如下（假定美元兑人民币的汇率为1∶6）：

（1）2×20年1月1日，甲公司不作账务处理。

（2）2×20年6月30日，将套期工具公允价值的累计变动650万美元作为现金流量套期储备计入其他综合收益：

借：其他综合收益——套期储备　　39 000 000

　　贷：套期工具——期货合同　　39 000 000

甲公司进行再平衡时，套期文件有关书面记录应当予以相应更新，无须进行账务处理。

**（五）其他规定**

1. 被套期项目为风险净敞口

套期会计准则规定，对于被套期项目为风险净敞口的套期，被套期风险影响利润表不同列报项目的，企业应当将相关套期利得或损失单独列报，不应当影响利润表中与被套期项目相关的损益列报项目金额（如营业收入或营业成本）。例如，某公司有一笔由100万美元的预期外币销售收入和80万美元的预期外币费用构成的外汇风险净头寸，该公司利用金额为20万美元的外汇远期合同对该外汇风险净头寸进行套期。当该外汇风险净头寸影响损益时，该外汇远期合同产生的现金流量套期储备重分类至损益的利得或损失应当与被套期的销售收入和费用区分开来并单独列示。如果销售收入产生的期间早于费用发生的期间，则销售收入仍应当按照即期汇率计量。相关的套期利得或损失应当单独列示，从而在损益中反映出净头寸套期的影响，并相应调整现金流量套期储备。如果被套期的费用将影响以后期间的损益（例如该费用将分期进行摊销），则之前对费用确认的套期利得或损失应在以后期间重分类至损益，且在利润表中与包含被套期费用的项目区分开单独列示。

再如，企业通过利率互换合同对固定利率债务工具的利率风险进行套期。企业的套期目标旨在将固定利率现金流量转换成浮动利率现金流量。在对净头寸（例如，一项固定利率资产和一项固定利率负债构成的净头寸）进行套期时，套期工具的应计净利息应当单独列示，以避免将单个套期工具产生的利得或损失净额以相互抵销的总额形式在不同的报表项目中分别列示（即，不得将单项利率互换合同产生的净利息收入列示为利息收入总额和利息支出总额）。

因此，企业开展净敞口套期业务的，应当在利润表中增设“净敞口套期收益”项目，将“净敞口套期损益”科目的当期发生额在该项目中列示。

套期会计准则还规定，对于被套期项目为风险净敞口的公允价值套期，涉及调整被套期各组成项目账面价值的，企业应当对各项资产和负债的账面价值作相应调整。

**例 24-12** 2×20 年 1 月 1 日，甲公司预期 2×20 年 12 月 31 日将有一项 1 000 万美元的现金销售和一项 1 200 万美元的固定资产现金采购，上述交易极有可能发生。甲公司的记账本位币为人民币。

2×20 年 1 月 1 日，甲公司签订了一项 1 年期外汇远期合同对上述 200 万美元的外汇净头寸进行套期，甲公司 1 年后将按 1 美元＝6.5 元人民币的汇率购入 200 万美元。上述固定资产将采用直线法在 5 年内计提折旧。

2×20 年 1 月 1 日及 2×20 年 12 月 31 日美元的即期汇率分别为 1 美元＝6.5 元人民币及 1 美元＝6.4 元人民币。2×20 年 1 月 1 日，外汇远期合同的公允价值为 0。2×20 年 12 月 31 日，外汇远期合同的公允价值为亏损 20 万元人民币。

预期销售现金流入和预期采购现金流出如期于 2×20 年 12 月 31 日发生，外汇远期合同也于 2×20 年 12 月 31 日结算。假设不考虑外汇远期合同的远期要素。

甲公司相关账务处理如下：

（1）2×20 年 1 月 1 日，外汇远期合同公允价值为 0，无须进行账务处理。

（2）2×20 年 12 月 31 日，确认套期工具公允价值变动：

借：其他综合收益——套期储备　　200 000
　　贷：套期工具——外汇远期合同　　200 000

结算外汇远期合同：

借：套期工具——外汇远期合同　　200 000
　　贷：银行存款　　200 000

将套期工具的累计损失中对应预期销售的部分 10 000 000×（6.5 − 6.4）＝ 1 000 000 元人民币利得从其他综合收益中转出，并将其计入净敞口套期损益：

借：其他综合收益——套期储备　　1 000 000
　　贷：净敞口套期损益　　1 000 000

借：应收账款或银行存款　　64 000 000
　　贷：主营业务收入　　64 000 000

将套期工具的累计损失中对应预期采购的部分 12 000 000×（6.4 − 6.5）＝ − 1 200 000 元人民币损失从其他综合收益中转出，并将其计入固定资产的初始确认金额：

借：固定资产　　78 000 000
　　贷：银行存款　　76 800 000
　　　　其他综合收益——套期储备　　1 200 000

后续第 2 年至第 6 年，基于固定资产采购价格（不含套期调整）每年计提折旧＝ 76 800 000/5 ＝ 15 360 000（人民币元）：

借：制造费用——折旧费用　　15 360 000
　　贷：累计折旧　　15 360 000

将套期调整在固定资产折旧期间进行摊销＝ 1 200 000/5 ＝ 240 000（人民币元），并将其计入净敞口套期损益：

借：净敞口套期损益　　240 000
　　贷：累计折旧　　240 000

注：由于本例涉及净敞口套期，因此与被套期项目相关的利润表列示项目（即营业收入和营业成本）不会因采用套期会计而受到影响。

## 第二节　新准则对企业的影响

旧准则适用套期会计处理的门槛很高，导致企业在实践中无法通过套期会计处理的方式将此业务计入财务报表内，比如，由于各个企业对嵌入式衍生工具的会计处理理解不一，导致会计处理结果因人而异且普遍存在专业性低的问题。

新会计准则实现了从风险管理的角度定义套期会计，而且对嵌入衍生工具的会计处理进行了简化处理，并且规定套期会计主体不得带有主观色彩，而且要取消定量标准，引入了定性标准；还对被套期项目的范围进行了扩充，提出了“再平衡”的概念，为应用套期会计处理方法做好了铺垫，也充分的发挥出了此种会计处理方法预测企业财务风险的作用。

# 第二十五章　原保险合同

## 第一节　案例分析及操作实务

### 一、非寿险原保险合同的会计核算

**（一）原保险合同收入的确认标准**

原保险合同的收入同时满足下列条件的，才能予以确认。

1. 原保险合同成立并承担相应的保险责任

原保险合同成立，是指原保险合同已经签订；承担相应保险责任，是指保险人在原保险合同生效时开始承担约定的保险责任。保险人和投保人在签订原保险合同时，通常会约定一个保险责任起讫时间。例如，某非寿险保险合同约定，保险责任起讫时间以保险单载明的时间为准，从保险责任起始日起，每 12 个月为一个保险年度。又如，某寿险原保险合同约定，保险责任自保险人同意承保并收到首期保费的次日零时开始，到合同列明的终止性保险事故发生时止。如果原保险合同签订日与生效日不是同一天，保险人在合同生效日前收到的款项，不应确认为保费收入，而应确认为一项负债（预收账款），待承担保险责任时再转为保费收入。

2. 与原保险合同相关的经济利益很可能流入

与原保险合同相关的经济利益很可能流入，是指与原保险合同相关的保费收回的可能性大于不能收回的可能性，即保费收回的可能性超过 50%。

保险人在确定保费能否收回时，应当结合以前与投保人交往的直接经验、投保人的信用和财务状况、其他方面取得的信息等因素，综合进行判断。如果投保人信用良好，能够按照合同约定的期限和金额按期支付保费，通常意味着相关的经济利益很可能流入；如果投保人破产、死亡，财务状况出现严重困难，或由于其他原因造成投保人的生产或生存环境严重恶化，通常意味着相关的经济利益不是很可能流入。在通常情况下，对于一次性收取保费的原保险合同，签订合同时通常会收到保费，即意味着相关的经济利益已经流入；对于分期收取保费的原保险合同，签订合同时通常会收到第一期保费，其他各期保费尚未收到，因此，其他各期保费是否能够收回，需要保险人进行职业判断。

3. 与原保险合同相关的收入能够可靠地计量

保险人签发的原保险合同，保费金额通常已经确定，这表明保费收入金额能够可靠地计量。如果承保条件改变或保险标的保险价值发生变化，造成收入和相关的成本金额难以确定，保险企业不能确认保费收入。

由上可见，原保险合同收入的确认与传统商品销售收入的确认标准是不一样的，不再以控制权和风险以及报酬的转移作为标准，而是只要保险合同成立并且保险公司承担保险责任就可以予以确认，原因在于与保险合同收入有关的事项是未来的，而未来事项是否发生以及对收入的影响程度有多大均具有巨大的不确定性，并且保险企业会在整个保险期间承担保险风险。至于经济利益的流入的可能性以及收入计量的可靠性，与传统确认标准并没有差异。

值得注意的是，对于非寿险原保险合同和寿险原保险合同，保险人承担的保险风险不同，保费计量依据的假设不同，保费收入的计量方法也各不相同。

**（二）保费收入的概念**

在介绍非寿险原保险合同收入的确认和计量之前，有必要理解保费收入的概念，这对深入地理解和掌握非寿险保险合同的会计核算大有帮助。

保费收入是保险企业为承担一定的风险责任而向投保人收取的保险费，或者是投保人为将其风险转嫁给保险企业而支付的代价。保费收入是衡量保险业务发展规模的客观尺度，也是衡量保险企业有无发展潜力的重要依据。保费收入的多少，反映保险企业承保能力的大小和保险责任的大小。对于保费收入的理解，需要澄清以下几个基本概念。

1. 入账保费

保费收入一般指入账保费，即在会计核算上已确认在本期的保费收入。入账保费是保险企业因在一定时期内签发的保险单而收到或者尚未收到的保费总额。

2. 未赚保费

未赚保费又称未到期保费，是指在某一年度的入账保费中应当用于支付下一年度所发生赔款的保费。由于保险业务一般是跨年度连续经营的，每个会计年度末进行决算时，当年签发的保险单有许多尚未到期，但这些保单有可能在下一个会计年度发生赔款支出，因此，当年的入账保费并不能全部用于支付当年发生的赔款支出。为此，保险企业应当提取一部分保费用于支付下一个会计年度要发生的赔款，从当年保费收入所提存的这部分资金就是未赚保费，实际上就是后面所说的未到期责任准备金。

3. 已赚保费

已赚保费又称已到期保费，是指某一会计年度中可以用于当年赔款支出的保 费收入。在每个会计期间末，保险企业应将所收保费中在当期已承担了保险责任 或者已终止合同的那部分保费作为已赚保费入账。已赚保费实际上应等于上一个会计年度转回的未赚保费加上本会计年度的入账保费，再减去本会计年度的未赚保费。由此可见，已赚保费才是保险企业的实际保费收入。

**（三）非寿险原保险合同保费收入的确认与计量**

1. 非寿险原保险合同保费收入的确认

保险公司接受投保人投保，首先要根据适用的保费标准和投保人的保险金额，计算投保人应缴纳的保费，经双方同意并签订合同后，如果保费收入确认的上述三个条件都得到满足，保险公司应当确认保费收入。由于非寿险原保险合同一般是签单生效，即保险合同一经签订，保险合同成立，保险公司开始承担保险责任；并且由于非寿险原保险合同期限一般较短，通常短于 1 年，保费金额可以确定，收取保费的可能性也通常大于不能收到保费的可能性，因此，在实际工作中，非寿险原保险合同一般是签单时确认保费收入。

但是，非寿险原保险合同也存在签单日与承担保险责任日不一致的情况，如货物运输保险合同，签订保险合同是一个日期，承担保险责任又是另一个日期。在这种情况下，签单日收取的保费作为预收款处理，待承担保险责任时再转作保费收入。此外，由于非寿险原保险合同存在不可预见的损失风险，例如，国家政治，政策风险，地震、洪水等巨灾风险，因此，有时会存在收取保费的可能性小于不能收取保费的可能性的情况，这种情况一旦出现，保险人不能确认保费收入，而在实际收到保费时确认收入。

**例 25-1** A 公司与 B 公司签订一份非寿险保险合同，承保金额为 3 000 万元，保险期限为 1 年，保险费费率为 1%，B 公司一次性将保费交到 A 公司。A 公司应编制会计分录如下：

借：银行存款　　300 000
　　贷：保费收入　　300 000

**例 25-2** 2×20 年 6 月 1 日，A 公司收到 B 公司交来的非寿险合同保费 500 000 元，A 公司于 7 月 1 日起承担保险责任。A 公司应编制会计分录如下：

（1）2×20 年 6 月 1 日，预收保费时：

借：银行存款　　500 000
　　贷：预收保费　　500 000

（2）2×20 年 7 月 1 日，开始承担保险责任时：

借：预收保费　　500 000
　　贷：保费收入　　500 000

**例 25-3** 2×20 年 1 月 1 日，甲公司与王某签订一份家庭财产保险合同，保险金额为 1 000 000 元，保险期间为 1 年，保费为 1 000 元。合同规定，甲公司自 2 月 1 日零时起开始承担保险责任。合同签订日，甲公司收到王某缴纳的全部保费并存在银行。甲公司的账务处理如下：

（1）1 月 1 日，收到保费 1 000 元时：

借：银行存款　　1 000
　　贷：预收保费　　1 000

（2）2 月 1 日，确认原保费收入 1 000 元时：

借：预收保费　　1 000
　　贷：保费收入　　1 000

**例 25-4** 2×19 年 1 月 1 日，甲公司与丙公司签订一份工程保险合同，保险金额为 4 000 000 元，保险期间为 2×19 年 1 月 1 日零时至 2×20 年 12 月 31 日 24 时；保费总额为 4 000 元，分 2 年于每年年初等额收取。合同生效当日，甲公司收到第一期保费并存入银行。甲公司的账务处理如下：

（1）2×19 年 1 月 1 日收到保费 2 000 元，确认原保费收入 4 000 元时：

借：银行存款　　2 000
　　应收保费　　2 000
　　贷：保费收入　　4 000

（2）2×20 年 1 月 1 日收取保费 2 000 元时：

借：银行存款　　2 000
　　贷：应收保费　　2 000

2. 非寿险原保险合同保费收入的计量

对于非寿险原保险合同，保险人应当根据原保险合同约定的保费总额确定。由于非寿险原保险合同的期限一般比较短，所以一般不存在分期收取保费的情形，也就不存在分期确认的问题。

如果非寿险原保险合同的保费需要调整的，则保费收入应当按以下方法进行计量：

（1）如果最终保费金额能够合理估计，则保费收入应按估计保费金额来计量。如果以后估计金额发生变化的，则应及时进行调整。例如，对于暂保单，保险企业应当按照暂保单成立的时间以及约定的保费总额确定保费收入，当出具正式保单时，应按正式保单约定的保费总额及时调整保费收入。

（2）如果保险企业不能合理估计最终保费金额的，则应按照已发生的赔付成本（包括未决赔款准备金）总额确定，直至可以合理估计最终保费金额为止。

3. 主要会计科目及其账务处理

（1）“保费收入”科目。“保费收入”科目核算保险企业确认的保费收入。该科目可按保险合同和险种进行明细核算。保险企业在确认非寿险原保险合同的保费收入时，借记“应收保费”“预收保费”“银行存款”“库存现金”等科目，贷记“保费收入”科目。非寿险原保险合同提前解除的，按原保险合同约定计算确定的应退还投保人的金额，借记“保费收入”科目，贷记“库存现金”“银行存款”等科目。期末，应将本科目余额转入“本年利润”科目，结转后本科目无余额。

（2）“保户储金”科目和“保户投资款”科目。“保户储金”科目核算保险企业收到投保人以储金本金增值作为保费收入的储金。该科目可按储金类型、投保人及险种进行明细核算。保险企业收到投保人投资型保险业务的投资款，可将“保户储金”科目改为“保户投资款”科目。保险企业收到投保人以储金本金增值作为保费收入的储金时，借记“银行存款”“库存现金”等科目，贷记“保户储金”科目；保险企业收到投保人投资型保险业务的投资款，借记“银行存款”“库存现金”等科目，贷记“保户投资款”科目；保险企业向投保人支付保户储金和保户投资款时，作相反的会计分录。“保户储金”科目和“保户投资款”科目期末贷方余额，反映保险企业应付未付投保人储金和投资款。

4. 储金业务保险合同的会计处理

保户储金，是指保险企业以储户本金增值作为保费收入的保险业务而收到保户缴存的储金。保户储金具有保险和储蓄双重性质。在保险期满时，如果没有发生保险事故，则储金应退还给保户，因此，保户储金本身并不是保费收入，而是一项金融负债。保险企业在收到保户储金后，一般会将该保险储金存入银行或者进行债券投资，从银行获取的利息收入或者债券投资所取得的投资收益应作为保费收入，具体来说，保险企业在期末时根据保户储金平均余额乘以预定利率（或预定收益率）来计算当期的保费收入。

**例 25-5** A 保险公司会计部门收到业务部门转来的 3 年期家财两全险保户储金日结汇总表、储金收据以及银行储金专户收账通知，共计 2 000 000 元，预定年利率为 2.25%，不计算复利，3 年后一次性还本付息。A 公司编制会计分录如下：

（1）收到保户储金，存入银行专户时：

| | | |
|---|---|---|
| 借：银行存款——储金专户 | 2 000 000 | |
| 　　贷：保户储金——家财两全险 | | 2 000 000 |

（2）按预定年利率计算保户储金每年应计利息 45 000 元（2 000 000×2.25%），并转作保费收入时：

借：应收利息　　45 000

　　贷：保费收入——家财两全险　　45 000

（3）第 3 年，保单到期，将 3 年期专户存储的定期存单转为活期存款，并用银行存款归还保户储金时：

借：银行存款——活期户　　2 135 000

　　贷：银行存款——储金专户　　2 000 000

　　　　应收利息　　90 000

　　　　保费收入——家财两全险　　45 000

借：保户储金——家财两全险　　2 000 000

　　贷：银行存款——活期户　　2 000 000

5. 非寿险原保险合同退保费的会计处理

原保险合同提前解除的，保险人应当按照原保险合同约定计算确定应退还投保人的金额，作为退保费，计入当期损益。

**例 25-6**　A 企业向 B 保险公司投保了财产保险综合险，由于厂址迁移外地，申请退保。根据业务部门转来的批单，应退还保费 5 000 元，但 A 企业尚有 700 元的保费未交，B 公司的会计部门开出转账支票支付 A 企业退保费 4 300 元。B 公司应编制会计分录如下：

借：保费收入　　5 000

　　贷：应收保费——A 企业　　700

　　　　银行存款　　4 300

### （四）非寿险原保险合同保险准备金的会计核算

在保险合同中，保险公司并不因为收入的确认而转移了风险，相反，风险伴随着收入的确认而产生，保险公司必须在整个投保期内对约定的保险事项承担保险责任。由于未来事件的发生具有巨大的不确定性，可能会极大地影响企业的财务状况，因此，基于谨慎性原则，保险公司应当提取各项准备金。原保险合同准备金包括未到期责任准备金、未决赔款准备金、寿险责任准备金和长期健康险责任准备金。非寿险原保险合同主要涉及未到期责任准备金和未决赔款准备金。

1. 未到期责任准备金的会计核算

1）未到期责任准备金的定义。

未到期责任准备金，是指保险人为尚未终止的非寿险保险责任提取的准备金，包括保险企业为保险期间在 1 年以内（含 1 年）的保险合同项下尚未到期的保险责任而提取的准备金，以及为保险期间在 1 年以上（不含 1 年）的保险合同项下尚未到期的保险责任而提取的长期责任准备金。

2）未到期责任准备金的计算方法。

未到期责任准备金的计算方法主要是百分比估算法，包括 1/2 法、1/8 法、1／24 法和 1／365 法。

（1）1/2 法。采用此方法的前提条件是假定全年 365 天，每天签单起保收取的保险费都是相同的，因而1年中的保险单在当年还有50%的有效部分未到期，故期末提取的未到期责任准备金为本期保费收入的1/2，这种方法虽然简便易行，但是，在整个保险期间风险并不是均匀分布的，并且保单生效也不是均匀分布在整个承保年度，因此，这种方法计算的未到期责任准备金不够准确。

（2）1/8法。采用此方法的前提条件是假设每1季度中承保的所有保险单是逐日开出的，且每天开出的保险单数量、每份保险单的保额及保险费大体均匀。因此，可以认为每个季度的保单有半个季度的责任未到期。1年中有8个“半季度”，因此，到年末时，对在第1季度投保的保单应提取的准备金为第1季度保费收入的1/8，剩下的7/8为已到期保费。对在第二季度投保的保单应提取的未到期责任准备金为第二季度保费收入的3/8，剩下的5/8为已到期保费。以此类推，故年末未到期责任准备金为：第1季度保费收入×1/8＋第二季度保费收入×3/8＋第3季度保费收入×5/8＋第4季度保费收入×7/8。其计算公式如下：

未到期责任准备金＝（签发保单季数×2－1）÷8×当季保费收入

**例25-7** A保险公司2×20年度第1季度的保费收入为80万元，第二季度保费收入为100万元，第3季度保费收入为70万元，第4季度保费收入为160万元，则该企业年末未到期责任准备金如下：

未到期责任准备金＝80×1/8＋100×3/8＋70×5/8＋160×7/8＝231.25（万元）

（3）1/24法。采用此方法的前提条件是假设1个月内所有承保的保险单在30天以内是逐日开出的，且保险单数量、保额、保费大体均匀，因而可以认为本月承保时保单在当月内的有效期天数都是15天即半个月，每月的保单有半个月的责任未到期。1年可分为24个半月，对1年期保险单来说，开立保险单的当月月末已到期责任为1/24，剩下的23/24的保费收入为未到期责任准备金。以后每过1个月，已到期责任保险金加上2/24，未到期责任保险金减少2/24，到年末，1月份开出保险单的未到期责任准备金为保费收入的1/24，2月份开出保险单的未到期责任准备金为保费收入的3/24，其余类推，12月份开出保险单的未到期责任准备金为保费收入23/24。其计算公式如下：

未到期责任准备金＝（签发保单月份×2－1）÷24×当月保费收入

**例25-8** A保险公司2×20年度的保单订立于1月，5月，8月，10月和12月，其保费收入分别为60万元，80万元、120万元，180万元和240万元，该公司年末未到期责任准备金如下：

未到期责任准备金＝60×1÷24＋80×9÷24＋120×15÷24＋180×19÷24＋240×23÷24＝480（万元）

值得注意的是，每个月在计算未到期责任准备金时应相应往前推12个月。例如，在2×20年8月提取未到期责任准备金时，2×19年9月份开出保险单的未到期责任准备金为保费收入的1/24，2×19年10月份开出保险单的未到期责任准备金为保费收入的 3/24，其余类推，到 2×20 年 8 月份开出保险单的未到期责任准备金为保费收入的 23/24。

按 1/24 法计提未到期责任准备金的特点是，每月开出保险单时，当月按保费收入的 23/24 计提未到期责任准备金，随着保险责任期限的逐渐缩短而逐月按 2/24 转回，即将大部分保费收入通过计提准备金的方式事后逐月反映为利润。

（4）1/365 法。该方法是根据每张保单的第 2 年有效天数逐笔计算未到期责任准备金。其计算公式如下：

某日保单未到期责任准备金＝第 2 年有效天数保险期天数 × 当日保费收入

**例 25-9**　A 保险公司的财产保险每日的保费收入统计如表 25-1 所示，用 1/365 法计算 1 月份提取的未到期责任准备金。

**表 25-1　1 月份财产保险的保险收入**　　单位：万元

| 月份 | 1 月份 | | | | | | | 2 月份 |
|---|---|---|---|---|---|---|---|---|
| 日期 | 1 日 | 2 日 | 5 日 | 9 日 | 15 日 | 26 日 | 31 日 | 1 日…… |
| 保费收入 | 30 | 45 | 100 | 40 | 42 | 190 | 62 | 198…… |

1 月份提取的未到期责任准备金＝ 30×1÷365 ＋ 45×2÷365 ＋ 100×5÷365 ＋ 40×9÷365 ＋ 42×15÷365 ＋ 190×26÷365 ＋ 62×31÷365 ＝ 23.2（万元）

3）我国关于未到期责任准备金的精算规定。

按照中国保监会颁布的现行相关精算规定，非寿险业务未到期责任准备金的评估方法主要如下：

（1）保险公司开展的财产保险和意外伤害保险业务，对于产险公司，参照《保险公司非寿险业务准备金管理办法（试行）》（保监会 13 号令）采用 1/24 法（以月为基础）、1/365 法（以天为基础）评估。对于某些特殊险种，根据其风险分布状况可以采用其他更为谨慎、合理的方法。对于寿险公司，应当遵照保监会在 1999 年颁布的《关于下发有关精算规定的通知》（保监会 90 号）文件的规定提取。会计年度末未到期责任准备金应当按照本会计年度自留毛保费的 50% 提取，也可以按其他方法提取，但提取的总额不应低于本会计年度自留毛保费的 50%。

（2）保险公司开展的短期健康保险业务，应当按《健康保险管理办法》（保监会 8 号令）规定，采用下列方法进行评估：1/24 毛保费法、1 / 365 毛保费法（以天为基础计提）或者根据风险分布状况可以采用其他更为谨慎、合理的方法，提取的未到期责任准备金不得低于前两种方法所得结果的较小者。

4）主要会计科目及其账务处理。

（1）“未到期责任准备金”科目及账务处理。“未到期责任准备金”科目核算保险企业提取的非寿险原保险合同未到期责任准备金。该科目可按保险合同进行明细核算。该科目属于负债类科目，其贷方登记提取的未到期责任准备金，借方登记冲减的未到期责任准备金，余额在贷方，反映保险企业的未到期责任准备金。

保险企业确认原保费收入的当期，应按保险精算确定的未到期责任准备金，借记“提取未到期责任准备金”科目，贷记该科目；资产负债表日，按保险精算重新计算确定的未到期责任准备金与已确认的未到期责任准备金的差额，借记该科目，贷记“提取未到期责任准备金”科目。原保险合同提前解除的，按相关未到期责任准备金余额，借记该科目，贷记“提取未到期责任准备金”科目。

（2）“提取未到期责任准备金”科目及其账务处理。“提取未到期责任准备金”科目核算保险企业提取的非寿险原保险合同未到期责任准备金。该科目可按保险合同和险种进行明细核算。该科目属于损益类科目，其借方登记提取的未到期责任准备金数额，贷方登记冲减已提取的未到期责任准备金数额，期末将该科目余额转入“本年利润”科目，结转后该科目无余额。

保险企业在确认原保费收入的当期，应按保险精算确定的未到期责任准备金，借记该科目，贷记“未到期责任准备金”科目；资产负债表日，应按保险精算重新计算确定的未到期责任准备金与已确认的未到期责任准备金的差额，借记“未到期责任准备金”科目，贷记该科目；原保险合同提前解除的，应按相关未到期责任准备余余额，借记“未到期责任准备金”科目，贷记该科目。

5）未到期责任准备金的会计处理。

保险企业应当在确认非寿险保费收入的当期，按照保险精算确定的金额，提取未到期责任准备金，作为当期保费收入的调整，并确认未到期责任准备金负债。在资产负债表日，保险企业应当按照保险精算重新计算确定的未到期责任准备金余额与已提取的未到期责任准备金余额的差额，调整未到期责任准备金余额。

从性质上讲，未到期责任准备金属于未赚取的保费收入，确认未到期责任准备金就是确认未赚取的保费收入。随着时间的推移，保险风险在逐渐减少，未赚取的保费收入也随之转化为已赚取的保费收入。因此，在通常情况下，对同一尚未终止的非寿险保险责任而言，保险企业在资产负债表日按照保险精算重新计算确定的未到期责任准备金余额应当小于上一资产负债表日已确认的未到期责任准备金余额。为了真实地反映保险人当期期末未赚取的保费收入，保险企业应当在资产负债表日，按照保险精算重新计算确定的未到期责任准备金余额与已确认的未到期责任准备金余额的差额，对未到期责任准备金余额进行调整。

**例 25-10** 2×20 年 11 月 1 日，甲公司确认丁公司投保的 A 财产保险合同保费收入 48 000 元；11 月 30 日，甲公司保险精算部门计算确定 A 财产保险合同未到期责任准备金余额为 44 000 元；12 月 31 日，甲公司保险精算部门计算确定 A 财产保险合同未到期责任准备金余额为 40 000 元。甲公司的账务处理如下：

（1）11 月 1 日，确认原保费收入 48 000 元时：

| | | |
|---|---|---|
| 借：银行存款 | 48 000 | |
| 贷：保费收入 | | 48 000 |

（2）11 月 30 日，确认未到期责任准备金 44 000 元时：

| | | |
|---|---|---|
| 借：提取未到期责任准备金 | 44 000 | |
| 贷：未到期责任准备金 | | 44 000 |

（3）12 月 31 日，调减未到期责任准备金 4000 元（44 000 － 40 000）时：

借：未到期责任准备金 4 000

　　贷：提取未到期责任准备金 4 000

**例 25-11** A 公司全年 1 年期直接承保的保费收入为 90 000 000 元，按自留保费的 50% 的比例提取未到期责任准备金，即为 45 000 000 元（90 000 000×50%），并转回上年同期提存未到期责任准备金 40 000 000 元。

A 公司编制的会计分录如下：

（1）提取未到期责任准备金时：

借：提取未到期责任准备金 45 000 000

　　贷：未到期责任准备金 45 000 000

（2）将上年提存的未到期责任准备金转回时：

借：未到期责任准备金 40 000 000

　　贷：提取未到期责任准备金 40 000 000

2. 未决赔偿准备金的会计核算

1）未决赔偿准备金的定义。

未决赔偿准备金，是指保险人为非寿险保险事故已发生尚未结案的赔案提取的准备金。未决赔款准备金，包括已发生已报案未决赔款准备金、已发生未报案未决赔款准备金和理赔费用准备金。

（1）已发生已报案未决赔款准备金，是指保险人为非寿险保险事故已发生并已向保险人提出索赔、尚未结案的赔案提取的准备金。

（2）已发生未报案未决赔款准备金，是指保险人为非寿险保险事故已发生、尚未向保险人提出索赔的赔案提取的准备金。

（3）理赔费用准备金，是指保险人为非寿险保险事故已发生尚未结案的赔案可能发生的律师费、诉讼费、损失检验费、相关理赔人员薪酬等费用提取的准备金。对于理赔费用准备金，根据其与具体赔案之间的关系，又可分为直接理赔费用准备金和间接理赔费用准备金。直接理赔费用准备金，是指保险人为直接发生于具体赔案的律师费、诉讼费、损失检验费等提取的理赔费用准备金。间接理赔费用准备金，是指保险人为非直接发生于具体赔案的理赔人员薪酬等理赔查勘费用提取的理赔费用准备金。

2）未决赔偿准备金的提取方法。

目前，有些保险企业出于方便财务监督的目的，对未决赔偿准备金的提存规定了统一的量化标准。例如，已发生已报案未决赔款准备金按最高不超过当期未决赔款的 100% 提存；已发生未报案未决赔款准备金按不高于当年实际赔款支出的 4% 提存，其计提依据假设很难与实际情况相吻合。按照新企业会计准则的规定，保险企业应当在非寿险保险事故发生的当期，按照保险精算确定的金额来提取。

（1）已发生已报案未决赔款准备金的提取方法：

a. 逐案估计法。即由理赔人员逐一估计每起索赔案件的赔款额，然后记入理赔档案，到一定时间把这些估计的金额进行汇总，并进行修正，据以提存准备金。这种方法比较简单，但工作量较大。这种方法适用于索赔金额确定，或索赔金额大小相差悬殊而难以估算平均赔付额的财产保险业务，比如，火灾保险和信用保险等。

b. 案均赔款法。即先根据保险企业的以往损失资料计算出平均值，然后再根据对将来赔付金额变动趋势的预测加以修正，把这一平均值乘以已报告赔款数目，就可得出未决赔款数额。这种方法适用于索赔案件且金额不大的业务，如汽车保险。

c. 赔付率法。即选择一个时期的赔付率来估计某类业务的最终赔付金额，从估计的最终赔付额中扣除已支付的赔款和理赔费用，即为未决赔款额。这种方法简便易行，但假定的赔付率与实际赔付率可能会有较大出入，此时按这种方法计算则不太准确。

（2）已发生未报案未决赔款准备金的提取方法。对于已发生未报案未决赔款准备金，此类赔款的估计比较复杂，一般以过去的经验资料为基础，然后根据各种因素的变化进行修正，比如出险单位索赔次数、金额、理赔费用的增减和索赔程序的变更等。这种索赔估计需要非常熟悉和精通业务的管理人员准确判断，具体方法主要包括链梯法、案均赔款法、准备金进展法和 B—F 法等。

（3）理赔费用准备金的提取方法。对直接理赔费用准备金，应当采取逐案预估法提取，对于间接理赔费用准备金，采用比较合理的比率分摊法提取。所谓合理的比率，就是合理估计理赔费用支出与赔款支出的比例关系中。首先要合理地划分哪些是理赔费用，理赔费用与赔款支出的比率也需要有经验数据作为支撑，其次再以当期计提的未决赔款准备金作为基础，乘以估计的理赔费用比率，计算理赔费用准备金。经验数据包括本期以及以往期间理赔费用支出。

3）我国关于未决赔偿准备金的精算规定。

按照中国保监会颁布的现行相关精算规定，非寿险合同未决赔偿准备金的评估方法具体如下：

（1）对于财险业务，遵照《保险公司非寿险业务准备金管理办法（试行）》（中国保险监督管理委员会令 2004 年第 13 号）及其实施细则规定，应当采用逐案估计法、案均赔款法以及中国保监会认可的其他方法谨慎提取已发生已报案未决赔款准备金；根据险种的风险性质、分布和经验数据等，采用链梯法、案均赔款法、准备金进展法和 B—F 法等至少两种方法进行谨慎评估，并选取评估结果的最大值，确定最佳估计值。

（2）对于健康险业务，应当采取逐案估计法、案均赔款法等合理的方法谨慎提取已发生已报案未决赔款准备金。如果保险公司精算责任人不能确认估计方法的可靠性或者相关业务的经验数据不足 3 年的，应当按照已经提出的索赔金额提取已发生已报案未决赔款准备金。保险公司应当根据险种的风险性质、分布和经验数据等，采用链梯法、案均赔款法、准备金进展法和 B—F 法等至少两种方法进行谨慎评估，并选取评估结果的最大值，确定最佳估计值。如果保险公司精算责任人不能判断数据基础不能确保计算结果的可靠性，或者相关业务的经验数据不足 3 年的，保险公司应当按照不低于该会计年度实际赔款支出的 10% 提取已发生未报案未决赔款准备金。

（3）理赔费用准备金的计提方法可以参考《非寿险业务准备金管理办法》对理赔费用准备金的规定。

4）未决赔款准备金的充足性测试。

保险企业至少应当于每年年度终了，对未决赔款准备金、寿险责任准备金和长期健康险责任准备金进行充足性测试。保险企业按照保险精算重新计算确定的相关准备金金额超过充足性测试日已提取的相关准备金余额的，应当按照其差额补提相关准备金；保险人按照保险精算重新计算确定的相关准备金金额小于充足性测试日已提取的相关准备金余额的，不调整相关准备金。

（1）充足性测试的概念。充足性测试，是指计算为将来可能要履行的保险责任而提取的准备金是否足够充分，以确保保险准备金负债没有被低估。很多现行的精算模型都可以用于测试，以确保保险准备金负债没有被低估。测试的具体形式取决于基本的计量方法。但是，目前的会计模式并不存在这些测试。如果承保人对因现有合约义务而产生的重要的可能合理预计的损失没有予以确认，则会降低财务报告的可信度，因此，新企业会计准则要求对准备金负债进行充足性测试。

（2）充足性测试的方法。新企业会计准则对如何进行充足性测试以及充足性测试的基本要求暂时没有具体的说明。一般而言，在进行准备金充足性测试时，应根据销售方式、服务方式和衡量获利能力的方式，将保险合同进行分类，以判断保险合同是否存在准备金不足的问题。

保险企业在进行准备金充足性测试可以备选的方法包括：整体测算、按产品大类测算和按照个别产品测算。

（3）我国关于未决赔偿准备金充足性测试的规定。关于未决赔偿准备金的充足性测试，现在《健康保险管理办法》（中国保险监督管理委员会令 2006 年第 8 号）和《保险公司非寿险业务准备金管理办法（试行）》（中国保险监督管理委员会令 2004 年第 13 号）精算规定已经对这些假设作出明确规定，如按照《健康保险管理办法》（中国保险监督管理委员会令 2006 年第 8 号）和《保险公司非寿险业务准备金管理办法（试行）》（中国保险监督管理委员会令 2004 年第 13 号）中规定的准备金提取方法计提未决赔偿准备金，已经满足了准备金充足这一要求，充足性在按上述方法对准备金的评估中得到保证。

5）主要会计科目及其账务处理。

（1）“未决赔款准备金”科目及其账务处理。“未决赔款准备金”科目核算保险企业提取的原保险合同责任未决赔款准备金。该科目属于负债类科目，其贷方登记提取的未决赔款准备金，借方登记冲减的未决赔款准备金，余额在贷方，反映保险企业未决赔款准备金的余额。保险企业也可以在“保险责任准备金”一级科目下设置二级科目“未决赔款准备金”。该科目可按保险合同进行明细核算，期末余额在贷方，反映保险企业的未决赔款准备金。

（2）“提取未决赔款准备金”科目及其账务处理。“提取未决赔款准备金”科目核算保险企业按规定为非寿险保险合同提取的未决赔款准备金。该科目属于损益类科目，其借方登记提取的未决赔款准备金，贷方登记冲减已提取的未决赔款准备金数额，期末将该科目的余额转入“本年利润”科目，结转后该科目无余额。保险企业也可以在“提取保险责任准备金”一级科目下设置二级科目“提取未决赔款准备金”。该科目可按保险责任准备金类别、险种和保险合同进行明细核算。

（3）主要账务处理。投保人发生非寿险保险合同约定的保险事故当期，保险企业应按保险精算确定的未决赔款准备金，借记“提取未决赔款准备金”科目，贷记“未决赔款准备金”科目。对未决赔款准备金进行充足性测试，应按补提的保险责任准备金，借记“提取未决赔款准备金”科目，贷记“未决赔款准备金”科目。原保险合同保险人确定支付赔付款项金额或实际发生理赔费用的当期，应按冲减的相应保险责任准备金余额，借记“未决赔款准备金”科目，贷记“提取未决赔款准备金”科目。

6）未决赔偿准备金的会计处理。

保险人与投保人签订原保险合同，向投保人收取保费，同时承担了在保险事故发生时向受益人赔付保险金的责任。对于非寿险原保险合同，在保险事故发生之前，保险人承担的向受益人赔付保险金的责任是一种潜在义务，不满足负债的确认条件，不应当确认为负债。保险事故一旦发生，保险人承担的向受益人赔付保险金的责任变成一种现时义务，满足负债的确认条件，应当确认为负债。因此，保险人应当在非寿险保险事故发生的当期，按照保险精算确定的未决赔款准备金金额，提取未决赔款准备金，并确认未决赔款准备金负债。

**例 25-12** 2×20 年 5 月 31 日，甲公司保险精算部门计算确定的某类财产保险合同未决赔款准备金金额为 100 000 元，其中，已发生已报案未决赔款准备金为 60 000 元，已发生未报案未决赔款准备金为 20 000 元，理赔费用准备金为 20 000 元。甲公司的账务处理如下：

借：提取未决赔款准备金　　100 000
　贷：未决赔款准备金　　100 000

**例 25-13** A 公司年末估算出当年家庭非寿险保险未决赔款准备金为：已发生已报案未决赔款准备金为 240 000 元，已发生未报案未决赔款准备金为 60 000 元。A 公司据此提取未决赔款准备金，并转回上年的提取额 410 000 元。

A 公司应编制的会计分录如下：

（1）提取未决赔款准备金时：

借：提取未决赔款准备金——已发生已报案未决赔款准备金　　240 000
　　　　　　　　　　——已发生未报案未决赔款准备金　　60 000
　贷：未决赔款准备金　　300 000

（2）转回上年的未决赔款准备金时：

借：未决赔款准备金　　410 000
　贷：提取未决赔款准备金　　410 000

**例 25-14** A 公司 2×20 年 8 月已决赔款累计数为 5 780 000 元，业务部门提供未决赔款清单上已报案的未决赔款金额为 1 200 000 元，根据保险精算计算结果，本期应提取已发生已报案未决赔款准备金 890 000 元，已发生未报案未决赔款准备金 61 200 元，理赔费用准备金 12 000 元。A 公司应编制会计分录如下：

借：提取未决赔款准备金——已发生已报案未决赔款准备金　　890 000
　　　　　　　　　　——已发生未报案未决赔款准备金　　61 200
　　　　　　　　　　——理赔费用准备金　　12 000
　贷：未决赔款准备金——已发生已报案未决赔款准备金　　890 000
　　　　　　　　　　——已发生未报案未决赔款准备金　　61 200
　　　　　　　　　　——理赔费用准备金　　12 000

**例 25-15** 假设上例已发生已报案赔案中有一案件结案，公司支付赔款 50 000 元，理赔费用 6 000 元，冲减相应未决赔款准备金余额。A 公司应编制会计分录如下：

借：未决赔款准备金——已发生已报案未决赔款准备金　　50 000
　　　　　　　　——理赔费用准备金　　6 000
　贷：提取未决赔款准备金——已发生已报案未决赔款准备金　　50 000
　　　　　　　　　　　——理赔费用准备金　　6 000

**例 25-16** B 公司 2×20 年已提已发生已报案赔款准备金 2 563 000 元，已提已发生未报案赔款准备金 1 250 000 元，已提理赔费用准备金 450 000 元。根据保险精算部门进行充足性测试计算结果，本年应提已报案赔款准备金 2 585 000 元，应提已发生未报案赔款准备金 1 150 000 元，应提理赔费用准备金 420 000 元。B 公司应编制会计分录如下：

借：提取未决赔款准备金——已发生已报案未决赔款准备金　　22 000
　　贷：未决赔款准备金——已发生已报案未决赔款准备金　　22 000

**（五）非寿险原保险合同成本的会计核算**

原保险合同成本，是指原保险合同发生的、会导致所有者权益减少的、与向所有者分配利润无关的经济利益的总流出。原保险合同成本主要包括发生的手续费或佣金支出、赔付成本，以及提取的未决赔偿准备金、寿险责任准备金、长期健康责任准备金等。赔付成本包括保险人支付的赔款、给付，以及在理赔过程中发生的律师费、诉讼费、损失检验费和相关理赔人员薪酬等理赔费用。

1. 保单取得成本的会计核算

1）保单取得成本和手续费及佣金支出的定义。

保单取得成本，是指保险人在取得原保险合同过程中发生的支出，包括发生的手续费或佣金支出、保单签订费、医药费、检查费等。其中，保险人在取得原保险合同过程中发生的手续费或佣金支出，是保单取得成本的主要内容。

手续费支出，是指保险企业支付给其委托并在授权范围内代为办理保险业务的保险代理人或保险经纪人的手续费。保险业务的多少会对保险企业的生存和发展产生重大影响。保险企业只有承保大量业务，才能建立足够的保险资金，增强其竞争力。因此，保险企业除了依靠本保险企业的职员直接招揽保险业务外，还广泛地利用保险代理人争取保险业务。保险代理人，是指根据保险人的委托，向保险人收取手续费，并在保险人授权的范围内代为办理保险业务的单位和个人。

2）主要会计科目设置。

（1）“手续费及佣金支出”科目。“手续费及佣金支出”科目核算保险企业按规定支付给代理保险业务的代理人的手续费及佣金。分入分保业务分入方支付给分出方的手续费不在该科目核算，而应列入“分保费用”科目。“手续费及佣金支出”科目属于损益类科目，其借方登记发生的手续费及佣金支出或计提应付未付的手续费及佣金，贷方登记期末结转“本年利润”科目的数额，结转后该科目无余额。该科目应按支出类别设置明细账。

（2）“应付手续费及佣金”科目。“应付手续费及佣金”科目核算保险企业因保险代理业务而发生的应付未付的手续费及佣金支出。该科目属于负债类科目，其贷方登记发生的应付手续费及佣金，借方登记实际支付的应付手续费及佣金，余额在贷方，反映企业尚未支付的手续费及佣金。该科目应按代理人设置明细账。

3）手续费及佣金支出的会计处理。

保险人在取得原保险合同过程中发生的手续费、佣金，应当在发生时计入当期损益。保险人在发生手续费和佣金支出时，借记“手续费及佣金支出”科目，贷记“银行存款”科目。期末，将“手续费及佣金支出”科目转入“本年利润”科目，结转之后无余额。

**例 25-17** 某保险代理人本月共收到机动车辆保险保费 90 000 元，全部划到保险公司账户，保险公司按7%支付手续费6 300元，代扣个人所得税50元，开出转账支票付讫。保险公司应编制会计分录如下：

（1）收到保费时：

借：银行存款　90 000

　贷：保费收入　90 000

（2）支付手续费时：

借：手续费及佣金支出　6 300

　贷：银行存款　6 250

　　应交税费——应交个人所得税　50

**例25–18**　代办单位将本季度代收的企业财产保险费140 000元转来，并随同交来银行转账支票120 000元，其余20 000元于下月交清，手续费费率为5%。保险企业应编制会计分录如下：

（1）收到保费时：

借：银行存款　120 000

　应收保费　20 000

　贷：保费收入　140 000

（2）支付和计算应付手续费时：

借：手续费及佣金支出　7 000

　贷：银行存款　6 000

　　应付手续费及佣金支出　1 000

（3）下月代理人交来保费时：

借：银行存款　20 000

　贷：应收保费　20 000

借：应付手续费及佣金支出　1 000

　贷：银行存款　1 000

2. 赔付成本的会计核算

1）赔付成本的内容。

赔付成本包括保险人支付的赔款、给付，以及在理赔过程中发生的律师费、诉讼费、损失检验费、相关理赔人员薪酬等理赔费用。赔付成本包括直接赔款、直接理赔勘查费和间接理赔勘查费。代位追偿款、收回错赔骗赔款及损余物资折价应冲减赔款支出。

（1）直接赔款，是指根据保险合同约定支付给被保险人或受益人的赔款，应在实际支付赔款时确认，直接计入相关险种的成本。

保险事故发生后，赔偿金额尚未最终确定前预付给被保险人或受益人的赔款，应作为预付赔款入账，结案时转为赔款支出。

（2）直接理赔勘查费，是指保险事故勘查理赔过程中发生的能准确分清到赔案的相关费用，包括专家费、律师与诉讼费、损失检验费、公估费以及其他直接费用。直接理赔勘查费，按实际发生额，直接计入相关险种的赔款支出。

（3）间接理赔勘查费，是指保险事故勘查理赔过程中发生的与保险事故勘查定损直接有关但不能准确分清到赔案的相关费用，包括车辆使用费、差旅费、调查取证费以及相关理赔人员薪酬等其他相关费用。间接理赔勘查费，按当期赔案件数或其他合理的方法，分摊计入相关险种的赔款支出。

（4）承担赔付保险金责任后应当确认的代位追偿款，冲减相关险种的赔款支出。

（5）收回赔款及物资折扣，包括收回错赔骗赔款以及收回损余物资折价，按实际收回错赔骗赔的款项或确认的收回损余物资价值，直接冲减相关险种的赔款支出。

2）主要会计科目设置。

为了核算保险企业支付的原保险合同赔付款项，保险企业一般设置“赔付支出”科目。该科目属于损益类科目，其借方登记赔款支出、预付赔款的转销和理赔勘查费，贷方登记代位追偿款和损余物资的冲减额、错赔骗赔的追回款以及期末结转到“本年利润”科目的余额，结转后该科目无余额。该科目可按保险合同和险种进行明细核算。

3）赔付成本的会计处理。

对于非寿险原保险合同，保险人在发生保险事故当期，已经根据保险精算部门计算确定的未决赔款准备金，确认了未决赔款准备金负债，同时确认提取保险责任准备金，计入当期损益。保险人在确定了实际应支付赔偿款项金额的当期，首先，应当将确定支付的赔偿款项金额计入当期赔付支出；其次，应当按照确定支付的赔偿款项金额，冲减相应的未决赔款准备金余额。

保险人将实际应支付的赔偿款确认为赔付支出单独核算，而不是直接冲减未决赔款准备金余额，主要是为了满足赔付率监管的需要，并与未决赔款准备金精算实务相衔接。在实务中，保险精算部门是根据有效保单定期计算未决赔款准备金余额，已决保单没有包括在有效保单内。在资产负债表日，会计部门根据保险精算结果按差额确认未决赔款准备金时，已经自动将已决保单相关的未决赔款准备金转销。

（1）当时结案的赔款支出的会计处理。

保险企业在收到被保险人赔偿申请及各项有关资料后，应认真进行审核，确定赔偿责任，计算应赔金额，经批核之后及时支付赔款。

**例 25-19** 2×20 年 4 月 12 日，甲公司确定应赔偿张某投保的家庭财产保险款 80 000 元，以银行存款支付。2×20 年 4 月 30 日，甲公司为该保险事故确认的未决赔款准备金金额为 85 000 元。甲公司的账务处理如下：

| | | |
|---|---|---|
| 借：赔付支出 | 80 000 | |
| 　　贷：银行存款 | | 80 000 |
| 借：未决赔款准备金 | 85 000 | |
| 　　贷：提取未决赔款准备金 | | 85 000 |

保险人在保险事故发生后较短的时间内（通常为保险事故发生当月）即能够结案定损的，保险人不需要先确认未决赔款准备金，再予以转销，而可以直接将确定支付的赔付款项金额计入当期损益。

**例 25-20** 2×20 年 5 月 15 日，甲公司某被保险人发生交通事故死亡；5 月 20 日，甲公司确定应赔偿该保险受益人保险款 120 000 元，并于当日支付。甲公司的账务处理如下：

借：赔付支出 120 000
　　贷：银行存款 120 000

（2）预付赔付款的会计处理。

在处理赔案的过程中，有些赔案损失较大，且案情比较复杂，由于种种原因不能当时或短时间内核实损失，确定赔款金额。但为了尽快恢复投保单位或个人的生产经营和正常生活秩序，保险公司按估赔的一定比例，先预付一部分赔款，待核实结案时再一次性结清。一般来说，预付赔款金额不得超过估损金额的50%，而且不能跨年度使用，结案率至少在85%以上。

**例25-21** 2×20年5月8日，某工厂厂房倒塌一时不能结案，但为了尽快恢复该厂生产，A保险公司按预计损失的50%，以支票预付赔款80 000元。A公司应编制会计分录如下：

借：预付赔付款 80 000
　　贷：银行存款 80 000

2×20年12月1日，A公司经调查核实，该厂的实际损失为170 000元，再开出支票90 000元结清此赔案。A公司为该保险事故确认的未决赔款准备金金额为180 000元。A公司应编制会计分录如下：

借：赔付支出 170 000
　　贷：预付赔付款 80 000
　　　　银行存款 90 000
借：未决赔款准备金 180 000
　　贷：提取未决赔款准备金 180 000

（3）应付赔付款的会计处理。

应付赔付款，是指保险企业应付未付给保户的赔款。

**例25-22** 某公司投保1年期团体人身意外伤害险，保额每人20 000元。投保后不久，该团体成员李某因意外事故身亡，并由医院出具死亡证明及验尸报告，A保险公司经核实统一给付保险金50 000元，赔款尚未支付。A公司应编制会计分录如下：

借：赔付支出 50 000
　　贷：应付赔付款 50 000

实际支付时：

借：应付赔付款 50 000
　　贷：银行存款 50 000

（4）理赔费用的会计处理。

在理赔过程中发生的直接理赔勘查费和间接理赔勘查费也应在“赔付支出”科目中核算。

**例25-23** 2×20年5月31日，乙公司分配相关理赔人员薪酬43 000元，其中与非寿险未决赔款准备金有关的金额为42 000元。乙公司的账务处理如下：

借：赔付支出　　43 000
　　贷：应付职工薪酬　　43 000
借：未决赔款准备金　　42 000
　　贷：提取未决赔款准备金　　42 000

3. 损余物资的会计核算

损余物资，是指保险人对非寿险保险事故承担赔偿保险金责任后取得的原保险标的受损后的财产。在通常情况下，保险人承担赔偿保险金责任时，一般将取得的有关财产折价给受益人，该财产不属于保险人的损余物资，不应当纳入保险人的资产负债表内反映，而应当将其从应支付的赔偿款项中扣除，按扣除后的金额支付给受益人。如果保险人承担赔偿保险金责任时，没有将取得的原保险标的受损后的有关财产折价给受益人，则该资产属于保险人的损余物资，在满足确认条件时应纳入保险人的资产负债表内反映。保险人取得的损余物资是对其发生赔付支出的补偿，因此，在确认损余物资时，应当按照同类或类似资产的市场价格计算确定的金额确认为资产，同时冲减赔付支出。同类或类似资产，通常是指与损余物资的性质相同、功能相近的资产。在处置损余物资时，保险人应当按照收到的金额与相关损余物资账面价值的差额，调整当期赔付成本。

为了核算保险企业按照原保险合同约定承担赔偿保险金责任后取得的损余物资成本，保险企业一般设置"损余物资"科目。该科目可按损余物资种类进行明细核算，期末余额在借方，反映企业承担赔偿保险金责任后取得的损余物资成本。损余物资发生减值的，可以单独设置"损余物资跌价准备"科目，比照"存货跌价准备"科目进行处理。

损余物资的主要账务处理如下：

（1）企业承担赔偿保险金责任后取得的损余物资，按同类或类似资产的市场价格计算确定的金额，借记该科目，贷记"赔付支出"科目。

（2）处置损余物资时，按实际收到的金额，借记"库存现金""银行存款"等科目，按其账面余额，贷记该科目，按其差额，借记或贷记"赔付支出"科目。已计提跌价准备的，还应同时结转跌价准备。

**例 25-24**　张某投保的小轿车发生被盗保险事故，甲公司已结案并支付保险金。2×20 年 4 月 12 日，甲公司通过公安部门找回了该被盗小轿车，参照同类资产的市场价格确定的入账价值为 80 000 元。甲公司的账务处理如下：

借：损余物资　　80 000
　　贷：赔付支出　　80 000

**例 25-25**　甲企业因火灾保险财产受损，A 保险公司应赔偿财产损失 1 500 000 元，扣除归企业所有的损余物资折价 100 000 元后，A 公司支付 1 400 000 元赔款。A 公司应编制会计分录如下：

借：赔付支出　　1 400 000
　　贷：银行存款　　1 400 000

**例 25-26**　沿用例 25-25，假设甲企业不能接受损余物资，由 A 保险公司作价

110 000 元出售给其他企业。A 公司应编制会计分录如下：

支付赔款时：

借：赔付支出　　1 500 000

　　贷：银行存款　　1 500 000

出售损余物资时：

借：银行存款　　110 000

　　贷：赔付支出　　110 000

**例 25-27** 沿用例 25-26，假定 A 保险公司一时无法处理损余物资，同类资产的市场价格为 115 000 元。A 公司应编制会计分录如下：

借：损余物资　　115 000

　　贷：赔付支出　　115 000

以后将该损余物资变卖，价款 120 000 元存入银行时：

借：银行存款　　120 000

　　贷：损余物资　　115 000

　　　　赔付支出　　5 000

如果变卖价款为 112 000 元，则 A 公司应编制会计分录如下：

借：银行存款　　112 000

　　赔付支出　　3 000

　　　　贷：损余物资　　115 000

4. 代位追偿款的会计核算

代位追偿款，是指保险人承担赔偿保险金责任后，依法从被保险人处取得代位追偿权向第三者责任人索赔而取得的赔款。

保险人承担赔付保险金责任应收取的代位追偿款，同时满足下列条件的，应当确认为应收代位追偿款，并冲减当期赔付成本。

（1）与该代位追偿款有关的经济利益很可能流入。

（2）该代位追偿款的金额能够可靠地计量。

收到应收代位追偿款时，保险人应当按照收到的金额与相关应收代位追偿款账面价值的差额，调整当期赔付成本。在判断代位追偿款能否收回时，保险人应当根据以往的经验、债务人的财务状况和现金流量等相关信息进行合理估计。如果判断代位追偿款收回的可能性小于不能收回的可能性，则不应当确认应收代位追偿款，但应当提供确凿的证据。保险人确认的应收代位追偿款，其实质是对保险人发生的赔付支出的补偿，在确认时应当冲减赔付支出。收到应收代位追偿款时，保险人应当按照收到的金额与相关应收代位追偿款账面价值的差额，调整当期赔付支出。

保险人一般设置“应收代位追偿款”科目，该科目核算保险人按照原保险合同约定承担赔付保险金责任后确认的代位追偿款。该科目可按被追偿单位（或个人）进行明细核算，期末余额在借方，反映保险人已确认尚未收回的代位追偿款。

代位追偿款的主要账务处理如下：

（1）保险人承担赔付保险金责任后确认的代位追偿款，借记“应收代位追偿款”科目，贷记“赔付支出”科目。

（2）收回应收代位追偿款时，按实际收到的金额，借记“库存现金”“银行存款”

等科目，按其账面余额，贷记“应收代位追偿款”科目，按其差额，借记或贷记“赔付支出”科目。已计提坏账准备的，还应同时结转坏账准备。

**例 25-28**　2×20 年 5 月 15 日，李某投保的小轿车发生碰撞保险事故，甲公司赔偿保险金责任后，取得向责任方代位追偿的权利，估计能够收回的代位追偿款为 30 000 元。6 月 23 日，甲公司从责任方收到代位追偿款 29 000 元，款项已存入银行。甲公司的账务处理如下：

（1）5 月 15 日，确认应收代位追偿款 30 000 元时：

借：应收代位追偿款　30 000

　　贷：赔付支出　30 000

（2）6 月 23 日，收到应收代位追偿款 29 000 元：

借：银行存款　29 000

　　赔付支出　1 000

　　贷：应收代位追偿款　30 000

**例 25-29**　2×20 年 6 月 30 日，A 保险公司与 B 公司签订一份保险合同，对 B 公司仓库的一批存货进行投保，约定保险期限为 1 年，即至 2×21 年 6 月 30 日，保险金额为 5 000 万元，保费为 500 万元，保费于合同生效当日一次性支付。经精算后确定，A 保险公司针对未到期责任准备金的提取金额为 200 万元。2×20 年 8 月 5 日，由于相邻的 C 公司发生意外火灾，并殃及了 B 公司的仓库，造成所投保的存货大部分毁损。A 保险公司经定损后，确认存货毁损 80%，金额为 4 000 万元，A 保险公司决定全额理赔 4 000 万元。2×20 年 9 月 25 日，本案按照上述理赔方案结案，A 保险公司同时收回毁损存货并享有了对 C 公司的代位追偿权。假设毁损存货残值为 500 万元，估计代位追偿可收回 2 000 万元。而实际中，2×20 年 10 月，A 保险公司转让存货的收入为 600 万元，2×20 年 12 月，从 C 公司收回补偿 1 800 万元。A 公司应编制会计分录如下：

（1）2×20 年 7 月 1 日，A 公司根据合同确认保费收入并提取准备金：

借：银行存款　5 000 000

　　贷：保费收入　5 000 000

借：提取未到期责任准备金　2 000 000

　　贷：未到期责任准备金　2 000 000

（2）2×20 年 8 月 5 日，提取未决赔款准备金 4 000 万元：

借：提取未决赔款准备金　40 000 000

　　贷：未决赔款准备金　40 000 000

（3）2×20 年 9 月 25 日，结案赔付，并收回损余物资及确认代位追偿权：

借：赔付支出　40 000 000

　　贷：银行存款　40 000 000

冲回未决赔款准备金：

借：未决赔款准备金　40 000 000

　　贷：提取未决赔款准备金　40 000 000

收回损余物资时：

借：损余物资　5 000 000
　贷：赔付支出　5 000 000

确认应收代位追偿款：

借：应收代位追偿款　20 000 000
　贷：赔付支出　20 000 000

（4）2×20年10月，处置损余物资时：

借：银行存款　6 000 000
　贷：赔付支出　1 000 000
　　损余物资　5 000 000

（5）2×20年12月，收到代位追偿款：

借：银行存款　18 000 000
　赔付支出　2 000 000
　贷：应收代位追偿款　20 000 000

## 二、寿险原保险合同的会计核算

### （一）寿险原保险合同保费收入的会计核算

1. 寿险保费的构成

寿险保费是根据“保险合同双方权利和义务对等”的原则确定的。对于投保人来说，按保险合同规定交付保险费是其义务，只有履行了交费义务，寿险合同的受益人才有在未来保险事故发生时领取保险金的权利。对于保险人来说，收取保险费是其权利，给付保险金是其义务。保险费是保险基金的根本来源。因此，及时收取保险费，组织好保费收入的日常管理，对于增加寿险公司的资金来源，增强寿险公司的偿付能力，提高寿险公司的经济效益，都具有十分重要的意义。

由于保险费率的确定按收支相抵的原则，是对未来发生保险事故的一种成本预测，因此，定价成本是一种预计成本，亦即事前成本。由于寿险的保险标的是人的生命，因此保险费的计算主要取决于被保险人的死亡率；又由于保险人是先收取保险费，而保险金要在保险事故发生后才给付，一般期限较长，根据均衡保费的原理，在保险人前期收到的保费中早期多收的保费有很大部分将以准备金的形式提存出来，形成储蓄性资金，这就需要考虑对这部分资金所承担的利息费用，因此，在保费定价时应考虑利率因素。另外，保险人在经营保险业务中的各项费用也应由被保险人来承担，因此，在保费定价时还应考虑费用率。由上可见，寿险保单价格的确定主要是基于三个预定因素：预定死亡率、预定利率和预定费用率。

由此来看，寿险保费是由纯保费和附加保费两部分构成的，纯保费是抵付保险金的来源，它具体可以分成危险保险费和储蓄保险费，危险保险费是保险人用于抵付当年的保险金给付的，它是根据预定死亡率来确定的；储蓄保险费是用于逐年积累以抵付将来的保险金给付的，从实质上讲也就是责任准备金，它是根据预定利率来确定的。附加保费是业务费用的来源，是根据预定费用率来确定的。

2. 寿险原保险合同保费收入的会计处理

寿险原保险合同收入的确认应当同时满足原保险合同保费收入确认的三个条件，与非寿险保险相同。由于人寿保险一般是收款生效，因此，一般是收到保费时确认保费收入。在采用分期收款方式收取保费的情况下，如果保费金额可以确定，而且收取保费的可能性也大于不能收取保费的可能性，可以于应收保费时确认保费收入，而不一定要在实际收到时再确认收入。在采用以保户储金利息作为保费收入的收款方式下，可以按期确认保费收入。

对于寿险原保险合同保费收入的计量，分期收取保费的，应当根据当期应收取的保费确定；一次性收取保险的，应当根据一次性应收取的保费确定。

1）实收保费的会计处理。

在保险业务发生时收取保费的情况下，由于保险业务已发生，所收的部分就是即期保费收入。

**例 25-30** 2×20 年 12 月 31 日，乙公司与李某签订一份定期寿险合同，保险金额为 1 000 000 元，保险期间为 2×21 年 1 月 1 日零时至 2×60 年 12 月 31 日 24 时；保费总额为 60 000 元，分 5 期于前 5 年每年 1 月 1 日等额收取。合同生效当日，乙公司收到李某缴纳的第一期保费 12 000 元，乙公司的账务处理如下：

| | | |
|---|---|---|
| 借：银行存款 | 12 000 | |
| 　　贷：保费收入 | | 12 000 |

以后各年收取保费的账务处理同上。

2）预收保费的会计处理。

对于分期缴费的保险业务，由于投保人一次性缴纳以后若干期保费，对于不属于当期收入的多缴部分作为预收保费处理，到以后年度应缴费时分期确认为保费收入。

**例 25-31** 李某向 A 保险公司投保个人养老金险，约定每月交费 100 元，2×20 年 1 月 6 日预交保费 1 200 元。则 A 保险公司应编制会计分录如下：

（1）预收保费时：

| | | |
|---|---|---|
| 借：库存现金 | 1 200 | |
| 　　贷：保费收入 | | 100 |
| 　　　　预收保费 | | 1 100 |

（2）以后每月将预收保费转为实现的保费收入时：

| | | |
|---|---|---|
| 借：预收保费 | 100 | |
| 　　贷：保费收入 | | 100 |

3）应收保费的会计处理。

对于寿险保费，保单宽限期内欠缴保费的保单，其保费金额可以可靠地计量，其经济利益很可能流入公司，同时，公司在宽限期仍承担相应保险责任，因此，应计提应收保费并确认保费收入。实际收到且属于约定金额范围的保费时冲减应收保费。保单失效后，将应收保费冲减当期保费收入。同时，将冲减的应收保费和超过宽限期后的应收保费转作表外项目核算。

**例 25-32** 保户李某 2×19 年 3 月向 A 保险公司投保 10 期终身寿险，按规定每年缴保费 10 000 元，宽限期为 3 个月。2×19 年 3 月，李某缴纳现金保费 10 000 元，2×20 年 3 月缴费期已到，但李某因资金紧张尚未缴纳保费。2×20 年 5 月，李某缴来现金保费 10 000 元。A 公司应编制会计分录如下：

（1）2×19 年 3 月，收到首期保费时：

借：库存现金　　10 000

　　贷：保费收入　　10 000

（2）2×19 年 3 月，保户欠缴保费时：

借：应收保费　　10 000

　　贷：保费收入　　10 000

（3）2×19 年 5 月，收到欠缴保费时：

借：库存现金　　10 000

　　贷：保费收入　　10 000

4）失效保单的会计处理。

根据人寿保险条款的规定，宽限期外仍未缴费的保单丧失效力。如果投保人在 2 年之内缴付欠缴的保费和相应的利息，该保单可以恢复效力。在实际收到投保人补缴的保费时确认保费收入，补缴的利息确认为利息收入。如果投保人在 2 年之内仍未补缴保费及其欠缴的利息的，根据保险条款的规定，该保单永久失效。

**例 25-33**　王某向 A 保险公司投保养老保险，因经济困难未按期交费使得保单失效。1 年后即复效期内王某申请复效，A 保险公司同意并要求保户补交保费 1 500 元，利息 50 元，投保人缴来现金。A 保险公司应编制会计分录如下：

借：库存现金　　1 550

　　贷：保费收入　　1 500

　　　　利息收入　　50

5）自动垫缴保费的会计处理。

保单保费缴足 2 年，已有现金价值。如投保人逾期未继续缴费，在保险条款有约定自动垫缴保费的，保险公司应根据其约定，于缴费宽限期满后，按其现金价值自动垫缴，使保单继续有效。发生自动垫缴保费的业务时，保险公司应确认保费收入。实际收到投保人补足其欠缴保费时，直接冲减“垫缴保费”。垫缴保费不计提佣金，垫缴应从应缴日开始计息。

对于自动垫缴保费，应设置“垫缴保费”科目，该科目属于资产类科目，其借方登记垫缴的保费，贷方登记收回的垫缴保费，余额在借方，反映保险企业尚未收到的垫缴保费余额。该科目应按保户设置明细账。

**例 25-34**　王某向 A 保险公司投保定期寿险，缴费已满 2 年，因经济原因暂时不能缴费，公司为其垫缴 1 000 元，3 个月收回，月利率为 0.3%。A 保险公司应编制会计分录如下：

（1）公司垫缴保费时：

借：垫缴保费　　1 000

　　贷：保费收入　　1 000

（2）收回垫缴保费及利息时：

借：库存现金　　1 009

　　贷：垫缴保费　　1 000

　　　　利息收入　　9

6）趸交保费的会计处理。

趸交保费是在保险合同签订时，投保人就约定的整个保险责任期间应交的保费一次性付清。根据配比原则，本年度的收入与确认的资产和负债相配比，对于趸交保费采用一次性确认保费收入。在会计期末，按照精算方法计算责任准备金，并进行相应的账务处理。

**（二）保险金给付的会计核算**

1. 保险金给付的概念与构成

保险金给付是保险企业对投保人在保险期满或期中支付保险金，以及对保险期内发生保险责任范围内的意外事故按规定给付保险金。同一险种有不同版本的条款，给付的保险金可能不同，在审核领取人申请金额时应加以注意。投保人有借款的，应先结清借款。若在保险合同规定的缴费宽限期内给付时投保人有未缴保费的，应将其从应支付的保险金中扣除。相反，投保人有预交保费的，在给付保险金时应退还预交部分。

保险金给付分为满期给付、死亡给付、伤残给付、医疗给付和年金给付等五种。

满期给付，是指寿险业务被保险人生存到保险期满，保险企业按保险合同条款约定支付给被保险人或受益人的保险金；

死亡给付，是指寿险业务被保险人在保险期内发生保险责任范围内的死亡事故，保险企业按保险合同条款约定支付给被保险人或受益人的保险金；

伤残给付，是指寿险业务被保险人在保险期内发生保险责任范围内的伤残事故，保险企业按保险合同条款约定支付给被保险人或受益人的保险金；

医疗给付，是指寿险和长期健康险业务被保险人在保险期内发生保险责任范围内的医疗事故，保险企业按保险合同条款约定支付给被保险人或受益人的保险金；

年金给付，是指寿险业务被保险人生存至保险条款规定的年限，保险企业按保险合同条款约定支付给被保险人或受益人的保险金。

2. 主要科目设置

为了反映寿险和长期健康险业务保险金给付情况，应设置“赔付支出”科目进行会计核算。该科目属于损益类科目，其借方登记保险金给付实际支付的金额，贷方登记期末结转“本年利润”科目的金额，结转后该科目无余额。该科目应按保险合同和险种进行明细核算。

3. 保险金给付的主要会计处理

（1）发生保险金给付时，借记“赔付支出”科目，贷记“库存现金”和“银行存款”等科目。

（2）若在保险金给付时贷款本息尚未还清，应将其从应支付保险金中扣除，按保单约定给付金额，借记“赔付支出”科目，按未收回的保户质押贷款本金，贷记“保户质押贷款”科目，按利息数，贷记“利息收入”科目，按实际支付的金额，贷记“库存现金”或“银行存款”等科目。

（3）若在保险合同规定的缴费宽限期内发生保险金给付时，应按应给付金额，借记“赔付支出”科目，按投保人未缴保费部分，贷记“保费收入”科目，按利息数，贷记“利息收入”科目，按实际支付的金额，贷记“库存现金”或“银行存款”等科目。

（4）若在保险金给付时保户存在预交保费，应将其退还给保户，按保单约定给付金额，借记“赔付支出”科目，按应退还给保户的金额，借记“预收保费”科目，按实际支付的金额，贷记“库存现金”或“银行存款”等科目。

**例 25-35** 投保人王某向 A 保险公司投保的保险金额为 50 000 元的两全保险已期满，尚有 8 000 元的保户质押贷款未归还，该笔贷款应付利息 406 元，A 保险公司将贷款及利息扣除后办理给付。A 公司应编制会计分录如下：

| | | |
|---|---|---|
| 借：赔付支出——满期给付 | 50 000 | |
| 　　贷：保户质押贷款 | | 8 000 |
| 　　　　利息收入 | | 406 |
| 　　　　库存现金 | | 41 594 |

**例 25-36** 某简易人寿保险保户因病死亡，其受益人提出死亡给付申请，A 保险公司业务部门审查同意给付全部保险金 5 000 元，该保户有当月应缴而未缴的保费 25 元，应从应给付的保险金中扣除，余额以现金支付。A 保险公司应编制会计分录如下：

| | | |
|---|---|---|
| 借：赔付支出——死亡给付 | 5 000 | |
| 　　贷：保费收入 | | 25 |
| 　　　　库存现金 | | 4 975 |

**例 25-37** 保户王某为其子女向 A 保险公司投保 10 年期独生子女两全保险，现因交通事故造成其子一肢永久残疾，经医院提供伤残证明，按规定给付保险金金额 5 000 元，经复核以现金支付。A 保险公司应编制会计分录如下：

| | | |
|---|---|---|
| 借：赔付支出——伤残给付 | 5 000 | |
| 　　贷：库存现金 | | 5 000 |

**例 25-38** 某长期健康险保单的被保险人发生重大疾病，在住院期间发生医疗费用 100 000 元，向保险人提出给付申请，A 保险公司在审查后同意给付全部保险金 100 000 元，但须扣除宽限期内尚未支付的保费 4 300 元和保户质押贷款 10 900 元（其中，利息为 900 元）。A 公司应编制会计分录如下：

| | | |
|---|---|---|
| 借：赔付支出——医疗给付 | 100 000 | |
| 　　贷：应收保费 | | 4 300 |
| 　　　　保户质押贷款 | | 10 000 |
| 　　　　利息收入 | | 900 |
| 　　　　库存现金 | | 84 800 |

**例 25-39** 王某向 A 保险公司投保终身养老年金保险，每月缴保费 100 元，现已到约定年金领取年龄，该投保人持有相关证件向 A 保险公司提出领取手续，按规定每月领取保险金 360 元，经复核后以现金支付。A 保险公司应编制会计分录如下：

| | | |
|---|---|---|
| 借：赔付支出——年金给付 | 360 | |
| 　　贷：库存现金 | | 360 |

**（三）退保业务的会计核算**

1. 退保业务的概念

退保业务，是指寿险和长期健康业务投保方在保险期未满时要求退还保单现金价值。在经济情况恶化时，许多保险单的所有者会行使退保权，人寿保险企业的资金运用由此而受到不利的影响，并且其他保险单所有者的利益也受到影响。保险单所有者在任何时候都可能行使退保权的规定，要求保险企业采取追求流动性的投资原则，因此，对退保者应当收取投资收益损失费。

2. 主要科目设置

为了反映寿险和长期健康险业务的退保情况，保险企业应设置“退保金”科目，用来核算寿险和长期健康险业务投保人或被保险人办理退保时，按保险条款规定支付给投保人或受益人的保单现金价值。该科目属于损益类科目，其借方登记退保时实际支付的金额，贷方登记期末结转至“本年利润”科目的数额，结转后该科目无余额。该科目应按险种和保单设置明细账。

3. 退保业务的会计处理

对于寿险原保险合同，投保人在保险责任开始后提前解除原保险合同的，如果在犹豫期内，保险人应当在扣除手续费后退还保险费，退还的保险费作为退保费，应直接冲减保费收入。如果过了犹豫期，保险人应当按照合同约定退还保险单的现金价值，保险人退还的保险单的现金价值即为退保费，应计入退保金。同时，保险人在确认寿险原保险合同保费收入的当期，已经将未来应承担的赔付保险金责任确认为寿险责任准备金、长期健康险责任准备金。在寿险原保险合同提前解除时，保险人原确认的未来应承担的赔付保险金责任已经不复存在，应当同时转销相关准备金余额。因此，保险人应当在寿险原保险合同提前解除时，转销已确认的相关寿险责任准备金、长期健康险责任准备金。主要的会计处理如下：

（1）支付退保金时，借记“退保金”科目，贷记“库存现金”或“银行存款”等科目。

（2）支付退保金时，若有贷款本息未还清，以现金价值，借记“退保金”科目，按未收回的保户质押贷款本金，贷记“保户质押贷款”科目，按利息数，贷记“利息收入”科目，按实际支付的金额，贷记“库存现金”或“银行存款”等科目。

（3）若在保险合同规定的缴费宽限期内发生退保时，应按应给付金额，借记“退保金”科目，按投保人未缴保费部分，贷记“保费收入”或者“应收保费”等科目，按利息数，贷记“利息收入”科目，按实际支付的金额，贷记“库存现金”或“银行存款”等科目。

（4）退保时若有预交保费的，应退还预交部分。按退保金额，借记“退保金”科目，按应退预交保费金额，借记“预收保费”科目，按实付金额，贷记“库存现金”或“银行存款”等科目。

（5）意外伤害险和短期健康险的退保费核算不通过“退保金”科目核算，而是冲减已收的保费收入，借记“保费收入”科目，贷记“库存现金”或“银行存款”等科目。

**例 25-40** 某养老保险保户因经济困难要求退保，退保金为 7 000 元，但须扣除保户的 2 000 元借款及其利息 150 元，A 保险公司会计部门在审核无误之后以现金支付。A 保险公司应编制会计分录如下：

| | | |
|---|---|---|
| 借：退保金 | 7 000 | |
| 贷：保户质押贷款 | | 2 000 |
| 利息收入 | | 150 |
| 库存现金 | | 4 850 |

**例 25-41** 某定期寿险保户要求退保，A 保险公司业务部门核定应退金额为 1 550 元，但该保户尚有预交 3 个月的保费 80 元，会计部门在审核无误之后将退保金与预交

保费一起退还给被保险人。A 公司应编制会计分录如下：

借：退保金　　1 550

　　预收保费　　80

　　贷：库存现金　　1 630

**（四）保户质押贷款业务的会计核算**

寿险业务中的多数险种具有储蓄性，即保单经过一定时期后将积累一定金额的现金价值。如果投保人有临时性的经济困难，可以向保险公司申请保单贷款。贷款金额以不超过保单当时现金价值的一定比例为限。当贷款本息超过或等于保单的现金价值时，投保人应在保险公司发生通知后的 1 个月之内还清借款本息，否则保单失效。例如，我国一些储蓄性的普通寿险保单规定，投保人保险费交足 2 年，保险期限满 2 年的，可持“保险单”和“保费收据”等向保险公司申请保户质押贷款。一般贷款金额不得超过保险单现金价值的 90%，借款期限最长为 6 个月。

为了核算和监督保户质押贷款的发生和回收情况，保险企业应设置“保户质押贷款”科目，用来核算保险公司根据寿险契约的规定对保户提供的贷款。该科目属于资产类科目，其借方登记发生的保户质押贷款，贷方登记收回的保户质押贷款，期末余额在借方，反映尚未收回的保户质押贷款。该科目应按贷款单位进行明细分类核算。

**例 25-42**　2×20 年 4 月 1 日，某保户持有效保单等凭证申请保户质押贷款 5 000 元，经审核符合条件，A 保险公司同意发放期限为 4 个月的、年利率为 6% 的保户质押贷款 5 000 元。A 保险公司应编制会计分录如下：

（1）2×20 年 4 月 1 日，发放贷款时：

借：保户质押贷款　　5 000

　　贷：银行存款　　5 000

（2）2×20 年 8 月 1 日，收回本息时：

借：银行存款　　5 100

　　贷：保户质押贷款　　5 000

　　　　利息收入　　100

**（五）保单红利支出的会计核算**

保单红利支出，是指分红保单所产生的盈余，通常称为超收保费，以保单红利的形式返还给投保人。我国于 1997 年首次推出利差返还型寿险产品，当实际利率高于预定利率时，保险人将这个差额对寿险责任准备金产生的利息返还给投保人。

对于保单红利支出的会计核算需要设置两个会计科目。

1. “保单红利支出”科目

“保单红利支出”科目核算人寿保险业务按原保险合同约定支付给投保人的红利。该科目属于损益类科目，其借方登记按原保险合同约定计提应支付的保单红利，贷方登记期末结转至“本年利润”科目的金额，结转后该科目无余额。该科目应按保单红利来源设置明细账。

2. “应付保单红利”科目

“应付保单红利”科目核算人寿保险业务按原保险合同约定应付未付投保人的红利支出。该科目属于负债类科目，其贷方登记按原保险合同约定计提应支付的保单红利，借方登记向投保人支付的保单红利，期末余额在贷方，反映保险企业应付未付的保单红利。该科目应按投保人设置明细账。

保单红利支出的主要会计处理如下：

（1）期末计提应付未付保单红利时，借记“保单红利支出”科目，贷记“应付保单红利”科目。

（2）实际支付给投保人保单红利时，借记“应付保单红利”科目，贷记“库存现金”或“银行存款”等科目。

**例 25-43** A 保险公司期末根据保险精算，应支付给保户的红利为 300 000 元。A 公司应编制会计分录如下：

（1）计提保单红利支出时：

| | | |
|---|---|---|
| 借：保单红利支出 | 300 000 | |
| 　　贷：应付保单红利 | | 300 000 |

（2）实际向保户支付红利时：

| | | |
|---|---|---|
| 借：应付保单红利 | 300 000 | |
| 　　贷：库存现金 | | 300 000 |

**（六）佣金支出的会计核算**

佣金支出，是指保险企业向专门推销寿险业务的个人代理人和经纪人公司支付的佣金。对于佣金支出的会计核算与非寿险原保险合同的佣金及手续费支出是类似的，这里不再赘述。

**例 25-44** A 保险公司计算应付某终身寿险代理人刘云佣金 8 800 元，10 天后以现金支付。A 保险公司应编制会计分录如下：

（1）计提应付佣金时：

| | | |
|---|---|---|
| 借：手续费及佣金支出 | 8 800 | |
| 　　贷：应付手续费及佣金 | | 8 800 |

（2）实际支付佣金时：

| | | |
|---|---|---|
| 借：应付手续费及佣金 | 8 800 | |
| 　　贷：库存现金 | | 8 800 |

**（七）寿险原保险合同保险责任准备金的会计核算**

1. 寿险原保险合同保险责任准备金的概念和构成

寿险原保险合同保险责任准备金，是指保险企业根据其售出的保单中约定的保险责任，在向受益人支付赔偿或给付以前公司提取的偿付准备。它是在任何时候为保证保险给付所需要准备的金额，是对保险单所有人的负债，也是寿险原保险合同的一项主要负债。对于寿险原保险合同，收取保险费在前，而履行给付保险金的义务在若干年之后。如果寿险准备金不充足，则会影响保险公司的偿付能力，从而危及被保险人的合法权益。为了保障保险客户的利益，促使保险公司安全经营，保险监管机构通过保险监管法规规定保险企业应提留准备金，以确保保险公司的最低偿付能力。

寿险原保险合同准备金包括寿险责任准备金和长期健康责任准备金。寿险责任准备金，是指保险人为尚未终止的人寿保险责任提取的准备金。长期健康责任准备金，是指保险人为尚未终止的长期健康保险责任提取的准备金。

2. 寿险原保险合同保险责任准备金的性质

寿险原保险合同准备金是寿险保险公司为了承担将来未到期责任而提存的准备金。随着年龄的增长，死亡率自然上升，自然保费应逐年递增，但由于人的劳动能力和年龄呈反比，如果按年龄来制定费率，则年轻时的费率较低，年老时的费率较高。这样将使被保险人在晚年最需要保险保障时，却因年老体衰、劳动力减弱甚至已经丧失而缺乏保险费的负担能力。而且，如果费率逐年提高，容易造成“逆向选择”。身体健康的人会因费率的加重而中途退出保险，而身体衰弱的人却因生命危险的增加而坚持投保，使正常情况下计算出来的费率难以维持。因此，为了解决上述矛盾，寿险业务收取的保费不是自然保费，而是每年费率相等的均衡保费，这样就会出现保险期的早期保费溢缴部分，这部分不能看作是盈利，而保险人对保户的负债，应通过责任准备金的形式提存出来。因此，从实质上来看，寿险原保险合同责任准备金本质就是将早期多收的保费提存出来，用于弥补晚期少收的保费，以便将来履行给付的义务。

3. 寿险原保险合同责任准备金的计算方法

1）过去法。

过去法又称已缴保费推算法。过去法的主要计算原理是，按收支相等的原则对一张保单加以观察，则在保险期间的某一时点均有如下关系：

t 年度以前的收入－t 年度以后的收入＝t 年度以前的支出－t 年度以后的支出

此公式可改写如下：

t 年度以前的收入－t 年度以前的支出＝t 年度以后的收入－t 年度以后的支出

寿险原保险合同准备金就是在时点 t 以后预计支出超过收入的差额，计算公式如下：

寿险原保险合同准备金＝以前年度已收纯保费在 t 年度的终值－以前年度已付保险金在 t 年度的终值

2）将来法。

将来法又称未缴保费推算法。将来法的主要计算原理是，对于某一时刻，从将来预计支出的现值中减去将来预计收入的现值所得的金额。因此，在将来法下，寿险原保险合同准备金的计算公式如下：

寿险原保险合同准备金＝t 年度以后未付保险金在 t 年度的现值－t 年度以后未收纯保费在 t 年度的现值

过去法和将来法如果采用相同的利率，两者的计算结果在理论上是完全一致的。将来法是较易作出预测的方法。一般来说，当责任准备金需按险种、年龄别、经过年数别进行大量计算时，采用将来法比过去法较为有利。

需要指出的是，会计年度末责任准备金不同于保险年度末责任准备金，但可根据保险年度末责任准备金近似求出。设签单在1年之内是均匀分布的，于是可合理地认为从每年7月1日至次年6月30日为一个保险年度，则会计年度末责任准备金约等于相邻两个保险年度末责任准备金的算术平均值加年均衡保费的一半。以上仅仅是计算寿险原保险合同责任准备金的基本原理。在保险精算实务中，要计算寿险的实际责任准备金，需要考虑的因素还有很多。

4. 我国关于寿险责任准备金的现行精算假定

保险人应当在确认寿险保费收入的当期，按照保险精算确定的金额，提取寿险责任准备金、长期健康险责任准备金，并确认寿险责任准备金、长期健康险责任准备金负债。

对于传统寿险业务，寿险责任准备金的计提应遵照《关于下发有关精算规定的通知》（保监发〔1999〕90号）的有关规定执行。对于新型寿险业务，比如分红、投连和万能产品，寿险责任准备金的计提应遵照《关于印发人身保险新型产品精算规定的通知》（保监发〔2003〕67号，以下简称67号令）的有关规定执行。此外，2005年保监会颁布了《中国人寿保险业经验生命表（2000-2003）》，并在《关于修订精算规定中生命表使用有关事项的通知》（保监发〔2005〕118号）中对精算规定中有关生命表事项作出修订。

长期健康险责任准备金的评估方法应遵照中国保监会颁布的8号令及其实施细则相关规定。

5. 寿险原保险合同责任准备金的充足性测试

保险企业至少应当于每年年度终了，对寿险责任准备金和长期健康险责任准备金进行充足性测试。保险人按照保险精算重新计算确定的相关准备金金额超过充足性测试日已提取的相关准备金余额的，应当按照其差额补提相关准备金；保险人按照保险精算重新计算确定的相关准备金金额小于充足性测试日已提取的相关准备金余额的，不调整相关准备金。

对于寿险责任准备金和长期健康险责任准备金，所涉及的合同通常为1年期以上的长期合同。充足性测试的基本概念是一致的：考虑预期未来发生的赔款与费用，采用适当的利息率进行折现，然后与账面价值进行比较。根据目前“90号令”规定，根据保监会最低准备金的规定，保险公司主要人寿保险产品评估和长期健康险产品利息率不得高于下面两项规定的最低值计提：

（1）保监会公布的评估利息率7.5%。

（2）该险种厘定保险费所使用的预定利息率。

6. 主要会计科目的设置

为了核算保险企业提取的寿险责任准备金和长期健康险责任准备金，保险企业一般设置“保险责任准备金”和“提取保险责任准备金”科目。

1）“保险责任准备金”科目。

“保险责任准备金”科目核算保险企业为尚未终止的人寿保险责任提取的准备金。再保险接受人提取的再保险合同寿险责任准备金，也在该科目中核算。该科目属于负债类科目，其贷方登记提取的寿险责任准备金数额，借方登记冲减的寿险责任准备金，期末余额在贷方，反映保险企业提取的寿险责任准备金和长期健康险责任准备金。该科目应按保险合同及险种设置明细账。保险企业也可以直接设置“寿险责任准备金”

和“长期健康险责任准备金”两个科目。

2）“提取保险责任准备金”科目。

“提取保险责任准备金”科目核算保险企业按规定对寿险合同提取的责任准备金。再保险接受人提取的再保险合同寿险责任准备金，也在该科目中核算。该科目属于损益类科目，其借方登记提取的寿险责任准备金金额，贷方登记冲减已提取的寿险责任准备金金额，期末将本科目余额转入“本年利润”科目，结转之后该科目无余额。该科目应按保险合同及险种设置明细账。保险企业也可以直接设置“提取寿险责任准备金”和“提取长期健康险责任准备金”两个科目。

7. 主要会计处理

寿险责任准备金和长期健康险责任准备金的主要账务处理如下：

（1）企业确认寿险保费收入，应按保险精算确定的寿险责任准备金、长期健康险责任准备金，借记“提取寿险责任准备金”“提取长期健康险责任准备金”科目，贷记“寿险责任准备金”“长期健康险责任准备金”科目。对寿险责任准备金和长期健康险责任准备金进行充足性测试，应按补提的保险责任准备金，借记“提取寿险责任准备金”“提取长期健康险责任准备金”科目，贷记“寿险责任准备金”“长期健康险责任准备金”科目。

（2）原保险合同保险人确定支付赔付款项金额或实际发生理赔费用的当期，应按冲减的相应保险责任准备金余额，借记“寿险责任准备金”“长期健康险责任准备金”科目，贷记“提取寿险责任准备金”“提取长期健康险责任准备金”科目。

（3）寿险原保险合同提前解除的，应按相关寿险责任准备金、长期健康险责任准备金余额，借记“寿险责任准备金”“长期健康险责任准备金”科目，贷记“提取寿险责任准备金”“提取长期健康险责任准备金”科目。

**例 25-45** 2×20 年 12 月 31 日，乙公司保险精算部门计算确定的某团体终身寿险合同寿险责任准备金金额为 120 000 元。乙公司的账务处理如下：

借：提取寿险责任准备金　　120 000

　　贷：寿险责任准备金　　120 000

**例 25-46** 王某投保两全寿险保户保险期满，持有关证件向 A 保险公司办理领取手续，经复核，A 保险公司会计部门以现金支付，该保单寿险责任准备金余额为 15 000 元。A 保险公司以现金支付保险金的同时，应冲减相应寿险责任准备金余额。A 保险公司应编制会计分录如下：

借：寿险责任准备金　　15 000

　　贷：库存现金　　15 000

**例 25-47** A 公司 2×20 年 12 月 31 日提取寿险责任准备金 62 000 000 元，转回上年同期提存的寿险责任准备金 58 000 000 元。A 公司应编制会计分录如下：

（1）提存寿险责任准备金时：

借：提取寿险责任准备金　　62 000 000

　　贷：寿险责任准备金　　62 000 000

（2）转回寿险责任准备金时：

借：寿险责任准备金　58 000 000
　　贷：提取寿险责任准备金　58 000 000

（3）将提取和转回的寿险责任准备金结转至本年利润：

借：本年利润　62 000 000
　　贷：提取寿险责任准备金　62 000 000
借：提取寿险责任准备金　58 000 000
　　贷：本年利润　58 000 000

**例 25-48**　2×20 年 12 月 31 日，A 公司提取未到期责任准备金 350 000 元，转回上年同期提存的未到期责任准备金 300 000 元；提存未决赔款准备金 300 000 元，转回上期提存的未决赔款准备金 200 000 元；提取长期健康险责任准备金 700 000 元，转回上年同期提存的长期健康险责任准备金 650 000 元；提存寿险责任准备金 500 000 元，转回上年同期提存的寿险责任准备金 400 000 元。

A 公司应编制的会计分录如下：

借：提取未到期责任准备金　350 000
　　贷：未到期责任准备金　350 000
借：未到期责任准备金　300 000
　　贷：提取未到期责任准备金　300 000
借：提取未决赔款准备金　300 000
　　贷：未决赔款准备金　300 000
借：未决赔款准备金　200 000
　　贷：提取未决赔款准备金　200 000
借：提取长期健康险责任准备金　700 000
　　贷：长期健康险责任准备金　700 000
借：长期健康险责任准备金　650 000
　　贷：提取长期健康险责任准备金　650 000
借：提取寿险责任准备金　500 000
　　贷：寿险责任准备金　500 000
借：寿险责任准备金　500 000
　　贷：提取寿险责任准备金　500 000

## 第二节　新准则对企业的影响

### 一、相关准备金的规定

新准则规定，保险人按照保险精算重新计算确定的相关准备金金额超过充足性测试日已提取的相关准备金余额的，应当按照其差额补提相关准备金；保险人按照保险精算重新计算确定的相关准备金金额小于充足性测试日已提取的相关准备金余额的，不调整相关准备金。而原先的《保险公司会计制度》对此没有规定。新规定使保险公司的费用增加，利润减少。

## 二、损余物资处理的规定

新准则规定，保险人承担赔偿保险金责任取得的损余物资，应当按照同类或类似资产的市场价格计算确定的金额确认资产，并冲减当期赔付成本。而原先的《保险公司会计制度》对此没有规定明确的估计方法，这样就减少了保险公司对损余物资价格确定的控制能力，减少了利润的波动。

# 第二十六章　再保险合同

## 第一节　案例分析及操作实务

### 一、分出业务的会计核算

分出业务的会计处理主要包括应收分保准备金、分出保费及摊回成本费用和存入分保保证金等。

**（一）分出保费的会计核算**

再保险分出人应当在确认原保险合同保费收入的当期，按照相关再保险合同的约定，计算确定分出保费，计入当期损益。

1. 分出保费的确认

（1）合约分保业务。

对于合约分保业务，再保险分出人与再保险接受人签订再保险合同，约定某一范围内的所有业务自动按照预先确定的条件进行分保。因此，再保险分出人应在原保险合同保费收入确定时，按照合约约定，计算其对应的分出保费，计入当期损益。

（2）临时分保业务。

对于临时分保业务，再保险分出人可以视情况决定是否分出某一保单，再保险接受人也需要对每一风险单位进行独立的核保后决定是否接受以及确定接受条件，因此，再保险合同的签订会滞后于原保险合同。

如果再保险分出人在原保险合同确定的当期与再保险接受人签订了再保险合同，再保险分出人应在再保险合同确定时，按照再保险合同约定计算原保险合同对应的分出保费。

如果当期未签订再保险合同，则保险责任仍由再保险分出人承担，与原保险合同相关的经济利益也仍属于再保险分出人，同时，分出保费也难以可靠地计量，因此，再保险分出人不应确认分出保费。

（3）预约分保业务。

预约分保业务分出保费的确认参照临时分保业务的处理。

2. 科目设置

为核算再保险分出人向再保险接受人分出的分保费用，保险企业一般设置“分出保费”科目，该科目属于损益类科目，其借方登记分出的保费，贷方登记转入“本年利润”科目的金额，结转后该科目无余额。该科目可按险种进行明细核算。

另外，再保险分出人一般设置“应收分保账款”科目。该科目用来核算再保险分出人从事再保险业务应收取的款项，可按再保险分出人或再保险接受人和再保险合同进行明细核算。期末余额在借方，反映企业从事再保险业务应收取的款项。

3. 分出保费的会计处理

分出保费的主要会计处理如下：

（1）保险企业在确认原保险合同保费收入的当期，应按再保险合同约定计算确定的分出保费金额，借记“分出保费”科目，贷记“应付分保账款”科目。在原保险合同提前解除的当期，应按再保险合同约定计算确定的分出保费的调整金额，借记“应付分保账款”科目，贷记“分出保费”科目。

（2）对于超额赔款再保险等非比例再保险合同，应按再保险合同约定计算确定的分出保费金额，借记“分出保费”科目，贷记“应付分保账款”科目。调整分出保费时，借记或贷记“分出保费”科目，贷记或借记“应付分保账款”科目。

**（二）摊回分保费用的会计核算**

再保险分出人应当在确认原保险合同保费收入的当期，按照相关再保险合同的约定，计算确定应向再保险接受人摊回的分保费用，计入当期损益。这里“摊回的分保费用”，是指摊回的分保手续费。再保险分出人应当在原保险合同提前解除的当期，按照相关再保险合同的约定，计算确定分出保费、摊回分保费的调整金额，计入当期损益；同时，转销相关应收分保准备金余额。

1. 摊回分保费用的确认

（1）合约分保业务。

合约分保业务的手续费包括固定手续费、浮动手续费和纯益手续费三种类型。

a. 固定手续费。固定手续费可以在确认原保险合同保费收入的当期，根据原保险合同发生的费用支出，按照再保险合同约定的固定比例计算确定，计入当期损益。

b. 浮动手续费。浮动手续费中的预收分保手续费可在确认原保险合同保费收入的当期，根据原保险合同发生的费用支出，按照再保险合同约定的固定比例计算确定，计入当期损益。

浮动手续费中的调整手续费由于在业务年度结束后根据赔付情况才能准确计算，因此，应当在确认原保险合同保费收入的当期，根据当期原保险合同的赔付情况，按照合理的方法预估应摊回的分保费用，计入当期损益。预估一般可采用历史保单终极赔付率预估法，即根据公司经验数据，计算历史保单终极赔付率，并以此判断新业务的终极赔付水平，从而确定浮动手续费调整金额。

c. 纯益手续费。再保险分出人应当根据相关再保险合同的约定，在能够计算确定应向再保险接受人收取的纯益手续费时，将该项纯益手续费作为摊回分保费用，计入当期损益。这里的“能够计算确定”，是指再保险分出人能够根据再保险合同的约定，预估当期的纯益手续费金额。

分保手续费是再保险接受人对再保险分出人取得和经营原保险业务所发生费用的补偿，纯益手续费是再保险接受人对再保险分出人谨慎地选择原保险业务而为其带来盈利的一种“奖励措施”，其实质是对再保险分出人经营原保险业务的“额外”补偿。因此，纯益手续费与分保手续费性质相类似，确认应取得的纯益手续费时应作摊回分保费用处理。

纯益手续费只有再保险接受人实际上有“纯益”时才给付。在实务中，保险人通常按照业务年度计算纯益，而一个业务年度的再保险业务往往要跨越若干个会计年度才能结算出损益。再保险分出人确认纯益手续费收入主要应考虑其可靠的计量问题，只有能够依据相关数据计算确定应向再保险接受人收取的纯益手续费时，即纯益手续费能够可靠地计量时，纯益手续费收入才能予以确认。

另外，值得注意的是，在计算确定纯益手续费时，再保险分出人所应用的盈利计算假设应与计算原保险合同所形成的负债时所应用的盈利计算假设相一致。例如，再保险分出人在准备合同项下与纯益手续费有关的损益计算书时，损益中的有关支出项目一般包括未决赔款准备金，未决赔款准备金的评估应与再保险分出人对该笔分出业务所对应的原保险合同评估未决赔款准备金时采用的精算假设相一致。

（2）临时分保业务。

对于临时分保业务，如果再保险合同在原保险合同保费收入确认的当期确定，则可参照合约分保业务的方式确认应摊回的分保费用；如果原保险合同保费收入确认的当期未能确定再保险合同，再保险分出人不确认分出保费，相应地也不应确认摊回分保费用。

（3）预约分保业务。

预约分保业务摊回分保费用的确认参照临时分保业务处理。

2. 会计科目的设置

为了反映再保险分出人向再保险接受人摊回的分保费用，保险企业一般设置“摊回分保费用”科目。该科目属于损益类科目，其贷方登记应向再保险接受人摊回的费用，借方登记期末结转“本年利润”科目的金额，结转后无余额。该科目可按险种进行明细核算。

3. 摊回分保费用的会计处理

（1）再保险分出人在确认原保险合同保费收入的当期，按相关再保险合同约定计算确定的应向再保险接受人摊回的分保费用，借记“应收分保账款”科目，贷记“摊回分保费用”科目。

（2）计算确定应向再保险接受人收取的纯益手续费的，应按相关再保险合同约定计算确定的纯益手续费，借记“应收分保账款”科目，贷记“摊回分保费用”科目。

（3）在原保险合同提前解除的当期，应按相关再保险合同约定计算确定的摊回分保费用的调整金额，借记“摊回分保费用”科目，贷记“应收分保账款”科目。

**例 26-1** 甲公司与F保险股份有限公司（以下简称F公司）签订一份成数分保财产再保险合同，将约定的原保险业务向F公司办理分保。合同约定分保手续费采用浮动分保手续费率制，预付分保手续费费率为30%。假定甲公司对该再保险合同业务年度的业务进行结算时实际计算确定的分保手续费费率为35%，据此计算的分保手续费调整金额为800万元，并经F公司确认一致。此时，甲公司调整分保手续费的账务处理如下：

| | | |
|---|---|---|
| 借：应收分保账款——F公司 | 8 000 000 | |
| 贷：摊回分保费用 | | 8 000 000 |

**例 26-2** 沿用例26-1的资料，假定再保险合同签订3年后甲公司按照合同约定计算出应向F公司收取的纯益手续费金额为144万元，双方确认一致的纯益手续费金额为140.4万元。甲公司应予双方确认一致时作账务处理如下：

| | | |
|---|---|---|
| 借：应收分保账款——F公司 | 1 404 000 | |
| 贷：摊回分保费用 | | 1 404 000 |

### （三）摊回赔付成本的会计核算

再保险分出人应当在确定支付赔付款项金额或实际发生理赔费用的当期，按照相关再保险合同的约定，计算确定应向再保险接受人摊回的赔付成本，计入当期损益。

1. 摊回赔付成本的确认

对于合约分保业务，再保险分出人可按照再保险合同的约定，根据当期原保险合同的赔付成本，计算确定当期应摊回的赔付成本，计入当期损益。

临时分保业务和预约分保业务的摊回赔付成本的确认参照合约分保业务来处理。

2. 会计科目的设置

为了反映再保险分出人向再保险接受人摊回的赔付成本，保险企业应当设置“摊回赔付支出”科目。该科目属于损益类科目，其贷方登记应向再保险接受人摊回的赔付成本，借方登记期末结转“本年利润”科目的金额，结转后该科目无余额。该科目可按险种进行明细核算。再保险分出人也可以单独设置“摊回赔款支出”“摊回年金给付”“摊回满期给付”“摊回死伤医疗给付”等科目。

3. 摊回赔付成本的会计处理

（1）再保险分出人在确定支付赔付款项金额或实际发生理赔费用而确认原保险合同赔付成本的当期，应按相关再保险合同约定计算确定的应向再保险接受人摊回的赔付成本金额，借记“应收分保账款”科目，贷记“摊回赔付支出”科目。

（2）在因取得和处置损余物资、确认和收到应收代位追偿款等而调整原保险合同赔付成本的当期，应按相关再保险合同约定计算确定的摊回赔付成本的调整金额，借记或贷记“摊回赔付支出”科目，贷记或借记“应收分保账款”科目。

（3）对于超额赔款再保险等非比例再保险合同，计算确定应向再保险接受人摊回的赔付成本的，应按摊回的赔付成本金额，借记“应收分保账款”科目，贷记“摊回赔付支出”科目。

**例 26-3** 2×20 年 1 月 31 日，乙公司与客户刘某签订一份人身意外伤害保险合同，保险金额为 360 万元，自 2×20 年 2 月 1 日零时起合同生效，保险期间为 1 年；刘某于合同生效当日一次性缴纳保险费 0.72 万元，乙公司开始承担保险责任并确认了保费收入。该份人身意外伤害保险合同属于乙公司与 E 保险股份有限公司（以下简称 E 公司）签订的溢额再保险合同约定的业务范围。该再保险合同约定：每一被保险人的意外险自留额为 100 万元，E 公司的分保额最高限额为 300 万元，分保手续费费率为 25%。

2×20 年 7 月 10 日，被保险人刘某发生车祸死亡，乙公司确定该事故属于全额赔偿责任范围，于事故发生当月确认了赔付成本 360 万元。2×20 年 7 月 29 日，乙公司向刘某家属支付了保险赔款，该保险事故结案。乙公司就上述业务计算出应向 E 公司分出的保费金额为 0.52 万元［0.72×（360 − 100）÷360］，分保手续费为 0.13 万元（0.52×25%），应从 E 公司摊回赔款金额为 260 万元［360×（360 − 100）÷360］，乙公司分出保费、摊回分保费用、摊回赔付成本的账务处理如下：

（1）2×20 年 2 月，确认分出保费及摊回分保费用时：

| | | |
|---|---|---|
| 借：分出保费 | 5 200 | |
| 　　贷：应付分保账款——E 公司 | | 5 200 |
| 借：应收分保账款——E 公司 | 1 300 | |
| 　　贷：摊回分保费用 | | 1 300 |

（2）2×20 年 7 月，确认应摊回的赔付成本时：

借：应收分保账款——E 公司　　2 600 000

　　贷：摊回赔付成本　　2 600 000

注：在实务中，保险公司对于保险事故发生后很快（一般指当月）能够结案定损的，往往不提未决赔款准备金，本例即属于此种情况，因此在确认摊回赔付成本时不涉及转销相关应收分保未决赔款准备金的处理。

**（四）应收分保未到期责任准备金的会计核算**

原保险合同为非寿险原保险合同的，再保险分出人还应当按照相关再保险合同的约定，计算确认相关的应收分保未到期责任准备金资产，并冲减提取未到期责任准备金。再保险分出人应当在资产负债表日调整原保险合同未到期责任准备金余额时，相应调整应收分保未到期准备金余额。

1. 应收分保未到期责任准备金的确认

应收分保未到期责任准备金实质上属于分出的未赚保费，确认应收分保未到期责任准备金是对当期分出保费的调整，并非收入的实现。提取未到期责任准备金（含分保未到期责任准备金）和确认应收分保未到期责任准备金的最终结果都是对当期自留保费（原保险合同保费收入加上分保费收入再减去分出保费后的金额）的调整，即将当期的自留保费调整为已赚保费。因此，确认应收分保未到期责任准备金时应作冲减提取未到期责任准备金处理，通过“提取未到期责任准备金”科目集中反映将当期自留保费调整为已赚保费的调整金额。

再保险分出人在资产负债表日按照保费精算重新计算确定的未到期责任准备金金额与已提取的未到期责任准备金余额的差额调整未到期责任准备金时，应按照相关再保险合同约定计算确定应收分保未到期责任准备金的相应调整金额，调整应收分保未到期责任准备金和提取未到期责任准备金的账面余额。再保险分出人应当在原保险合同提前解除而转销相关未到期责任准备金的当期，转销相关应收分保未到期责任准备金余额。

2. 会计科目的设置

为了核算再保险分出人从事再保险业务确认的应收分保未到期责任准备金，保险企业一般设置“应收分保未到期准备金”科目，也可以在“应收分保合同准备金”一级科目下设置应收分保合同准备金二级科目。该科目可按照再保险合同进行明细核算，期末余额在借方，反映企业从事再保险业务确认的应收分保合同准备金余额。

3. 应收分保未到期责任准备金的会计处理

（1）企业在确认非寿险原保险合同保费收入的当期，按相关再保险合同约定计算确定的相关应收分保未到期责任准备金金额，借记“应收分保未到期准备金”科目，贷记“提取未到期责任准备金”科目。

（2）资产负债表日，调整原保险合同未到期责任准备金余额，按相关再保险合同约定计算确定的应收分保未到期责任准备金的调整金额，借记“提取未到期责任准备金”科目，贷记“应收分保未到期准备金”科目。

（3）在原保险合同提前解除而转销相关未到期责任准备金余额的当期，借记“提取未到期责任准备金”科目，贷记“应收分保未到期准备金”科目。

**（五）应收分保准备金的会计核算**

1. 应收分保准备金的确认

再保险分出人应当在提取原保险合同未决赔偿准备金、寿险责任准备金、长期健康险责任准备金的当期，按照相关再保险合同的约定，计算确定应向再保险接受人摊回的相应准备金，确认为相应的应收分保准备金资产。

应收分保未决赔款准备金、应收分保寿险责任准备金和应收分保长期健康险责任准备金都表示再保险分出人预期从再保险接受人处获得补偿的金额具有收入性质，确认时应作为摊回相应准备金处理。另外，再保险分出人对未决赔款准备金、寿险责任准备金、长期健康险责任准备金进行充足性测试而补提相关准备金时，应按照相关再保险合同约定计算确定相关应收分保准备金的增加金额，调整增加相关应收分保准备金和摊回责任准备金的账面余额。

再保险分出人在确定支付赔付款项金额或实际发生理赔费用而冲减原保险合同未决赔款准备金、寿险责任准备金、长期健康险责任准备金的当期，应按照相关再保险合同约定计算确定相关应收分保准备金的相应冲减金额，冲减相关应收分保准备金和摊回责任准备金的账面余额。再保险分出人应当在原保险合同提前解除而转销相关寿险责任准备金和长期健康险责任准备金余额的当期，转销相关应收分保准备金余额。

2. 会计科目的设置

（1）“应收分保合同准备金”科目。

“应收分保合同准备金”科目核算再保险分出人从事再保险业务确认的应收分保准备金，以及应向再保险接受人摊回的保险责任准备金。该科目属于资产类科目，其借方登记应收的分保合同准备金，贷方登记冲减的应收分保合同准备金，余额在借方，反映再保险分出人从事再保险业务确认的应收分保合同准备金余额。该科目可按再保险接受人和再保险合同设置明细账。再保险分出人也可以单独设置“应收分保未决赔款准备金”“应收分保寿险责任准备金”和“应收分保长期健康险责任准备金”等科目。

（2）“摊回保险责任准备金”科目。

“摊回保险责任准备金”科目核算反映再保险分出人从事再保险业务应向再保险接受人摊回的保险责任准备金，包括未决赔款准备金、寿险责任准备金、长期健康险责任准备金。该科目属于损益类科目，其贷方登记应向再保险接受人摊回的保险责任准备金，借方登记期末结转“本年利润”科目的金额，结转后该科目无余额。该科目可按保险责任准备金类别和险种设置明细账。再保险分出人也可以单独设置“摊回未决赔款准备金”“摊回寿险责任准备金”和“摊回长期健康险责任准备金”科目。

3. 应收分保准备金的会计处理

（1）企业在提取原保险合同保险责任准备金的当期，应按相关再保险合同约定计算确定的应向再保险接受人摊回的保险责任准备金，借记“应收分保合同准备金”科目，贷记“摊回未决赔款准备金”“摊回寿险责任准备金”和“摊回长期健康险责任准备金”科目。对原保险合同保险责任准备金进行充足性测试补提保险责任准备金，应按相关再保险合同约定计算确定的应收分保保险责任准备金的相应增加额，借记“应收分保合同准备金”科目，贷记“摊回未决赔款准备金”“摊回寿险责任准备金”和“摊回长期健康险责任准备金”科目。

（2）在确定支付赔付款项金额或实际发生理赔费用而冲减原保险合同相应保险责任准备金余额的当期，应按相关应收分保保险责任准备金的相应冲减金额，借记“摊回未决赔款准备金”“摊回寿险责任准备金”和“摊回长期健康险责任准备金”科目，贷记“应收分保合同准备金”科目。

（3）在寿险原保险合同提前解除而转销相关寿险责任准备金、长期健康险责任准备金余额的当期，应按相关应收分保保险责任准备金余额，借记“摊回未决赔款准备金”“摊回寿险责任准备金”和“摊回长期健康险责任准备金”科目，贷记“应收分保合同准备金”科目。

例 26-4　2×19 年 12 月 31 日，甲保险股份有限公司（以下简称甲公司）与 A 保险股份有限公司（以下简称 A 公司）签订一份成数分保财险再保险合同，将合同规定范围内的原保险业务向 A 公司办理分保。合同约定，分保比例为 10%；分保手续费以分出保费作为计算基础，分保手续费费率为 25%；合同起期日为 2×20 年 1 月 1 日，保险责任期间为 1 年。2×20 年 1 月 1 日，甲公司就该保险合同规定业务范围内的某企业财产保险合同确认保费收入 12 万元；1 月 31 日，甲公司就该企业财产保险合同提取未到期责任准备金 11 万元；3 月 18 日，该企业财产保险合同给定的保险事故发生，至 3 月 31 日尚未结案定损，甲公司就该合同提取未决赔款准备金 7 500 万元。甲公司确认应收分保准备金的会计处理如下：

（1）2×20 年 1 月 31 日，确认应收分保未到期责任准备金。

甲公司应确认的对 A 公司应收分保未到期责任准备金＝ 11×10% ＝ 1.1（万元）

借：应收分保未到期责任准备金　　11 000
　　贷：提取未到期责任准备金　　11 000

（2）2×20 年 3 月 31 日，确认应收分保未决赔款准备金。

甲公司应确认的对 A 公司应收分保未决赔款准备金＝ 7500×10% ＝ 750（万元）

借：应收分保准备金　　7 500 000
　　贷：摊回未决赔款准备金　　7 500 000

**（六）再保险合同损益的调整**

再保险分出人应当在原保险合同提前解除的当期，按照相关原保险合同的约定，计算确定分出保费、摊回分保费用的调整金额，计入当期损益。

当原保险合同提前解除时，原保险合同保险责任终止，依赖于原保险合同存在的对应的再保险责任也同时终止，按照权责发生制原则，再保险分出人需要在当期按照再保险合同的约定，计算被解除的原保险合同对应的应冲减的分出保费和应冲减的摊回分保费用。

再保险分出人应当在因取得和处置损余物资，确认和收到应收代位追偿款等而调整原保险合同赔付成本的当期，按照相关再保险合同的约定，计算确定摊回赔付成本的调整金额，计入当期损益。再保险分出人承担赔偿保险金责任取得的损余物资，应当按照同类或类似资产的市场价格计算确定的金额确认为资产，并冲减当期赔付成本。摊回赔付成本是以原保险合同赔付成本为基础计算确定的，因此，在原保险合同赔付成本减少的同时，应相应冲减摊回赔付成本。

再保险分出人调整分出保费时应当将调整金额计入当期损益。再保险分出人在确认原保险合同保费收入的当期，在计算确定再保险合同各项损益时，虽然已采用合同预定或尽量合理的方法对再保险合同损益进行了计算或估算，但在确定分保账单时，仍然可能由于各种情况导致账单数据和前期计算或估算数不一致。再保险分出人应当在与再保险接受人确定分保账单的当期，按照账单数据与前期计算或估算数据的差额，调整当期相关再保险合同损益项目。

**（七）再保险合同形成的债权和债务的会计核算**

再保险合同形成的债权主要包括应收分保账款和应收分保准备金，再保险合同形成的债务主要包括应付分保账款和存入分保准备金。另外，再保险分出人与再保险接受人之间的预付款行为也会形成预付款资产和负债。

1. 再保险合同形成的债权和债务的确认

（1）存入分保准备金，是指按照再保险合同的约定，由再保险分出人扣存再保险接受人部分分保费以应付未了责任的准备金。存入分保准备金通常根据分保业务账单按期扣存和返还，扣存期限一般为 12 个月，至下年同期返还。

（2）再保险分出人应按照权责发生制原则确认由此形成的对再保险接受人的债权或债务。①再保险分出人应在确认分出保费的同时，确认应付分保账款；②在确认摊回分保费用和摊回赔款的同时，确认应收分保账款；③在对原保险合同确认责任准备金负债的同时，确认应收分保准备金；④在调整以上项目的同时，调整对应的再保险合同债权和债务；⑤再保险分出人应在收到再保险接受人预付的摊回分保款时，确认预付款负债；⑥在收到再保险接受人支付的分保准备金时确认存入分保准备金；⑦在向再保险接受人支付预付的分出保费时，确认预付款资产。

（3）预付分出保费主要发生在超赔业务中。超赔业务的分出保费主要组成部分 MDP 保费（Minimum and Deposit Premium）是再保险分出人提前支付给再保险接受人的预付性质的分出保费，再保险分出人应在支付 MDP 保费时将其确认为预付款资产，并在每期按照超赔合同计算或估算当期分出保费时冲减此项预付资产，冲减至零后再确认应付分保账款。

（4）应收分保账款、应付分保账款、预付分保保费、预收摊回分保费用和存入分保准备金应区分不同的再保险接受人分别进行确认，不得将不同的再保险接受人的债权和债务合并确认，以保证债权和债务的清晰、可靠和易于追踪管理。

（5）再保险分出人与再保险接受人就相互间的再保险债权和债务进行实际结算时，再保险分出人应于完成结算当期同时调整该次结算所涉及的、已确认在该再保险接受人名下的应收分保账款、应付分保账款、预付分保保费、预收摊回分保费用和存入分保准备金。在实务中，当再保险分出人与再保险接受人在某次结算的金额是双方部分债权和债务轧差后的净额时，再保险分出人应分别调整已确认的债权和债务，不得以净额直接调整其对该再保险接受人的债权和债务。

（6）再保险合同形成的债权如发生减值，适用于有关金融工具减值计提的规定。

2. 再保险合同形成的债权的会计处理

（1）应收分保账款的会计处理。

应收分保账款是指保险公司从事再保险业务应收取的款项。为了反映应收分保账款的发生和收回情况，应设置“应收分保账款”科目。该科目属于资产类科目，其借方登记分保业务中应收未收款项的发生数，贷方登记收回数，余额在借方，反映应收尚未收回的分保账款。该科目应按再保险接受人和再保险合同设置明细账。主要的会计处理包括：

a. 保险公司在确认原保险合同保费收入的当期，按相关再保险合同约定计算确定的应向再保险接受人摊回的分保费用，借记“应收分保账款”科目，贷记“摊回分保费用”科目。

b. 保险公司在确认支付赔付款项金额或实际发生理赔费用而冲减原保险合同相应未决赔款准备金、寿险责任准备金、长期健康险责任准备金余额的当期，按相关再保险合同约定计算确定的应向再保险接受人摊回的赔付成本金额，借记“应收分保账款”科目，贷记“摊回赔付成本”科目。

c. 在因取得和处置损余物资、确认和收到应收代位追偿款等而调整原保险合同赔付成本的当期，按相关再保险合同约定计算确定的摊回赔付成本的调整金额，借记或贷记“摊回赔付成本”科目，贷记或借记“应收分保账款”科目。

d. 计算确定应向再保险接受人收取的纯益手续费的，按相关再保险合同约定计算确定的纯益手续费，借记“应收分保账款”科目，贷记“摊回分保费用”科目。

e. 在原保险合同提前解除的当期，按相关再保险合同约定计算确定的摊回分保费用的调整金额，借记“摊回分保费用”科目，贷记“应收分保账款”科目。

f. 对于超额赔款再保险等非比例再保险合同，在能够计算确定的应向再保险接受人摊回的赔付成本时，按摊回的赔付成本的金额，借记“应收分保账款”科目，贷记“摊回赔付成本”科目。

g. 再保险分出人与再保险接受人结算分保账款时，按应付分保账款金额，借记“应付分保账款”科目，按应收分保账款金额，贷记“应收分保账款”科目，按其差额借记或贷记“银行存款”科目。

（2）应收分保准备金的会计处理。

应收分保准备金的会计处理在前面已经述及，这里不再赘述。

（3）预付分出保费的会计处理。

预付分出保费，是指在超赔业务中，再保险分出人提前支付给再保险接受人的预付性质的分出保费。为了反映预付分出保费的发生情况，保险公司应设置“预付分出保费”科目。该科目属于资产类科目，其借方登记预付的分出保费，贷方登记冲减的已预付的分出保费，余额在借方，反映尚未转销的预付分出保费款。该科目应按再保险接受人设置明细账。其主要会计处理如下：

①在超赔业务中，再保险分出人提前支付给再保险接受人的预付性质的分出保费时，借记“预付分出保费”科目，贷记“银行存款”科目。

②每期按照超赔合同计算或估算当期分出保费时，借记“应付分保账款”科目，贷记“预付分出保费”科目。

3. 再保险合同形成的债务的会计处理

（1）应付分保账款的会计处理。

应付分保账款是指保险公司从事再保险业务应付未付的款项。为了反映应付分保账款的发生和支付情况，应设置“应付分保账款”科目。该科目属于负债类科目，其借方登记分保业务中应付未付款项的发生数，贷方登记实际支付的数额，余额在贷方，反映公司从事再保险业务应付未付的款项。该科目按再保险接受人和再保险合同设置明细账。其主要会计处理如下：

a. 保险公司在确认原保险合同保费收入的当期，按相关再保险合同约定计算确定的分出保费金额，借记“分出保费”科目，贷记“应付分保账款”科目。

在原保险合同提前解除的当期，按相关再保险合同约定计算确定的分出保费的调整金额，借记“应付分保账款”科目，贷记“分出保费”科目。

对于超额赔款再保险等非比例再保险合同，按相关再保险合同约定计算确定的分出保费金额，借记“分出保费”科目，贷记“应付分保账款”科目。

b. 发出分保业务账单时，按账单标明的扣存本期分保保证金，借记“应付分保账款”科目，贷记“存入保证金”科目。按账单标明的返还上期扣存分保保证金，借记“存入保证金”科目，贷记“应付分保账款”科目。

按期计算的存入分保保证金利息，借记“利息支出”科目，贷记“应付分保账款”科目。

c. 再保险分出人与再保险接受人结算分保账款时，按应付分保账款金额，借记“应付分保账款”科目，按应收分保账款金额，贷记“应收分保账款”科目，按其差额，借记或贷记“银行存款”科目。

（2）存入分保准备金的会计处理。

存入分保准备金是指再保险分出人按约定扣存再保险接受人的保费形成的准备金，它包括保费准备金和赔款准备金。保费准备金是根据再保险合同按分保费用的一定比例，由再保险分出人从应付给再保险接受人的保费中扣存，并在下一账单期退还的保险费准备金。设置保费准备金的目的在于，一旦再保险接受人的赔偿能力出现问题，再保险分出人可从所扣存的准备金中支付赔款或给付。保费准备金的留存期限为12个月，至次年同期归还，归还的同时要支付利息。赔款准备金是按再保险合同规定，在业务年度终了时，为了正确结算当期损益，对于尚未支付赔款的已报告赔案，再保险分出人从应付给再保险接受人的保费中扣存的未决赔款准备金。由于扣存准备金影响了再保险接受人的现金收入，因此，归还赔款准备金时，再保险分出人应按规定支付利息，作为弥补再保险接受人的损失，该利率水平通常低于同期银行利率。在实务中，利率由双方协商确定。

为了反映存入分保准备金的发生情况，保险公司应设置“存入保证金”科目。该科目属于负债类科目，其借方登记扣存的分保准备金，贷方登记返还的分保准备金，余额在贷方，反映尚未返还的分保准备金。该科目要求按再保险接受人设置明细账。其主要会计处理如下：

a. 发出分保业务账单时，按账单标明的扣存本期分保保证金，借记“应付分保账款”科目，贷记“存入保证金”科目。

b. 按账单标明的返还上期扣存分保保证金，借记“存入保证金”科目，贷记“应付分保账款”科目。

c. 计算存入分保保证金利息时，借记“利息支出”科目，贷记“应付分保账款”科目。

（3）预收摊回分保赔款的会计处理。

预收摊回分保赔款，是指从事再保险业务所预收的分保赔款。为了反映预收摊回分保赔款情况，保险公司应设置“预收赔付款”科目。该科目属于负债类科目，其贷方登记预收的分保赔款，借方登记转入的摊回分保赔款，余额在贷方，反映尚未转销的预收分保赔款。该科目应按再保险接受人设置明细账。其会计处理如下：

a. 再保险分出人应在收到再保险接受人预付的摊回分保款时，借记“银行存款”科目，贷记“预收赔付款”科目。

b. 再保险分出人在确定支付赔付款项金额或实际发生理赔费用而确认原保险合同赔付成本的当期，借记“预收赔付款”科目，贷记“应收分保账款”科目。

**例 26-5** 2×20 年 6 月 30 日，A 保险公司与 B 公司签订一份保险合同，对 B 公司仓库的一批存货进行投保，约定保险期限为 1 年，即至 2×21 年 6 月 30 日，保险金额为 5 000 万元，保费为 500 万元，保费于合同生效当日一次性支付。经精算后确定，A 保险公司针对未到期责任准备金的提取金额为 200 万元。同时，A 公司与 D 保险公司签订了一份比例再保险合同，约定 D 保险公司承担源于原保险合同的保险风险的 40%，发生分保费用 5 万元。2×20 年 8 月 5 日，由于相邻的 C 公司发生意外火灾，并殃及了 B 公司的仓库，造成所投保的存货大部分毁损。A 保险公司经定损后，确认存货毁损 80%，金额为 4 000 万元，A 保险公司决定全额理赔 4 000 万元。2×20 年 9 月 25 日，本案按照上述理赔方案结案，A 保险公司同时收回毁损存货并享有了对 C 公司的代位追偿权。假设毁损存货残值为 500 万元，估计代位追偿可收回 2 000 万元。而实际中，2×20 年 10 月，A 保险公司转让存货的收入为 600 万元，2×20 年 12 月，从 C 公司收回补偿 1 800 万元。

A 公司应编制会计分录如下：

（1）2×20 年 7 月 1 日，按照再保险合同确定分出保费及应收未到期责任准备金时：

借：分出保费　　2 000 000

　　贷：应付分保账款　　2 000 000

按照再保险合同约定计算的相关应收分保未到期责任准备金时：

借：应收分保未到期准备金　　800 000

　　贷：提取未到期责任准备金　　800 000

按再保险合同约定计算确定的应向再保险接受人摊回的分保费用时：

借：应收分保账款　　20 000

　　贷：摊回分保费用　　20 000

（2）2×20 年 8 月 5 日，按照再保险合同确定应向再保险接受人摊回的未决赔款准备金时：

借：应收分保合同准备金　　16 000 000

　　贷：摊回未决赔款准备金　　16 000 000

（3）2×20 年 9 月 25 日，结案赔付，并收回损余物资及确认代位追偿权时：

冲减应收的未决赔款准备金时：

借：摊回未决赔款准备金　　16 000 000

　　贷：应收分保合同准备金　　16 000 000

摊回赔付成本时：

借：应收分保账款　　16 000 000

　　贷：摊回赔付成本　　16 000 000

收到损余物资时：

借：摊回赔付成本　　2 000 000

　　贷：应收分保账款　　2 000 000

确认应收代位追偿款时：

借：摊回赔付成本　　8 000 000

　　贷：应收分保账款　　8 000 000

（4）2×20 年 10 月，处置损余物资时：

借：摊回赔付成本　　400 000
　　贷：应收分保账款　　400 000

（5）2×20 年 12 月，收到代位追偿款时：

借：应收分保账款　　800 000
　　贷：摊回赔付成本　　800 000

**例 26-6** 甲保险公司根据 2×20 年度第二季度发生的分保业务编制分保账单并寄送乙再保险人（分保账单格式如表 26-1 所示）。

**表 26-1 分保账单**

公司名称：甲保险公司　　险别：火险
接受人名称：乙再保险公司　　年度：2×20 年度
账单期：第二季度　　金额单位：万

| 借方 | | 贷方 | |
|---|---|---|---|
| 项　目 | 金　额 | 项　目 | 金　额 |
| 分保赔款 | 1 280 | 分保费 | 500 |
| 分保手续费 | 5 | 保费准备金返还 | 250 |
| 保费准备金扣存 | 300 | 准备金利息 | 8 |
| 应付你方余额 | | 应收你方余额 | 827 |
| 共计 | 1 585 | 共计 | 1 585 |
| 你方成分 100% | | 你方成分 100% | 827 |
| 备注 | 未决赔款：160 | | |

甲保险公司应编制会计分录如下：

（1）发出分保账单时，按账单标明的扣存本期分保保证金时：

借：应付分保账款　　3 000 000
　　贷：存入保证金　　3 000 000

（2）按账单标明的返还上期扣存分保保证金时：

借：存入保证金　　2 500 000
　　贷：应付分保账款　　2 500 000

（3）计算存入分保保证金利息时：

借：利息支出　　80 000
　　贷：应付分保账款　　80 000

（4）结算分保账款时：

借：应付分保账款　　4 580 000
　　银行存款　　8 270 000
　　贷：应收分保账款　　12 850 000

其中应付分保账款＝500－300＋250＋8＝458（万元）

应收分保账款＝1 280＋5＝1 285（万元）

**例 26-7** A 保险公司与 B 保险公司签订货运再保险合同，采取溢额再保险方式，保险公司承保金额 5 000 万元，自留额为 1 000 万元，A 公司本月保费 800 万元，发生赔款 600 万元，按合约规定 A 公司向 B 公司提供理赔资料，B 公司向 A 公司预付了 240 万元的现金赔款。

分保比例＝（5 000－1 000）÷5 000×100%＝80%

分出保费＝800×80%＝640（万元）

A 保险公司应编制会计分录如下：

（1）按照再保险合同确定分出保费时：

借：分出保费　　6 400 000

　　贷：应付分保账款　　6 400 000

（2）收到现金赔款时：

借：银行存款　　2 400 000

　　贷：预收赔付款　　2 400 000

（3）摊回赔款时：

借：应收分保账款　　4 800 000

　　贷：摊回赔付成本　　4 800 000

同时：

借：预收赔付款　　2 400 000

　　贷：应收分保账款　　2 400 000

**例 26-8** 甲保险公司与乙保险公司签订货运险再保险合同，采取超额赔款再保险方式，再保险分出人自赔额为 300 万元，按照合约规定甲保险公司提前支付给乙保险公司分出保费 200 万元，按照超赔合同计算当期分出保费为 600 万元，实际发生赔款 400 万元。

甲保险公司应编制会计分录如下：

（1）甲保险公司提前支付给乙保险公司的预付性质的分出保费时：

借：预付分出保费　　2 000 000

　　贷：银行存款　　2 000 000

（2）按照超赔合同计算当期分出保费时：

借：分出保费　　6 000 000

　　贷：应付分保账款　　6 000 000

借：应付分保账款　　2 000 000

　　贷：预付分出保费　　2 000 000

（3）摊回分保赔款时：

借：应收分保账款　　1 000 000

　　贷：摊回分保赔款　　1 000 000

## 二、分入业务的会计核算

### （一）分保费收入的会计核算

1. 分保费收入的确认与计量

分保费收入同时满足下列条件的，才能予以确认。

（1）再保险合同成立并承担相应保险责任。

再保险合同一般自签订日起成立，但自合同规定的起期日起才开始承担保险责任。因此，再保险合同的签订日与开始承担保险责任的日期可能一致，也可能不一致。

（2）与再保险合同相关的经济利益很可能流入。

对于再保险接受人而言，与再保险合同相关的经济利益为分保费。如果再保险接受人能够确定分保费收回的可能性大于不能收回的可能性，即分保费收回的可能性超过 50%，则表明经济利益很可能流入。一般情况下，如果再保险分出人信用良好，能够按照合同规定如期发送分保业务账单，并能够按约定及时进行分保往来款项的结算，则意味着与再保险合同相关的经济利益很可能流入再保险接受人。

（3）与再保险合同相关的收入能够可靠地计量。

由于再保险合同一般只是规定某一时期再保险所承保的业务范围和地区范围、自留额和分保额的计算基础、分保费及手续费的计算方法等，并不直接明确分保费的具体金额，分保费的具体金额往往要根据再保险分出人原保险合同保费收入金额来计算确定，因此，再保险接受人在判断“与再保险合同相关的收入能够可靠地计量”条件时就产生了以下两种情况：

一是再保险接受人可以在每一会计期间对该期间的分保费收入金额作出合理估计。如果再保险接受人具有长期积累的丰富经验和大量数据资料，能够采用先进的估算方法，借助专门的技术手段，对再保险合同项下每一会计期间再保险分出人相关原保险合同保费收入进行估计，进而按照再保险合同约定计算出相关分保费收入金额，且该估计金额与收到的分保业务账单标明的分保费金额比较接近，则表明再保险接受人可以在每一会计期间对该期间内的分保费收入金额进行可靠地计量。在这种情况下，如果分保费收入确认的其他条件均满足，再保险接受人应在每一会计期间按照估计金额确认当期分保费收入，并按照再保险合同约定计算确定当期分保费用，待后期收到该期间的分保业务账单时，再按照账单标明的金额进行调整，将调整金额计入调整当期的损益。按账单金额调整估计金额属于资产负债表日后事项的，按《企业会计准则第 29 号——资产负债表日后事项》进行处理。

二是再保险接受人只有收到分保业务账单时才能对分保费收入进行可靠地计量。如果再保险接受人由于缺乏丰富的经验、数据、资料和先进的技术方法、手段，而无法对再保险合同项下每一会计期间分保费收入金额进行估计，或估计金额可能与实际金额产生重大差异，则表明再保险接受人只能于收到分保业务账单时才能对分保费收入进行可靠地计量。在这种情况下，再保险接受人应当于收到分保业务账单时根据账单标明的金额确认分保费收入及相关的分保费用。

2. 分保费收入的预估方法

再保险分入业务会计处理的主要特点之一是业务数据的间接性、滞后性和不完整性。由于再保险接受人收到再保险分出人提供账单的滞后性，使再保险接受人在满足分保费收入确认条件当期，通常无法及时收到再保险分出人提供的实际账单，此时再保险接受人应根据再保险合同的约定对当期分保费收入进行合理的专业性预估。

分保费收入的预估通常是由再保险接受人承保人员完成的。分保费收入所依附的再保险合同必须已成立。

（1）比例再保险合同分保费收入的预估方法。

对于比例再保险合同，分保费收入依赖于再保险分出人的业务规模。在签订再保险合同时，再保险分出人要估计再保险合同的保费（估计保费收入 EPI ），报告给再保险接受人。再保险接受人以估计保费收入（EPI）为数据基础，结合再保险人自身积累的历史数据、保险行业公开的统计数据、国家公布的相关经济指标数据等，运用自身经验对分保费收入进行估计。再保费接受人可在总体基础上采用发展法进行预测，也可以采用按合约逐单进行预测。

（2）非比例再保险合同分保费收入的预估方法。

对于非比例再保险合同，最终保费收入除依赖于再保险分出人保费规模之外，还与其损失赔付经验有关。再保险接受人通常以合同中列明的最低保费收入（MDP）作为数据基础进行估计。对于调整保费，按照定价基础进行预估，根据合同规定，按照保费或时间等因素计算调整保费。对于恢复保费，按照合同规定，根据实际发生赔款摊回金额的大小，确定恢复保费的金额。

（3）临时再保险业务分保费收入的预估方法。

对于临时再保险业务，规模一般较小，通常再保险保费都为确定的值；可以逐单对保费进行预估，也可以将风险相似的合同进行合并，然后运用链梯法进行保费预测。

3. 分保费收入的会计处理

再保险接受人在确认分保费收入时，一般也是设置“保费收入”科目。保费收入主要的账务处理如下：对于确认的再保险合同分保费收入，借记“应收分保账款”科目，贷记“保费收入”科目。收到分保业务账单，按账单标明的金额对分保费收入进行调整，按调整增加额，借记“应收分保账款”科目，贷记“保费收入”科目；调整减少额作相反的会计分录。

具体核算方法包括以下两种。

（1）终期分保费收入预估法：

a. 采用本方法预估分保费收入，再保险接受人应在再保险合同开始生效当期预估并确认该再保险合同在有效期内能给再保险接受人带来的全部分保费收入，进而确定属于本会计年度的分保费收入。

b. 在确认分保费收入的当年，再保险接受人如有充分证据表明可对该最终保费进行更准确的估计，则应对原预估数据进行调整，调整金额计入当期损益。

c. 一个会计年度一旦结束，在以后年度一般不再调整保费数据，除非业务年度实际收到账单的保费总数超过预估总数时，才将超过的部分计入收到账单的当期。

d. 再保险接受人应在分保费收入相关实际账单基本收到后，根据实际账单累计分保费收入数据调整原预估分保费收入，差额部分计入当期损益。

e. 如果进行终期调整之后，还有分保费收入流入，则再保险接受人应在收到相关账单的当期予以确认，分保费收入计入收到账单的当期。

f. 再保险接受人应当在收到再保险分出人提供的实际账单时，在按照账单标明的金额入账的同时，按照账单标明的金额冲减预估分保费收入。

**例 26-9** 某再保险公司起期之后，预估分保费收入 1 500 万元，预估分保手续费

500 万元，两者之差为 1 000 万元（假设符合债权、债务抵销条件，下同）。则会计分录如下：

借：预估分保手续费　　5 000 000
　　预估应收账款　　10 000 000
　　贷：预估分保费收入　　15 000 000

收到第一期账单，分保费收入为 200 万元，分保赔款为 20 万元，分保手续费为 60 万元，应收分保账款为 120 万元。则会计分录如下：

借：分保费用　　600 000
　　赔付支出　　200 000
　　应收分保账款　　1 200 000
　　贷：保费收入　　2 000 000
借：预估分保费收入　　2 000 000
　　贷：预估分保手续费　　600 000
　　　　预估应收账款　　1 400 000

以后各期收到账单时的会计处理与上述步骤相同。

假设在实际账单基本收到后，累计已收到保费 1 600 万元，手续费 550 万元，则需将业务累计数据与预估数据之间的差额调整至当期损益。则会计分录如下：

借：预估分保手续费　　500 000
　　预估应收账款　　500 000
　　贷：预估分保费收入　　1 000 000

在此之后若还有保费：保费收入为 10 万元，手续费为 2 万元，赔款支出为 20 万元，则会计分录如下：

借：分保费用　　20 000
　　赔付支出　　200 000
　　贷：保费收入　　100 000
　　　　应付分保账款　　120 000

（2）账单期分保费收入预估法：

a. 采用此方法预估分保费收入，再保险接受人应在再保险合同开始生效之日起，按照账单期（一般为按季度）分别预估确认分保费收入，计入账单期损益。

b. 第一个账单期预估分保费收入的计量，应由该再保险合同的承保人员以再保险分出人提供的 EPI 为基础依据，并适当考虑其他影响因素（主要包括相同或类似合同的历史数量、行业数据、承保人经验等），进行计算分摊到本期。

c. 第一个账单期之后，承保人员可以根据历史数据、经验和已收到的实际账单，运用精算方法对未来账单期保费进行预估，同时可以根据 EPI、承保人经验、行业数据等进行适当调整，确认当期分保费收入。

d. 再保险接受人应当在收到再保险分出人提供的实际账单时，根据账单标明的金额对原预估分保费收入进行调整，调整金额计入当期损益。

**例 26–10**　某再保险合同起期后，第一个账单期预估分保费收入 180 万元，预估分保手续费 50 万元，两者之差为预估应收账款 130 万元，则会计分录如下：

借：预估分保手续费　　500 000
　　预估应收账款　　1 300 000
　　贷：预估分保费收入　　1 800 000

收到第一期账单，账单列明金额为：分保费收入200万元，分保赔款20万元，分保手续费60万元，应收分保账款120万元，则会计分录如下：

借：分保费用　　600 000
　　赔付支出　　200 000
　　应收分保账款　　1 200 000
　　贷：保费收入　　2 000 000
借：预估分保费收入　　18 00 000
　　贷：预估分保手续费　　500 000
　　　　预估应收账款　　1 300 000

收到第一期账单时，结合实际情况，预估第二期分保费收入100万元，分保手续费30万元，应收分保账款70万元，则会计处理如下：

借：预估分保手续费　　300 000
　　预估应收账款　　700 000
　　贷：预估分保费收入　　1 000 000

以后各账单期收到账单均重复进行上述操作。

### （二）分保费用的会计核算

1. 分保费用的定义

分保费用，是指在保险公司承担分保业务过程中，应由再保险接受人承担的手续费、税款及各种杂项费用，其中，手续费包括分保手续费和纯益手续费。分保手续费按照再保险分出人与再保险接受人双方约定的比例计算，纯益手续费是再保险接受人同意在其取得的利润基础上付给再保险分出人一定比例的报酬，对于当年结清合同的纯益手续费，在期末合同结束后编制，当年不能结清合同的纯益手续费，在第二个期末编制，以后逐年调整。

2. 分保费用的确认与计量

再保险接受人应当在确认分保费收入的当期，根据相关再保险合同的约定，计算确认分保费用，计入当期损益。再保险接受人应当根据相关再保险合同的约定，在能够计算确定应向再保险分出人支付的纯益手续费时，将该项纯益手续费作为分保费用，计入当期损益。再保险接受人应当在收到分保业务账单时，按照账单标明的金额对相关分保费收入、分保费用进行调整，调整金额计入当期损益。分保费用的确认与计量具体如下：

（1）再保险接受人应在确认分保费收入的当期，确认相应的分保费用，计入当期损益。

（2）再保险接受人应根据当期确认的预估分保费收入和再保险合同约定的分保费用率，计算确定应计入当期的分保费用金额。

第一，对于采用固定手续费率的再保险合同，根据分保合同列明的手续费率在分保费收入预估的基础上进行预估。

第二，对于采用浮动手续费率的再保险合同，根据估计的业务终极赔付率计算实际的手续费率，或者根据历史赔付经验建立模型，采用随机模拟等技术得出平均的手续费支付水平。

第三，对于纯益手续费的预估，采用与浮动手续费相同的方法即可。

第四，再保险接受人应在调整分保费收入的当期，根据分保费用率或实际账单标明分保费用金额计算调整相关分保费用，计入当期损益。

3. 分保费用的会计处理

在确认分保费用和纯益手续费时，再保险接受人应当设置“分保费用”科目以核算再保险接受人向再保险分出人支付的分保费用。该科目可按险种进行明细核算。期末，应将本科目余额转入“本年利润”科目，结转后本科目无余额。

分保费用的主要账务处理如下：

（1）再保险接受人在确认分保费收入的当期，应按再保险合同约定计算确定的分保费用金额，借记“分保费用”科目，贷记“应付分保账款”科目。收到分保业务账单，按账单标明的金额对分保费用进行调整，借记或贷记“分保费用”科目，贷记或借记“应付分保账款”科目。

（2）计算确定应向再保险分出人支付的纯益手续费，应按再保险合同约定计算确定的纯益手续费，借记“分保费用”科目，贷记“应付分保账款”科目。

**（三）分入业务准备金的会计核算**

分入业务准备金包括未到期责任准备金、未决赔款准备金、寿险责任准备金和长期健康险责任准备金。由于再保险方式的不同，再保险接受人会承担不同的责任，因此，应当根据不同的再保险方式和业务风险的分布特征确定不同业务准备金的评估方法。

再保险接受人提取分保未到期责任准备金、分保未决赔款准备金、分保寿险责任准备金、分保长期健康险责任准备金，以及进行相关分保准备金充足性测试时，都比照原保险合同的相关规定处理。

由于再保险账单一般滞后，根据权责发生制原则的要求，需要对分入业务进行预估，并以预估后的分保费收入和分保赔款作为评估责任准备金的基础，其会计处理比照原保险合同的相关规定处理。

**（四）分保赔付成本的会计核算**

再保险接受人应当在收到分保业务账单的当期，按照账单标明的分保赔付款项金额，作为分保赔付成本，计入当期损益；同时，冲减相应的分保准备金余额。

为了反映分保的赔付支出发生情况，再保险接受人应在“赔付支出”科目下按再保险合同和险种设置明细账，也可以单独设置“分保赔付支出”科目。该科目属于损益类科目，其借方登记应承担的分保赔款数，贷方登记期末结转“本年利润”科目的数额，结转后该科目无余额。

再保险接受人收到分保业务账单的当期，应按账单标明的分保赔付款项金额，借记“赔付支出”科目，贷记“应付分保账款”科目。

**（五）再保险合同形成的债权和债务的会计核算**

再保险合同形成的债权主要包括应收分保账款和存出分保准备金；再保险合同形成的债务主要包括应付分保账款。另外，再保险接受人与再保险分出人之间的预付款行为会形成预付款资产或负债。

1. 应收和应付分保款项的会计处理

应收和应付分保款项，是指保险公司由于分保业务而形成的各种应收和应付等结算款项。

（1）再保险分出人和再保险接受人通常根据分保业务账单的余额进行结算。

（2）再保险接受人应当在确认预估分保费收入的当期，确认应收分保账款，同时根据相关再保险合同的约定，预估应当支付给再保险分出人的分保费用，并确认预估应付分保账款。

（3）再保险接受人收到实际分保业务账单后，按照账单标明的分保余额对预估应收和应付分保账款进行调整。

2. 存出分保准备金的会计处理

存出分保准备金，是指再保险分入业务按合同约定存出的分保准备金。再保险接受人应当在收到分保业务账单时，将账单标明的扣存本期分保保证金确认为存出分保保证金；同时，按照账单标明的返还上期扣存分保保证金转销相关存出分保保证金。再保险接受人应当根据相关再保险合同的约定，按期计算存出分保保证金利息，计入当期损益。

为了反映存出分保准备金的发生和收回情况，再保险接受人一般设置“存出保证金”科目。该科目属于资产类科目，其借方登记存出的分保准备金，贷方登记收回的分保准备金，期末余额在借方，反映企业存出或缴纳的各种保证金余额。该科目可按保证金的类别以及存放单位或交易场所进行明细核算。存出分保保证金的主要账务处理如下：

（1）收到分保业务账单时，按账单标明的再保险分出人扣存本期分保保证金，借记“存出保证金”科目，贷记“应收分保账款”科目；按账单标明的再保险分出人返还上期扣存分保保证金，借记“应收分保账款”科目，贷记“存出保证金”科目。

（2）在计算存出分保保证金利息时，借记“应收分保账款”科目，贷记“利息收入”科目。

3. 预付赔付款的会计处理

预付赔付款，是指再保险分入业务预付的赔款。为了反映预付赔付款发生情况，应设置“预付赔付款”科目。该科目属于资产类科目，其借方登记预付的分保赔付款，贷方登记预付赔款的结算减少数，期末余额在借方，反映尚未结算预付赔款实有数。该科目应按往来单位设置明细账。其主要会计处理如下：

（1）再保险接受人预付分保赔款时，借记“预付赔付款”科目，贷记“银行存款”科目。

（2）转销预付的分保赔款时，借记“应付分保账款”科目，贷记“预付赔付款”科目。

4. 预收分出保费的会计处理

预收分出保费，是指在超赔业务中，再保险接受人提前向再保险分出人收取的分出保费。为了反映预收分出保费的发生情况，应设置“预收分出保费”科目。该科目属于负债类科目，其借方登记预先收到的分出保费，贷方登记冲减的已预收的分出保费，期末余额在贷方，反映尚未转销的预收分出保费款。该科目应按再保险分出人设置明细账。其主要会计处理如下：

（1）在超赔业务中，再保险接受人提前向再保险分出人收取的分出保费，借记“银行存款”科目，贷记“预收分出保费”科目。

（2）每期按照超赔合同计算或估算当期分入保费时，借记“预收分出保费”科目，贷记“应收分保账款”科目。

**例 26-11**　承前例 26-5，2×20 年 6 月 30 日，A 保险公司与 B 公司签订一份保险合同，对 B 公司仓库的一批存货进行投保，约定保险期限为 1 年，即至 2×21 年 6 月 30 日，保险金额为5 000万元，保费为500万元，保费于合同生效当日一次性支付。经精算后确定，A保险公司针对未到期责任准备金的提取金额为200万元。同时，A公司与D保险公司签订了一份比例再保险合同，约定D保险公司承担源于原保险合同的保险风险的40%，发生分保费用5万元。2×20年8月5日，由于相邻的C公司发生意外火灾，并殃及了B公司的仓库，造成所投保的存货大部分毁损。A保险公司经定损后，确认存货毁损80%，金额为4 000万元，A保险公司决定全额理赔4 000万元。2×20年9月25日，本案按照上述理赔方案结案，A保险公司同时收回毁损存货并享有了对C公司的代位追偿权。假设毁损存货残值为500万元，估计代位追偿可收回2 000万元。而实际中，2×20年10月，A保险公司转让存货的收入为600万元，2×20年12月，从C公司收回补偿1 800万元。假设该项再保险合同起期后，预估分保费收入160万元，预估分保手续费1.6万元，预估未到期责任准备金72万元，采用账单期分保费收入预估法。

D公司应编制会计分录如下：

（1）预估分保费收入、预估分保手续费及相应的未到期责任准备金。

借：预估应收账款　　1 600 000
　　贷：预估分保费收入　　1 600 000

借：预估分保手续费　　16 000
　　贷：预估应付账款　　16 000

借：提取预估未到期责任准备金——预估未到期责任准备金　　720 000
　　贷：预估未到期责任准备金　　720 000

（2）收到分保账单，作与上述相反的会计分录冲销，同时根据分保账单确定分保费收入、分保手续费及未到期责任准备金。

借：应收分保账款　　2 000 000
　　贷：保费收入　　2 000 000

借：分保费用　　20 000
　　贷：应付分保账款　　20 000

借：提取未到期责任准备金　　800 000
　　贷：未到期责任准备金　　800 000

（3）确定应付的未决赔款准备金。

借：提取未决赔款准备金　　16 000 000
　　贷：未决赔款准备金　　16 000 000

（4）结案赔付并收回损余存货及确认代位追偿权。

①冲减应付的未决赔款准备金时：

借：未决赔款准备金　　16 000 000
　　贷：提取未决赔款准备金　　16 000 000

②分担赔付成本时：

借：赔付支出　　16 000 000
　　贷：应付分保账款　　16 000 000

③A公司收到损余物资时：

借：应付分保账款　　2 000 000
　　贷：赔付支出　　2 000 000

④A公司确认应收代位追偿款时：

借：应付分保账款 8 000 000

贷：赔付支出 8 000 000

⑤A 公司处置损余物资。

借：应付分保账款 400 000

贷：赔付支出 400 000

⑥A 公司收到代位追偿款。

借：赔付支出 800 000

贷：应付分保账款 800 000

**例 26-12** 承前例 26-6，乙保险公司应编制会计分录如下：

（1）收到分保业务账单时，按账单标明的再保险分出人扣存本期分保保证金时：

借：存出保证金 3 000 000

贷：应收分保账款 3 000 000

（2）按账单标明的再保险分出人返还上期扣存分保保证金时：

借：应收分保账款 2 500 000

贷：存出保证金 2 500 000

（3）计算存出分保保证金利息时：

借：应收分保账款 80 000

贷：利息收入 80 000

（4）结算分保账款时：

借：应付分保账款 12 850 000

贷：应收分保账款 4 580 000

银行存款 8 270 000

**例 26-13** 承前例 26-7，B 保险公司应编制会计分录如下：

（1）按照再保险合同确定分入保费时：

借：应收分保账款 6 400 000

贷：保费收入 6 400 000

（2）预付现金赔款时：

借：预付赔付款 2 400 000

贷：银行存款 2 400 000

（3）分担分保赔款时：

借：赔付支出 4 800 000

贷：应付分保账款 4 800 000

同时：

借：应付分保账款 2 400 000

贷：预付赔付款 2 400 000

**例 26-14** 承前例 26-8，乙保险公司应编制会计分录如下：

（1）收取甲保险公司提前支付分出保费时：

借：银行存款 2 000 000

贷：预收分出保费 2 000 000

（2）按照超赔合同计算当期分入保费时：

| | | |
|---|---|---|
| 借：应收分保账款 | 6 000 000 | |
| 　　贷：保费收入 | | 6 000 000 |
| 借：预收分出保费 | 2 000 000 | |
| 　　贷：应收分保账款 | | 2 000 000 |

（3）分担分保赔款时：

| | | |
|---|---|---|
| 借：赔付支出 | 1 000 000 | |
| 　　贷：应付分保账款 | | 1 000 000 |

## 第二节　新准则对企业的影响

### 一、分保费收入的确认条件

新准则的规定改变了目前实务中分保分出人根据分保业务账单确认分出业务相关收支的做法，要求在满足确认条件时确认分保费收入，基本消除了与国际惯例的差异，但对部分再保险公司而言，需通过加强基础工作，改进技术手段予以实现。

### 二、分出业务准备金应当确认为资产并不得与原保险合同准备金相抵销

因分出业务产生的资产与原负债单独列示，并单独列示分出业务相关责任准备金，将有利于充分提示分出业务引起的信用风险。

### 三、保险合同准备金的充足性测试

新准则规定保险合同准备金需要在年度终了进行充足性测试，对再保险公司保险精算技术水平提出了很高的要求。新准则要求分保费收入及相关费用遵循权责发生制，有利于再保险公司业绩的准确反映。

# 第二十七章　石油天然气开采

## 第一节　案例分析及操作实务

### 一、油气开采活动支出

石油天然气开采包括了矿区的取得、油气勘探、油气开发和油气生产等四个主要环节。因此，油气开采活动中发生的支出可以分为矿区取得支出、油气勘探支出、油气开发支出和油气生产成本四类。

1. 矿区取得支出

矿区取得支出，是指为了取得一个矿区的探矿权和采矿权（包括未探明和已探明）而发生的购买、租赁支出，包括探矿权价款、采矿权价款、土地使用权、签字费、租赁定金、购买支出、咨询顾问费、审计费以及与获得矿区有关的其他支出。

2. 油气勘探支出

油气勘探支出，是指为了识别可以进行勘查的区域和对特定区域探明或进一步探明油气储量而发生的地质调查、地球物理勘探、钻探探井和勘探型详探井、评价井和资料井以及维持未开发储量而发生的支出。勘探支出可能发生在取得有关矿区之前，也可能发生在取得矿区之后。

3. 油气开发支出

油气开发支出，是指发生于为了获得探明储量和建造或更新用于采集、处理和现场储存油气的设施而发生的支出，包括开采探明储量的开发井的成本和生产设施的支出，这些生产设施诸如矿区输油管、分离器、处理器、加热器、储罐、提高采收率系统和附近的天然气加工设施。

4. 油气生产成本（操作成本）

油气生产成本，是指在油田把油气提升到地面，并对其进行收集、拉运、现场处理加工和储存的活动成本。这里所指的“生产成本”，并非取得、勘探、开发和生产过程中的所有成本，而是在井上进行作业和井的维护中所发生的相关成本。生产成本包括在井和设施上进行作业的人工费用、修理和维护费用、消耗的材料和供应品、相关税费等。

### 二、钻井勘探支出的资本化采用成果法

采用成果法对钻井勘探支出进行资本化，是指以矿区为成本归集和计算中心，只有与发现探明经济可采储量相关的钻井勘探支出才能资本化；如不能确定钻井勘探支出是否发现了探明经济可采储量，应在 1 年内对其暂时资本化；与发现探明经济可采储量不直接相关的支出，作为当期费用处理。

采用全部成本法对钻井勘探支出进行资本化，是指对勘探活动中发生的全部支出都加以资本化的一种方法，不论这些支出的发生是否导致了探明经济可采储量的发现。

两种方法的主要差异如表 27-1 所示。

**表 27-1　成果法与全部成本法的主要差异**

| 项　　目 | 成果法下的处理 | 全部成本法下的处理 |
| --- | --- | --- |
| 地质 / 地理研究支出 | 当期费用 | 资本化 |
| 矿区权益取得支出 | 暂时资本化，根据评估结果进行处理 | 资本化 |
| 钻井勘探支出 | 暂时资本化，根据评估结果进行处理 | 资本化 |
| 开发钻井支出 | 资本化 | 资本化 |
| 生产 | 当期费用 | 当期费用 |
| 折耗 | 以矿区或矿区组为成本中心；以账面价值为折耗基础；以探明经济可采储量或已开发探明经济可采储量为基础计算折耗率 | 以国家为成本中心；以账面价值加未来开发支出为折耗基础；以已开发及未开发探明经济可采储量为基础计算折耗率 |

油气准则采用了类似成果法的做法。油气准则规定，钻井勘探支出在完井后，应分别以下情况处理：

（1）确定该井发现了探明经济可采储量的，应将钻探该井的支出结转为井及相关设施成本。

（2）确定未发现探明经济可采储量的，应将钻探该井的支出扣除净残值后计入当期损益。

（3）完井当时无法确定是否发现了探明经济可采储量的，应暂时资本化，但暂时资本化时间不应超过 1 年。

（4）完井 1 年后仍无法确定是否发现了探明经济可采储量的，应将暂时资本化的支出全部计入当期损益，除非同时满足以下条件：①该井已发现足够数量的储量，但要确定是否属于探明经济可采储量，还需实施进一步的勘探活动；②进一步的勘探活动已在实施中或已有明确计划并即将实施。

其中，“已有明确计划”，是指企业已在其内部管理活动中通过了该计划的实施，如已拨付资金、已制定出明确的时间表或实施计划并对所涉及人员进行了传达。

（5）直接归属于发现了探明经济可采储量的有效井段的钻井勘探支出结转为井及相关设施；无效井段支出计入当期损益。

## 四、弃置义务的处理

企业在矿区内废弃井及相关设施的活动，受《环境保护法》等法律、法规的约束，有时还可能受与所在地利益相关方达成协议的约束，例如，在废弃时必须拆移、清理设施、恢复生态环境等。因为资产的弃置义务与油气开发活动直接相关，因此油气准则规定，对于符合《企业会计准则第 11 号——或有事项》的弃置费用，按照现值计算确定应计入井及相关设施原价的金额和相应的预计负债。

在计入井及相关设施原价并确认为预计负债时，企业应在油气资产的使用寿命内，采用实际利率法确定各期间应负担的利息费用。

企业应在油气资产的使用寿命内的每一资产负债表日对弃置义务和预计负债进行复核。如有必要，企业应对其进行调整，使之反映当前最合理的估计。

### 五、油气资产折耗方法

油气准则规定企业应当采用产量法或年限平均法对井及相关设施和矿区权益计提折耗。

产量法又称单位产量法。该方法认为，资产的服务潜力随着使用程度而减退，特定矿区所发生的资本化成本与发现并开发该矿区的探明经济可采储量密切相关，每一产量单位应当承担相同比例的成本。按照产量法对油气资产计提折耗时，对矿区权益以探明经济可采储量为基础计提折耗，对井及相关设施以探明已开发经济可采储量为基础计提折耗。因此，油气资产按照产量法计提折耗比较符合该类资产价值损耗的特点。

年限平均法，是将资本化支出均衡地分摊到各会计期间。采用这种方法计算的每期油气资产折耗额相等。如果各期间油气产量相对比较稳定，按照年限平均法与按照产量法计提的油气资产折耗无显著差异。

例如，某油田开始几年年产量要高于随后几年的年产量，如果采用直线法，则开始几年单位产量的折旧比随后几年单位产量的折旧低。另外，随着油田中后期开采难度越来越大，由于单位变动成本增加，需要支出更多的设备维修费用。考虑这些生产后期单位生产成本上升的因素，年限平均法就可能歪曲企业的经营成果，即开始几年的利润比较大，而随后年份的利润较低。

### 六、油气准则所涉及资产的减值

油气准则中涉及的资产主要有矿区权益（包括探明矿区权益和未探明矿区权益）、井及相关设施和辅助设备及设施。对于这些资产的减值处理，应遵循以下规定：

（1）探明矿区权益、井及相关设施、辅助设备及设施的减值，按照《企业会计准则第 8 号——资产减值》处理。油气资产以矿区或矿区组作为资产组，按此进行减值测试、计提减值准备。井及相关设施计提折旧、折耗及摊销的基数应扣除已提取的井及相关设施减值准备。

（2）未探明矿区权益的减值应按照油气准则的规定，分别以下情况处理：

第一，按照单个矿区进行减值测试并计提准备的，除应每年进行减值测试外，其处理与《企业会计准则第 8 号——资产减值》规定的其他长期资产减值相同。

第二，按照矿区组进行减值测试并计提准备的，该减值损失不在不同的单个矿区权益之间进行分配，因为未探明的矿区权益中包含很大风险，分配到单个矿区没有实际意义。

## 七、矿区权益转让的会计处理

1. 探明矿区权益的转让

（1）转让全部探明矿区权益。

根据油气准则，企业应将转让所得与矿区权益账面价值之间的差额计入当期损益。

**例 27–1** X石油公司转让了其拥有的矿区A，其账面原值为1 000万元，已计提减值准备200万元，目前账面价值为800万元，转让所得900万元。该公司采用产量法计提折耗，截至转让前未对矿区A进行开采，因此产量为零。

X公司应当将转让所得大于矿区权益账面价值的差额确认为收益。相关账务处理如下：

借：油气资产减值准备　　2 000 000
　　银行存款　　9 000 000
　　贷：矿区权　　10 000 000
　　　　营业外收入　　1 000 000

如果转让所得为700万元，X公司应当将转让所得小于矿区权益账面价值的差额确认为损失。相关账务处理如下：

借：油气资产减值准备　　2 000 000
　　银行存款　　7 000 000
　　营业外支出　　1 000 000
　　贷：油气权益——矿区权益　　10 000 000

（2）转让部分探明矿区权益，且该矿区权益以矿区组为基础计提减值准备　根据油气准则，企业应按照转让权益和保留权益的公允价值比例，计算确定已转让部分矿区权益账面价值，转让所得与已转让矿区权益账面价值的差额计入当期损益。

**例 27–2** X石油公司转让了其拥有的矿区B中的20km$^2$，转让部分的公允价值为400万元，转让所得500万元。整个矿区B的面积为50km$^2$，账面原值为1 000万元，已计提减值准备200万元，目前账面价值为800万元，公允价值为900万元。该公司采用产量法计提折耗，截至转让前未对矿区B进行开采，因此产量为零。

X公司转让部分矿区权益，且剩余矿区权益成本的收回不存在较大不确定性，因此应按照转让权益和保留权益的公允价值比例，计算确定已转让部分矿区权益账面价值：

$400 \div 900 \times 800 = 356$（万元）

随转让部分矿区转出的油气资产减值准备：

$400 \div 900 \times 200 = 89$（万元）

相关账务处理如下：

借：油气资产减值准备　　890 000
　　银行存款　　5 000 000
　　贷：矿区权益（3 560 000 + 890 000）　　4 450 000
　　　　营业外收入　　1 440 000

如果转让所得为 300 万元，相关会计处理如下：

借：油气资产减值准备　　890 000
　　银行存款　　3 000 000
　　营业外支出　　560 000
　　贷：油气资产——矿区权益　　4 450 000

2. 未探明矿区权益的转让

（1）转让全部未探明矿区权益，且该矿区权益单独计提减值准备。

根据油气准则，企业应将转让全部未探明矿区权益的所得与矿区权益账面价值之间的差额计入损益。

**例 27-3**　X 石油公司转让未探明矿区 C，其账面原值为 1 000 万元，已计提减值准备 200 万元，目前账面价值 800 万元，转让所得 900 万元。

X 公司转让全部未探明矿区权益 C，应当将转让所得大于矿区权益账面价值的差额确认为收益。相关账务处理如下：

借：油气资产减值准备　　2 000 000
　　银行存款　　9 000 000
　　贷：矿区权益　　10 000 000
　　　　营业外收入　　1 000 000

如果转让所得为 700 万元，X 公司应当将转让所得小于矿区权益账面价值的差额确认为损失。相关账务处理如下：

借：油气资产减值准备　　2 000 000
　　银行存款　　7 000 000
　　营业外支出　　1 000 000
　　贷：矿区权益　　10 000 000

（2）转让全部未探明矿区权益，且该矿区权益以矿区组为基础计提减值准备。

根据油气准则，如果转让所得大于未探明矿区权益的账面原值，应将其差额确认为收益；如果转让所得小于矿区账面原值，将转让所得冲减矿区组权益的账面价值，冲减至零为止。

**例 27-4**　X 石油公司拥有的未探明矿区 D1 和 D2 在进行减值测试时构成一个矿区组。其中 D1 矿区权益账面原值为 1 000 万元，D2 矿区权益账面原值为 2 000 万元，矿区组已计提减值准备 600 万元，目前矿区组账面价值为 2 400 万元。现 X 公司转让矿区 D1，转让所得 1 100 万元。

转让所得大于未探明 D1 矿区权益的账面原值，X 公司应将其差额确认为收益。相关账务处理如下：

借：银行存款　　11 000 000
　　贷：矿区权益　　10 000 000
　　　　营业外收入　　1 000 000

如果转让所得为 900 万元，转让所得小于未探明 D1 矿区权益的账面原值，X 公司应将转让所得冲减矿区组权益的账面价值。相关账务处理如下：

借：银行存款　　9 000 000
　　贷：矿区权益　　9 000 000

**（3）转让部分未探明矿区权益，且该矿区权益单独计提减值准备。**

**根据油气准则，如果转让部分未探明矿区权益所得大于该未探明矿区权益的账面价值，应将其差额计入收益；如果转让所得小于其账面价值，应将转让所得冲减被转让矿区权益账面价值，冲减至零为止。**

**例 27-5** X 石油公司拥有的未探明矿区 E，面积 50km$^2$，其账面原值为 1 000 万元，已计提减值准备 200 万元，目前账面价值为 800 万元。

a. X 公司转让 E 矿区中的 20km$^2$，转让所得为 200 万元。

因转让所得小于 E 矿区的账面价值（800 万元），故 X 公司应将转让所得冲减被转让矿区权益账面价值。相关账务处理如下：

借：银行存款　　2 000 000
　　贷：矿区权益　　2 000 000

b. X 公司再次转让 E 矿区中的 10km2，转让所得为 500 万元。

因转让所得小于其账面价值（600 万元），故 X 公司应将转让所得冲减被转让矿区权益账面价值。相关账务处理如下：

借：银行存款　　5 000 000
　　贷：矿区权益　　5 000 000

c. 如果 X 公司转让 E 矿区剩下的 20km$^2$，转让所得为 400 万元。

X 公司转让部分 E 矿区的所得大于该未探明矿区权益的账面价值（100 万元），应将其差额计入收益。相关账务处理如下：

借：油气资产减值准备　　2 000 000
　　银行存款　　4 000 000
　　贷：矿区权益　　3 000 000
　　　　营业外收入　　3 000 000

d. 如果 X 公司转让 E 矿区剩余 20km$^2$，转让所得为 50 万元。

X 公司转让 E 矿区的所得小于该未探明矿区权益的账面价值，应继续将转让所得冲减被转让矿区权益账面价值，冲减至零为止。

借：银行存款　　500 000
　　贷：矿区权益　　500 000

根据油气准则规定，X 公司期末应对 E 矿区权益的剩余账面价值全额计提减值准备。计算减值损失为 50 万元［（1 000 − 200）− 200 − 500 − 50］。账务处理如下：

借：资产减值损失　　500 000
　　贷：油气资产减值准备　　500 000

（4）转让部分未探明矿区权益，且该矿区权益以矿区组为基础计提减值准备。

根据油气准则，如果转让所得大于未探明矿区权益的账面原值，企业应将其差额计入收益；如果转让所得小于该未探明矿区权益的账面原值，企业应将转让所得冲减矿区组的账面价值，冲减至零为止。

例 27-6　X 石油公司拥有的未探明矿区 F1 和 F2 在进行减值测试时构成一个矿区组。其中 F1 账面原值 1 000 万元，F2 账面原值为 2 000 万元，矿区组已经计提减值准备 600 万元，矿区组账面价值为 2 400 万元。2×20 年 4 月和 10 月分别转让矿区 F1 的一部分，10 月将整个矿区 F1 转让完毕。

a. 4 月，转让所得为 500 万元。

转让所得小于矿区 F1 的账面原值，X 公司应将转让所得冲减矿区组的账面价值。相关账务处理如下：

| | | |
|---|---|---|
| 借：银行存款 | 5 000 000 | |
| 　　贷：油气资产——矿区权益 | | 5 000 000 |

b. 10 月，如果转让所得为 600 万元。

转让所得已经大于矿区 F1 的账面原值，X 公司应将其差额计入收益：

| | | |
|---|---|---|
| 借：银行存款 | 6 000 000 | |
| 　　贷：油气资产——矿区权益 | | 5 000 000 |
| 　　　　营业外收入 | | 1 000 000 |

c. 10 月，如果转让所得为 400 万元。

累计转让所得小于矿区 F1 的账面原值，X 公司应将转让所得继续冲减矿区组的账面价值。相关账务处理如下：

| | | |
|---|---|---|
| 借：银行存款 | 4 000 000 | |
| 　　贷：油气资产——矿区权益 | | 4 000 000 |

## 八、产品分成合同的处理

由于油气开采活动需要大量投资，具有高风险、高投入和高回报的特征，因此石油公司经常采用合资、合作的方式开采油气。此外，在一些复杂地质条件下，开采油气通常需要采用专有的技术和工艺。例如，为确保资源国的利益，一些国家规定本国政府或国家石油公司应参与油气资源的勘探和开发活动。在各种因素的综合作用下，为了合理分担投资，规避各种政治、经济和经营风险，共享专有技术，提高开采效益，油气开采行业形成了不同形式的联合作业模式，共同开发油气资源。其中，产品分成合同是目前广泛采用的一种联合作业模式，这也是目前我国石油天然气资源对外合作经营的主要模式。

从实质上看，产品分成合同模式下的合同矿区应归属于共同控制资产。合同各方对联合账簿的投入按照自营油田的会计处理原则，确认在联合账簿中享有的油气资产份额和应承担的份额费用；从合同矿区取得的油气收入，均作为油气销售收入处理。

## 第二节　新准则对企业的影响

新准则在很多方面弥补了旧会计准则的不足，实现了与国际会计准则的趋同，对我国油气企业会计准则的建立发展具有深远的影响。

### 一、确立了石油天然气行业基础准则

石油天然气行业是具有投资高、周期长、风险大等特性的特殊行业，由于其行业特性，不适于采用其他采掘业的会计准则，美英等国都建立了石油天然气会计准则。新准则不仅规范了我国的油气企业会计实务，而且首次建立起石油天然气行业本行业自己的基础会计准则，为以后的补充完善奠定了良好的理论和实践基础。

### 二、实现了石油天然气行业会计国际趋同化

中石油、中石化、中海油陆续登陆海外资本市场，国际投资者要求它们按照国际惯例提供会计信息，因此三大公司在每年编制年报时不得不依据国内和国际两种油气企业会计准则出具两份不同的业绩报告。这不仅加大了信息提供成本，而且也容易使投资者产生误解。新准则规范了石油企业内部会计标准，很多方面与国际会计准则实现了趋同，有利于石油石化企业更好地进行国际交流。

### 三、有利于石油资源的合理勘探开发

我国的石油石化企业集中度较高，主要收入、利润集中在几大石油石化集团内，而这几大集团都形成了石油勘探开发、石油炼制、化工、石油化工产品销售等完整产业链。由于石油石化每个产业链都有自身鲜明的特点，目前石油石化企业执行的工业企业会计准则明显不能适应整个石油石化产业链的每个环节，如油气开采是高风险高投入的生产活动，与石油销售低风险情况完全不同。本次出台的石油天然气开采会计准则规范了企业从事的矿区权益取得、勘探、开发和生产等油气开采活动的会计处理和相关信息披露，突出了油气开采会计与其生产工艺相适应的特点，规范了油气开采各阶段特殊业务的会计处理，有利于石油资源合理开发利用。例如，准则明确将矿区权益分为探明矿区权益和未探明矿区权益，对未探明矿区权益减值，将其公允价值低于账面价值的差额确认减值损失，有利于企业向风险更高的区域勘探。另外，企业采用产量法对探明矿区权益计提折耗，有利于提高总采率，因为短期内的大量开采会破坏地层压力，甚至储油层结构，使总采收率下降。

### 四、有利于规范油气企业的会计核算

较长时间以来，我国没有专门针对油气企业的会计规范，这不仅加大了石油企业的会计信息提供成本，也使得各企业的信息缺乏可比性，给投资者决策和国家对行业的管理带来较大困难。新会计准则的出台，使得油气企业的会计核算有了共同依据和

统一标准，规范了油气企业的会计核算业务，提高了会计信息的有用性。

## 五、为油气企业拓展海外资本市场和能源市场构筑了一个信息交流平台

新准则出台前，由于内外会计准则处理的差异，在海外资本市场发行股票的油气企业在按照国内规定的会计处理方法提供业绩报告时，还要应海外投资者要求来处理会计问题，提供另外的业绩报告，导致在境内外同时上市的公司在同一份年报中要使用不同的会计准则，形成不同计算结果的两份业绩报告。新准则的出台，引导国内油气企业的会计核算不断向国际通用的准则和方法趋同，为我国的石油企业走出国门，融入国际竞争环境和登陆海外资本市场创造了坚实的会计基础。

## 六、有利于突出中石油等技术实力雄厚采油公司的优势

新会计准则要求采用成果法对勘探支出进行资本化，只确认发现了探明经济可采储量的钻井勘探活动的支出，对于其他没有发现探明经济可采储量形成的成本和勘探支出予以费用化。这样，对于勘探技术实力雄厚的中石油等公司来说，由于拥有丰富翔实的勘探资料和先进的人工地质勘探技术，新勘探工作成功率较高，没有发现探明经济可采储量形成的成本和勘探费用支出很少，且这些费用还可以抵税，比全部成本法下的将全部勘探支出都予以资本化更有利于业绩的提高；当然，对于那些勘探效率较低的小公司来说，由于无效勘探较多，将全部勘探支出直接计入费用不利于当期业绩增长。

# 第二十八章　会计政策、会计估计变更和差错更正

## 第一节　案例分析及操作实务

### 一、会计政策变更

会计政策变更能够提供更可靠、更相关的会计信息的，应当采用追溯调整法处理，将会计政策变更累积影响数调整列报前期最早期初留存收益，其他相关项目的期初余额和列报前期披露的其他比较数据也应当一并调整，但确定该项会计政策变更累积影响数不切实可行的除外。确定会计政策变更对列报前期影响数不切实可行的，应当从可追溯调整的最早期间期初开始应用变更后的会计政策。在当期期初确定会计政策变更对以前各期累积影响数不切实可行的，应当采用未来适用法处理。

**例 28-1** 甲公司 2×18 年 12 月建造完工的办公楼，成本 8 000 万元，2×19 年 1 月，该办公楼经营出租给其他单位使用，每年租金收入 600 万元，采用成本模式进行后续计量，折旧年限 20 年（与税法规定一致）。2×19 年 12 月 31 日，该办公楼的公允价值为 8 600 万元。

2×20 年 1 月 1 日，甲公司将该出租的办公楼改为公允价值模式计量。假设该公司 2×19 年所得税税率为 25%，2×20 年所得税税率为 25%，并按净利润 10% 提取法定盈余公积。

按会计准则规定，投资性房地产的后续计量由成本模式转换为公允价值模式的，应作为会计政策变更，需采用追溯调整法作会计处理如下。

1. 计算由成本模式改为公允价值模式后的累积影响数见表 28-1

**表 28-1　会计政策变更影响数计算表**　　单位：万元

| 年度 | 成本模式确认的收益 | 公允价值模式确认的收益 | 税前差异 | 所得税影响 | 税后差异 |
|---|---|---|---|---|---|
| 2×19 | 200 | 1200 | 1 000 | 250 | 750 |
| 小计 | 200 | 1 200 | 1 000 | 250 | 750 |

2×19 年，按照成本模式计算的收益＝租金收入－折旧额

＝600－400＝200（万元）

2×19 年，按照公允价值模式计算的收益＝租金收入＋公允价值变动
＝600＋600＝1 200（万元）

2×19 年年末，按公允价值模式的资产账面价值为 8 600 万元，其计税基础为 7 600 万元，产生应纳税暂时性差异为 1 000 万元，应确认递延所得税负债为 250 万元（1 000×25%）。

2. 账务处理

（1）调整资产的账面价值：

| | | |
|---|---|---|
| 借：投资性房地产——成本 | 80 000 000 | |
| ——公允价值变动 | 6 000 000 | |
| ——投资性房地产累计折旧 | 4 000 000 | |
| 贷：投资性房地产 | | 80 000 000 |
| 利润分配——未分配利润 | | 10 000 000 |

（2）确认递延所得税负债：

| | | |
|---|---|---|
| 借：利润分配——未分配利润 | 2 500 000 | |
| 贷：递延所得税负债 | | 2 500 000 |

（3）调整盈余公积：

| | | |
|---|---|---|
| 借：利润分配——未分配利润（7 500 000×10%） | 750 000 | |
| 贷：盈余公积 | | 750 000 |

3. 报表调整

甲公司在编制 2×20 年度的财务报表时，应调整资产负债表的年初数；利润及所有者权益变动表的上年数也应做相应调整。

调整项目如下: 资产负债表年初数: 调增“投资性房地产”项目 1 000 万元; 调增“递延所得税负债”项目 250 万元；调增“未分配利润”项目 675 万元；调增“盈余公积”项目 75 万元。利润表上年数：“营业成本”项目调减 400 万元；“公允价值变动净收益”项目调增 600 万元；“所得税费用”项目调增 250 万元，所有者权益变动表上年金额数：调增会计政策变更项目中盈余公积 75 万元，未分配利润 675 万元，所有者权益合计 750 万元。

4. 附注说明

甲公司为了提供更可靠、更相关的信息，从 2×20 年 1 月 1 日起，对经营出租的办公楼由原来的成本模式改为公允价值模式进行后续计量。按追溯调整法计算，该会计政策变更累积影响税前利润为 1 000 万元，递延所得税为 250 万元，税后利润为 750 万元。为此，调增投资性房地产年初数为 1 000 万元，调增 2×19 年度公允价值变动净收益为 600 万元，所得税费用为 250 万元，净利润为 750 万元；调减营业成本为 400 万元；调增提取盈余公积为 75 万元，未分配利润为 675 万元，所有者权益合计为 750 万元。

## 二、会计估计变更

企业对会计估计变更应当采用未来适用法处理。会计估计变更仅影响变更当期的，其影响数应当在变更当期予以确认；既影响变更当期又影响未来期间的，其影响数应当在变更当期和未来期间予以确认。企业难以对某项变更区分为会计政策变更或会计

估计变更的，应当将其作为会计估计变更处理。

**例 28-2** 甲股份有限公司于2×20年1月1日起对一台管理用设备计提折旧，该设备价值84 000元，估计使用年限为8年，净残值为4 000元，按直线法计提折旧。至2×20年年初，由于新技术的发展等原因，需要对原估计的使用年限和净残值作出修正，修改后该设备的耐用年限为6年，净残值为2 000元。

甲股份有限公司对上述估计变更的处理方式如下：

（1）不调整以前各期折旧，也不计算累积影响数。

（2）变更日以后发生的经济业务改按新估计使用年限提取折旧。按原估计，每年折旧额为10 000元，已提折旧4年，共计40 000元，固定资产净值为44 000元，则第5年相关科目的期初余额如下：

| | |
|---|---|
| 固定资产 | 84 000 |
| 减：累计折旧 | 40 000 |
| 　　固定资产净值 | 44 000 |

改变估计使用年限后，2×20年起每年计提的折旧费用为21 000元［（44 000－2 000）÷（6－4）］。2×20年不必对以前年度已提折旧进行调整，只需按重新预计的使用年限和净残值计算确定的年折旧费用，编制会计分录如下：

借：管理费用　21 000

　　贷：累计折旧　21 000

（3）附注说明。本公司一台管理用设备，原始价值84 000元，原估计使用年限为8年，预计净残值为4 000元，按直线法计提折旧。由于新技术的发展，该设备已不能按原估计使用年限计提折旧，本公司于2×20年年初变更该设备的耐用年限为6年，预计净残值为2 000元，以反映该设备的真实耐用年限和净残值。此估计变更影响本年度净利润减少数为8 250元［（21 000－10 000）×（1－25%）］。

## 三、会计差错更正

企业应当采用追溯重述法更正重要的前期差错，但确定前期差错累积影响数不切实可行的除外。确定前期差错影响数不切实可行的，可以从可追溯重述的最早期间开始调整留存收益的期初余额，财务报表其他相关项目的期初余额也应当一并调整，也可以采用未来适用法。企业应当在重要的前期差错发现当期的财务报表中，调整前期比较数据。

**例 28-3** A公司在2×20年12月31日发现一台价值为14 400元、应计入固定资产，并于2×17年2月1日开始计提折旧的管理用设备，在2×19年计入了当期费用。该公司固定资产折旧采用直线法，该资产估计使用年限为4年，假设不考虑净残值因素。则在2×20年12月31日更正此差错的会计分录如下：

借：固定资产　14 400

　　贷：管理费用　7 500

　　　　累计折旧　6 900

假设该项差错直到2×21年2月后才发现，则不需要做任何分录，因为该项差错已经通过累计折旧摊销完了。

**例 28-4** 乙股份有限公司2×19年度的财务报告于2×20年4月10日批准报出，2×19年度的所得税汇算清缴于2×20年3月25日完成。该公司所得税税率为25%，并按净利润10%提取法定盈余公积。

该公司发现的有关差错情况如下：

第一，如果2×19年12月31日，发现2×19年5月管理用固定资产漏提折旧款600万元。该差错的更正方法为：在2×19年12月补提折旧600万元，直接调整相关项目如下：

借：管理费用　　6 000 000

　　贷：累计折旧　　6 000 000

第二，如果2×20年3月10日，发现2×19年5月管理用固定资产漏提折旧款600万元，在所得税申报表中未扣除该项费用。该差错属于前期重大差错，其更正的会计处理如下：

（1）补提折旧：

借：以前年度损益调整　　6 000 000

　　贷：累计折旧　　6 000 000

（2）调整应交所得税：

借：应交税费——应交所得税　　1 500 000

　　贷：以前年度损益调整　　1 500 000

（3）结转“以前年度损益调整”余额：

借：利润分配——未分配利润　　4 50 000

　　贷：以前年度损益调整　　4 50 000

（4）调整盈余公积：

借：盈余公积　　450 000

　　贷：利润分配——未分配利润　　450 000

（5）调整2×19年度的财务报表相关项目：

资产负债表：调减“固定资产”6 000 000元；调减“应交税费”1 500 000元；调减“盈余公积”450 000元；调减“未分配利润”4 050 000元。

利润表：调减“管理费用”上年金额6 000 000元；调减“所得税费用”上年金额1 500 000元；调减“净利润”上年金额4 500 000元。

所有者权益变动表：调减前期差错更正项目中“盈余公积”上年金额450 000元，“未分配利润”上年金额4 050 000元，“所有者权益合计”上年金额4 500 000元。

## 第二节　新准则对企业的影响

### 一、对企业财务管理方面的影响

随着会计改革的不断深入和企业会计准则的陆续发布与实施，国家给了企业更多的根据自身情况选择会计政策、会计估计的自主权。而本准则的出台，则为如何处理由于实施新的会计准则引起的会计政策变更或企业主动改变会计政策所引起的会计信息可比性的影响，如何及时发现并披露会计核算或披露当中出现的重大差错等一系列问题提供了有益的指导。主要体现在以下三个方面。

**（一）会计政策变更**

新会计准则体系发布以后，所有企业都会或多或少地涉及会计政策变更问题。本准则要求，除有特殊情况外，会计政策变更采用追溯调整法进行会计处理。变更引起的累积影响数调整期初留存收益，财务报表其他相关项目的期初数也应一并调整。因此，会计政策变更将直接影响期初的留存收益，使所有者权益出现变动。同时，会计政策变更涉及的相关资产、负债项目的调整，将导致资产、负债结构发生变化。

**（二）会计估计变更**

会计估计变更时不需要计算变更产生的累积影响数，也不需要重编以前年度财务报表，但应对变更当期和未来期间发生的交易或事项采用新的会计估计进行处理。可见，会计估计变更不影响以前年度的权益和损益。

如果变更仅在当期有效，那么其影响数将计入当期损益，同时造成相关资产、负债项目的变动；如果变更的影响持续到未来期间，则其影响数还要计入未来期间与前期相同的相关项目中。损益的变动最终会反映于会计主体的所有者权益之中。因此，会计估计变更主要影响变更当期和未来相关期间的权益、损益和资产结构。

**（三）前期差错更正**

对于重要的前期差错，应采用追溯重述法进行更正，需要如同前期差错从未发生过，对财务报表的相关项目进行调整。这将直接增加或减少以前年度的损益、本期期初的权益以及相关的资产、负债项目，将导致资产、负债项目结构发生变化。

## 二、对内控制度的影响

本准则的出台，要求企业进一步建立健全内部控制制度，在选择适合本企业的会计政策、会计估计的同时，准确披露更加相关的会计政策、会计估计变更及前期差错更正信息。

审计人员应在认真学习新准则的同时，关注企业会计政策、会计估计变更的依据是否充分，其变动是否合理，披露是否完整清晰，以便进一步对企业内部控制流程等方面加以优化和完善。

# 第二十九章　资产负债表日后事项

## 第一节　案例分析及操作实务

### 一、资产负债表日后非调整事项的处理

企业发生的资产负债表日后非调整事项，不应当调整资产负债表日的财务报表。企业发生的资产负债表日后非调整事项，通常包括下列各项：①资产负债表日后发生重大诉讼、仲裁、承诺。②资产负债表日后资产价格、税收政策、外汇汇率发生重大变化。③资产负债表日后因自然灾害导致资产发生重大损失。④资产负债表日后发行股票和债券以及其他巨额举债。⑤资产负债表日后资本公积转增资本。⑥资产负债表日后发生巨额亏损。⑦资产负债表日后发生企业合并或处置子公司。

例 29-1　ABC 公司发生如下事项：

ABC 公司于 2×20 年 2 月 18 日召开公司董事会，董事会制定的利润分配方案如下：2×19 年实现净利润 29 145 元，按 2×19 年实现净利润的 10%提取法定盈余公积，分派普通股现金股利 10 000 元。

根据新准则的规定，资产负债表日后，企业利润分配方案中拟分配的以及经审议批准宣告发放的股利或利润，不确认为资产负债表日负债，但应当在附注中单独披露。本事项不属于调整事项，而是非调整事项，只需在财务报表附注中加以单独披露即可。

### 二、资产负债表日后调整事项的处理

企业发生的资产负债表日后调整事项，应当调整资产负债表日的财务报表。企业发生的资产负债表日后调整事项，通常包括下列各项：①资产负债表日后诉讼案件结案，法院判决证实了企业在资产负债表日已经存在现时义务，需要调整原先确认的与该诉讼案件相关的预计负债，或确认一项新负债。②资产负债表日后取得确凿证据，表明某项资产在资产负债表日发生了减值或者需要调整该项资产原先确认的减值金额。③资产负债表日后进一步确定了资产负债表日前购入资产的成本或售出资产的收入。④资产负债表日后发现了财务报表舞弊或差错。

例 29-2　ABC 公司发生如下事项：

ABC 公司销售给 XYZ 公司的原材料由于质量不合格，经双方协商退回该材料，ABC 公司于 2×20 年 1 月 1 日退回该材料的货款。该材料的价款为 50 000 元，增值税

额为 6 500 元，销售成本为 40 000 元。本例不考虑所得税的影响。

分析：

（1）由于该业务发生在资产负债表日后，必须对其进行调整。

（2）根据本准则的有关规定进行账务处理。ABC 公司应于 2×20 年 1 月 1 日做账务处理如下：

借：以前年度损益调整　　50 000

　　应交税费——应交增值税（销项税额）　　6 500

　　贷：银行存款　　56 500

借：库存商品——产成品　　40 000

　　贷：以前年度损益调整　　40 000

（3）将以前年度损益调整科目的余额转入利润分配。做会计分录如下：

借：利润分配——未分配利润（50 000 － 40 000）　　10 000

　　贷：以前年度损益调整　　10 000

（4）由于利润减少，法定盈余公积多提的也应作相应的调整，调整盈余公积 1 000 元［（50 000 － 40 000）×10%］。做会计分录如下：

借：盈余公积　　1 000

　　贷：利润分配——未分配利润　　1 000

（5）调整 2×19 年 12 月 31 日资产负债表和利润表的相关数字（略）。

**例 29-3**　ABC 公司 2×19 年度的财务报告，董事会于 2×20 年 4 月 5 日批准对外公布。该公司 2×19 年所得税税率为 25%，2×19 年度所得税汇算清缴于 2×20 年 3 月 30 日完成，按净利润 10%提取法定盈余公积。在 2×20 年 1 月 1 日至 4 月 5 日之间，该公司发生如下经济业务：

（1）2×20 年 2 月 5 日，ABC 公司收到 XYZ 公司退回的产品，以及增值税专用发票的发票联和税款抵扣联。该产品是 2×19 年 11 月 ABC 公司向 XYZ 公司销售的，其售价为 150 000 元，成本为 125 000 元，增值税税率为 13%，货款未收。因该产品存在严重质量问题，XYZ 公司在 2×19 年 12 月 25 日要求 ABC 公司退货。ABC 公司希望协商解决问题，并于 2×19 年 12 月 31 日编制资产负债表时，按该应收账款的 5‰ 计提坏账准备（税法允许提前扣除金额为应收账款余额的 5‰）。由于协商未果 XYE 公司最终退回产品。

（2）ABC 公司 2×19 年 12 月购入 A 材料一批，含税价为 5 000 万元，材料已验收入库，货款已通过银行支付。2×20 年 1 月 20 日，ABC 公司因材料仓库发生火灾，该批材料全部被烧毁。

（3）ABC 公司与 H 公司签订一项销售合同，合同规定 ABC 公司应在 2×19 年 10 月销售给 H 公司一批商品。由于 ABC 公司未能按合同发货，致使 H 公司发生重大经济损失。2×19 年 12 月，H 公司提起诉讼，要求 ABC 公司赔偿损失 500 万元。2×19 年 12 月 31 日，法院尚未判决，ABC 公司按或有事项准则要求对该诉讼事项确认预计赔偿 400 万元。2×20 年 3 月 15 日，法院判决 ABC 公司应赔偿 H 公司损失 450 万元。ABC 公司与 H 公司均服从判决，并于当日结清赔偿款。

ABC 公司对上述资产负债表日后事项的处理如下：

第一，XYZ 公司的销售退回属于资产负债表日后调整事项。

（1）调整销售收入：

借：以前年度损益调整　150 000

　　应交税费——应交增值税（销项税额）　19 500

　　贷：应收账款　169 500

（2）调整坏账准备余额：

借：坏账准备（169 500×5%）　8 475

　　贷：以前年度损益调整　8 475

（3）调整销售成本：

借：库存商品　125 000

　　贷：以前年度损益调整　125 000

（4）调整应交所得税：

借：应交税费——应交所得税　6 038.13

　　贷：以前年度损益调整［（150 000 − 125 000 − 169 500×5‰）×25%］　6 038.13

（5）调整已确认的递延所得税资产：

借：以前年度损益调整［169 500×（5%− 5‰）］　7 627.50

　　贷：递延所得税资产　7 627.50

（6）"以前年度损益调整"余额结转：

借：利润分配——未分配利润　18 114.37

　　贷：以前年度损益调整　18 114.37

150 000 − 125 000 − 8 475 − 6 038.13 + 7 627.5 = 18 114.37（元）

（7）调整提取的盈余公积：

借：盈余公积　1 811.44

　　贷：利润分配——未分配利润　1 811.44

（8）调整2×19年度财务报表的相关项目。资产负债表：调减应收账款161 025元，调增存货125 000元，调减递延所得款7 627.5元，调减应交税费25 538.13元，调减盈余公积1 811.44元，调减未分配利润16 302.93元。

利润表：调减营业收入150 000元，调减营业成本125 000元，调减减值损失8 475元，调减所得税费用1 589.37元，调减净利润18 114.37元。

所有者权益变动表：调减提取的盈余公积1 811.44元，调减未分配利润16 302.93元。

第二，本例中，火灾于2×20年1月20日发生，属于资产负债表日后才发生或存在的事项，属于非调整事项，应当在2×19年度财务报表附注中进行披露。

第三，对H公司的赔偿损失属于资产负债表日后调整事项。

（1）记录赔偿损失金额：

借：预计负债　4 000 000

　　以前年度损益调整　500 000

　　贷：其他应付款　4 500 000

（2）支付赔偿款（涉及现金流量，不调整2×19年度财务报表）：

借：其他应付款　4 500 000

　　贷：银行存款　4 500 000

（3）调整应交所得税：

借：应交税费——应交所得税　　1 125 000
　　贷：以前年度损益调整（4 500 000×25%）　　1 125 000
（4）调整递延所得税资产：
借：以前年度损益调整（4 000 000×25%）　　1 000 000
　　贷：递延所得税资产　　1 000 000
（5）结转“以前年度损益调整”余额：
借：利润分配——未分配利润　　375 000
　　贷：以前年度损益调整　　375 000
（6）调整提取的盈余公积：
借：盈余公积　　37 500
　　贷：利润分配——未分配利润　　37 500
（7）调整2×19年度财务报表的相关项目。

资产负债表：调减“递延所得税资产”1 000 000元，调减“应交税费”1 125 000元，调减“预计负债”4 000 000元，调增“其他应付款”4 500 000元，调减“盈余公积”37 500元，调减“未分配利润”337 500元。

利润表：调增“营业外支出”500 000元，调减“所得税费用”125 000元，调减“净利润”375 000元。

所有者权益变动表：调减“提取盈余公积”37 500元，调减“未分配利润”337 500元。

## 第二节　新准则对企业的影响

### 一、对企业财务管理方面的影响

新准则中将资产负债表日后至财务报告批准报出日之间，由董事会或类似权力机构所拟定利润分配方案中分配的现金股利由在资产负债表所有者权益中单独列示，改为在附注中披露，不涉及会计要素的确认、计量，对企业财务状况没有影响。

### 二、对企业内部控制的影响

新准则已出台，要求企业进一步建立健全内部控制制度，尽量做到企业资产负债表日后事项的信息真实并及时发布，避免出现“日后事项”过多、过复杂的披露和调整。

审计人员在认真学习新准则的同时，关注企业“资产负债表日后事项”信息的质量特征和披露合适度，为企业财务系统的平稳运转起到良好的约束和预警功能。

# 第三十章　财务报表列报

## 第一节　案例分析及操作实务

### 一、资产负债表的列报

一般企业资产负债表的格式如表30-1所示。

表30-1　一般企业资产负债表

会企01表

编制单位：　　　　　　　　　　　　___年___月___日　　　　　　　　　　　　单位：元

| 资产 | 期末余额 | 年初余额 | 负债和所有者权益（或股东权益） | 期末余额 | 年初余额 |
|---|---|---|---|---|---|
| 流动资产： | | | 流动负债： | | |
| 货币资金 | | | 短期借款 | | |
| 以公允价值计量且其变动 | | | 以公允价值计量且其变动计入 | | |
| 计入当期损益的金融资产 | | | 当期损益的金融负债 | | |
| 衍生金融资产 | | | 衍生金融负债 | | |
| 应收票据及应收账款 | | | 应付票据及应付账款 | | |
| 预付款项 | | | 预收款项 | | |
| 其他应收款 | | | 应付职工薪酬 | | |
| 存货 | | | 应交税费 | | |
| 持有待售资产 | | | 其他应付款 | | |
| 一年内到期的非流动资产 | | | 持有待售负债 | | |
| 其他流动资产 | | | 一年内到期的非流动负债 | | |
| 流动资产合计 | | | 其他流动负债 | | |
| 非流动资产： | | | 流动负债合计 | | |
| 可供出售金融资产 | | | 非流动负债： | | |
| 持有至到期投资 | | | 长期借款 | | |
| 长期应收款 | | | 应付债券 | | |
| 长期股权投资 | | | 其中：优先股 | | |

（续表）

| 资产 | 期末余额 | 年初余额 | 负债和所有者权益（或股东权益） | 期末余额 | 年初余额 |
|---|---|---|---|---|---|
| 投资性房地产 | | | 永续债 | | |
| 固定资产 | | | 长期应付款 | | |
| 在建工程 | | | 预计负债 | | |
| 生产性生物资产 | | | 递延收益 | | |
| 油气资产 | | | 递延所得税负债 | | |
| 无形资产 | | | 其他非流动负债 | | |
| 开发支出 | | | 非流动负债合计 | | |
| 商誉 | | | 负债合计 | | |
| 长期待摊费用 | | | 所有者权益（或股东权益）： | | |
| 递延所得税资产 | | | 实收资本（或股本） | | |
| 其他非流动资产 | | | 其他权益工具 | | |
| 非流动资产合计 | | | 其中：优先股 | | |
| | | | 永续债 | | |
| | | | 资本公积 | | |
| | | | 减：库存股 | | |
| | | | 其他综合收益 | | |
| | | | 盈余公积 | | |
| | | | 未分配利润 | | |
| | | | 所有者权益（或股东权益）合计 | | |
| 资产总计 | | | 负债和所有者权益（或股东权益）总计 | | |

资产负债表重要项目说明如下：

1．“交易性金融资产”项目，反映资产负债表日企业分类为以公允价值计量且其变动计入当期损益的金融资产，以及企业持有的指定为以公允价值计量且其变动计入当期损益的金融资产的期末账面价值。该项目应根据“交易性金融资产”科目的相关明细科目的期末余额分析填列。自资产负债表日起超过一年到期且预期持有超过一年的以公允价值计量且其变动计入当期损益的非流动金融资产的期末账面价值，在“其他非流动金融资产”项目反映。

2．“应收票据”项目，反映资产负债表日以摊余成本计量的、企业因销售商品、提供服务等收到的商业汇票，包括银行承兑汇票和商业承兑汇票。该项目应根据“应收票据”科目的期末余额，减去“坏账准备”科目中相关坏账准备期末余额后的金额分析填列。

3. “应收账款”项目，反映资产负债表日以摊余成本计量的、企业因销售商品、提供服务等经营活动应收取的款项。该项目应根据“应收账款”科目的期末余额，减去“坏账准备”科目中相关坏账准备期末余额后的金额分析填列。

4. “应收款项融资”项目，反映资产负债表日以公允价值计量且其变动计入其他综合收益的应收票据和应收账款等。

5. “其他应收款”项目，应根据“应收利息”“应收股利”和“其他应收款”科目的期末余额合计数，减去“坏账准备”科目中相关坏账准备期末余额后的金额填列。其中的“应收利息”仅反映相关金融工具已到期可收取但于资产负债表日尚未收到的利息。基于实际利率法计提的金融工具的利息应包含在相应金融工具的账面余额中。

6. “持有待售资产”项目，反映资产负债表日划分为持有待售类别的非流动资产及划分为持有待售类别的处置组中的流动资产和非流动资产的期末账面价值。该项目应根据“持有待售资产”科目的期末余额，减去“持有待售资产减值准备”科目的期末余额后的金额填列。

7. “债权投资”项目，反映资产负债表日企业以摊余成本计量的长期债权投资的期末账面价值。该项目应根据“债权投资”科目的相关明细科目期末余额，减去“债权投资减值准备”科目中相关减值准备的期末余额后的金额分析填列。自资产负债表日起一年内到期的长期债权投资的期末账面价值，在“一年内到期的非流动资产”项目反映。企业购入的以摊余成本计量的一年内到期的债权投资的期末账面价值，在“其他流动资产”项目反映。

8. “其他债权投资”项目，反映资产负债表日企业分类为以公允价值计量且其变动计入其他综合收益的长期债权投资的期末账面价值。该项目应根据“其他债权投资”科目的相关明细科目的期末余额分析填列。自资产负债表日起一年内到期的长期债权投资的期末账面价值，在“一年内到期的非流动资产”项目反映。企业购入的以公允价值计量且其变动计入其他综合收益的一年内到期的债权投资的期末账面价值，在“其他流动资产”项目反映。

9. “其他权益工具投资”项目，反映资产负债表日企业指定为以公允价值计量且其变动计入其他综合收益的非交易性权益工具投资的期末账面价值。该项目应根据“其他权益工具投资”科目的期末余额填列。

10. “固定资产”项目，反映资产负债表日企业固定资产的期末账面价值和企业尚未清理完毕的固定资产清理净损益。该项目应根据“固定资产”科目的期末余额，减去“累计折旧”和“固定资产减值准备”科目的期末余额后的金额，以及“固定资产清理”科目的期末余额填列。

11. “在建工程”项目，反映资产负债表日企业尚未达到预定可使用状态的在建工程的期末账面价值和企业为在建工程准备的各种物资的期末账面价值。该项目应根据“在建工程”科目的期末余额，减去“在建工程减值准备”科目的期末余额后的金额，以及“工程物资”科目的期末余额，减去“工程物资减值准备”科目的期末余额后的金额填列。

12. “使用权资产”项目，反映资产负债表日承租人企业持有的使用权资产的期末账面价值。该项目应根据“使用权资产”科目的期末余额，减去“使用权资产累计折旧”

和“使用权资产减值准备”科目的期末余额后的金额填列。

13. “一年内到期的非流动资产”项目，通常反映预计自资产负债表日起一年内变现的非流动资产。对于按照相关会计准则采用折旧（或摊销、折耗）方法进行后续计量的固定资产、使用权资产、无形资产和长期待摊费用等非流动资产，折旧（或摊销、折耗）年限（或期限）只剩一年或不足一年的，或预计在一年内（含一年）进行折旧（或摊销、折耗）的部分，不得归类为流动资产，仍在各该非流动资产项目中填列，不转入“一年内到期的非流动资产”项目。

14. “交易性金融负债”项目，反映资产负债表日企业承担的交易性金融负债，以及企业持有的指定为以公允价值计量且其变动计入当期损益的金融负债的期末账面价值。该项目应根据“交易性金融负债”科目的相关明细科目的期末余额填列。

15. “应付票据”项目，反映资产负债表日以摊余成本计量的、企业因购买材料、商品和接受服务等开出、承兑的商业汇票，包括银行承兑汇票和商业承兑汇票。该项目应根据“应付票据”科目的期末余额填列。

16. “应付账款”项目，反映资产负债表日以摊余成本计量的、企业因购买材料、商品和接受服务等经营活动应支付的款项。该项目应根据“应付账款”和“预付账款”科目所属的相关明细科目的期末贷方余额合计数填列。

17. “其他应付款”项目，应根据“应付利息”“应付股利”和“其他应付款”科目的期末余额合计数填列。其中的“应付利息”仅反映相关金融工具已到期应支付但于资产负债表日尚未支付的利息。基于实际利率法计提的金融工具的利息应包含在相应金融工具的账面余额中。

18. “持有待售负债”项目，反映资产负债表日处置组中与划分为持有待售类别的资产直接相关的负债的期末账面价值。该项目应根据“持有待售负债”科目的期末余额填列。

19. “租赁负债”项目，反映资产负债表日承租人企业尚未支付的租赁付款额的期末账面价值。该项目应根据“租赁负债”科目的期末余额填列。自资产负债表日起一年内到期应予以清偿的租赁负债的期末账面价值，在“一年内到期的非流动负债”项目反映。

20. “长期应付款”项目，反映资产负债表日企业除长期借款和应付债券以外的其他各种长期应付款项的期末账面价值。该项目应根据“长期应付款”科目的期末余额，减去相关的“未确认融资费用”科目的期末余额后的金额，以及“专项应付款”科目的期末余额填列。

21. “递延收益”项目中摊销期限只剩一年或不足一年的，或预计在一年内（含一年）进行摊销的部分，不得归类为流动负债，仍在该项目中填列，不转入“一年内到期的非流动负债”项目。

22. “合同资产”和“合同负债”项目。企业应按照《企业会计准则第 14 号——收入》（财会〔2017〕22 号）的相关规定根据本企业履行履约义务与客户付款之间的关系在资产负债表中列示合同资产或合同负债。“合同资产”项目、“合同负债”项目，应分别根据“合同资产”科目、“合同负债”科目的相关明细科目的期末余额分析填列，同一合同下的合同资产和合同负债应当以净额列示，其中净额为借方余额的，应当根据其流动性在“合同资产”或“其他非流动资产”项目中填列，已计提减值准备的，还应减去“合同资产减值准备”科目中相关的期末余额后的金额填列；其中净额为贷方余额的，应当根据其流动性在“合同负债”或“其他非流动负债”项目中填列。由于同一合同下的合同资产和合同负债应当以净额列示，企业也可以设置“合同结算”科目（或其他类似科目），以核算同一合同下属于在某一时段内履行履约义务涉及与客户结算对价的合同资产或合同负债，并在此科目下设置“合同结算——价款结算”科目反映定期与客户进行结算的金额，设置“合同结算——收入结转”科目反映按履约进度结转的收入金额。资产负债表日，“合同结算”科目的期末余额在借方的，根据其流动性在“合同资产”或“其他非流动资产”项目中填列；期末余额在贷方的，根据其流动性在“合同负债”或“其他非流动负债”项目中填列。

23. 按照《企业会计准则第 14 号——收入》（财会〔2017〕22 号）的相关规定确认为资产的合同取得成本，应当根据“合同取得成本”科目的明细科目初始确认时摊销期限是否超过一年或一个正常营业周期，在“其他流动资产”或“其他非流动资产”项目中填列，已计提减值准备的，还应减去“合同取得成本减值准备”科目中相关的期末余额后的金额填列。

24. 按照《企业会计准则第 14 号——收入》（财会〔2017〕22 号）的相关规定确认为资产的合同履约成本，应当根据“合同履约成本”科目的明细科目初始确认时摊销期限是否超过一年或一个正常营业周期，在“存货”或“其他非流动资产”项目中填列，已计提减值准备的，还应减去“合同履约成本减值准备”科目中相关的期末余额后的金额填列。

25. 按照《企业会计准则第 14 号——收入》（财会〔2017〕22 号）的相关规定确认为资产的应收退货成本，应当根据“应收退货成本”科目是否在一年或一个正常营业周期内出售，在“其他流动资产”或“其他非流动资产”项目中填列。

26. 按照《企业会计准则第 14 号——收入》（财会〔2017〕22 号）的相关规定确认为预计负债的应付退货款，应当根据“预计负债”科目下的“应付退货款”明细科目是否在一年或一个正常营业周期内清偿，在“其他流动负债”或“预计负债”项目中填列。

27. 企业按照《企业会计准则第 22 号——金融工具确认和计量》（财会〔2017〕7 号）的相关规定对贷款承诺、财务担保合同等项目计提的损失准备，应当在“预计负债”项目中填列。

28. “其他权益工具”项目，反映资产负债表日企业发行在外的除普通股以外分类为权益工具的金融工具的期末账面价值。对于资产负债表日企业发行的金融工具，分类为金融负债的，应在“应付债券”项目填列，对于优先股和永续债，还应在“应付债券”项目下的“优先股”项目和“永续债”项目分别填列；分类为权益工具的，应在“其他权益工具”项目填列，对于优先股和永续债，还应在“其他权益工具”项目下的“优先股”项目和“永续债”项目分别填列。

29. “专项储备”项目，反映高危行业企业按国家规定提取的安全生产费的期末账面价值。该项目应根据“专项储备”科目的期末余额填列。

## 二、利润表的列报

一般企业利润表的格式如表 30-2 所示。

表 30-2 一般企业利润表

会企 02 表

编制单位：　　　　　　　　　　　____年　　　　　　　　　　　单位：元

| 项目 | 本年金额 | 上年金额 |
|---|---|---|
| 一、营业收入 | | |
| 减：营业成本 | | |
| 税金及附加 | | |
| 销售费用 | | |
| 管理费用 | | |
| 研发费用 | | |
| 财务费用 | | |
| 其中：利息费用 | | |
| 利息收入 | | |
| 加：其他收益 | | |
| 投资收益（损失以“－”号填列） | | |
| 其中：对联营企业和合营企业的投资收益 | | |
| 以摊余成本计量的金融资产终止确认收益（损失以“－”号填列） | | |
| 净敞口套期收益（损失以“－”号填列） | | |
| 公允价值变动净收益（损失以“－”号填列） | | |
| 信用减值损失（损失以“－”号填列） | | |
| 资产减值损失（损失以“－”号填列） | | |
| 资产处置收益（损失以“－”号填列） | | |
| 二、营业利润（亏损以“－”号填列） | | |
| 加：营业外收入 | | |
| 减：营业外支出 | | |
| 三、利润总额（亏损总额以“－”号填列） | | |
| 减：所得税费用 | | |

（续表）

| 项目 | 本年金额 | 上年金额 |
| --- | --- | --- |
| 四、净利润（净亏损以“－”号填列） | | |
| （一）持续经营净利润（净亏损额以“－”号填列） | | |
| （二）终止经营净利润（净亏损额以“－”号填列） | | |
| 五、其他综合收益的税后净额 | | |
| （一）不能重分类进损益的其他综合收益 | | |
| 1. 重新计量设定受益计划变动额 | | |
| 2. 权益法下不能转损益的其他综合收益 | | |
| 3. 其他权益工具投资公允价值变动 | | |
| 4. 企业自身信用风险公允价值变动 | | |
| …… | | |
| （二）将重分类进损益的其他综合收益 | | |
| 1. 权益法下可转损益的其他综合收益 | | |
| 2. 其他债权投资公允价值变动 | | |
| 3. 金融资产重分类计入其他综合收益的金额 | | |
| 4. 其他债权投资信用减值准备 | | |
| 5. 现金流经套期储备 | | |
| 6. 外币财务报表折算差额 | | |
| …… | | |
| 六、综合收益总额 | | |
| 七、每股收益 | | |
| （一）基本每股收益 | | |
| （二）稀释每股收益 | | |

一般企业的利润表重点项目说明如下：

1. “研发费用”项目，反映企业进行研究与开发过程中发生的费用化支出，以及计入管理费用的自行开发无形资产的摊销。该项目应根据“管理费用”科目下的“研究费用”明细科目的发生额，以及“管理费用”科目下的“无形资产摊销”明细科目的发生额分析填列。

2. “财务费用”项目下的“利息费用”项目，反映企业为筹集生产经营所需资金等而发生的应予费用化的利息支出。该项目应根据“财务费用”科目的相关明细科目的发生额分析填列。该项目作为“财务费用”项目的其中项，以正数填列。

3. “财务费用”项目下的“利息收入”项目，反映企业按照相关会计准则确认的应冲减财务费用的利息收入。该项目应根据“财务费用”科目的相关明细科目的发生额分析填列。该项目作为“财务费用”项目的其中项，以正数填列。

4. “其他收益”项目，反映计入其他收益的政府补助，以及其他与日常活动相关且计入其他收益的项目。该项目应根据“其他收益”科目的发生额分析填列。企业作为个人所得税的扣缴义务人，根据《中华人民共和国个人所得税法》收到的扣缴税款手续费，应作为其他与日常活动相关的收益在该项目中填列。

5. “以摊余成本计量的金融资产终止确认收益”项目，反映企业因转让等情形导致终止确认以摊余成本计量的金融资产而产生的利得或损失。该项目应根据“投资收益”科目的相关明细科目的发生额分析填列；如为损失，以“－”号填列。

6. “净敞口套期收益”项目，反映净敞口套期下被套期项目累计公允价值变动转入当期损益的金额或现金流量套期储备转入当期损益的金额。该项目应根据“净敞口套期损益”科目的发生额分析填列；如为套期损失，以“－”号填列。

7. “信用减值损失”项目，反映企业按照《企业会计准则第 22 号——金融工具确认和计量》（财会〔2017〕7 号）的要求计提的各项金融工具信用减值准备所确认的信用损失。该项目应根据“信用减值损失”科目的发生额分析填列。

8. “资产处置收益”项目，反映企业出售划分为持有待售的非流动资产（金融工具、长期股权投资和投资性房地产除外）或处置组（子公司和业务除外）时确认的处置利得或损失，以及处置未划分为持有待售的固定资产、在建工程、生产性生物资产及无形资产而产生的处置利得或损失。债务重组中因处置非流动资产（金融工具、长期股权投资和投资性房地产除外）产生的利得或损失和非货币性资产交换中换出非流动资产（金融工具、长期股权投资和投资性房地产除外）产生的利得或损失也包括在本项目内。该项目应根据“资产处置损益”科目的发生额分析填列；如为处置损失，以“－”号填列。

9. “营业外收入”项目，反映企业发生的除营业利润以外的收益，主要包括与企业日常活动无关的政府补助、盘盈利得、捐赠利得（企业接受股东或股东的子公司直接或间接的捐赠，经济实质属于股东对企业的资本性投入的除外）等。该项目应根据“营业外收入”科目的发生额分析填列。

10. “营业外支出”项目，反映企业发生的除营业利润以外的支出，主要包括公益性捐赠支出、非常损失、盘亏损失、非流动资产毁损报废损失等。该项目应根据“营业外支出”科目的发生额分析填列。“非流动资产毁损报废损失”通常包括因自然灾害发生毁损、已丧失使用功能等原因而报废清理产生的损失。企业在不同交易中形成的非流动资产毁损报废利得和损失不得相互抵销，应分别在“营业外收入”项目和“营业外支出”项目进行填列。

11．“（一）持续经营净利润”和“（二）终止经营净利润”项目，分别反映净利润中与持续经营相关的净利润和与终止经营相关的净利润；如为净亏损，以“－”号填列。该两个项目应按照《企业会计准则第42号——持有待售的非流动资产、处置组和终止经营》的相关规定分别列报。

12．“其他权益工具投资公允价值变动”项目，反映企业指定为以公允价值计量且其变动计入其他综合收益的非交易性权益工具投资发生的公允价值变动。该项目应根据“其他综合收益”科目的相关明细科目的发生额分析填列。

13．“企业自身信用风险公允价值变动”项目，反映企业指定为以公允价值计量且其变动计入当期损益的金融负债，由企业自身信用风险变动引起的公允价值变动而计入其他综合收益的金额。该项目应根据“其他综合收益”科目的相关明细科目的发生额分析填列。

14．“其他债权投资公允价值变动”项目，反映企业分类为以公允价值计量且其变动计入其他综合收益的债权投资发生的公允价值变动。企业将一项以公允价值计量且其变动计入其他综合收益的金融资产重分类为以摊余成本计量的金融资产，或重分类为以公允价值计量且其变动计入当期损益的金融资产时，之前计入其他综合收益的累计利得或损失从其他综合收益中转出的金额作为该项目的减项。该项目应根据“其他综合收益”科目下的相关明细科目的发生额分析填列。

15．“金融资产重分类计入其他综合收益的金额”项目，反映企业将一项以摊余成本计量的金融资产重分类为以公允价值计量且其变动计入其他综合收益的金融资产时，计入其他综合收益的原账面价值与公允价值之间的差额。该项目应根据“其他综合收益”科目下的相关明细科目的发生额分析填列。

16．“其他债权投资信用减值准备”项目，反映企业按照《企业会计准则第22号——金融工具确认和计量》（财会〔2017〕7号）第十八条分类为以公允价值计量且其变动计入其他综合收益的金融资产的损失准备。该项目应根据“其他综合收益”科目下的“信用减值准备”明细科目的发生额分析填列。

17．“现金流量套期储备”项目，反映企业套期工具产生的利得或损失中属于套期有效的部分。该项目应根据“其他综合收益”科目下的“套期储备”明细科目的发生额分析填列。

## 三、所有者权益变动表的列报

一般工商企业所有者权益变动表列报格式如表30-3所示。

## 表 30-3　企业所有者权益变动表

会企 04 表

编制单位：　　　　____年度　　　　单位：元

| 项目 | 本年金额 | | | | | | | 上年金额 | | | | | | |
|---|---|---|---|---|---|---|---|---|---|---|---|---|---|---|
| | 实收资本（或股本） | 资本公积 | 减：库存股 | 其他综合收益 | 盈余公积 | 未分配利润 | 所有者权益合计 | 实收资本（或股本） | 资本公积 | 减：库存股 | 其他综合收益 | 盈余公积 | 未分配利润 | 所有者权益合计 |
| 一、上年年末余额 | | | | | | | | | | | | | | |
| 加：会计政策变更 | | | | | | | | | | | | | | |
| 前期差错更正 | | | | | | | | | | | | | | |
| 其他 | | | | | | | | | | | | | | |
| 二、本年年初余额 | | | | | | | | | | | | | | |
| 三、本年增减变动金额（减少以“—”号填列） | | | | | | | | | | | | | | |
| （一）综合收益总额 | | | | | | | | | | | | | | |
| （二）所有者投入和减少资本 | | | | | | | | | | | | | | |
| 1. 所有者投入资本 | | | | | | | | | | | | | | |
| 2. 其他权益工具持有者投入资本 | | | | | | | | | | | | | | |

| | | | | | | | | | | | | | | |
|---|---|---|---|---|---|---|---|---|---|---|---|---|---|---|
| 3. 股份支付计入所有者权益的金额 | | | | | | | | | | | | | | |
| 4. 其他 | | | | | | | | | | | | | | |
| （三）利润分配<br>1. 提取盈余公积 | | | | | | | | | | | | | | |
| 2. 对所有者（或股东）的分配 | | | | | | | | | | | | | | |
| 3. 其他 | | | | | | | | | | | | | | |
| （四）所有者权益内部结转 | | | | | | | | | | | | | | |
| 1. 资本公积转增资本（或投本） | | | | | | | | | | | | | | |
| 2. 盈余公积转增资本（或投本） | | | | | | | | | | | | | | |
| 3. 盈余公积弥补亏损 | | | | | | | | | | | | | | |
| 4. 设定受益计划变动额结转留存收益 | | | | | | | | | | | | | | |
| 5. 其他综合收益结转留存收益 | | | | | | | | | | | | | | |
| 6、其他 | | | | | | | | | | | | | | |
| 本年年末余额 | | | | | | | | | | | | | | |

所有者权益变动表有关项目说明：

1.“其他权益工具持有者投入资本”项目，反映企业发行的除普通股以外分类为权益工具的金融工具的持有者投入资本的金额。该项目应根据金融工具类科目的相关明细科目的发生额分析填列。

2.“其他综合收益结转留存收益”项目，主要反映：（1）企业指定为以公允价值计量且其变动计入其他综合收益的非交易性权益工具投资终止确认时，之前计入其他综合收益的累计利得或损失从其他综合收益中转入留存收益的金额；（2）企业指定为以公允价值计量且其变动计入当期损益的金融负债终止确认时，之前由企业自身信用风险变动引起而计入其他综合收益的累计利得或损失从其他综合收益中转入留存收益的金额等。该项目应根据“其他综合收益”科目的相关明细科目的发生额分析填列。

## 第二节　新准则对企业的影响

### 一、对企业财务状况的影响

新准则不涉及会计要素的确认和计量，对企业财务状况和经营成果没有太大影响；但在提供有利于决策的信息上很有作为：

（1）新准则更加重视现金流量表的编制，有利于投资决策。

（2）增加了所有者权益变动表，更全面地反映了主体权益的综合变动。

（3）将主营业务收入和其他业务收入合并成营业收入，更加务实，删繁就简。

（4）在资产负债表中增加了“投资性房地产”“应付职工薪酬”等项目，使资产负债表的结构、内容更加完整、合理。

### 二、对企业运营、交易策略、公司治理等方面的影响

（1）企业将不能再通过在报表中将资产、负债项目和收入、费用项目进行抵销达到调节某些财务指标的目的。

（2）在报表中没有被正确确认和计量的项目，即使在附注中作出了进一步的说明和解释，也将被视为违反准则的行为。

（3）在重要性原则的前提下，各报表项目应准确和恰当地反映其实际列示的内容，不能以任何理由将性质或功能存在重大差异的重要项目进行合并列示。

（4）按照本准则对资产、负债流动性的定义，一些报表项目需要进行重新分类。

### 三、对企业内部会计控制的要求和影响

执行本准则后，企业应按照新的报表项目对原有资产、负债科目进行重新归类，并对账务系统进行调整。今后的财务报表项目与账簿科目之间可能不存在一一对应关系，同一记账科目下的内容可能在报表中被分别列示，不同记账科目下的内容则可能被合并列示，这要求管理当局按准则的精神，在企业内部控制和监督上下功夫，完善管理、优化流程，达到企业体系的高效合理。

# 附件

# 各类企业报表格式具体应用指南

## 一、一般企业资产负债表、利润表和所有者权益变动表格式

### 资产负债表

（适用于尚未执行新金融准则和新收入准则的企业）

会企 01 表

编制单位：　　　　　　_____年_____月_____日　　　　　　单位：元

| 资产 | 期末余额 | 年初余额 | 负债和所有者权益（或股东权益） | 期末余额 | 年初余额 |
|---|---|---|---|---|---|
| 流动资产： | | | 流动负债： | | |
| 货币资金 | | | 短期借款 | | |
| 以公允价值计量且其变动 | | | 以公允价值计量且其变动计入 | | |
| 计入当期损益的金融资产 | | | 当期损益的金融负债 | | |
| 衍生金融资产 | | | 衍生金融负债 | | |
| 应收票据及应收账款 | | | 应付票据及应付账款 | | |
| 预付款项 | | | 预收款项 | | |
| 其他应收款 | | | 应付职工薪酬 | | |
| 存货 | | | 应交税费 | | |
| 持有待售资产 | | | 其他应付款 | | |
| 一年内到期的非流动资产 | | | 持有待售负债 | | |
| 其他流动资产 | | | 一年内到期的非流动负债 | | |
| 流动资产合计 | | | 其他流动负债 | | |
| 非流动资产： | | | 流动负债合计 | | |
| 可供出售金融资产 | | | 非流动负债： | | |

（续表）

| 资产 | 期末余额 | 年初余额 | 负债和所有者权益（或股东权益） | 期末余额 | 年初余额 |
|---|---|---|---|---|---|
| 持有至到期投资 | | | 长期借款 | | |
| 长期应收款 | | | 应付债券 | | |
| 长期股权投资 | | | 其中：优先股 | | |
| 投资性房地产 | | | 永续债 | | |
| 固定资产 | | | 长期应付款 | | |
| 在建工程 | | | 预计负债 | | |
| 生产性生物资产 | | | 递延收益 | | |
| 油气资产 | | | 递延所得税负债 | | |
| 无形资产 | | | 其他非流动负债 | | |
| 开发支出 | | | 非流动负债合计 | | |
| 商誉 | | | 负债合计 | | |
| 长期待摊费用 | | | 所有者权益（或股东权益）： | | |
| 递延所得税资产 | | | 实收资本（或股本） | | |
| 其他非流动资产 | | | 其他权益工具 | | |
| 非流动资产合计 | | | 其中：优先股 | | |
| | | | 永续债 | | |
| | | | 资本公积 | | |
| | | | 减：库存股 | | |
| | | | 其他综合收益 | | |
| | | | 盈余公积 | | |
| | | | 未分配利润 | | |

（续表）

| 资产 | 期末余额 | 年初余额 | 负债和所有者权益（或股东权益） | 期末余额 | 年初余额 |
|---|---|---|---|---|---|
| | | | 所有者权益（或股东权益）合计 | | |
| 资产总计 | | | 负债和所有者权益（或股东权益）总计 | | |

## 利 润 表

## （适用于尚未执行新金融准则和新收入准则的企业）

会企 02 表

编制单位： _____年_____月_____日 单位：元

| 项目 | 本期金额 | 上期金额 |
|---|---|---|
| 一、营业收入 | | |
| 减：营业成本 | | |
| 税金及附加 | | |
| 销售费用 | | |
| 管理费用 | | |
| 研发费用 | | |
| 财务费用 | | |
| 其中：利息费用 | | |
| 利息收入 | | |
| 资产减值损失 | | |
| 加：其他收益 | | |
| 投资收益（损失以“—”号填列） | | |
| 其中：对联营企业和合营企业的投资收益 | | |
| 公允价值变动收益（损失以“—”号填列） | | |

（续表）

| 项目 | 本期金额 | 上期金额 |
|---|---|---|
| 资产处置收益（损失以“—”号填列） | | |
| 二、营业利润（亏损以“—”号填列） | | |
| 加：营业外收入 | | |
| 减：营业外支出 | | |
| 三、利润总额（亏损总额以“—”号填列） | | |
| 减：所得税费用 | | |
| 四、净利润（净亏损以“—”号填列） | | |
| （一）持续经营净利润（净亏损以“—”号填列） | | |
| （二）终止经营净利润（净亏损以“—”号填列） | | |
| 五、其他综合收益的税后净额 | | |
| （一）不能重分类进损益的其他综合收益 | | |
| 1．重新计量设定受益计划变动额 | | |
| 2．权益法下不能转损益的其他综合收益 | | |
| …… | | |
| （二）将重分类进损益的其他综合收益 | | |
| 1．权益法下可转损益的其他综合收益 | | |
| 2．可供出售金融资产公允价值变动损益 | | |
| 3．持有至到期投资重分类为可供出售金融资产损益 | | |
| 4．现金流量套期损益的有效部分 | | |
| 5．外币财务报表折算差额 | | |
| …… | | |
| 六、综合收益总额 | | |

（续表）

| 项目 | 本期金额 | 上期金额 |
| --- | --- | --- |
| 七、每股收益： | | |
| （一）基本每股收益 | | |
| （二）稀释每股收益 | | |

## 现金流量表

## （适用于尚未执行新金融准则和新收入准则的企业）

会企03表

编制单位：　　　　　　　　_____年_____月_____日　　　　　　　　单位：元

| 项目 | 本期金额 | 上期金额 |
| --- | --- | --- |
| 一、经营活动产生的现金流量： | | |
| 销售商品、提供劳务收到的现金 | | |
| 收到的税费返还 | | |
| 收到其他与经营活动有关的现金 | | |
| 经营活动现金流入小计 | | |
| 购买商品、接受劳务支付的现金 | | |
| 支付给职工以及为职工支付的现金 | | |
| 支付的各项税费 | | |
| 支付其他与经营活动有关的现金 | | |
| 经营活动现金流出小计 | | |
| 经营活动产生的现金流量净额 | | |
| 二、投资活动产生的现金流量： | | |
| 收回投资收到的现金 | | |
| 取得投资收益收到的现金 | | |
| 处置固定资产、无形资产和其他长期资产收回 | | |
| 处置子公司及其他营业单位收到的现金净额 | | |

（续表）

| 项目 | 本期金额 | 上期金额 |
| --- | --- | --- |
| 收到其他与投资活动有关的现金 | | |
| 投资活动现金流入小计 | | |
| 购建固定资产、无形资产和其他长期资产支付 | | |
| 投资支付的现金 | | |
| 取得子公司及其他营业单位支付的现金净额 | | |
| 支付其他与投资活动有关的现金 | | |
| 投资活动现金流出小计 | | |
| 投资活动产生的现金流量净额 | | |
| 三、筹资活动产生的现金流量： | | |
| 吸收投资收到的现金 | | |
| 取得借款收到的现金 | | |
| 收到其他与筹资活动有关的现金 | | |
| 筹资活动现金流入小计 | | |
| 偿还债务支付的现金 | | |
| 分配股利、利润或偿付利息支付的现金 | | |
| 支付其他与筹资活动有关的现金 | | |
| 筹资活动现金流出小计 | | |
| 筹资活动产生的现金流量净额 | | |
| 四、汇率变动对现金及现金等价物的影响 | | |
| 五、现金及现金等价物净增加额 | | |
| 加：期初现金及现金等价物余额 | | |
| 六、期末现金及现金等价物余额 | | |

# 所有者权益变动表

## （适用于尚未执行新金融准则和新收入准则的企业）

会企 04 表

编制单位：　　　　　　　　　　　　______年度　　　　　　　　　　　　单位：元

| 项目 | 本年金额 | | | | | | | | | | 本年金额 | | | | | | | | | |
|---|---|---|---|---|---|---|---|---|---|---|---|---|---|---|---|---|---|---|---|---|
| | 实收资本（或股本） | 其他权益工具 | | | 资本公积 | 减：库存股 | 其他综合收益 | 盈余公积 | 未分配利润 | 所有者权益合计 | 实收资本（或股本） | 其他权益工具 | | | 资本公积 | 减：库存股 | 其他综合收益 | 盈余公积 | 未分配利润 | 所有者权益合计 |
| | | 优先股 | 永续债 | 其他 | | | | | | | | 优先股 | 永续债 | 其他 | | | | | | |
| 一、上年年末余额 | | | | | | | | | | | | | | | | | | | | |
| 加：会计政策变更 | | | | | | | | | | | | | | | | | | | | |
| 前期差错更正 | | | | | | | | | | | | | | | | | | | | |
| 其他 | | | | | | | | | | | | | | | | | | | | |
| 二、本年年初余额 | | | | | | | | | | | | | | | | | | | | |
| 三、本年增减变动金额（减少以“—”号填列） | | | | | | | | | | | | | | | | | | | | |
| （一）综合收益总额 | | | | | | | | | | | | | | | | | | | | |
| （二）所有者投入和减少资本 | | | | | | | | | | | | | | | | | | | | |
| 1. 所有者投入的普通股 | | | | | | | | | | | | | | | | | | | | |
| 2. 其他权益工具持有者投入资本 | | | | | | | | | | | | | | | | | | | | |
| 3. 股份支付计入所有者权益的金额 | | | | | | | | | | | | | | | | | | | | |
| 4. 其他 | | | | | | | | | | | | | | | | | | | | |

（续表）

| 项目 | 本年金额 | | | | | | | | | | 本年金额 | | | | | | | | | |
|---|---|---|---|---|---|---|---|---|---|---|---|---|---|---|---|---|---|---|---|---|
| | 实收资本（或股本） | 其他权益工具 | | | 资本公积 | 减：库存股 | 其他综合收益 | 盈余公积 | 未分配利润 | 所有者权益合计 | 实收资本（或股本） | 其他权益工具 | | | 资本公积 | 减：库存股 | 其他综合收益 | 盈余公积 | 未分配利润 | 所有者权益合计 |
| | | 优先股 | 永续债 | 其他 | | | | | | | | 优先股 | 永续债 | 其他 | | | | | | |
| （三）利润分配 | | | | | | | | | | | | | | | | | | | | |
| 1. 提取盈余公积 | | | | | | | | | | | | | | | | | | | | |
| 2. 对所有者（或股东）的分配 | | | | | | | | | | | | | | | | | | | | |
| 3. 其他 | | | | | | | | | | | | | | | | | | | | |
| （四）所有者权益内部结转 | | | | | | | | | | | | | | | | | | | | |
| 1. 资本公积转增资本（或股本） | | | | | | | | | | | | | | | | | | | | |
| 2. 盈余公积转增资本（或股本） | | | | | | | | | | | | | | | | | | | | |
| 3. 盈余公积弥补亏损 | | | | | | | | | | | | | | | | | | | | |
| 4. 设定受益计划变动额结转留存收益 | | | | | | | | | | | | | | | | | | | | |
| 5. 其他 | | | | | | | | | | | | | | | | | | | | |
| 四、本年年末余额 | | | | | | | | | | | | | | | | | | | | |

## 资产负债表

### （适用于已执行新金融准则或新收入准则的企业）

会企01表

编制单位：　　　　　＿＿年＿＿月＿＿日　　　　　单位：元

| 资产 | 期末余额 | 年初余额 | 负债和所有者权益（或股东权益） | 期末余额 | 年初余额 |
|---|---|---|---|---|---|
| 流动资产： | | | 流动负债： | | |
| 货币资金 | | | 短期借款 | | |
| 交易性金融资产 | | | 交易性金融负债 | | |
| 衍生金融资产 | | | 衍生金融负债 | | |
| 应收票据及应收账款 | | | 应付票据及应付账款 | | |
| 预付款项 | | | 预收款项 | | |
| 其他应收款 | | | 合同负债 | | |
| 存货 | | | 应付职工薪酬 | | |
| 合同资产 | | | 应交税费 | | |
| 持有待售资产 | | | 其他应付款 | | |
| 一年内到期的非流动资产 | | | 持有待售负债 | | |
| 其他流动资产 | | | 一年内到期的非流动负债 | | |
| 流动资产合计 | | | 其他流动负债 | | |
| 非流动资产： | | | 流动负债合计 | | |
| 债权投资 | | | 非流动负债： | | |
| 其他债权投资 | | | 长期借款 | | |
| 长期应收款 | | | 应付债券 | | |
| 长期股权投资 | | | 其中：优先股 | | |
| 其他权益工具投资 | | | 永续债 | | |
| 其他非流动金融资产 | | | 长期应付款 | | |
| 投资性房地产 | | | 预计负债 | | |
| 固定资产 | | | 递延收益 | | |

（续表）

| 资产 | 期末余额 | 年初余额 | 负债和所有者权益（或股东权益） | 期末余额 | 年初余额 |
|---|---|---|---|---|---|
| 在建工程 | | | 递延所得税负债 | | |
| 生产性生物资产 | | | 其他非流动负债 | | |
| 油气资产 | | | 非流动负债合计 | | |
| 无形资产 | | | 负债合计 | | |
| 开发支出 | | | 所有者权益（或股东权益）： | | |
| 商誉 | | | 实收资本（或股本） | | |
| 长期待摊费用 | | | 其他权益工具 | | |
| 递延所得税资产 | | | 其中：优先股 | | |
| 其他非流动资产 | | | 永续债 | | |
| 非流动资产合计 | | | 资本公积 | | |
| | | | 减：库存股 | | |
| | | | 其他综合收益 | | |
| | | | 盈余公积 | | |
| | | | 未分配利润 | | |
| | | | 所有者权益（或股东权益）合计 | | |
| 资产总计 | | | 负债和所有者权益（或股东权益）总计 | | |

## 利　润　表

**（适用于已执行新金融准则或新收入准则的企业）**

会企 02 表

编制单位：　　　　　　　　＿＿年＿＿月＿＿日　　　　　　　　单位：元

| 项目 | 本期金额 | 上期金额 |
|---|---|---|
| 一、营业收入 | | |

（续表）

| 项目 | 本期金额 | 上期金额 |
|---|---|---|
| 减：营业成本 | | |
| 税金及附加 | | |
| 销售费用 | | |
| 管理费用 | | |
| 研发费用 | | |
| 财务费用 | | |
| 其中：利息费用 | | |
| 利息收入 | | |
| 资产减值损失 | | |
| 信用减值损失 | | |
| 加：其他收益 | | |
| 投资收益（损失以“—”号填列） | | |
| 其中：对联营企业和合营企业的投资收益 | | |
| 净敞口套期收益（损失以“—”号填列） | | |
| 公允价值变动收益（损失以“—”号填列） | | |
| 资产处置收益（损失以“—”号填列） | | |
| 二、营业利润（亏损以“—”号填列） | | |
| 加：营业外收入 | | |
| 减：营业外支出 | | |
| 三、利润总额（亏损总额以“—”号填列） | | |
| 减：所得税费用 | | |

（续表）

| 项目 | 本期金额 | 上期金额 |
| --- | --- | --- |
| 四、净利润（净亏损以“—”号填列） | | |
| （一）持续经营净利润（净亏损以“—”号填列） | | |
| （二）终止经营净利润（净亏损以“—”号填列） | | |
| 五、其他综合收益的税后净额 | | |
| （一）不能重分类进损益的其他综合收益 | | |
| 1. 重新计量设定受益计划变动额 | | |
| 2. 权益法下不能转损益的其他综合收益 | | |
| 3. 其他权益工具投资公允价值变动 | | |
| 4. 企业自身信用风险公允价值变动 | | |
| …… | | |
| （二）将重分类进损益的其他综合收益 | | |
| 1. 权益法下可转损益的其他综合收益 | | |
| 2. 其他债权投资公允价值变动 | | |
| 3. 金融资产重分类计入其他综合收益的金额 | | |
| 4. 其他债权投资信用减值准备 | | |
| 5. 现金流量套期储备 | | |
| 6. 外币财务报表折算差额 | | |
| …… | | |
| 六、综合收益总额 | | |
| 七、每股收益： | | |
| （一）基本每股收益 | | |
| （二）稀释每股收益 | | |

## 现金流量表
## （适用于已执行新金融准则或新收入准则的企业）

会企03表

编制单位： ____年____月____日 单位：元

| 项目 | 本期金额 | 上期金额 |
|---|---|---|
| 一、经营活动产生的现金流量： | | |
| 销售商品、提供劳务收到的现金 | | |
| 收到的税费返还 | | |
| 收到其他与经营活动有关的现金 | | |
| 经营活动现金流入小计 | | |
| 购买商品、接受劳务支付的现金 | | |
| 支付给职工以及为职工支付的现金 | | |
| 支付的各项税费 | | |
| 支付其他与经营活动有关的现金 | | |
| 经营活动现金流出小计 | | |
| 经营活动产生的现金流量净额 | | |
| 二、投资活动产生的现金流量： | | |
| 收回投资收到的现金 | | |
| 取得投资收益收到的现金 | | |
| 处置固定资产、无形资产和其他长期资产收回 | | |
| 处置子公司及其他营业单位收到的现金净额 | | |
| 收到其他与投资活动有关的现金 | | |
| 投资活动现金流入小计 | | |
| 购建固定资产、无形资产和其他长期资产支付 | | |

（续表）

| 项目 | 本期金额 | 上期金额 |
|---|---|---|
| 投资支付的现金 | | |
| 取得子公司及其他营业单位支付的现金净额 | | |
| 支付其他与投资活动有关的现金 | | |
| 投资活动现金流出小计 | | |
| 投资活动产生的现金流量净额 | | |
| 三、筹资活动产生的现金流量： | | |
| 吸收投资收到的现金 | | |
| 取得借款收到的现金 | | |
| 收到其他与筹资活动有关的现金 | | |
| 筹资活动现金流入小计 | | |
| 偿还债务支付的现金 | | |
| 分配股利、利润或偿付利息支付的现金 | | |
| 支付其他与筹资活动有关的现金 | | |
| 筹资活动现金流出小计 | | |
| 筹资活动产生的现金流量净额 | | |
| 四、汇率变动对现金及现金等价物的影响 | | |
| 五、现金及现金等价物净增加额 | | |
| 加：期初现金及现金等价物余额 | | |
| 六、期末现金及现金等价物余额 | | |

# 所有者权益变动表

## （适用于已执行新金融准则或新收入准则的企业）

会企 04 表

编制单位：　　　　　　　　　　　　　　______年度　　　　　　　　　　　　　　单位：元

| 项目 | 本年金额 | | | | | | | | | | | | 本年金额 | | | | | | | | | | | |
|---|---|---|---|---|---|---|---|---|---|---|---|---|---|---|---|---|---|---|---|---|---|---|---|---|
| | 实收资本（或股本） | 其他权益工具 | | | 资本公积 | 减：库存股 | 其他综合收益 | 盈余公积 | 未分配利润 | 所有者权益合计 | | | 实收资本（或股本） | 其他权益工具 | | | 资本公积 | 减：库存股 | 其他综合收益 | 盈余公积 | 未分配利润 | 所有者权益合计 | | |
| | | 优先股 | 永续债 | 其他 | | | | | | | | | | 优先股 | 永续债 | 其他 | | | | | | | | |
| 一、上年年末余额 | | | | | | | | | | | | | | | | | | | | | | | | |
| 加：会计政策变更 | | | | | | | | | | | | | | | | | | | | | | | | |
| 前期差错更正 | | | | | | | | | | | | | | | | | | | | | | | | |
| 其他 | | | | | | | | | | | | | | | | | | | | | | | | |
| 二、本年年初余额 | | | | | | | | | | | | | | | | | | | | | | | | |
| 三、本年增减变动金额（减少以"—"号填列） | | | | | | | | | | | | | | | | | | | | | | | | |
| （一）综合收益总额 | | | | | | | | | | | | | | | | | | | | | | | | |
| （二）所有者投入和减少资本 | | | | | | | | | | | | | | | | | | | | | | | | |
| 1. 所有者投入的普通段 | | | | | | | | | | | | | | | | | | | | | | | | |
| 2. 其他权益工具持有者投入资本 | | | | | | | | | | | | | | | | | | | | | | | | |
| 3. 股份支付计入所有考权益的金额 | | | | | | | | | | | | | | | | | | | | | | | | |

（续表）

| 项目 | 本年金额 | | | | | | | | | | 本年金额 | | | | | | | | | |
|---|---|---|---|---|---|---|---|---|---|---|---|---|---|---|---|---|---|---|---|---|
| | 实收资本（或股本） | 其他权益工具 | | | 资本公积 | 减：库存股 | 其他综合收益 | 盈余公积 | 未分配利润 | 所有者权益合计 | 实收资本（或股本） | 其他权益工具 | | | 资本公积 | 减：库存股 | 其他综合收益 | 盈余公积 | 未分配利润 | 所有者权益合计 |
| | | 优先股 | 永续债 | 其他 | | | | | | | | 优先股 | 永续债 | 其他 | | | | | | |
| 4. 其他 | | | | | | | | | | | | | | | | | | | | |
| （三）利润分配 | | | | | | | | | | | | | | | | | | | | |
| 1. 提取盈余公积 | | | | | | | | | | | | | | | | | | | | |
| 2. 对所有者（或股东）的分配 | | | | | | | | | | | | | | | | | | | | |
| （四）所有者权益内部结转 | | | | | | | | | | | | | | | | | | | | |
| 1. 资本公积转增资本（或股本） | | | | | | | | | | | | | | | | | | | | |
| 2. 盈余公积转增资本（或股本） | | | | | | | | | | | | | | | | | | | | |
| 3. 盈余公积弥补亏损 | | | | | | | | | | | | | | | | | | | | |
| 4. 设定受益计划变动额结转留存收益 | | | | | | | | | | | | | | | | | | | | |
| 5. 其他综合收益结转留存收益 | | | | | | | | | | | | | | | | | | | | |
| 6. 其他 | | | | | | | | | | | | | | | | | | | | |
| 四、本年年末余额 | | | | | | | | | | | | | | | | | | | | |

## 二、一般企业报表附注

附注是财务报表的重要组成部分。企业应当按照规定披露附注信息，主要包括下列内容。

**（一）企业的基本情况**

（1）企业注册地、组织形式和总部地址。

（2）企业的业务性质和主要经营活动。

（3）母公司以及集团最终母公司的名称。

（4）财务报告的批准报出者和财务报告批准报出日。

**（二）财务报表的编制基础**

企业应披露财务报表编制基础的信息。

**（三）遵循企业会计准则的声明**

企业应当声明编制的财务报表符合企业会计准则的要求，真实、完整地反映了企业的财务状况、经营成果和现金流量等有关信息。

**（四）重要会计政策和会计估计**

企业应当披露采用的重要会计政策和会计估计，不重要的会计政策和会计估计可以不披露。在披露重要会计政策和会计估计时，应当披露重要会计政策的确定依据和财务报表项目的计量基础，以及会计估计中所采用的关键假设和不确定因素。

**（五）会计政策和会计估计变更以及差错更正的说明**

企业应当按照《企业会计准则第 28 号——会计政策、会计估计变更和差错更正》及其应用指南的规定，披露会计政策和会计估计变更以及差错更正的有关情况。

**（六）报表重要项目的说明**

企业对报表重要项目的说明，应当按照资产负债表、利润表、现金流量表、所有者权益变动表及其项目列示的顺序，采用文字和数字描述相结合的方式进行披露。报表重要项目的明细金额合计，应当与报表项目金额相衔接。

1. 交易性金融资产的披露格式

| 项目 | 期末公允价值 | 年初公允价值 |
|---|---|---|
| 1. 交易性债券投资 | | |
| 2. 交易性权益工具投资 | | |
| 3. 指定为以公允价值计量且其变动计入当期损益的金融资产 | | |
| 4. 其他 | | |
| 合计 | | |

2. 应收票据及应收账款

（1）应收票据及应收账款按账龄结构披露的格式如下：

| 账龄结构 | 期末账面余额 | 年初账面余额 |
|---|---|---|
| 1 年以内（含 1 年） | | |

（续表）

| 账龄结构 | 期末账面余额 | 年初账面余额 |
|---|---|---|
| 1 年至 2 年（含 2 年） | | |
| 2 年至 3 年（含 3 年） | | |
| 3 年以上 | | |
| 合计 | | |

注：有预付款项、合同资产、长期应收款、其他应收款的，比照应收票据及应收账款进行披露。

（2）应收票据及应收账款按客户类别披露的格式如下：

| 客户类别 | 期末账面余额 | 年初账面余额 |
|---|---|---|
| 客户 1 | | |
| …… | | |
| 其他客户 | | |
| 合计 | | |

注：有预付款项、合同资产、长期应收款、其他应收款的，比照应收票据及应收账款进行披露。

3. 存货

（1）存货的披露格式如下：

| 存货种类 | 年初账面余额 | 本期增加额 | 本期减少额 | 期末账面余额 |
|---|---|---|---|---|
| 1. 原材料 | | | | |
| 2. 在产品 | | | | |
| 3. 库存商品 | | | | |
| 4. 周转材料 | | | | |
| 5. 消耗性生物资产 | | | | |
| …… | | | | |
| 合计 | | | | |

（2）说明消耗性生物资产的期末实物数量，并按下列格式披露金额信息：

| 项目 | 年初账面余额 | 本期增加额 | 本期减少额 | 期末账面余额 |
|---|---|---|---|---|
| 一、种植业 | | | | |
| 1. | | | | |

（续表）

| 项目 | 年初账面余额 | 本期增加额 | 本期减少额 | 期末账面余额 |
| --- | --- | --- | --- | --- |
| …… | | | | |
| 二、畜牧养殖业 | | | | |
| 1. | | | | |
| …… | | | | |
| 三、林业 | | | | |
| 1. | | | | |
| …… | | | | |
| 四、水产业 | | | | |
| 1. | | | | |
| …… | | | | |
| 合计 | | | | |

（3）存货跌价准备的披露格式如下：

| 存货种类 | 年初账面余额 | 本期计提额 | 本期减少额 | | 期末账面余额 |
| --- | --- | --- | --- | --- | --- |
| | | | 转回 | 转销 | |
| 1. 原材料 | | | | | |
| 2. 在产品 | | | | | |
| 3. 库存商品 | | | | | |
| 4. 周转材料 | | | | | |
| 5. 消耗性生物资产 | | | | | |
| 6. 建造合同形成的资产 | | | | | |
| …… | | | | | |
| 合计 | | | | | |

4. 其他流动资产的披露格式

| 项目 | 期末账面价值 | 年初账面价值 |
| --- | --- | --- |
| 1. | | |
| …… | | |

（续表）

| 项目 | 期末账面价值 | 年初账面价值 |
|---|---|---|
| 合计 | | |

注：有长期待摊费用、其他非流动资产的，比照其他流动资产进行披露。

5. 债权投资的披露格式

| 项目 | 期末账面余额 | 年初账面余额 |
|---|---|---|
| 1. | | |
| …… | | |
| 合计 | | |

6. 其他债权投资的披露格式

| 项目 | 期末公允价值 | 年初公允价值 |
|---|---|---|
| 1. 可供出售债券 | | |
| 2. 可供出售权益工具 | | |
| 3. 其他 | | |
| 合计 | | |

7. 长期股权投资

（1）长期股权投资的披露格式如下：

| 被投资单位 | 期末账面余额 | 年初账面余额 |
|---|---|---|
| 1. | | |
| …… | | |
| 合计 | | |

（2）被投资单位由于所在国家或地区及其他方面的影响，其向投资企业转移资金的能力受到限制的，应当披露受限制的具体情况。

（3）当期及累计未确认的投资损失金额。

8. 投资性房地产

（1）企业采用成本模式进行后续计量的，应当披露下列信息：

| 项目 | 年初账面余额 | 本期增加额 | 本期减少额 | 期末账面余额 |
|---|---|---|---|---|
| 一、原价合计 | | | | |

（续表）

| 项目 | 年初账面余额 | 本期增加额 | 本期减少额 | 期末账面余额 |
| --- | --- | --- | --- | --- |
| 1. 房屋、建筑物 | | | | |
| 2. 土地使用权 | | | | |
| 二、累计折旧和累计摊销合计 | | | | |
| 1. 房屋、建筑物 | | | | |
| 2. 土地使用权 | | | | |
| 三、投资性房地产减值准备累计金额合计 | | | | |
| 1. 房屋、建筑物 | | | | |
| 2. 土地使用权 | | | | |
| 四、投资性房地产账面价值合计 | | | | |
| 1. 房屋、建筑物 | | | | |
| 2. 土地使用权 | | | | |

（2）企业采用公允价值模式进行后续计量的，应当披露投资性房地产公允价值的确定依据及公允价值金额的增减变动情况。

（3）如有房地产转换的，应当说明房地产转换的原因及其影响。

9. 固定资产

（1）固定资产的披露格式如下：

| 项目 | 年初账面余额 | 本期增加额 | 本期减少额 | 期末账面余额 |
| --- | --- | --- | --- | --- |
| 一、原价合计 | | | | |
| 其中：房屋、建筑物 | | | | |
| 机器设备 | | | | |
| 运输工具 | | | | |
| …… | | | | |
| 二、累计折旧合计 | | | | |
| 其中：房屋、建筑物 | | | | |
| 机器设备 | | | | |
| 运输工具 | | | | |
| …… | | | | |
| 三、固定资产减值准备累计金额合计 | | | | |
| 其中：房屋、建筑物 | | | | |
| 机器设备 | | | | |
| 运输工具 | | | | |
| …… | | | | |

（续表）

| 项目 | 年初账面余额 | 本期增加额 | 本期减少额 | 期末账面余额 |
|---|---|---|---|---|
| 四、固定资产账面价值合计 | | | | |
| 其中：房屋、建筑物 | | | | |
| 机器设备 | | | | |
| 运输工具 | | | | |
| …… | | | | |

（2）企业确有准备处置固定资产的，应当说明准备处置的固定资产名称、账面价值、公允价值、预计处置费用和预计处置时间等。

10. 生产性生物资产和公益性生物资产

（1）说明各类生物资产的期末实物数量，并按下列格式披露金额信息：

| 项目 | 年初账面余额 | 本期增加额 | 本期减少额 | 期末账面价值 |
|---|---|---|---|---|
| 一、种植业 | | | | |
| 1. | | | | |
| …… | | | | |
| 二、畜牧养殖业 | | | | |
| 1. | | | | |
| …… | | | | |
| 三、林业 | | | | |
| 1. | | | | |
| …… | | | | |
| 四、水产业 | | | | |
| 1. | | | | |
| …… | | | | |
| 合计 | | | | |

如有天然起源的生物资产，还应披露该资产的类别、取得方式和数量等。

（2）各类生产性生物资产的预计使用寿命、预计净残值、折旧方法、累计折旧和减值准备累计金额。

（3）与生物资产相关的风险情况与管理措施。

11. 油气资产

（1）当期在国内和国外发生的取得矿区权益、油气勘探和油气开发各项支出的总额。

（2）油气资产的披露格式如下：

| 项目 | 年初账面余额 | 本期增加额 | 本期减少额 | 期末账面余额 |
|---|---|---|---|---|
| 一、原价合计 | | | | |
| 1. 探明矿区权益 | | | | |
| 2. 未探明矿区权益 | | | | |
| 3. 井及相关设施 | | | | |
| 二、累计折耗合计 | | | | |
| 1. 探明矿区权益 | | | | |
| 2. 井及相关设施 | | | | |
| 三、油气资产减值准备累计金额合计 | | | | |
| 1. 探明矿区权益 | | | | |
| 2. 未探明矿区权益 | | | | |
| 3. 井及相关设施 | | | | |
| 四、油气资产账面价值合计 | | | | |
| 1. 探明矿区权益 | | | | |
| 2. 未探明矿区权益 | | | | |
| 3. 井及相关设施 | | | | |

12. 无形资产

（1）各类无形资产的披露格式如下：

| 项目 | 年初账面余额 | 本期增加额 | 本期减少额 | 期末账面余额 |
|---|---|---|---|---|
| 一、原价合计 | | | | |
| 1. | | | | |
| …… | | | | |
| 二、累计摊销额合计 | | | | |
| 1. | | | | |
| …… | | | | |
| 三、无形资产减值准备累计金额合计 | | | | |
| 1. | | | | |
| …… | | | | |
| 四、无形资产账面价值合计 | | | | |
| 1. | | | | |
| …… | | | | |

（2）计入当期损益和确认为无形资产的研究开发支出金额。

13. 商誉的形成来源、账面价值的增减变动情况

企业应披露商誉的形成来源情况和账面价值的增减变动情况。

14. 递延所得税资产和递延所得税负债

（1）已确认递延所得税资产和递延所得税负债的披露格式如下：

| 项目 | 账面余额 | 年初账面余额 |
|---|---|---|
| 一、递延所得税资产 | | |
| 1. | | |
| …… | | |
| 合计 | | |
| 二、递延所得税负债 | | |
| 1. | | |
| …… | | |
| 合计 | | |

（2）未确认递延所得税资产的可抵扣暂时性差异、可抵扣亏损等的金额（存在到期日的，还应披露到期日）。

15. 资产减值准备的披露格式

| 项目 | 年初账面余额 | 本期计提额 | 本期减少额 | | 期末账面余额 |
|---|---|---|---|---|---|
| | | | 转回 | 转销 | |
| 一、坏账准备 | | | | | |
| 二、存货跌价准备 | | | | | |
| 三、债权投资减值准备 | | | | | |
| 四、其他债权投资减值准备 | | | | | |
| 五、长期股权投资减值准备 | | | | | |
| 六、投资性房地产减值准备 | | | | | |
| 七、固定资产减值准备 | | | | | |
| 八、在建工程减值准备 | | | | | |
| 九、生产性生物资产减值准备 | | | | | |
| 其中：成熟生产性生物资产减值准备 | | | | | |
| 十、油气资产减值准备 | | | | | |
| 十一、无形资产减值准备 | | | | | |

（续表）

| 项目 | 年初账面余额 | 本期计提额 | 本期减少额 | | 期末账面余额 |
|---|---|---|---|---|---|
| | | | 转回 | 转销 | |
| 十二、商誉减值准备 | | | | | |
| 十三、其他 | | | | | |
| 合计 | | | | | |

16. 所有权受到限制的资产

（1）资产所有权受到限制的原因。

（2）所有权受到限制的资产披露格式如下：

| 所有权受到限制的资产类别 | 年初账面余额 | 本期增加额 | 本期减少额 | 期末账面价值 |
|---|---|---|---|---|
| 一、用于担保的资产 | | | | |
| 1. | | | | |
| …… | | | | |
| 二、其他原因造成所有权受到限制的资产 | | | | |
| 1. | | | | |
| …… | | | | |
| 合计 | | | | |

17. 交易性金融负债的披露格式

| 项目 | 期末公允价值 | 年初公允价值 |
|---|---|---|
| 1. 发行的交易性债券 | | |
| 2. 指定为以公允价值计量且其变动计入当期损益的金融负债 | | |
| 3. 其他 | | |
| 合计 | | |

18. 职工薪酬

（1）应付职工薪酬的披露格式如下：

| 项目 | 年初账面余额 | 本期增加额 | 本期减少额 | 期末账面余额 |
|---|---|---|---|---|
| 一、工资、奖金、津贴和补贴 | | | | |

（续表）

| 项目 | 年初账面余额 | 本期增加额 | 本期减少额 | 期末账面余额 |
|---|---|---|---|---|
| 二、职工福利费 | | | | |
| 三、社会保险费 | | | | |
| 其中：1. 医疗保险费 | | | | |
| 2. 基本养老保险费 | | | | |
| 3. 年金缴费 | | | | |
| 4. 失业保险费 | | | | |
| 5. 工伤保险费 | | | | |
| 6. 生育保险费 | | | | |
| 四、住房公积金 | | | | |
| 五、工会经费和职工教育经费 | | | | |
| 六、非货币性福利 | | | | |
| 七、因解除劳动关系给予的补偿 | | | | |
| 八、其他 | | | | |
| 其中：以现金结算的股份支付 | | | | |
| 合计 | | | | |

（2）企业本期为职工提供的各项非货币性福利形式、金额及其计算依据。

19. 应交税费的披露格式

| 税费项目 | 期末账面余额 | 年初账面余额 |
|---|---|---|
| 1. 增值税 | | |
| …… | | |
| 合计 | | |

20. 其他流动负债的披露格式

| 流动负债项目 | 期末账面余额 | 年初账面余额 |
|---|---|---|
| …… | | |
| 合计 | | |

注：有预计负债、其他非流动负债的，比照其他流动负债进行披露。

21. 短期借款和长期借款

（1）借款的披露格式如下：

| 项目 | 短期借款 | | 长期借款 | |
|---|---|---|---|---|
| | 期末账面余额 | 年初账面余额 | 期末账面余额 | 年初账面余额 |
| 信用借款 | | | | |
| 抵押借款 | | | | |
| 质押借款 | | | | |
| 保证借款 | | | | |
| 合计 | | | | |

（2）对于期末逾期借款，应分别贷款单位、借款金额、逾期时间、年利率、逾期未偿还原因和预期还款期等进行披露。

22. 应付债券的披露格式

| 项目 | 年初账面余额 | 本期增加额 | 本期减少额 | 期末账面余额 |
|---|---|---|---|---|
| 1. | | | | |
| …… | | | | |
| 合计 | | | | |

23. 长期应付款的披露格式

| 税费项目 | 期末账面余额 | 年初账面余额 |
|---|---|---|
| 1. | | |
| …… | | |
| 合计 | | |

24. 营业收入

（1）营业收入的披露格式如下：

| 税费项目 | 本期发生额 | 上期发生额 |
|---|---|---|
| 1. 主营业务收入 | | |
| 2. 其他业务收入 | | |
| 合计 | | |

（2）披露建造合同当期预计损失的原因和金额，同时按下列格式披露。

| 项目 | | 总金额 | 累计已发生成本 | 累计已确认毛利（亏损以“—”号表示） | 已办理结算的价款金额 |
|---|---|---|---|---|---|
| 固定造价合同 | 1. | | | | |
| | …… | | | | |
| | 合计 | | | | |
| 成本加成合同 | 1. | | | | |
| | …… | | | | |
| | 合计 | | | | |

25. 公允价值变动收益的披露格式

| 产生公允价值变动收益的来源 | 本期发生额 | 上期发生额 |
|---|---|---|
| 1. | | |
| …… | | |
| 合计 | | |

26. 投资收益

（1）投资收益的披露格式如下：

| 产生投资收益的来源 | 本期发生额 | 上期发生额 |
|---|---|---|
| 1. | | |
| …… | | |
| 合计 | | |

（2）按照权益法核算的长期股权投资，直接以被投资单位的账面净损益计算确认投资损益的事实及原因。

27. 资产减值损失的披露格式

| 项目 | 本期发生额 | 上期发生额 |
|---|---|---|
| 一、坏账损失 | | |
| 二、存货跌价损失 | | |
| 三、债权投资减值损失 | | |
| 四、其他债权投资减值损失 | | |

| 项目 | 本期发生额 | 上期发生额 |
|---|---|---|
| 五、长期股权投资减值损失 | | |
| 六、投资性房地产减值损失 | | |
| 七、固定资产减值损失 | | |
| 八、在建工程减值损失 | | |
| 九、生产性生物资产减值损失 | | |
| 十、油气资产减值损失 | | |
| 十一、无形资产减值损失 | | |
| 十二、商誉减值损失 | | |
| 十三、其他 | | |
| 合计 | | |

28. 营业外收入的披露格式

| 项目 | 本期发生额 | 上期发生额 |
|---|---|---|
| 债务重组利得 | | |
| 与企业日常活动无关的政府补助 | | |
| …… | | |
| 合计 | | |

29. 营业外支出的披露格式

| 项目 | 本期发生额 | 上期发生额 |
|---|---|---|
| 债务重组损失 | | |
| 公益性捐赠支出 | | |
| …… | | |
| 合计 | | |

30. 所得税费用

（1）所得税费用（收益）的组成，包括当期所得税、递延所得税。

（2）所得税费用（收益）与会计利润的关系。

31. 政府补助的种类及金额

企业应当披露取得政府补助的种类及金额。

32. 每股收益

（1）基本每股收益和稀释每股收益分子、分母的计算过程。

（2）列报期间不具有稀释性但以后期间很可能具有稀释性的潜在普通股。

（3）在资产负债表日至财务报告批准报出日之间，企业发行在外普通股或潜在普通股股数发生重大变化的情况，如股份发行、股份回购、潜在普通股发行、潜在普通股转换或行权等。

33. 利润表有关信息

企业可以按照费用的性质分类披露利润表。

34. 非货币性资产交换

（1）换入资产、换出资产的类别。

（2）换入资产成本的确定方式。

（3）换入资产、换出资产的公允价值及换出资产的账面价值。

35. 股份支付

（1）当期授予、行权和失效的各项权益工具总额。

（2）期末发行在外股份期权或其他权益工具行权价的范围和合同剩余期限。

（3）当期行权的股份期权或其他权益工具以其行权日价格计算的加权平均价格。

（4）股份支付交易对当期财务状况和经营成果的影响。

36. 债务重组

按照《企业会计准则第 12 号——债务重组》第十四条或第十五条的相关规定进行披露。

37. 借款费用

（1）当期资本化的借款费用金额。

（2）当期用于计算确定借款费用资本化金额的资本化率。

38. 外币折算

（1）计入当期损益的汇兑差额。

（2）处置境外经营对外币财务报表折算差额的影响。

39. 企业合并

企业合并发生当期的期末，合并方或购买方应当按照《企业会计准则第 20 号——企业合并》第十八条或第十九条的相关规定进行披露。

40. 租赁

（1）融资租赁出租人应当说明未实现融资收益的余额，并披露与融资租赁有关的下列信息：

| 剩余租赁期 | 最低租赁收款额 |
|---|---|
| 1 年以内（含 1 年） | |
| 1 年以上 2 年以内（含 2 年） | |
| 2 年以上 3 年以内（含 3 年） | |
| 3 年以上 | |

（2）经营租赁出租人各类租出资产的披露格式如下：

| 经营租赁租出资产类别 | 期末账面价值 | 年初账面价值 |
|---|---|---|
| 1. 机器设备 | | |
| 2. 运输工具 | | |
| …… | | |
| 合计 | | |

（3）融资租赁承租人应当说明未确认融资费用的余额，并披露与融资租赁有关的下列信息：①各类租入固定资产的年初和期末原价、累计折旧额、减值准备累计金额。②以后年度将支付的最低租赁付款额的披露格式如下：

| 剩余租赁期 | 最低租赁收款额 |
|---|---|
| 1 年以内（含 1 年） | |
| 1 年以上 2 年以内（含 2 年） | |
| 2 年以上 3 年以内（含 3 年） | |
| 3 年以上 | |

（4）对于重大的经营租赁，经营租赁承租人应当披露下列信息：

| 剩余租赁期 | 最低租赁收款额 |
|---|---|
| 1 年以内（含 1 年） | |
| 1 年以上 2 年以内（含 2 年） | |
| 2 年以上 3 年以内（含 3 年） | |
| 3 年以上 | |

（5）披露各售后租回交易以及售后租回合同中的重要条款。

41. 终止经营的披露格式

| 项目 | 本期发生额 | 上期发生额 |
|---|---|---|
| 一、终止经营收入 | | |
| 减：终止经营费用 | | |
| 二、终止经营利润总额 | | |
| 减：终止经营所得税费用 | | |
| 三、终止经营净利润 | | |

42. 分部报告

（1）主要报告形式为业务分部的披露格式如下：

| 项目 | ××业务 | | | | …… | 其他 | | 抵销 | | 合计 | |
|---|---|---|---|---|---|---|---|---|---|---|---|
| | 本期 | 上期 | 本期 | 上期 | | 本期 | 上期 | 本期 | 上期 | 本期 | 上期 |
| 一、营业收入 | | | | | | | | | | | |
| 其中：对外交易收入 | | | | | | | | | | | |
| 分部间交易收入 | | | | | | | | | | | |
| 二、营业费用 | | | | | | | | | | | |
| 三、营业利润（亏损） | | | | | | | | | | | |
| 四、资产总额 | | | | | | | | | | | |
| 五、负债总额 | | | | | | | | | | | |
| 六、补充信息 | | | | | | | | | | | |
| 1. 折旧和摊销费用 | | | | | | | | | | | |
| 2. 资本性支出 | | | | | | | | | | | |
| 3. 折旧和摊销以外的非现金费用 | | | | | | | | | | | |

注：主要报告形式是地区分部的，比照业务分部格式进行披露。

（2）在主要报告形式的基础上，对于次要报告形式，企业还应披露对外交易收入、分部资产总额。

**（七）或有事项**

按照《企业会计准则第13号——或有事项》第十四条和第十五条的相关规定进行披露。

**（八）资产负债表日后事项**

（1）每项重要的资产负债表日后非调整事项的性质、内容，及其对财务状况和经营成果的影响。无法作出估计的，应当说明原因。

（2）资产负债表日后，企业利润分配方案中拟分配的以及经审议批准宣告发放的股利或利润。

**（九）关联方关系及其交易**

1. 本企业的母公司有关信息披露格式

| 母公司名称 | 注册地 | 业务性质 | 注册资本 |
|---|---|---|---|
| | | | |

母公司不是本企业最终控制方的，说明最终控制方名称。

母公司和最终控制方均不对外提供财务报表的，说明母公司之上与其最相近的对外提供财务报表的母公司名称。

2. 母公司对本企业的持股比例和表决权比例

企业应当披露母公司对本企业的持股比例和表决权比例。

3. 本企业的子公司有关信息披露格式

| 子公司名称 | 注册地 | 业务性质 | 注册资本 | 本企业合计持股比例 | 本企业合计享有的表决权比例 |
|---|---|---|---|---|---|
| 1 | | | | | |
| …… | | | | | |

4. 本企业的合营企业有关信息披露格式

| 被投资单位名称 | 注册地 | 业务性质 | 注册资本 | 本企业持股比例 | 本企业在被投资单位表决权比例 | 期末资本总额 | 期末负债总额 | 本期营业收入总额 | 本期净利润 |
|---|---|---|---|---|---|---|---|---|---|
| 1 | | | | | | | | | |
| …… | | | | | | | | | |

注：有联营企业的，比照合营企业进行披露。

5. 本企业与关联方发生交易的信息披露

本企业与关联方发生交易的，分别说明各关联方关系的性质、交易类型及交易要素。交易要素至少应当包括：

（1）交易的金额。

（2）未结算项目的金额、条款和条件，以及有关提供或取得担保的信息。

（3）未结算应收项目的坏账准备金额。

（4）定价政策。

## 三、商业银行资产负债表、利润表和所有者权益变动表格式

### 资产负债表

会商银 01 表

编制单位：　　　　____年____月____日　　　　单位：元

| 资产 | 期末余额 | 年初余额 | 负债和所有者权益（或股东权益） | 期末余额 | 年初余额 |
|---|---|---|---|---|---|
| 资产： | | | 负债： | | |
| 现金及存放中央银行款项 | | | 向中央银行借款 | | |
| 存放同业款项 | | | 同业及其他金融机构存放款项 | | |
| 贵金属 | | | 拆入资金 | | |
| 拆出资金 | | | 交易性金融负债 | | |
| 交易性金融资产 | | | 衍生金融负债 | | |
| 衍生金融资产 | | | 卖出回购金融资产款 | | |
| 买入返售金融资产 | | | 吸收存款 | | |
| 其他应收款 | | | 应付职工薪酬 | | |

（续表）

| 资产 | 期末余额 | 年初余额 | 负债和所有者权益（或股东权益） | 期末余额 | 年初余额 |
|---|---|---|---|---|---|
| 发放贷款和垫款 | | | 应交税费 | | |
| 债权投资 | | | 其他应付款 | | |
| 其他债权投资 | | | 预计负债 | | |
| 长期股权投资 | | | 应付债券 | | |
| 投资性房地产 | | | 递延所得税负债 | | |
| 固定资产 | | | 其他负债 | | |
| 无形资产 | | | 负债合计 | | |
| 递延所得税资产 | | | 所有者权益（或股东权益）： | | |
| 其他资产 | | | 实收资本（或股本） | | |
| | | | 资本公积 | | |
| | | | 减：库存股 | | |
| | | | 盈余公积 | | |
| | | | 一般风险准备 | | |
| | | | 未分配利润 | | |
| | | | 所有者权益（或股东权益）合计 | | |
| 资产总计 | | | 负债和所有者权益（或股东权益）总计 | | |

## 利　润　表

会商银 02 表

编制单位：　　　　　　　　____年____月____日　　　　　　　　单位：元

| 项目 | 本期金额 | 上期金额 |
|---|---|---|
| 一、营业收入 | | |
| 利息净收入 | | |
| 利息收入 | | |
| 利息支出 | | |
| 手续费及佣金净收入 | | |
| 手续费及佣金收入 | | |

（续表）

| 项目 | 本期金额 | 上期金额 |
|---|---|---|
| 手续费及佣金支出 | | |
| 投资收益（损失以“—”号填列） | | |
| 其中：对联营企业和合营企业的投资收益 | | |
| 公允价值变动收益（损失以“—”号填列） | | |
| 汇兑收益（损失以“—”号填列） | | |
| 其他业务收入 | | |
| 二、营业支出 | | |
| 税金及附加 | | |
| 业务及管理费 | | |
| 资产减值损失 | | |
| 其他业务成本 | | |
| 三、营业利润（亏损以“—”号填列） | | |
| 加：营业外收入 | | |
| 减：营业外支出 | | |
| 四、利润总额（亏损总额以“—”号填列） | | |
| 减：所得税费用 | | |
| 五、净利润（净亏损以“—”号填列） | | |
| 六、每股收益： | | |
| （一）基本每股收益 | | |
| （二）稀释每股收益 | | |

## 所有者权益变动表

会商银 04 表

编制单位： ____年 度 单位：元

| 项目 | 本年金额 | | | | | | | 上年金额 | | | | | | |
|---|---|---|---|---|---|---|---|---|---|---|---|---|---|---|
| | 实收资本（或股本） | 资本公积 | 减：库存股 | 盈余公积 | 一般风险准备 | 未分配利润 | 所有者权益合计 | 实收资本（或股本） | 资本公积 | 减：库存股 | 盈余公积 | 一般风险准备 | 未分配利润 | 所有者权益合计 |
| 一、上年年末余额 | | | | | | | | | | | | | | |
| 加：会计政策变更 | | | | | | | | | | | | | | |

（续表）

| 项目 | 本年金额 | | | | | | | 上年金额 | | | | | | |
|---|---|---|---|---|---|---|---|---|---|---|---|---|---|---|
| | 实收资本（或股本） | 资本公积 | 减：库存股 | 盈余公积 | 一般风险准备 | 未分配利润 | 所有者权益合计 | 实收资本（或股本） | 资本公积 | 减：库存股 | 盈余公积 | 一般风险准备 | 未分配利润 | 所有者权益合计 |
| 前期差错更正 | | | | | | | | | | | | | | |
| 二、本年年初余额 | | | | | | | | | | | | | | |
| 三、本年增减变动金额（减少以“—”号填列） | | | | | | | | | | | | | | |
| （一）综合收益总额 | | | | | | | | | | | | | | |
| （二）直接计入所有者权益的利得和损失 | | | | | | | | | | | | | | |
| 1. 其他债权投资公允价值变动净额 | | | | | | | | | | | | | | |
| （1）计入所有者权益的金额 | | | | | | | | | | | | | | |
| （2）转入当期损益的金额 | | | | | | | | | | | | | | |
| 2. 现金流量套期工具公允价值变动净额 | | | | | | | | | | | | | | |
| （1）计入所有者权益的金额 | | | | | | | | | | | | | | |
| （2）转入当期损益的金额 | | | | | | | | | | | | | | |
| （3）计入被套期项目初始确认金额中的金额 | | | | | | | | | | | | | | |
| 3. 权益法下被投资单位其他所有者权益变动的影响 | | | | | | | | | | | | | | |
| 4. 与计入所有者权益项目相关的所得税影响 | | | | | | | | | | | | | | |
| 5. 其他 | | | | | | | | | | | | | | |
| 上述（一）和（二）小计 | | | | | | | | | | | | | | |
| （三）所有者投入和减少资本 | | | | | | | | | | | | | | |
| 1. 所有者投入资本 | | | | | | | | | | | | | | |
| 2. 股份支付计入所有者权益的金额 | | | | | | | | | | | | | | |
| 3. 其他 | | | | | | | | | | | | | | |
| （四）利润分配 | | | | | | | | | | | | | | |
| 1. 提取盈余公积 | | | | | | | | | | | | | | |

（续表）

| 项目 | 本年金额 | | | | | | | 上年金额 | | | | | | |
|---|---|---|---|---|---|---|---|---|---|---|---|---|---|---|
| | 实收资本（或股本） | 资本公积 | 减：库存股 | 盈余公积 | 一般风险准备 | 未分配利润 | 所有者权益合计 | 实收资本（或股本） | 资本公积 | 减：库存股 | 盈余公积 | 一般风险准备 | 未分配利润 | 所有者权益合计 |
| 2. 提取一般风险准备 | | | | | | | | | | | | | | |
| 3. 对所有者（或股东）的分配 | | | | | | | | | | | | | | |
| 4. 其他 | | | | | | | | | | | | | | |
| （五）所有者权益内部结转 | | | | | | | | | | | | | | |
| 1. 资本公积转增资本（或股本） | | | | | | | | | | | | | | |
| 2. 盈余公积转增资本（或股本） | | | | | | | | | | | | | | |
| 3. 盈余公积弥补亏损 | | | | | | | | | | | | | | |
| 4. 一般风险准备弥补亏损 | | | | | | | | | | | | | | |
| 5. 其他 | | | | | | | | | | | | | | |
| 四、本年年末余额 | | | | | | | | | | | | | | |

## 四、商业银行报表附注

商业银行应当按照规定披露附注信息，主要包括下列内容。

**（一）商业银行的基本情况**

**（二）财务报表的编制基础**

**（三）遵循企业会计准则的声明**

**（四）重要会计政策和会计估计**

**（五）会计政策和会计估计变更以及差错更正的说明**

以上（一）至（五）项，应当比照一般企业进行披露。

**（六）报表重要项目的说明**

1. 现金及存放中央银行款项的披露格式

| 项目 | 期末账面余额 | 年初账面余额 |
|---|---|---|
| 库存现金 | | |
| 存放中央银行法定准备金 | | |
| 存放中央银行超额存款准备金 | | |
| 存放中央银行的其他款项 | | |
| 合计 | | |

2. 拆出资金的披露格式

| 项目 | 期末账面余额 | 年初账面余额 |
|---|---|---|
| 拆放其他银行 | | |
| 拆放非银行金融机构 | | |
| 减：贷款损失准备 | | |
| 拆出资金账面价值 | | |

3. 交易性金融资产（不含衍生金融资产）的披露格式

| 项目 | 期末公允价值 | 年初公允价值 |
|---|---|---|
| 债券 | | |
| 权益工具 | | |
| 其他 | | |
| 合计 | | |

如有指定为以公允价值计量且其变动计入当期损益的金融资产，也应比照上述格式进行披露。

4. 衍生工具的披露格式

<table>
<tr><th rowspan="4">类别</th><th colspan="6">期末余额</th><th colspan="6">年初余额</th></tr>
<tr><th colspan="3">套期工具</th><th colspan="3">非套期工具</th><th colspan="3">套期工具</th><th colspan="3">非套期工具</th></tr>
<tr><th rowspan="2">名义金额</th><th colspan="2">公允价值</th><th rowspan="2">名义金额</th><th colspan="2">公允价值</th><th rowspan="2">名义金额</th><th colspan="2">公允价值</th><th rowspan="2">名义金额</th><th colspan="2">公允价值</th></tr>
<tr><th>资产</th><th>负债</th><th>资产</th><th>负债</th><th>资产</th><th>负债</th><th>资产</th><th>负债</th></tr>
<tr><td>利率衍生工具</td><td></td><td></td><td></td><td></td><td></td><td></td><td></td><td></td><td></td><td></td><td></td><td></td></tr>
<tr><td>衍生工具 1</td><td></td><td></td><td></td><td></td><td></td><td></td><td></td><td></td><td></td><td></td><td></td><td></td></tr>
<tr><td>……</td><td></td><td></td><td></td><td></td><td></td><td></td><td></td><td></td><td></td><td></td><td></td><td></td></tr>
<tr><td>货币衍生工具</td><td></td><td></td><td></td><td></td><td></td><td></td><td></td><td></td><td></td><td></td><td></td><td></td></tr>
<tr><td>衍生工具 1</td><td></td><td></td><td></td><td></td><td></td><td></td><td></td><td></td><td></td><td></td><td></td><td></td></tr>
<tr><td>……</td><td></td><td></td><td></td><td></td><td></td><td></td><td></td><td></td><td></td><td></td><td></td><td></td></tr>
<tr><td>权益衍生工具</td><td></td><td></td><td></td><td></td><td></td><td></td><td></td><td></td><td></td><td></td><td></td><td></td></tr>
<tr><td>衍生工具 1</td><td></td><td></td><td></td><td></td><td></td><td></td><td></td><td></td><td></td><td></td><td></td><td></td></tr>
<tr><td>……</td><td></td><td></td><td></td><td></td><td></td><td></td><td></td><td></td><td></td><td></td><td></td><td></td></tr>
</table>

（续表）

| 类别 | 期末余额 | | | | | | 年初余额 | | | | | |
|---|---|---|---|---|---|---|---|---|---|---|---|---|
| | 套期工具 | | | 非套期工具 | | | 套期工具 | | | 非套期工具 | | |
| | 名义金额 | 公允价值 | | 名义金额 | 公允价值 | | 名义金额 | 公允价值 | | 名义金额 | 公允价值 | |
| | | 资产 | 负债 | | 资产 | 负债 | | 资产 | 负债 | | 资产 | 负债 |
| 信用衍生工具 | | | | | | | | | | | | |
| 衍生工具 1 | | | | | | | | | | | | |
| …… | | | | | | | | | | | | |
| 其他衍生工具 | | | | | | | | | | | | |
| 合计 | | | | | | | | | | | | |

5. 买入返售金融资产的披露格式

| 项目 | 期末账面余额 | 年初账面余额 |
|---|---|---|
| 证券 | | |
| 票据 | | |
| 贷款 | | |
| 其他 | | |
| 减：坏账准备 | | |
| 买入返售金融资产账面价值 | | |

6. 发放贷款和垫款

（1）贷款和垫款按个人和企业分布情况的披露格式如下：

| 项目 | 期末账面余额 | 年初账面余额 |
|---|---|---|
| 个人贷款和垫款 | | |
| ——信用卡 | | |
| ——住房抵押 | | |
| ——其他 | | |
| 企业贷款和垫款 | | |
| ——贷款 | | |
| ——贴现 | | |

（续表）

| 项目 | 期末账面余额 | 年初账面余额 |
| --- | --- | --- |
| ——其他 | | |
| 贷款和垫款总额 | | |
| 减：贷款损失准备 | | |
| 其中：单项计提数 | | |
| 组合计提数 | | |
| 贷款和垫款账面价值 | | |

（2）贷款和垫款按行业分布情况的披露格式如下：

| 项目 | 期末账面余额 | 比例（%） | 年初账面余额 | 比例（%） |
| --- | --- | --- | --- | --- |
| 农牧业、渔业 | | | | |
| 采掘业 | | | | |
| 房地产业 | | | | |
| 建筑业 | | | | |
| 金融保险业 | | | | |
| …… | | | | |
| 其他行业 | | | | |
| 贷款和垫款总额 | | | | |
| 减：贷款损失准备 | | | | |
| 其中：单项计提数 | | | | |
| 组合计提数 | | | | |
| 贷款和垫款账面价值 | | | | |

注：银行可以按行业风险集中情况自行确定行业分布。

（3）贷款和垫款按地区分布情况的披露格式如下：

| 项目 | 期末账面余额 | 比例（%） | 年初账面余额 | 比例（%） |
| --- | --- | --- | --- | --- |
| 华南地区 | | | | |
| 华北地区 | | | | |
| …… | | | | |
| 其他地区 | | | | |
| 贷款和垫款总额 | | | | |
| 减：贷款损失准备 | | | | |

（续表）

| 项目 | 期末账面余额 | 比例（%） | 年初账面余额 | 比例（%） |
|---|---|---|---|---|
| 其中：单项计提数 | | | | |
| 组合计提数 | | | | |
| 贷款和垫款账面价值 | | | | |

注：银行可以按地区风险集中情况自行确定地区分布。

（4）贷款和垫款按担保方式分布情况的披露格式如下：

| 项目 | 期末账面余额 | 比例（%） | 年初账面余额 | 比例（%） |
|---|---|---|---|---|
| 信用贷款 | | | | |
| 保证贷款 | | | | |
| 附担保物贷款 | | | | |
| 其中：抵押贷款 | | | | |
| 质押贷款 | | | | |
| 贷款和垫款总额 | | | | |
| 减：贷款损失准备 | | | | |
| 其中：单项计提数 | | | | |
| 组合计提数 | | | | |
| 贷款和垫款账面价值 | | | | |

（5）逾期贷款的披露格式如下：

| 项目 | 期末余额 | | | | | 年初余额 | | | | |
|---|---|---|---|---|---|---|---|---|---|---|
| | 逾期1天至90天（含90天） | 逾期3个月至360天（含360天） | 逾期360天至3年（含3年） | 逾期3年以上 | 合计 | 逾期1天至90天（含90天） | 逾期3个月至360天（含360天） | 逾期360天至3年（含3年） | 逾期3年以上 | 合计 |
| 信用贷款 | | | | | | | | | | |
| 保证贷款 | | | | | | | | | | |
| 抵押贷款 | | | | | | | | | | |
| 附担保物贷款 | | | | | | | | | | |
| 其中：抵押贷款 | | | | | | | | | | |
| 质押贷款 | | | | | | | | | | |
| …… | | | | | | | | | | |
| 合计 | | | | | | | | | | |

注：即使是本金逾期1天，整笔贷款也应划为逾期贷款。

（6）贷款损失准备的披露格式如下：

| 项目 | 本期金额 | | 上期金额 | |
|---|---|---|---|---|
| | 单项 | 组合 | 单项 | 组合 |
| 期初余额 | | | | |
| 本期计提 | | | | |
| 本期转出① | | | | |
| 本期核销② | | | | |
| 本期转回 | | | | |
| ——收回原转销贷款和垫款导致的转回 | | | | |
| ——贷款和垫款因折现价值上升导致的转回 | | | | |
| ——其他因素导致的转回 | | | | |
| 期末余额 | | | | |

注：①本期转出是指贷款转为抵债资产等而转出的贷款损失准备。
②本期核销是指经批准贷款予以核销而核销的贷款损失准备。

7．其他债权投资的披露格式

| 项目 | 期末公允价值 | 年初公允价值 |
|---|---|---|
| 债券 | | |
| 其中：债券类别 1 | | |
| …… | | |
| 权益工具 | | |
| 其中：债券类别 1 | | |
| …… | | |
| 其他 | | |
| 合计 | | |

8. 债权投资的披露格式

| 项　　目 | 期末账面余额 | 年初账面余额 | 期末公允价值 |
|---|---|---|---|
| 债券 | | | |
| 其中：债券类别 1 | | | |
| …… | | | |
| 其他 | | | |
| 债权投资合计 | | | |

（续表）

| 项　　目 | 期末账面余额 | 年初账面余额 | 期末公允价值 |
|---|---|---|---|
| 减：债权投资减值准备 | | | |
| 债权投资账面价值 | | | |

9. 其他资产的披露格式

| 项目 | 期末账面价值 | 年初账面价值 |
|---|---|---|
| 存出保证金 | | |
| 应收股利 | | |
| 其他应收款 | | |
| 抵债资产 | | |
| …… | | |
| 合计 | | |

注：抵债资产的类别、减值准备计提、本年处置情况及未来处置计划，应同时予以披露。

10. 借入款项

企业应当分别借入中央银行款项、国家外汇存款等披露期末账面余额和年初账面余额。

11. 存放款项

企业应当分别同业、其他金融机构存放款项披露期末账面余额和年初账面余额。

12. 拆入情况

企业应当分别银行拆入、非银行金融机构拆入披露期末账面余额和年初账面余额。

13. 交易性金融负债（不含衍生金融负债）的披露格式

| 项目 | 期末账面价值 | 年初账面价值 |
|---|---|---|
| 外币债券卖空 | | |
| 其他 | | |
| 合计 | | |

如有指定为以公允价值计量且其变动计入当期损益的金融负债，也应比照上述格式披露。

14. 卖出回购金融资产款的披露格式

| 项目 | 期末账面价值 | 年初账面价值 |
|---|---|---|
| 证券 | | |
| 票据 | | |

（续表）

| 项目 | 期末账面价值 | 年初账面价值 |
|---|---|---|
| 贷款 | | |
| 其他 | | |
| 合计 | | |

15. 吸收存款的披露格式

| 项目 | 期末账面价值 | 年初账面价值 |
|---|---|---|
| 活期存款 | | |
| ——公司 | | |
| …… | | |
| 定期存款（含通知存款） | | |
| ——公司 | | |
| …… | | |
| 其他存款（含汇出汇款、应解汇款等） | | |
| 合计 | | |

16. 应付债券的披露格式

| 债券类型 | 发行日 | 到期日 | 利率 | 期初账面余额 | 本期增加额 | 本期减少额 | 期末账面余额 |
|---|---|---|---|---|---|---|---|
| 债券类别 1 | | | | | | | |
| …… | | | | | | | |
| 合计 | | | | | | | |

注：①发行次级债券的，应补充披露发行总面值、转换选择权条款、未摊销发行成本余额等。
②发行可转换公司债券的，应补充披露发行日可转换公司债券面值、债务成分和权益成分的初始确认金额、本期和上期支付的利息总额等。

17. 其他负债的披露格式

| 项目 | 期末账面价值 | 年初账面价值 |
|---|---|---|
| 存入保证金 | | |
| 应付股利 | | |
| 其他应付款 | | |
| …… | | |
| 合计 | | |

18. 一般风险准备

企业应当披露一般风险准备的期末余额、年初余额及计提比例。

19. 利息净收入的披露格式

| 项目 | 本期发生额 | 上期发生额 |
|---|---|---|
| 利息收入 | | |
| ——存放同业 | | |
| ——存放中央银行 | | |
| ——拆出资金 | | |
| ——发放贷款及垫款 | | |
| 其中：个人贷款和垫款 | | |
| 公司贷款和垫款 | | |
| 票据贴现 | | |
| ——买入返售金融资产 | | |
| ——债券投资 | | |
| ——其他 | | |
| 其中：已减值金融资产利息收入 | | |
| 利息支出 | | |
| ——同业存放 | | |
| ——向中央银行借款 | | |
| ——拆入资金 | | |
| ——吸收存款 | | |
| ——卖出回购金融资产 | | |
| ——发行债券 | | |
| ——其他 | | |
| 利息净收入 | | |

20. 手续费及佣金净收入的披露格式

| 项目 | 本期发生额 | 上期发生额 |
|---|---|---|
| 手续费及佣金收入 | | |
| ——结算与清算手续费 | | |
| ——代理业务手续费 | | |
| ——信用承诺手续费及佣金 | | |
| ——银行卡手续费 | | |

（续表）

| 项目 | 本期发生额 | 上期发生额 |
|---|---|---|
| ——顾问和咨询费 | | |
| ——托管及其他受托业务佣金 | | |
| ——其他 | | |
| 手续费及佣金支出 | | |
| ——手续费支出 | | |
| ——佣金支出 | | |
| 手续费及佣金净收入 | | |

21. 投资收益的披露格式

| 项目 | 本期发生额 | 上期发生额 |
|---|---|---|
| 以公允价值计量且其变动计入当期损益的权益工具投资 | | |
| 可供出售权益工具投资 | | |
| 长期股权投资 | | |
| 其他 | | |
| 合计 | | |

22. 公允价值变动收益的披露格式

| 项目 | 本期发生额 | 上期发生额 |
|---|---|---|
| 交易性金融工具 | | |
| 指定为以公允价值计量且其变动计入当期损益的金融工具 | | |
| 衍生工具 | | |
| 其他 | | |
| 合计 | | |

23. 业务及管理费的披露格式

| 项目 | 本期发生额 | 上期发生额 |
|---|---|---|
| 电子设备运转费 | | |
| 安全防范费 | | |
| 物业管理费 | | |
| 其他 | | |

（续表）

| 项目 | 本期发生额 | 上期发生额 |
| --- | --- | --- |
| 合计 | | |

24. 分部报告

（1）主要报告形式是业务分部的披露格式如下：

| 项目 | ×× 业务 | | ×× 业务 | | …… | 其他 | | 抵销 | | 合计 | |
| --- | --- | --- | --- | --- | --- | --- | --- | --- | --- | --- | --- |
| | 本期 | 上期 | 本期 | 上期 | | 本期 | 上期 | 本期 | 上期 | 本期 | 上期 |
| 一、营业收入 | | | | | | | | | | | |
| 利息净收入 | | | | | | | | | | | |
| 其中：分部间利息净收入 | | | | | | | | | | | |
| 手续费及佣金净收入 | | | | | | | | | | | |
| 其中：分部间手续费及佣金净收入 | | | | | | | | | | | |
| 其他收入 | | | | | | | | | | | |
| 二、营业费用 | | | | | | | | | | | |
| 三、营业利润（亏损） | | | | | | | | | | | |
| 四、资产总额 | | | | | | | | | | | |
| 五、负债总额 | | | | | | | | | | | |
| 六、补充信息 | | | | | | | | | | | |
| 1. 折旧和摊销费用 | | | | | | | | | | | |
| 2. 资本性支出 | | | | | | | | | | | |
| 3. 折旧和摊销以外的非现金费用 | | | | | | | | | | | |

注：主要报告形式是地区分部的，比照业务分部格式进行披露。

（2）在主要报告形式的基础上，对于次要报告形式，企业还应披露对外交易收入、分部资产总额。

25. 担保物

按照《企业会计准则第 37 号——金融工具列报》第二十一条和第二十二条的相关规定进行披露。

26. 金融资产转移（含资产证券化）

按照《企业会计准则第 37 号——金融工具列报》第二十条的相关规定进行披露。

27. 其他项目

除上述项目以外的其他项目，应当比照一般企业进行披露。

**（七）或有事项**

除比照一般企业进行披露外，还应对承诺事项作如下披露。

1. 信贷承诺的披露格式

| 项目 | 期末合同金额 | 上期发生额 |
|---|---|---|
| 贷款承诺 | | |
| 其中：1. 原到期日在 1 年以内 | | |
| 2. 原到期日在 1 年或以上 | | |
| 开出信用证 | | |
| 开出保函 | | |
| 银行承兑汇票 | | |
| 其他 | | |
| 合计 | | |

注：对信贷承诺应计算并披露本期和上期信贷风险加权金额。

2. 信贷承诺的披露内容

存在经营租赁承诺、资本支出承诺、证券承销及债券承兑承诺的，还应披露有关情况。

**（八）资产负债表日后事项**

比照一般企业进行披露。

**（九）关联方关系及其交易**

比照一般企业进行披露。

**（十）风险管理**

按照《企业会计准则第 37 号——金融工具列报》第二十五条至第四十五条的相关规定进行披露。

## 五、保险公司资产负债表、利润表、所有者权益变动表格式

**资产负债表**

会保 01 表

编制单位：　　　　　　　______年______月______日　　　　　　　单位：元

| 资产 | 期末余额 | 年初余额 | 负债和所有者权益（或股东权益） | 期末余额 | 年初余额 |
|---|---|---|---|---|---|
| 资产： | | | 负债： | | |
| 货币资金 | | | 短期借款 | | |
| 拆出资金 | | | 拆入资金 | | |
| 交易性金融资产 | | | 交易性金融负债 | | |
| 衍生金融资产 | | | 衍生金融负债 | | |
| 买入返售金融资产 | | | 卖出回购金融资产款 | | |
| 应收利息 | | | 预收保费 | | |

（续表）

| 资产 | 期末余额 | 年初余额 | 负债和所有者权益（或股东权益） | 期末余额 | 年初余额 |
|---|---|---|---|---|---|
| 应收保费 | | | 应付手续费及佣金 | | |
| 应收代位追偿款 | | | 应付分保账款 | | |
| 应收分保账款 | | | 应付职工薪酬 | | |
| 应收分保未到期责任准备金 | | | 应交税费 | | |
| 应收分保未决赔款准备金 | | | 应付赔付款 | | |
| 应收分保寿险责任准备金 | | | 应付保单红利 | | |
| 应收分保长期健康险责任准备金 | | | 保户储金及投资款 | | |
| 保户质押贷款 | | | 未到期责任准备金 | | |
| 定期存款 | | | 未决赔款准备金 | | |
| 债权投资 | | | 寿险责任准备金 | | |
| 其他债权投资 | | | 长期健康险责任准备金 | | |
| 长期股权投资 | | | 长期借款 | | |
| 存出资本保证金 | | | 应付债券 | | |
| 投资性房地产 | | | 独立账户负债 | | |
| 固定资产 | | | 递延所得税负债 | | |
| 无形资产 | | | 其他负债 | | |
| 独立账户资产 | | | 负债合计 | | |
| 递延所得税资产 | | | 所有者权益（或股东权益）： | | |
| 其他资产 | | | 实收资本（或股本） | | |
| | | | 资本公积 | | |
| | | | 减：库存股 | | |
| | | | 盈余公积 | | |
| | | | 一般风险准备 | | |
| | | | 未分配利润 | | |
| | | | 所有者权益（或股东权益）合计 | | |
| 资产总计 | | | 负债和所有者权益（或股东权益）总计 | | |

## 利 润 表

会保 02 表

编制单位：　　　　　　　　　______年______月______日　　　　　　　　　单位：元

| 项目 | 本期金额 | 上期金额 |
|---|---|---|
| 一、营业收入 | | |
| 已赚保费 | | |
| 保险业务收入 | | |
| 其中：分保费收入 | | |
| 减：分出保费 | | |
| 提取未到期责任准备金 | | |
| 投资收益（损失以“—”号填列） | | |
| 其中：对联营企业和合营企业的投资收益 | | |
| 公允价值变动收益（损失以“—”号填列） | | |
| 汇兑收益（损失以“—”号填列） | | |
| 其他业务收入 | | |
| 二、营业支出 | | |
| 退保金 | | |
| 赔付支出 | | |
| 减：摊回赔付支出 | | |
| 提取保险责任准备金 | | |
| 减：摊回保险责任准备金 | | |
| 保单红利支出 | | |
| 分保费用 | | |
| 税金及附加 | | |
| 手续费及佣金支出 | | |
| 业务及管理费 | | |
| 减：摊回分保费用 | | |
| 其他业务成本 | | |
| 资产减值损失 | | |
| 三、营业利润（亏损以“—”号填列） | | |
| 加：营业外收入 | | |
| 减：营业外支出 | | |
| 四、利润总额（亏损总额以“—”号填列） | | |
| 减：所得税费用 | | |
| 五、净利润（净亏损以“—”号填列） | | |
| 六、每股收益： | | |
| （一）基本每股收益 | | |
| （二）稀释每股收益 | | |

保险公司所有者权益变动表，比照商业银行格式。

## 六、保险公司报表附注

保险公司应当按照规定披露附注信息，主要包括下列内容。

**（一）保险公司的基本情况**

**（二）财务报表的编制基础**

**（三）遵循企业会计准则的声明**

**（四）重要会计政策和会计估计**

**（五）会计政策和会计估计变更以及差错更正的说明**

以上（一）至（五）项，应当比照一般企业进行披露。

**（六）报表重要项目的说明**

1. 应收保费账龄结构的披露格式

| 账龄 | 期末账面余额 | 年初账面余额 |
|---|---|---|
| 3 个月以内（含 3 个月） | | |
| 3 个月至 1 年（含 1 年） | | |
| 1 年以上 | | |
| 合计 | | |

2. 应收代位追偿款

（1）应收代位追偿款账龄结构的披露格式如下：

| 账龄 | 期末账面余额 | 年初账面余额 |
|---|---|---|
| 1 个月以内（含 1 个月） | | |
| 1 个月至 3 个月（含 3 个月） | | |
| 3 个月至 1 年（含 1 年） | | |
| 1 年以上 | | |
| 合计 | | |

（2）金额重大代位追偿款产生的原因和未确认的理由。

3. 定期存款的披露格式

| 账龄 | 期末账面余额 | 年初账面余额 |
|---|---|---|
| 1 个月至 3 个月（含 3 个月） | | |
| 3 个月至 1 年（含 1 年） | | |
| 1 年至 2 年（含 2 年） | | |
| 2 年至 3 年（含 3 年） | | |

（续表）

| 账龄 | 期末账面余额 | 年初账面余额 |
|---|---|---|
| 3 年至 4 年（含 4 年） | | |
| 4 年至 5 年（含 5 年） | | |
| 5 年以上 | | |
| 合计 | | |

债券投资到期期限结构，比照上述格式披露。

4. 其他资产的披露格式

| 账龄 | 期末账面余额 | 年初账面余额 |
|---|---|---|
| 应收股利 | | |
| 损余物资 | | |
| …… | | |
| 其他 | | |
| 合计 | | |

注：损余物资产生的原因、所处置损余物资的账面价值，实现的损益，应同时予以披露。

5. 保户储金（或保户投资款）的披露格式

| 账龄 | 期末账面余额 | 年初账面余额 |
|---|---|---|
| 1 年以内（含 1 年） | | |
| 1 年至 3 年（含 3 年） | | |
| 3 年至 5 年（含 5 年） | | |
| 5 年以上 | | |
| 合计 | | |

6. 保险合同准备金

（1）保险合同准备金增减变动情况的披露格式如下：

| 项目 | 年初账面余额 | 本期增加项 | 本期减少项 | | | | 期末账面余额 |
|---|---|---|---|---|---|---|---|
| | | | 赔付款项 | 提前解除 | 其他 | 合计 | |
| 未到期责任准备金 | | | | | | | |
| 原保险合同 | | | | | | | |
| 再保险合同 | | | | | | | |
| 未决赔款准备金 | | | | | | | |

（续表）

| 项目 | 年初账面余额 | 本期增加项 | 本期减少项 | | | | 期末账面余额 |
|---|---|---|---|---|---|---|---|
| | | | 赔付款项 | 提前解除 | 其他 | 合计 | |
| 原保险合同 | | | | | | | |
| 再保险合同 | | | | | | | |
| 寿险责任准备金 | | | | | | | |
| 原保险合同 | | | | | | | |
| 再保险合同 | | | | | | | |
| 长期健康险责任准备金 | | | | | | | |
| 原保险合同 | | | | | | | |
| 再保险合同 | | | | | | | |
| 合计 | | | | | | | |

（2）保险合同准备金未到期期限的披露格式如下：

| 项目 | 期末账面余额 | | 年初账面余额 | |
|---|---|---|---|---|
| | 1 年以下（含 1 年） | 1 年以上 | 1 年以下（含 1 年） | 1 年以上 |
| 未到期责任准备金 | | | | |
| 原保险合同 | | | | |
| 再保险合同 | | | | |
| 未决赔款准备金 | | | | |
| 原保险合同 | | | | |
| 再保险合同 | | | | |
| 寿险责任准备金 | | | | |
| 原保险合同 | | | | |
| 再保险合同 | | | | |
| 长期健康险责任准备金 | | | | |
| 原保险合同 | | | | |
| 再保险合同 | | | | |
| 合计 | | | | |

（3）原保险合同未决赔款准备金的披露格式如下：

| 账龄 | 期末账面余额 | 年初账面余额 |
|---|---|---|
| 已发生已报案未决赔款准备金 | | |
| 已发生未报案未决赔款准备金 | | |

（续表）

| 账龄 | 期末账面余额 | 年初账面余额 |
|---|---|---|
| 理赔费用准备金 | | |
| 合计 | | |

7. 其他负债的披露格式

| 账龄 | 期末账面余额 | 年初账面余额 |
|---|---|---|
| 应付利息 | | |
| …… | | |
| 合计 | | |

8. 未到期责任准备金

企业应当分别原保险合同和再保险合同披露提取未到期责任准备金的本期发生额和上期发生额。

9. 赔付支出

（1）赔付支出按保险合同列示的披露格式如下：

| 账龄 | 期末账面余额 | 年初账面余额 |
|---|---|---|
| 原保险合同 | | |
| 再保险合同 | | |
| 合计 | | |

（2）赔付支出按内容列示的披露格式如下：

| 账龄 | 本期发生额 | 上期发生额 |
|---|---|---|
| 赔款支出 | | |
| 满期给付 | | |
| 年金给付 | | |
| 死伤医疗给付 | | |
| …… | | |
| 合计 | | |

10. 提取保险责任准备金

（1）提取保险责任准备金按保险合同列示的披露格式如下：

| 账龄 | 本期发生额 | 上期发生额 |
|---|---|---|
| 提取未决赔款准备金 | | |
| 原保险合同 | | |

（续表）

| 账龄 | 本期发生额 | 上期发生额 |
| --- | --- | --- |
| 再保险合同 | | |
| 提取寿险责任准备金 | | |
| 原保险合同 | | |
| 再保险合同 | | |
| 提取长期健康险责任准备金 | | |
| 原保险合同 | | |
| 再保险合同 | | |
| 合计 | | |

（2）提取原保险合同未决赔款准备金按构成内容列示的披露格式如下：

| 账龄 | 期末账面余额 | 年初账面余额 |
| --- | --- | --- |
| 已发生已报案未决赔款准备金 | | |
| 已发生未报案未决赔款准备金 | | |
| 理赔费用准备金 | | |
| 合计 | | |

11. 摊回保险责任准备金的披露格式

| 账龄 | 期末账面余额 | 年初账面余额 |
| --- | --- | --- |
| 摊回未决赔款准备金 | | |
| 摊回寿险责任准备金 | | |
| 摊回长期健康险责任准备金 | | |
| 合计 | | |

12. 分部报告

（1）主要报告形式是业务分部的披露格式如下：

| 项目 | ××业务 | | ××业务 | | …… | 其他 | | 抵销 | | 合计 | |
| --- | --- | --- | --- | --- | --- | --- | --- | --- | --- | --- | --- |
| | 本期 | 上期 | 本期 | 上期 | | 本期 | 上期 | 本期 | 上期 | 本期 | 上期 |
| 一、营业收入 | | | | | | | | | | | |
| 二、营业费用 | | | | | | | | | | | |
| 三、营业利润（亏损） | | | | | | | | | | | |
| 四、资产总额 | | | | | | | | | | | |

（续表）

| 项目 | ××业务 | | ××业务 | | …… | 其他 | | 抵销 | | 合计 | |
|---|---|---|---|---|---|---|---|---|---|---|---|
| | 本期 | 上期 | 本期 | 上期 | | 本期 | 上期 | 本期 | 上期 | 本期 | 上期 |
| 五、负债总额 | | | | | | | | | | | |
| 六、补充信息 | | | | | | | | | | | |
| 1. 折旧和摊销费用 | | | | | | | | | | | |
| 2. 资本性支出 | | | | | | | | | | | |
| 3. 折旧和摊销以外的非现金费用 | | | | | | | | | | | |

注：主要报告形式是地区分部的，比照业务分部格式进行披露。

（2）在主要报告形式的基础上，对于次要报告形式，企业还应披露对外交易收入、分部资产总额。

13. 投资联结产品

（1）投资联结产品基本情况，包括名称、设立时间、账户特征、投资组合规定、投资风险等。

（2）独立账户单位数及每一独立账户单位净资产。

（3）独立账户的投资组合情况。

（4）风险保费、独立账户管理费计提情况。

（5）投资联结产品采用的主要会计政策。

（6）独立账户资产的估值原则。

14. 其他项目

除以上项目以外的其他项目，应当比照商业银行进行披露。

**（七）或有事项**

比照商业银行进行披露。

**（八）资产负债表日后事项**

比照商业银行进行披露。

**（九）关联方关系及其交易**

比照商业银行进行披露。

**（十）风险管理**

1. 保险风险

（1）风险管理目标和减轻风险的政策：①管理资产负债的技术，包括保持偿付能力的方法等；②选择和接受可承保保险风险的政策，包括确定可接受风险的范围和水平等；③评估和监控保险风险的方法，包括内部风险计量模型、敏感性分析等；④限制和转移保险风险的方法，包括共同保险、再保险等。

（2）保险风险类型：①保险风险的内容；②减轻保险风险的因素及程度，包括再保险等；③可能引起现金流量发生变动的因素。

（3）保险风险集中度：①保险风险集中的险种；②保险风险集中的地域。

（4）不考虑分出业务的索赔进展信息的披露格式如下：

（续表）

| 项目 | 前 4 年 | 前 3 年 | 前 2 年 | 前 1 年 | 本年 | 合计 |
|---|---|---|---|---|---|---|
| 本年年末累计赔付款项估计额 | | | | | | |
| 1 年后累计赔付款项估计额 | | | | | | |
| 2 年后累计赔付款项估计额 | | | | | | |
| 3 年后累计赔付款项估计额 | | | | | | |
| 4 年后累计赔付款项估计额 | | | | | | |
| 累计赔付款项估计额 | | | | | | |
| 累计支付的赔付款项 | | | | | | |
| 以前期间调整额 | | | | | | |
| 尚未支付的赔付款项 | | | | | | |

扣除分出业务后的索赔进展信息，比照上述不考虑分出业务的索赔进展信息的格式进行披露。

（5）与保险合同有关的重大假设：①重大假设，包括死亡率、发病率、退保率、投资收益率等；②对假设具有重大影响的数据的来源；③假设变动的影响及敏感性分析；④影响假设不确定性的事项和程度；⑤不同假设之间的关系；⑥描述过去经验和当前情况；⑦假设与可观察到的市场价格或其他公开信息的符合程度。

2. 其他风险

除保险风险以外的其他风险，应当比照商业银行进行披露。

## 七、证券公司资产负债表、利润表、所有者权益变动表格式

### 资产负债表

会证 01 表

编制单位：　　　　______年______月______日　　　　单位：元

| 资产 | 期末余额 | 年初余额 | 负债和所有者权益（或股东权益） | 期末余额 | 年初余额 |
|---|---|---|---|---|---|
| 资产： | | | 负债： | | |
| 货币资金 | | | 短期借款 | | |
| 其中：客户资金存款 | | | 其中：质押借款 | | |
| 结算备付金 | | | 拆入资金 | | |
| 其中：客户备付金 | | | 交易性金融负债 | | |
| 拆出资金 | | | 衍生金融负债 | | |
| 交易性金融资产 | | | 卖出回购金融资产款 | | |
| 衍生金融资产 | | | 代理买卖证券款 | | |
| 买入返售金融资产 | | | 代理承销证券款 | | |
| 应收利息 | | | 应付职工薪酬 | | |

（续表）

| 资产 | 期末余额 | 年初余额 | 负债和所有者权益（或股东权益） | 期末余额 | 年初余额 |
|---|---|---|---|---|---|
| 存出保证金 | | | 应交税费 | | |
| 债权投资 | | | 应付利息 | | |
| 其他债权投资 | | | 预计负债 | | |
| 长期股权投资 | | | 长期借款 | | |
| 投资性房地产 | | | 应付债券 | | |
| 固定资产 | | | 递延所得税负债 | | |
| 无形资产 | | | 其他负债 | | |
| 其中：交易席位费 | | | 负债合计 | | |
| 递延所得税资产 | | | 所有者权益（或股东权益）： | | |
| 其他资产 | | | 实收资本（或股本） | | |
| | | | 资本公积 | | |
| | | | 减：库存股 | | |
| | | | 盈余公积 | | |
| | | | 一般风险准备 | | |
| | | | 未分配利润 | | |
| | | | 所有者权益（或股东权益）合计 | | |
| 资产总计 | | | 负债和所有者权益（或股东权益）总计 | | |

## 利　润　表

会证02表

编制单位：　　　　　　　　　　______年______月　　　　　　　　　　单位：元

| 项目 | 本期金额 | 上期金额 |
|---|---|---|
| 一、营业收入 | | |
| 手续费及佣金净收入 | | |
| 其中：代理买卖证券业务净收入 | | |
| 证券承销业务净收入 | | |
| 受托客户资产管理业务净收入 | | |
| 利息净收入 | | |
| 投资收益（损失以“—”号填列） | | |
| 其中：对联营企业和合营企业的投资收益 | | |
| 公允价值变动收益（损失以“—”号填列） | | |
| 汇兑收益（损失以“—”号填列） | | |

（续表）

| 项目 | 本期金额 | 上期金额 |
|---|---|---|
| 其他业务收入 | | |
| 二、营业支出 | | |
| 税金及附加 | | |
| 业务及管理费 | | |
| 资产减值损失 | | |
| 其他业务成本 | | |
| 三、营业利润（亏损以“—”号填列） | | |
| 加：营业外收入 | | |
| 减：营业外支出 | | |
| 四、利润总额（亏损总额以“—”号填列） | | |
| 减：所得税费用 | | |
| 五、净利润（净亏损以“—”号填列） | | |
| 六、每股收益： | | |
| （一）基本每股收益 | | |
| （二）稀释每股收益 | | |

证券公司所有者权益变动表，比照商业银行格式。

## 八、证券公司报表附注

证券公司应当按照规定披露附注信息，主要包括下列内容。

**（一）证券公司的基本情况**

**（二）财务报表的编制基础**

**（三）遵循企业会计准则的声明**

**（四）重要会计政策和会计估计**

**（五）会计政策和会计估计变更以及差错更正的说明**

以上（一）至（五）项，应当比照一般企业进行披露。

**（六）报表重要项目的说明**

1. 货币资金的披露格式

| 账龄 | 期末账面余额 | 年初账面余额 |
|---|---|---|
| 库存现金 | | |
| 银行存款 | | |
| 其中：公司自有 | | |
| 经纪业务客户 | | |
| 结算备付金 | | |

（续表）

| 账龄 | 期末账面余额 | 年初账面余额 |
|---|---|---|
| 其中：公司自有 | | |
| 经纪业务客户 | | |
| 其他货币资金 | | |
| 其中：新股申购款 | | |
| 合计 | | |

2. 买入返售金融资产除比照商业银行进行披露外，还应按交易对手披露信息

| 账龄 | 期末账面余额 | 年初账面余额 |
|---|---|---|
| 同业 | | |
| 其他非银行金融机构 | | |
| 合计 | | |

3. 存出保证金的披露格式

| 账龄 | 期末账面余额 | 年初账面余额 |
|---|---|---|
| 交易保证金 | | |
| 履约保证金 | | |
| 合计 | | |

4. 代理承销证券情况
5. 代理兑付债券情况
6. 交易席位费的披露格式

| 项目 | 年初账面余额 | 本期增加额 | 本期减少额 | 期末账面余额 |
|---|---|---|---|---|
| 一、原价合计 | | | | |
| 1. 上海证券交易所 | | | | |
| 其中：A 股 | | | | |
| B 股 | | | | |
| 2. 深圳证券交易所 | | | | |
| 其中：A 股 | | | | |
| B 股 | | | | |
| 二、累计摊销额合计 | | | | |
| 1. 上海证券交易所 | | | | |
| 其中：A 股 | | | | |

（续表）

| 项目 | 年初账面余额 | 本期增加额 | 本期减少额 | 期末账面余额 |
|---|---|---|---|---|
| B 股 | | | | |
| 2. 深圳证券交易所 | | | | |
| 其中：A 股 | | | | |
| B 股 | | | | |
| 三、交易席位费账面价值合计 | | | | |
| 1. 上海证券交易所 | | | | |
| 其中：A 股 | | | | |
| B 股 | | | | |
| 2. 深圳证券交易所 | | | | |
| 其中：A 股 | | | | |
| B 股 | | | | |

7. 其他资产的披露格式

| 账龄 | 期末账面余额 | 年初账面余额 |
|---|---|---|
| 应收股利 | | |
| 其他应收款 | | |
| …… | | |
| 其他 | | |
| 合计 | | |

8. 卖出回购金融资产款除比照商业银行进行披露外，还应按交易对手披露信息

| 账龄 | 期末账面余额 | 年初账面余额 |
|---|---|---|
| 同业 | | |
| 其他非银行金融机构 | | |
| 合计 | | |

9. 代理买卖证券款的披露格式

| 账龄 | 期末账面余额 | 年初账面余额 |
|---|---|---|
| 个人客户 | | |
| 法人客户 | | |
| …… | | |
| 合计 | | |

10. 代理承销证券款的披露格式

| 账龄 | 期末账面余额 | 年初账面余额 |
|---|---|---|
| 股票 | | |
| 债券 | | |
| 其中：国债 | | |
| 金融债券 | | |
| 企业债券 | | |
| 其他有价证券 | | |
| 合计 | | |

11. 代理兑付证券款的披露格式

| 项目 | 年初账面余额 | 本期收到兑付资金 | 本期已兑付债券 | 本期结转手续费收入 | 期末账面余额 |
|---|---|---|---|---|---|
| 国债 | | | | | |
| 企业债券 | | | | | |
| 金融债券 | | | | | |
| 其他债券 | | | | | |
| 合计 | | | | | |

12. 其他负债的披露格式

| 账龄 | 期末账面余额 | 年初账面余额 |
|---|---|---|
| 应收股利 | | |
| 其他应收款 | | |
| …… | | |
| 合计 | | |

13. 受托客户资产管理业务的披露格式

| 资产项目 | 期末余额 | 年初余额 | 负债项目 | 期末余额 | 年初余额 |
|---|---|---|---|---|---|
| 受托管理资金存款 | | | 受托管理资金 | | |
| 客户结算备付金 | | | 应付款项 | | |
| 应收款项受托投资 | | | | | |
| 其中：投资成本 | | | | | |
| 已实现未结算损益 | | | | | |

（续表）

| 资产项目 | 期末余额 | 年初余额 | 负债项目 | 期末余额 | 年初余额 |
|---|---|---|---|---|---|
| 合计 | | | 合计 | | |

14. 手续费及佣金净收入的披露格式

| 项目 | 本期发生额 | 上期发生额 |
|---|---|---|
| 手续费及佣金收入 | | |
| ——证券承销业务 | | |
| ——证券经纪业务 | | |
| ——受托客户资产管理业务 | | |
| ——代理兑付证券 | | |
| ——代理保管证券 | | |
| ——其他 | | |
| 手续费及佣金支出 | | |
| ——证券经纪业务手续费支出 | | |
| ——佣金支出 | | |
| ——其他 | | |
| 手续费及佣金净收入 | | |

15. 受托客户资产管理手续费及佣金收入的披露格式

| 项目 | 本期发生额 | 上期发生额 |
|---|---|---|
| 定向资产管理业务 | | |
| 专项资产管理业务 | | |
| 集合资产管理业务（按项目列示） | | |
| 1. | | |
| …… | | |
| 合计 | | |

16. 分部报告

（1）主要报告形式是业务分部的披露格式如下：

| 项目 | ××业务 | | ××业务 | | …… | 其他 | | 抵销 | | 合计 | |
|---|---|---|---|---|---|---|---|---|---|---|---|
| | 本期 | 上期 | 本期 | 上期 | | 本期 | 上期 | 本期 | 上期 | 本期 | 上期 |
| 一、营业收入 | | | | | | | | | | | |

（续表）

| 项目 | ×× 业务 | | ×× 业务 | | …… | 其他 | | 抵销 | | 合计 | |
|---|---|---|---|---|---|---|---|---|---|---|---|
| | 本期 | 上期 | 本期 | 上期 | | 本期 | 上期 | 本期 | 上期 | 本期 | 上期 |
| 手续费及佣金净收入 | | | | | | | | | | | |
| 其中：分部间手续费及佣金净收入 | | | | | | | | | | | |
| 其他收入 | | | | | | | | | | | |
| 二、营业费用 | | | | | | | | | | | |
| 三、营业利润（亏损以“—”号填列） | | | | | | | | | | | |
| 四、资产总额 | | | | | | | | | | | |
| 五、负债总额 | | | | | | | | | | | |
| 六、补充信息 | | | | | | | | | | | |
| 1. 折旧和摊销费用 | | | | | | | | | | | |
| 2. 资本性支出 | | | | | | | | | | | |
| 3. 折旧和摊销以外的非现金费用 | | | | | | | | | | | |

注：主要报告形式是地区分部的，比照业务分部格式进行披露。

（2）在主要报告形式的基础上，对于次要报告形式，企业还应披露对外交易收入、分部资产总额。

17. 其他项目

除以上项目以外的其他项目，应当比照商业银行进行披露。

**（七）或有事项**

比照商业银行进行披露。

**（八）资产负债表日后事项**

比照商业银行进行披露。

**（九）关联方关系及其交易**

比照商业银行进行披露。

**（十）风险管理**

1. 风险管理政策和组织架构

（1）风险管理政策，主要包括对各种风险的来源、正式风险治理组织和科学的监督流程及其定期复核制度，以及在严格职责分离、监督和控制基础上各相关业务部门、高级管理人员和风险管理职能部门之间的沟通和协作等。

（2）风险治理组织架构，主要包括各风险管理委员会和相关职能部门的设立和运转情况。

2. 信用风险

信用风险除比照商业银行披露必要的信用风险信息外，还应按行业、地区和交易对手的信用评级等分别披露信用风险信息。

3. 流动风险

流动风险除比照商业银行披露必要的流动风险信息外，还应披露进行流动性风险管理拟采取的主要措施。

4. 市场风险

比照商业银行披露市场风险信息。

# 第三十一章　现金流量表

## 第一节　案例分析及操作实务

### 一、经营活动产生的现金流量有关项目的编制

例 31-1　甲股份有限公司为商品流通企业。2×20 年度财务报表的有关资料如下：

（1）2×20 年 12 月 31 日资产负债表有关项目年初数、年末数见表 31-1。

表 31-1　甲公司 2×20 年 12 月 31 日资产负债表有关项目及其金额　　单位：元

| 资　产 | 年初数 | 年末数 | 负债和所有者权益 | 年初数 | 年末数 |
|---|---|---|---|---|---|
| 应收票据 | 30 000 | 20 000 | 应付账款 | 40 000 | 25 000 |
| 应收账款 | 49 500 | 69 300 | 应付职工薪酬 | 5 000 | 6 000 |
| 预付款项 | 15 000 | 15 000 | 应交税费 | 3 700 | 4 600 |
| 存货 | 100 000 | 70 000 | 其中：增值税 | 1 000 | 600 |
| | | | 其他税费 | 2 700 | 4 000 |
| | | | 其他应付款 | 500 | 1 400 |

（2）2×20 年度利润表有关项目本年累计数见表 31-2。

表 31-2　甲公司 2×20 年度利润表有关项目及其金额　　单位：元

| 项目 | 本年累计数 |
|---|---|
| 营业收入 | 800 000 |
| 营业成本 | 450 000 |
| 税金及附加 | 6 460 |
| 销售费用 | 200 000 |
| 所得税费用 | 40 000 |

（3）其他有关资料如下：①预付款项中的 5 000 元为支付的预付保险费；②本期增值税销项税额为 136 000 元，进项税额为 71 400 元，已交增值税为 65 000 元；③其他应付款为收取的出借包装物押金；④ 2×20 年度没有实际发生坏账；2×15 年和 2×20 年年末均没有计提存货跌价准备；⑤未单独设置“管理费用”科目；销售费用中包含职工工资 100 000 元、福利费 14 000 元、折旧费 2 000 元、计提应收账款坏账准备 200 元、水电费 10 000 元、差旅费 20 000 元、会议费 8 000 元、办公费 20 000 元、咨询费 15 000 元、业务招待费 5 800 元及摊销的预付保险费 5 000 元；⑥上述资产负债表和利润表项目均与投资活动、筹资活动无关。

根据上述资料，现金流量表中下列项目金额计算过程如下：

（1）销售商品、提供劳务收到的现金＝ 800 000 ＋ 136 000 ＋（30 000 － 20 000）＋（49 500 － 69 300）－ 200 ＝ 926 000（元）

（2）收到的其他与经营活动有关的现金＝ 1 400 － 500 ＝ 900（元）

（3）购买商品、接受劳务支付的现金＝ 450 000 ＋ 71 400 －（100 000 － 70 000）＋（40 000 － 25 000）＝ 506 400（元）

（4）支付给职工以及为职工支付的现金＝ 100 000 ＋ 14 000 ＋（5 000 － 6 000）＝ 113 000（元）

（5）支付的各项税费＝ 40 000 ＋ 6 460 ＋ 65 000 ＋（2 700 － 4 000）＝ 110 160（元）

（6）支付的其他与经营活动有关的现金＝ 200 000 － 100 000 － 14 000 － 2 000 － 200 － 5 000 ＝ 78 800（元）

## 二、综合案例

**例 31-2** 甲股份有限公司 2×20 年有关资料如下：

（1）当期销售商品实现收入 100 000 元；应收账款期初余额 20 000 元，期末余额 50 000 元；预收账款期初余额 10 000 元，期末余额 30 000 元。假定不考虑坏账准备和增值税因素。

（2）当期用银行存款支付购买原材料货款 48 000 元；当期支付前期的应付账款 12 000 元；当期购买原材料预付货款 15 000 元；当期因购货退回现金 6 000 元。

（3）当期实际支付职工工资及各种奖金 44 000 元。其中，生产经营人员工资及奖金 35 000 元，在建工程人员工资及奖金 9 000 元。另外，用现金支付离退休人员退休金 7 000 元。

（4）当期购买工程物资预付货款 22 000 元；向承包商支付工程款 16 000 元。

（5）当期购入某公司股票 1 000 股，实际支付全部价款 14 500 元。其中，相关税费 200 元，已宣告但尚未领取的现金股利 300 元。

（6）当期发行面值为 80 000 元的企业债券，扣除支付的佣金等发行费用 8 000 元后，实际收到款项 72 000 元。另外，为发行企业债券实际支付审计费用 3 000 元。

（7）当期用银行存款偿还借款本金 60 000 元，偿还借款利息 6 000 元。

（8）当期用银行存款支付分配的现金股利 30 000 元。

根据上述资料，甲股份有限公司现金流量表中：①“销售商品、提供劳务收到的现金”项目；②“购买商品、接受劳务支付的现金”项目；③“支付给职工以及为职工支付的现金”项目；④“支付其他与经营活动有关的现金”项目；⑤“购建固定资产、无形资产和其他长期资产支付的现金”项目；⑥“投资支付的现金”项目；⑦“支付其他与投资活动有关的现金”项目；⑧“吸收投资收到的现金”项目；⑨“偿还债务支付的现金”项目；⑩“分配股利、利润或偿付利息支付的现金”项目；“支付其他与筹资活动有关的现金”项目的数额计算过程见表31-3。

**表31-3 现金流量表**

会企03表

编制单位：甲股份有限公司　　2×20年度　　单位：元

| 项目 | 行次 | 上期金额 | 本期金额 |
|---|---|---|---|
| 一、经营活动产生的现金流量 | | （略） | |
| 销售商品、提供劳务收到的现金 | 1 | | 100 000＋（20 000－50 000）＋（30 000－10 000）＝90 000 |
| 收到的税费返还 | 3 | | — |
| 收到其他与经营活动有关的现金 | 8 | | |
| 经营活动现金流入小计 | 9 | | |
| 购买商品、接受劳务支付的现金 | 10 | | 48 000＋12 000＋15 000－6 000＝69 000 |
| 支付给职工以及为职工支付的现金 | 12 | | 44 000－9 000＝35 000 |
| 支付的各项税费 | 13 | | |
| 支付其他与经营活动有关的现金 | 18 | | 7 000 |
| 经营活动现金流出小计 | 20 | | — |
| 经营活动产生的现金流量净额 | 21 | | — |
| 二、投资活动产生的现金流量 | | | |
| 收回投资收到的现金 | 22 | | — |
| 取得投资收益收到的现金 | 23 | | |
| 处置固定资产、无形资产和其他长期资产收回的现金净额 | 25 | | |
| 处置子公司及其他营业单位收回的现金净额 | 26 | | — |
| 收到其他与投资活动有关的现金 | 28 | | — |
| 投资活动现金流入小计 | 29 | | — |
| 购建固定资产、无形资产和其他长期资产支付的现金 | 30 | | 22 000＋16 000＋9 000＝47 000 |

（续表）

| 项目 | 行次 | 上期金额 | 本期金额 |
|---|---|---|---|
| 投资支付的现金 | 31 | | 14 500 － 300 ＝ 14 200 |
| 支付其他与投资活动有关的现金 | 35 | | 300 |
| 投资活动现金流出小计 | 36 | | — |
| 投资活动产生的现金流量净额 | 37 | | — |
| 三、筹资活动产生的现金流量 | | | |
| 吸收投资收到的现金 | 38 | | 72 000 |
| 取得借款收到的现金 | 40 | | — |
| 收到其他与筹资活动有关的现金 | 43 | | — |
| 筹资活动现金流入小计 | 44 | | — |
| 偿还债务支付的现金 | 45 | | 6 000 |
| 分配股利、利润或偿付利息支付的现金 | 46 | | 30 000 ＋ 6 000 ＝ 3 600 |
| 支付其他与筹资活动有关的现金 | 52 | | 3 000 |
| 筹资活动现金流出小计 | 53 | | — |
| 筹资活动产生的现金流量净额 | 54 | | — |
| 四、汇率变动对现金及现金等价物的影响 | 55 | | — |
| 五、现金及现金等价物净增加额 | 56 | | — |
| 加：期初现金及现金等价物余额 | 57 | | — |
| 六、期末现金及现金等价物余额 | 58 | | — |

## 第二节　首次执行口的会计处理

### 一、基础性工作

根据《企业会计准则第 38 号——首次执行企业会计准则》的规定，对于现金流量表的编制，在首次执行日不需要进行会计调整，但是需要做一些基础性工作：

（1）根据准则的要求，结合企业的实际情况，确定现金等价物的具体确认标准和范围，一经确定，就要保持一贯性。

（2）根据现金流量表的编制要求，结合企业的实际情况，设置一些必要的账户和备查账，为现金流量表的编制奠定良好的基础。

## 二、对原现金流量表的项目进行相应的调整

（1）在投资活动产生的现金流量中增加列示“处置子公司及其他营业单位收到的现金净额”和“取得子公司及其他营业单位支付的现金净额”项目。

（2）在现金流量表补充资料部分采用间接法将净利润调整为经营活动现金流量时，增加对净利润进行调节的“公允价值变动损益”项目的列报。

（3）在现金流量表补充资料部分采用间接法将净利润调整为经营活动现金流量时，“递延税款”项目变更为“递延所得税资产和递延所得税负债”项目。

（4）在报表附注中，增加以下两类补充资料：一是以总额披露取得或处置子公司及其他营业单位有关信息；二是披露与现金和现金等价物有关的信息（详见准则中的第十七条和第十九条及相应的指南与解释）。

另外，根据准则的规定，金融企业应根据行业的特点和现金流量实际情况，根据现金流量表准则指南的相关内容，合理确定经营活动现金流量项目的类别。

# 第三十二章　中期财务报告

## 第一节　案例分析及操作实务

### 一、重要性

**例 32-1**　MM 公司是一家水果生产和销售企业，需要对外提供季度财务报告。公司水果的收获和销售主要集中在每年的第 3 季度。该公司在 2×20 年 1 月 1 日至 9 月 30 日（即年初至第 3 季度末）累计实现净利润 400 万元，其中第 1 季度发生亏损 1 400 万元，第二季度发生亏损 1 200 万元，第 3 季度实现净利润 3 000 万元。第 3 季度末的存货（库存水果）为 150 万元，公司考虑到该批存货已经过了销售旺季，可变现净值已经远低于账面价值，故确认了存货跌价损失 120 万元。

尽管该项损失仅占 MM 公司第 3 季度净利润总额的 4%（120÷3 000×100%），可能并不重要，但是，该项损失占公司 1~9 月份累计净利润的 30%（120÷400×100%），对于理解 MM 公司 2×20 年第 1~9 月份的经营成果来讲，却属于重要事项。所以，MM 公司应当在第 3 季度财务报告的财务报表附注中披露该事项。当然在实务工作中，企业还应当综合考虑资产规模、经营特征等因素，以对重要性作出较为合理的判断。

**例 32-2**　ABC 公司在 2×20 年 1 月 1 日至 6 月 30 日（即年初至第 2 季度末）累计实现净利润 2 500 万元，其中，第二季度实现净利润 80 万元，公司在第二季度转回前期计提的应收账款坏账准备 100 万元，第 2 季度末应收账款余额为 800 万元。

尽管该转回的坏账准备仅仅占 ABC 公司 1~6 月份净利润总额的 4%（100÷2 500×100%），可能并不重要，但是该项转回金额占到第二季度净利润的 125%（100÷80×100%），占到第 2 季度末应收账款余额的 12.5%，对于理解第二季度（4~6 月份）经营成果和第 2 季度末财务状况来讲，属于重要事项，所以，ABC 公司应当在第二季度财务报告的财务报表附注中披露该事项。当然在实务工作中，企业还应当综合考虑资产规模、经营特征等因素，以对重要性作出较为合理的判断。

### 二、会计政策变更

**例 32-3**　风华公司需要编制季度财务报告，该公司在 2×19 年第 1 季度没有发生任何会计政策变更的情况，则该公司在编制 2×20 年第 1 季度财务报告时，应当在财务报表附注中作如下说明。

会计政策的说明：

本季度财务报表的编制，采用了与上年度末编制 2×19 年年度财务报表时相一致的会计政策。

## 三、披露问题

例 32-4　ABC 公司是一家需要编制季度财务报告的企业。公司适用的所得税税率为 25%。公司有一台管理用设备于 2×12 年 1 月 1 日起开始计提折旧，设备原价为 10 000 000 元，预计使用年限为 8 年，预计净残值为 400 000 元，按照年限平均法计提折旧。2×20 年 1 月 1 日，公司考虑到设备损耗较大，技术更新较快，对原估计的使用年限和净残值进行了修正，修正后该设备的使用年限调整为 6 年（即该设备尚余使用年限为 2 年），净残值调整为 160 000 元。则该公司在编制 2×20 年第 1、第 2、第 3 季度财务报告时，对于该项会计估计变更应作会计处理如下。

1. 第 1 季度

（1）不调整以前各期已提折旧，也不计算累积影响数。

（2）会计估计变更日以后改按新估计使用年限和新估计净残值提取折旧。

按照原来的会计估计，公司每年计提的折旧额为 1 200 000 元［（10 000 000 － 400 000）÷8］，每季度计提折旧额为 300 000 元，截至 2×20 年 1 月 1 日，公司已计提折旧 4 年，累计折旧额为 4 800 000 元，固定资产净值为 5 200 000 元。自 2×20 年 1 月 1 日起，公司改按新的估计使用年限和净残值计提折旧，则 2×20 年起每年应计提的折旧额为 2 520 000 元［（5 200 000 － 160 000）÷（6 － 4）］，每季度应计提的折旧额为 630 000 元，比会计估计变更前多计提折旧 330 000 元（630 000 － 300 000）。公司据此编制 2×20 年第 1 季度会计分录如下：

借：管理费用　　630 000

　　贷：累计折旧　　630 000

（3）在第 1 季度财务报告的财务报表附注作会计估计变更的说明：

“本公司一台管理用设备，原始价值 10 000 000 元，原预计使用年限为 8 年，预计净残值为 400 000 元，按年限平均法计提折旧。由于该设备损耗较大，技术更新较快，本公司于 2×20 年年初变更该项设备的预计使用年限为 6 年，预计净残值为 160 000 元，以如实反映该项设备的真实可使用年限和净残值。此项会计估计变更使本季度净利润减少了 247 500 元［（630 000 － 300 000）×（1 － 25%）］。”

2. 第 2 季度

（1）与第 1 季度一样，公司应当编制会计分录如下：

借：管理费用　　630 000

　　贷：累计折旧　　630 000

（2）在第 2 季度财务报告的财务报表附注说明（公司需要在附注中说明会计估计变更对第 2 季度损益的影响以及对当年度年初至第 2 季度末累计损益的影响）：

“会计估计变更的说明：

本公司一台管理用设备，原始价值 10 000 000 元，原预计使用年限为 8 年，预计净残值为 400 000 元，按年限平均法计提折旧。由于该设备损耗较大，技术更新较快，本公司于 2×20 年年初变更该项设备的预计使用年限为 6 年，预计净残值为 160 000 元，以如实反映该项设备的真实可使用年限和净残值。此项会计估计变更使本季度净利润减少了 247 500 元［（630 000 － 300 000）×（1 － 25%）］，使本年度 1~6 月份的净利润减少了 495 000 元（247 500 ＋ 247 500）。”

3. 第 3 季度

（1）与第 1 季度一样，公司应当编制会计分录如下：

借：管理费用　　　　630 000

　　贷：累计折旧　　　　630 000

（2）在第 3 季度财务报告的财务报表附注说明（公司需要在附注中说明会计估计变更对第 3 季度损益的影响以及对当年度年初至第 3 季度末累计损益的影响）：

"会计估计变更的说明：

本公司一台管理用设备，原始价值 10 000 000 元，原预计使用年限为 8 年，预计净残值为 400 000 元，按直线法计提折旧。由于该设备损耗较大，技术更新较快，本公司于 2×20 年年初变更该项设备的预计使用年限为 6 年，预计净残值为 160 000 元，以如实反映该项设备的真实可使用年限和净残值。此项会计估计变更使本季度净利润减少了 247 500 元［（630 000 － 300 000）×（1 － 25%）］，使本年度 1~9 月份的净利润减少了 742 500 元（247 500 ＋ 247 500 ＋ 247 500）。"

**例 32-5**　某冷饮企业是一家需要编制季度财务报告的企业，生产和销售主要集中在夏季，属于高度季节性企业，该企业在其 2×20 年第二季度财务报告的会计报表附注中作如下披露：

"企业经营季节性特征的说明：

本企业经营活动受季节性因素影响明显，生产和销售旺季集中在 6、7、8 月 3 个月份，其他月份基本上处于半停产状态。企业在 1 ~ 6 月份共实现销售收入 15 000 万元，其中，6 月份实现销售收入 12 000 万元，净利润 4 500 万元，6 月份的销售收入和净利润分别占到 2×20 年 1 ~ 6 月份销售收入和净利润总额的 80% 和 90%。"

**例 32-6**　ABC 公司是一家需要编制季度财务报告的企业。公司在 2×20 年 3 月 1~11 日，以面值向社会公众发行了总额为 5 000 万元、年利率为 6%、期限为 5 年的公司债券，扣除债券发行手续费、佣金等支出，实筹资金 4 800 万元，对于这一事项，公司在编制第 1 季度财务报表附注时应当作如下披露：

"债务性证券和权益性证券的发行、回购和偿还情况的说明：

发行公司债券的情况：在 2×20 年 3 月 1-11 日，本公司经有关部门批准，以面值向社会公众公开发行了 5 年期、年利率为 6%、总额为 5 000 万元的公司债券，扣除债券发行手续费、佣金等费用，此次发行债券共筹得资金 4 800 万元。"

**例 32-7**　ABC 公司是一家需要编制季度财务报告的企业。公司于 2×20 年 5 月 15 日向股东实施了上年度财务报告提出的"每 10 股送 3 股并派发现金股利 0.50 元"的利润分配方案，该利润分配方案的实施以上年年末总股本 10 000 万股为基数。对此事项，公司需要在其第二季度财务报告中作如下披露：

"利润分配情况的说明：

公司以 2×19 年年末 10 000 万股总股本为基数，于 2×20 年 5 月 15 日向全体股东实施了 2×15 年年度财务报告提出的'每 10 股送 3 股并派发现金股利 0.50 元'的利润分配方案，共计送股 3 000 万股，派发现金 500 万元，其中每股派发现金股利为 0.05 元（含税）。"

**例 32-8**　ABC 公司按其业务形成了服装、玩具、运输三个分部，按其地区形成了中国、美国和加拿大、英国、东南亚四个分部。公司在其 2×20 年第 1 季度财务报告中分别根据业务分部和地区分部披露的分部收入与分部利润信息如下（假定没有发生分部间交易，也无未分配项目）：

“分部报告信息：

本公司按业务形成了服装、玩具和运输等三个分部；按地区形成了中国、美国和加拿大、英国、东南亚四个分部。这些分部的分部收入和分部利润如下：……”

**例 32-9** MN 公司是一家需要编制季度财务报告的企业。公司甲生产车间在 2×20 年 4 月 5 日发生了一场火灾，车间厂房、设备、存货等均被烧毁，造成重大损失，预计直接资产净损失约为 3 850 万元。公司 2×19 年年度财务报告已于 3 月 10 日报出。公司第 1 季度财务报告的批准报出日为 4 月 13 日。由于该事项发生在第 1 季度资产负债表日（3 月 31 日）之后、第 1 季度财务报告批准报出日之前，所以，公司应当将其作为第 1 季度资产负债表日后的非调整事项处理，在第 1 季度会计报表附注中披露。具体可作如下披露：

“资产负债表日后非调整事项的说明：

本公司一生产车间在 4 月 5 日发生一场大火，车间厂房、生产设备、存货等均被烧毁，预计直接资产净损失约为 3 850 万元。”

**例 32-10** XYZ 公司是一家钢铁制造企业，需要编制季度财务报告。公司在 2×20 年第 1 季度耗资 30 000 万元收购了 WK 高科技公司 80% 的股权，成为该公司的第一大股东，获得了对该公司的控股权。WK 公司是一家专门研制生物、基因工程及其相关产品的公司，其研究成果在国内乃至世界处于领先地位，研制的产品市场前景广阔。XYZ 公司收购 WK 公司意图在于希望借此实现公司产业转型和产品结构的调整。对于这一企业合并事项，公司应当在其第 1 季度财务报告的会计报表附注中作如下披露：

“企业结构变化情况的说明：

本公司于本季度出资 30 000 万元收购了 WK 高科技公司 80% 的股权，成为该公司的第一大股东，获得了对该公司的控股权。WK 公司是一家专门研制生物、基因工程及其相关产品的公司，在收购了 WK 公司之后，将有助于本公司的产业转型和产品结构调整，促进本公司向高科技产业，尤其是向生物、基因工程业进军。本项收购的全部款项均已支付，合并生效日期为 2×20 年 2 月 1 日。对于此项交易，公司采用购买法进行核算。被收购企业在收购时的净资产账面价值为 12 000 万元。”

## 四、合并报表问题

**例 32-11** ABC 公司有一家 A 子公司，在 2×15 年年末拥有该子公司 60% 的股权，且拥有控制权，所以 ABC 公司在 2×19 年年末将 A 公司报表并入了其合并财务报表中。2×20 年 1 月 15 日，ABC 公司将 A 公司 35% 的股权有偿转让给了另外一家公司，通过此次股权转让，ABC 公司仅拥有 A 公司 25% 的股权，而且失去了对该公司的控制权，所以，A 公司不再符合 ABC 公司编制合并财务报表的合并范围要求，ABC 公司在编制 2×20 年度中期财务报告时，就不应当再将 A 公司财务报表纳入合并范围。如果 ABC 公司只有这一家子公司，那么公司 2×15 年年度财务报告应当编制合并财务报表，而在 2×20 年度中期财务报告中只需要编制 ABC 公司（母公司）的个别财务报表即可，无须再编制合并财务报表。在这种情况下，尽管公司在上年度编制了合并财务报表，但是在本年度（包括各中期）却不必编制合并财务报表。

**例 32-12** XYZ 公司成立于 2×19 年年初，公司成立之初没有一家子公司，因此公司在 2×19 年第 1 季度财务报告中只需要提供公司本身的个别财务报表即可，不必编制合并财务报表。在 2×15 年第二季度，公司购并了一家 LLQ 公司，获得了该公司 80% 的股权，从而使得该公司成为 XYZ 公司的控股子公司。这样，在 2×19 年第二季度财务报告中，XYZ 公司就需要同时提供合并财务报表和母公司财务报表。第 3 季度财务报告和 2×15 年的年度财务报告都是如此。假定在 2×20 年第 1 季度，公司又将 LLQ 子公司对外出售。这样，XYZ 公司又没有了子公司。所以，尽管公司在上年度财务报告中编制了合并财务报表，但是在 2×20 年第 1 季度财务报告中，公司无须编制合并报表。由于在上年第 1 季度财务报告中公司也没有编制合并财务报表，所以，在提供中期财务报告准则要求的上年度比较财务报表时，除了上年度末的资产负债表仍然应当包括合并财务报表和母公司财务报表之外，其他比较财务报表（包括利润表和现金流量表）都不必提供合并财务报表。在 2×20 年第二季度，公司仍然没有需要纳入合并财务报表合并范围的子公司，因此仍然不必编制合并财务报表，但是，在提供本准则要求的上年度比较财务报表时，应当同时提供合并财务报表和母公司财务报表。

## 五、所得税的处理

中期所得税的确认和计量原则应当与年度财务报表所采用的所得税确认和计量原则相一致。按照新准则的规定，企业在年度财务报表中采用债务法核算所得税的，则在中期财务报表中也应当按照债务法的核算原则预计所得税。企业既不得在中期随意变更所得税的核算方法，也不得采用与年度财务报表不相一致的所得税核算方法。与此同时，企业在具体确认和计量中期所得税时，应当以年初至本中期期末为基础。

**例 32-13** W 公司为一家需编制季度财务报告的企业，公司所得税按年计征、分季预缴。公司在 2×20 年第 1 季度的应纳税所得额为 1 000 万元，上半年累计应纳税所得额为 1 800 万元，1-9 月份累计应纳税所得额为 3 200 万元，全年应纳税所得额为 4 400 万元。该公司适用的所得税税率为 25%。公司年度财务报表采用债务法核算所得税。

根据上述资料，计算 W 公司 2×20 年度各季度应交的所得税、应确认的所得税费用和各季度应作的账务处理如下：

（1）第 1 季度：

本季度应纳税所得额＝1 000（万元）

本季度应交的企业所得税＝1 000×25%＝250（万元）

本季度应确认的所得税费用＝250（万元）

账务处理如下：

借：所得税费用　　2 500 000

　　贷：应交税费——应交所得税　　2 500 000

（2）第二季度：

本季度应交的企业所得税＝1 800×25%－250＝200（万元）
本季度应确认的所得税费用＝200（万元）

账务处理如下：

借：所得税费用　　2 000 000
　　贷：应交税费——应交所得税　　2 000 000

（3）第 3 季度：

本季度应交的企业所得税＝3 200×25%－250－200＝350（万元）
本季度应确认的所得税费用＝350（万元）

账务处理如下：

借：所得税费用　　3 500 000
　　贷：应交税费——应交所得税　　3 500 000

（4）第 4 季度：

本季度应交的企业所得税＝4 400×25%－250－200－350＝300（万元）
本季度应确认的所得税费用＝300（万元）

账务处理如下：

借：所得税费用　　3 000 000
　　贷：应交税费——应交所得税　　3 000 000

## 第二节　新准则对企业的影响

### 一、准则的适用范围

在适用范围上，旧准则仅限于上市公司执行，新准则适用所有执行新准则的企业。

### 二、新准则与旧准则的衔接

（1）对于首次执行新准则的企业，首次执行年度可以不提供上年度可比中期的财务报表。

（2）企业以前年度编制中期财务报告的，如果上年度可比中期财务报告所采用的会计政策与新准则不相符的，还应当追溯调整。

（3）对于首份中期财务报告的“年初余额”，“上期金额”，应当根据具体准则对相关项目进行追溯调整。

（4）“基本每股收益”和“稀释每股收益”应当在中期利润表中单独列示。

# 第三十三章　合并财务报表

## 第一节　案例分析及操作实务

### 一、对“控制”的判断

控制，是指投资方拥有对被投资方的权力，通过参与被投资方的相关活动而享有可变回报，并且有能力运用对被投资方的权力影响其回报金额。“控制”的定义包括三个要素：①投资方拥有对被投资方的权力；②投资方因参与被投资方的相关活动而享有可变回报；③投资方有能力运用对被投资方的权力影响其回报金额。在判断投资方是否能够控制被投资方时，当且仅当投资方具备上述三个要素时，才能表明投资方能够控制被投资方。

投资方应当在综合考虑所有相关事实和情况的基础上对是否控制被投资方进行判断。一旦相关事实和情况的变化导致对控制定义所涉及的相关要素发生变化的，投资方应当进行重新评估，相关事实和情况主要包括：①被投资方的设立目的。②被投资方的相关活动以及如何对相关活动作出决策。③投资方享有的权利是否使其目前有能力主导被投资方的相关活动。④投资方是否通过参与被投资方的相关活动而享有可变回报。⑤投资方是否有能力运用对被投资方的权力影响其回报金额。⑥投资方与其他方的关系。

**（一）投资方拥有对被投资方的权力**

投资方拥有对被投资方的权力，是判断是否满足控制的第一个条件，即权力模式。权力模式要求投资方识别和评估：①被投资方的设立目的；②被投资方的相关活动以及如何对相关活动作出决策；③投资方享有的权利是否使其目前有能力主导被投资方的相关活动。

1. 识别与评估被投资方的设立目的

在判断投资方对被投资方是否拥有权力时，通常要结合被投资方的设立目的。认识与评估被投资方的设立目的，是为了识别被投资方的相关活动，相关活动的决策机制，谁具有主导这些活动的现时能力，以及谁获得了这些活动的回报。

在一般情况下，如果不考虑其他因素，持有多数表决权的投资方能够控制被投资方。但是，在某些特殊情况下，表决权并不是确定谁控制被投资方的决定性因素。例如，表决权仅与管理工作相关，而相关活动则有合同安排所主导。此时，则需要考虑被投资方的目标和规划，包括被投资方的风险规划由谁承担，风险将被传递给谁，以及该投资方是承担了部分还是全部的风险。

值得注意的是，在判断控制的各个要素时都需要考虑被投资方的设立目的。

**例 33-1**　A 企业为有限合伙企业，经营期限为 3 年。A 企业将所筹资金全部用于对非关联方B公司的全资子公司C增资，增资完成后，A企业持有C公司70%有表决权的股份，B公司持有C公司30%有表决权的股份。根据协议，B公司将在3年后以固定价格回购A企业持有的C公司全部股份。C公司是专门建造某大型资产并用于租赁的项目公司，建造期为5年，A企业增资时，该资产已经建造了2年。

分析：在本例中，被投资方C公司的相关活动是用5年的时间建造某大型资产，之后以租金的方式取得回报。在A企业增资时，C公司的资产建造已经开始，大多与建造事项有关的决策很可能已经完成。当A企业的经营期限结束并将持有的C公司股份以固定价格出售给B公司时，C公司刚刚完成建造活动，尚未开始产生回报。因此，A企业并不能主导C公司的相关活动，而且A企业也无法通过参与C公司的相关活动取得可变回报，A企业是通过B公司回购股份的方式收回其投资成本并取得收益的，因此，即使A企业拥有半数以上的表决权，也不能控制被投资方C公司。

2. 识别被投资方的相关活动以及如何对相关活动作出决策

（1）被投资方的相关活动。

这里的相关活动，是指对被投资方的回报产生重大影响的活动。被投资方的相关活动应当根据具体情况进行判断，不同企业的相关活动是不同的，与企业的行业特征、业务特点、发展阶段和市场环境等因素相关。相关活动包括但不限于下列活动：①商品或劳务的销售和购买；②金融资产的管理；③资产的购买和处置；④研究与开发活动；⑤融资活动等。

**例33-2** A资产管理公司设立了B投资公司，A公司持有B公司30%有表决权的股份，剩余的70%股份由与A公司无关联关系的公众投资者持有，并且这些投资者的持股比例比较分散。另外，B公司还向其他公众投资者发行了债务工具。B公司使用发行债务工具和权益工具所筹集的资金进行金融资产组合投资，并均投资于债务工具。为此，B公司主要承担了投资本金和利息到期不能收回的信用风险。为此，双方在协议中明确约定，当所持金融资产组合投资出现违约事项时，首先由B公司的权益工具持有人承担由违约事项所带来的损失，超过权益工具金额的损失才由债务工具持有人来承担。在违约事项所带来的损失超过权益工具金额之前，A公司负责管理B公司的投资组合。在违约事项所带来的损失超过权益工具金额之后，同债务工具持有人指定的其他主体负责管理B公司存在违约事项的资产及剩余金融资产的投资。

分析：在本案例中，在未发生违约事项或违约事项所带来的损失小于权益工具金额的情况下，B公司的相关活动是金融资产投资组合的管理。而在违约事项所带来的损失超过权益工具金额后，B公司的相关活动转变为对存在违约事项的资产及剩余金融资产投资的管理。由此可见，同一家公司在不同的时期的相关活动是不同的，因此，需要进一步判断哪些相关活动为最显著影响可变回报的相关活动。

（2）相关活动的决策机制。

投资方对被投资方是否拥有权力，不仅取决于被投资方的相关活动，而且还取决于相关活动的决策机制。例如，对被投资方的经营和融资等活动作出决策的方式，任命关键管理人员，给付薪酬以及终止劳动合同关系的决策方式等。

这些活动的决策方式一般由公司章程或股东协议中约定的权力机构（如股东会和董事会等）来决策，在特殊情况下，相关活动也可能根据合同协议约定由其他主体进行决策，如专门设置的管理委员会等。有限合伙制企业的相关活动可能由合伙人大会决策，也可能由普通合伙人或者投资管理公司等进行决策。

两个或两个以上投资方分别享有能够单方面主导被投资方不同相关活动的现时权利的，能够主导对被投资方回报产生最重大影响的活动的一方拥有对被投资方的权力，此时，通常需要考虑以下因素：①被投资方的设立目的；②影响被投资方利润率、营业收入和企业价值的决定因素；③每一投资方有关上述因素的决策职权范围及其对被投资方回报的影响程度；④投资方承担可变回报风险的大小。

例 33-3 A 公司和 B 公司共同投资设立 C 公司。C 公司的主营业务活动为药品研发与销售。根据 C 公司章程和合资协议的约定，在所研发药品获得相关监管部门的生产批准之前，A 公司可以单方面主导 C 公司药品研发活动，而在获得相关监管部门的生产批准之后，则由 B 公司单方面主导该药品的生产和营销决策。

分析：在本案例中，C 公司的药品研发、生产和营销活动均会对 C 公司的回报产生重大影响。投资方在判断是否对 C 公司拥有权力时，除了需要结合上述四点进行综合分析以外，还需要考虑下列因素：获得监管部门批准的不确定性和难易程度、被投资方成功开发药品并获取生产批准的历史纪录、产品定位、当前药品所处的开发阶段、所需开发时间、同类药品开发的难易程度、取得同类药品营销渠道的难易程度、开发完成后可实际控制该药品相关经营活动的投资方等。

3. 评估投资方享有的权利是否使其目前有能力主导被投资方的相关活动

投资方在判断是否拥有对被投资方的权力时，应当仅考虑与被投资方相关的实质性权利，包括自身所享有的实质性权利以及其他方所享有的实质性权利。

实质性权利，是指持有人在对相关活动进行决策时有实际能力行使的可执行权利。判断一项权利是否为实质性权利，应当综合考虑所有相关因素，包括权利持有人行使该项权利是否存在财务、价格、条款、机制、信息、运营和法律、法规等方面的障碍；当权利由多方持有或者行权需要多方同意时，是否存在实际可行的机制使得这些权利持有人在其愿意的情况下能够一致行权；权利持有人能否从行权中获利等。

在某些情况下，其他方享有的实质性权利有可能会阻止投资方对被投资方的控制。这种实质性权利既包括提出议案以供决策的主动性权利，也包括对已提出议案作出决策的被动性权利。

投资方享有现时权利使其目前有能力主导被投资方的相关活动，而不论其是否实际行使该权利，视为投资方拥有对被投资方的权力。仅享有保护性权利的投资方不拥有对被投资方的权力。保护性权利是指仅为了保护权利持有人利益却没有赋予持有人对相关活动决策权的一项权利。保护性权利通常只能在被投资方发生根本性改变或某些例外情况发生时才能够行使，它既没有赋予其持有人对被投资方拥有权力，也不能阻止其他方对被投资方拥有权力。

除非有确凿证据表明其不能主导被投资方相关活动，下列情况表明投资方对被投资方拥有权力。

1）投资方拥有多数表决权的权力。

表决权是指投资方对被投资方经营计划、投资方案、年度财务预算方案和决算方案、利润分配方案和弥补亏损方案、内部管理机构的设置、聘任或解聘公司经理及确定其薪酬、公司的基本管理制度等事项进行表决而持有的权利。表决权比例通常与其出资比例或持股比例是一致的，但公司章程另有规定的除外。

在通常情况下，当被投资方的相关活动由持有半数以上表决权的投资方决定，或者主导被投资方相关活动的管理层多数成员（管理层决策由多数成员表决通过）由持有半数以上表决权的投资方聘任时，无论该表决权是否行使，持有被投资方过半数表决权的投资方拥有对被投资方的权力，但下述两种情况除外：①存在其他安排赋予被投资方的其他投资方拥有对被投资方的权力。例如，存在赋予其他方拥有表决权或实质性潜在表决权的合同安排，且该其他方不是投资方的代理人时，投资方不拥有对被投资方的权力。②投资方拥有的表决权不是实质性权利。例如，有确凿证据表明，由于客观原因无法获得必要的信息或存在法律、法规的障碍，投资方虽持有半数以上表决权但无法行使该表决权时，该投资方不拥有对被投资方的权力。

2）投资方持有被投资方半数或以下的表决权，但通过与其他表决权持有人之间的协议能够控制半数以上表决权的。

投资方持有被投资方半数或以下的表决权，但综合考虑下列事实和情况后，判断投资方持有的表决权足以使其目前有能力主导被投资方相关活动的，视为投资方对被投资方拥有权力。

（1）投资方持有的表决权相对于其他投资方持有的表决权份额的大小，以及其他投资方持有表决权的分散程度。投资方持有的绝对表决权比例或相对于其他投资方持有的表决权比例越高，其现时能够主导被投资方相关活动的可能性越大。为否决被投资方意见而需要联合其他投资方越多，投资方现时能够主导被投资方相关活动的可能性越大。

**例 33-4** 甲公司持有乙公司 48% 有表决权股份，剩余股份由分散的小股东持有，所有小股东单独持有的有表决权股份均未超过 1%，且他们之间或其中一部分股东均未达成进行集体决策的协议。

分析：在本案例中，在判断甲公司是否拥有对乙公司的权力时，由于甲公司虽然持有乙公司有表决权的股份（48%）不足 50%，但是，根据其他小股东持有股份的相对规模及其分散程度，且其他股东之间未达成集体决策协议等情况，可以判断甲公司持有对乙公司的权力。

（2）投资方和其他投资方持有的被投资方的潜在表决权，如可转换公司债券、可执行认股权证等。确定潜在表决权是否赋予其持有者权力时需要考虑下列三个方面：①潜在表决权工具的设立目的和设计，以及投资涉入被投资方其他方式的目的和设计。②潜在表决权是否为实质性权利，判断控制仅考虑满足实质性权利要求的潜在表决权。③投资方是否持有其他表决权或其他与被投资方相关的表决权，这些权利与投资方持有的潜在表决权结合后是否赋予投资方拥有对被投资方的权力。

**例 33-5** A 公司与 B 公司分别持有被投资方 70% 及 30% 有表决权的股份。A 公司与 B 公司签订的期权合同规定，B 公司可以在当前及未来 2 年内以固定价格购买 A 公司持有的被投资方 50% 有表决权股份，该期权在当前及预计未来 2 年内都是深度价外期权（即依据期权合约的条款设计，使得买方 B 公司到期前行权的可能性极小）。历史上，A 公司一直通过表决权主导被投资方的相关活动。

分析：在本案例中，B 公司当前持有购买 A 公司有表决权股份的可行使期权，如果行使该期权，将使B公司持有被投资方80%有表决权的股份。但由于这些期权在当前及预计未来2年内都是深度价外期权，B公司无法从该期权的行使中获利，因此，这些期权并不构成实质性权利，在评估B公司是否拥有对被投资方的权力时不应予以考虑。

**例33-6**　A公司与其他两个投资方各自持有被投资方1/3的表决权。除了权益工具以外，A公司同时持有被投资方发行的可转换债券，这些可转换债券可以在当前及未来2年内任何时间以固定价格转换为被投资方的普通股。按照该价格，当前该期权为价外期权，但非深度价外期权。被投资方的经营活动与A公司密切相关（如降低A公司的运营成本、确保稀缺产品的供给等）。如可转换债券全部转换为普通股，A公司将持有被投资方60%的表决权。

分析：在本案例中，可转换债券到期可转换为普通股且全部转换为普通股后，A公司将持有被投资方60%的表决权，而其他投资方各持有被投资方20%的表决权，据此可以判断A公司能够主导被投资方的相关活动并从中获益。因此，A公司持有的潜在表决权为实质性权利。A公司持有的表决权与实质性潜在表决权相结合，使得A公司拥有对被投资方的权力。

（3）其他合同安排产生的权利。投资方可能通过持有的表决权和其他决策权相结合的方式使其当前能够主导被投资方的相关活动。例如，合同安排赋予投资方能够聘任被投资方董事会或类似权力机构多数成员，这些成员能够主导董事会或类似权力机构对相关活动的决策。但是，在不存在其他权利时，仅仅是被投资方对投资方的经济依赖（供应商和其他主要客户的关系）不会导致投资方对被投资方拥有权力。

**例33-7**　A公司持有B公司40%有表决权股份，其他12个投资者各持有B公司5%有表决权股份，且他们之间或其中一部分股东之间不存在进行集体决策的协议。根据全体股东协议，A公司有权聘任或解聘董事会多数成员，董事会主导被投资者的相关活动。

分析：在本案例中，A公司持有的B公司有表决权股份（40%）不足50%，且其他12个投资方各持有B公司5%有表决权股份，根据A公司自身持有股份的绝对规模和其他股东的相对规模，难以得出A公司对B公司拥有权力。但是，综合考虑全体股东协议授予A公司聘任或解聘董事会多数成员，以及其他股东之间不存在集体决策的协议，可以判断A公司对B公司拥有权力。

（4）被投资方以往的表决权行使情况等其他相关事实和情况。在某些情况下，投资方可能难以判断其享有的权利是否足以使其拥有对被投资方的权力。在这种情况下，投资方应当考虑其具有实际能力以单方面主导被投资方相关活动的证据，从而判断其是否拥有对被投资方的权力。投资方应考虑的因素包括但不限于下列事项：①投资方能否任命或批准被投资方的关键管理人员。②投资方能否出于其自身利益决定或否决被投资方的重大交易。③投资方能否掌控被投资方董事会等类似权力机构成员的任命程序，或者从其他表决权持有人手中获得代理权。④投资方与被投资方的关键管理人员或董事会等类似权力机构中的多数成员是否存在关联方关系。

投资方与被投资方之间存在某种特殊关系的，在评价投资方是否拥有对被投资方的权力时，应当适当考虑这种特殊关系的影响。特殊关系通常包括：被投资方的关键管理人员是投资方的现任或前任职工、被投资方的经营依赖于投资方、被投资方活动的重大部分有投资方参与其中或者是以投资方的名义进行、投资方自被投资方承担可变回报的风险或享有可变回报的收益远超过其持有的表决权或其他类似权利的比例等。

（5）权力来自表决权之外的其他权利。投资方对被投资方的权力通常来自表决权，但在实务中，投资方有时对一些主体的权力不是来自表决权，而是由一项或多项合同安排决定。例如，证券化产品、资产支持融资工具、部分投资基金等结构化主体。结构化主体，是指在确定其控制方时没有将表决权或类似权利作为决定因素而设计的主体。主导该主体相关活动的依据通常是合同安排或其他安排形式。在评估合同安排时，投资方通常应考虑下列四个方面：

第一，在设计被投资方时的决策及投资方的参与度。在评估被投资方的设计目的时，投资者应考虑设立被投资方时的决策及投资方的参与度，以判断相关交易条款与参与特点是否为投资方提供了足以获得权力的权利。参与被投资方的设立本身虽然不足以表明参与方控制被投资方，但可能使参与方有机会获得使其拥有对被投资方权力的权利。

第二，相关合同安排。投资方需要考虑结构化主体设立之初的合同安排是否赋予投资方主导结构化主体相关活动的权利。例如，看涨期权、看跌期权、清算权等可能为投资方提供权力的合同安排。在评估对结构化主体是否拥有权力时，应当考虑投资方在这些合同安排中享有的决策权。

第三，仅在特定情况或事项发生时开展的相关活动。结构化主体的活动或其回报在其设计时就已经明确，除非特定情况或事项发生。当特定情况或事项发生时，只有对结构化主体回报产生重大影响的活动才属于相关活动。相应地，对这些活动具有决策权的投资方才享有权力。决策权依赖于特定情况或特定事件的发生这一事实本身并不表示该权力为保护性权利。

第四，投资方对被投资方作出的承诺。为确保结构化主体持续按照原定设计和计划开展活动，投资方可能会作出一些承诺（包括明确的承诺和暗示性的承诺），因而可能会扩大投资方承担的可变回报风险，由此促使投资方更有动机获取足够多的权利，使其能够主导结构化主体的相关活动。投资方作出的确保此类主体遵守原定设计经营的承诺可能是投资方拥有权力的迹象，但其本身并不赋予投资方权力，也不会阻止其他方拥有权力。

**例 33-8** A公司为一家小额贷款公司，发起设立主体C，A公司向主体C转让一个资产池，其中包含多笔A公司向不同的第三方发放的期限在12个月内的小额贷款。主体C经批准以该资产池为基础资产公开发行一项资产管理计划，计划存续期为3年，存续期内分期发行，每期期限为1年。第三方投资者共认购该计划75%的份额（每个单一投资者认购的比例都小于0.5%）。A公司认购剩余25%的份额。

根据主体C设立时订立的章程和协议安排，主体C唯一的经营活动是按照既定的还款计划向贷款人收取本金和利息，并在收到款项后，在既定时间内扣除按与市场水平相当的费率计算的固定比例收取的手续费后，将款项按份额比例支付给资产管理计划的投资方。主体C日常活动的事务，如人事、财务和行政等管理事务均由与A公司和主体C不存在关联关系的第三方资产管理公司B负责管理并按市价收取管理费。资产管理计划存续期间的所有相关资产流均由独立于各方的第三方银行D托管并按市价收取资金托管费。

如果主体C在既定还款时间内收取了既定的款项，主体C则按照投资者的投资比例将收取的款项分配给投资者。如果主体C未能在既定的还款时间内收取既定的款项，则主体C先将已收取的款项按约定比例分配给除A公司以外的投资者，剩余部分再支付给A公司。当应收款项出现违约时，A公司有权根据违约时间、抵押品情况、违约方信用等级调整主体C下一步的收款计划。当已收取的款项已经无法向除A公司以外的投资方进行足额支付时，主体C按照某一事先约定的价格将应收款项全部出售给A公司，由A公司开展进一步的收款或者债务重组安排。

分析：在本案例中，第一，首先判断主体C为结构化主体且为被投资方，A公司参与了主体C的设立。主体C设立的目的是管理和回收A公司发放的小额贷款。A公司在主体C设立时的安排，包括认购资产管理计划的较大份额（25%）、承担劣后偿付的风险（即如果主体C未能在既定的还款时间内收取既定的款项，主体C先将已收取的款项按约定分配比例支付给除A公司以外的投资者，剩余部分再支付给A公司）以及A公司将以固定价格收回全部应收款项（当已收取的款项已经无法向除A公司以外的投资方进行足额支付时）的承诺均显示出A公司承担了重大的回报可变动性，表明其有动机获取对主体C的权力。

第二，确定主体C的相关活动是对违约应收款项的管理活动。主体C在应收款项违约之前的活动仅仅是按照固定的还款计划向贷款人收取预先确定的款项并过手转交给投资方，同时收取固定比例的收款手续费，主体C的回报不存在重大不确定性；在应收款项出现违约时，A公司根据实际情况管理违约应收款项并调整收款计划的方式，以及按照固定价格收回应收款项的约定都会对主体C的回报产生重大影响。因此，主体C的相关活动是对违约应收款项的管理活动，即使应收款项出售给A公司后，管理违约资产的活动由A公司开展而并非在主体C的法律框架下开展。

第三，在确定主体C的相关活动后，评估投资方对主体C的权力时，只应考虑与管理违约应收款项相关的权利，尽管该权利只会在应收款项发生违约的特定情况下才会被运用。当应收款项出现违约时，A公司有权调整主体C下一步的收款计划或者债务重组安排，因此，A公司享有对主体C的权力。

另外，结构化主体在设立后的运营中，由其法律上的权力机构表决的事项通常仅与行政事务相关，表决权对投资方的回报往往不具有重大的直接联系。因此，投资方在评估结构化主体设立目的时，应考虑其被专门设计用于承担回报可变性的类型、投资方通过参与其相关活动是否承担了部分或全部的回报可变性等。

### （二）投资方因参与被投资方的相关活动而享有可变回报

判断投资方是否控制被投资方的第二项基本要素为因参与被投资方的相关活动而享有可变动回报（回报模式）。投资方自被投资方取得的回报可能会随着被投资方业绩而变动的，视为享有可变回报。投资方应当基于合同安排的实质而非回报的法律形式对回报的可变性进行评价。可变回报表现为以下形式：

（1）股利、被投资方经济利益的其他分配（例如，被投资方发行的债务工具产生的利息）、投资方对被投资方投资的价值变动。

（2）因向被投资方的资产或负债提供服务而得到的报酬、因提供信用支持或流动性支持收取的费用或承担的损失、被投资方清算时在其剩余净资产中所享有的权益、税务利益，以及因涉入被投资方而获得的未来流动性。

（3）其他利益持有方无法得到的回报。例如，投资方将自身资产与被投资方的资产一并使用，以实现规模经济，达到节约成本、为稀缺产品提供资源、获得专有技术或限制某些运营或资产，从而提高投资方其他资产的价值。

投资方的可变回报通常体现为从被投资方获取股利。但受法律、法规的限制，投资方有时无法通过分配被投资方利润或盈余的形式获取回报，例如，当被投资方的法律形式为信托机构时，其盈利可能不是以股利形式分配给投资者。因此，投资者需要根据具体情况，以投资方的投资目的为出发点，综合分析投资方是否获得除股利以外的其他可变回报，被投资方不能进行利润分配并不必然代表投资方不能获取可变回报。

**例 33-9** 承例 33-8，由于 A 公司认购了主体 C 发行资产计划 25% 的份额，由此承担了主体 C 应收款项无法收回时本金和利息损失的重大风险。此外，A 公司认购的份额还属于劣后偿付级别，且 A 公司将以固定价格收回全部应收款项（当已收取的款项已经无法向除 A 公司以外的投资方进行足额支付时），这些情况表明，与其他投资方相比，A 公司承担了更大的回报可变性。A 公司承担的可变回报与其对主体 C 所拥有的权力密切相关。

在案例中，A 公司通过行使其对主体 C 所拥有的权力主导主体 C 的相关活动（即对违约应收款项的管理），这一权力的实际行使情况将直接影响到 A 公司从主体 C 获得的可变回报。

综合上述及例 33-8 中的分析，A 公司享有对主体 C 的控制权，应将主体 C 纳入合并范围。

### （三）投资方有能力运用对被投资方的权力影响其回报金额

判断控制的第三个基本要素是，投资方有能力运用对被投资人的权力影响其回报金额（即权力模式与回报模式之间的关系）。只有当投资方不仅拥有对被投资方的权力，通过参与被投资方的相关活动而享有可变回报，并且有能力运用对被投资方的权力来影响其回报的金额时，投资方才能控制被投资方。

投资方在判断是否控制被投资方时，应当确定其自身是以主要责任人还是代理人的身份行使决策权。另外，在其他方拥有决策权的情况下，还需要确定其他方是否以其代理人的身份代为行使决策权。

1. 投资方的代理人

代理人是相对于主要责任人而言的，代表主要责任人行动并服务于该主要责任人的利益。主要责任人可能将其对被投资方的某些或全部决策权授予代理人，但在代理人代表主要责任人行使决策权时，代理人并不对被投资方拥有控制。主要责任人的权力有时可以通过代理人根据主要责任人的利益持有并行使，但是，权力行使人不会仅仅因为其他方能从其行权中获益而成为代理人。

在判断控制时，投资方将被投资方相关活动的决策权委托给代理人的，应当将该决策权视为自身直接持有。在确定决策者是否为代理人时，应当综合考虑该决策者与被投资方以及其他投资方之间的关系，尤其需要考虑下列因素：

（1）决策者对被投资方的决策权范围。在评估决策权范围时，应考虑相关协议或法规允许决策者决策的活动，以及决策者对这些活动进行决策时的自主程度。与该评估相关的因素包括但不限于：被投资方的设立目的、被投资方面临的主要风险以及转移给其他投资方的风险，以及决策者在设计被投资方过程中的参与程度等。例如，如果决策者参与被投资方设计的程度较深（包括确定决策权范围），则可能表明决策者有机会，也有动机获得使其有能力主导相关活动的权利，但这一情况本身并不足以认定决策者必然能够主导相关活动。允许决策者（如资产管理者）主导被投资方相关活动的决策权范围越广，越能表明决策者拥有权力，但并不意味着该决策者一定是主要责任人。

（2）其他方享有的实质性权利。其他方享有的实质性权利可能会影响决策者主导被投资方相关活动的能力。其他方持有实质性罢免权或其他权利并不一定表明决策者是代理人。存在单独一方拥有实质性罢免权并能够无理由罢免决策者的事实，足以表明决策者是代理人。当拥有此权利者超过一方，且不存在未经其他方面同意即可罢免决策者的一方时，这些权利本身不足以表明决策者为其他方的代理人。在罢免决策者时需要联合起来行使罢免权的各方的数量越多，决策者的其他经济利益（即薪酬和其他利益）的比重和可变动性越强，则其他方所持有的权利在判断决策者是否是代理人时的权重就越轻。

在判断决策者是否为代理人时，应考虑其他方所拥有的限制决策者决策的实质性权利，这与考虑上述罢免权的方法相似。例如，决策者决策所需取得认可的其他方的数量越少，该决策者越有可能是代理人。在考虑其他方持有的权利时，应评估被投资方董事会（或其他权力机构）可行使的权力及其对决策权的影响。

（3）决策者的薪酬水平。相对于被投资方活动的预期回报，决策者薪酬的比重（量级）和可变动性越大，决策者越有可能不是代理人。当同时满足下列两项时，决策者有可能是代理人：一是决策者的薪酬与其所提供的服务相称；二是薪酬协议只包括在公平交易基础上有关类似服务和技能水平商定的安排中常见的条款、条件或金额。决策者不能同时满足上述两个条件的，不可能是代理人。

（4）决策者因持有被投资方的其他利益而承担可变回报的风险。持有被投资方其他利益表明该决策者可能是主要责任人。对于在被投资方持有其他利益（如对被投资方进行投资或提供被投资方业绩担保）的决策者，在判断其是否为代理人时，应评估决策者因该利益所面临的可变回报的风险。在实际评估时，决策者应考虑：①决策者享有的经济利益（包括薪酬和其他利益）的比重和可变动性。决策者享有的经济利益的比重和可变动性越大，该决策者越有可能是主要责任人。②该决策者面临的可变回报风险是否与其他投资方不同。如果是，这些不同是否会影响其行为。例如，决策者持有次级权益，或向被投资方提供其他形式的信用增级，表明决策者可能是主要责任人。

通过上述分析可以看出，当存在单独一方持有实质性罢免权并能无理由罢免决策者时，决策者属于代理人。

**例 33-10** 某主体 A 作为资产管理人发起设立一项投资计划，为多个投资者提供投资机会。主体 A 在投资授权设定的范围内，以全体投资者的利益最大化为前提作出决策，并拥有较大主导投资计划相关活动的决策权，包括具体资产的配置、买入卖出时点以及投资资产出现风险时（如信用违约等）的后续管理等。主体 A 按照计划资产净值的 1% 加上达到特定盈利水平后投资计划利润的 20% 收取管理费，该管理费符合市场和行业惯例，与主体 A 提供的服务相称。

本例假定：参与该计划的投资者人数较多，单个投资者的投资比例均小于 0.5% 且投资者之间不存在关联关系；该投资计划设有年度投资者大会，经出席该会议的投资者所持份额的2/3以上一致通过，可以罢免主体A的资产管理人资格，不存在可以无理由罢免主体A的资产管理人资格的单独一方的投资者；主体A自身持有该投资计划2%的份额，主体A没有为该计划的其他投资者提供保证其收回初始投资及最低收益率的承诺，主体A对超过其2%投资以外的损失不承担任何义务。

分析：在本案例中，由于没有任何一方可以无条件罢免主体A的资产管理者资格，因此，主体A在确定其是投资计划的主要责任人还是代理人时需要结合其他因素进一步分析。

主体A对于投资计划享有较大的决策权，可以主导投资计划的相关活动。尽管投资计划设立了年度投资者大会，但由于投资者人数较多，且单个投资者之间不存在关联关系，不太可能出现较多非关联的投资者集合在一起进行表决并否决主体A的情况。因此，结合主体A的决策权范围和其他方持有的权利，可以得出主体A拥有对该投资计划的权力。

主体A收取的管理费与其服务相称这一事实表明，主体A可能作为代理人行使权力。为进一步判断主体A是否为代理人，还需要考虑主体A持有的份额。主体A持有该投资计划2%的份额，该投资加大了主体A面临的可变回报风险，但该风险尚未重大到主体A是主要责任人的程度。

根据上述分析，主体A为该投资计划的代理人。

**例33-11** 承例33-10。本案例假定：在主体A违反合同的情况下，其他投资者有权罢免主体A。主体A自身持有该投资计划20%的份额，主体A没有为该计划的其他投资者提供保证收回初始投资及最低收益率的承诺，主体A没有对超过该20%的投资承担任何额外损失的义务。

分析：在本案例中，投资方有权在主体A违约时罢免主体A。由于该权力只有在主体A违约时才能行使，该权力属于保护性权利，但是，主体A通过与其服务相称的管理费以及20%的直接投资承担并有权获取投资计划的可变回报，且该回报的比重和可变动性均较为重大的情况表明，主体A通过对投资计划行使权力而影响其回报的金额和程度较大，主体A享有较大的实质性权利。因此，主体A为该投资计划的主要责任人。

在不同事实和情况下（如资产管理人的薪酬或其他因素不同），形成控制所要求的投资比例可能会不同。

**例33-12** 承例33-10。本案例假定：投资计划设有董事会，所有董事都独立于主体A，并由其他投资者任命。董事会每年任命资产管理人。如果董事会决定不再继续聘任主体A，主体A提供的服务可以由同行业的其他主体接替。主体A自身持有该投资计划20%的份额，主体A没有为该计划的其他投资者提供保证收回初始投资及最低收益率的承诺，主体A没有对超过该20%的投资承担任何额外损失的义务。

分析：在本案例中，主体A收取的管理费以及持有的20%投资表明，主体A承担并有权获取投资计划的可变回报，并且该回报的比重和可变动性足以表明其是主要责任人，但是，独立于主体A的投资者组成的董事会可以罢免主体A，因此，有权任命董事的其他投资者拥有罢免主体A的实质性权利。因此，应综合考虑董事会的构成、决策机制等情况判断该罢免权是否为实质性权利。如果该罢免权属于实质性权利，则在分析主体A是否为代理人时，应给与该项实质性罢免权以更大的权重。因此，尽管主体A拥有较大的决策权，并面临重大的可变回报风险，如果综合相关因素判断其他投资者享有实质性罢免权，则表明主体A是代理人。

**例33-13** 承例33-10。本案例假定：在主体A违反合同的情况下，其他投资者有权罢免主体A。主体A自身持有该投资计划5%的份额，主体A为该计划的其他投资者提供了保证收回初始投资的承诺。

分析：在本案例中，主体A拥有对该投资计划的实质性权利，其他投资者拥有的罢免权为保护性权利。尽管主体A通过管理费以及5%的投资面临的可变回报风险不足以表明主体A为主要责任人，但主体A为计划的其他投资者提供保证本金收回的事实表明，主体A所面临的可变回报风险较大，同时也表明，主体A所面临的可变回报风险与其他投资者有所不同。在这种情况下，应进一步结合投资计划的业绩情况，评估主体A承担的可变回报风险程度（包括考虑该项可变回报风险的差异是否会影响主体A的行为），从而判断主体A是主要责任人还是代理人。

2. 实质代理人

在判断控制时，投资方应当考虑与所有其他方之间的关系、他们是否代表投资方行动（即识别投资方的“实质代理人”），以及其他方之间、其他方与投资方之间如何互动。上述关系不一定在合同安排中列明。当投资方（或有能力主导投资方活动的其他方）能够主导某一方代表其行动时，被主导方为投资方的实质代理人。在这种情况下，投资方在判断是否控制被投资方时，应将其实质代理人的决策权以及通过实质代理人而间接承担（或享有）的可变回报风险（或权利）与其自身的权利一并考虑。

根据各方的关系，表明一方可能是投资方的实质代理人的情况包括但不限于：①投资方的关联方；②因投资方出资或提供贷款而取得在被投资方中权益的一方；③未经投资方同意，不得出售、转让或抵押其持有的被投资方权益的一方（不包括此项限制系通过投资方和其他非关联方之间自愿协商同意的情形）；④没有投资方的财务支持难以获得资金支持其经营的一方；⑤被投资方权力机构的多数成员或关键管理人员与投资方权力机构的多数成员或关键管理人员相同；⑥与投资方具有紧密业务往来的一方，如专业服务的提供者与其中一家重要客户的关系。

## 二、非同一控制下企业合并

**例33-14** 甲公司为乙公司的母公司（非同一控制下企业合并形成），2×20年12月31日，甲公司个别资产负债表中对乙公司的长期股权投资的金额为2 400万元，拥有乙公司80%的股份。甲公司在个别资产负债表中采用成本法核算该项长期股权投资。

2×20年1月1日，甲公司用银行存款2 400万元购得乙公司80%的股份。甲公司备查簿中记录的乙公司在2×20年1月1日可辨认资产、负债及或有负债的公允价值的资料见表33-1。

**表 33-1 甲公司备查簿**

2×20 年 1 月 1 日 单位：万元

| 项　目 | 账面价值 | 公允价值 | 价值公允价值与账面价值的差额 | 合并报表调整 | 余额 | 备注 |
| --- | --- | --- | --- | --- | --- | --- |
| 乙公司： | | | | | | |
| 流动资产 | 3 040 | 3 040 | | | | |
| 非流动资产 | 1 520 | 1 600 | | | | |
| 其中： | 480 | 560 | 80 | （1）4 | 556 | 该办公楼的剩余折旧年限为 20 年，采用年限平均法计提折旧 |
| 资产总计 | 4 560 | 4 640 | | | | |
| 流动负债 | 1 040 | 1 040 | | | | |
| 非流动负债 | 720 | 720 | | | | |
| 负债合计 | 1 760 | 1 760 | | | | |
| 股本 | 1 600 | 1 600 | | | | |
| 资本公积 | 1 200 | 1 280 | 80 | | | |
| 盈余公积 | 0 | 0 | | | | |
| 未分配利润 | 0 | 0 | | | | |
| 股东权益合计 | 2 800 | 2 880 | | | | |
| 负债和股东权益总计 | 4 560 | 4 640 | | | | |

2×20 年 1 月 1 日，乙公司股东权益总额为 2 800 万元。其中股本为 1 600 万元，资本公积为 1 200 万元。

2×20 年，乙公司实现净利润 800 万元，提取法定公积金 80 万元，向投资者分派现金股利 480 万元，未分配利润为 240 万元。乙公司因持有的可供出售金融资产的公允价值变动计入当期资本公积的金额为 80 万元。

2×20 年 12 月 31 日，乙公司股东权益总额为 3 200 万元，其中股本为 1 600 万元，资本公积为 1 280 万元，盈余公积为 80 万元，未分配利润为 240 万元。

甲公司与乙公司个别资产负债表、利润表、现金流量表和所有者权益变动表分别见表 33-2、表 33-3、表 33-4、表 33-5、表 33-6。

## 表 33-2 资产负债表（简表）

会企 01 表

单位：甲公司　　　　2×20 年 12 月 31 日　　　　单位：万元

| 资　产 | 期末余额 | 年初余额 | 负债和所有者权益 | 期末余额 | 年初余额 |
|---|---|---|---|---|---|
| 流动资产： | | | 流动负债： | | |
| 货币资金 | 800 | 2 400 | 应付票据及应付账款 | 3 200 | 2 400 |
| 应收票据及应收账款 | 2 560 | 1 840 | | | |
| 其中：应收乙公司票据 | 320 | | 预收款项 | 160 | 240 |
| | | | 其中：预收乙公司账款 | 80 | |
| 其中：应收乙公司账款 | 380 | | 应付职工薪酬 | 800 | 1 680 |
| 预付款项 | 616 | | 应交税费 | 640 | 800 |
| 存货 | 800 | 3 040 | 流动负债合计 | 4 800 | 5 120 |
| 其中：向乙公司购入存货 | 800 | | 非流动负债： | | |
| 流动资产合计 | 4 776 | 7 280 | 长期借款 | 1 600 | 1 600 |
| 非流动资产： | | | 应付债券 | 480 | 480 |
| 债权投资 | | | 非流动负债合计 | 2 080 | 2 080 |
| 其他债权投资 | 160 | 160 | 负债合计 | 6 880 | 7 200 |
| 其中：持有乙公司债券 | 160 | 160 | | | |
| 长期股权投资 | 3 760 | 1 360 | 所有者权益： | | |
| 其中：对乙公司投资 | 2 400 | | 实收资本 | 3 200 | 3 200 |
| 固定资产 | 3 280 | 2 640 | 资本公积 | 640 | 640 |
| 其中：向乙公司购入固定资产 | 160 | | 盈余公积 | 800 | 585.6 |
| 无形资产 | 504 | 560 | 未分配利润 | 960 | 374.4 |
| 非流动资产合计 | 7 704 | 4 720 | 所有者权益合计 | 5 600 | 4 800 |
| 资产总计 | 12 480 | 12 000 | 负债和所有者权益总计 | 12 480 | 12 000 |

**表 33–3　资产负债表（简表）**

会企 01 表

单位：乙公司　　　　2×20 年 12 月 31 日　　　　单位：万元

| 资　产 | 期末余额 | 年初余额 | 负债和所有者权益 | 期末余额 | 年初余额 |
|---|---|---|---|---|---|
| 流动资产： | | | 流动负债： | | |
| 货币资金 | 400 | 240 | 应付票据及应付账款 | 720 | 560 |
| 应收票据及应收账款 | 848 | 560 | 其中： | 320 | |
| 预付款项 | 320 | | 其中：应付甲公司账款 | 400 | |
| 其中：预付甲公司账款 | 80 | | 预收款项 | | 40 |
| 存货 | 880 | 2 240 | 应付职工薪酬 | 80 | 280 |
| 流动资产合计 | 2 448 | 3 040 | 应交税费 | 48 | 160 |
| 非流动资产： | | | 流动负债合计 | 848 | 1 040 |
| 债权投资 | 640 | 560 | 非流动负债： | | |
| 其他债权投资 | | | 长期借款 | 560 | 560 |
| 长期股权投资 | | | 应付债券 | 160 | 160 |
| 固定资产 | 1 680 | 960 | 其中： | 160 | 160 |
| 其中：向甲公司购入固定资产 | 86.4 | | 非流动负债合计 | 720 | 720 |
| 无形资产 | | | 负债合计 | 1 568 | 1 760 |
| 非流动资产合计 | 2 320 | 1 520 | 所有者权益： | | |
| | | | 股本 | 1 600 | 1 600 |
| | | | 资本公积 | 1 280 | 1 200 |
| | | | 其中：可供出售金融资产公允价值变动 | 80 | |
| | | | 盈余公积 | 80 | 0 |
| | | | 未分配利润 | 240 | 0 |

（续表）

| 资　产 | 期末余额 | 年初余额 | 负债和所有者权益 | 期末余额 | 年初余额 |
|---|---|---|---|---|---|
| | | | 所有者权益合计 | 3 200 | 2 800 |
| 资产总计 | 4 768 | 4 560 | 负债和所有者权益总计 | 4 768 | 4 560 |

**表 33–4　利润表（简表）**

会企 02 表

2×20 年度　　　　单位：万元

| 项目 | 甲公司 | 乙公司 |
|---|---|---|
| 一、营业收入 | 6 960 | 5 040 |
| 减：营业成本 | 3 560 | 3 656 |
| 税金及附加 | 240 | 100 |
| 销售费用 | 12 | 8 |
| 管理费用 | 80 | 9.6 |
| 财务费用 | 240 | 72 |
| 资产减值损失 | 20 | |
| 加：其他收益 | | |
| 投资收益（损失以“—”号填列） | 400 | |
| 二、营业利润（亏损以“—”号填列） | 3 208 | 1 194.4 |
| 加：营业外收入 | | |
| 减：营业外支出 | 8 | |
| 三、利润总额（亏损总额以“—”号填列） | 3 200 | 1 194.4 |
| 减：所得税费用 | 1 056 | 394.4 |
| 四、净利润（净亏损以“—”号填列） | 2 144 | 800 |

**表 33–5　现金流量表（简表）**

会企 03 表

2×20 年度　　单位：万元

| 项　目 | 甲公司 | 乙公司 |
|---|---|---|
| 一、经营活动产生的现金流量 | | |
| 销售商品、提供劳务收到的现金 | 6 140 | 4 792 |
| 收到的税费返还 | | |
| 收到其他与经营活动有关的现金 | | |
| 经营活动现金流入小计 | 6 140 | 4 792 |
| 购买商品、接受劳务支付的现金 | 1 136 | 2 536 |
| 支付给职工以及为职工支付的现金 | 880 | 200 |
| 支付的各项税费 | 1 456 | 606.4 |
| 支付其他与经营活动有关的现金 | 36 | 17.6 |
| 经营活动现金流出小计 | 3 508 | 3 360 |
| 经营活动产生的现金流量净额 | 2 632 | 1 432 |
| 二、投资活动产生的现金流量 | | |
| 收回投资收到的现金 | | |
| 取得投资收益收到的现金 | 400 | |
| 处置固定资产、无形资产和其他长期资产收回的现金净额 | 96 | |
| 处置子公司及其他营业单位收到的现金净额 | | |
| 收到其他与投资活动有关的现金 | | |
| 投资活动现金流入小计 | 496 | |
| 购建固定资产、无形资产和其他长期资产支付的现金 | 744 | 720 |
| 投资支付的现金 | | |
| 取得子公司及其他营业单位支付的现金净额 | 2 400 | |

（续表）

| 项　目 | 甲公司 | 乙公司 |
|---|---|---|
| 支付其他与投资活动有关的现金 | | |
| 投资活动现金流出小计 | 3 144 | 720 |
| 投资活动产生的现金流量净额 | －2648 | －720 |
| 三、筹资活动产生的现金流量 | | |
| 吸收投资收到的现金 | | |
| 取得借款收到的现金 | | |
| 收到其他与筹资活动有关的现金 | | |
| 筹资活动现金流入小计 | | |
| 偿还债务支付的现金 | | |
| 分配股利、利润或偿付利息支付的现金 | 1 584 | 552 |
| 支付其他与筹资活动有关的现金 | | |
| 筹资活动现金流出小计 | 1 584 | 552 |
| 筹资活动产生的现金流量净额 | －1 548 | －552 |
| 四、汇率变动对现金的影响额 | | |
| 五、现金及现金等价物净增加额 | －1 600 | 160 |
| 加：年初现金及现金等价物余额 | 2 400 | 240 |
| 六、年末现金及现金等价物余额 | 800 | 400 |

**表 33–6　所有者权益变动表（简表）**

2×20 年度

会企 03 表
单位：万元

| 项目 | 甲公司 | | | | | 乙公司 | | | | |
|---|---|---|---|---|---|---|---|---|---|---|
| | 实收资本（或股本） | 资本公积 | 盈余公积 | 未分配利润 | 所有者权益合计 | 实收资本（或股本） | 资本公积 | 盈余公积 | 未分配利润 | 所有者权益合计 |
| 一、上年年末余额 | 3 200 | 640 | 585.6 | 374.4 | 4 800 | 1600 | 1 200 | 0 | 0 | 2 800 |
| 加：会计政策变更 | | | | | | | | | | |
| 前期差错更正 | | | | | | | | | | |
| 二、本年年初余额 | 3 200 | 640 | 585.6 | 374.4 | 4 800 | 1600 | 1 200 | 0 | 0 | 2 800 |
| 三、本年增减变动金额（减少以“—”填列） | | | | | | | | | | |
| （一）综合收益总额 | | | | 2 144 | 2144 | | | | 800 | 800 |
| （二）所有者投入和减少资本 | | | | | | | | | | |
| 其他债权投资公允价值变动净额 | | | | | | | 80 | | | 80 |
| （三）利润分配 | | | 214.4 | － 558.4 | － 1 344 | | | 80 | － 560 | － 480 |
| 1. 提取盈余公积 | | | 214.4 | － 214.4 | 0 | | | 80 | － 80 | 0 |
| 2. 对所有者（或股东）的分配 | | | | － 1 344 | － 1 344 | | | | － 480 | － 480 |
| 四、本年年末余额 | 3 200 | 640 | 800 | 960 | 5 600 | 1600 | 1 280 | 80 | 240 | 3 200 |

假定乙公司的会计政策和会计期间与甲公司一致，不考虑甲公司和乙公司及合并资产、负债的所得税影响。

甲公司在编制合并财务报表时，应当首先根据甲公司的备查簿中记录的乙公司可辨认资产、负债在购买日（2×20 年 1 月 1 日）的公允价值的资料（表 33-1），调整乙公司的净利润。按照甲公司备查簿中的记录，在购买日，乙公司可辨认资产、负债及或有负债的公允价值与账面价值存在差异仅有一项，即 A 办公楼。公允价值高于账面价值的差额为 80 万元（560 － 480），按年限平均法每年应补提的折旧额为 4 万元（80÷20）。假定 A 办公楼用于乙公司的总部管理。在合并工作底稿（见表 33-7）中应作的调整分录如下：

（1）借：管理费用　　40 000

　　贷：固定资产——累计折旧　　40 000

据此，以乙公司 2×20 年 1 月 1 日各项可辨认资产等的公允价值为基础，重新确定的乙公司 2×20 年的净利润为 796 万元（800 － 4）。

在本例中，2×20 年 12 月 31 日，甲公司对乙公司的长期股权投资的账面余额为 2 400 万元（假定未发生减值）。根据合并报表准则的规定，在合并工作底稿中将对乙公司的长期股权投资由成本法调整为权益法。有关调整分录如下：

（2）确认甲公司在 2×20 年乙公司实现净利润 796 万元中所享有的份额 636.8 万元（796×80%）：

借：长期股权投资——乙公司　　6 368 000

　　贷：投资收益——乙公司　　6 368 000

（3）确认甲公司收到乙公司 2×20 年分派的现金股利，同时抵销原按成本法确认的投资收益 384 万元（480×80%）：

借：投资收益——乙公司　　3 840 000

　　贷：长期股权投资——乙公司　　3 840 000

（4）确认甲公司在 2×20 年乙公司除净损益以外所有者权益的其他变动中所享有的份额，即资本公积增加额 80 万元的 80%，为 64 万元（80×80%）：

借：长期股权投资——乙公司　　640 000

　　贷：其他综合收益——乙公司　　640 000

**例 33-15**　沿用例 33-1 资料，2×20 年 12 月 31 日，甲公司对乙公司长期股权投资经调整后的金额为 2 716.8 万元（投资成本 2 400 万元＋权益法调整增加的长期股权投资 316.8 万元）与其在乙公司经调整的股东权益总额中所享有的金额 2 620.8 万元［（股东权益账面余额 3 200 万元＋ A 办公楼购买日公允价值高于账面价值的差额 80 万元－ A 办公楼购买日公允价值高于账面价值的差额按 20 年计提的折旧额 4 万元）×80%］之间的差额，为商誉。至于乙公司股东权益中 20% 的部分，即 655.2 万元［（股东权益账面余额 3 200 万元＋ A 办公楼购买日公允价值高于账面价值的差额 80 万元－ A 办公楼购买日公允价值高于账面价值的差额按 20 年计提的折旧额 4 万元）×20%］则属于少数股东权益，在抵销处理时应作为少数股东权益处理。其抵销分录如下：

（5）借：股本　16 000 000
　　资本公积——年初　12 800 000
　　　　　　——本年　800 000
　　盈余公积——年初　0
　　　　　　——本年　800 000
　　未分配利润——年末（2 400 000 − 40 000）　2 360 000
　　商誉　960 000
　　贷：长期股权投资（24 000 000 + 3 168 000）　27 168 000
　　　　少数股东权益　6 552 000

注：商誉 96 万元＝2 400 万元－（乙公司 2×20 年 1 月 1 日的所有者权益总额 2 800 万元＋乙公司固定资产公允价值增加额 80 万元）×80%。

**例 33-16** 甲公司 2×20 年个别资产负债表（表 33-2）中应收账款 380 万元为 2×20 年向乙公司销售商品发生的应收销货款的账面价值，甲公司对该笔应收账款计提的坏账准备为 20 万元。乙公司 2×20 年个别资产负债表（表 33-3）中应付账款 400 万元系 2×20 年向甲公司购进商品存货发生的应付购货款。

在编制合并财务报表时，应将内部应收账款与应付账款相互抵销；同时还应将内部应收账款计提的坏账准备予以抵销，其抵销分录如下：

（6）借：应付账款　4 000 000
　　贷：应收账款　4 000 000
（7）借：应收账款——坏账准备　200 000
　　贷：资产减值损失　200 000

**例 33-17** 甲公司 2×20 年个别资产负债表（表 33-2）中预收账款 80 万元为乙公司预付账款；应收票据 320 万元为乙公司 2×20 年向甲公司购买商品 2 800 万元开具的票面金额为 320 万元的商业承兑汇票；乙公司应付债券 160 万元为甲公司所持有。对此，在编制合并资产负债表时，应编制抵销分录如下：

（8）将内部预收账款与内部预付账款抵销时，应编制抵销分录如下：
借：预收款项　800 000
　　贷：预付款项　800 000
（9）将内部应收票据与内部应付票据抵销时，应编制抵销分录如下：
借：应付票据　3 200 000
　　贷：应收票据　3 200 000
（10）将持有至到期投资中债券投资与应付债券抵销时，应编制抵销分录如下：
借：应付债券　1 600 000
　　贷：持有至到期投资　1 600 000

**例 33-18** 乙公司 2×20 年向甲公司销售商品 800 万元，其销售成本为 640 万元，该商品的销售毛利率为 20%。甲公司购进的该商品在 2×20 年全部未实现对外销售而形成期末存货。

在编制2×20年合并财务报表时，应进行抵销处理如下：

（11）借：营业收入　　8 000 000

　　贷：营业成本　　8 000 000

（12）借：营业成本　　1 600 000

　　贷：存货　　1 600 000

**例 33-19** 乙公司以240万元的价格将其生产的产品销售给甲公司，其销售成本为216万元。因该内部固定资产交易实现的销售利润24万元。甲公司购买该产品作为管理用固定资产使用，按240万元入账：假设甲公司对该固定资产按3年的使用寿命采用年限平均法计提折旧，预计净残值为零。该固定资产交易时间为2×20年1月1日，本例为简化抵销处理，假定甲公司该内部交易形成的固定资产按12个月计提折旧。本例有关抵销处理如下：

（13）与该固定资产相关的销售收入、销售成本以及原价中包含的未实现内部销售损益的抵销。

借：营业收入　　2 400 000

　　贷：营业成本　　2 160 000

　　　　固定资产——原价　　240 000

（14）该固定资产当期多计提折旧额的抵销。

该固定资产折旧年限为3年，原价为240万元。预计净残值为零，当年计提的折旧额为80万元，而按抵销其原价中包含的未实现内部销售损益后的原价计提的折旧额为72万元，当期多计提的折旧额为8万元。本例中应当按8万元分别抵销管理费用和累计折旧。

借：固定资产——累计折旧　　80 000

　　贷：管理费用　　80 000

**例 33-20** 假设甲公司将其账面价值为104万元的某项固定资产以96万元的价格出售给乙公司，仍作为管理用固定资产使用。甲公司因该内部固定资产交易发生处置损失8万元。假设乙公司以96万元作为该项固定资产的成本入账。乙公司对该固定资产按5年的使用寿命采用年限平均法计提折旧。预计净残值为零。该固定资产交易时间为2×20年6月29日，乙公司对该内部交易固定资产2×20年按6个月计提折旧。本例有关抵销处理如下：

（15）该固定资产的处置损失与固定资产原价中包含的未实现内部销售损益的抵销。

借：固定资产——原价　　80 000

　　贷：营业外支出　　80 000

（16）该固定资产当期少计提折旧额的抵销。

该固定资产折旧年限为5年，原价为96万元，预计净残值为零。2×20年计提的折旧额为9.6万元，而按抵销其原价中包含的未实现内部销售损益后的原价计提的折旧额为10.4万元，当期少计提的折旧额为0.8万元。本例中应当按0.8万元分别抵销管理费用和累计折旧。

借：管理费用　　　　8 000
　贷：固定资产——累计折旧　　　　8 000

通过上述抵销分录，在合并工作底稿中固定资产累计折旧额增加 0.8 万元，管理费用增加 0.8 万元，在合并财务报表中该固定资产的累计折旧为 10.4 万元，该固定资产当期计提的折旧费为 10.4 万元。

**例 33-21** 假设甲公司 2×20 年利润表的营业收入中有 2 800 万元，是向乙公司销售产品取得的销售收入，该产品销售成本为 2 400 万元。乙公司在本期将该产品全部售出，其销售收入为 4 000 万元，销售成本为 2 800 万元，并在其利润表中列示。

对此，编制合并利润表将内部销售收入和内部销售成本予以抵销时应编制抵销会计分录如下：

（17）借：营业收入　　　　28 000 000
　　贷：营业成本　　　　28 000 000

**例 33-22** 假设乙公司 2×20 年确认的应向甲公司支付的债券利息费用总额为 16 万元（假定该债券的票面利率与实际利率相差较小）。

在编制合并利润表时，应将内部债券投资收益与应付债券利息费用相互抵销，其抵销会计分录如下：

（18）借：投资收益　　　　160 000
　　贷：财务费用　　　　160 000

**例 33-23** 假设甲公司和乙公司 2×20 年度所有者权益变动表如表 33-6 所示。

乙公司为非全资子公司，甲公司拥有其 80% 的股份。在合并工作底稿中甲公司按权益法调整的乙公司本期投资收益为 252.8 万元（796×80% − 384）。乙公司本期少数股东损益为 63.2 万元（796×20% − 96）。乙公司年初未分配利润为 0，乙公司本期提取盈余公积 80 万元、分派现金股利 480 万元、未分配利润 236 万元（240 − 4）。为此，进行抵销处理时，应编制抵销会计分录如下：

（19）借：投资收益　　　　6 368 000
　　少数股东损益　　　　1 592 000
　　未分配利润——年初　　　　0
　　贷：提取盈余公积　　　　800 000
　　　对所有者（或股东）的分配　　　　4 800 000
　　　未分配利润——年末　　　　2 360 000

**例 33-24** 沿用例 33-14 和例 33-22 的资料，甲公司应编制抵销会计分录如下：

（20）借：分配股利、利润或偿付利息支付的现金　　　　4 000 000
　　贷：取得投资收益收到的现金　　　　4 000 000

**例 33-25** 沿用例 33-17、例 33-18 和例 33-21 的资料，假设甲公司 2×20 年向乙公司销售商品的价款 2 800 万元中实际收到乙公司支付的银行存款 2 080 万元。同时乙公司还向甲公司开具了票面金额为320万元的商业承兑汇票。乙公司2×20年向甲公司销售商品800万元的价款全部收到。应编制抵销分录如下：

（21）借：购买商品、接受劳务支付的现金　　28 800 000

　　　　贷：销售商品、提供劳务收到的现金　　28 800 000

**例33-26** 沿用例33-19资料，假设乙公司2×20年1月1日向甲公司销售商品240万元的价款全部收到。应编制抵销会计分录如下：

（22）借：购建固定资产、无形资产和其他长期资产支付的现金　2 400 000

　　　　贷：销售商品提供劳务收到的现金　　2 400 000

**例33-27** 沿用例33-20资料，假设甲公司向乙公司出售固定资产的价款96万元全部收到。应编制抵销会计分录如下：

（23）借：购建固定资产、无形资产和其他长期资产支付的现金　960 000

　　　　贷：处置固定资产、无形资产和其他长期资产收回的现金　　960 000

根据上述例33-14至34-27编制的调整、抵销分录编制合并工作底稿如表33-7所示。

**表33-7　合并工作底稿（简表）**

2×20年　　单位：万元

| 项目 | 甲公司 | | | 乙公司 | | | 合计金额 | 抵销分录 | | 少数股东权益 | 合并金额 |
|---|---|---|---|---|---|---|---|---|---|---|---|
| | 报表余额 | 借方 | 贷方 | 报表余额 | 借方 | 贷方 | | 借方 | 贷方 | | |
| （利润表项目） | | | | | | | | | | | |
| 营业收入 | 6 960 | | | 5 040 | | | 12 000 | （10）800<br>（11）240<br>（15）2 800 | | | 8 160 |
| 营业成本 | 3 560 | | | 3 656 | | | 7216 | （10）160 | （10）800<br>（11）216<br>（15）2 800 | | 3 560 |
| 税金及附加 | 240 | | | 100 | | | 340 | | | | 340 |
| 销售费用 | 12 | | | 8 | | | 20 | | | | 20 |
| 管理费用 | 80 | | | 9.6 | （1）4 | | 93.6 | （14）0.8 | （12）8 | | 86.4 |
| 财务费用 | 240 | | | 72 | | | | | （16）16 | | 296 |
| 资产减值损失 | 20 | | | | | | 20 | | （6）20 | | 0 |

（续表）

| 项目 | 甲公司 | | | 乙公司 | | | 合计金额 | 抵销分录 | | 少数股东权益 | 合并金额 |
|---|---|---|---|---|---|---|---|---|---|---|---|
| | 报表余额 | 借方 | 贷方 | 报表余额 | 借方 | 贷方 | | 借方 | 贷方 | | |
| 投资收益 | 400 | （3）384 | （2）636.8 | | | | 652.8 | （16）16<br>（17）636.8 | | | 0 |
| 营业利润 | 3 208 | 384 | 636.8 | 1 194.4 | 4 | | 4 651 | 4 654 | 38 600 | | 3 858 |
| 营业外支出 | 8 | | | | | | 8 | | （13）8 | | 0 |
| 利润总额 | 3 200 | 384 | 636.8 | 1 194.4 | 4 | | 4 643 | 4 654 | 3 868 | | 3 858 |
| 所得税费用 | 1 056 | | | 394.4 | | | 1 450 | | | | 1 450 |
| 净利润 | 2 144 | 384 | 636.8 | 800 | 4 | | 3 193 | 4 654 | 3 868 | | 2 407 |
| 少数股东权益 | | | | | | | | （17）159.2 | | 159.2 | 159.2 |
| 归属于母公司所有者的净利润（所有者权益变动表项目） | | | | | | | | | | | 2 248 |
| 未分配利润——年初 | 374.4 | | | 0 | | | 374.4 | （17）0 | | | 374.4 |
| 归属于母公司所有者的净利润 | | | | | | | | | | | 2 248 |
| 利润分配 | 1 558.4 | | | 560 | | | 2 118 | | （17）80<br>（17）480 | | 1 558 |
| 未分配利润——年末 | 960 | 384 | 636.8 | 240 | 4 | | 1 449 | （5）236<br>5 048.8 | （17）236<br>4 664 | | 1 064 |
| 归属于少数股东的未分配利润——年初 | | | | | | | | | | 0 | 0 |
| 少数股东损益 | | | | | | | | | | 159.2 | 159.5 |
| 对少数股东的利润分配 | | | | | | | | | | 96 | 96 |
| 归属于少数股东的未分配利润——年末 | | | | | | | | | | 63.2 | 63.2 |
| 资本公积——年初 | 640 | | | 1 200 | | 80 | 1 920 | （5）1 280 | | | 640 |

（续表）

| 项目 | 甲公司 | | | 乙公司 | | | 合计金额 | 抵销分录 | | 少数股东权益 | 合并金额 |
|---|---|---|---|---|---|---|---|---|---|---|---|
| | 报表余额 | 借方 | 贷方 | 报表余额 | 借方 | 贷方 | | 借方 | 贷方 | | |
| 可供出售金融资产公允价值变动净额 | | | | 80 | | | 80 | （5）80 | | | 0 |
| 权益法下被投资单位其他所有者权益变动的影响 | | | （4）64 | | | | 64 | | | | 64 |
| 资本公积——年末 | 640 | | 64 | 1 280 | | 80 | 2 064 | 1 360 | | | 704 |
| 盈余公积——年初 | 585.6 | | | 0 | | | 585.6 | （17）0 | | | 585.6 |
| 提取盈余公积 | 214.4 | | | 0 | | | 294.4 | | （17）80 | | 214.4 |
| 盈余公积——年末 | 800 | | | 80 | | | 880 | 0 | 80 | | 800 |
| （资产负债表项目） | | | | | | | | | | | |
| 流动资产： | | | | | | | | | | | |
| 货币资金 | 800 | | | 400 | | | 1 200 | | | | 1 200 |
| 应收票据及应收账款 | 2 560 | | | 848 | | | 3 408 | （6）20 | （6）400<br>（8）320 | | 2 708 |
| 其中：应收乙公司票据 | 302 | | | | | | 320 | | （8）320 | | 0 |
| 其中：应收乙公司账款 | 380 | | | | | | 380 | （6）20 | （6）400 | | 0 |
| 预付款项 | 616 | | | 320 | | | 936 | | （7）80 | | 856 |
| 其中：预付甲公司账款 | | | | 80 | | | | | （7）80 | | 0 |
| 存货 | 800 | | | 880 | | | 1 680 | | （10）160 | | 1 520 |
| 其中：向乙公司购入存货 | 800 | | | | | | 800 | | （10）160 | | 540 |
| 流动资产合计 | 4 776 | | | 2 448 | | | 7 224 | 20 | 960 | | 6 284 |
| 非流动资产：其他债权投资 | | | | 640 | | | 640 | | | | 640 |
| 债权投资 | 160 | | | | | | 160 | | （9）160 | | 0 |
| 其中：持有乙公司债券 | 160 | | | | | | 160 | | （9）160 | | 0 |

（续表）

| 项目 | 甲公司 | | | 乙公司 | | | 合计金额 | 抵销分录 | | 少数股东权益 | 合并金额 |
|---|---|---|---|---|---|---|---|---|---|---|---|
| | 报表余额 | 借方 | 贷方 | 报表余额 | 借方 | 贷方 | | 借方 | 贷方 | | |
| 长期股权投资 | 3 760 | （2）636.8（4）64 | （3）384 | | | | 4 077 | | （5）2716.8 | | 1 360 |
| 其中：对乙公司投资 | 2 400 | （2）636.8（4）64 | （3）384 | | | | 2 717 | | （5）2 716.8 | | 0 |
| 固定资产 | 3 280 | | | 1 680 | 80 | （1）4 | 5 036 | （12）8（13）8 | （11）24（14）0.8 | | 5 027 |
| 其中：乙公司——A办公楼 | | | | | 80 | （1）4 | 76 | | | | 76 |
| 向乙公司购入固定资产 | 160 | | | | | | 160 | （12）8 | （11）24 | | 144 |
| 向甲公司购入固定资产 | | | | 86.4 | | | 86.4 | （13）8 | （14）0.8 | | 93.6 |
| 无形资产 | 504 | | | | | | 504 | | | | 504 |
| 商誉 | | | | | | | | （5）96 | | | 96 |
| 非流动资产合计 | 7 704 | 700.8 | 384 | 2 320 | 80 | 4 | 10 417 | 112 | 2 901.6 | | 7 627 |
| 资产总计 | 12 480 | 700.8 | 384 | 4 768 | 80 | 4 | 17 641 | 132 | 3 861.6 | | 13 911 |
| 流动负债： | | | | | | | | | | | |
| 应付票据及应付账款 | 3 200 | | | 720 | | | 3 920 | （6）400（8）320 | | | 3 200 |
| 其中：应付票据——甲公司 | | | | 320 | | | 320 | （8）320 | | | 0 |
| 其中：应付甲公司账款 | | | | 400 | | | 400 | （6）400 | | | 0 |
| 预收账款 | 160 | | | | | | 160 | （7）80 | | | 80 |
| 其中：预收乙公司账款 | 80 | | | | | | 80 | （7）80 | | | 0 |
| 应付职工薪酬 | 800 | | | 80 | | | 880 | | | | 880 |
| 应交税费 | 640 | | | 48 | | | 688 | | | | 688 |

（续表）

| 项目 | 甲公司 | | | 乙公司 | | | 合计金额 | 抵销分录 | | 少数股东权益 | 合并金额 |
|---|---|---|---|---|---|---|---|---|---|---|---|
| | 报表余额 | 借方 | 贷方 | 报表余额 | 借方 | 贷方 | | 借方 | 贷方 | | |
| 流动负债合计 | 4 800 | | | 848 | | | 5 648 | 800 | | | 4 848 |
| 非流动负债：长期借款 | 1 600 | | | 560 | | | 2 160 | | | | 2 160 |
| 应付债券 | 480 | | | 160 | | | 640 | （9）160 | | | 480 |
| 其中：应付债券——甲公司 | | | | 160 | | | 160 | （9）160 | | | 0 |
| 非流动负债合计 | 2 080 | | | 720 | | | 2 800 | 160 | | | 2 640 |
| 负债合计 | 6 880 | | | 1 568 | | | 8 448 | 960 | | | 7 488 |
| 所有者权益 | | | | | | | | | | | |
| 实收资本 | 3 200 | | | 1 600 | | | 4 800 | （5）1 600 | | | 3 200 |
| 资本公积 | 640 | | （4）64 | 1 280 | | | 80 | 2 064 | （5）1 360 | | 704 |
| 其中：其他债权投资公允价值变动 | 80 | | | 80 | 80 | | | | | | 0 |
| 盈余公积 | 800 | | | 80 | | | 880 | （5）80 | | | 800 |
| 未分配利润 | 960 | （3）384 | （2）636.8 | 240 | （1）4 | | 1 449 | （5）236<br>（10）800<br>（21）240<br>（15）2 800<br>（10）160<br>（14）0.8<br>（16）16<br>（17）159.2<br>（17）0<br>5 048.8 | （10）640<br>（11）216<br>（15）2 800<br>（12）8<br>（16）16<br>（6）20<br>（13）8<br>（17）80<br>（17）480<br>（17）236<br>4 664 | （13）159.2 | 1 064 |
| 少数股东权益 | | | | | | | | | | （5）655.2 | 655.2 |
| 所有者权益合计 | 5 600 | 384 | 700.8 | 3 200 | 4 | 80 | 9 193 | 8 089 | 4 664 | 655.2 | 6423 |

（续表）

| 项目 | 甲公司 | | | 乙公司 | | | 合计金额 | 抵销分录 | | 少数股东权益 | 合并金额 |
|---|---|---|---|---|---|---|---|---|---|---|---|
| | 报表余额 | 借方 | 贷方 | 报表余额 | 借方 | 贷方 | | 借方 | 贷方 | | |
| 负债和所有者权益总计 | 12 480 | 384 | 700.8 | 4 768 | 4 | 80 | 1 761 | 9 049 | 4 664 | 655.2 | 13 911 |
| （现金流量表项目） | | | | | | | | | | | |
| 经营活动产生的现金流量： | | | | | | | | | | | |
| 销售商品、提供劳务收到的现金 | 6 140 | | | 4 792 | | | 10 932 | | （19）2 880<br>（20）240 | | 7 812 |
| 收到其他与经营活动有关的现金 | | | | | | | | | | | |
| 经营活动现金流入小计 | 6 140 | | | 4 792 | | | 10 932 | | 3 120 | | 7 812 |
| 购买商品、接受劳务支付的现金 | 1 136 | | | 2 536 | | | 3 672 | （19）2 880 | | | 792 |
| 支付给职工以及为职工支付的现金 | 880 | | | 200 | | | 1 080 | | | | 1 080 |
| 支付的各项税费 | 1 456 | | | 606.4 | | | 2 062 | | | | 2 062 |
| 支付其他与经营活动有关的现金 | 36 | | | 17.6 | | | 53.6 | | | | 53.6 |
| 经营活动现金流出小计 | 3 508 | | | 3 360 | | | 6 868 | 2 880 | | | 3 998 |
| 经营活动产生现金流量净额 | 2 632 | | | 1 432 | | | 4 064 | 2 880 | 3 120 | | 3 824 |
| 投资活动产生的现金流量： | | | | | | | | | | | |
| 收回投资收到的现金 | | | | | | | | | | | |
| 取得投资收益收到的现金 | 400 | | | | | | 400 | | （18）400 | | 0 |
| 处置固定资产、无形资产和其他长期资产收回的现金净额 | 96 | | | | | | 96 | | （21）96 | | 0 |

（续表）

| 项目 | 甲公司 | | | 乙公司 | | | 合计金额 | 抵销分录 | | 少数股东权益 | 合并金额 |
|---|---|---|---|---|---|---|---|---|---|---|---|
| | 报表余额 | 借方 | 贷方 | 报表余额 | 借方 | 贷方 | | 借方 | 贷方 | | |
| 投资活动现金流入小计 | 496 | | | | | | 496 | | 496 | | 0 |
| 购建固定资产、无形资产和其他长期投资支付的现金 | 744 | | | 720 | | | 1 464 | （20）240<br>（21）96 | | | 1 128 |
| 取得子公司及其他营业单位支付的现金净额 | 2 400 | | | | | | 2 400 | | | | 2 400 |
| 投资活动现金流出小计 | 3 144 | | | 720 | | | 3 864 | 336 | | | 3 528 |
| 投资活动产生的现金流量净额 | －2 648 | | | －720 | | | －3 368 | 160 | | | －3 528 |
| 筹资活动产生现金流量： | | | | | | | | | | | |
| 吸收投资收到的现金 | | | | | | | | | | | |
| 筹资活动现金流入小计 | | | | | | | | | | | |
| 分配股利、利润或偿付利息支付的现金 | 1 548 | | | 552 | | | 2 136 | （18）400 | | | 1 736 |
| 筹资活动现金流出小计 | 1 548 | | | 552 | | | 2 135 | （18）400 | | | 1 736 |
| 筹资活动产生的现金流量净额 | －1 548 | | | －552 | | | －2 136 | －400 | | | －1 736 |
| 现金及现金等价物净增加额 | －1 600 | | | 160 | | | －1 440 | | | | －1 440 |
| 年初现金及现金等价物余额 | 2 400 | | | 240 | | | 2 640 | | | | 2 640 |
| 年末现金及现金等价物余额 | 800 | | | 400 | | | 1 200 | | | | 1 200 |

根据合并工作底稿分别编制合并资产负债表、合并利润表、合并现金流量表、合并所有者权益变动表如表33-8、表33-9、表33-10和表33-11所示。

**表33-8 合并资产负债表**

会合01表

编制单位：甲公司　　　　2×20年12月31日　　　　单位：万元

| 资　产 | 期末余额 | 年初余额 | 负债和所有者权益 | 期末余额 | 年初余额 |
|---|---|---|---|---|---|
| 流动资产： | | | 流动负债： | | |
| 货币资金 | 1 200 | | 短期借款 | | |
| 结算备付金 | | | 向中央银行借款 | | |
| 拆出资金 | | | 吸收存款及同业存放 | | |
| 交易性金融资产 | | | 拆入资金 | | |
| 应收票据及应收账款 | 2 708 | | 交易性金融负债 | | |
| 预付款项 | 856 | | 应付票据及应付账款 | 800 | |
| 应收保费 | | | 应付账款 | 3 200 | |
| 应收分保账款 | | | 预收款项 | 80 | |
| 应收分保合同准备金 | | | 卖出回购金融资产款 | | |
| 应收利息 | | | 应付手续费及佣金 | | |
| 其他应收款 | | | 应付职工薪酬 | 880 | |
| 买入返售金融资产 | | | 应交税费 | 688 | |
| 存贷 | 1 520 | | 应付利息 | | |
| 一年内到期非流动资产 | | | 其他应付款 | | |
| 其他流动资产 | | | 应付分保账款 | | |
| 流动资产合计 | 6 284 | | 保险合同准备金 | | |
| 非流动资产： | | | 代理买卖证券款 | | |
| 发放贷款及垫款 | | | 代理承销证券款 | | |
| 其他债权投资 | 640 | | 一年内到期的非流动负债 | | |
| 债权投资 | 0 | | 其他流动负债 | | |
| 长期应收款 | | | 流动负债合计 | 4 848 | |

（续表）

| 资　产 | 期末余额 | 年初余额 | 负债和所有者权益 | 期末余额 | 年初余额 |
|---|---|---|---|---|---|
| 长期股权投资 | 1 360 | | 非流动负债： | | |
| 投资性房地产 | | | 长期借款 | 2 160 | |
| 固定资产 | 5 027.2 | | 应付债券 | 480 | |
| 在建工程 | | | 长期应付款 | | |
| 工程物资 | | | 专项应付款 | | |
| 固定资产清理 | | | 预计负债 | | |
| 生产性生物资产 | | | 递延所得税负债 | | |
| 油气资产 | | | 其他非流动负债 | | |
| 无形资产 | 504 | | 非流动负债合计 | 2 640 | |
| 开发支出 | | | 负债合计 | 7 488 | |
| 商誉 | 96 | | 所有者权益（或股东权益）： | | |
| 长期待摊费用 | | | 实收资本（或股本） | 3 200 | |
| 递延所得税资产 | | | 资本公积 | 704 | |
| 其他非流动资产 | | | 减：库存股 | | |
| 非流动资产合计 | 7 627.2 | | 盈余公积 | 800 | |
| | | | 一般风险准备 | | |
| | | | 未分配利润 | 1 064 | |
| | | | 外币报表折算差额 | | |
| | | | 归属于母公司所有者权益合计 | 5 768 | |
| | | | 少数股东权益 | 655.2 | |
| | | | 所有者权益合计 | 6 423.2 | |
| 资产总计 | 13 911.2 | | 负债和所有者权益总计 | 13 911.2 | |

## 表 33-9 合并利润表

会合 02 表

编制单位：甲公司　　2×20 年度　　单位：万元

| 项　目 | 本年金额 | 上年金额 |
|---|---|---|
| 一、营业总收入 | 8 160 | |
| 其中：营业收入 | 8 160 | |
| 利息收入 | | |
| 保费净收入 | | |
| 手续费及佣金收入 | | |
| 二、营业总成本 | 4 302.4 | |
| 其中：营业成本 | 3 560 | |
| 利息支出 | | |
| 手续费及佣金支出 | | |
| 退保金 | | |
| 赔付支出净额 | | |
| 提取保险责任准备金净额 | | |
| 保单红利支出 | | |
| 分保费用 | | |
| 税金及附加 | 340 | |
| 销售费用 | 20 | |
| 管理费用 | 86.4 | |
| 财务费用 | 296 | |
| 资产减值损失 | 0 | |
| 加：其他收益 | | |
| 投资收益（损失以“－”号填列） | 0 | |
| 其中：对联营企业和合营企业的投资收益 | | |
| 汇兑收益（损失以“－”号填列） | | |

（续表）

| 项 目 | 本年金额 | 上年金额 |
|---|---|---|
| 三、营业利润（亏损以“—”号填列） | 3 857.6 | |
| 加：营业外收入 | | |
| 减：营业外支出 | 0 | |
| 其中：非流动资产处置损失 | | |
| 四、利润总额（亏损总额以“—”号填列） | 3 857.6 | |
| 减：所得税费用 | 1 450.4 | |
| 五、净利润（净亏损以“—”号填列） | 2 407.2 | |
| 归属于母公司所有者的净利润 | 2 248 | |
| 少数股东损益 | 159.2 | |
| 六、每股收益 | | |
| （一）基本每股收益 | | |
| （二）稀释每股收益 | | |

## 表 33-10 合并现金流量表

会合 03 表

编制单位：甲公司　　2×20 年度　　单位：万元

| 项 目 | 本年金额 | 上年金额 |
|---|---|---|
| 一、经营活动产生的现金流量 | | |
| 销售商品、提供劳务收到的现金 | 7 812 | |
| 客户存款和同业存放款项净增加额 | | |
| 向中央银行借款净增加额 | | |
| 向其他金融机构拆入资金净增加额 | | |
| 收到原保险合同保费取得的现金 | | |
| 收到再保险业务现金净额 | | |
| 保户储金及投资款净增加额 | | |
| 处置交易性金融资产净增加额 | | |

（续表）

| 项　目 | 本年金额 | 上年金额 |
|---|---|---|
| 收取利息、手续费及佣金净增加额 | | |
| 拆入资金净增加额 | | |
| 回购业务资金净增加额 | | |
| 收到的税费返还 | | |
| 收到其他与经营活动有关的现金 | | |
| 经营活动现金流入小计 | 7 812 | |
| 购买商品、接受劳务支付的现金 | 792 | |
| 客户贷款及垫款净增加额 | | |
| 存放中央银行和同业款项净增加额 | | |
| 支付原保险合同赔付款项的现金 | | |
| 支付利息、手续费及佣金的现金 | | |
| 支付保单红利的现金 | | |
| 支付给职工以及为职工支付的现金 | 1 080 | |
| 支付的各项税费 | 2 062.4 | |
| 支付其他与经营活动有关的现金 | 53.6 | |
| 经营活动现金流出小计 | 3 988 | |
| 经营活动产生的现金流量净额 | 3 824 | |
| 二、投资活动产生的现金流量 | | |
| 收回投资收到的现金 | | |
| 取得投资收益收到的现金 | 0 | |
| 处置固定资产、无形资产和其他长期资产收回的现金净额 | 0 | |
| 处置子公司及其他营业单位收到的现金净额 | | |
| 收到其他与投资活动有关的现金 | | |
| 投资活动现金流入小计 | 0 | |
| 购建固定资产、无形资产和其他长期资产支付的现金 | 1 128 | |

（续表）

| 项　目 | 本年金额 | 上年金额 |
|---|---|---|
| 投资支付的现金 | | |
| 质押贷款净增加额 | | |
| 取得子公司及其他营业单位支付的现金净额 | 2 400 | |
| 支付其他与投资活动有关的现金 | | |
| 投资活动现金流出小计 | 3 528 | |
| 投资活动产生的现金流量净额 | －3 528 | |
| 三、筹资活动产生的现金流量 | | |
| 吸收投资收到的现金 | | |
| 其中：子公司吸收少数股东投资收到的现金 | | |
| 取得借款收到的现金 | | |
| 发行债券收到的现金 | | |
| 收到其他与筹资活动有关的现金 | | |
| 筹资活动现金流入小计 | 0 | |
| 偿还债务支付的现金 | | |
| 分配股利、利润或偿付利息支付的现金 | 1 736 | |
| 其中：子公司支付给少数股东的股利、利润 | 96 | |
| 支付其他与筹资活动有关的现金 | | |
| 筹资活动现金流出小计 | 1 736 | |
| 筹资活动产生的现金流量净额 | －1 736 | |
| 四、汇率变动对现金的影响 | | |
| 五、现金及现金等价物净增加额 | －1 440 | |
| 加：年初现金及现金等价物余额 | 2 640 | |
| 六、年末现金及现金等价物余额 | 1 200 | |

根据甲公司、乙公司个别所有者权益变动表和抵销分录（或根据合并资产负债表和合并利润表），编制合并所有者权益变动表，如表 33-11 所示。

**表 33-11　合并所有者权益变动表**

会合 04 表

编制单位：甲公司　　　　　　　　2×20 年度　　　　　　　　单位：万元

| 项目 | 本年金额 | | | | | | | | | 上年金额 | | | | | | | | |
|---|---|---|---|---|---|---|---|---|---|---|---|---|---|---|---|---|---|---|
| | 归属于母公司所有者权益 | | | | | | | 少数股东权益 | 所有者权益合计 | 归属于母公司所有者权益 | | | | | | | 少数股东权益 | 所有者权益合计 |
| | 实收资本（股本） | 资本公积 | 减：库存库 | 盈余公积 | 一般风险准备 | 未分配利润 | 其他 | | | 实收资本（股本） | 资本公积 | 减：库存库 | 盈余公积 | 一般风险准备 | 未分配利润 | 其他 | | |
| 一、上年年末余额 | 3 200 | 640 | | 585.6 | | 374.4 | | | 4 800 | | | | | | | | | |
| 加：会计政策变更 | | | | | | | 576 | 576 | | | | | | | | | | |
| 加：前期会计差错 | | | | | | | | | | | | | | | | | | |
| 二、本年年初余额 | 3 200 | 640 | | 585.6 | | 374.4 | | 576 | 5 376 | | | | | | | | | |
| 三、本年增减变动金额 | | 64 | | 214.4 | | 689.6 | | 79.2 | 1 047.2 | | | | | | | | | |
| （一）综合收益总额 | | | | | | 2 248 | | 159.2 | 2 407.2 | | | | | | | | | |
| （二）直接计入所有者权益的利得和损失 | | 64 | | | | | | 16 | 80 | | | | | | | | | |
| 1. 其他债权投资公允价值变动净值 | | | | | | | | 16 | 16 | | | | | | | | | |
| 2. 权益法下被投资单位其他所有者权益变动的影响 | | 64 | | | | | | | 64 | | | | | | | | | |

（续表）

| 项目 | 本年金额 | | | | | | | | | 上年金额 | | | | | | | | |
|---|---|---|---|---|---|---|---|---|---|---|---|---|---|---|---|---|---|---|
| | 归属于母公司所有者权益 | | | | | | | 少数股东权益 | 所有者权益合计 | 归属于母公司所有者权益 | | | | | | | 少数股东权益 | 所有者权益合计 |
| | 实收资本（股本） | 资本公积 | 减：库存库 | 盈余公积 | 一般风险准备 | 未分配利润 | 其他 | | | 实收资本（股本） | 资本公积 | 减：库存库 | 盈余公积 | 一般风险准备 | 未分配利润 | 其他 | | |
| 3. 与计入所有者权益项目相关的所得税影响 | | | | | | | | | | | | | | | | | | |
| 4. 其他 | | | | | | | | | | | | | | | | | | |
| 上述（一）和（二）小计 | | 64 | | | | 2 248 | | 175.2 | 2 487.2 | | | | | | | | | |
| （三）所有者投入与减少资本 | | | | | | | | | | | | | | | | | | |
| 1. 所有者投入资本 | | | | | | | | | | | | | | | | | | |
| 2. 股份支付计入所有者权益金额 | | | | | | | | | | | | | | | | | | |
| 3. 其他 | | | | | | | | | | | | | | | | | | |
| （四）利润分配 | | | | 214.4 | | − 1 558.4 | | − 96 | − 1440 | | | | | | | | | |
| 1. 提取盈余公积 | | | | 214.4 | | 214.4 | | 0 | | | | | | | | | | |
| 2. 提取一般风险准备 | | | | | | | | | | | | | | | | | | |

（续表）

| 项目 | 本年金额 | | | | | | | | 上年金额 | | | | | | | | | |
|---|---|---|---|---|---|---|---|---|---|---|---|---|---|---|---|---|---|---|
| | 归属于母公司所有者权益 | | | | | | | 少数股东权益 | 所有者权益合计 | 归属于母公司所有者权益 | | | | | | | 少数股东权益 | 所有者权益合计 |
| | 实收资本（股本） | 资本公积 | 减：库存库 | 盈余公积 | 一般风险准备 | 未分配利润 | 其他 | | | 实收资本（股本） | 资本公积 | 减：库存库 | 盈余公积 | 一般风险准备 | 未分配利润 | 其他 | | |
| 3. 对所有者（或股东）的分配 | | | | | －1 344 | | －96 | －1 440 | | | | | | | | | | |
| 4. 其他 | | | | | | | | | | | | | | | | | | |
| （五）所有者权益内部结转 | | | | | | | | | | | | | | | | | | |
| 1. 资本公积转增资本（或股本） | | | | | | | | | | | | | | | | | | |
| 2. 盈余公积转增资本（或股本） | | | | | | | | | | | | | | | | | | |
| 3. 盈余公积弥补亏损 | | | | | | | | | | | | | | | | | | |
| 4. 其他 | | | | | | | | | | | | | | | | | | |
| 四、本年年末余额 | 3 200 | 704 | | 800 | | 1 064 | | 655.2 | 6 423.2 | | | | | | | | | |

① 576万元为2×20年1月1日甲公司购买乙公司80%的股份时，按其可辨认净资产的公允价值计算确定的少数股东权益的金额＝（乙公司的所有者权益总额2800万元＋乙公司固定资产公允价值增加额80万元）×20%。

## 三、同一控制下企业合并

**例 33-28** M公司拥有N公司（同一控制下企业合并形成）100%的股权，年初N公司所有者权益余额为：实收资本600 000元，盈余公积30 000元，未分配利润 12 000 元；M 公司长期股权投资余额（按权益法调整后）为 642 000 元。当年 N 公司实现净利润 60 000 元，提取盈余公积 9 000 元，支付投资者利润 36 000 元。

（1）M 公司在编制合并财务报表时，应首先按权益要求调整对 N 公司的长期股权投资，确认 N 公司实现净利润 60 000 元中所享有的份额 60 000 元（60 000×100%）。应做有关调整分录如下：

借：长期股权投资　　60 000
　　贷：投资收益　　60 000

（2）确认 N 公司当年分派的现金股利，同时抵销原按成本法确认的投资收益 36 000 元，做调整分录如下：

借：投资收益　　36 000
　　贷：长期股权投资　　36 000

（3）经调整后，M 公司对 N 公司的长期股权投资的金额为 666 000 元（642 000 + 60 000 − 36 000），应当与 N 公司的所有者权益相抵销，其抵销分录如下：

借：实收资本　　600 000
　　盈余公积　　39 000
　　未分配利润——年末　　27 000
　　贷：长期股权投资　　666 000

（4）将 M 公司投资收益等项目与 N 公司利润分配项目进行抵销，做抵销分录如下：

借：投资收益　　60 000
　　未分配利润——年初　　12 000
　　贷：提取盈余公积　　9 000
　　　　对所有者的分配　　36 000
　　　　未分配利润——年末　　27 000

（5）由于 N 公司分派给 M 公司的现金股利已经支付，还要抵销内部现金流量，做抵销分录如下：

借：分配股利、利润或偿付利息支付的现金　　36 000
　　贷：取得投资收益收到的现金　　36 000

**例 33-29** M 公司销售一批产品给 N 公司，年末应收账款中包含 N 公司应付账款 12 000 元，两公司坏账准备提取比例均为 0.5%。第 2 年年末，M 公司的应收账款中包含 N 公的司应付账款 7 500 元，坏账准备提取比例仍为 0.5%；第 3 年年末，M 公司的应收账款中无 N 公司的应付账款。

（1）第 1 年年末：

借：应付账款　　12 000
　　贷：应收账款　　12 000
借：应收账款——坏账准备　　60
　　贷：资产减值损失　　60

（2）第 2 年年末：

借：应付账款　　7 500
　　贷：应收账款　　7 500

借：应收账款——坏账准备 60
　　贷：未分配利润——年初 60
借：资产减值损失 22.50
　　贷：应收账款——坏账准备 22.50
（3）第3年年末：
借：应收账款——坏账准备 37.50
　　贷：未分配利润——年初 37.50
借：资产减值损失 37.50
　　贷：应收账款——坏账准备 37.50

**例 33-30** M公司年初购入N公司发行的面值为10 000 000元，期限为5年的债券，发行价为10 432 700元，票面年利率6%，实际年利率5%，每年年末付息，到期还本。M公司购入后将其划分为持有至到期投资。

（1）第1年年末：
借：应付债券 10 354 335
　　贷：持有至到期投资 10 354 335
借：投资收益 521 635
　　贷：财务费用 521 635
借：投资支付的现金 10 432 700
　　贷：吸收投资收到的现金 10 432 700
借：分配股利、利润或偿付利息支付的现金 600 000
　　贷：取得投资收益收到的现金 600 000
（2）第2年年末：
借：应付债券 10 272 051.75
　　贷：持有至到期投资 10 272 051.75
借：投资收益 517 716.75
　　贷：财务费用 517 716.75
借：分配股利、利润或偿付利息支付的现金 600 000
　　贷：取得投资收益收到的现金 600 000
（3）第3年年末：
借：应付债券 10 185 654.34
　　贷：持有至到期投资 10 185 654.34
借：投资收益 513 602.59
　　贷：财务费用 513 602.59
借：分配股利、利润或偿付利息支付的现金 600 000
　　贷：取得投资收益收到的现金 600 000
（4）第4年年末：
借：应付债券 10 094 937.06
　　贷：持有至到期投资 10 094 937.06
借：投资收益 509 282.72
　　贷：财务费用 509 282.72

借：分配股利、利润或偿付利息支付的现金　　600 000
　　贷：取得投资收益收到的现金　　600 000

（5）第 5 年年末：

借：投资收益　　505 062.94
　　贷：财务费用　　505 062.94
借：分配股利、利润或偿付利息支付的现金　　600 000
　　贷：取得投资收益收到的现金　　600 000
借：偿还债务支付的现金　　10 000 000
　　贷：收回投资收到的现金　　10 000 000

**例 33-31** N 公司销售一批存货给 M 公司，销售价为 120 000 元（款已收付），成本价为 72 000 元，M 公司购入后对外销售 60%，销售额为 98 000 元，还有 40%未售出。

（1）借：营业收入　　72 000
　　　贷：营业成本　　72 000
（2）借：营业收入　　48 000
　　　贷：营业成本　　36 000
　　　　　存货　　12 000
（3）借：购买商品、接受劳务支付的现金　　120 000
　　　贷：销售商品、提供劳务收到的现金　　120 000

**例 33-32** 接例 33-31 资料，下年度 N 公司又销售一批存货给 M 公司，销售价 60 000 元，成本价 48 000 元，M 公司将上年购入的未销售存货全部售出，销售额 63 000 元，本期购入的全部未出售。

（1）借：未分配利润——年初　　12 000
　　　贷：营业成本　　12 000
（2）借：营业收入　　60 000
　　　贷：营业成本　　48 000
　　　　　存货　　12 000

**例 33-33** 接例 33-31 资料，M 公司将上年度购入的未销售存货 50%售出，销售价款 31 500 元，50%未出售，本期购入 N 公司存货一批，销售价款 60 000 元，成本价 48 000 元，全部未出售。

（1）借：未分配利润——年初　　12 000
　　　贷：营业成本　　6 000
　　　　　存货　　6 000
（2）借：营业收入　　60 000
　　　贷：营业成本　　48 000
　　　　　存货　　12 000

**例 33-34** N公司在年末从M公司购入一台设备，售价90 000元（款已收付），成本72 000元，折旧年限6年，期满报废。

（1）第1年年末：

借：营业外收入　　18 000
　　贷：固定资产——原价　　18 000
借：购建固定资产、无形资产和其他长期资产支付的现金　　90 000
　　贷：处置固定资产、无形资产和其他长期资产收到的现金净额　　90 000

（2）第2年年末：

借：未分配利润——年初　　18 000
　　贷：固定资产——原价　　18 000
借：固定资产——累计折旧　　3 000
　　贷：管理费用　　3 000

（3）第3年年末：

借：未分配利润——年初　　18 000
　　贷：固定资产——原价　　18 000
借：固定资产——累计折旧　　3 000
　　贷：管理费用　　3 000
借：固定资产——累计折旧　　3 000
　　贷：未分配利润——年初　　3 000

（4）第4年年末：

借：未分配利润——年初　　18 000
　　贷：固定资产——原价　　18 000
借：固定资产——累计折旧　　3 000
　　贷：管理费用　　3 000
借：固定资产——累计折旧　　6 000
　　贷：未分配利润——年初　　6 000

（5）第5年年末：

借：未分配利润——年初　　18 000
　　贷：固定资产——原价　　18 000
借：固定资产——累计折旧　　3 000
　　贷：管理费用　　3 000
借：固定资产——累计折旧　　9 000
　　贷：未分配利润——年初　　9 000

（6）第6年年末：

借：未分配利润——年初　　18 000
　　贷：固定资产——原价　　18 000
借：固定资产——累计折旧　　3 000
　　贷：管理费用　　3 000
借：固定资产——累计折旧　　12 000
　　贷：未分配利润——年初　　12 000

（7）第7年年末：

借：未分配利润——年初　　3 000

　贷：管理费用　　3 000

## 第二节 新准则对企业的影响

为了适应社会主义市场经济发展的需要，进一步完善企业会计准则体系，提高企业会计信息质量，我国财政部于2014年1月修订并印发了《企业会计准则第33号——合并财务报表》（以下简称“本准则”），并要求自2014年7月1日起在所有执行会计准则的企业范围内施行，鼓励在境外上市的企业提前执行。财政部于2006年2月25日发布的《财政部关于印发〈企业会计准则第1号——存货〉等38项具体准则的通知》（财会〔2006〕3号）中的《企业会计准则第33号——合并财务报表》（以下简称“原准则”）同时废止。

本准则主要规范了合并财务报表合并范围的确定及合并财务报表的编制和列报，以及特殊交易在合并财务报表中的处理，不涉及外币财务报表的折算和在子公司权益的披露。与原准则相比，本准则的主要变动如下。

**（一）本准则增加了投资性主体的豁免**

原准则规定，母公司应当将其全部子公司纳入合并财务报表的合并范围，要求所有拥有子公司的母公司均应编制合并财务报表，同时所有被母公司控制的子公司均应包括在母公司编制的合并报表范围内。

本准则规定，母公司应当将其全部子公司（包括母公司所控制的单独主体）纳入合并财务报表的合并范围。但是，如果母公司是投资性主体，则母公司应当仅将为其投资活动提供相关服务的子公司（如有）纳入合并范围并编制合并财务报表；其他子公司不应当予以合并，母公司对其他子公司的投资应当按照公允价值计量且其变动计入当期损益。

**（二）关于控制的定义和具体判断原则**

原准则规定，控制是指一个企业能够决定另一个企业的财务和经营政策，并能据以从另一个企业的经营活动中获取利益权力。本准则规定，控制是指投资方拥有对被投资方的权力，通过参与被投资方的相关活动而享有可变回报，并且有能力运用对被投资方的权力影响其回报金额。另外，通过解释等方式增加了母公司关于控制特殊目的主体的判断。“控制”的定义包括三个要素：①投资方拥有对被投资方的权力；②投资方因参与被投资方的相关活动而享有可变回报；③投资方有能力运用对被投资方的权力影响其回报金额。在判断投资方是否能够控制被投资方时，当且仅当投资方具备上述三个要素时，才能表明投资方能够控制被投资方。

**（三）吸收整合相关解释等相关内容**

本准则吸纳了已发布的解释、年报通知和司便函等文件相关规定，具体如下：

（1）明确规定购买少数股权、不丧失控制权情况下处置部分对子公司投资交易在合并财务报表层面应作为权益性交易进行会计处理。

（2）明确规定因抵销未实现内部销售损益导致合并财务报表中资产和负债的账面

价值与其在所属纳税主体的计税基础之间产生暂时性差异，在合并财务报表层面应确认相应的所得税影响。

（3）明确规定因处置部分股权投资或其他原因丧失对原有子公司控制权的，在合并财务报表层面应视为处置子公司同时取得一项新的投资性资产，对剩余股权应按照其丧失控制权日的公允价值进行重新计量。

（4）明确规定子公司当期综合收益中属于少数股东权益的份额，应当在合并利润表中综合收益总额项目下以“归属于少数股东的综合收益总额”项目列示。

（5）明确规定子公司少数股东分担的当期亏损额超过了少数股东在该子公司期初所有者权益中所享有的份额的，其余额仍应当冲减少数股东权益。

# 第三十四章　每股收益

## 第一节　案例分析及操作实务

### 一、债转股对于计算基本每股收益与稀释每股收益的影响

**例 34-1**　已知 2×20 年归属于母公司普通股股东的利润为 1 190 万元，期初流通在外的普通股股数为 100 万股，本年发行每 10 份可转换为 3 股普通股的可转换债券 100 万份，面值 1 000 万元，利率为 5%，2×20 年 7 月 1 日，共有 50 万份可转换债券转换为普通股。求该年基本每股收益和稀释的每股收益。

本年可转换债券转换股数＝15（万股）
当期发行在外普通股的加权平均数＝100 ＋ 15×6÷12 ＝ 107.5（万股）
基本的每股收益＝净利润当期发行在外普通股的加权平均数＝1 190 107.5≈11.07（元）
用于计算每股收益的普通股股数＝107.5 ＋ 15 ＝ 122.5（万股）
调整的净利润＝1 190 ＋ 1 000×0.05 ＝ 1 240（万元）
稀释的每股收益＝1 240÷122.5≈10.12（元）

注意：具有稀释性的潜在普通股当期转换成普通股的，从期初至转换日，应当将其计入计算稀释的每股收益的普通股加权平均数；转换完成后，从转换日到期末，应当将其计入计算基本每股收益的普通股加权平均数。

### 二、基本每股收益和稀释每股收益的计算和在利润表中的列报

**例 34-2**　已知条件：A 公司 2×20 年净利润为 1 亿元，年初外发的普通股数量为 500 万股，3 月 1 日增发普通股 20 万股。2×19 年 12 月发行了面值为 1 000 元、利率为 5%、期限为 20 年的可转换债券，本金为 1 200 万元。每年分两次支付利息，分别在 11 月 1 日和 5 月 1 日。每份债券可转换为 40 股，全部债券于 2×20 年 4 月 1 日转换。2×18 年 1 月 1 日发行了 5 年期内可按每股 55 元购买 60 万股普通股的认股权证。所有外发的认股权证均于 2×20 年 9 月 1 日行权。本年 7 月 1 日发行了 10 年期、可按每股 75 元购买 150 万股普通股期权，本年没有行权，因为期权的行权价格超过了普通股市场价格。所得税税率为 40%，已知本年各季度普通股平均价格如下：第 1 季度：49 元；第二季度：60 元；第 3 季度：67 元；第 4 季度：67 元。2×20 年 1 月 1 日至 9 月 1 日的普通股平均价格为 65 元。

1. 基本每股收益的计算

可转换债券转换为普通股股数＝1 200÷0.1×40 ＝ 480 000（股）
当期发行在外普通股的加权平均数：
加权平均数＝500 ＋ 20×10÷12 ＋ 48×9÷12 ＋ 60×4÷12 ＝ 572.666 7（万股）
基本的每股收益＝10 000÷572.6667≈17.46（元）

2. 稀释每股收益的计算

调整每股收益利润的计算＝10 000 ＋ 1 200×0.05÷4×（1 － 0.4）＝10 009（万元）

3. 调整的普通股股数的计算

认股权证可转换的普通股股数：由于该认股权证在9月1日才行权，因而需要计算出在未行权时的股数，该只股票的平均市场价格计算如下：

（49×3 ＋ 60×3 ＋ 65×2）÷8 ＝ 57.125（元）
调整的认股权证数＝（57.125 － 55）÷57.125×600 000×8÷12 ＝ 14 880（股）
可转换债券调整的普通股股数＝480 000×3÷12 ＝ 120 000（股）

只有当期的普通股的平均价格高于期权的行权价格时，该期权才具有稀释效应。在本题中，行权价高于普通股市场价格，所以本题不予考虑期权因素。

计算稀释的每股收益的普通股股数＝572.6667 ＋ 1.488 ＋ 12 ＝ 586.1547（万股）
稀释的每股收益＝10 009÷586.1547≈17.08（元）

4. 列报

根据准则要求，实体应该列报计算与调整净利润的过程、加权平均普通股股数的计算过程、基本的每股收益与稀释的每股收益计算过程。

2×20年全年基本每股收益与稀释的每股收益列报如表34-1所示。

（1）基本每股收益的计算。

归属于普通股股东的当期净利润＝10 000（万元）

**表34-1　每股收益列报**

| 日期 | 在外普通股股数（万股） | 期间比例 | 加权平均股数（万股） |
|---|---|---|---|
| 1月1日至2月28日 | 500 | 2/12 | 83.333 3 |
| 3月增发普通股20万股 | | | |
| 3月1日至3月31日 | 520 | 1/12 | 43.333 3 |
| 4月转换可转换债券 | 48 | | |
| 4月1日至8月31日 | 568 | 5/12 | 236.666 7 |
| 9月行使认股权证 | 60 | | |
| 9月1日至12月31日 | 628 | 4/12 | 209.333 3 |
| 加权平均股数 | | | 572.666 7 |

（续表）

| 日期 | 在外普通股股数（万股） | 期间比例 | 加权平均股数（万股） |
|---|---|---|---|
| 基本每股收益 | | | 17.46 元 |

（2）稀释的每股收益计算。

| | |
|---|---|
| 归属于普通股股东的当期净利润 | 10 000 万元 |
| 加：利率 5% 可转换债券未转换前利息 | 9 万元 |
| 调整后普通股股东的利润 | 10 009 万元 |
| 普通股加权平均数 | 572.6667 万股 |
| 加：认股权证 | 1.488 万份 |
| 可转换债券 | 12 万股 |
| 稀释性潜在普通股 | 13.488 万股 |
| 调整后加权平均股数 | 586.1547 万股 |
| 稀释的每股收益 | 17.08 元 |

**例 34-3** 某公司 2×20 年度归属于普通股股东的净利润为 60 000 万元（不包括子公司 B 公司利润或 B 公司支付的股利）。发行在外普通股加权平均数为 40 000 万股，持有 B 公司 80% 的普通股权。B 公司 2×20 归属于普通股股东的净利润为 21 600 万元，发行在外的普通股加权平均数为 9 000 万股，该普通股当年平均市场价格为 8 元。年初，B 公司对外发行 600 万份可用于购买其普通股的认股权证，行权价格为 4 元，A 公司持有其中的 12 万份认股权证，当年无认股权证被行权。假设除股利外，母子公司之间没有其他需要抵销的内部交易。A 公司取得对 B 公司的投资时，B 公司各项可辨认资产等的公允价值与其账面价值一致。2×20 年每股收益计算如下：

（1）子公司（B 公司）每股收益：

基本每股收益＝21 600÷9 000 ＝ 2.4（元）

调整增加的普通股股数＝ 600-600×4÷8 ＝ 300（万股）

稀释后的每股收益＝21 600÷（9 000 ＋ 300）＝ 2.32（元）

（2）合并每股收益：

归属于母公司普通股股东的母公司利润＝ 60 000（万元）

包括在合并基本每股收益计算中的子公司净利润部分＝ 21600×80%
＝ 17 280（万元）

基本每股收益＝（60 000 ＋ 17 280）÷40 000 ＝ 1.932（元）

子公司净利润中归属于普通股且由母公司享有的部分＝ 2.32×9 000×80%
＝ 16 704（万元）

子公司净利润中归属于认股权证且由母公司享有的部分＝ 2.32×300×12÷600
＝ 13.92（万元）

$$稀释后的每股收益=\frac{60\ 000+16\ 704+13.92}{40\ 000}=1.918（元）$$

## 第二节 新准则对企业的影响

### 一、更真实地反映企业每股盈余情况

和旧准则相比，新准则要求企业同时计算和列报基本每股收益和稀释每股收益两个指标。计算基本每股收益的目的是衡量会计主体报告期的盈利状况，而计算稀释每股收益的目的是反映所有具有稀释性的潜在普通股对每股收益的影响。基本每股收益与稀释每股收益分别代表了无稀释和充分稀释情况下的每股收益，两个指标之间的差异恰好能够反映公司资本结构对每股收益的最大稀释幅度。这使得财务报告能够更真实地反映企业的经营状况。

### 二、资本市场将对企业投资进行重新估价

新准则要求计算基本每股收益和稀释每股收益两个指标，与以前相比，发生了较大变化，对上市公司的股价将可能产生一定影响（市盈率的计算基础发生了变化）。

### 三、潜在股本的稀释效应将引起投资者关注资本运作的实质

我国证券市场投资者往往将送红股等上市公司总股本将发生潜在变化的情形，当成一种炒作的题材，而忽视了类似股本潜在变化其实将“稀释”每股收益。新准则增加了稀释的每股收益这个指标，规定企业要在利润表中单独列示稀释的每股收益，即要反映出潜在普通股的影响，这使得财务报告更具有透明性，为投资者提供更准确的决策依据，也更为清晰地提醒投资者股价的风险。

# 第三十五章　分部报告

## 第一节　案例分析及操作实务

### 一、业务分部的列报

例 35-1　假设天鸿公司设定六个业务分部，分别是汽车制造业分部、彩电制造业分部、造纸业分部、石油开采业分部、食品生产业分部和金融业分部。这些分部的有关资料见表 35-1。

表 35-1　天鸿公司业务分部报告　　单位：百万元

| 项目 | 项目汽车制造业分部 | 彩电制造业分部 | 造纸业分部 | 石油开采业分部 | 食品生产业分部 | 金融业分部 |
|---|---|---|---|---|---|---|
| 销售收入——外部客户 | 700 | 150 | 150 | 450 | 60 | 0 |
| 销售收入——分部间销售 | 250 | 30 | 0 | 0 | 40 | 0 |
| 利息收入——分部客户 | 50 | 40 | 20 | 30 | 10 | 200 |
| 利息收入——分部间贷款 | 10 | 20 | 0 | 0 | 10 | 80 |
| 费用 | | | | | | |
| 经营费用——外部客户 | 350 | 80 | 190 | 510 | 30 | 50 |
| 经营费用——分部间销售 | 200 | 40 | 0 | 0 | 20 | 20 |
| 利息费用 | 40 | 20 | 50 | 100 | 0 | 120 |
| 所得税费用 | 150 | 30 | （30） | （60） | 10 | 10 |
| 可辨认资产 | | | | | | |
| 有形资产 | 200 | 20 | 20 | 200 | 20 | 200 |
| 无形资产 | 40 | 10 | 20 | 70 | 10 | 0 |
| 分部间贷款 | 20 | 40 | 0 | 0 | 10 | 100 |

（1）营业收入 10% 的检验。在对该公司的业务分部进行营业收入检验时，必须注意，除了金融业分部营业收入外，其他业务分部营业收入不包括来自分部间的贷款利

息收入。有关业务分部营业收入的检验见表 35-2。

**表 35-2　业务分部营业收入检验表**　　单位：百万元

| 业务分部 | 业务分部营业收入 | 符号 | 判定值（10%×2 260） | 是否应报告 |
| --- | --- | --- | --- | --- |
| 汽车制造业分部 | 1 000 | > | 226 | 是 |
| 彩电制造业分部 | 220 | < | 226 | 否 |
| 造纸业分部 | 170 | < | 226 | 否 |
| 石油开采业分部 | 480 | > | 226 | 是 |
| 食品生产业分部 | 110 | < | 226 | 否 |
| 金融业分部 | 280 | > | 226 | 是 |
| 合计 | 2260 | | | |

（2）经营利润或亏损 10% 的检验。表 35-2 已经将各业务分部的营业收入列明，这些业务分部的营业收入减去各相应的业务分部经营费用后，就是这些业务分部的经营利润或亏损。但是，需要注意的是，除了金融业分部营业费用外，其他业务分部的经营费用不包括利息费用；另外包括金融业分部在内的各个业务分部经营费用都不包括所得税。各业务分部经营利润或亏损的计算见表 35-3。

**表 35-3　业务分部经营利润表**　　单位：百万元

| 业务分部 | 分部营业收入 | 分部营业费用 | 分部经营利润 | 分部经营亏损 |
| --- | --- | --- | --- | --- |
| 汽车制造业分部 | 1 000 | 550 | 450 | |
| 彩电制造业分部 | 220 | 120 | 100 | |
| 造纸业分部 | 170 | 190 | | 20 |
| 石油开采业分部 | 480 | 510 | | 30 |
| 食品生产业分部 | 110 | 50 | 60 | |
| 金融业分部 | 280 | 190 | 90 | |
| 合计 | 2 260 | 1 610 | 700 | 50 |

有关各业务分部经营利润或亏损见表 35-4。

表 35-4 业务分部经营利润检验表 单位：百万元

| 业务分部 | 盈利分部的营业利润 | 亏损分部的营业亏损 | 符号 | 判定值（700×10%） | 是否应报告 |
|---|---|---|---|---|---|
| 汽车制造业分部 | 450 | | > | 70 | 是 |
| 彩电制造业分部 | 100 | | > | 70 | 是 |
| 造纸业分部 | | 20 | < | 70 | 否 |
| 石油开采业分部 | | 30 | < | 70 | 否 |
| 食品生产业分部 | 60 | | < | 70 | 否 |
| 金融业分部 | 90 | | > | 70 | 是 |
| 合计 | 700 | 50 | | | |

（3）可辨认资产10%的检验。进行可辨认资产10%检验见表35-5，必须注意的是，除了金融分部可辨认资产外，其他业务分部可辨认资产将不包括分部间贷款。

表 35-5 业务分部可辨认资产检验表 单位：百万元

| 业务分部 | 业务分部营业收入 | 符号 | 判定值（700×910%） | 是否应报告 |
|---|---|---|---|---|
| 汽车制造业分部 | 240 | > | 91 | 是 |
| 彩电制造业分部 | 30 | < | 91 | 否 |
| 造纸业分部 | 40 | < | 91 | 否 |
| 石油开采业分部 | 270 | > | 91 | 是 |
| 食品生产业分部 | 30 | < | 91 | 否 |
| 金融业分部 | 300 | > | 91 | 是 |
| 合 计 | 910 | | | |

（4）以上三种10%的检验结果的综合分析。三种10%的检验的结果汇总如表35-6，其中满足各检验的画“√”，不满足各检验的画“×”。

表 35-6 检验结果综合分析表

| 业务分部 | 营业收入 10% 检验 | 经营利润或亏损 10% 检验 | 可辨认资产 10% 检验 |
|---|---|---|---|
| 汽车制造业分部 | √ | √ | √ |
| 彩电制造业分部 | × | √ | × |

（续表）

| 业务分部 | 营业收入 10% 检验 | 经营利润或亏损 10% 检验 | 可辨认资产 10% 检验 |
| --- | --- | --- | --- |
| 造纸业分部 | × | × | × |
| 石油开采业分部 | √ | × | √ |
| 食品生产业分部 | × | × | × |
| 金融业分部 | √ | √ | √ |

根据三种检验的结果进行综合分析，可得出下列结论：汽车制造业分部、彩电制造业分部、石油开采业分部、金融业分部是应报告业务分部；而造纸业分部、食品生产业分部不是应报告业务分部，因为这两个业务分部不满足三种10%的检验中的任何一个检验。因此对这两个业务分部的分解是不必要的，它们可以合在一起，以总额列报。

## 二、地区分部的列报

**例 35-2** 假设翔羽公司的经营涉及国内分部、国外地区分部 1 和国外地区分部 2，有关各分部的资料见表 35-7。

**表 35-7 翔羽公司地区分部表** 单位：百万元

| 项目 | 国内分部 | 国外地区分部 1 | 国外地区分部 2 | 合并 |
| --- | --- | --- | --- | --- |
| 1. 营业收入： | 550 | 300 | 200 | 1 050 |
| 2×19 年地区分部间销售情况：① | | | | |
| 国内分部对国外地区分部 1 的销售收入 | 100 | | | |
| 国内分部对国外地区分部 1 的销售成本 | 60 | | | |
| 2. 经营利润： | 146 | 80 | 20 | 246 |
| 3. 地区分部可辨认资产： | 738 | 350 | 200 | 1 288 |
| 当期分部间销售在期末未实现利润的抵销 | | | | （8） |
| 公司一般资产 | | | | 180 |
| 长期投资 | | | | 320 |
| 总资产 | | | | 1 780 |

另外，国外地区分部 1 在 2×20 年年初尚保留来自国外地区分部 2 上年度的分部间销售未对企业外部客户销售。其中该分部间销售的价格为 2 400 万元，成本为 2 200 万元，并假设期初分部间销售所包含的未实现利润在年末全部实现。同时表 35-7 注①

所示的本年度分部间销售中，年末国外地区分部 1 尚有 20%分部间销售未对企业外部客户出售。依据上述数据进行 10%的检验见表 35-8。

**表 35-8　地区分部分析表**　　　　单位：百万元

| 地区分部 | 对外部客户的销售 | 收入对外部客户销售收入 / 合并营业收入 | 可辨认资产 | 可辨认资产 / 合并总资产 | 是否为应列报地区分部 |
|---|---|---|---|---|---|
| 国内分部 | 450 | 47.37% | 738 | 41.46% | 是 |
| 国外地区分部 1 | 300 | 31.58% | 350 | 19.66% | 是 |
| 国外地区分部 2 | 200 | 21.05% | 200 | 11 .23% | 是 |
| 合计 | 950 | | 1 288 | 72.35%① | |

注：① 72.35%与 100%的差异原因在于，存在公司一般资产和合并子公司和其他权益法接受投资公司的长期股权投资。

根据上述资料，国内地区分部、国外地区分部 1、国外地区分部 2 都是应列报地区分部，则所做的地区分部报告披露见表 35-9 所示。

**表 35-9　地区分部报告**　　　　单位：百万元

| 项目 | 国内分部 | 国外地区分部 1 | 国外地区分部 2 | 调整或抵销 | 合并 |
|---|---|---|---|---|---|
| 对外部客户销售 | 450 | 300 | 200 | | 950 |
| 分部间销售 | 100 | | | | 100 |
| 合计 | 550 | 300 | 200 | | 1 050 |
| 经营利润 | 146 | 80 | 20 | （6） | 240 |
| 投资收益 | | | | | 90 |
| 利息费 | | | | （20） | |
| 公司一般费用 | | | | （20） | |
| 税前经营利润 | | | | | 290 |
| 可辨认资产 | 738 | 350 | 200 | （8） | 1 280 |
| 长期投资 | | | | | 320 |
| 公司一般资产 | | | | | 180 |
| 总资产 | | | | | 1 780 |

经营利润的抵销数是6，其计算过程如下：

国外地区分部1在2×20年年初尚保留来自国外地区分部2的2×19年度分部间销售未对外部客户销售，其售价为2 400万元，成本为2 200万元，未实现内部销售损益为200万元在年末全部实现，故合并利润应调整增加200万元（2 400－2 200）。

由于2×20年度国内经营分部对国外地区分部1分部间销售10 000万元，成本6 000万元，年末国外地区分部1尚有20%未对企业外部客户销售，故存在800万元［（100－60）×20%］未实现内部销售损益，应抵减国外合并经营利润800万元，综合地区分部1和国外地区分部2，合并经营利润应最终抵销600万元。

## 三、出口销售的披露

**例35-3** 假设我国的飞羽公司2×20年国内经营的出口销售有关资料和是否应披露外销金额如表35-10所示。

表35-10 出口销售分析表 单位：百万元

| 项目 | 营业收入 | 符号 | 判定值（400×10%） | 是否应披露外销 |
|---|---|---|---|---|
| 由中国直接销往： | | | | |
| 欧洲 | 50 | > | 40 | 是② |
| 北美洲 | 45 | > | 40 | 是 |
| 大洋洲 | 12 | < | 40 | 否③ |
| 非洲 | 10 | < | 40 | 否 |
| 合计 | 117 | > | 40 | 是① |
| 合并营业收入 | 400 | | | |

注：① 国内经营对外出口销售的总额11 700万元大于合并营业收入40 000万元的10%即4 000万元，所以飞羽公司应披露国内经营出口销售的总额。

② 因为出口欧洲、北美洲的销售收入均大于合并营业收入40 000万元的10%即4 000万元，所以应单独披露对欧洲、北美洲出口销售的金额。

③ 为出口大洋洲、非洲的销售收入均小于合并营业收入40 000万元的10%即4 000万元，所以大洋洲和非洲应进行合并，披露其出口销售的合计金额。

## 四、主要客户披露

**例35-4** 如果企业来自某一客户的营业收入等于或大于整个企业营业收入或合并营业收入的10%，则该客户为主要客户。对于主要客户企业应披露相关的业务分部和来自主要客户的营业收入金额，但不得披露主要客户的名称。同理，对于国家、地区、国外政府机构的销售也视同对单一客户的销售，如满足检验也应加以披露。这里应加以注意的是：即使该公司不需披露业务分部和地区分部的信息，它仍然需要披露主要客户的信息。

## 五、分部报告分析案例

**例 35-5**　ABC 股份有限公司系大型跨行业经营公司，主要由家用电器、医疗卫生器械和汽车制造等三个业务分部组成。这些部门是公司报告其主要分部信息的基础。家用电器分部生产多种型号的电视机、高级音响、各种家用小电器；医疗卫生器械分部主要生产医疗器械、卫生消毒产品；汽车制造分部主要生产农用车、小型货车及经济型轿车；其他经营包括计算机软件以及房产出租等。该公司按业务分部披露分部报告。

1. 战略分析

（1）家用电器分部：由于家用电器市场趋于饱和，市场竞争激烈，因此行业平均利润率较低。该分部在同类市场中份额不大，在投入市场和产出市场均无较强的议价能力。在竞争策略上，该分部采用成本领先策略，强调产品设计以降低成本，因此可以预见该分部的资产利润率和毛利率将较低。

（2）医疗卫生器械分部：由于突发的公共卫生事件，2×20 年医疗卫生行业呈现繁荣发展的态势，行业销售额为历史最高点。由于严格的卫生监测、审批制度，该行业只有两三家规模相当的竞争企业，且都握有较大的市场份额。在竞争策略上，该分部采用追求差异策略，由于其相对垄断地位，可以获得较高的超额利润。由以上分析可以看出，该分部今年的销售额增加是因为突发的公共卫生事件拉动了市场需求，而不是公司自身经营策略所致，可以预计当突发因素消除以后，公司销售额有可能下降，但在同类市场中仍能保持较大的市场份额。

（3）汽车制造分部：由于“私家车”经济的兴起，公司 2×20 年年初已公开宣布将缩小农用车、货车的投资规模，加大对经济节能型轿车的投入，而市场上已有几家公司宣称要进入经济型轿车市场，现存市场上并无企业占据绝对优势。该分部实施兼顾成本和产品差异的战略。2×20 年该分部已有两款轿车车型面世，但并未投入大规模生产，分部对该两款车型的市场预期良好。从以上分析可以看到，由于整个行业的增长速度迅猛，尽管存在着潜在的市场竞争，但企业仍有可能获得良好的投资回报。

2. 会计分析

ABC 公司的经营风险和收益主要来源于不同的公司业务，因此按照业务分部披露分部信息能揭示企业的经营风险和盈利能力，比较合适。该公司在分部划分上保持了会计政策的一贯性。公司内部各分部间的内部转移价格以市场价格为依据，因此分部报告基本公允地表达了各分部的经营状况。

3. 财务分析

（1）2×20 年各分部收入对外依赖程度分析。

家用电器分部：$110\div140\times100\%=78.57\%$

医疗卫生器械分部：$220\div240\times100\%=91.67\%$

汽车制造分部：$80\div100\times100\%=80\%$

可以看出，各分部收入对外部客户的依赖程度都较高，分部间虽存在一定的内部交易，但交易份额较小。其中，医疗卫生器械分部对外部客户依赖程度最高，因此受外部因素影响最大。

（2）各分部对公司的销售收入、利润总额的贡献分析。

2×19 年公司整体销售收入为 284 百万元，其中：

家用电器分部贡献：100÷284×100%＝35.21%
医疗卫生器械分部贡献：90÷284×100%＝31.69%
汽车制造分部贡献：80÷284×100%＝28.17%

2×19 年公司整体营业利润为 49 百万元，其中：

家用电器分部贡献：（100 － 75 － 15）÷49×100%＝20.41%
医疗卫生器械分部贡献：（90 － 52 － 12）÷49×100%＝53.06%
汽车制造分部贡献：（80 － 55 － 7）÷49×100%＝36.73%

注：在计算各分部对公司贡献时，只考虑各分部对外部销售对公司整体销售收入和营业利润的贡献。

从 2×19 年的分析中可以看出，公司整体销售收入均衡来源于三个分部。其中家用电器分部对销售收入贡献最大，但由于其利润率相对较低，且其对内部交易的依赖程度相对较大，所以对公司整体利润贡献较低，这与该分部的产品性质和实施成本领先的经营战略相关。而医疗卫生器械分部对公司营业利润贡献最大，这与其对外部客户销售额较大和产品市场竞争结构相关。

2×20 年公司整体销售收入为 424 百万元，其中：

家用电器分部贡献：110÷424×100%＝25.94%
医疗卫生器械分部贡献：220÷424×100%＝51.89%
汽车制造分部贡献：80÷424×100%＝18.87%

2×20 年公司整体营业利润为 76 百万元，其中：

家用电器分部贡献：（110 － 9 － 15）÷76×100%＝6.58%
医疗卫生器械分部贡献：（220 － 145 － 15）÷76×100%＝78.95%
汽车制造分部贡献：（80 － 55 － 8）÷76×100%＝22.37%

从 2×20 年的分析中可以看出，由于突发的公共卫生事件影响，医疗卫生器械的销售额大幅度增长，使其占公司整体的销售收入达到一半以上，同时由于医疗卫生器械的超高利润率，公司 2×20 年的营业利润主要来自医疗卫生器械分部。而对于家用电器分部，其对公司整体营业利润的贡献进一步减小，说明其实施的成本领先战略只降低了产品价格，并未从根本上降低成本，从而使其产品的毛利率下降。该分部应重新考虑其战略的合理性和可行性。

（3）公司盈利增长分析。2×20 年公司整体的销售收入和营业利润都有大幅度增长。销售收入从 284 百万元增至 424 百万元，增长为 140 百万元，其中来自医疗卫生器械分部的销售收入增长为 130 百万元（220 － 90）；公司营业利润从 49 百万元增至 76 百万元，增长为 27 百万元，其中来自医疗卫生器械分部的对外营业利润增长为 34 百万元［（220 － 145 － 15）－（90 － 52 － 12）］，而与此同时家用电器分部对外营业利润有所减少，为 -5 百万元［（110 － 90 － 15）－（100 － 75 － 15）］。应该看到，尽管 2×20 年公司整体业绩增长，但其增长主要是由于突发的偶然因素，一旦该因素消除，公司可能很难保持强劲的增长势头。

（4）公司资产情况分析。

2×19 年公司的资产分布情况：

家用电器分部：100÷326×100%＝30.67%
医疗卫生器械分部：100÷326×100%＝30.67%
汽车制造分部：100÷326×100%＝30.67%

可以看出，2×19 年公司的资产分布比较均衡，三个业务分部都占据相当的资产。

2×20 年公司的资产分布情况：

家用电器分部：108÷448×100%＝24.11%
医疗卫生器械分部：110÷448×100%＝24.55%
汽车制造分部：200÷448×100%＝44.64%

可以看出，2×20 年各个分部的资产都有所增加，但汽车制造分部增幅明显，达到 100%。这使得公司的资产分布失去平衡，相对集中于汽车制造分部。这说明公司加强了汽车制造分部的支持力度，这与公司加大对经济型家用轿车的开发和研制战略有关。

综合以上分析，ABC 公司 2×20 年业绩良好，其增长速度较快，但主要受益于突发因素的拉动需求影响，其业绩增长主要来源于医疗卫生器械分部。会计信息使用者应充分考虑该因素的不确定性，对企业未来的发展趋势作出理性判断。公司家用电器分部经营业绩下滑，应适当缩小其规模或改变经营策略。汽车制造分部将成为 ABC 公司的发展重心，信息使用者可以结合该公司新研制的两款车型的市场预测，来分析公司未来的发展前景和经营风险。

以上简要分析了 ABC 公司的分部报告。应该说分部报告的分析在我国还处于不断摸索阶段，还需要广大会计理论与实务工作者的共同努力。

## 第二节 新准则对企业的影响

新准则要求企业集团内部以不同行业、不同地区的各个业务分部为单位报告财务信息的文件，其使用的会计概念、会计范畴与企业财务报告所涉及的有关范畴基本相同，只不过分部报告的主体与企业财务报告的主体不同，分部报告的主体是某一个经营分部单位，各个分部报告的总和构成了企业财务报告。因此，新准则的主要作用是对合并财务报表进行解释和补充，执行新准则不会对企业财务状况产生影响，但在其他方面会产生一些影响。

### 一、对企业运营、交易策略、公司治理等方面的影响

新准则的执行不会直接对企业运营、交易策略、公司治理等方面产生影响。但从长期来看，将会对企业的经营状况产生影响。因为对股东或潜在投资者而言，分部报告大大提高了其对企业未来现金流量及潜在盈利能力预测的准确性；对于债权人，可借助分部报告对未来现金流量的预测来评估企业短期变现能力和长期偿债能力，以确定信贷决策；对于宏观管理当局，分部信息有助于其了解、校正经济统计数据，修正产业政策和地区政策，评判企业在境内、境外的活动。从这个角度上讲，新准则的执行将对财务报表相关使用人的决策产生影响，这些必将对企业运营、公司治理等方面产生影响。

## 二、对企业内部会计控制的要求和影响

新准则要求除披露主体信息外，还应按规定披露对财务报表使用人有用的分部报告信息，这就要求企业在会计核算体系中合理体现业务分类、地区分类等分部业务信息，要求会计信息系统必须能采集到分部数据。另外，新准则的执行对企业内部财务报告系统也将产生影响。

## 三、信息披露质量提高

执行新准则势必要求会计人员对报告分部的确定、分部信息的披露作出更多的专业判断。另外，对于监管方和其他报告使用者而言，分部报告提供了更多有价值的会计信息，从而影响他们的决策。

# 第三十六章　关联方披露

## 第一节　案例分析及操作实务

### 一、关联方的界定

在判断是否存在关联方关系时，尤其应当遵守实质重于形式的原则。根据关联方披露准则的规定，关联方关系存在于：

1．企业的母公司

企业的母公司不仅包括直接或间接地控制该企业的其他企业，也包括能够对该企业实施直接或间接控制的单位等，具体如下。

（1)某一个企业直接控制一个或多个企业。例如，母公司控制一个或若干个子公司，则母公司与子公司之间即为关联方关系。

（2）某一个企业通过一个或若干个中间企业间接控制一个或多个企业。例如，母公司通过其子公司，间接控制子公司的子公司，表明母公司与其子公司的子公司存在关联方关系。

（3）一个企业直接地和通过一个或若干中间企业间接地控制一个或多个企业。例如，母公司对某一企业的投资虽然没有达到控股的程度，但由于其子公司也拥有该企业的股份或权益，如果母公司与其子公司对该企业的投资之和达到拥有该企业一半以上表决权资本的控制权，则母公司直接和间接地控制该企业，表明母公司与该企业之间存在关联方关系。

2．企业的子公司

企业的子公司包括直接或间接地被该企业控制的其他企业，也包括直接或间接地被该企业控制的单位、信托基金等。

3．受同一母公司控制的其他企业

因为两个或多个企业有相同的母公司，对它们都具有控制能力，即两个或多个企业如果有相同的母公司，它们的财务和经营政策都由相同的母公司决定，各个被投资企业之间由于受相同母公司的控制，可能为自身利益而进行的交易受到某种限制。因此，关联方披露准则规定与企业受同一母公司控制的两个或多个企业之间构成关联方关系。

4．对企业实施共同控制的投资方

这里的共同控制包括直接的共同控制和间接的共同控制。需要强调的是，对企业实施直接或间接共同控制的投资方与该企业之间是关联方关系，但这些投资方之间并不能仅仅因为共同控制了同一家企业而视为存在关联方关系。例如，A、B、C三个企业共同控制D企业，从而A和D、B和D以及C和D成为关联方关系。如果不存在其他关联方关系，A和B、A和C以及B和C之间不构成关联方关系。

5. 对企业施加重大影响的投资方

这里的重大影响包括直接的重大影响和间接的重大影响。对企业实施重大影响的投资方与该企业之间是关联方关系，但这些投资方之间并不能仅仅因为对同一家企业具有重大影响而视为存在关联方关系。例如，A企业和B企业均能够对C企业施加重大影响，如果A和B不存在其他关联方关系，则A和B不构成关联方关系。

6. 该企业的合营企业

合营企业指按照合同规定经营活动由投资双方或若干方共同控制的企业。合营企业的主要特点在于投资各方均不能对被投资企业的财务和经营政策单独作出决策，必须由投资各方共同作出决策。因此，合营企业是以共同控制为前提的，两方或多方共同控制某一企业时，该企业则为投资者的合营企业。例如A、B、C、D企业各占A企业表决权资本的25%。按照合同规定，投资各方按照出资比例控制A企业，由于出资比例相同，A企业由A、B、C、D企业共同控制。在这种情况下，A和A、B和A、C和A以及D和A之间构成关联方关系。

7. 该企业的联营企业

联营企业指投资方对其具有重大影响，但不是投资者的子公司或合营企业的企业。联营企业和重大影响是相联系的，如果投资者能对被投资企业施加重大影响，则该被投资企业视为投资者的联营企业。

8. 企业与其所属企业集团的其他成员单位（包括母公司和子公司）的合营企业或联营企业

例如，A公司和B公司同为C公司的子公司，D公司为B公司的合营企业或联营企业，则A公司与D公司为关联方。

9. 企业的合营企业与企业的其他合营企业或联营企业。

例如，A公司为B公司的合营企业，C公司为B公司的另一家合营企业或联营企业，则A公司与C公司为关联方。

10. 该企业的主要投资者个人及与其关系密切的家庭成员

主要投资者个人是指能够控制、共同控制一个企业或者对一个企业施加重大影响的个人投资者。这种情况下，存在以下两类关联关系：

（1）某一企业与其主要投资者个人之间的关系。例如，张三是A企业的主要投资者，则A企业与张三构成关联方关系。

（2）某一企业与其主要投资者个人关系密切的家庭成员之间的关系。例如，A企业的主要投资者张三的儿子张小三与A企业构成关联方关系。

11. 该企业或其母公司的关键管理人员及与其关系密切的家庭成员

关键管理人员是指有权力并负责计划、指挥和控制企业活动的人员。与主要投资者个人或关键管理人员关系密切的家庭成员是指在处理与企业的交易时可能影响该个人或受该个人影响的家庭成员。这两种关系可确认为关联关系：

（1）某一企业与其关键管理人员之间的关系。例如，A企业的总经理与A企业构成关联方关系。

（2）某一企业与其关键管理人员关系密切的家庭成员之间的关系。例如，A企业的总经理张三的儿子张小三与A企业构成关联方关系。

12. 该企业主要投资者个人、关键管理人员或与其关系密切的家庭成员控制、共

同控制或施加重大影响的其他企业

根据企业会计准则的规定，与主要投资者个人或关键管理人员关系密切的家庭成员，是指在处理与企业的交易时可能影响该个人或受该个人影响的家庭成员，例如父母、配偶、兄弟、姐妹和子女等。判断与主要投资者个人或关键管理人员关系密切的家庭成员是否为一个企业的关联方，应当视他们在处理与企业交易时的互相影响程度而定。对于这类关联方，应当根据主要投资者个人、关键管理人员或与其关系密切的家庭成员对两家企业的实际影响力具体分析判断。

（1）某一企业与受该企业主要投资者个人控制、共同控制或施加重大影响的其他企业之间的关系。例如，A 企业的主要投资者 H 拥有 B 企业 60%的表决权资本，则 A 和 B 存在关联方关系。

（2）某一企业与受该企业主要投资者个人关系密切的家庭成员控制、共同控制或施加重大影响的其他企业之间的关系。例如，A 企业的主要投资者 Y 的妻子拥有 B 企业 60%的表决权资本则 A 和 B 存在关联方关系。

（3）某一企业与受该企业关键管理人员控制、共同控制或施加重大影响的其他企业之间的关系。例如，A 企业的关键管理人员 H 控制了 B 企业，则 A 和 B 存在关联方关系。

（4）某一企业与受该企业关键管理人员关系密切的家庭成员控制、共同控制或施加重大影响的其他企业之间的关系。例如，A 企业的财务总监 Y 的妻子是 B 企业的董事长，则 A 和 B 存在关联方关系。

《企业会计准则解释第 13 号》在《企业会计准则第 36 号 -- 关联方披露》的基础上新增加两种关联方的情形，即第 8 和 9 种情形，从而扩大了关联方的范围。

## 二、有关关联方关系和关联交易的判断

（1）正确地判断关联关系是正确地披露关联交易的前提条件，在判断关联关系的时候要注意控制、共同控制和重大影响的关系的实质，而不应该仅仅根据持股比例来作为区分关联关系的标准。

例如，甲公司拥有乙公司 40%的股份，丙公司拥有乙公司 60%的股份，在乙公司董事会的成员当中，甲公司有五名董事，丙公司有六名董事，但是董事长由甲公司的人员担任。这样，就要根据乙公司的董事会上甲公司是否拥有多数的表决权，其委派的董事长在公司的财务和经营决策上是否拥有决定权等，来判定甲公司是否对乙公司拥有控制权。

（2）在判断关联交易是否存在的时候要遵循实质重于形式的原则，综合起来加以考虑，有些交易表面上看来不是关联交易，但是实质上确实是关联交易，这就要看每一笔交易的本质是什么。

例如，甲上市公司拥有乙公司 40%的股份，甲公司又把这 40%的股份转交给了其占有 5%股份的丙公司，丙公司又把乙公司 40%的股份转交给了甲公司的子公司丁公司，表面上看甲公司和丙公司不存在关联关系，其交易也不是关联交易，丙公司和丁公司也不是关联关系，其交易也不是关联交易。但是从交易的实质上看，其实是甲公司把持有的乙公司股份转让给了其子公司丁公司，应该算是关联方交易。把股份转让给丙公司正是为了转让给其子公司丁公司。

## 三、有关关联关系的披露和关联交易的披露

### （一）有关关联关系的披露

（1）存在控制关系的关联方，如表 36-1 所示。

（2）存在控制关系的关联方的注册资本及其变化，如表 36-2 所示。

（3）存在控制关系的关联方的持股比例和表决权比例，如表 36-3 所示。

（4）不存在控制关系的关联方关系的性质。当企业与非控制关系的关联企业存在关联交易时，需要披露其关联关系的性质，如表 36-4 所示。

表 36-1　存在控制关系的关联企业一览表

| 企业名称 | 注册地址 | 业务性质 | 与本企业的关系 |
|---|---|---|---|
| 甲企业 | 北京阜成路 28 号 | 工业加工 | 母公司 |
| 乙企业 | 北京知春路 18 号 | 工业加工 | 子公司 |
| 丙企业 | 北京长安街 16 号 | 商业批发 | 子公司 |

表 36-2　存在控制关系的关联企业的注册资本及其变化　　单位：万元

| 企业名称 | 年初数 | 本年增加 | 本年减少 | 年末数 |
|---|---|---|---|---|
| 甲企业 | 100 000 | 0 | 0 | 100 000 |
| 乙企业 | 50 000 | 10 000 | 5 000 | 55 000 |
| 丙企业 | 60 000 | 5 000 | 10 000 | 55 000 |

表 36-3　存在控制关系的关联企业的持股比例和表决权比例

| 企业名称 | 持股比例（%） | 表决权比例（%） |
|---|---|---|
| 甲企业 | 60 | 60 |
| 乙企业 | 70 | 70 |
| 丙企业 | 80 | 70 |

表 36-4　不存在控制关系的关联企业性质

| 企业名称 | 与本企业的关系 |
|---|---|
| 丁企业 | 合营企业 |
| 戊企业 | 联营企业 |

（续表）

| 企业名称 | 与本企业的关系 |
|---|---|
| 己企业 | 与本企业共一个董事长 |

**（二）有关关联交易的披露**

例如，有关应收账款披露见表 36-5。

**表 36-5　与关联企业形成的应收账款变动情况**　　单位：万元

| 企业名称 | 2×20 年 | | | 2×19 年 | | |
|---|---|---|---|---|---|---|
| | 年期末金额 | 占全部应收账款比例（%） | 坏账准备 | 期末金额 | 占全部应收账款比例（%） | 坏账准备 |
| 甲企业 | 40 000 | 20 | 2 000 | 30 000 | 15 | 1 500 |
| 乙企业 | 60 000 | 30 | 3 000 | 50 000 | 25 | 2 500 |
| 丙企业 | 50 000 | 25 | 2 500 | 20 000 | 10 | 1 000 |

## 第二节　新准则对企业的影响

新准则的变化是明显的，会对企业产生两方面的影响。

### 一、对企业内部控制方面的影响

新准则扩大了关联方关系的外延，以控制、共同控制和重大影响（包括直接方式和间接方式）作为界定关联方的依据，强调实质重于形式原则，从制度规范上对企业目前通行的关联交易非关联化的做法予以遏制。这样，能促使企业明确披露公司的关联方关系，也有可能使企业在设计关联交易时采用更隐讳的形式，企业的股权结构和控制关系可能更加复杂。

新准则要求“企业只有在提供确凿证据的情况下，才能披露关联交易是公平交易”，能使企业的报表信息更加公允，但同时给企业带来取得证据的难度和披露成本。这可能使企业面临艰难的选择：披露所有可能涉及商业机密的关联交易，或者采取整合关联方的方式进行整体上市。

### 二、对企业会计工作的要求和影响

关联交易范围的扩大，如由按照重要性原则披露关联交易改为披露全部关联交易信息，合并报表增加关联交易披露信息，由披露直接控制关系的企业改为披露直接和间接控制、共同控制和重大影响关系的企业信息，将给企业带来较大的工作量和难度，尤其是多层组织体系的集团企业。

财务报告的信息质量得到提高，符合决策有用的目标。新准则对关联方关系及其交易的信息披露更反映实质，披露内容更加客观，为报表使用者提供更加真实、全面、可靠的企业关联交易信息。

新准则要求披露全部关联交易也可能分散财务报表使用者对重要关联方交易的关注程度。

# 第三十七章　金融工具列报

## 第一节　案例分析及操作实务

### 一、金融负债与权益工具的区分

**（一）发行金融工具的企业是否承担以交付现金或其他金融资产履行合同的义务**

1）如果企业不能无条件地避免以交付现金或其他金融资产来履行一项合同义务，则该合同义务符合金融负债的定义。在这种情况下，发行方应将该类合同义务归类为金融负债。有些金融工具虽然没有明确地包含交付现金或其他金融资产义务的条款和条件，但有可能通过其他条款和条件间接地形成合同义务。

实务中该类合同义务常见的情况有：

（1）发行企业不能无条件地避免赎回的金融工具。如果一项合同（除“金融工具列报准则”第三章分类为权益工具的金融工具外）使发行方承担了以现金或其他金融资产回购自身权益工具的义务，即使发行方的回购义务取决于合同对手方是否行使回售权，发行方应当在初始确认时将该义务确认为一项金融负债，其金额等于回购所需支付金额的现值（如远期回购价格的现值、期权行权价格的现值或其他回售金额的现值）。如果最终发行方无需以现金或其他金融资产回购自身权益工具，应当在合同到期时将该项金融负债按照账面价值重分类为权益工具。

（2）发行金融工具的企业被强制要求支付利息或股息的合同义务。发行金融工具的企业，若被强制要求支付利息或股息，则应当将该强制要求支付利息或股息的合同义务归类为金融负债。

例如，A 公司发行了一项永续债，此债没有还款期限且不可能赎回，每年需按 6% 的利率给该债券投资者支付利息，则 A 公司应当将该项支付利息的合同义务归类为金融负债。又如，B 公司发行了面值 5 000 万元的优先股股票，每年需按 6.5% 的利率给优先股股东支付股息，则 B 公司也应当将该项支付股息的合同义务归类为金融负债。

2）如果企业能够无条件地避免交付现金或其他金融资产，同时所发行的金融工具没有到期日且合同对方没有回售权或虽有固定期限但发行方有权无限期递延，则此类交付现金或其他金融资产的结算条款不能归类为金融负债。

**（二）是否通过企业自身权益工具进行结算的金融工具**

如果一项金融工具须用或可用企业自身权益工具进行结算，需要考虑用于结算该工具的企业自身权益工具，是作为现金或其他金融资产的替代品，还是为了使该工具持有方享有在发行方扣除所有负债后的资产中的剩余权益。如果是前者，该工具是发行方的金融负债；如果是后者，该工具是发行方的权益工具。

在某些情况下，一项金融工具合同规定企业需用或可用自身权益工具结算该金融工具，其中合同权利或合同义务的金额等于可获取或需交付的自身权益工具的数量乘以其结算时的公允价值，则无论该合同权利或合同义务的金额是固定的，还是完全或部分地基于除企业自身权益工具的市场价格以外变量（例如利率、某种商品的价格或某项金融工具的价格）的变动而变动，该合同应当分类为金融负债。

对于将来需用或可用企业自身权益工具结算的金融工具的分类，应当区分衍生工具还是非衍生工具。

（1）基于自身权益工具结算的非衍生工具。对于非衍生工具，如果发行方未来没有义务交付可变数量的自身权益工具进行结算，则该非衍生工具是权益工具；如果发行方未来有义务交付可变数量的自身权益工具进行结算，则该非衍生工具是金融负债。

**例 37-1** 某公司发行了面值为 100 元的可转换优先股股票，合同条款规定该公司在 5 年后将此优先股转换为普通股，转股价格为转股日前 30 个交易日该公司股票平均收盘价格。

本例实质可视为该公司将在 5 年后用自身普通股票并按平均市价支付优先股每股 100 元的义务。在此情况下，该可转换优先股整体归类为金融负债。

（2）基于自身权益工具结算的衍生工具。对于衍生工具，如果发行方只能通过以固定数量的自身权益工具交换固定金额的现金或其他金融资产进行结算，则该衍生工具是权益工具；如果发行方以固定数量自身权益工具交换可变金额现金或其他金融资产，或以可变数量自身权益工具交换固定金额现金或其他金融资产，或在转换价格不固定的情况下以可变数量自身权益工具交换可变金额现金或其他金融资产，则该衍生工具应当确认为金融负债或金融资产。由此可见，只有满足“固定换固定”条件，即以固定数量的自身权益工具交换固定金额的现金或其他金融资产进行结算的衍生工具，归类为权益工具；不满足“固定换固定”条件的衍生工具归类为金融负债或金融资产。

**例 37-2** M 公司于 2×19 年 12 月 1 日向 N 公司发行以自身普通股为标的的看涨期权。按合同规定，如果 N 公司行权（行权价为 103 元），N 公司有权以每股 103 元的价格从 M 公司购入普通股 1 000 股。其他有关资料如下：

（1）合同签订日 2×19 年 2 月 1 日

（2）行权日（欧式期权）2×20 年 1 月 31 日

（3）2×19 年 2 月 1 日每股市价 100 元

（4）2×19 年 12 月 31 日每股市价 105 元

（5）2×20 年 1 月 31 日每股市价 105 元

（6）2×20 年 1 月 31 日应支付的固定行权价格 103 元

（7）期权合同中的普通股数量 1 000 股

（8）2×19 年 2 月 1 日股权的公允价值 5 000 元

（9）2×19 年 12 月 31 日股权的公允价值 3 000 元

（10）2×20 年 1 月 31 日股权的公允价值 3 000 元

假定不考虑其他因素，M 公司的会计处理如下：

情形 1：期权将以现金净额结算。

M公司：2×20年1月31日，向N公司支付相当于本公司普通股1 000股市值的金额。

N公司：同时向M公司支付103 000元（1 000×103）。

（1）2×19年2月1日，确认发生的看涨期权：

借：银行存款　　5 000

　　贷：衍生工具——看涨期权　　5 000

（2）2×19年12月31日，确认期权公允价值减少：

借：衍生工具——看涨期权　　2 000

　　贷：公允价值变动损益　　2 000

（3）2×20年1月31日，确认期权公允价值减少：

借：衍生工具——看涨期权　　1 000

　　贷：公允价值变动损益　　1 000

在同一天，N公司行使了该看涨期权，以合同的现金净额方式进行结算，M公司有义务向N公司支付105 000元（105×1 000），并从N公司收取103 000元（103×1 000），M公司实际支付净额2 000元，反映看涨期权结算的会计处理如下：

借：衍生工具——看涨期权　　2 000

　　贷：银行存款　　2 000

情形2：期权将以普通股净额结算。

除期权的普通的净额结算外，其他资料与情形1相同。因此，除以下会计处理外，其他会计处理与情形1相同。

2×20年1月31日，M公司有义务向N公司支付价值与105 000元（105×1 000）等值的本公司股票，N公司有义务向M公司支付价值与103 000元（103×1 000）等值的M公司股票，两者相抵，M公司有义务向N公司支付价值与2 000元等值的M公司股票19.05股（2 000÷105）。

借：衍生工具——看涨期权　　2 000.00

　　贷：股本　　19.05

　　　　资本公积——股本溢价　　1 980.95

情形3：期权将以现金换普通股方式结算。

采用以现金换普通股方式结算，是指N公司如行使看涨期权，M公司将支付固定数量的普通股，同时从N公司收取固定金额的现金。

（1）2×19年2月10日，发行看涨期权；确认该期权下，一旦N公司行权将导致M公司发行固定数量股份，并收到固定金额的现金。

借：银行存款　　5 000

　　贷：资本公积——股本溢价　　5 000

（2）2×19年12月31日，由于没有发生现金收付，不需进行账务处理。

（3）2×20年1月31日，反映N公司行权。该合同的总额进行计算，M公司有义务向N公司支付1 000股本公司普通股，同时收取103 000元现金。

借：银行存款　　103 000

　　贷：股本　　1 000

　　　　资本公积——股本溢价　　102 000

**例 37-3** 2×19 年 2 月 1 日，S 公司与 H 公司签订一项期权合同。该合同规定，S 公司有权要求 H 公司于 2×20 年 1 月 31 日购入 S 公司普通股 1 000 股，对价为每股 96 元，共 96 000 元。因此，S 公司实际购入了以股份为标的看跌期权。

如 S 公司到时不行权，不需要作出任何支付。

其他有关资料如下：

（1）合同签订日 2×19 年 2 月 10 日

（2）行权日（欧式期权，仅能在到期时行权）2×20 年 1 月 31 日

（3）2×19 年 2 月 1 日，每股市价 100 元

（4）2×19 年 12 月 31 日，每股市价 93 元

（5）2×20 年 1 月 31 日，每股市价 93 元

（6）2×20 年 1 月 31 日，应支付的固定行权价格 96 元

（7）期权合同中的普通股数量 1 000 股

（8）2×19 年 2 月 1 日，期权的公允价值 5 000 元

（9）2×19 年 12 月 31 日，期权的公允价值 4 000 元

（10）2×20 年 1 月 31 日，期权的公允价值 2 000 元

假定不考虑其他因素，S 公司的会计处理如下：

情形 1：期权以现金净额结算。

（1）2×19 年 2 月 1 日，确认购入看跌期权：

期权合同签订日，普通股的市场价格为 100 元；期权合同的初始公允价值为 5 000 元，此为 S 公司于合同签订日支付给 H 公司的金额。在合同签订日，期权的内在价值为零，仅有时间价值，因为其行权价格 96 元低于股票当时的市场价格 100 元。也就是说，对 S 公司而言，行权是“不经济”的，该期权属于价外期权。

借：衍生工具——看跌期权　　5 000

　　贷：银行存款　　5 000

（2）2×19 年 12 月 31 日，确认期权的公允价值下降：

股票的公允价值下降为每股 93 元，看跌期权的公允价值下降为 4 000 元，其中 3 000 元［（96－93）×1 000］属于内在价值，1 000 元属于剩余的时间价值。

借：公允价值变动损益　　1 000

　　贷：衍生工具——看跌期权　　1 000

（3）2×20 年 1 月 31 日，确认期权公允价值下降：

股票的公允价值仍然为每股 93 元，期权合同的公允价值下降为 3 000 元［（96－93）×1 000］，均属于内在价值，因为不再剩下时间价值。

借：公允价值变动损益　　1 000

　　贷：衍生工具——看跌涨期权　　1 000

在同日，H 公司行使了该看跌期权，合同以现金净额方式进行清算，H 公司有义务支付给 S 公司 96 000 元（96×1 000），S 公司有义务支付给 H 公司 93 000 元（93×1 000），S 公司实际收到净额为 3 000 元，确认期权合同的结算：

借：银行存款　　3 000

　　贷：衍生工具——看跌期权　　3 000

情形2：期权以普通股净额结算。

除要求的普通股净额结算而不是以现金净额结算以外，其他资料如情形1。因此，与情形1相比，只有2×20年1月31日的会计处理不同。

2×20年1月31日，S公司行权且以普通股净额结算，H公司有义务支付给S公司96 000元（96×1 000）等值的S公司普通股，S公司有义务支付给H公司93 000元（93×1 000）等值的S公司普通股，两者相抵，H公司有义务支付给S公司3 000元等值的S公司普通股32.3股（3 000÷93）。

| | | |
|---|---|---|
| 借：股本 | 32.30 | |
| 资本公积——股本溢价 | 2 967.70 | |
| 贷：衍生工具——看跌期权 | | 3 000.00 |

情形3：期权的现金按普通股方式结算。

采用的现金换普通股方式结算，是指S公司如行权，H公司将收到固定数量S公司普通股，同时向S公司支付固定金额的现金。除此结算方式外，其他资料与情形1和情形2相同。因此，S公司的固定行权价为96元。如果S公司行权，将以每股96元的行权价向H公司出售本公司普通股1 000股。

（1）2×19年2月1日，确认支付期权费，获得期权：

| | | |
|---|---|---|
| 借：资本公积——股本溢价 | 5 000 | |
| 贷：衍生工具 | | 5 000 |

（2）2×19年12月31日，因为没有现金收付，且期权合同符合S公司权益工具的定义，不需进行账务处理。

（3）2×20年1月31日，反映S公司行权，以该合同的总额进行结算，H公司有义务从S公司购入1 000股S公司普通股，同时支付96 000元现金：

| | | |
|---|---|---|
| 借：银行存款 | 96 000 | |
| 贷：股本 | | 1 000 |
| 资本公积 | | 95 000 |

**（三）附有或有结算条款的金融工具**

附有或有结算条款的金融工具，指是否通过交付现金或其他金融资产进行结算，或者是否以其他导致该金融工具成为金融负债的方式进行结算，需要由发行方和持有方均不能控制的未来不确定事项（如股价指数、消费价格指数变动，利率或税法变动，发行方未来收入、净收益或债务权益比率等）的发生或不发生（或发行方和持有方均不能控制的未来不确定事项的结果）来确定的金融工具。

对于附有或有结算条款的金融工具，发行方不能无条件地避免交付现金、其他金融资产或以其他导致该工具成为金融负债的方式进行结算的，应当分类为金融负债。但是，满足下列条件之一的，发行方应当将其分类为权益工具：

（1）要求以现金、其他金融资产或以其他导致该工具成为金融负债的方式进行结算的或有结算条款几乎不具有可能性，即相关情形极端罕见、显著异常或几乎不可能发生。

（2）只有在发行方清算时，才需以现金、其他金融资产或以其他导致该工具成为金融负债的方式进行结算。

（3）按照“金融工具列报准则”第三章分类为权益工具的可回售工具。

**例 37-4** A 公司发行 2 亿元优先股。按合同条款约定，A 公司可根据相应的议事机制自主决定是否派发股利，如果 A 公司的控股股东发生变更（假设该事项不受 A 公司控制），A 公司必须按面值赎回该优先股。

本例中，该或有事项（控股股东变更）不受 A 公司控制，属于或有结算事项。同时，该事项的发生也不是一定没有可能性。由于 A 公司不能无条件地避免赎回股份的义务，因此，该工具应当划分为一项金融负债。

**（四）结算选择权**

对于存在结算选择权的衍生工具（例如，合同规定发行方或持有方能选择以现金净额或以发行股份交换现金等方式进行结算的衍生工具），发行方应当将其确认为金融资产或金融负债，但所有可供选择的结算方式均表明该衍生工具应当确认为权益工具的除外。

**（五）复合金融工具**

企业应对发行的非衍生工具进行评估，以确定所发行的工具是否为复合金融工具。企业所发行的非衍生工具可能同时包含金融负债成分和权益工具成分。对于复合金融工具，发行方应于初始确认时将各组成部分分别分类为金融负债、金融资产或权益工具。

企业发行的一项非衍生工具同时包含金融负债成分和权益工具成分的，应于初始计量时先确定金融负债成分的公允价值（包括其中可能包含的非权益性嵌入衍生工具的公允价值），再从复合金融工具公允价值中扣除负债成分的公允价值，作为权益工具成分的价值。

在实务中，可转换债券是一种典型的复合金融工具。

**例 37-5** A 公司于 2×19 年 1 月 1 日按每份面值 1 000 元发行 2 000 份可转换债券，取得收入 200 万元，债券期限 3 年，票面年利率 6%，利息按年支付。每份债券均可在债券发行 1 年后的任何时候转换为 250 股普通股。A 公司发行债券时，二级市场上与此类似但没有转股权的市场利率为 9%。不考虑其他相关因素，A 公司将发行债券划分为以摊余成本计量的金融负债。

（1）先对负债部分进行计量，债券发行收入与负债部分的公允价值之间的差额则分配到所有者权益部分。负债部分的现值按 9% 的折现率计算。

本金的现值：

2 000 000×（P/F，9%，3）= 2 000 000×0.772 2 = 1 544 400（元）

利息的现值：

120 000×（P/A，9%，3）= 120 000×2.531 3 = 303 756（元）

负债部分总额 = 1 544 400 + 303 756 = 1 848 156（元）

所有者权益部分 = 2 000 000 − 1 848 156 = 151 844（元）

（2）A公司的账务处理：

2×19年1月1日，发行可转换公司债：

借：银行存款 2 000 000

应付债券——利息调整 151 844

贷：应付债券——总值 2 000 000

资本公积——其他资本公积（股份转换权） 151 844

2×19年12月31日，计提和实际支付利息：

计提债券利息时：

借：财务费用（1 848 156×9%） 166 334

贷：应付利息（2 000 000×6%） 120 000

应付债券——利息调整 46 334

支付债券利息时：

借：应付利息 120 000

贷：银行存款 120 000

2×20年12月31日，债券转换前，计提和实际支付利息：

计提债券利息时：

借：财务费用［（1 848 156＋46 334）×9%］ 170 504

贷：应付利息（2 000 000×6%） 120 000

应付债券——利息调整 50 504

支付债券利息时：

借：应付利息 120 000

贷：银行存款 120 000

至此，转换前应付债券的摊余成本为1 944 994元（1 848 156＋46 334＋50 504）。

假定，2×20年12月31日，A公司股票上涨幅度较大，可转换债券持有方均于当日将持有的可转换债券转换为A公司的股票。由于A公司对应付债券采用摊余成本后续计量，因此，在转换日，转换前应付债券的摊余成本为1 944 994元，而权益部分的账面价值仍为151 844元。同样是在转换日，A公司发行股票的数量为500 000股。对此，A公司的账务处理如下：

借：应付债券——总值 2 000 000

贷：股本 500 000

资本公积——股本溢价 1 444 994

应付债券——利息调整 55 006

借：资本公积——其他资本公积［股份转换权］ 151 844

贷：资本公积——股本溢价 151 844

**（六）合并财务报表中金融负债与权益工具的区分**

在合并财务报表中对金融工具（或其组成部分）进行分类时，企业应当考虑集团成员和金融工具的持有方之间达成的所有条款和条件。如果集团作为一个整体，由于该工具承担了交付现金、其他金融资产或以其他导致该工具成为金融负债的方式进行结算的义务，则该工具应当分类为金融负债。

**例 37-6** A公司为C公司的母公司，A公司向C公司的少数股东签出一份在未来6个月后以C公司普通股为基础的看跌期权，如果6个月后C公司股票价格下跌，C公司少数股东有权要求A公司无条件地以固定价格购入C公司少数股东所持有的C公司股份。

此例中，在A公司个别报表中，由于该看跌期权的价值随着C公司股票价格的变动而变动，并将于未来约定日期进行结算，因此该看跌期权符合衍生工具的定义而确认为一项衍生金融负债。而在集团合并财务报表中，由于看跌期权使集团整体承担了不能无条件地避免以现金或其他金融资产回购C公司股票的合同义务，合并财务报表中应当将该义务确认为一项金融负债（尽管现金支付取决于持有方是否行使期权），其金额等于回购所需支付金额的现值。

## 二、特殊金融工具的区分

特殊金融工具，一般包括可回售工具和发行方仅在清算时才有义务向另一方按比例交付其净资产的金融工具。

### （一）可回售工具

可回售工具，是指根据合同约定，持有方有权将该工具回售给发行方以获取现金或其他金融资产的权利，或者在未来某一不确定事项发生或者持有方死亡或退休时，自动回售给发行方的金融工具。

符合金融负债定义，但同时具有下列特征的可回售工具，应当分类为权益工具：

（1）赋予持有方在企业清算时按比例份额获得该企业净资产的权利。企业净资产，是指扣除所有优先于该工具对企业资产要求权之后的剩余资产。按比例份额是指清算时将企业的净资产分拆为金额相等的单位，并且将单位金额乘以持有方所持有的单位数量。

（2）该工具所属的类别次于其他所有工具类别，即该工具在归属于该类别前无须转换为另一种工具，且在清算时对企业资产没有优先于其他工具的要求权。

（3）该类别的所有工具具有相同的特征（例如它们必须都具有可回售特征，并且用于计算回购或赎回价格的公式或其他方法都相同）。

（4）除了发行方应当以现金或其他金融资产回购或赎回该工具的合同义务外，该工具不满足金融负债定义中的任何其他特征。

该工具在存续期内的预计现金流量总额，应当实质上基于该工具存续期内企业的损益、已确认净资产的变动、已确认和未确认净资产的公允价值变动（不包括该工具的任何影响）。

**例 37-7** A企业为一合伙企业。相关入股合同约定：新合伙人加入时按确定的金额和持股比例入股，合伙人退休或退出时以其持股的公允价值予以退还；合伙企业营运资金均来自合伙人入股，合伙人持股期间可按持股比例分得合伙企业的利润（但利润分配由合伙企业自主决定）；当合伙企业清算时，合伙人可按持股比例获得合伙企业的净资产。

在此例中，由于合伙企业在合伙人退休或退出时有向合伙人交付金融资产的义务，因而该可回售工具（合伙人入股合同）满足金融负债的定义。同时，其作为可回售工具具备了以下特征：①合伙企业清算时合伙人可按持股比例获得合伙企业的净资产；②该入股款属于合伙企业中最次级类别的工具；③所有的入股款具有相同的特征；④合伙企业仅有以金融资产回购该工具的合同义务；⑤合伙人持股期间可获得的现金流量总额，实质上基于该工具存续期内企业的损益、已确认净资产的变动、已确认和未确认净资产的公允价值变动。因而，该金融工具应当确认为权益工具。

**（二）发行方仅在清算时才有义务向另一方按比例交付其净资产的金融工具**

符合金融负债定义，但同时具有下列特征的发行方仅在清算时才有义务向另一方按比例交付其净资产的金融工具，应当分类为权益工具：

（1）赋予持有方在企业清算时按比例份额获得该企业净资产的权利；

（2）该工具所属的类别次于其他所有工具类别；

（3）在次于其他所有类别的工具类别中，发行方对该类别中所有工具都应当在清算时承担按比例份额交付其净资产的同等合同义务。

产生上述合同义务的清算确定将会发生并且不受发行方的控制（如发行方本身是有限寿命主体），或者发生与否取决于该工具的持有方。

**例 37–8**　A 企业为一中外合作经营企业，成立于 2×19 年 1 月 1 日，经营期限为 20 年。按照相关合同约定，A 企业的营运资金及主要固定资产均来自双方股东的投入，经营期间 A 企业按照合作经营合同进行运营；经营到期时，该企业的净资产根据合同约定按出资比例向合作双方偿还。

在此例中，由于该合作企业依照合同，于经营期限届满时需将企业的净资产交付给双方股东，上述合作方的入股款符合金融负债的定义，但合作企业仅在清算时才有义务向合作双方交付其净资产且其同时具备下列特征：①合作双方在合作企业发生清算时可按合同规定比例份额获得企业净资产；②该入股款属于合作企业中最次级类别的工具。因而该金融工具应当确认为权益工具。

## 第二节　新准则对企业的影响

### 一、相关的规定

金融工具列报是金融工具会计处理的重要组成部分，包括金融工具在财务报表内列示（即金融工具列示）和在附注中的披露（即金融工具披露）。其中，金融工具列示所涉及的问题，主要包括权益工具和金融负债的区分、混合工具的分拆、金融资产和金融负债相互抵销的条件等，金融工具披露所涉及的问题，主要包括金融工具一般信息如何披露、金融工具风险如何披露等。

## 二、新准则对企业的要求

企业在披露金融工具信息时，应当根据所披露金融工具的性质和特征将金融工具进行恰当分类，同时还应提供足够的信息使之与财务报表内的项目反映的信息有机地联系起来。

此外，企业所披露的金融工具信息，应当有助于财务报告使用者就金融工具对企业财务状况和经营成果影响的重要程度作出合理评价，并且还应当使财务报告使用者清楚地了解企业所面临的金融工具风险以及管理这些风险所运用的策略和方法。

# 第三十八章　公允价值计量

## 第一节　案例分析及操作实务

### 一、公允价值的定义

新准则对公允价值重新进行了定义，公允价值，是指市场参与者在计量日发生的有序交易中，出售一项资产所能收到或者转移一项负债所需支付的价格。按照新准则的定义，公允价值是出售该项资产所能收到或者转移该项负债所需支付的价格（即“脱手价格”），不是“进入价格”。

### 二、相关资产或负债

新准则规定，企业以公允价值计量相关资产或负债时，应当考虑该资产或负债的特征。以公允价值计量的相关资产或负债可以是单项资产或负债（如一项金融工具、一项非金融资产等），也可以是资产组合、负债组合或者资产和负债的组合（如《企业会计准则第8号——资产减值》规范的资产组、《企业会计准则第20号——企业合并》规范的业务等）。企业是以单项还是以组合的方式对相关资产或负债进行公允价值计量，取决于该资产或负债的计量单元。

**例 38-1**　A公司持有一项权益性工具，根据相关法律规定，该工具在特定时间不能对外转让。在特定时间不能转让是该项工具的特征。因此，在计量该项工具的公允价值时，可以采用不受转让限制的、相同的权益性工具的公开市场的报价作为计量基础，并对不能转让的法律限制的影响作出一定的调整。该项调整的大小取决于以下几个因素：①该限制的性质与期间；②该限制对购买者的影响大小；③与该项工具以及其发行者相关的其他因素。

### 三、有序交易与市场

新准则规定，企业以公允价值计量相关资产或负债时，应当假定市场参与者在计量日出售资产或者转移负债的交易，是在当前市场条件下的有序交易。有序交易，是指在计量日前一段时期内相关资产或负债具有惯常市场活动的交易。清算等被迫交易不属于有序交易。

企业以公允价值计量相关资产或负债时，应当假定出售资产或者转移负债的有序交易在相关资产或负债的主要市场进行。不存在主要市场的，企业应当假定该交易在相关资产或负债的最有利市场进行。主要市场，是指相关资产或负债交易量最大和交易活跃程度最高的市场。最有利市场，是指在考虑交易费用和运输费用后，能够以最高金额出售相关资产或者以最低金额转移相关负债的市场。

企业在识别主要市场（或最有利市场）时，应当考虑所有可合理取得的信息，但没有必要考察所有市场。主要市场（或最有利市场）应当是企业在计量日能够进入的交易市场，但不要求企业于计量日在该市场上实际出售资产或者转移负债。由于不同企业可以进入的市场不同，对于不同企业，相同资产或负债可能具有不同的主要市场（或最有利市场）。

企业应当以主要市场的价格计量相关资产或负债的公允价值。不存在主要市场的，企业应当以最有利市场的价格计量相关资产或负债的公允价值。企业不应当因交易费用对该价格进行调整。交易费用不属于相关资产或负债的特征，只与特定交易有关。交易费用不包括运输费用。相关资产所在的位置是该资产的特征，发生的运输费用能够使该资产从当前位置转移到主要市场（或最有利市场）的，企业应当根据使该资产从当前位置转移到主要市场（或最有利市场）的运输费用调整主要市场（或最有利市场）的价格。

当计量日不存在能够提供出售资产或者转移负债的相关价格信息的可观察市场时，企业应当从持有资产或者承担负债的市场参与者角度，假定计量日发生了出售资产或者转移负债的交易，并以该假定交易的价格为基础计量相关资产或负债的公允价值。

**例 38-2** 假定甲公司生产并销售一种产品，该产品存在 A、B、C 三个市场。甲公司均能在这三个市场上销售该种产品。在计量日，甲公司在这个市场上生产和销售了 100 个产品，具体数量如表 38-1。

**表 38-1　A、B、C 三个市场销售比重表**

| 市场类别 | 销售价格（元） | 甲公司分别在各个市场的销售比重 | 该种产品在各个市场的整体销售比重 |
|---|---|---|---|
| A | 30 000 | 60% | 15% |
| B | 25 000 | 25% | 75% |
| C | 20 000 | 15% | 10% |

分析：根据上述信息，按照新准则的规定，B 市场是该种产品的主要市场，原因在于 B 市场为市场交易量最大的市场。因此，甲公司在计量该种产品的公允价值时，应当以单价 25 000 元作为公允价值。

**例 38-3** 假定 A 公司制造并销售甲产品，而甲产品存在两个市场：①出口市场。甲产品在出口市场上的售价比较高，但出口数量受到政府出口管制的限制，国内每个制造生产商每年需要向政府申请出口配额。②国内市场。甲产品在国内市场的售价比较低，但销售数量不受政府的管制。A 公司制定的销售策略为：尽可能地获取出口配额，扩大出口销售，剩下的（大部分）销往国内市场。

分析：在该案例中，出口市场显然是最有利市场，原因在于出口市场对 A 公司来说获取的毛利更高。但是，A 公司的甲产品主要销往国内市场，国内市场是其主要市场。因此，A 公司应当以国内市场的价格来确定甲产品的公允价值。

## 四、市场参与者

新准则规定，企业以公允价值计量相关资产或负债，应当采用市场参与者在对该资产或负债定价时为实现其经济利益最大化所使用的假设。企业在确定市场参与者时，应当考虑所计量的相关资产或负债、该资产或负债的主要市场（或最有利市场）以及在该市场上与企业进行交易的市场参与者等因素，从总体上识别市场参与者。

**例 38-4**　假定甲公司拥有一项资产，该资产存在两个市场：A 市场和 B 市场。两个市场的交易量基本相同，只是价格有所不同。甲公司在计量日都能够进入这两个市场。该项资产没有主要市场。详细资料如表 38-2 所示。

**表 38-2　A、B 市场资料**　　单位：元

| | A 市场 | B 市场 |
|---|---|---|
| 售价 | 27 | 25 |
| 运输费用 | 3 | 2 |
| | 24 | 23 |
| 交易费用 | 3 | 1 |
| 净额 | 21 | 22 |

分析：如果 A 市场是该项资产的主要市场（即交易量最大和活跃程度最大的市场），则该资产的公允价值为该市场的市场价格，如果再考虑运输费用的话，则其公允价值为 24 元。

如果该资产的主要市场不存在，则要考虑其最有利市场。如果考虑运输费用和交易费用的话，在 B 市场出售该项资产所获得的净额更高，因此，B 市场为最有利市场。但是，计量公允价值时不能考虑交易费用，因而该项资产的公允价值应该为 23 元。

## 五、公允价值初始计量

新准则规定，企业应当根据交易性质和相关资产或负债的特征等，判断初始确认时的公允价值是否与其交易价格相等。企业应当根据交易性质和相关资产或负债的特征等，判断初始确认时的公允价值是否与其交易价格相等。在企业取得资产或者承担负债的交易中，交易价格是取得该项资产所支付或者承担该项负债所收到的价格（即进入价格）。公允价值是出售该项资产所能收到或者转移该项负债所需支付的价格（即脱手价格）。

相关资产或负债在初始确认时的公允价值通常与其交易价格相等，但在下列情况中两者可能不相等：①交易发生在关联方之间。但企业有证据表明该关联方交易是在市场条件下进行的除外。②交易是被迫的。③交易价格所代表的计量单元与按照新准则确定的计量单元不同。④交易市场不是相关资产或负债的主要市场（或最有利市场）。

其他相关会计准则要求或者允许企业以公允价值对相关资产或负债进行初始计量，且其交易价格与公允价值不相等的，企业应当将相关利得或损失计入当期损益，但其

他相关会计准则另有规定的除外。

## 六、估值技术

新准则规定，企业以公允价值计量相关资产或负债，应当采用在当前情况下适用并且有足够可利用数据和其他信息支持的估值技术。企业使用估值技术的目的，是为了估计在计量日当前市场条件下，市场参与者在有序交易中出售一项资产或者转移一项负债的价格。

企业以公允价值计量相关资产或负债，使用的估值技术主要包括市场法、收益法和成本法。企业应当使用与其中一种或多种估值技术相一致的方法计量公允价值。企业使用多种估值技术计量公允价值的，应当考虑各估值结果的合理性，选取在当前情况下最能代表公允价值的金额作为公允价值。

**例 38-5** A 公司通过企业合并获得了一个资产组合，该资产组合包括一项由被并购企业内部研发而成的软件资产、相关互补性资产（比如相关的数据库）和相关负债。根据购买法，A 公司需要按照公允价值计量该项软件资产。A 公司认为，该软件资产与相关互补性资产及相关负债组合使用，能为市场参与者提供最大的价值。另外，没有证据表明，该软件资产的现行使用不是它的最佳用途。因此，该项资产的最佳使用为现行的使用。

A 公司认为，当前可以拥有足够的数据来运用收益法和成本法来确定公允价值，但市场法不能运用，原因在于当前无法获取类似软件资产的市场交易信息。收益法与成本法具体应用如下：

（1）采用现值技术运用收益法。现值技术所采用的现金流量为该软件资产在其寿命周期所能产生的净现金流（向客户收取的授权费）。根据该方法所计算出来的公允价值为 15 000 000 元。

（2）成本法是通过估算开发类似用途的替代软件资产（即考虑到功能性及经济性）所需要的支出来计算公允价值。运用该种方法所计算的公允价值为 10 000 000 元。

在运用成本法时，A 公司认为市场参与者并不能开发出类似用途的替代软件资产，该项软件资产的一些功能具有独特性，只有使用专有的信息才能被开发出来，并且不能容易地被复制。

综上，A 公司认为，该项软件资产的公允价值为按照收益法计算出的 15 000 000 元。

## 七、公允价值层次

新准则规定，企业应当将公允价值计量所使用的输入值划分为三个层次，并首先使用第一层次输入值，其次使用第二层次输入值，最后使用第三层次输入值。

第一层次输入值为公允价值提供了最可靠的证据。在所有情况下，企业只要能够获得相同资产或负债在活跃市场上的报价，就应当将该报价不加调整地应用于该资产或负债的公允价值计量。

企业在使用第二层次输入值对相关资产或负债进行公允价值计量时，应当根据该资产或负债的特征，对第二层次输入值进行调整。这些特征包括资产状况或所在位置、输入值与类似资产或负债的相关程度、可观察输入值所在市场的交易量和活跃程度等。

企业只有在相关资产或负债不存在市场活动或者市场活动很少，导致相关可观察输入值无法取得或取得不切实可行的情况下，才能使用第三层次输入值，即不可观察输入值。

## 八、非金融资产的公允价值计量

新准则规定，企业以公允价值计量非金融资产，应当考虑市场参与者将该资产用于最佳用途产生经济利益的能力，或者将该资产出售给能够用于最佳用途的其他市场参与者产生经济利益的能力。企业确定非金融资产的最佳用途，应当考虑法律上是否允许、实物上是否可能以及财务上是否可行等因素。①企业判断非金融资产的用途在法律上是否允许，应当考虑市场参与者在对该资产定价时考虑的资产使用在法律上的限制。②企业判断非金融资产的用途在实物上是否可能，应当考虑市场参与者在对该资产定价时考虑的资产实物特征。③企业判断非金融资产的用途在财务上是否可行，应当考虑在法律上允许且实物上可能的情况下，使用该资产能否产生足够的收益或现金流量，从而在补偿使资产用于该用途所发生的成本后，仍然能够满足市场参与者所要求的投资回报。

新准则规定，企业以公允价值计量非金融资产，应当基于最佳用途确定下列估值前提：①市场参与者单独使用一项非金融资产产生最大价值的，该非金融资产的公允价值应当是将其出售给同样单独使用该资产的市场参与者的当前交易价格。②市场参与者将一项非金融资产与其他资产组合（或者其他资产或负债的组合）使用产生最大价值的，该非金融资产的公允价值应当是将其出售给以同样组合方式使用该资产的市场参与者的当前交易价格，并且该市场参与者可以取得组合中的其他资产和负债。其中，负债包括企业为筹集营运资金产生的负债，但不包括企业为组合之外的资产筹集资金所产生的负债。最佳用途的假定应当一致地应用于组合中所有与最佳用途相关的资产。

**例 38-6** A 公司拥有一项投资性房地产，具体为一块土地以及地上所建造的旧仓库。该块土地可用来重新建造一个休闲公园，其市场价值远高于其作为一个仓库的价值。A 公司管理层不知道如何确定该项投资性房地产的公允价值。

分析：根据新准则的规定，企业在以公允价值计量非金融资产时，应当假定非金融资产的最佳用途。在该案例中，重新建造一个休闲公园显然是该项投资性房地产的最佳用途。但是，值得注意的是，重新建造休闲公园需要拆除现有的仓库，因此，在最佳用途假设下，该仓库的市场价值为零。

**例 38-7** A 公司收购了 B 公司，B 公司有三块相邻的土地，都可以建造房屋建筑物，是作为企业合并的一部分。该三块土地可以单独出售，每块售价是 500 万元。

该三块土地也可以整体打包出售。由于该区域的停车资源非常稀缺，带有停车场的楼盘的售价要比没有停车场的楼盘售价高很多。如果在这三块土地中，两边的两块土地建造房屋建筑物，中间那块土地建造一个停车场，则三块土地的整体售价会更高，可以卖到 2 000 万元。

分析：显而易见，这三块土地的最佳用途是把其整体建造成一个带有停车场的楼群。因此，这三块土地的公允价值为 2 000 万元。

## 九、负债和企业自身权益工具的公允价值计量

新准则规定，企业以公允价值计量负债，应当假定在计量日将该负债转移给其他市场参与者，而且该负债在转移后继续存在，并由作为受让方的市场参与者履行义务。企业以公允价值计量负债，应当考虑不履约风险，并假定不履约风险在负债转移前后保持不变。

新准则规定，企业以公允价值计量自身权益工具，应当假定在计量日将该自身权益工具转移给其他市场参与者，而且该自身权益工具在转移后继续存在，并由作为受让方的市场参与者取得与该工具相关的权利、承担相应的义务。

## 十、公允价值披露

根据新准则的规定，企业应当根据相关资产或负债的性质、特征、风险以及公允价值计量的层次对该资产或负债进行恰当分组，并按照组别披露公允价值计量的相关信息。

新准则规定，在相关资产或负债初始确认后的每个资产负债表日，企业至少应当在附注中披露持续以公允价值计量的每组资产和负债的下列信息：①其他相关会计准则要求或者允许企业在资产负债表日持续以公允价值计量的项目和金额。②公允价值计量的层次。③在各层次之间转换的金额和原因，以及确定各层次之间转换时点的政策。每一层次的转入与转出应当分别披露。④对于第二层次的公允价值计量，企业应当披露使用的估值技术和输入值的描述性信息。当变更估值技术时，企业还应当披露这一变更以及变更的原因。⑤对于第三层次的公允价值计量，企业应当披露使用的估值技术、输入值和估值流程的描述性信息。当变更估值技术时，企业还应当披露这一变更以及变更的原因。企业应当披露公允价值计量中使用的重要的、可合理取得的不可观察输入值的量化信息。⑥对于第三层次的公允价值计量，企业应当披露期初余额与期末余额之间的调节信息，包括计入当期损益的已实现利得或损失总额，以及确认这些利得或损失时的损益项目；计入当期损益的未实现利得或损失总额，以及确认这些未实现利得或损失时的损益项目（如相关资产或负债的公允价值变动损益等）；计入当期其他综合收益的利得或损失总额，以及确认这些利得或损失时的其他综合收益项目；分别披露相关资产或负债购买、出售、发行及结算情况。⑦对于第三层次的公允价值计量，当改变不可观察输入值的金额可能导致公允价值显著变化时，企业应当披露有关敏感性分析的描述性信息。这些输入值和使用的其他不可观察输入值之间具有相关关系的，企业应当描述这种相关关系及其影响，其中不可观察输入值至少包括本条第⑤项要求披露的不可观察输入值。对于金融资产和金融负债，如果为反映合理、可能的其他假设而变更一个或多个不可观察输入值将导致公允价值的重大改变，企业还应当披露这一事实、变更的影响金额及其计算方法。⑧当非金融资产的最佳用途与其当前用途不同时，企业应当披露这一事实及其原因。

新准则规定，在相关资产或负债初始确认后的资产负债表中，企业至少应当在附注中披露非持续以公允价值计量的每组资产和负债的下列信息：①其他相关会计准则要求或者允许企业在特定情况下非持续以公允价值计量的项目和金额，以及以公允价值计量的原因。②公允价值计量的层次。③对于第二层次的公允价值计量，企业应当披露使用的估值技术和输入值的描述性信息。当变更估值技术时，企业还应当披露这

一变更以及变更的原因。④对于第三层次的公允价值计量，企业应当披露使用的估值技术、输入值和估值流程的描述性信息，当变更估值技术时，企业还应当披露这一变更以及变更的原因。企业应当披露公允价值计量中使用的重要不可观察输入值的量化信息。⑤当非金融资产的最佳用途与其当前用途不同时，企业应当披露这一事实及其原因。

## 第二节 新准则的衔接

新准则规定，新准则施行日之前的公允价值计量与新准则要求不一致的，企业不作追溯调整。

如果比较财务报表中披露的新准则施行日之前的信息与新准则要求不一致的，企业不需要按照新准则的规定进行调整。

## 第三节 新准则对企业的影响

在经历了颇多争议之后，我国关于公允价值计量的新准则终于正式出台了，这将极大地推动公允价值在会计实务中的规范应用，进一步提高会计信息对财务报表使用者的决策相关性。新准则进一步完善了非活跃市场情况下公允价值计量的规则指引，增加了对资产和负债（包括非金融资产和负债）公允价值计量的可操作性，提高了公允价值计量的披露要求。

# 第三十九章　合营安排

## 第一节　案例分析及操作实务

### 一、区分共同经营与合营企业

例 39-1　公司 A 与公司 B 签订一项战略合作经营框架，双方同意按照条款 a——制造协议和条款 b——分销协议进行协作制造，在不同市场上销售产品 P，具体条款如下。

条款 a——制造协议：合营双方成立独立主体 M，专门用于生产产品 P，其法律形式规定主体 M 拥有 M 资产的所有权并承担相应的负债义务。合营双方约定按照各自的股权比例购买主体 M 的产品 P，双方再根据条款 b——分销协议销售产品 P；

条款 b——分销协议：合营双方成立独立主体 D，专门用于分销产品 P，其法律形式规定主体 D 拥有 D 资产的所有权并承担相应的负债义务。主体 D 根据不同的市场需求向合营双方下达销售订单指令。

此外，该战略合作经营框架还规定：

（1）主体 M 生产的产品 P 只用于满足主体 D 的销售需要；

（2）产品 P 的销售定价策略：销售价格要求覆盖所有生产成本并得到合营双方的同意；

（3）制造安排可能出现的任何现金短缺，由合营双方按照各自在主体 M 中所占股权比例补足。

分析：（1）框架协议规定了参与方 A 与参与方 B 制造和分销产品 P 的条款。这些活动通过合营安排进行，旨在制造和分销产品 P。

（2）参与方通过主体 M 执行制造安排，主体 M 的法律形式使其在自身立场上考虑问题，即主体 M 持有的资产和负债是其自身、而不是参与方的，主体 M 的法律形式区分了参与方和该主体。制造协议和合同安排都没有表明参与方拥有与制造活动有关的资产权利和负债义务。然而，当考虑以下事实和情况时，该制造安排是共同经营：

①参与方承诺按照各自的股权比例购买制造安排生产的所有产品 P。因此，参与方实质上拥有与该安排相关的资产的经济利益；

②制造安排生产的产品 P 只用于满足主体 D 的销售需要，参与方承诺当制造安排发生任何现金短缺时，按各自在主体 M 中所占股权比例提供资金，这表明参与方对制造安排的负债承担义务，即参与方通过购买 M 的产品或直接提供资金支持来承担 M 的负债。

因此，制造安排属于共同经营。

（3）参与方通过主体 D 进行分销活动，主体 D 的法律形式使其在自身立场上考虑问题，即主体 D 持有的资产和负债是其自身、而不是参与方的，主体 D 的法律形式区分了参与方和该主体；并且，分销协议和合同安排都没有表明参与方拥有与分销活动相关的资产权利和负债义务；再者，没有其他需要考虑的因素指出在实际经济业务中，参与方仍然对其投入主体D的资产拥有所有权并承担相应的负债义务。因此，该合营安排是合营企业。

（4）参与方A和参与方B的会计处理：

①A和B根据其在主体M中的所有者权益，各自在财务报表中确认由制造安排产生的资产（例如，不动产、厂房和设备，现金）的份额、负债（例如，对第三方的应付账款）的份额、生产产品P的费用份额，以及销售产品P给主体D的收入份额。

②参与方将其在主体D中对净资产的权利确认为投资，并以权益法进行会计处理。

假设参与方同意上述制造安排不仅负责生产产品P和直接销售产品P的分销安排，还负责向第三方客户销售；并同意建立与上述分销安排相似的专门销售产品P的销售安排，以帮助将产品P销售至其他特定市场。分销安排没有承诺购买或者保留规定比例的制造安排产量。

分析：上述变动既不影响从事制造活动的单独主体M的法律形式，也不影响参与方对制造活动相关的资产权利和负债义务的合同条款。然而，它使得制造安排成为一项自我融资的安排，因为它能出于自身利益的考虑与第三方客户进行交易销售产品P，因此，该安排负责需求、存货和信用风险。在这种情况下，尽管制造安排还可以向分销安排销售产品P，但制造安排不再依赖于那些能够在持续的基础上执行其活动的参与方。由此，该制造安排就是合营企业。

分销安排被分类为合营企业不受上述变动的影响。

参与方将其在制造安排中对净资产的权利和在分销安排中对净资产的权利确认为投资，并以权益法进行会计处理。

## 二、共同经营合营方的会计处理

新准则规定，合营方应当确认其与共同经营中利益份额相关的下列项目，并按照相关企业会计准则的规定进行会计处理：①确认单独所持有的资产，以及按其份额确认共同持有的资产；②确认单独所承担的负债，以及按其份额确认共同承担的负债；③确认出售其享有的共同经营产出份额所产生的收入；④按其份额确认共同经营因出售产出所产生的收入；⑤确认单独所发生的费用，以及按其份额确认共同经营发生的费用。

由于共同经营的本质是合营方享有合营安排的相关资产，且承担该安排的相关负债，因此，共同经营合营方在进行会计处理时，应将其在共同经营中拥有全部所有权的资产（合营方单独持有的共同经营资产）和部分所有权的资产（合营方按其份额确认的共同持有资产），按全部金额或合营方在共同经营中的份额，借记“原材料”等资产类科目，贷记“银行存款”或“应付账款”等负债类科目；共同经营中由合营方单独承担和由各参与方共同承担的负债，按全部金额或合营方在共同经营中的份额，借记相关账户，贷记“应付账款”或“应付职工薪酬”等负债类科目；合营方按其份额，确认其享有的共同经营产出，借记“库存商品”等科目，贷记“生产成本”等科目；等到合营方将其享有的共同经营产出出售时，借记“应收账款”等科目，贷记“主营业务收入”科目和“应交税费——应交增值税（销项税额）”科目；同时确认单独发生的费用，借记“主营业务成本”科目，贷记“库存商品”科目；合营方按其份额确认共同经营出售产出所产生的收入时，借记“应收账款”等科目，贷记“主营业务收入”账户和“应交税费——应交增值税（销项税额）”账户；同时按其份额确认共同经营发生的费用，借记“主营业务成本”账户，贷记“库存商品”账户；期末，合营方对其在共同经营中单独持有的资产和按其份额确认的共同持有的资产，进行减值测试，如果发生减值损失，应全部或者按其份额确认资产减值损失，计提资产减值准备；期末，合营方还应对其持有的固定资产和无形资产，采用一定的方法全额或者按其份额计提折旧和进行价值摊销。

**例 39-2** A 公司和 B 公司各出资 50% 设立一个合营安排，该合营安排为共同经营。双方合同约定，各自按出资比例确认持有的共同经营资产。现共同经营用 A、B 公司投入的资金购入如下资产：材料物资 100 000 元，增值税额 13 000 元；生产用固定资产 350 000 元，增值税额 45 500 元；管理用固定资产 25 000 元，增值税额 3 250 元；无形资产 90 000 元。

本例中，共同经营合营方 A 公司按其出资比例确认持有的共同经营资产时，应根据相关凭据编制会计分录如下：

借：原材料（100 000×50%） 50 000
　　固定资产（375 000×50%） 187 500
　　无形资产（90 000×50%） 45 000
　　应交税费——应交增值税（进项税额）（13 000×50%
　　　　＋ 45 500×50% ＋ 3 250×50%） 30 875
　　贷：银行存款 313 375

## 三、合营企业参与方的会计处理

新准则规定，合营方应当按照《企业会计准则第 2 号——长期股权投资》的规定对合营企业的投资进行会计处理，对合营企业不享有共同控制的参与方，对该合营企业具有重大影响的，应当按照《企业会计准则第 2 号——长期股权投资》的规定进行会计处理。

**例 39-3** A 公司与 B 公司于 2×18 年年初共同出资设立一个单独主体，该合营安排被认定为合营企业。A 公司以 240 000 元的货币资金取得合营安排 50% 的表决权，合营安排 2×18 年年初的所有者权益账面价值为 480 000 元，公允价值为 500 000 元。合营企业 2×18 年至 2×20 年各年净利润及利润分派记录如表 39-1。

**表 39-1　合营企业 2×18 年至 2×21 年各年净利润及利润分派记录**

单位：元

| 年份 | 净利润 | 分派利润 |
|---|---|---|
| 2×18 | 320 000 | 0 |
| 2×19 | 200 000 | 280 000 |
| 2×20 | （240 000） | 40 000 |

（续表）

| 年份 | 净利润 | 分派利润 |
|---|---|---|
| 2×21 | （240 000） | 40 000 |
| 合计 | 40 000 | 360 000 |

根据以上资料，A公司编制会计分录如下：

（1）2×18年年初的相关账务处理。

借：长期股权投资——投资成本　　250 000
　　贷：银行存款　　240 000
　　　　营业外收入　　10 000

（2）2×18年年末的相关账务处理。

应确认投资收益＝320 000×50%＝160 000（元）

借：长期股权投资——损益调整　　160 000
　　贷：投资收益　　160 000

（3）2×19年年末的相关账务处理。

应确认投资收益＝200 000×50%＝100 000（元）
收到的利润＝280 000×50%＝140 000（元）

借：长期股权投资——损益调整　　100 000
　　贷：投资收益　　100 000
借：银行存款　　140 000
　　贷：长期股权投资——损益调整　　140 000

（4）2×20年年末的相关账务处理。

应确认投资损失＝240 000×50%＝120 000（元）
收到的利润＝40 000×50%＝20 000（元）

借：投资收益　　120 000
　　贷：长期股权投资——损益调整　　120 000
借：银行存款　　20 000
　　贷：长期股权投资——损益调整　　20 000

（5）2×21年年末的相关账务处理。

应确认投资损失＝240 000×50%＝120 000（元）
收到的利润＝40 000×50%＝20 000（元）

借：投资收益　　120 000
　　贷：长期股权投资——损益调整　　120 000
借：银行存款　　20 000
　　贷：长期股权投资——损益调整　　20 000

## 第二节　新准则对企业的影响

为了适应社会主义市场经济发展的需要，进一步完善企业会计准则体系，我国财政部于2014年2月17日发布了《企业会计准则第40号——合营安排》，并自2014年7月1日起在所有执行企业会计准则的企业范围内施行，鼓励在境外上市的企业提前执行。该准则重点对“共同控制”以及相关的“共同经营”和“合营企业”重新进行了界定，并对相关会计处理作出了规定。存在合营安排的企业，以及计划参与合营安排的企业应根据修订后的合营安排分类标准，评估现有的以及计划参与的合营安排，从而确定适当的会计处理。企业需要注意考虑整个交易安排的全过程，而不仅仅是看其开始阶段存在的事实和情况。在某些情况下，是否存在合营安排的判断以及对合营安排类型的区分随着时间的推移可能会发生变化，因此，需要对相关的最初判断结论进行重新评价。

# 第四十章　在其他主体中权益的披露

## 第一节　案例分析及操作实务

### 一、重大判断和假设的披露

企业应当披露对其他主体实施控制、共同控制或重大影响的重大判断和假设，以及这些判断和假设变更的情况，包括但不限于下列各项：

（1）企业持有其他主体半数或以下的表决权但仍控制该主体的判断和假设，或者持有其他主体半数以上的表决权但并不控制该主体的判断和假设。

（2）企业持有其他主体20%以下的表决权但对该主体具有重大影响的判断和假设，或者持有其他主体20%或以上的表决权但对该主体不具有重大影响的判断和假设。

（3）企业通过单独主体达成合营安排的，确定该合营安排是共同经营还是合营企业的判断和假设。

（4）确定企业是代理人还是委托人的判断和假设。

另外，企业应当披露按照《企业会计准则第33号—合并财务报表》被确定为投资性主体的重大判断和假设，以及虽然不符合《企业会计准则第33号—合并财务报表》有关投资性主体的一项或多项特征但仍被确定为投资性主体的原因。企业（母公司）由非投资性主体转变为投资性主体的，应当披露该变化及其原因，并披露该变化对财务报表的影响，包括对变化当日不再纳入合并财务报表范围子公司的投资的公允价值、按照公允价值重新计量产生的利得或损失以及相应的列报项目。企业（母公司）由投资性主体转变为非投资性主体的，应当披露该变化及其原因。

**例40-1**　甲企业集团持有乙公司40%的股份，但甲集团认为其能够控制乙公司。甲集团在其2×18年报的合并财务报表附注中作出如下披露：

本集团持有乙公司40%的股权，对乙公司的表决权比例亦为40%。虽然本集团持有乙公司的表决权比例未达到半数以上，但本集团能够控制乙公司，理由如下：①乙公司的其他股东的表决权比例均不超过1%，且没有迹象表明其他股东会集体表决；②近5年来其他股东出席或通过代理人出席股东大会、行使表决权的比例未超过乙公司总表决权的20%；③本集团有权任免乙公司董事会中的多数成员；④本集团有权主导乙公司的经营活动并享有可变回报。

**例40-2**　甲企业集团持有乙公司17%的股份，但甲集团认为其能够对乙公司实施重大影响。甲集团在其2×18年年报的合并财务报表附注中作出如下披露：

本集团持有乙公司17%的股权，对乙公司的表决权比例亦为17%。虽然该比例低于 20%，但由于本集团在乙公司董事会中派有代表并参与对乙公司财务和经营政策的决策，所以本集团能够对乙公司施加重大影响。

## 二、在子公司中权益的披露

### （一）子公司基本信息的披露

企业应当在合并财务报表附注中披露企业集团的构成，包括子公司的名称、主要经营地及注册地、业务性质、企业的持股比例（或类似权益比例，下同）等。具体的披露格式如表 40-1 所示。

表 40-1　子公司基本信息

| 子公司名称 | 注册地 | 业务性质 | 注册资本 | 本企业合计持股比例 | 本企业合计享有的表决权比例 |
|---|---|---|---|---|---|
| 1. | | | | | |
| …… | | | | | |

### （二）关于子公司少数股东的披露

子公司少数股东持有的权益对企业集团重要的，企业还应当在合并财务报表附注中披露下列信息：

（1）子公司少数股东的持股比例。子公司少数股东的持股比例不同于其持有的表决权比例的，企业还应当披露该表决权比例。

（2）当期归属于子公司少数股东的损益以及向少数股东支付的股利。

（3）子公司在当期期末累计的少数股东权益余额。

（4）子公司的主要财务信息。

### （三）关于使用企业集团资产和清偿企业集团债务存在重大限制的披露

使用企业集团资产和清偿企业集团债务存在重大限制的，企业应当在合并财务报表附注中披露下列信息：

（1）该限制的内容，包括对母公司或其子公司与企业集团内其他主体相互转移现金或其他资产的限制，以及对企业集团内主体之间发放股利或进行利润分配、发放或收回贷款或垫款等的限制。

（2）子公司少数股东享有保护性权利，并且该保护性权利对企业使用企业集团资产或清偿企业集团负债的能力存在重大限制的，该限制的性质和程度。

（3）该限制涉及的资产和负债在合并财务报表中的金额。

**例 40-3**　甲企业集团主要从事金融业务，总部设在中国，并在多个国家设立了子公司。甲集团在其 2×19 年年报的合并财务报表附注中就集团成员企业使用企业集团资产和清偿企业集团债务受到的重大限制作出如下披露：

本集团在欧洲的子公司乙公司因当地法律中有关银行资本充足率的规定使乙公司向母公司转移现金或其他资产的能力受到重大限制，该项限制涉及的资产在合并财务报表中的金额为 73 亿元（2×18 年的金额为 71 亿元）。

本集团在欧洲的子公司丙公司需要遵循当地政府有关金融企业保持流动性的要求，根据该要求，丙公司不能使用已确认但未实现的收益进行利润分配。该限制涉及的金额为 350 万元（2×18 年的金额为 400 万元）。

本集团有多家投资基金，这些投资基金是纳入合并财务报表范围的结构化主体。投资基金持有的资产具有专门用途，按照相关合同约定，对这部分资产不得擅自改变用途并转移至本集团的其他成员企业。该限制涉及的资产在合并财务报表中的金额为 4.8 亿元（2×18 年的金额为 4.5 亿元）。

本集团在非洲的子公司丁公司需要遵循当地外汇管理政策，根据该政策，丁公司必须经过当地外汇管理局的批准才能向母公司及其他投资者支付现金股利。丁公司 2×19 年 12 月 31 日现金及现金等价物的金额为 500 万元（2×18 年的金额为 480 万元）。

### （四）关于结构化主体的披露

企业存在纳入合并财务报表范围的结构化主体的，应当在合并财务报表附注中披露与该结构化主体相关的风险信息。新准则所指的“支持”不属于企业日常的经营活动，通常是由特定事项触发的交易。例如，当纳入合并财务报表范围的结构化主体流动性紧张或资产信用评级被降低时，企业作为母公司可能需要向结构化主体提供流动性支持，或与结构化主体进行资产置换来提高结构化主体的资产信用评级，使结构化主体恢复到正常的经营状态。

新准则所指的“财务支持”（即直接或间接地向结构化主体提供经济资源）通常包括：向结构化主体无偿提供资金；增加对结构化主体的权益投资；向结构化主体提供长期贷款；豁免结构化主体所欠的债务；从结构化主体购入资产，或购买结构化主体发行的证券；按照偏离市场公允价值的价格与结构化主体进行交易，造成企业资源的净流出；企业就结构化主体的经营业绩向第三方提供保证或承诺；其他情形。新准则所指的“其他支持”通常是非财务方面的支持，例如提供人力资源管理或其他管理服务等。

1. 有合同约定的情况

本准则规定，对纳入合并财务报表范围的结构化主体，合同约定企业或其子公司向该结构化主体提供财务支持的，应当披露提供财务支持的合同条款，包括可能导致企业承担损失的事项或情况。

**例 40–4**　甲公司是乙结构化主体的发起人，能够控制乙主体并将其纳入合并财务报表范围。甲公司在其 2×19 年年报的合并财务报表附注中对有关事项披露如下：甲公司与乙主体以合同方式约定，如果乙主体资产的信用评级降至 AAA 级以下，甲公司将同乙主体进行资产交换，甲公司用信用评级为 AAA 级资产换取乙主体相同公允价值但信用评级低于 AAA 级的资产，用于交换的资产的公允价值上限为 1 000 万元。

2. 没有合同约定的情况

本准则规定，对纳入合并财务报表范围的结构化主体，在没有合同约定的情况下，企业或其子公司当期向该结构化主体提供了财务支持或其他支持，企业应当披露所提供支持的类型、金额及原因，包括帮助该结构化主体获得财务支持的情况。其中，企业或其子公司当期对以前未纳入合并财务报表范围的结构化主体提供了财务支持或其他支持并且该支持导致企业控制了该结构化主体的，企业还应当披露决定提供支持的相关因素。

**例 40-5** 甲公司是乙结构化主体的发起人，能够控制乙主体并将其纳入合并财务报表范围。甲公司在其2×19年年报的合并财务报表附注中对有关事项披露如下：2×19年7月，乙主体所持有的资产信用评级下降，由原先的AAA级下降至AA级，很有可能被迫回购其发行的中长期债券。为此，本公司在没有合同约定的情况下，仍将信用评级为AAA的资产按照该资产的公允价值2 000万换取乙主体相同公允价值但信用评级为AA级的资产，使乙主体资产的信用评级维持在AAA级。

3. 向结构化主体提供支持的意图

本准则规定，对纳入合并财务报表范围的结构化主体，企业存在向该结构化主体提供财务支持或其他支持的意图的，应当披露该意图，包括帮助该结构化主体获得财务支持的意图。本准则所指的“意图”是指企业基本决定将在未来期间向结构化主体提供财务支持或其他支持，具体表现为适当级别的企业高管批准了企业向结构化主体提供支持的计划或者方案。如果计划或者方案仅处于酝酿阶段，尚未获得企业高管批准，则不属于本准则所称的意图，也不需要进行披露。

**（五）关于子公司控制权发生变化的披露**

企业在其子公司所有者权益份额发生变化且该变化未导致企业丧失对子公司控制权的，应当在合并财务报表附注中披露该变化对本企业所有者权益的影响。企业丧失对子公司控制权的，应当在合并财务报表附注中披露下列信息：①由于丧失控制权而产生的利得或损失以及相应的列报项目。②剩余股权在丧失控制权日按照公允价值重新计量而产生的利得或损失。

**例 40-6** 甲公司持有乙公司80%的股权，能够对乙公司实施控制。2×18年1月，甲公司将其持有的乙公司的部分股份对外出售（占乙公司股份的20%），该项交易未导致甲公司丧失对乙公司的控制权。

甲公司在2×18年年报的合并财务报表附注中对该项交易的披露如下：甲公司于2×18年1月处置部分对乙公司的投资（占乙公司股份的20%），但未丧失对乙公司的控制权。处置股权取得的对价为2 600万元，该项交易导致少数股东权益增加2 400万元，资本公积增加200万元。

**例 40-7** 甲公司持有乙公司60%的股权，能够对乙公司实施控制。2×18年6月，甲公司将其持有的乙公司的部分股份对外出售（占乙公司股份的40%），该项交易导致甲公司丧失了对乙公司的控制权，但仍对乙公司具有重大影响。

甲公司在2×18年年报的合并财务报表附注中对该项交易的披露如下：甲公司2×18年6月处置部分对乙公司的投资（占乙公司股份的40%），丧失了对乙公司的控制权。处置股权取得的对价为6 000万元，该项交易的收益为720万元，列示在合并财务报表的“投资收益”项目中。处置当日剩余股权的公允价值为3 000万元，剩余股权按照公允价值计量而产生的利得为200万元。

**（六）关于未纳入合并范围的子公司的披露**

企业是投资性主体且存在未纳入合并财务报表范围的子公司、并对该子公司权益按照公允价值计量且其变动计入当期损益的，应当在财务报表附注中对该情况予以说明。同时，对于未纳入合并财务报表范围的子公司，企业应当披露下列信息：

（1）子公司的名称、主要经营地及注册地。

（2）企业对子公司的持股比例。持股比例不同于企业持有的表决权比例的，企业还应当披露该表决权比例。企业的子公司也是投资性主体且该子公司存在未纳入合并财务报表范围的下属子公司的，企业应当按照上述要求披露该下属子公司的相关信息。

**（七）关于未纳入投资性主体合并范围的子公司的披露**

企业是投资性主体的，对其在未纳入合并财务报表范围的子公司中的权益，应当披露与该权益相关的风险信息：

（1）该未纳入合并财务报表范围的子公司以发放现金股利、归还贷款或垫款等形式向企业转移资金的能力存在重大限制的，企业应当披露该限制的性质和程度。

（2）企业存在向未纳入合并财务报表范围的子公司提供财务支持或其他支持的承诺或意图的，企业应当披露该承诺或意图，包括帮助该子公司获得财务支持的承诺或意图。在没有合同约定的情况下，企业或其子公司当期向未纳入合并财务报表范围的子公司提供财务支持或其他支持的，企业应当披露提供支持的类型、金额及原因。

（3）合同约定企业或其未纳入合并财务报表范围的子公司向未纳入合并财务报表范围，但受企业控制的结构化主体提供财务支持的，企业应当披露相关合同条款，以及可能导致企业承担损失的事项或情况。在没有合同约定的情况下，企业或其未纳入合并财务报表范围的子公司当期向原先不受企业控制且未纳入合并财务报表范围的结构化主体提供财务支持或其他支持，并且所提供的支持导致企业控制该结构化主体的，企业应当披露决定提供上述支持的相关因素。

## 三、在合营安排或联营企业中权益的披露

**（一）关于重要的合营安排或联营企业的披露**

存在重要的合营安排或联营企业的，企业应当披露下列信息：①合营安排或联营企业的名称、主要经营地及注册地。②企业与合营安排或联营企业的关系的性质，包括合营安排或联营企业活动的性质，以及合营安排或联营企业对企业活动是否具有战略性等。③企业的持股比例。持股比例不同于企业持有的表决权比例的，企业还应当披露该表决权比例。

对于重要的合营企业或联营企业，企业还应当披露对合营企业或联营企业投资的会计处理方法，从合营企业或联营企业收到的股利，以及合营企业或联营企业在其自身财务报表中的主要财务信息。企业对上述合营企业或联营企业投资采用权益法进行会计处理的，上述主要财务信息应当是按照权益法对合营企业或联营企业相关财务信息调整后的金额；同时，企业应当披露将上述主要财务信息按照权益法调整至企业对合营企业或联营企业投资账面价值的调节过程．企业对上述合营企业或联营企业投资采用权益法进行会计处理但该投资存在公开报价的，还应当披露其公允价值。

### （二）关于在单个合营企业或联营企业中的权益不重要的披露

企业在单个合营企业或联营企业中的权益不重要的，应当分别就合营企业和联营企业两类披露下列信息：①按照权益法进行会计处理的对合营企业或联营企业投资的账面价值合计数。②对合营企业或联营企业的净利润、终止经营的净利润、其他综合收益、综合收益等项目，企业按照其持股比例计算的金额的合计数。

合营企业或联营企业以发放现金股利、归还贷款或垫款等形式向企业转移资金的能力存在重大限制的，企业应当披露该限制的性质和程度。企业对合营企业或联营企业投资采用权益法进行会计处理，被投资方发生超额亏损且投资方不再确认其应分担合营企业或联营企业损失份额的，应当披露未确认的合营企业或联营企业损失份额，包括当期份额和累积份额。企业应当单独披露与其对合营企业投资相关的未确认承诺，以及与其对合营企业或联营企业投资相关的或有负债。

**例 40-8** 甲公司持有乙公司40%的股权，能够对乙公司实施重大影响。2×18年度，乙公司发生巨额亏损。甲公司在其2×18年年报的财务报表附注中对该事项披露如下：2×18年度乙公司亏损10 000万元，本公司按照持股比例应分担损失4 000万元，但本公司对乙公司权益投资的账面价值仅为3 500万元，本公司不存在长期应收款等其他实质上构成对乙公司净投资的权益项目，本公司确认了3 500万元的投资损失，当期未确认的对乙公司投资的损失份额为500万元，本期期末累积未确认的对乙公司投资的损失份额为500万元。

甲公司也可以采用表格的形式披露（见表40-2）。

**表 40-2 甲公司联营损失份额**

2×18年　　　　单位：万元

| 项目 | 前期累积未确认的损失份额 | 本期未确认的损失份额 | 本期末累积未确认的损失份额 |
|---|---|---|---|
| 联营企业： | | | |
| 乙公司 | 0 | 500 | 500 |
| 合计 | 0 | 500 | 500 |

**例 40-9** 2×18年7月1日，甲公司、乙公司和丙公司共同出资设立丁企业，出资比例分别为50%、40%及10%，各参与方的表决权比例与其出资比例相同。假设根据协议，甲公司和乙公司对丁企业具有共同控制，且该合营安排为合营企业。协议约定，乙公司承诺丙公司在丁企业成立届满3年后，丙公司可以选择将其在丁企业中的财产份额全部转让给乙公司，由乙公司一次性全额向丙公司支付丙公司初始投资成本的120%。丙公司的初始投资成本为150万元，乙公司承担的未确认承诺为180万元。

乙公司在其2×18年年报的财务报表附注中对该项未确认承诺披露如下：本公司对丁企业（2×18年7月成立）享有共同控制，表决权比例为40%。根据协议，如果丁企业的参与方丙公司选择在丁企业成立届满3年后将其在丁企业中财产份额转让给本公司，本公司需要一次性全额向丙公司支付180万元。

**例 40-10**　甲公司在其2×19年年报的财务报表附注中对与联营企业相关的或有负债单独披露如下：2×19年12月31日，本公司为联营企业提供财务担保的金额为4 625万元（2×18年的金额为4 519万元），半数以上的财务担保将在1年内到期。上述金额代表联营企业违约将给本公司造成的最大损失。由于不符合预计负债确认条件，上述财务担保属于未确认或有负债。

## 四、在未纳入合并财务报表范围的结构化主体中权益的披露

对于未纳入合并财务报表范围的结构化主体，企业应当披露下列信息：①未纳入合并财务报表范围的结构化主体的性质、目的、规模、活动及融资方式。②在财务报表中确认的与企业在未纳入合并财务报表范围的结构化主体中权益相关的资产和负债的账面价值及其在资产负债表中的列报项目。③在未纳入合并财务报表范围的结构化主体中权益的最大损失敞口及其确定方法。企业不能量化最大损失敞口的，应当披露这一事实及其原因。④在财务报表中确认的与企业在未纳入合并财务报表范围的结构化主体中权益相关的资产和负债的账面价值与其最大损失敞口的比较。

优先级债券列示在财务报表的"可供出售金融资产"项目中。最大损失敞口为优先级债券在资产负债表日的账面价值（公允价值）。次级债券列示在财务报表的"持有至到期投资"项目中。最大损失敞口为次级债券在资产负债表日的账面价值（摊余成本）。信用违约互换列示在财务报表的"衍生金融负债"项目中。最大损失敞口为相关贷款全部违约情况下企业需要偿付的本金和利息之和。

**例 40-11**　甲企业集团在其2×19年年报中就未纳入合并财务报表范围的结构化主体的基础信息披露如下：2×19年12月31日，与本集团相关联、但未纳入本集团合并财务报表范围的结构化主体主要从事信贷资产证券化业务，从本集团成员企业购买信贷资产，以信贷资产产生的现金流为基础发行资产支持证券融资。这类结构化主体于2×19年12月31日的资产总额为5亿元（2×18年的金额为4.8亿元）。

**例 40-12**　甲企业集团2×19年年报中，与在未纳入合并财务报表范围的结构化主体中权益相关的资产负债账面价值和最大损失敞口的信息披露如表40-3所示。

**表 40-3　甲集团资产负债账面价值和最大损失敞口**

2×19年　　单位：万元

| 项　目 | 账面价值 | 最大损失敞口 | 账面价值 | 最大损失敞口 |
|---|---|---|---|---|
| | 2×19年 | 2×19年 | 2×18年 | 2×18年 |
| 优先级债券 | 430 | 430 | 400 | 400 |
| 次级债券 | 200 | 200 | 220 | 220 |
| 信用违约互换（负债） | （100） | （1 600） | （90） | （1 500） |

在判断某一主体是否为结构化主体，以及判断该主体与企业的关系时，应当综合考虑结构化主体的定义和特征。结构化主体通常具有下列特征中的多项或全部特征：

（1）业务活动范围受限。通常情况下，结构化主体在合同约定的范围内开展业务活动，业务活动范围受到了限制。例如，从事信贷资产证券化业务的结构化主体，在发行资产支持证券募集资金和购买信贷资产后，根据相关合同，其业务活动是将来源于信贷资产的现金向资产支持证券投资者分配收益。

（2）有具体明确的目的，而且目的比较单一。结构化主体通常是为了特殊目的而设立的主体。

例如，有的企业发起结构化主体是为了将企业的资产转让给结构化主体以迅速回收资金，并改变资产结构来满足资产负债管理的需要；有的企业发起结构化主体是为了满足客户特定的投资需求，吸引到更多的客户；还有的企业发起结构化主体是为了专门从事研究开发活动，或开展租赁业务等。

（3）股本（如有）不足以支撑其业务活动，必须依靠其他次级财务支持。次级财务支持，是指承受结构化主体部分或全部预计损失的可变权益，其中的"次级"代表受偿顺序在后。股本本身就是一种次级财务支持，其他次级财务支持包括次级债权、对承担损失作出的承诺或担保义务等。

通常情况下，结构化主体的股本占资产规模的份额较小，甚至没有股本。当股本很少或没有股本，不足以支撑结构化主体的业务活动时，通常需要依靠其他次级财务支持来为结构化主体注入资金，支撑结构化主体的业务活动。

（4）通过向投资者发行不同等级的证券（如分级产品）等金融工具进行融资，不同等级的证券，信用风险及其他风险的集中程度也不同。例如，以发行分级产品的方式融资是对各级产品的受益权进行了分层配置。购买优先级的投资者享有优先受益权，购买次级的投资者享有次级受益权。

投资期满后，投资收益在逐级保证受益人本金、预期收益及相关费用后的余额归购买次级的投资者，如果出现投资损失，先由购买次级的投资者承担。由于不同等级的证券具有不同的信用风险、利率风险或流动性风险，发行分级产品可以满足不同风险偏好投资者的投资需求。

**例 40-13** 甲银行（发起人）委托某信托公司设立乙信托（结构化主体）。甲银行将其信贷资产转让给乙主体，以满足甲银行自身资产负债管理的需要，这是一种结构化设计。乙主体以信贷资产产生的现金流为基础通过承销商向投资者发行不同等级的资产支持证券筹集资金，并向甲银行支付信贷资产转让对价。信贷资产产生的现金流是资产支持证券投资者的收益来源，本例中，资产支持证券分为优先级和次级，其中优先级还分为优先 A 档、优先 B 档和优先 C 档，不同等级的证券对应着不同等级的受益权，这也是一种结构化设计。根据约定，甲银行持有乙主体发行的次级档资产支持证券，其持有规模为资产支持证券发行总规模的 5%。甲银行同时向乙主体提供资产管理服务，乙主体因此向甲银行支付服务费。

分析：本例中，乙主体在信托合同等相关合同或协议约定的范围内开展业务活动，由于权益结构比较分散，表决权或类似权力不作为确定乙主体的控制方的决定性因素。该信贷资产证券化的交易结构见图 41-1，资金流见图 41-2。

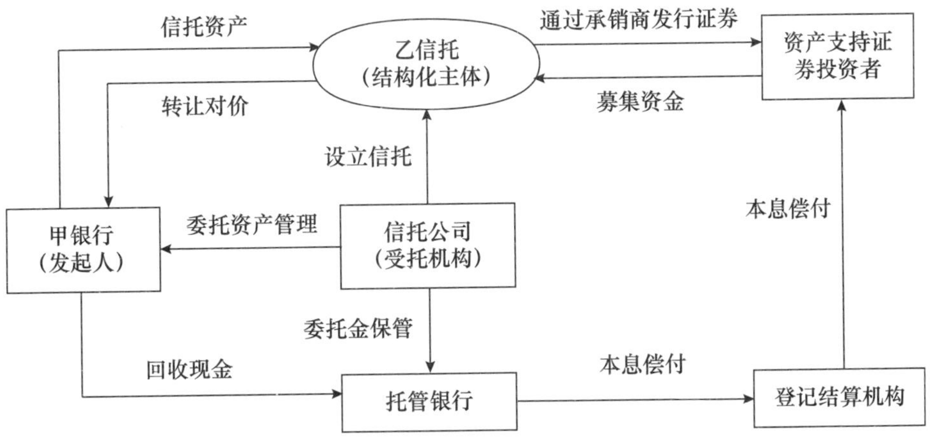


图 41-1　信贷资产证券化的交易结构

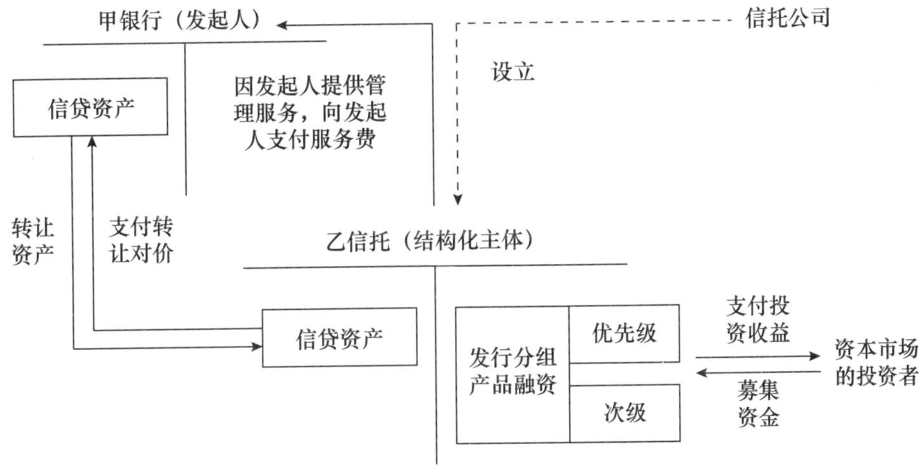


图 41-2　信贷资产证券化的资金流

## 第二节　新准则对企业的影响

为了规范企业在其他主体中权益的披露，提高会计信息质量，财政部于 2014 年发布了《企业会计准则第 41 号——在其他主体中权益的披露》，这对健全和完善会计制度是很有意义的，也是会计准则国际趋同的举措之一。

在新准则发布之前，我国会计准则对其他主体权益的披露的相关规定散见于部分准则中，比较分散；披露范围仅限于子公司、联营企业和合营企业，不包括有关共同经营和结构化主体的披露，不利于财务报告使用者了解表外主体风险；披露内容不全面，不利于财务报表使用者全面了解并评估企业在其他主体中权益的风险及其对本企业财务状况和经营业绩的影响。

新准则具有以下特点：①明确了披露在其他主体中权益的目的。与现行有关准则的披露要求不同，新准则首先明确地规定，披露在其他主体中权益的目的是有助于其财务报表的使用者评估企业在其他主体中权益的性质及相关风险，以及这些权益对企业财务状况、经营业绩和现金流量的影响。②整合并优化在子公司、联营企业、合营企业中权益的披露。统一在其他主体中权益的披露，要求拥有重要少数股东权益的子公司、合营企业和联营企业均需要披露主要财务信息，并优化有关披露的内容。③增加在结构化主体中权益的披露。对于纳入合并范围的结构化主体，要求企业披露向结构化主体提供财务支持或其他支持的意图、类型、金额，包括帮助结构化主体获得财务支持的情况及意图等。对于未纳入合并范围的结构化主体，则要求企业披露结构化主体的性质、目的、规模、活动及其融资方式、在财务报表中确认的相关资产和负债的账面价值、从结构化主体中获得的收益、收益类型等；提供财务支持或其他支持的，还应当披露支持的类型、数量及提供支持的原因、目的等。

综上，新准则主要是整合、优化了披露在其他主体中权益的相关规定，完善会计准则，有助于财务报表使用者对企业的相关评估，同时也使我国会计准则向国际趋同更进一步。

# 第四十一章　持有待售的非流动资产、处置组和终止经营

## 第一节　案例分析及操作实务

《企业会计准则第 42 号——持有待售的非流动资产、处置组和终止经营》第四条，终止经营，是指企业满足下列条件之一的、能够单独区分的组成部分，且该组成部分已经处置或划分为持有待售类别：

（1）该组成部分代表一项独立的主要业务或一个单独的主要经营地区；

（2）该组成部分是拟对一项独立的主要业务或一个单独的主要经营地区进行处置的一项相关联计划的一部分；

（3）该组成部分是专为转售而取得的子公司。

### 一、持有待售的非流动资产或处置组的分类

企业主要通过出售（包括具有商业实质的非货币性资产交换，下同）而非持续使用一项非流动资产或处置组收回其账面价值的，应当将其划分为持有待售类别。非流动资产或处置组划分为持有待售类别，应当同时满足下列条件：

（1）根据类似交易中出售此类资产或处置组的惯例，在当前状况下即可立即出售；

（2）出售极可能发生，即企业已经就一项出售计划作出决议且获得确定的购买承诺，预计出售将在 1 年内完成。有关规定要求企业相关权力机构或者监管部门批准后方可出售的，应当已经获得批准。

企业专为转售而取得的非流动资产或处置组，在取得日满足“预计出售将在 1 年内完成”的规定条件，且短期（通常为 3 个月）内很可能满足持有待售类别的其他划分条件的，企业应当在取得日将其划分为持有待售类别。

因企业无法控制的下列原因之一，导致非关联方之间的交易未能在一年内完成，且有充分证据表明企业仍然承诺出售非流动资产或处置组的，企业应当继续将非流动资产或处置组划分为持有待售类别：①买方或其他方意外设定导致出售延期的条件，企业针对这些条件已经及时采取行动，且预计能够自设定导致出售延期的条件起 1 年内顺利化解延期因素；②因发生罕见情况，导致持有待售的非流动资产或处置组未能在 1 年内完成出售，企业在最初 1 年内已经针对这些新情况采取必要措施且重新满足了持有待售类别的划分条件。

企业因出售对子公司的投资等原因导致其丧失对子公司控制权的，无论出售后企业是否保留部分权益性投资，应当在拟出售的对子公司投资满足持有待售类别划分条件时，在母公司个别财务报表中将对子公司投资整体划分为持有待售类别，在合并财

务报表中将子公司所有资产和负债划分为持有待售类别。

## 二、持有待售的非流动资产或处置组的计量

企业将非流动资产或处置组首次划分为持有待售类别前，应当按照相关会计准则规定计量非流动资产或处置组中各项资产和负债的账面价值。企业初始计量或在资产负债表日重新计量持有待售的非流动资产或处置组时，其账面价值高于公允价值减去出售费用后的净额的，应当将账面价值减记至公允价值减去出售费用后的净额，减记的金额确认为资产减值损失，计入当期损益，同时计提持有待售资产减值准备。

对于取得日划分为持有待售类别的非流动资产或处置组，企业应当在初始计量时比较假定其不划分为持有待售类别情况下的初始计量金额和公允价值减去出售费用后的净额，以两者孰低计量。除企业合并中取得的非流动资产或处置组外，由非流动资产或处置组以公允价值减去出售费用后的净额作为初始计量金额而产生的差额，应当计入当期损益。

对于持有待售的处置组确认的资产减值损失金额，应当先抵减处置组中商誉的账面价值，再根据处置组中适用本准则计量规定的各项非流动资产账面价值所占比重，按比例抵减其账面价值。

后续资产负债表日持有待售的非流动资产公允价值减去出售费用后的净额增加的，以前减记的金额应当予以恢复，并在划分为持有待售类别后确认的资产减值损失金额内转回，转回金额计入当期损益。划分为持有待售类别前确认的资产减值损失不得转回。后续资产负债表日持有待售的处置组公允价值减去出售费用后的净额增加的，以前减记的金额应当予以恢复，并在划分为持有待售类别后适用本准则计量规定的非流动资产确认的资产减值损失金额内转回，转回金额计入当期损益。已抵减的商誉账面价值，以及适用本准则计量规定的非流动资产在划分为持有待售类别前确认的资产减值损失不得转回。持有待售的处置组确认的资产减值损失后续转回金额，应当根据处置组中除商誉外适用本准则计量规定的各项非流动资产账面价值所占比重，按比例增加其账面价值。

持有待售的非流动资产或处置组中的非流动资产不应计提折旧或摊销，持有待售的处置组中负债的利息和其他费用应当继续予以确认。

## 三、持有待售的非流动资产或处置组的列报

企业应当在资产负债表中区别于其他资产单独列示持有待售的非流动资产或持有待售的处置组中的资产，区别于其他负债单独列示持有待售的处置组中的负债。持有待售的非流动资产或持有待售的处置组中的资产与持有待售的处置组中的负债不应当相互抵销，应当分别作为流动资产和流动负债列示。

企业应当在利润表中分别列示持续经营损益和终止经营损益。不符合终止经营定义的持有待售的非流动资产或处置组，其减值损失和转回金额及处置损益应当作为持续经营损益列报。终止经营的减值损失和转回金额等经营损益及处置损益应当作为终止经营损益列报。

**例 41-1** 某上市公司在其年报中关于持有待售的资产的披露，如表 41-1 所示。

表 41-1　划分为持有待售的资产　　单位：万元

| 资产 | 2×20 年 12 月 31 日 | | | | 2×19 年 12 月 31 日（经重列） | | | |
|---|---|---|---|---|---|---|---|---|
| | 账面价值 | 公允价值 | 预计处置费用 | 预计处置时间 | 账面价值 | 公允价值 | 预计处置费用 | 预计处置时间 |
| 货币资金（a） | 42 113 | 42 113 | — | 2×21 年 | 27926 | 27926 | — | 2×20 年 |
| 预付账款（a） | 59 724 | 59 724 | — | 2×21 年 | 104 256 | 104 256 | — | 2×20 年 |
| 其他应收款（a） | 114 781 | 114 781 | — | 2×21 年 | 94 782 | 94 782 | — | 2×20 年 |
| 存货（a） | 7 884 564 | 7 884 564 | — | 2×21 年 | 6 664 508 | 6 664 508 | — | 2×20 年 |
| 长期应收款（a） | 515 000 | 515 000 | — | 2×21 年 | 315 518 | 315 518 | — | 2×20 年 |
| 长期股权投资（b） | 755 687 | 755 687 | — | 2×21 年 | — | — | — | |
| 固定资产 | 680 | 680 | — | 2×21 年 | 1 929 | 1 929 | — | 2×20 年 |
| 合计 | 9 372 549 | 9 372 549 | — | | 7 208 919 | 7 208 919 | — | |

（1）于 2×19 年 12 月 31 日，本集团所属子公司山西五盂高速公路有限公司（“山西五盂公司”）的资产及负债被划分为持有待售之资产及负债，是由于本集团已签订不可撤销之协议，于完成其 BT 建造合同后，将向一独立第三方移交于山西五盂公司的全部股权。其时，本集团预计该交易将于 2×20 年年内完成，故于 2×19 年 12 月 31 日将持有的山西五盂公司的资产及负债列报为划分为持有待售的资产及负债。然而，尽管本集团已作出持续努力以及采取所有必要行动以推动山西五盂公司全部股权的移交在 2×20 年 12 月 31 日前完成，但是由于受到某些超出本集团控制范围之外的行政程序的影响，导致移交未能在 2×20 年 12 月 31 日前完成。本集团仍未改变将股权移交给独立第三方的计划和意图，基于目前本集团所掌握的信息，本集团相信此交易可以在 2×21 年年内完成。因此，于 2×20 年 12 月 31 日，本集团仍将持有的山西五盂公司的资产及负债列报为划分为持有待售的资产及负债［附注四（31）］。

（2）于 2×20 年度，本集团所属子公司中建国际建设有限公司与中国外运长航集团有限公司签订不可撤销的转让协议，将中建国际建设有限公司持有的北京奥城五合置业有限公司（“奥城五合”）的全部股权转让予中国外运长航集团有限公司。于 2×20 年 9 月，中建国际建设有限公司完成了奥城五合 50% 股权的交割并失去了对奥城五合的控制权，实现处置收益人民币 290 687 千元。同时，本集团按处置当日的公允价值人民币 755 687 千元对奥城五合剩余 50% 的股权进行重新计量，确认相关投资收益人民币 290 687 千元。本集团预计奥城五合剩余 50% 的股权将于 2×21 年年内完成交割。因此，于 2×20 年 12 月 31 日，本集团将仍持有的对奥城五合 50% 的长期股权投资划分为持有待售的资产。

## 第二节　新准则对企业的影响

根据《企业会计准则——基本准则》，财政部制定了《企业会计准则第 42 号——持有待售的非流动资产、处置组和终止经营》，自 2017 年 5 月 28 日起在所有执行企业会计准则的企业范围内施行，对新准则施行日存在的持有待售的非流动资产、处置组和终止经营，应当采用未来适用法处理。此前发布的有关持有待售的非流动资产、处置组和终止经营的会计处理规定与新准则不一致的，以新准则为准。对于新准则施行日存在的持有待售的非流动资产、处置组和终止经营，应当采用未来适用法处理。

此前的企业会计准则中，有关持有待售的非流动资产、处置组和终止经营的会计处理要求分散在《企业会计准则第 2 号——长期股权投资》《企业会计准则第 4 号——固定资产》《企业会计准则第 30 号——财务报表列报》及相关应用指南、解释和讲解中，缺少对持有待售类别的后续计量、持有待售资产减值准备计提等问题的统一的细化规定或指引。